ACCESO GRATIS *a la Lectura en la Nube*

Para visualizar el libro electrónico en la nube de lectura envíe junto a su nombre y apellidos una fotografía del código de barras situado en la contraportada del libro y otra del ticket de compra a la dirección:

ebooktirant@tirant.com

En un máximo de 72 horas laborales le enviaremos el código de acceso con sus instrucciones.

MANUAL DE SUPERVISIÓN PRUDENCIAL BANCARIA

Procedimiento de selección de originales, ver página web:
www.tirant.net/index.php/editorial/procedimiento-de-seleccion-de-originales

MANUAL DE SUPERVISIÓN PRUDENCIAL BANCARIA

DR. D. CARLOS LORA GONZÁLEZ

tirant lo blanch
Valencia, 2026

En caso de erratas y actualizaciones, la Editorial Tirant lo Blanch publicará la pertinente corrección en la página web www.tirant.com.

La aceptación de la presente obra ha tenido en consideración la evaluación y calificación otorgada por los expertos componentes del tribunal calificador de la tesis doctoral en la que se basa, cumpliendo con el criterio correspondiente de los revisores externos y ofreciendo la calidad debida a la presente edición.

EDITA: TIRANT LO BLANCH
C/ Artes Gráficas, 14 - 46010 - Valencia
TELFS.: 96/361 00 48 - 50
FAX: 96/369 41 51
Email: tlb@tirant.com
www.tirant.com
Librería virtual: www.tirant.es
DEPÓSITO LEGAL: V-4801-2025
ISBN: 979-13-7010-202-9

A Manuela y a Casilda,
que siempre apostaron por mí.
In memoriam.

Índice

CAPÍTULO VII

TABLA DE ABREVIATURAS

ABE	Autoridad Bancaria Europea
AEMV	Autoridad Europea del Mercado de Valores
AES	Conjuntamente, la ABE, la AEMV y la AESPJ
AESPJ	Autoridad Europea de Seguros y Planes de Jubilación
AGE	Administración General del Estado
AIREF	Autoridad Independiente de Responsabilidad Fiscal
AMCESFI	Autoridad Macroprudencial Consejo de Estabilidad Financiera
ANC	Autoridad Nacional Competente
ANR	Autoridad Nacional de Resolución
BCE	Banco Central Europeo
BdE	Banco de España
BFA	BFA Tenedora de Acciones, S. A. U.
BOE	Boletín Oficial del Estado
BRRD	Directiva 2014/59/UE, del Parlamento Europeo y del Consejo, de 15 de mayo de 2014, por la que se establece un marco para la reestructuración y la resolución de entidades de crédito y empresas de servicios de inversión, y por la que se modifican la Directiva 82/891/CEE del Consejo, y las Directivas 2001/24/CE, 2002/47/CE, 2004/25/CE, 2005/56/CE, 2007/36/CE, 2011/35/UE, 2012/30/UE y 2013/36/UE, y los Reglamentos (UE) no 1093/2010 y (UE) no 648/2012 del Parlamento Europeo y del Consejo
CAR	Comité Administrativo de Revisión del BCE
Carta del BCE de 2016	Carta emitida por el BCE en el verano de 2016 sobre las funciones que considera atribuidas en relación con las entidades de crédito significativas, incluida como Anexo 1 de la Carta del BCE de 2017
Carta del BCE de 2017	Carta emitida por el BCE el 31 de marzo de 2017 (SSM/2017/0140)
CCO	Código de Comercio
CCS	Consorcio de Compensación de Seguros
CET 1	Capital de Nivel 1, según se define en los arts. 25 y ss. del CRR

Circular 2/2016	Circular 2/2016, de 2 de febrero, del Banco de España, a las entidades de crédito, sobre supervisión y solvencia, que completa la adaptación del ordenamiento jurídico español a la Directiva 2013/36/UE y al Reglamento (UE) n.º 575/2013.
Circular interna 2/2013	Circular interna del BdE 2/2013, por la que se actualizaba la Circular interna 7/2011
Circular interna 7/2011	Circular interna del BdE 7/2011, de 26 de octubre, so bre Procedimientos aplicados en la Dirección General de Supervisión
CNMC	Comisión Nacional de los Mercados y la Competencia
CNMV	Comisión Nacional del Mercado de Valores
CRD	Directiva 2013/36/UE, del Parlamento Europeo y del Consejo, de 26 de junio de 2013, relativa al acceso a la actividad de las entidades de crédito y a la supervisión prudencial de las entidades de crédito y las empresas de inversión, por la que se modifica la Directiva 2002/87/CE y se derogan las Directivas 2006/48/CE y 2006/49/CE
CRD V	Directiva (UE) 2019/1937 del Parlamento Europeo y del Consejo, de 23 de octubre de 2019, relativa a la protección de las personas que informen sobre infracciones del Derecho de la Unión
CRD VI	Directiva (UE) 2024/1619 del Parlamento Europeo y del Consejo de 31 de mayo de 2024 por la que se modifica la Directiva 2013/36/UE en lo referente a las facultades de supervisión, las sanciones, las sucursales de terceros países y los riesgos ambientales, sociales y de gobernanza.
CRR	Reglamento (UE) nº 575/2013 del Parlamento Europeo y del Consejo, de 26 de junio de 2013, sobre los requisitos prudenciales de las entidades de crédito y las empresas de inversión, y por el que se modifica el Reglamento (UE) nº 648/2012.
CSBB	Comité de Supervisión Bancaria de Basilea
Decisión 2014/360/UE	Decisión del BCE de 14 de abril de 2014 sobre el establecimiento del Comité Administrativo de Revisión y sus normas de funcionamiento
Decisión 2014/723/UE	Decisión del BCE de 17 de septiembre de 2014 sobre la aplicación de la separación entre las funciones de política monetaria y supervisión del Banco Central Europeo
Decisión BCE/2014/41	Reglamento (UE) n° 1163/2014 del Banco Central Europeo, de 22 de octubre de 2014 , sobre las tasas de supervisión

Decisión BCE/2019/4	Decisión (UE) nº 2019/322 del Banco Central Europeo, de 31 de enero de 2019, sobre la delegación de la facultad de adoptar decisiones relativas a las competencias de supervisión conferidas por el derecho nacional
Decreto 135/1997	Decreto 135/1997, de 17 de septiembre, de desarrollo parcial, en materia de Órganos de Gobierno, de la Ley 4/1997, de 10 de julio, de Cajas de Ahorro de Castilla-La Mancha
Decreto 138/2002	Decreto 138/2002, de 30 de abril, por el que se aprueba el Reglamento de la Ley 15/1999, de 16 de diciembre, de Cajas de Ahorros de Andalucía.
Decreto 172/1994	Decreto 172/1994 de Cataluña, de 14 de junio, que regula la adecuación de los procedimientos en Cajas de Ahorros, Cooperativas de Crédito y con Sección de Crédito, Haciendas Locales, Mercado de Valores y Patrimonio, a la Ley de 26 de noviembre de 1992, de régimen jurídico de las Administraciones Públicas y del procedimiento administrativo común
Decreto 1838/1975	Decreto 1838/1975, de 3 de julio, regulando la creación de Cajas de Ahorros y la distribución de los beneficios líquidos de estas Entidades.
Decreto-legislativo 1/1997	Decreto Legislativo 1/1997, de 23 de julio, del Gobierno Valenciano, por el que se aprueba el texto refundido de la Ley sobre Cajas de Ahorros.
Decreto-legislativo 1/2005	Decreto Legislativo 1/2005, de 21 de julio, por el que se aprueba el Texto Refundido de la Ley de Cajas de Ahorro de Castilla y León.
Decreto-legislativo 1/2005	Decreto Legislativo 1/2005, de 10 de marzo, por el que se aprueba el texto refundido de las leyes 7/1985, de 17 de julio, y 4/1996, de 31 de mayo, de cajas de ahorros de Galicia.
Decreto-legislativo 1/2008	Decreto Legislativo 1/2008, de 11 de marzo, por el que se aprueba el Texto refundido de la Ley de cajas de ahorros de Cataluña.
Decreto-Ley 18/1962	Decreto-Ley 18/1962, de 7 de junio, de nacionalización y reorganización del Banco de España.
DGSFP	Dirección General de Seguros y Fondos de Pensiones

Directiva 2013/34	Directiva 2013/34/UE del Parlamento Europeo y del Consejo, de 26 de junio de 2013 , sobre los estados financieros anuales, los estados financieros consolidados y otros informes afines de ciertos tipos de empresas, por la que se modifica la Directiva 2006/43/CE del Parlamento Europeo y del Consejo y se derogan las Directivas 78/660/CEE y 83/349/CEE del Consejo
Directiva 2014/49	Directiva 2014/49/UE del Parlamento Europeo y del Consejo, de 16 de abril de 2014 , relativa a los sistemas de garantía de depósitos (versión refundida)
Directiva 2014/65	Directiva 2014/65/UE del Parlamento Europeo y del Consejo, de 15 de mayo de 2014 , relativa a los mercados de instrumentos financieros y por la que se modifican la Directiva 2002/92/CE y la Directiva 2011/61/UE (versión refundida)
Directiva 2019/2034	Directiva (UE) 2019/2034 del Parlamento Europeo y del Consejo de 27 de noviembre de 2019 relativa a la supervisión prudencial de las empresas de servicios de inversión, y por la que se modifican las Directivas 2002/87/CE, 2009/65/CE, 2011/61/UE, 2013/36/UE, 2014/59/UE y 2014/65/UE
ECS	Equipos Conjuntos de Supervisión
ESEBC	Estatutos del Sistema Europeo de Bancos Centrales
FEEF	Facilidad Europea de Estabilización Financiera
FGD	Fondo de Garantía de Depósitos
FGI	Fondo de Garantía de Inversiones
FJ	Fundamento Jurídico
FMI	Fondo Monetario Internacional
FNR	Fondo Nacional de Resolución
FOLTF	Faily or likely to fail
FROB	Fondo de Reestructuración Ordenada Bancaria
FUR	Fondo Único de Resolución
IAE	Instituto de Actuarios Españoles
ICAC	Instituto de Contabilidad y Auditoría de Cuentas
IGAE	Intervención General de la Administración del Estado

INAP	Instituto Nacional de Administración Pública
IRB	Método basado en calificaciones internas
JERS	Junta Europea de Riesgo Sistémico
JUR	Junta Única de Resolución
LABdE	Ley 13/1994, de 1 de junio, de Autonomía del Banco de España.
LCAFB	Ley 26/2013, de 27 de diciembre, de cajas de ahorros y fundaciones bancarias.
LDC	Ley 15/2007, de 3 de julio, de Defensa de la Competencia.
LDIEC	Ley 26/1988, de 29 de julio, sobre Disciplina e Intervención de las Entidades de Crédito.
LEREJUSP	Ley 40/2015, de 1 de octubre, de Régimen Jurídico del Sector Público.
Ley 1/1991	Ley 1/1991, de 4 de enero, reguladora de las Cajas de Ahorros en Aragón
Ley 10/2011	Ley 10/2011, de 10 de mayo, de Cajas de Ahorros de Canarias
Ley 11/2012	Ley 11/2012, de 14 de junio, de Cajas de Ahorros de la Comunidad Autónoma de Euskadi
Ley 11/2015	Ley 11/2015, de 18 de junio, de recuperación y resolución de entidades de crédito y empresas de servicios de inversión.
Ley 13/1989	Ley 13/1989, de 26 de mayo, de Cooperativas de Crédito.
Ley 15/1999	Ley 15/1999, de 16 de diciembre, de Cajas de Ahorros de Andalucía
Ley 2/2000	Ley 2/2000, de 23 de junio, de Cajas de Ahorro de Asturias
Ley 27/1999	Ley 27/1999, de 16 de julio, de Cooperativas.
Ley 3/1994	Ley 3/1994, de 29 de marzo, de Prevención, Asistencia e Integración Social de Drogodependientes de Castilla y León.
Ley 3/1998	Ley 3/1998, de 1 de julio, de Cajas de Ahorros de la Región de Murcia
Ley 3/2009	Ley 3/2009, de 3 de abril, sobre modificaciones estructurales de las sociedades mercantiles.
Ley 4/1997	Ley 4/1997, de 10 de julio, de Cajas de Ahorro de Castilla-La Mancha
Ley 4/2003	Ley 4/2003, de 11 de marzo, de Cajas de Ahorros de la Comunidad de Madrid

Ley 4/2004	Ley 4/2004, de 2 de noviembre, de reforma de la Ley 4/2002, de 24 de julio, de Cajas de Ahorros.
Ley 5/2001	Ley 5/2001, de 10 de mayo, de Crédito Cooperativo de Extremadura
Ley 5/2019	Ley 5/2019, de 15 de marzo, reguladora de los contratos de crédito inmobiliario.
Ley 6/2004	Ley 6/2004, de 18 de octubre, de Cajas de Ahorro de La Rioja
Ley 6/2023	Ley 6/2023, de 17 de marzo, de los Mercados de Valores y de los Servicios de Inversión.
Ley 9/2012	Ley 9/2012, de 14 de noviembre, de reestructuración y resolución de entidades de crédito.
Ley 8/1994	Ley 8/1994, de 23 de diciembre, de Cajas de Ahorros, de la Comunidad Autónoma de Extremadura
Ley Foral 7/1987	Ley Foral 7/1987, de 21 de abril, de Órganos rectores de las Cajas de Ahorro de Navarra
LGD	Método de estimaciones propias de pérdidas en caso de impago
LGT	Ley 58/2003, de 17 de diciembre, General Tributaria.
LJCA	Ley 29/1998, de 13 de julio, reguladora de la Jurisdicción Contencioso-administrativa.
LOB de 1921	Ley de Ordenación Bancaria de 29 de diciembre de 1921
LOB de 1946	Ley de Ordenación Bancaria de 31 de diciembre de 1946
LOCJ	Ley Orgánica 2/1987, de 18 de mayo, de Conflictos Jurisdiccionales.
LORCA	Ley 31/1985, de 2 de agosto, de Regulación de las Normas Básicas sobre Órganos Rectores de las Cajas de Ahorros.
LOSSEAR	Ley 20/2015, de 14 de julio, de ordenación, supervisión y solvencia de las entidades aseguradoras y reaseguradoras.
LOSSEC	Ley 10/2014, de 26 de junio, de ordenación, supervisión y solvencia de entidades de crédito.
LPACAP	Ley 39/2015, de 1 de octubre, del Procedimiento Administrativo Común de las Administraciones Públicas.
LPBC	Ley 10/2010, de 28 de abril, de prevención del blanqueo de capitales y de la financiación del terrorismo.

LRJPAC	Ley 30/1992, de 26 de noviembre, de Régimen Jurídico de las Administraciones Públicas y del Procedimiento Administrativo Común.
MEDE	Mecanismo Europeo de Estabilidad
MIFID	Markets in Financial Instruments Directive
MUR	Mecanismo Único de Resolución
MUS	Mecanismo Único de Supervisión
OSIT	Equipos de Inspección *in situ*
OTC	Over the counter
PES	Programa de Evaluación Supervisora
PIA	Public Interest Assesment
PRES	Proceso de Revisión y Evaluación Supervisora
Q&A	Questions & Answers
RAP	Revista de la Administración Pública
RD	Real Decreto
RD 1012/2015	Real Decreto 1012/2015, de 6 de noviembre, por el que se desarrolla la Ley 11/2015, de 18 de junio, de recuperación y resolución de entidades de crédito y empresas de servicios de inversión, y por el que se modifica el Real Decreto 2606/1996, de 20 de diciembre, sobre fondos de garantía de depósitos de entidades de crédito.
RD 102/2019	Real Decreto 102/2019, de 1 de marzo, por el que se crea la Autoridad Macroprudencial Consejo de Estabilidad Financiera, se establece su régimen jurídico y se desarrollan determinados aspectos relativos a las herramientas macroprudenciales.
RD 1398/1993	Real Decreto 1398/1993, de 4 de agosto, por el que se aprueba el Reglamento del Procedimiento para el Ejercicio de la Potestad Sancionadora.
RD 1559/2012	Real Decreto 1559/2012, de 15 de noviembre, por el que se establece el régimen jurídico de las sociedades de gestión de activos.

RD 256/2013	Real Decreto 256/2013, de 12 de abril, por el que se incorporan a la normativa de las entidades de crédito los criterios de la Autoridad Bancaria Europea de 22 de noviembre de 2012, sobre la evaluación de la adecuación de los miembros del órgano de administración y de los titulares de funciones clave.
RD 2606/1996	Real Decreto 2606/1996, de 20 de diciembre, sobre fondos de garantía de depósitos de entidades de crédito.
RD 302/2004	Real Decreto 302/2004, de 20 de febrero, sobre cuotas participativas de las cajas de ahorros.
RD 54/2005	Real Decreto 54/2005, de 21 de enero, por el que se modifican el Reglamento de la Ley 19/1993, de 28 de diciembre, sobre determinadas medidas de prevención del blanqueo de capitales, aprobado por el Real Decreto 925/1995, de 9 de junio, y otras normas de regulación del sistema bancario, financiero y asegurador.
RD 84/1993	Real Decreto 84/1993, de 22 de enero, por el que se aprueba el Reglamento de desarrollo de la Ley 13/1989, de 26 de mayo, de Cooperativas de Crédito.
RD 84/2015	Real Decreto 84/2015, de 13 de febrero, por el que se desarrolla la Ley 10/2014, de 26 de junio, de ordenación, supervisión y solvencia de entidades de crédito.
RDBB	Revista de Derecho Bancario y Bursátil
RD-Ley	Real Decreto-ley
RD-Ley 16/2011	Real Decreto-ley 16/2011, de 14 de octubre, por el que se crea el Fondo de Garantía de Depósitos de Entidades de Crédito.
RD-Ley 24/2012	Real Decreto-ley 24/2012, de 31 de agosto, de reestructuración y resolución de entidades de crédito.
RD-Ley 6/2021	Real Decreto-ley 6/2021, de 20 de abril, por el que se adoptan medidas complementarias de apoyo a empresas y autónomos afectados por la pandemia de COVID-19.
REDA	Revista Española de Derecho Administrativo
REE	Revista de Estudios Europeos

Reglamento 1022/2013	Reglamento (UE) nº 1022/2013 del Parlamento Europeo y del Consejo, de 22 de octubre de 2013, que modifica el Reglamento (UE) nº 1093/2010, por el que se crea una Autoridad Europea de Supervisión (Autoridad Bancaria Europea), en lo que se refiere a la atribución de funciones específicas al Banco Central Europeo en virtud del Reglamento (UE) nº 1024/2013
Reglamento 1024/2013	Reglamento (UE) nº 1024/2013 del Consejo, de 15 de octubre de 2013, que encomienda al Banco Central Europeo tareas específicas respecto de políticas relacionadas con la supervisión prudencial de las entidades de crédito.
Reglamento 1049/2001	Reglamento (CE) nº 1049/2001 del Parlamento Europeo y del Consejo, de 30 de mayo de 2001, relativo al acceso del público a los documentos del Parlamento Europeo, del Consejo y de la Comisión
Reglamento 1092/2010	Reglamento (UE) nº 1092/2010 del Parlamento Europeo y del Consejo, de 24 de noviembre de 2010 , relativo a la supervisión macroprudencial del sistema financiero en la Unión Europea y por el que se crea una Junta Europea de Riesgo Sistémico
Reglamento 1093/2010	Reglamento (UE) nº 1093/2010 del Parlamento Europeo y del Consejo, de 24 de noviembre de 2010 , por el que se crea una Autoridad Europea de Supervisión (Autoridad Bancaria Europea), se modifica la Decisión n o 716/2009/CE y se deroga la Decisión 2009/78/CE de la Comisión
Reglamento 1094/2010	Reglamento (UE) nº 1094/2010 del Parlamento Europeo y del Consejo, de 24 de noviembre de 2010 , por el que se crea una Autoridad Europea de Supervisión (Autoridad Europea de Seguros y Pensiones de Jubilación), se modifica la Decisión n o 716/2009/CE y se deroga la Decisión 2009/79/CE de la Comisión
Reglamento 1095/2010	Reglamento (UE) nº 1095/2010 del Parlamento Europeo y del Consejo, de 24 de noviembre de 2010 , por el que se crea una Autoridad Europea de Supervisión (Autoridad Europea de Valores y Mercados), se modifica la Decisión n o 716/2009/CE y se deroga la Decisión 2009/77/CE de la Comisión
Reglamento 1096/2010	Reglamento (UE) nº 1096/2010 del Consejo, de 17 de noviembre de 2010 , por el que se encomienda al Banco Central Europeo una serie de tareas específicas relacionadas con el funcionamiento de la Junta Europea de Riesgo Sistémico
Reglamento 2016/445	Reglamento (UE) nº 2016/445 del Banco Central Europeo, de 14 de marzo de 2016, sobre el ejercicio de las opciones y facultades que ofrece el derecho de la Unión (BCE/2016/4)

Reglamento 2533/1998	Reglamento (CE) nº 2533/98 del Consejo de 23 de noviembre de 1998 sobre la obtención de información estadística por el Banco Central Europeo
Reglamento 468/2014	Reglamento (UE) nº 468/2014 del Banco Central Europeo, de 16 de abril de 2014 , por el que se establece el marco de cooperación en el Mecanismo Único de Supervisión entre el Banco Central Europeo y las autoridades nacionales competentes y con las autoridades nacionales designadas (Reglamento Marco del MUS) (BCE/2014/17)
Reglamento 596/2014	Reglamento (UE) nº 596/2014 del Parlamento Europeo y del Consejo, de 16 de abril de 2014 , sobre el abuso de mercado (Reglamento sobre abuso de mercado) y por el que se derogan la Directiva 2003/6/CE del Parlamento Europeo y del Consejo, y las Directivas 2003/124/CE, 2003/125/CE y 2004/72/CE de la Comisión
Reglamento 806/2014	Reglamento (UE) nº 806/2014 del Parlamento Europeo y del Consejo, de 15 de julio de 2014 , por el que se establecen normas uniformes y un procedimiento uniforme para la resolución de entidades de crédito y de determinadas empresas de servicios de inversión en el marco de un Mecanismo Único de Resolución y un Fondo Único de Resolución y se modifica el Reglamento (UE) nº 1093/2010
Reglamento 2014/26	Reglamento (UE) nº 673/2014 del Banco Central Europeo, de 2 de junio de 2014, sobre el establecimiento de la Comisión de mediación y su reglamento interno (BCE/2014/26).
Reglamento de Ejecución 2016/100	Reglamento de Ejecución (UE) nº 2016/100 de la Comisión de 16 de octubre de 2015 por el que se establecen normas técnicas de aplicación para especificar el proceso de decisión conjunta por lo que respecta a la solicitud de determinadas autorizaciones prudenciales de conformidad con el Reglamento (UE) no 575/2013 del Parlamento Europeo y del Consejo
Reglamento de Ejecución 2017/461	Reglamento de Ejecución (UE) 2017/461 de la Comisión, de 16 de marzo de 2017, por el que se establecen normas técnicas de ejecución en lo que respecta a los formularios, plantillas y procedimientos comunes para el proceso de consulta entre las autoridades competentes pertinentes en relación con las adquisiciones propuestas de participaciones cualificadas en entidades de crédito, de conformidad con el artículo 24 de la Directiva 2013/36/UE del Parlamento Europeo y del Consejo (Texto pertinente a efectos del EEE.)

Reglamento de Ejecución 926/2014	Reglamento de Ejecución (UE) n °926/2014 de la Comisión, de 27 de agosto de 2014 , por el que se establecen normas técnicas de ejecución con respecto a los modelos de formularios, plantillas y procedimientos para las notificaciones relativas al ejercicio del derecho de establecimiento y de la libre prestación de servicios con arreglo a la Directiva 2013/36/UE del Parlamento Europeo y del Consejo
Reglamento Delegado 1151/2014	Reglamento Delegado (UE) n° 1151/2014 de la Comisión, de 4 de junio de 2014, por el que se completa la Directiva 2013/36/UE del Parlamento Europeo y del Consejo en lo que respecta a la normas técnicas de regulación relativas a la información que se ha de notificar a la hora de ejercer el derecho de establecimiento y la libre prestación de servicios (Texto pertinente a efectos del EEE)
RIBdE	Resolución de 28 de marzo de 2000, del Consejo de Gobierno del Banco de España, por la que se aprueba el Reglamento Interno del Banco de España.
RMC	Registro Mercantil Central
RVAP	Revista Vasca de la Administración Pública
SAREB	Sociedad de Gestión de Activos procedentes de la Reestructuración Bancaria, S. A.
SEBC	Sistema Europeo de Bancos Centrales
SEPBLAC	Servicio Ejecutivo de la Comisión de Prevención del Blanqueo de Capitales e Infracciones Monetarias
SESF	Sistema Europeo de Supervisión Financiera
SUBA	Sistema de Datos de Supervisión Bancaria
TEAC	Tribunal Económico-Administrativo Central
TFUE	Tratado de Funcionamiento de la Unión Europea
TRLC	Real Decreto Legislativo 1/2020, de 5 de mayo, por el que se aprueba el texto refundido de la Ley Concursal.
TUE	Tratado de la Unión Europea
UE	Unión Europea

PRÓLOGO

Hace aproximadamente un año, tuve el placer de prologar la primera monografía de Carlos Lora, *¿Qué es la resolución bancaria? Respuestas desde el Derecho administrativo*. El libro era el fruto de la tesis doctoral de Carlos, brillantemente defendida meses atrás en la Universidad de Valladolid y que obtuvo la máxima calificación.

Siempre resulta un tanto impúdico auto citarse, y más aún en un Prólogo, que debe ser una mera introducción a la obra de otro. Si lo hago es sólo porque creo que tiene todo el sentido, y porque más pudor aún produce repetirse. En aquel prólogo insistía en que buena parte de la relevancia de una tesis doctoral está en el proceso que lleva al doctorando a sus conclusiones finales, que ofrece a la academia, defiende ante un tribunal que la representa y, en el caso de Carlos, presenta luego al público en forma de libro. El que ahora prologo es el precipitado de ese proceso y pone de manifiesto que el proceso de investigación.

Carlos no fue mucho menos provechoso que su resultado. En efecto, el *Manual de supervisión prudencial bancaria* que tienen en sus manos es el fruto de la elaborada ordenación del estudio que el ahora doctor realizó para estar en condiciones de explicar críticamente y categorizar la institución más novedosa en el marco de la supervisión bancaria: la resolución a la que dedicó su primer libro,

Como buen manual, este es una exposición clara, ordenada y exhaustiva de un sector de nuestro ordenamiento, tanto a nivel del Derecho de la Unión como interno, que mucho me temo que es casi todo menos claro y ordenado. Eso hace que la accesible exposición que de él se realiza sea un gran mérito del autor, más aún cuando su claridad no merma un ápice su rigor y profundidad.

Comienza el autor introduciéndonos rápida y fácilmente en la unión bancaria, para exponer a continuación la estructura administrativa que se ocupa de su supervisión prudencial. Especialmente provechoso creo que resulta el tratamiento que hace de la compleja coordinación entre las organizaciones y organismos implicados, principalmente entre las europeas y las nacionales.

Particularmente valioso e interesante es, a mi juicio, el siguiente capítulo, dedicado a los diferentes tipos de procedimientos administrativos en el marco del MUS y del MUR, así como a los mecanismos de impugnación, administrativos y jurisdiccionales, que caben contra las decisiones adoptadas en dichos procedimientos. El Derecho de la Unión Europea ha tenido un efecto enormemente positivo en relación con las garantías de los particulares ante la actuación de las Administraciones nacionales. Paradójicamente, las garantías procedimentales en relación con la actuación de las autoridades de la Unión dejan mucho que desear, y se echa de menos una mejor y mayor regulación de los procedimientos de actuación de las autoridades europeas de supervisión prudencial, que desgraciadamente no puede complementarse con una regulación general del procedimiento administrativo que, a mi juicio, sería bienvenida al nivel del Derecho de la Unión. Con estos pobres mimbres, haciendo un buen uso de las categorías generales del procedimiento, de la interpretación sistemática y de los principios generales del Derecho de la Unión fijados en la jurisprudencia del Tribunal de Justicia de la Unión Europea, el autor realiza una presentación fundada y convincente del procedimiento y del sistema de recursos, proponiendo soluciones con mucho sentido común y jurídico a los problemas que se le plantean.

En la segunda parte de la obra, Carlos Lora examina con rigor y profundo conocimiento de las categorías generales del Derecho administrativo las diferentes potestades en las que se basa la supervisión prudencial en el sector: las autorizatorias, la de inspección, las correctoras, incluyendo la de resolución, y la sancionadora. Creo sin ninguna duda que en esta segunda parte el manual trasciende lo sectorial. En un análisis que parte del dominio de la normativa aplicable, la descripción que se hace de estas potestades, que constituyen los mecanismos propios de la supervisión administrativa como actividad de intervención, puede aprovechar a quién tenga interés por ellas más allá del sector de la supervisión prudencial bancaria.

En definitiva, creo que estamos de enhorabuena ante una obra rigurosa, completa y accesible, que puede ser muy útil a quién se aproxima desde el estudio o la práctica profesional a la supervisión prudencial bancaria e incluso, como he referido en relación con la segunda parte de la obra, a la supervisión como función administrativa de intervención.

En Barcelona, a 12 de octubre de 2025.

Mariano Magide Herrero
Profesor asociado de Derecho administrativo de la Universidad Rey Juan Carlos
Socio de Uría Menéndez

INTRODUCCIÓN

1. A finales de 2024 publiqué, en estas mismas editorial y colección, *¿Qué es la resolución bancaria? Respuestas desde el Derecho administrativo*[1]. Esa obra condensa el núcleo central de mi tesis doctoral, relativo a la conceptualización dogmática y la naturaleza jurídica de la resolución bancaria, y ofrece un exhaustivo examen de su régimen jurídico a la luz de los pronunciamientos judiciales que, en los últimos diez años, se han producido al respecto.

Ese trabajo parte de la delimitación de la actividad administrativa de supervisión prudencial bancaria como marco conceptual adecuado para abordar el estudio de la resolución bancaria y, a partir de ahí, ubica la resolución bancaria entre las potestades correctoras de que dispone la Administración supervisora para garantizar el cumplimiento de la ordenación aplicable a la actividad crediticia en orden a garantizar la estabilidad del sistema financiero. Una vez delimitado de ese modo el marco conceptual relevante, en la citada obra realizo un viaje de ida y vuelta sobre la actividad administrativa de resolución prudencial bancaria para examinar cómo la novedosa supervisión bancaria puede encajar en ella o, recíprocamente, cómo las categorías tradicionales de la supervisión deben ahormarse para dar acogida a esta nueva técnica de intervención.

Ahora bien, el marco conceptual en que consiste la actividad administrativa de supervisión prudencial bancaria es mucho más amplio que la sola resolución bancaria, e incluye otras varias potestades administrativas autorizatorias, inspectoras, correctoras y sancionadoras que, todas ellas, junto con la citada resolución, conforman una actividad administrativa coherente dirigida a garantizar el recto cumplimiento de la ordenación prudencial bancaria. Es por ello que, el examen de las cuestiones relativas a la conceptualización dogmática y la naturaleza jurídica de la resolución, me adentré en el examen de todas las demás potestades atribuidas a la Administración competente para la supervisión prudencial bancaria con la finalidad de obtener respuestas a aquellas cuestiones que esta nueva técnica de intervención en el sector bancario planteaba.

La obra que el lector tiene ahora entre sus manos recoge y sistematiza el examen pormenorizado que realicé de todas las potestades que conforman la actividad administrativa de supervisión prudencial bancaria, según ésta queda configurada en el marco del MUS y el MUR, y expone el régimen jurídico aplicable al ejercicio de cada una de ellas y, en su caso, los principales problemas prácticos que plantea junto con algunas soluciones que entiendo razonables desde la dogmática propia del Derecho administrativo.

Éste es, de hecho, un punto relevante a tener en cuenta al abordar la lectura de este trabajo. La regulación bancaria en su conjunto implica disciplinas jurídicas de distinta clase (Derecho mercantil, Derecho civil, Derecho administrativo). Ésta es una obra

---

[1] Lora González, Carlos, *¿Qué es la resolución bancaria? Respuestas desde el Derecho administrativo*, Valencia: Tirant lo Blanch, 2024.

exclusivamente jurídico-administrativa que, por tanto, tiene como objeto de estudio la relación jurídico-administrativa que se entabla entre los sujetos que operan en el sector crediticio (entidades de crédito, pero también sus administradores, directivos o acreedores) y las Administraciones que supervisan que esos sujetos desarrollan la actividad bancaria con arreglo a las normas que la ordenan. Estas normas ordenadoras, de naturaleza diversa (principalmente, mercantiles, pero también administrativas) quedan fuera del alcance de este trabajo. Pido al lector, por tanto, que no espere encontrar aquí un estudio de todas las aristas que conlleva la intervención pública en el sector del crédito, sino sólo el examen de cómo la Administración supervisa el recto cumplimiento de la ordenación que regula la actividad bancaria.

2. La presente obra se divide en dos partes de desigual extensión.

Los tres primeros capítulos abordan cuestiones generales relativas a la configuración del MUS y el MUR como sistemas de ejercicio coordinado de las potestades administrativas de supervisión prudencial bancaria, y a las normas de organización y procedimiento administrativo que enmarcan el concreto ejercicio de cada una de esas potestades y delimitan el espacio en el que pueden moverse las distintas Administraciones públicas, europeas y españolas, implicadas en la supervisión. Estos capítulos ya plantean algunas cuestiones interpretativas de relevancia a la hora de garantizar adecuadamente los derechos de los particulares frente al ejercicio de poder administrativo en que constituye la actividad administrativa de supervisión prudencial bancaria, y ordenan, desde un punto de vista dogmático, las distintas instituciones en las que se asienta.

Los siguientes cinco capítulos examinan las distintas clases de potestades de supervisión que se configuran en el marco del MUS y el MUR (todas ellas conocidas desde hace décadas por la dogmática administrativa, aunque hayan sido reformuladas para responder a las nuevas necesidades supranacionales que pretenden satisfacer ambos mecanismos: autorizaciones, inspecciones, correcciones y sanciones). En cada uno de estos capítulos se analiza, para cada tipología de potestad, el régimen jurídico que reglamenta su ejercicio, así como algunos de los puntos de fricción que presenta y las propuestas que entiendo más razonables para solucionarlos.

A este respecto, el capítulo VII de este trabajo, dedicado al examen del régimen jurídico aplicable al ejercicio de la potestad de resolución bancaria, es una réplica del que se contiene, como capítulo IV, en la obra previa[2]. A pesar de lo redundante que pueda parecer su reiteración en este lugar, considero, sin embargo, que, si de verdad creo, como hago, que la resolución bancaria es una potestad correctora más, aunque particularmente intensa, incardinada en la actividad administrativa de supervisión prudencial bancaria, un

---

2 *Vid.* Lora González, Carlos, *¿Qué es...?*, *óp. cit.*, pp. 155-204.

examen pormenorizado de tal actividad no puede prescindir del examen de esa potestad o, de lo contrario, el producto obtenido no satisfaría su pretensión de completitud.

3. Si bien la presente obra tiene un objeto muy acotado (la concreta regulación que el vigente Derecho positivo hace de las potestades incardinadas en la actividad administrativa de supervisión prudencial bancaria), considero que buena parte del análisis que se contiene en ella y de las conclusiones que se alcanzan pueden ser de utilidad en un futuro próximo, cuando las distintas instancias públicas (la UE y los Estados miembro) aborden los próximos retos a los que se enfrentará el sector bancario y, al hacerlo, empleen la técnica de la ordenación y supervisión de la conducta de las entidades de crédito o de otros operadores financieros para garantizar la indemnidad de nuevos bienes jurídicos protegidos que se consideren relevantes para la comunidad política[3].

Dos son, en mi opinión, los derroteros por los que discurrirá este proceso en el sector bancario y en cuya materialización el examen de la actividad administrativa de supervisión prudencial bancaria que aquí se hace puede ser relevante.

Por un lado, la digitalización del sistema crediticio es ya una realidad. Muchos Estados han aprobado las primeras normas dirigidas a garantizar una adecuada realización

---

3 La continua adaptación que el sector bancario debe hacer a los cambios económicos y sociales que acontecen, y la necesidad de adaptar la ordenación y supervisión del sector a esas nuevas realidades, fue ya un hecho por la pandemia provocada por la crisis sanitaria ocasionada por el SARS-CoV-2. Por ejemplo, el BdE publicó el documento *La adaptación de la función de supervisión de las entidades de crédito a la crisis derivada del COVID-19*, elaborado por Sonsoles Eirea, María Oroz y Carlos Díez (disponible en: https://www.bde.es/f/webbde/GAP/Secciones/Publicaciones/InformesBoletinesRevistas/RevistaEstabilidadFinanciera/21/3_Supervision_REF.pdf; enlace consultado el 31 de diciembre de 2023), donde se explicaba que, en coordinación con el BCE, el BdE tuvo que "*adaptar sus prioridades, metodologías y enfoques para desarrollar su función supervisora de entidades de crédito*" ante la situación desatada por la pandemia. Lógicamente, la pandemia fue temporal y la adaptación de la supervisión a ella también, pero cuando ocurren eventos con cierta vocación de permanencia, la ordenación y supervisión del sector puede experimentar una transformación más completa y profunda que le conduzca a la identificación de nuevos bienes jurídicos protegidos merecedores de protección. Por otro lado, en otros ámbitos financieros extramuros del sector bancario ya se han erigido mecanismos de supervisión similares al MUS y al MUR (así, por ejemplo, en materia de prevención del blanqueo de capitales y financiación del terrorismo, se ha creado la AMLA como Administración supervisora de la ordenación existente a nivel europeo por medio del Reglamento 2024/1620) o se está preparando el terreno para ello (es el caso de la denominada *Capital Markets Union*, en relación con la cual la acción 16 del plan de acción elaborado por la Comisión Europea contempla la integración de la supervisión de los mercados de capitales –*vid.* https://finance.ec.europa.eu/capital-markets-union-and-financial-markets/capital-markets-union/capital-markets-union-2020-action-plan/action-16-supervision_en; enlace consultado el 19 de febrero de 2025). En todos estos casos, como se dice, la mecánica jurídico-administrativa de la actividad administrativa de supervisión prudencial bancaria que se expone en estas páginas resulta trasladable, *mutatis mutandis*.

de la actividad bancaria en un entorno digital[4], pero es previsible que el vertiginoso desarrollo de la inteligencia artificial y su aplicación al sector crediticio haga que estas normas maduren y cristalicen en la identificación de nuevos bienes jurídicos cuya indemnidad pueda encontrarse en riesgo por la realización de aquella actividad[5]. Para hacer frente a este reto, es posible que en los distintos niveles se aprueben normas de conducta de las entidades de crédito y se conformen sistemas administrativos de supervisión de su cumplimiento basados en las mismas técnicas administrativas que hoy por hoy emplean el MUS y el MUR en materia de supervisión prudencial.

Por otro lado, el reto del cambio climático está planteando, principalmente a nivel europeo, la posibilidad de ordenar la actividad de las entidades de crédito para que coadyuve –o, al menos, no perjudique– a la realización de los objetivos públicos establecidos a este respecto[6]. Aunque, hasta la fecha presente, esta cuestión se está abordando desde un punto de vista exclusivamente prudencial, no puede descartarse que más adelante se origine una ordenación climática bancaria que reclame un sistema de supervisión administrativa que beba del precedente que el MUS y el MUR han sentado en materia prudencial, especialmente si la intervención pública en la actividad crediticia a este respecto se plantea en el seno de la UE.

---

4 Así, en España, la Ley 7/2020, cuyo art. 1 declara expresamente que se trata de un proyecto piloto en la materia, al regular "*un entorno controlado de pruebas que permita llevar a la práctica proyectos de innovación del sistema financiero con pleno acomodo en el marco legal y supervisor*" y reforzar "*los instrumentos necesarios para garantizar los objetivos de la política financiera en el contexto de la transformación digital*".

5 *Vid*, a este respecto, Laguna de Paz, J. C., "Some implications of the new global digital economy for financial regulation and supervision", *Journal of Banking Regulation*, 18 de febrero de 2022.

6 *Vid.* BCE, *Treading softly: How central banks are addressing current global challenges*, BCE: Frankfurt, 2023.

PRIMERA PARTE

SUPERVISIÓN ADMINISTRATIVA PRUDENCIAL DE ENTIDADES DE CRÉDITO EN EL MARCO DEL MUS Y EL MUR

CAPÍTULO I

LA UNIÓN BANCARIA

1. GESTACIÓN Y NACIMIENTO DE LA UNIÓN BANCARIA

1.1. La Unión Bancaria es el resultado de un proceso de integración supervisora que ha durado más de una década[1].

El punto de partida de ese proceso se puede situar en los primeros años del siglo XXI, cuando la UE acordó la creación de los llamados "Comités de nivel 3" (tres Comités, uno para cada subsector financiero —banca, valores y seguros— supervisado)[2], cuyas principales funciones consistieron en asistir a la Comisión Europea, primero en el ejercicio de las facultades ejecutivas que tiene atribuidas y, después[3], en la elaboración de los proyectos de normas de supervisión (es decir, en lo que, bajo el sistema Lamfalussy, se denominaron los "desarrollos de nivel 2")[4].

Este sistema fue objeto de una continua revisión[5]. A tal efecto, en octubre de 2008 la Comisión Europea encomendó a un grupo de expertos dirigido por Jacques de Larosière la elaboración de un informe que marcara las directrices para una completa revisión de la ordenación prudencial bancaria. Los trabajos del grupo de expertos cristalizaron en

---

1 Para una visión general de la Unión Bancaria, *vid.* GARCÍA DE CAL, J. L., *Crisis financiera y reforma bancaria: el surgimiento de la Unión* Bancaria", Valladolid, Universidad de Valladolid, 2016; o URÍA FERNÁNDEZ, Francisco, "La supervisión bancaria europea en 2014: una Unión Bancaria incompleta", en MARTÍNEZ-PARDO DEL VALLE, Ramiro, y Zapata Cirugeda, Francisco Javier (coords.), *Observatorio sobre la reforma de los mercados financieros europeos*, Madrid, 2013, pp. 57-68.Por otro lado, como buena recapitulación de la gestación y aparición del MUS como primer paso de la Unión Bancaria, *vid.* UGENA TORREJÓN, Roberto, "El Mecanismo Único de Supervisión Europeo", *AJUM* núm. 36 (2014), pp. 7-18; o Lara Ortiz, María Lidón, *La supervisión bancaria europea. Régimen jurídico*, Aravaca (Madrid): McGraw Hill, 2018, pp. 79-102.

2 Mediante las Decisiones de la Comisión Europea 2001/527/CE, de 6 de junio de 2001, por la que se crea el Comité de responsables europeos de reglamentación de valores; 2004/5/CE, de 5 de noviembre de 2003, por el que se crea el Comité de supervisores bancarios europeos; y 2004/6/CE, de 5 de noviembre de 2003, por la que se crea el Comité europeo de supervisores de seguros y de pensiones de jubilación.

3 Tras la modificación operada en las Decisiones antecitadas por la Directiva 2/CE, del Parlamento Europeo y del Consejo, de 9 de marzo de 2005, por la que se modifican las Directivas 73/239/CEE, 85/611/CEE, 91/675/CEE,92/49/CEE y 93/6/CEE del Consejo y las Directivas 94/19/CE, 98/78/CE, 2000/12/CE, 2001/34/CE, 2002/83/CE y 2002/87/CE, a fin de establecer una nueva estructura organizativa de los comités de servicios financieros.

4 Cfr. GARCÍA-ÁLVAREZ GARCÍA, Gerardo, "La construcción de una Unión Bancaria europea: la Autoridad Bancaria Europea, la supervisión prudencial del Banco Central Europeo y el futuro Mecanismo Único de Resolución", en TEJEDOR BIELSA, Julio César, y FERNÁNDEZ TORRES, Isabel (coords.), *La reforma bancaria en la Unión Europea y España*, Cizur Menor (Navarra): Thomson Reuters-Civitas, 2014, pp. 82-85.

5 Así, en el *Libro Blanco de la Comisión de 1 de diciembre de 2005 sobre la política de los servicios financieros 2005-2010* (COM(2005) 629 final), se proponía avanzar en el debate sobre la estructura de comités y mejorar el conjunto del proceso de supervisión, entre otras cuestiones (cfr. pp. 9 y ss.).

el "*Informe del Grupo de Alto Nivel sobre supervisión financiera en la UE*", publicado en Bruselas el 25 de febrero de 2009[6], coloquialmente conocido como "Informe Larosière".

El Informe Larosière contenía una hoja de ruta para reformular la ordenación prudencial bancaria heredada de Basilea II sobre las premisas de exigir a las entidades de crédito más capital y de mejor calidad, disponer de instrumentos para combatir los efectos del ciclo económico y limitar el riesgo de liquidez, entre otros objetivos[7]. Asimismo, el Informe también contiene recomendaciones en relación con la regulación de las agencias de calificación crediticia, las normas contables aplicables a las entidades de crédito y las fórmulas de supervisión administrativa de la actividad[8]. Por último, el Informe incluye recomendaciones en materia de gobierno corporativo y resolución y liquidación de entidades[9].

Por lo que a la actividad administrativa de supervisión prudencial bancaria interesa, el Informe Larosière propuso una completa reforma del sistema que, por lo que atañe a las entidades de crédito, se fundamentaba en dos pilares. Por un lado, el Informe proponía conferir al SEBC facultades en lo relativo a la supervisión macroprudencial, para lo cual se proponía la creación de:

> *"Un nuevo grupo, que sustituiría al actual Comité de Supervisión Bancaria (CSB) del BCE, que se denominaría Consejo Europeo de Riesgos Sistémicos (CERS), bajo la égida del BCE y con el apoyo logístico de este. Su función consistiría en formular juicios y recomendaciones sobre política macroprudencial, emitir advertencias sobre riesgos, comparar las observaciones sobre la evolución macroeconómica y prudencial y ofrecer orientaciones sobre estos temas"*[10].

Y, por otro lado, el Informe proponía la creación del SESF, "*formado por una red integrada de supervisores financieros europeos que trabajarían con los nuevos comités de nivel 3 («Autoridades»)*", pero manteniendo en los supervisores nacionales la "*supervisión cotidiana*" y la mayoría de las competencias que hasta entonces ostentaban[11]. De este modo, el Informe proponía la transformación de los antiguos Comités "de nivel 3" en tres agencias europeas (la ABE, la AEMV y la AESPJ), con más potestades que las que en ese momento correspondían a aquéllos y cuyo principal papel sería el de coordinar la

---

6 Disponible en: https://ec.europa.eu/economy_finance/publications/pages/publication14527_en.pdf (enlace consultado el 6 de julio de 2024). Sobre este informe, conocido como "Informe Larosière", *vid.* FIELD, Linette, y PÉREZ, Daniel, "El Informe del Grupo de Alto Nivel sobre supervisión financiera en la UE: el Informe Larosière", *REF*, núm. 16 (mayo 2009), pp. 43 a 62.

7 Cfr. Informe Larosière, pp. 19 a 23.

8 Cfr. Informe Larosière, pp. 23 y ss., 25 y ss., y 28 y ss., respectivamente.

9 Cfr. Informe Larosière, pp. 35 y ss., y 38 y ss., respectivamente.

10 Informe Larosiére, pár. 177.

11 Informe Larosiére, pár. 184.

actividad de los supervisores nacionales[12]. No obstante, el Informe Larosière rechazaba la posibilidad de que las competencias de supervisión a nivel microprudencial fueran trasladadas al BCE[13].

Las recomendaciones contenidas en el Informe Larosière, junto con la revisión de las directrices adoptadas en materia de ordenación y supervisión prudencial de entidades de crédito por el Comité de Supervisión Bancaria de Basilea[14], fueron acogidas por la UE, quien, por un lado, aprobó los paquetes CRD IV y CRR –que, con las modificaciones experimentadas en la última década[15], conforman la ordenación prudencial bancaria vigente–, y, por otro lado, constituyó la llamada Unión Bancaria.

---

12 Cfr. García-Álvarez García, Gerardo, "La construcción...", *óp. cit.*, pp. 85-90. Las tres Autoridades se crearon, respectivamente, mediante los Reglamentos 1093/2010, 1095/2010 y 1094/2010.

13 Cfr. Informe Larosiére, pár. 171.

14 Esta revisión concluyó en la adopción de los conocidos como "Acuerdos de Basilea III", realmente denominados "*Marco internacional para la medición, normalización y seguimiento del riesgo de liquidez*", aprobados el 16 de diciembre de 2010 y disponibles en la página web del Banco de Pagos Internacionales de Basilea: https://www.bis.org/publ/bcbs188_es.pdf (enlace consultado el 8 de diciembre de 2019). Esos Acuerdos fueron actualizados mediante un nuevo documento de fecha 6 de enero de 2013, relativo al ratio de liquidez, disponible en el mismo lugar: https://www.bis.org/publ/bcbs238_es.pdf (enlace consultado el 8 de diciembre de 2019), y por un nuevo documento de octubre de 2014 relativo al coeficiente de financiación estable neta: https://www.bis.org/bcbs/publ/d295_es.pdf (enlace consultado el 8 de diciembre de 2019). Los acuerdos han sido incrementados nuevamente en los años 2016 y 2017, originando reformas de suficiente calado como para que algunos sectores hayan calificado la revisión de un nuevo paquete "Basilea –claro está– IV" (*vid.* Davies, H., *The last Basel round?*, en *Project Syndicate*, 21 de diciembre de 2017, disponible en: https://www.project-syndicate.org/commentary/basel-committee-new-capital-adequacy-rules-by-howard-davies-2017-12?barrier=accesspaylog –enlace consultado el 17 de enero de 2020–). El CSBB los denomina, sencillamente, *Sixteenth progress report on adoption of the Basel regulatory framework* (https://www.bis.org/bcbs/publ/d464.htm; enlace consultado el 17 de enero de 2020). El conjunto de documentos que se han ido aprobando en seguimiento de estos Acuerdos puede encontrarse igualmente en el siguiente enlace: https://www.bis.org/bcbs/basel3_es.htm (enlace consultado el 8 de diciembre de 2019). El conjunto del marco revisado de Basilea se puede consultar en inglés en el documento publicado en la misma página web: https://www.bis.org/basel_framework/index.htm?export=pdf&pdfid=15758099914685778 (enlace consultado el 8 de diciembre de 2019).

15 Por lo que a CRD IV se refiere, las modificaciones más significativas fueron la operada por la llamada CRD V (Directiva (UE) 2019/878 del Parlamento Europeo y del Consejo, de 20 de mayo de 2019, por la que se modifica la Directiva 2013/36/UE en lo que respecta a los entes exentos, las sociedades financieras de cartera, las sociedades financieras mixtas de cartera, las remuneraciones, las medidas y las facultades de supervisión y las medidas de conservación del capital) –*vid.* Albuerne González, Carolina, "Novedades del paquete legislativo "CRD V", *AJUM* núm. 53, 2019, pp. 154-157– y, más recientemente, CRD VI. Por lo que a CRR respecta, la modificación más relevante fue la operada por el Reglamento (UE) 2019/876 del Parlamento Europeo y del Consejo, de 20 de mayo de 2019, por el que se modifica el Reglamento (UE) n.º 575/2013 en lo que se refiere a la ratio de apalancamiento, la ratio de financiación estable neta, los requisitos de fondos propios y pasivos

1.2. La propuesta de creación de una "*supervisión bancaria única*", "*un sistema de garantía de depósitos europeo*" y "*un mecanismo de resolución de crisis europeo*", se contuvo por primera vez en el informe que Herman van Rompuy, entonces Presidente del Consejo Europeo, presentó ante esa institución el 26 de junio de 2012, en el que se sentaban las bases de la Unión Bancaria[16].

La propuesta del Presidente del Consejo Europeo fue inmediatamente acogida por la Comisión quien, en su Comunicación al Parlamento Europeo y al Consejo titulada "*Hoja de ruta hacia una unión bancaria*"[17], propuso la creación de un "*mecanismo único de supervisión*" basado "*en la transferencia al nivel europeo de funciones concretas esenciales en materia de supervisión de los bancos establecidos en los Estados miembros de la zona euro*" en favor del BCE (cfr. pág. 6).

A partir de ahí, y tras duras negociaciones en las cuales se intentaba conjugar el papel protagonista que el BCE tiene en relación con los Estados miembros de la zona euro y la necesidad de que el sistema estuviera abierto al mercado interior[18], por un lado, y el interés de algunos Estados miembros (como Alemania) por retener la supervisión de algunas de sus entidades de crédito (como las instituciones alemanas equivalentes a las cajas de ahorro españolas), por otro lado, fue aprobado el Reglamento 1024/2013 e implantado el MUS[19].

---

admisibles, el riesgo de crédito de contraparte, el riesgo de mercado, las exposiciones a entidades de contrapartida central, las exposiciones a organismos de inversión colectiva, las grandes exposiciones y los requisitos de presentación y divulgación de información, y el Reglamento (UE) n.° 648/2012.

16 EUCO 120/12, PRESSE 296, PR PCE 102, disponible en: https://www.consilium.europa.eu/media/21556/131290.pdf (enlace consultado el 6 de marzo de 2020). *Vid.*, Asmussen, Jörg, "Hacia una Unión Bancaria", *ICE*, núm. 874 (2013); y Gual Solé, Jordi, *Unión Bancaria: ¿de hormigón o de paja?*, Documentos de economía "La Caixa" núm. 26 (julio 2013).

17 COM(2012) 510 final, de 12 de septiembre de 2012.

18 Esta cuestión no era baladí. Al fin y a la postre, el BCE es el banco central de los Estados que han adoptado el euro como moneda y, en cuanto tal, le corresponden competencias exclusivas en materia de política monetaria sólo sobre esos Estados (cfr. art. 3.1-*c)* del TFUE), y el MUS se fundamenta en un precepto (el art. 127.6 del TFUE) que, a pesar de no incluirse entre aquéllos que desarrollan esa competencia exclusiva, guarda una estrecha relación con la política monetaria de esos Estados. Sin embargo, la necesidad de un mecanismo único de supervisión y resolución obedece a la integración de los mercados europeos fruto de las libertad de establecimiento, prestación de servicios y circulación de capitales, las cuales no se circunscriben a esos Estados, sino a la totalidad de los miembros de la Unión. Por esa razón, circunscribir los nuevos mecanismos a los Estados miembros cuya moneda es el euro encontraba difícil encaje en la creación de un mercado interior en la UE (en este caso, mercado interior de servicios bancarios). Sobre esta problemática, *vid.* Martínez López-Muñiz, José Luis, "Problemas de cobertura jurídica de la supervisión bancaria del BCE en la nueva Unión Bancaria y apuntes para su solución", *REE*, núm. 63 (julio-diciembre), 2013.

19 Uría Fernández, Francisco, *La nueva..., óp. cit.*, pp. 158-164; García-Álvarez García, Gerardo, "La construcción...", *óp. cit.*, pp. 94-105; Urbaneja Cillán, Jorge, *La ordenación internacional*

La creación del MUS fue acompañada de la incorporación al marco supervisor europeo de nuevas herramientas de supervisión que permitieran a las Administraciones competentes hacer frente, de manera más efectiva, a crisis bancarias (como los instrumentos de actuación temprana o la resolución bancaria), a cuyos efectos se aprobó la denominada BRRD[20], y la incorporación de esas herramientas al sistema de ejercicio coordinado de competencias en que consiste la Unión Bancaria, mediante la aprobación del Reglamento 806/2014 y el establecimiento del MUR[21].

Finalmente, la Unión Bancaria se completó con un nuevo marco normativo para los sistemas de garantías de depósitos en el conjunto de la UE[22] que, sin embargo, no ha cristalizado en la constitución de un Sistema Europeo de Garantía de Depósitos único para el conjunto de la Unión.

Actualmente, tanto la normativa en materia de gestión de crisis bancarias (la BRRD y el Reglamento 806/2014) como la relativa los sistemas de garantías de depósitos se encuentran inmersos en un proceso de reforma[23].

---

y europea de las entidades de crédito, Valencia: Tirant lo Blanch, 2018, pp. 337-340; ALONSO LEDESMA, Carmen, "Un primer paso hacia la unión bancaria: El mecanismo único de supervisión", en CUÑAT EDO, Vicente, MASSAGUER FUERTES, José, ALONSO ESPINOSA, Francisco José, y GALLEGO SÁNCHEZ, Esperanza (dirs.), *Estudios de Derecho mercantil. Liber amicorum profesor Dr. Francisco Vicent Chuliá*, Tirant lo Blanch, Valencia, 2013, pp. 1.292-1.294; y FERRAN E., y BABIS, V. "The European Single Supervisory Mechanism", University of Cambridge, Paper No. 10/2013 (disponible en https://papers.ssrn.com/sol3/papers.cfm?abstract_id=2224538&download=yes, enlace consultado el 25 de enero de 2020), pp. 6-9.

20 Directiva 2014/59/UE del Parlamento Europeo y del Consejo, de 15 de mayo de 2014 , por la que se establece un marco para la reestructuración y la resolución de entidades de crédito y empresas de servicios de inversión, y por la que se modifican la Directiva 82/891/CEE del Consejo, y las Directivas 2001/24/CE, 2002/47/CE, 2004/25/CE, 2005/56/CE, 2007/36/CE, 2011/35/UE, 2012/30/UE y 2013/36/UE, y los Reglamentos (UE) n ° 1093/2010 y (UE) n ° 648/2012 del Parlamento Europeo y del Consejo.

21 *Vid.* URÍA FERNÁNDEZ, Francisco., *La nueva...*, *óp. cit.*, pp. 173-193; GARCÍA-ÁLVAREZ GARCÍA, Gerardo., La construcción...", *óp. cit.*, pp. 131-141; GONZÁLEZ GARCÍA, Julio V., "Mecanismo único de resolución bancaria. Aspectos institucionales", *RDBB* núm. 136 (octubre-diciembre 2014), pp. 284-285

22 Directiva 2014/49/UE del Parlamento Europeo y del Consejo, de 16 de abril de 2014 , relativa a los sistemas de garantía de depósitos, transpuesta al ordenamiento español por las mismas normas citadas.

23 La denominada CMDI, por sus siglas en inglés. El proceso legislativo de esta reforma se encuentra disponible en: https://finance.ec.europa.eu/publications/reform-bank-crisis-management-and-deposit-insurance-framework_en (enlace consultado el 6 de julio de 2024). El 25 de junio de 2025 el Consejo y el Parlamento Europeo anunciaron que han alcanzado un acuerdo sobre la reforma que, por tanto, deberá seguir la tramitación procedente (Vid. https://www.consilium.europa.eu/en/press/press-releases/2025/06/25/bank-resolution-council-and-parliament-strike-deal-to-strengthen-the-eu-crisis-management-framework/; enlace consultado el 9 de julio de 2025).

2. LA ACTIVIDAD ADMINISTRATIVA DE SUPERVISIÓN PRUDENCIAL BANCARIA EN LA UNIÓN BANCARIA: EL MUS Y EL MUR

2.1 EL MUS Y EL MUR COMO SISTEMA DE EJERCICIO COORDINADO DE LAS POTESTADES ADMINISTRATIVAS DE SUPERVISIÓN PRUDENCIAL BANCARIA

El MUS y el MUR constituyen un sistema de ejercicio coordinado de las potestades administrativas que conforman la actividad administrativa de supervisión prudencial bancaria (esto es, esa actividad consistente en la verificación del cumplimiento normativo con neutralidad a los fines que se proyecta sobre el sector del crédito para garantizar la estabilidad del sistema financiero mediante el aseguramiento de la continuidad en el mercado de quienes operan en él)[24].

Partiendo de esta aproximación, el MUS y el MUR tienen por objeto ordenar la forma en que esas potestades son ejercidas sobre las entidades de crédito sujetas a ellos por distintos centros de poder público en función de determinados criterios reglados predefinidos por las normas aplicables.

Por tanto, la principal virtualidad que tienen el MUS y el MUR no se encuentra tanto en el contenido material de las facultades de supervisión que configuran (pues, con la aparente excepción de la resolución bancaria, no dejan de contemplar en buena medida instituciones conocidas desde hace décadas en la supervisión prudencial de las entidades de crédito, tales como la autorización, la inspección, la corrección e intervención de entidades y la sanción), sino en la reorganización que de ellas hace mediante su atribución a distintos centros de poder administrativo relacionados y coordinados entre sí[25].

---

24 Marcos POSADA RODRÍGUEZ lo denomina "*sistema de supervisión de las entidades de crédito de la zona euro con un reparto de competencias entre el BCE y las ANCs bajo el que, en esencia, al BCE se le atribuye la vigilancia última del funcionamiento del sistema así como la supervisión prudencial directa de las entidades de crédito consideradas significativas, mientras que a las ANCs les corresponde la supervisión prudencial directa del resto de entidades de crédito, así como la colaboración con el BCE en el funcionamiento del sistema*" ("Los denominados procedimientos comunes en el marco del Mecanismo Único de Supervisión", en GONZÁLEZ VÁZQUEZ, José Carlos; COLINO MEEDIAVILLA José Luis; y SALVADOR ARMENDÁRIZ, María Amparo, *Cuestiones controvertidas de la regulación bancaria*, Wolters Kluwer España-La Ley: Madrid, 2018, pp. 91-127). El sistema de ejercicio coordinado de potestades administrativas que, en el ámbito de la supervisión prudencial, conforman el MUS y el MUR encuentra como precedente el SEBC en cuanto mecanismo de ejercicio coordinado de potestades administrativas, por Administraciones nacionales y europeas, en el ámbito de la política monetaria.

25 María Lidón LARA ORTIZ explica que el MUS y el MUR constituyen un "*sistema integrado por varios elementos, estructuras y procedimientos que, o bien complementan la actividad europea de*

A este respecto, la Sentencia del Tribunal General de la UE de 30 de noviembre de 2022 (TOL9.304.113)[26] ha explicado la esencia del MUS como sistema de ejercicio coordinado de competencias en los siguientes términos:

> *"Moreover, it is apparent from the examination of the interaction between Article 4(1) and Article 6 of Regulation No 1024/2013 that the logic of the relationship between them consists in allowing the exclusive competences delegated to the ECB to be implemented within a decentralised framework, rather than having a distribution of competences between the ECB and the national competent authorities of participating Member States in the performance of the tasks referred to in Article 4(1) of that regulation. That finding is supported by a reading of the recitals of that regulation. First, it is apparent from recitals 15 and 28 of that regulation that only those tasks explicitly entrusted to the ECB fall outside the competence of the Member States and that prudential supervision of financial institutions on grounds other than those listed in Article 4(1) of that regulation continues to fall within the competence of the Member States. It necessarily follows that it is at the stage of the definition of the tasks entrusted to the ECB by Article 4(1) of the regulation concerned that the competences between the ECB and those authorities were distributed. Secondly, it should be noted that, although recital 28 of the regulation concerned provides a list of the supervisory tasks that are to remain within the remit of the national authorities, it does not include any of the tasks listed in Article 4(1) of that regulation. Nor does that recital present direct supervision of less significant entities as constituting the exercise of a competence falling within the remit of the national authorities (see, to that effect, judgment of 16 May 2017, Landeskreditbank Baden-Württemberg v ECB, T-122/15, EU:T:2017:337, paragraphs 54 to 57)"* (n. 66)[27].

---

supervisión, o bien descansan en ella, con la consecuencia de que desde el punto de vista organizativo, las relaciones interadministrativas entre las autoridades y responsables de cada dimensión tienden a la complejidad (...)". Y, a partir de ahí, examina los criterios subjetivos, objetivos y funcionales de distribución del ejercicio de competencias entre las distintas Administraciones que integran los mecanismos y que, con diferente sistemática, se abordan a continuación (*vid.* "Visión crítica del sistema de competencias compartidas en el Mecanismo Único de Supervisión", en González Vázquez, José Carlos; Colino Meediavilla José Luis; y Salvador Armendáriz, María Amparo, *Cuestiones..., óp. cit.*, pp. 57-90).

26 Asunto T-698/16, *Trasta Komercbanka AS vs. BCE.* Esta Sentencia se encuentra actualmente recurrida en casación ante el Tribunal de Justicia de la UE en los recursos C-90/23 P y C-103/23 P. El último de estos recursos ha sido desestimado por ser manifiestamente inadmisible, pero el primero de ellos continúa pendiente de resolución por el Tribunal de Justicia de la UE.

27 *"Por otra parte, del examen de la interacción entre el artículo 4, apartado 1, y el artículo 6 del Reglamento núm. 1024/2013 se desprende que la lógica de la relación entre ambos consiste en permitir que las competencias exclusivas delegadas en el BCE se ejerzan en un marco descentralizado, en lugar de que exista un reparto de competencias entre el BCE y las autoridades nacionales competentes de los Estados miembro participantes en el ejercicio de las funciones contempladas en el artículo 4, apartado 1, de dicho Reglamento. Esta conclusión se ve corroborada por la lectura de los considerandos de dicho Reglamento. En primer lugar, de los considerandos 15 y 28 de dicho Reglamento se desprende que sólo las funciones encomendadas explícitamente al BCE quedan fuera de la competencia de los Estados miembro y que la supervisión prudencial de las entidades financieras por motivos distintos de los enumerados en el artículo 4, apartado 1, de dicho Reglamento sigue siendo competencia de los Estados miembro. De ello se deduce necesariamente que es en la fase de definición de las funciones encomendadas al BCE por el artículo 4, apartado 1, del Reglamento de que se trata cuando se distribuyeron las competencias entre el BCE y*

Por tanto, tal y como explica el Tribunal General de la UE, el sistema para el ejercicio coordinado de potestades administrativas en que consisten el MUS y el MUR funciona del siguiente modo. Las normas reguladoras de ambos mecanismos atribuyen a sendas Administraciones europeas (el BCE y la JUR) la titularidad exclusiva de concretas potestades administrativas, las cuales, no obstante, pueden ser ejercidas directamente por las Administraciones europeas o, de manera descentralizada, por las Administraciones supervisoras nacionales (en España, el BdE y el FROB) cuando así se haya acordado por el BCE en los casos expresamente previstos en las normas aplicables. En otras palabras, las potestades incardinadas el MUS y el MUR se atribuyen en su integridad al BCE (o a la JUR), sin perjuicio de que, posteriormente, el BCE, en los casos previstos en la norma, decida que, en relación con determinadas entidades de crédito, esas potestades sean ejercitadas por las Administraciones nacionales competentes.

Como se observa, los nuevos mecanismos han reestructurado el sistema de potestades administrativas preexistente en cada uno de los Estados miembro, atribuyéndoselas, en un primer momento, a las Administraciones europeas, y estableciendo los criterios reglados con arreglo a los cuales el BCE decide sobre su ejercicio, bien por esas Administraciones, bien por las Administraciones supervisoras nacionales. De este modo, el MUS y el MUR permiten, por un lado, una supervisión a escala europea cuando, de acuerdo con las pautas contenidas en las normas aplicables, ello resulta necesario para tutelar la estabilidad del sistema financiero, y, por otro lado, una supervisión por las Administraciones nacionales cuando ello no presenta un riesgo para el mantenimiento de esa estabilidad[28]. En definitiva, el MUS y el MUR llevan a la práctica, en el ámbito de la actividad administrativa de supervisión prudencial bancaria, el principio de subsidiariedad proclamado en el art. 5.3 del TUE[29].

---

dichas autoridades. En segundo lugar, procede señalar que, aunque el considerando 28 del Reglamento de que se trata enumera las funciones de supervisión que deben seguir siendo competencia de las autoridades nacionales, no incluye ninguna de las funciones enumeradas en el apartado 1 del artículo 4 de dicho Reglamento. Dicho considerando tampoco presenta la supervisión directa de las entidades menos significativas como constitutiva del ejercicio de una competencia propia de las autoridades nacionales (véase, en este sentido, la sentencia de 16 de mayo de 2017, Landeskreditbank Baden-Württemberg/ BCE, T-122/15, EU:T:2017:337, apartados 54 a 57)" (traducción propia).

28 *Vid.* García-Álvarez García, Gerardo, "La construcción...", *óp. cit.*, pp. 127-131.

29 *"En virtud del principio de subsidiariedad, en los ámbitos que no sean de su competencia exclusiva, la Unión intervendrá sólo en caso de que, y en la medida en que, los objetivos de la acción pretendida no puedan ser alcanzados de manera suficiente por los Estados miembro, ni a nivel central ni a nivel regional y local, sino que puedan alcanzarse mejor, debido a la dimensión o a los efectos de la acción pretendida, a escala de la Unión".*

2.2 UNA UNIÓN BANCARIA A DOS VELOCIDADES: EL MECANISMO DE COOPERACIÓN ESTRECHA CON EL BCE

A pesar de que, según se ha expuesto, el MUS y el MUR constituyen un único sistema organizado para el desarrollo de una misma actividad administrativa de supervisión prudencial bancaria en el conjunto de las economías europeas, su implantación no es homogénea en todo el territorio de la Unión Europea. El empeño el legislador europeo en situar al BCE, institución de la Unión Europea cuyos órganos de gobierno los integran únicamente los Estados miembro cuya moneda es el euro, como el órgano central sobre el que hacer pivotar la Unión Bancaria ha estrechado las posibilidades que tiene el Derecho de la Unión Europea para configurar un sistema administrativo aplicable de manera uniforme en el conjunto de Estados miembro, sea cual sea su moneda.

2.2.1. Según se ha explicado más arriba, el establecimiento del MUS por medio del Reglamento 1024/2013 estuvo precedido de intensas negociaciones por parte de los Estados miembro que, entre otras cuestiones, pretendían resolver qué Administración debía erigirse como la clave de bóveda del sistema. Finalmente, esas negociaciones concluyeron con la solución de ubicar en el BCE las potestades de supervisión prudencial bancaria que la Unión Europea se arrogaría para sí, con la sola excepción de la potestad de resolución bancaria, que se acordaba atribuir a una Administración de nueva creación, la JUR, con la naturaleza de una agencia de la Unión Europea.

La decisión de ubicar las potestades de supervisión al BCE no estuvo, sin embargo, exenta de dificultades jurídicas. El BCE es una institución de la Unión Europea que tiene encomendada la política monetaria de aquellos Estados miembro cuya moneda es el euro, lo que constituye una competencia exclusiva de la Unión *ex* art. 3.1-*c)* del TFUE. La política monetaria, en cambio, no corresponde a la Unión Europea (ni, por tanto, tampoco al BCE) en relación con aquellos Estados que tienen una moneda de curso legal distinta del euro. Ello explica, además, que los órganos de Gobierno del BCE estén participados sólo por aquellos Estados cuya moneda es el euro.

La actividad administrativa de supervisión prudencial bancaria no es, sin embargo, una cuestión vinculada a la política monetaria, sino que constituye una intervención autónoma e independiente en la actividad crediticia que encuentra su fundamento en la tutela de un bien jurídico distinto de la realización de los objetivos de política monetaria, cual es la garantía de la estabilidad del sistema financiero en beneficio de todos los agentes que intervienen en él[30]. Por tanto, la asunción de competencias por la Unión en materia de supervisión prudencial bancaria puede realizarse, con carácter general, al

---

30 *Vid.* LORA GONZÁLEZ, Carlos, *¿Qué es...?*, *óp. cit.*, pp. 85-90.

margen de las que ostenta en materia de política monetaria y, por tanto, para el conjunto de Estados miembro, y no sólo respecto de aquéllos cuya moneda es el euro.

Ahora bien, si se opta por esta vía, la posibilidad de atribuir potestades de supervisión al BCE se complica, toda vez que requiere hacer uso de una institución creada para el servicio a una competencia exclusiva de la Unión Europea sólo respecto de algunos de los Estados miembro (aquéllos cuya moneda es el euro), y cuyos órganos de gobierno están integrados sólo por estos Estados, para ejercitar potestades de supervisión sobre las entidades de crédito de todos los Estados miembro de la Unión, algunos de los cuales carecen de representación en dichos órganos de gobierno.

Para salvar estos problemas, el Reglamento 1024/2013, por medio del cual se estableció el MUS, encontró su fundamento en el art. 127.6 del TFUE, que permite "*encomendar al Banco Central Europeo tareas específicas respecto de políticas relacionadas con la supervisión prudencial de las entidades de crédito y otras entidades financieras, con excepción de las empresas de seguros*", y que, de acuerdo con lo previsto en el art. 139.2 del TFUE[31], no sería expresión de la competencia exclusiva de la Unión Europea en materia de política monetaria (y, por tanto, su alcance no se circunscribe a aquellos Estados miembro cuya moneda es el euro), sino de la competencia compartida general que la Unión Europea tiene en materia de mercado interior (cfr. art. 4.2-*a)* del TFUE) o, quizá, a la competencia *sui generis* en materia de política económica (cfr. art. 5.1 del TFUE)[32].

---

[31] El art. 139.2 del TFUE enumera aquellas previsiones del Título VIII del TFUE, relativo a la Unión Económica y Monetaria, que sólo resultan de aplicación a aquellos Estados miembro cuya moneda es el euro (y, por tanto, que son expresión de la competencia exclusiva en materia de política monetaria recogida en el art. 3.1-*c)* del TFUE). La posibilidad de atribuir al BCE "*tareas específicas*" de supervisión no se recoge entre ellas.

[32] Precisamente por este motivo, el Reglamento 1024/2013 fue adoptado mediante un procedimiento legislativo especial en una sesión del Consejo reunido en su formación para asuntos económicos y financieros (el Ecofin), en la que intervinieron todos los Estados miembros, cosa que no ocurre cuando se debaten cuestiones relativas a la competencia exclusiva de la Unión Europea en materia de política monetaria, cuando aquellos miembros cuya moneda no es el euro se abstienen. *Vid.*, a este respecto, Acta de la 3.264ª sesión del Consejo (núm. 14687/13), celebrada el 15 de octubre de 2019, disponible en: https://data.consilium.europa.eu/doc/document/ST-14687-2013-INIT/fr/pdf (enlace consultado el 25 de enero de 2020). Sobre la consideración de la competencia en materia de supervisión prudencial como una competencia compartida, *vid.* MARTÍNEZ LÓPEZ-MUÑIZ, José Luis, "Problemas...", óp. cit., pp. 79-114. José CARLOS LAGUNA DE PAZ, sin embargo, entiende que "*una interpretación sistemática del Tratado podría llevar a la conclusión de que la supervisión de las entidades de crédito está vinculada a la competencia exclusiva de la UE en relación con la política monetaria de los países de la zona euro*" (*El Mecanismo Europeo de Supervisión Bancaria*, RAP núm. 194 (mayo-agosto, 2014), p. 56, dado que dicho precepto se inserta en la regulación de la política monetaria contenida en el TFUE. Sea como fuere, la vinculación con la política monetaria es estrecha..

Este camino no se siguió, en cambio, para la configuración de una potestad de resolución bancaria a nivel europeo, toda vez que el Reglamento 806/2014 empleó como fundamento el art. 114 del TFUE, que configura la llamada "dimensión positiva" del mercado interior, consistente en la aproximación de legislaciones entre los Estados miembro, y que constituye una competencia compartida entre la UE y los Estados miembro (cfr. art. 4.2-*a)* del TFUE) de la que la UE es titular para el conjunto de los veintisiete Estados miembro. Y tampoco la aprobación de una ordenación prudencial de la actividad del crédito única para el conjunto de la Unión Europea (la contenida en CRD IV y en CRR) empleó una competencia distinta a la prevista en el art. 114 del TFUE, que resulta fácilmente predicable para el conjunto de los Estados miembros de la UE.

Pues bien, a pesar de la solución posibilista que ofrecía el art. 127.6 del TFUE, la atribución de competencias al BCE sobre esa norma genera importantes dudas, tanto en el plano teórico como en práctico. Por un lado, desde el punto de vista conceptual no se entiende que las normas que rigen una conducta (la actividad crediticia) en garantía de un determinado bien jurídico protegido (la estabilidad del sistema financiero) se fundamenten en un título de intervención y las normas que regulan el entramado administrativo para verificar la recta observancia de esas normas en otro distinto. Si la ordenación y la supervisión de un sector son dos fases lógicamente sucesivas de una misma intervención pública que encuentra su fundamento, de forma unitaria, en la protección de un determinado bien jurídico protegido (la estabilidad del sistema financiero), la aprobación de las normas de conducta de los particulares y la configuración del sistema administrativo de supervisión debe entenderse como manifestaciones de la misma competencia para intervenir una determinada actividad.

En otras palabras, la atribución a la Administración europea de distintas potestades para el ejercicio de la misma actividad administrativa de supervisión prudencial bancaria debe fundamentarse, en todos los casos, en el mismo título de intervención (precisamente, lo "prudencial", esto es, la garantía de la estabilidad del sistema financiero). Si la garantía de la indemnidad de este bien jurídico justifica la competencia configurada por el art. 127.6 del TFUE, esta norma debe servir para fundamentar toda la intervención administrativa realizada en dicha garantía; de lo contrario, si una parte de esa intervención no encuentra acomodo en él, no puede razonablemente concluirse que la norma ampare el título de intervención sobre el que ésta se asienta.

Por otro lado, en un plano más pragmático el esquema al que aboca la atribución de las potestades de supervisión prudencial bancaria al BCE con base en el art. 127.6 del TFUE genera importantes desequilibrios en las cesiones de soberanía realizadas por los Estados miembros para atribuir a la UE potestades de supervisión prudencial bancaria, en la medida en la que permite que los nacionales de los Estados miembro cuya moneda no es el euro se sujeten al poder administrativo de una institución donde dicho Estado no está representando, estableciendo, en consecuencia, importantes diferencias entre aquellos operadores económicos procedentes de los Estados miembros cuya moneda es el euro y aquéllos originarios de los demás Estados miembros. Por ese motivo, el art. 127.6 del TFUE se ha revelado como un fundamento jurídico inidóneo para permitir al BCE ejercer potestades administrativas sobre particulares (como entidades de crédito) nacionales de Estados miembros que, al no haber adoptado el euro como moneda, no han efectuado la cesión de soberanía necesaria en favor de esta institución de la UE.

El fundamento jurídico empleado para el establecimiento del MUS conduce, por tanto, a un callejón sin salida: se quiere establecer un mecanismo de supervisión único para el conjunto de la UE pero la Administración llamada a ejecutarlo carece de potestades suficientes sobre una parte de los particulares sujetos a él (las entidades de crédito nacionales de Estados miembros cuya moneda no es el euro).

2.2.2. Para hacer frente a esta situación, y procurar un mecanismo de supervisión que pueda ser aplicado en el conjunto de la UE, pero donde las potestades de supervisión puedan ser atribuidas al BCE, se ha resuelto hacer el MUS y el MUR[33] aplicables por principio al conjunto de Estados miembros cuya moneda es el euro, pero permitir a los demás Estados miembros (los que tienen una moneda distinta del euro) realizar, de forma voluntaria, específicas cesiones de soberanía al BCE en virtud de las cuales sus nacionales puedan sujetarse a las potestades de supervisión prudencial incluidas en el MUS.

En este sentido, el art. 7 del Reglamento 1024/2013 permite a los Estados miembro cuya moneda no es el euro establecer una "cooperación estrecha" entre su autoridad nacional competente[34] y el BCE para pasar a participar del MUS y el MUR. De hecho, al conjunto de Estados miembro que participan, con independencia de que formen o no parte del Eurosistema, la normativa les denomina "Estados miembro participantes" (cfr. art. 2.1 del Reglamento 1024/2013)[35].

---

33 El MUR no se establece con base en el art. 114.1 del TFUE y, por tanto, no se enfrenta a este problema de desigualdad en la cesión de soberanía realizada. Ello no obstante, en la medida en la que el MUR y el MUS forman parte del mismo sistema de coordinación de las potestades incardinadas en la misma actividad administrativa de supervisión prudencial bancaria, el ámbito de aplicación espacial de uno y otro mecanismo es el mismo y, por tanto, los problemas que aparecen en relación con el alcance del MUS tienen su reflejo en el alcance del MUR, que se encuentra igualmente limitado.

34 Según especifica el art. 2.2 del Reglamento 1024/2013, una "autoridad nacional competente" es un centro de poder administrativo de un Estado miembro al que le han sido atribuidas por la legislación nacional las potestades que integran la función de supervisión recogidas en el CRR y la CRD IV.

35 Sobre el procedimiento de cooperación estrecha, *vid.* ESTEBAN RÍOS, Javier, "La adhesión voluntaria al Mecanismo Único de Supervisión: los procedimientos de cooperación estrecha", *REDE* núm. 64 (octubre-diciembre 2017).

El establecimiento de una cooperación estrecha debe ser solicitado por el Estado miembro interesado, con arreglo al procedimiento establecido en la Decisión BCE/2014/5. El BCE, una vez examinada la solicitud, debe decidir si establece esa cooperación estrecha o no, examinando al efecto la concurrencia de los requisitos establecidos en el art. 7.2 del Reglamento 1024/2013.

Las normas que regulan el establecimiento de esta cooperación estrecha descubren un problema de partida en el MUS que enraíza con el discutible fundamento último del sistema. Si, como pretende el Reglamento 1024/2013, la atribución de potestades administrativas de supervisión en favor del BCE no se fundamenta en una previsión ligada a su competencia exclusiva en materia de política monetaria de los Estados miembro cuya moneda es el euro, sino en la competencia compartida en mercado interior[36], no parece razonable que resulte necesario un específico procedimiento que, en realidad, pretende una redundante cesión de soberanía de los países que no han adoptado el euro como moneda, como si no hubieran efectuado esa cesión ya, para menesteres distintos de la política monetaria, con la ratificación de los Tratados constitutivos[37].

---

36 A este respecto debe tenerse en cuenta el legislador atribuye estas potestades al BCE en cuanto institución del conjunto de la Unión, y no exclusiva del Eurosistema: "*el BCE es una institución del conjunto de la UE*" (considerando (54) del Reglamento 1024/2013). Como explica Urbaneja Cillán, el problema, en realidad, radica en que el Consejo de Gobierno del BCE, órgano que, como se explicará más adelante, tiene la última palabra también en materia de supervisión, no cuenta más que con representantes de Estados cuya moneda es el euro, de suerte que aquellos Estados miembro participantes con una moneda distinta se encuentran, en cierta medida, en desigualdad de condiciones (cfr. Urbaneja Cillán, Jorge, *La ordenación...*, *óp. cit.*, pp. 331-337). Este problema añadido se resolvería fácilmente si, como recomendó el Informe Larosiére, en lugar de haberse forzado el art. 127.6 del TFUE para atribuir al BCE unas funciones que exceden su configuración en Derecho primario, se hubiera creado una Agencia al amparo del art. 114 del TFUE, como, por cierto, después se hizo con la JUR. No puede olvidarse que el Reglamento 806/2014, en su considerando (11), declara que "*la supervisión y la resolución son dos aspectos complementarios del establecimiento del mercado interior de los servicios financieros, cuya aplicación al mismo nivel suele considerarse interdependiente*". Ante esta reveladora declaración, resulta más difícil, si cabe, entender por qué el legislador europeo optó por la vía del art. 127.6 del TFUE cuando tenía a su alcance la mucha más limpia posibilidad de acudir, como luego hizo para establecer el MUR, al art. 114 del TFUE y crear una Administración independiente que desempeñara la función supervisora.

37 El Reglamento 806/2014 se fundamenta en el art. 114 del TFUE, el cual se refiere a la competencia compartida en materia de mercado interior (aunque esta afirmación no esté exenta de dudas: *vid.* Asimakopoulos, Ioannis G., "Single Resolution Board: Another Meroni Extension or Another Chapter to Europe's Constitutional Trabsfornation?", *SSRN*, 10 de diciembre de 2018, disponible en: https://ssrn.com/abstract=3367559 or http://dx.doi.org/10.2139/ssrn.3367559 –enlace consultado del 9 de diciembre de 2023–). Siendo ello así, ¿por qué a los países cuya moneda no es el euro, para poder participar en el mecanismo, se les exige una cesión de soberanía adicional y *ex profeso* que se presume a aquéllos que sí han adoptado esa moneda?

Además, y a diferencia de lo que ocurre con los Estados miembro cuya moneda es el euro, el establecimiento de una cooperación estrecha con el BCE es revisable, toda vez que el BCE puede expulsar del mecanismo a aquellos Estados miembro que se insubordinen ante decisiones de supervisión de éste en todas las funciones que el Reglamento le atribuye (cfr. art. 7.5 del Reglamento 1024/2013), y el Estado miembro en cuestión puede solicitar su retirada del mecanismo (cfr. art. 7.6 del Reglamento 1024/2013).

Los Estados miembro que establezcan una cooperación estrecha en el marco del MUS se sujetan en su totalidad a las normas de supervisión que rigen el mecanismo, incluyendo las relativas a la distribución de competencias entre centros de poder administrativo, a las que se hará referencia seguidamente. A tal efecto, los arts. 106 y ss. del Reglamento 468/2014 establecen una serie de reglas que pretenden adecuar la regulación de la función supervisora que, con carácter general, contiene la normativa para las entidades de crédito establecidas en aquellos países cuya moneda es el euro, a las particularidades surgidas de la entrada en el mecanismo a través de la técnica del establecimiento de una cooperación estrecha.

En este sentido, los arts. 7.7 y 8 del Reglamento 1024/2013 contienen la posibilidad de que un Estado miembro que tiene establecida una cooperación estrecha con el MUS formule objeciones a decisiones dictadas por el BCE en el ejercicio de sus funciones. En caso de desacuerdo, los arts. 118 y 119 del Reglamento 468/2014 prevén un procedimiento de resolución de conflictos que, no obstante, atribuye al Consejo de Gobierno del BCE (donde los países al margen de la zona Euro no están representados) la capacidad última de decisión (dado que en ningún caso permite a la autoridad nacional competente del Estado miembro en cuestión imponer su criterio a aquél).

En cualquier caso, como ha destacado Esteban Ríos, el mecanismo de cooperación estrecha tiene una vocación de transitoriedad, toda vez que:

> *"Todo Estado miembro temporalmente acogido a una excepción tiene la vocación, y la obligación, de integrarse en el euro. Integración que se producirá cuando se garantice el cumplimiento de una serie de criterios de convergencia exigidos para acceder a tal divisa. Así, aunque inicialmente se recoja la posibilidad para los Estados miembro ajenos al euro de integrarse en el MUS, el hecho es que posteriormente dichos Estados pasarán a incorporarse de forma obligatoria al mismo, como consecuencia de la adopción del euro como moneda oficial"*[38].

---

[38] Esteban Ríos, Javier, "El ámbito de aplicación del Mecanismo Único de Supervisión. La situación de los Estados miembro de eurozona y de los Estados miembro cuya moneda no es el euro: ¿hacia una Europa de dos velocidades?, *REE* núm. 71 (enero-junio, 2018), p. 333).

2.2.3. La posibilidad de establecer una cooperación estrecha entre el BCE y aquellos Estados miembros cuya moneda no es el euro no termina de solventar un importante problema: el Consejo de Gobierno del BCE, máximo órgano de decisión que ejercita las potestades administrativas de supervisión prudencial bancaria, está integrado sólo por representantes de aquellos Estados cuya moneda es el euro, y, dado que su composición se establece en Derecho originario, no existe posibilidad de que el establecimiento de una cooperación estrecha en los términos indicados cristalice en la incorporación de un representante del Estado miembro adherido al MUS y al MUR al Consejo de Gobierno del BCE. La cooperación estrecha, por tanto, no termina de resolver el desequilibrio en la cesión de soberanía que, en último término, proviene de la identificación del BCE como la Administración competente para ejercer las potestades administrativas de supervisión prudencial sobre la base del art. 127.6 del TFUE.

Tal y como se explicará en el Capítulo II de esta obra, el legislador europeo ha tratado de salvar este problema de forma poco satisfactoria, mediante la creación de un nuevo órgano administrativo en el del BCE, el Consejo de Supervisión, donde están representados todos los Estados miembros adheridos al MUS y al MUR (esto es, aquellos cuya moneda es el euro y aquellos otros que han establecido una cooperación estrecha con el BCE), y el cual es el encargado de elevar al Consejo de Gobierno los proyectos de los actos administrativos a adoptar en el ejercicio de las potestades de supervisión con todos sus elementos ya determinados, de manera que el Consejo de Gobierno simplemente, "objeta" o "no objeta" su adopción. Sin embargo, aunque esta solución permita participar a representantes de todos los Estados miembros adheridos a los mecanismos en la determinación del contenido de los actos administrativos resultantes del ejercicio de las potestades de supervisión prudencial, la adopción final de esos actos continúa dependiendo de un órgano administrativo, el Consejo de Gobierno, en el que no existe esa representación.

2.3 CRITERIOS DE COORDINACIÓN DEL EJERCICIO DE LAS POTESTADES ADMINISTRATIVAS DE SUPERVISIÓN PRUDENCIAL BANCARIA EN LA UNIÓN BANCARIA

El ejercicio coordinado de las potestades administrativas de supervisión prudencial bancaria incluidas en el ámbito MUS y el MUR se realiza mediante su distribución entre una Administración europea, el BCE o la JUR, y la correspondiente ANC o ANR (en España, el BdE o el FROB), con base en la consideración de la entidad objeto de supervisión como "entidad de crédito significativa" o "entidad de crédito menos significativa"[39]. En el primer caso, debido a la importancia sistémica que tiene para el conjunto de las economías europeas la continuidad de la entidad en el mercado, las

[39] *Vid.* Lara Ortiz, María Lidón, *La supervisión...*, óp. cit, pp. 119-121.

potestades son ejercitadas por las Administraciones europeas; en el segundo, habida cuenta de la menor relevancia europea de la entidad, las potestades se ejercen a nivel local por las ANC.

2.3.1. De acuerdo con el art. 6.4 del Reglamento 1024/2013, el carácter significativo o no de una entidad de crédito se evalúa en función de:

1.º El tamaño de la entidad, medido por el valor total de sus activos. Con arreglo a este criterio, es significativa aquella entidad cuyos activos tengan un valor superior a 30.000 millones de euros, valorados de acuerdo con las pautas previstas en los arts. 50 a 55 del Reglamento 468/2014. Además, una entidad también puede considerarse significativa en función de su tamaño cuando así lo decida el BCE, previa notificación de la autoridad nacional competente, y realizada una evaluación global, habida cuenta de la importancia que esa entidad tenga para la economía nacional.

2.º La importancia de la entidad para la economía de la UE o de cualquier Estado que participe en el mecanismo, lo que se determinará cuando el "umbral de importancia económica nacional" de la entidad (calculado como ratio de activos totales respecto del producto interior bruto del Estado en el que se encuentre establecida) supere el 20% (salvo que sea inferior a 5.000 millones de euros). A los efectos de considerar significativa una entidad con arreglo a estos criterios, el BCE podrá tomar en consideración circunstancias tales como la importancia de la entidad para sectores específicos, la interconexión de la entidad o del grupo con la economía de la UE o de un Estado miembro participante, la sustituibilidad de la entidad tanto como participante en el mercado como en su condición de proveedor de servicios a clientes, o la complejidad estructural, operativa y del negocio de la entidad (cfr. art. 57 del Reglamento 468/2014).

3.º El carácter significativo de sus actividades trasfronterizas, medido por la ratio de sus activos transfronterizos[40] respecto de sus activos totales o por la ratio de sus pasivos transfronterizos[41] respecto de sus activos totales, que deben superar, en ambos casos, la cota del 20% para que pueda considerarse como entidad significativa (art. 59 del Reglamento 468/2014).

---

40 Parte de los activos totales con respecto a la cual la contraparte es una entidad de crédito u otra persona física o jurídica ubicada en un Estado miembro participante distinto del Estado miembro donde se ubica la sede de la entidad en cuestión (art. 60.1 del Reglamento 468/2014).

41 *Ib. ídem* para la parte de los pasivos totales cuya contraparte se ubica en un Estado miembro distinto al de la sede de la entidad (art. 60.2 del Reglamento 468/2014).

Además de los criterios respecto de los cuales puede apreciarse la condición de entidad significativa, ésta tiene lugar *ope legis* en los siguientes supuestos:

1.° La entidad en cuestión ha solicitado o recibido ayuda financiera pública directa de la FEEF o del MEDE (cfr. art. 6.4, párrafo cuarto, del Reglamento 1024/2013), desde el momento en que dicha ayuda se solicita (cfr. art. 63.1 del Reglamento 468/2014) y hasta que dicha circunstancia desaparezca (cfr. art. 52.1 y 3, en relación con el art. 63.3, del Reglamento 468/2014).

2.° La entidad de crédito es una de las tres entidades más significativas de un mismo Estado en términos de tamaño, conforme a las reglas antedichas (art. 6.4, párrafo quinto, del Reglamento 1024/2013, y 65.2 del Reglamento 468/2014).

2.3.2. La facultad para determinar la condición de significativa o no de una entidad corresponde, de forma exclusiva, al BCE.

El art. 39.1 del Reglamento 468/2014 establece, con toda claridad, que una entidad será significativa "*si el BCE así lo determina en una decisión suya*"[42]. En coherencia con ello, el art. 43.1 y 3 del Reglamento 468/2014 también confiere sólo al BCE la potestad de revisar si una entidad considerada como significativa o no significativa continúa cumpliendo o pasa a cumplir, respectivamente, los criterios que motivan esa consideración. Es más, el apartado 4 del mismo precepto sólo permite a las autoridades nacionales competentes que constaten alguna de esas dos situaciones "*informar al BCE sin demora justificada*", pero no declarar por ellas mismas qué condición corresponde a una concreta entidad.

El Tribunal de Justicia de la UE se ha pronunciado sobre la competencia para declarar a una entidad como significativa o menos significativa en su Sentencia de 8 de mayo de 2019 (TOL9.910.115)[43]. De acuerdo con esta resolución, la distribución objetiva de competencias en el marco de los Mecanismos parte de una atribución de potestades al BCE y su eventual ejercicio por las ANC en aquellos casos en los

---

42 Los Títulos III a VII del Reglamento 468/2014 contienen normas específicas para la aplicación de los distintos criterios que conducen a que una entidad sea o no calificada como significativa. Aunque no en todos los casos se exige expresamente una decisión del BCE "declarando" la condición de significativa (por ejemplo, no se exige en relación con las entidades significativas por razón del tamaño), el art. 49 del Reglamento 468/2014 sí contempla que el BCE publique periódicamente un listado de todas las entidades significativas sujetas a su supervisión directa y el fundamento de esa sujeción. Por tanto, cabe razonablemente entender que, con independencia de que la consideración de una entidad como significativa opere directamente *ope legis* o requiera de una declaración previa, el BCE debe incluirla en el listado que publica al efecto.

43 Asunto C-450/17 P, *Landeskreditbank Baden-Württemberg-Förderbank vs. BCE y Comisión Europea*. La Sentencia resuelve el recurso de casación interpuesto por la entidad de crédito frente a la Sentencia del Tribunal General de 16 de mayo de 2017 (asunto T-122/15, *Landeskreditbank Baden-Württemberg-Förderbank vs. BCE y Comisión Europea*) (TOL6.090.871).

que, con arreglo a los parámetros normativamente establecidos, el BCE considere a las entidades de crédito "menos significativas" (cfr. n. 41). La Sentencia alcanza esta conclusión al entender que el art. 4.1 del Reglamento 1024/2013 atribuye al BCE en exclusiva las nueve funciones allí enumeradas, en el ejercicio de alguna de las cuales puede, no obstante, encontrarse asistido por las autoridades nacionales competentes cuando así lo acuerde expresamente (n. 49)[44].

3. EL TERCER PILAR DE LA UNIÓN BANCARIA: EL *NON NATO* SISTEMA EUROPEO DE GARANTÍA DE DEPÓSITOS

Según se ha señalado al comienzo de este Capítulo, la Unión Bancaria se proyectó sobre tres pilares, a saber: un MUS, un MUR y un sistema europeo de garantía de depósitos común a todos los Estados miembros participantes en la Unión Bancaria (esto es, aquellos Estados cuya moneda es el euro y aquellos otros que hayan establecido una cooperación estrecha con el BCE).

---

[44] La Sentencia del Tribunal de Justicia de la UE confirma el criterio adoptado por el Tribunal General en su Sentencia de 16 de mayo de 2017 (TOL6.090.871), que declaró que "*del estudio del engarce lógico entre los artículos 4, apartado 1, y 6 del Reglamento de base* [el Reglamento 1024/2013], *cuyo tenor se ha recordado en los apartados 20 a 28 anteriores, resulta que dichos preceptos responden al principio del ejercicio descentralizado de las competencias exclusivas que han sido delegadas en el BCE, más que al de un reparto de competencias entre el BCE y las autoridades nacionales para el cumplimiento de las funciones descritas en el artículo 4, apartado 1, del citado reglamento*" (n. 54). "*Solamente las funciones encomendadas expresamente al BCE han sido excluidas de la competencia de los Estados miembro y (...) la supervisión prudencial de las entidades financieras por motivos diferentes a los enumerados en el artículo 4, apartado 1, del antedicho Reglamento sigue siendo competencia de los Estados miembro. En consecuencia, la distribución de las competencias entre el BCE y las autoridades nacionales se efectuó necesariamente a la hora de definir las funciones que, en virtud del artículo 4, apartado 1, del Reglamento de base, fueron confiadas al BCE*" (n. 56). El BCE añade, como complemento a su argumento, que los considerandos del Reglamento 1024/2013 reservan un papel residual a las autoridades nacionales (n. 58), y concluye que "*el Consejo delegó en el BCE una competencia exclusiva para ejercer las funciones del artículo 4, apartado 1 del Reglamento de base y (...) el único fin que se persigue con el artículo 6 del mismo Reglamento es el de permitir que las autoridades nacionales ejerzan esa competencia de forma descentralizada, con arreglo al MUS y bajo el la vigilancia del BCE (...)*" (n. 63). En análogos términos se pronunciaba el Abogado General Gerard Hogan en las conclusiones presentadas en el recurso de casación: "*el BCE ejerce una supervisión prudencial exclusiva sobre las entidades menos significativas respecto de las nueve funciones especificadas en el artículo 4, apartado 1, del Reglamento de base* [el Reglamento 1024/2013], *y en dicho ejercicio es asistido respecto de las funciones mencionadas en las letras b), de) a g) e i) del artículo 4, apartado 1, del Reglamento de base*" (n. 53). Con esta formulación, el Abogado General sentenciaba que las autoridades nacionales cuentan con un papel secundario en el mecanismo, que sólo pueden desempeñar en la medida que así les sea permitido por el BCE.

Ahora bien, desde el punto de vista conceptual, el Sistema Europeo de Garantía de Depósitos no forma parte de la actividad administrativa de supervisión prudencial bancaria, sino que, más propiamente, se identifica con una actividad de servicio público mediante la que se quiere proveer a todos los depositantes de un seguro frente al riesgo de que una entidad de crédito se coloque en una situación de solvencia o liquidez tal que le impida restituir a los depositantes en los depósitos constituidos en ella.

Sea como fuere, a la fecha presente, el Sistema Europeo de Garantía de Depósitos aún no ha sido establecido y, por tanto, la Unión Bancaria no se ha completado[45]. En el año 2015, la Comisión Europea publicó su propuesta de establecimiento de un Sistema Europeo de Garantía de Depósitos que asumiera las funciones propias del fondo de garantía de depósitos en relación con aquellos Estados miembros participantes en el MUS y el MUR, esto es, los Estados miembros cuya moneda es el euro y aquéllos que hayan establecido una cooperación estrecha con el BCE[46]. Sin embargo, diez años después, esta propuesta aún no ha visto la luz[47].

Los únicos avances que se han realizado en la materia se condensan, por tanto, en la Directiva 2014/59, que tiene por objeto la armonización de las normativas nacionales reguladoras de los fondos de garantías de depósitos en el conjunto de la Unión Europea (y no ya en los Estados miembros participantes en la Unión Bancaria) y, como elemento clave de esa armonización, establece una garantía por depósito y depositante de hasta 100.000 euros[48]. Por su parte, la reforma de esta Directiva proyectada por el paquete CMDI, a pesar de reforzar esta armonización y ampliar considerablemente su alcance –permitiéndoles, incluso, participar en los dispositivos de resolución bancaria–, tampoco culmina el objetivo de establecer un fondo de garantía de depósitos único para toda la UE[49].

---

45 *Vid.* Uría Fernández, Francisco, *La nueva regulación y supervisión bancaria. Diez años de reforma tras la crisis*, Cizur Menor (Navarra): Aranzadi-Thomson Reuters, 2018, pp. 193-197.

46 *Vid.* Comisión Europea, *Propuesta de Reglamento del Parlamento Europeo y del Consejo por el que se modifica el Reglamento (UE) núm. 806/2014 a fin de establecer un Sistema Europeo de Garantía de Depósitos*, COM(2015) 586 final, de 24 de noviembre de 2015, disponible en: https://eur-lex.europa.eu/legal-content/ES/TXT/PDF/?uri=CELEX:52015PC0586 (enlace consultado el 27 de noviembre de 2024).

47 De acuerdo con la información que ofrece el portal Eurlex, el último hito en el procedimiento de aprobación data del 3 de febrero de 2022, cuando se celebraron las últimas discusiones al respecto en el seno del Consejo de la UE (*vid.* https://eur-lex.europa.eu/legal-content/EN/HIS/?uri=CELEX:52015PC0586 –enlace consultado el 27 de noviembre de 2024–).

48 Sobre la progresiva armonización que han experimentado los sistemas de garantía de depósitos en la UE, *vid.* Urbaneja Cillán, Jorge, *La ordenación..., óp. cit.*, pp. 408-414.

49 La Exposición de Motivos de la reforma proyectada en el paquete CMDI lo reconoce expresamente: "*la unión bancaria se creó en 2014 y actualmente se compone de dos pilares: un Mecanismo Único de Supervisión (MUS) y un Mecanismo Único de Resolución (MUR). Aun así, la unión bancaria sigue estando incompleta y carece de su tercer pilar: un Sistema Europeo de Seguro de Depósitos (SESD) La propuesta de la Comisión, adoptada el 24 de noviembre de 2015, para establecer el SESD5 sigue pendiente*" (págs. 1 y 2).

Así las cosas, en el momento presente no puede hablarse de una integración de los sistemas de garantía de depósitos a nivel europeo, sino de la existencia de una dispersión en los veintisiete sistemas nacionales de garantía de depósitos[50].

---

[50] En España, el Fondo de Garantía de Depósitos existente se encuentra regulado por el RD-Ley 16/2011 y el RD 2606/1996. De acuerdo con el art. 3.1 del RD-Ley 16/2011, el FGD consiste en un patrimonio con personalidad jurídica propia y plena capacidad jurídica para el desarrollo de sus fines. El Fondo de Garantía de Depósitos actúa en régimen de Derecho privado (art. 3.1) con un particular régimen fiscal (art. 3.2), pero carece, de suyo, de potestades administrativas, función que, respecto del cumplimiento de las obligaciones establecidas en esta materia, corresponde al BdE (art. 5.3, párrafo segundo) . Como apunta María José BOBES, el funcionamiento del Fondo de Garantía de Depósitos "*se corresponde más bien con una Corporación de Derecho Público (...). Se trata, como se expone a continuación, de un fondo instaurado legalmente cuya regulación persigue fines públicos (la estabilidad del sistema financiero y de modo indirecto, o en un segundo plano la protección de los depositantes), siendo la adhesión de las entidades de crédito obligatoria, al igual que las aportaciones –prestaciones patrimoniales de carácter público–, y las derramas con las que habrán de contribuir las entidades que lo integran, fijadas por las primeras por ley y las segundas por acuerdo de dos tercios del órgano de gobierno. Todo ello, tampoco se olvide, para responder de forma solidaria por el incumplimiento de la entidad en cuestión*" (*vid.* BOBES SÁNCHEZ, María José, "El Fondo de Garantía de Depósitos", en MUÑOZ MACHADO, Santiago (dir.), *Derecho de la regulación, T. X.*, Madrid: Iustel, 2013, p. 912). Antonio JIMÉNEZ-BLANCO sostiene, en cambio, que el Fondo de Garantía de Depósitos (en realidad, el extinto Fondo de Garantía de Depósitos en Establecimientos Bancarios que quedó integrado en el actual) "*se asienta como un ente de carácter instrumental y no corporativo, creado por el Estado. y cuyo único órgano es una comisión gestora formada por ocho miembros designados por el Ministerio de Economía y Hacienda, cuatro en representación del Banco de España (uno de los cuales es el presidente, con voto dirimente) y cuatro en representación de la banca*" (JIMÉNEZ-BLANCO Y CARRILLO DE ALBORNOZ, Antonio, "El Fondo de Garantía de Depósitos en Establecimientos Bancarios", en MARTÍN-RETORTILLO BAQUER, Sebastián (dir.), *Estudios de Derecho Público Bancario*, Madrid: Ceura, 1987, p. 193).

CAPÍTULO II

ORGANIZACIÓN ADMINISTRATIVA EN EL MARCO DEL MUS Y EL MUR

1. ORGANIZACIÓN ADMINISTRATIVA EN EL MARCO DEL MUS

1.1 EL BCE COMO CENTRO DEL SISTEMA DE SUPERVISIÓN

1.1.1. El Reglamento 1024/2013 ha convertido al BCE en la clave de bóveda del sistema de ejercicio coordinado de potestades administrativas en que consisten el MUS y el MUR[1]. Esa norma atribuye al BCE el ejercicio, de forma exclusiva y excluyente, de una serie de funciones relacionadas con la supervisión microprudencial de entidades de crédito, para lo cual, bajo determinadas circunstancias (que ciertas entidades puedan calificarse como "menos significativas"), puede asistirse de las autoridades nacionales. Las funciones atribuidas al BCE son[2]:

---

1 Vid. URBANEJA CILLÁN, Jorge, *La ordenación..., óp. cit.*, pp. 331-363; DEPRÉS POLO, Mario; VILLEGAS MARTOS, Rocío; y AYORA ALEIXANDRE, Juan; *Manual de regulación prudencial bancaria*, Madrid: Funcas, 2017, pp. 36-44; GARCÍA-ÁLVAREZ GARCÍA, Gerardo, "La construcción...", *óp. cit.*, pp. 94-123; WYMEERSCH, Eddy O., *The Single Supervisory Mechanism or 'SSM', Part One of the Banking Union* (February 21, 2014), *European Corporate Governance Institute (ECGI)*–Law Working Paper No. 240/2014, Ghent University Financial Law Institute Working Paper No. 2014-01 (disponible en: https://ssrn.com/abstract=2397800; enlace consultado el 21 de febrero de 2025), pp. 93-117; URÍA FERNÁNDEZ, Francisco, *La nueva..., óp. cit.*, pp. 154-173; LAGUNA DE PAZ, José Carlos, "El Mecanismo...", *óp. cit.*, pp. 50-65: FERRAN, E., y BABIS, V., "The European...", *óp. cit.*; ALONSO LEDESMA, Carmen, "Un primer...", *óp. cit.*; UGENA TORREJÓN, Roberto, "El mecanismo...", *óp. cit.*; GARCÍA ALCORTA, José, "Observaciones en torno al Mecanismo Único de Supervisión Bancaria en la Unión Europea", *AJUM* núm. 34 (2013), pp. 51-70; y Freshfields, Bruckhaus & Deringer, L. L. P., *The SSM Framework Regulation. Part 1: Overview and organisational aspects* (disponible en: http://knowledge.freshfields.com/en/Global/r/1035/banking_union___single_supervisory_mechanism__ssm____ssm; enlace consultado el 8 de marzo de 2020).

2 Por medio la Carta del BCE de 2016 y la Carta del BCE de 2017 (ambas disponibles en https://www.bankingsupervision.europa.eu/press/letterstobanks/shared/pdf/2017/Letter_to_SI_Entry_point_information_letter.pdf -enlace consultado el 2 de septiembre de 2025-), el BCE ha realizado una interpretación extensiva de estas funciones, incluyendo en ellas el ejercicio de algunas potestades de supervisión sobre las entidades significativas previstas en la normativa nacional y no en el Derecho de la UE, a pesar de que no en todos los casos estas facultades encajan en las "funciones específicas" que recoge el art. 4.1 del Reglamento 1024/2013. Así, por ejemplo, el BCE afirma que es competente para supervisar la actividad de entidades de crédito significativa en terceros estados (cfr. art. 11 de la LOSSEC), aprobar sus estatutos sociales (art. 10 del RD 84/2015) o supervisar el cumplimiento de los requisitos de idoneidad por administradores y directivos (según prevé el art. 25.2 de la LOSSEC). El BCE justifica esta interpretación extensiva de las "funciones específicas" que le atribuye el art. 4.1 del Reglamento 1024/2013 en su art. 9.1, que declara que el BCE contará, para el desempeño de aquellas funciones, con todas las facultades que el Derecho nacional atribuye a las Administraciones supervisoras nacionales. En mi opinión, esta interpretación resulta un poco forzada, dado que (i) el art. 9.1 del Reglamento 1024/2013 no regula el alcance material u objetivo de las "funciones específicas" atribuidas al BCE en virtud del art. 127.6 del TFUE, sino que simplemente garantiza que, para el ejercicio de tales funciones, predefinidas en el art. 4.1 del Reglamento 1024/2013, debe poder

1.º Autorizar el establecimiento de entidades de crédito en los Estados miembro participantes (art. 4.1-*a)* del Reglamento 1024/2013) y la adquisición y venta de participaciones cualificadas en entidades de crédito (art. 4.1-*c)*).

2.º Inspeccionar las estructuras, estrategias, procesos y mecanismos establecidos por las entidades de crédito para la gestión y cobertura adecuadas de sus riesgos, así como inspeccionar los fondos propios con que cuentan éstas (art. 4.1-*f)*)[3].

3.º Imponer las medidas correctivas que resulten necesarias en materia de fondos propios, titulización, limitación de grandes exposiciones, liquidez, apalancamiento, notificación y publicación de información sobre esas cuestiones (art. 4.1-*d)*), gobierno corporativo (art. 4.1-*e)*) o en materia macroprudencial (siempre que sean más estrictas de las adoptadas por las autoridades nacionales competentes: art. 5.2), y supervisar su adecuado cumplimiento por las entidades de crédito.

4.º Ejercitar la potestad correctora en relación con los planes de recuperación y la intervención temprana, en los términos previstos en el Derecho que regula dicha potestad (arts. 4.1-*i)* del Reglamento 1024/2013 y 13 y ss. del Reglamento 806/2014).

5.º Ejercitar la potestad sancionadora en relación con la comisión de infracciones administrativas por las entidades de crédito consistentes en incumplimientos de cualesquiera medidas impuestas en el ejercicio de las facultades antedichas (art. 18 del Reglamento 1024/2013).

6.º Asumir la responsabilidad del funcionamiento eficaz y coherente del MUS (art. 6.1 del Reglamento 1024/2013), lo que implica obligaciones de cooperación leal e intercambio de información con las autoridades nacionales competentes (art. 6.2) y el ejercicio de una suerte de "supervisión indirecta" sobre las entidades de crédito menos significativas cuya competencia se encuentre desconcentrada en las ANC (art. 6.5)[4].

---

contar con todas las potestades de supervisión existentes en Derecho nacional (autorizaciones, inspecciones, correcciones y sanciones), en igualdad de condiciones con las autoridades nacionales competentes; y (ii) el art. 127.6 del TFUE permite atribuir al BCE el desempeño de funciones específicas en materia de supervisión prudencial bancaria de forma excepcional a la normal actividad del BCE como institución encargada de la política monetaria de la UE, lo que hace poco aconsejable realizar una interpretación extensiva de la norma que concreta en qué consisten tales "funciones específicas" excepcionalmente atribuidas al BCE (esto es, del art. 127.6 del TFUE). No obstante lo anterior, en su práctica supervisora el BCE viene aplicando las Cartas con normalidad y, por tanto, ejerciendo las funciones que éstas consignan.

3 El art. 4.1-*f)* del Reglamento 1024/2013 habla de "*llevar a cabo revisiones supervisoras*". En mi opinión, esta expresión no revela más que una manifestación de la potestad inspectora que tradicionalmente ha integrado la función supervisora, según se explicará en el Capítulo V de este trabajo.

4 Esta supervisión indirecta comporta tanto la facultad de emitir reglamentos, directrices o instrucciones de obligado cumplimiento para las autoridades nacionales competentes (art. 6.5-*a)*), como el

7.º La representación internacional del MUS, lo que comporta tanto la facultad de celebrar acuerdos de cooperación estrecha con Estados miembro de la UE para su participación en el mecanismo (art. 7) como el establecimiento de contactos y la celebración de acuerdos administrativos con autoridades de supervisión, organizaciones internacionales y administraciones de terceros en coordinación con la ABE (art. 8)[5].

1.1.2. Para el desempeño de todas estas funciones, la normativa crea distintos órganos administrativos incardinados en la estructura orgánica del BCE, y establece ciertas "*garantías organizativas*"[6] dirigidas a asegurar la independencia, la rendición de cuentas y la separación de las funciones de supervisión prudencial de las que también competen al BCE en cuanto autoridad monetaria de la eurozona.

A. Por lo que al primer grupo de normas se refiere, la aprobación del Reglamento 1024/2013 se enfrentó al problema de la rigidez estructural que el Derecho originario imponía al BCE. En efecto, el art. 283 del TFUE y los arts. 10 y ss. de los ESEBC establecían de forma taxativa la estructura orgánica del BCE: un Consejo de Gobierno, al que corresponden las facultades decisorias más relevantes (cfr. art. 12.1 de los ESEBC), integrado por los gobernadores de los bancos centrales cuya moneda es el euro y los miembros del Comité Ejecutivo; un Comité Ejecutivo, al que corresponde el día a día de la Administración, la preparación de las decisiones del Consejo de Gobierno y la adopción de decisiones en ciertas materias, integrado por cuatro miembros nombrados al efecto; un Presidente y un Vicepresidente, que dirigen el BCE y ostentan su máxima representación; y el Consejo General, con facultades esencialmente consultivas y de recopilación de información, integrado por el Presidente o Vicepresidente y los gobernadores de los bancos centrales nacionales del SEBC[7].

---

ejercicio directo de las potestades desconcentradas "*cuando sea necesario para garantizar una aplicación coherente de normas de supervisión estricta*" (art. 6.5-*b)*), además de la vigilancia del funcionamiento del sistema (art. 6.5-*c)*). Además, el BCE puede, en cualquier momento, ejercer la potestad inspectora sobre las entidades menos significativas (art. 6.5-*d)*), y solicitar a las autoridades nacionales competentes información relativa a las funciones atribuidas a éstas en el marco del mecanismo (art. 6.5-*e)*).

5 El art. 8 concluye precisando que "*dichos acuerdos no impondrán obligaciones jurídicas a la Unión y a sus Estados miembro*", lo que implica que sus efectos se circunscriben a la actuación del BCE como autoridad responsable de la supervisión microprudencial.

6 Tomo el término del profesor LAGUNA DE PAZ: cfr. "El Mecanismo...", *óp. cit.*, pp. 62-65.

7 El Consejo General, excepcionalmente regulado en los arts. 44 y ss. de los ESEBC, tiene tasadas sus facultades en esa norma (cfr. art. 44.3), sin que resulte posible, por tanto, su ampliación sin la previa modificación de los Estatutos. Sobre la estructura orgánica del BCE anterior a la entrada en vigor del MUS, *vid.* GARCÍA ALCORTA, José, *El Banco Central Europeo*, Cizur Menor (Navarra): Thomson Reuters-Civitas, 2011, pp. 53-139; o ORRIOLS I SALLÉS, Maria Àngels, *El Banco Central Europeo y el Sistema Europeo de Bancos Centrales. Régimen jurídico de la autoridad monetaria de la Comunidad Europea*, Granada: Comares, 2004, pp. 203-266.

Sin embargo, dos razones hacían necesario adecuar la estructura del BCE a las nuevas funciones de supervisión prudencial asumidas por esa Administración. Por un lado, la necesidad de separar las funciones de política monetaria de las nuevas asumidas en materia supervisora, a fin de evitar eventuales conflictos de interés que pudieran plantearse entre ambas, y que impedían la atribución de facultades en esta segunda materia a los mismos órganos que también desempeñaban tareas relativas a la política monetaria. Por otro lado, la posibilidad de que el MUS se aplicara también a Estados cuya moneda no es el euro presentaba el problema de que en el seno del máximo órgano decisorio de la entidad, el Consejo de Gobierno, esos Estados no se encontraban representados, dando lugar a una situación de desigualdad entre estos Estados y aquéllos que sí han adoptado el euro como moneda. A estos dos problemas se sumaba, además, la dificultad de que las normas organizativas del BCE no podían ser objeto de un procedimiento de modificación simplificada (por el Consejo y el Parlamento Europeo o por el Consejo Europeo)[8], sino que resultaba necesario la modificación del Derecho originario para poder acometerla.

En el contexto descrito, el legislador europeo adoptó una solución de compromiso que, sin contradecir expresamente lo previsto en las normas constitutivas del BCE, permitía una participación imperfecta de los Estados miembro participantes cuya moneda no es el euro en el proceso de toma de decisiones. A tal fin:

1.º El Consejo de Gobierno conserva las facultades decisorias últimas. Ello significa que es a este órgano colegiado al que le corresponde adoptar los actos jurídicos mediante los cuales el BCE ejerce las potestades administrativas que tiene atribuidas (cfr. art. 4.3 del Reglamento 1024/2013). No obstante:

   a) Cuando el Consejo de Gobierno se reúna para adoptar decisiones relativas a las funciones que competen al BCE en materia de supervisión prudencial, deberá convocarse de forma separada y con un orden del día también separado respecto de las reuniones que celebre en relación con las funciones de política monetaria de los Estados miembro cuya moneda es el euro que también desempeña el BCE (cfr. art. 25.3 del Reglamento 1024/2013[9]).

   b) El Consejo de Gobierno adopta decisiones en materia de supervisión prudencial de entidades de crédito mediante un procedimiento de "no objeción", según el cual si el Consejo de Gobierno no se opone a una decisión preparada por un Consejo de Supervisión de nuevo cuño (al que a continuación se hace referencia) en el plazo establecido para cada procedimiento, la decisión se entiende adoptada (cfr. art. 26.8 del Reglamento 1024/2013).

---

8 Según se permite en el art. 40 de los ESEBC para determinados preceptos.

9 Esta cuestión ha sido aplicada por el art. 2.2 de la Decisión 2014/723/UE.

c) El Consejo de Gobierno ha delegado la adopción de ciertas decisiones en materia de supervisión prudencial en órganos administrativos inferiores, denominados "jefes de unidades de trabajo del BCE", que son nombrados por el Comité Ejecutivo bajo el principio de separación organizativa respecto del personal que lleva a cabo tareas en materia de política monetaria (cfr. art. 3.3 de la Decisión BCE/2014/39). En este sentido, el BCE adoptó su Decisión BCE/2016/40, de 16 de noviembre de 2016, sobre el régimen general de delegación de facultades de decisión respecto de instrumentos jurídicos relativos a las funciones de supervisión, con arreglo a la cual el Consejo de Gobierno puede no objetar un proyecto de decisión presentado por el Consejo de Supervisión relativo a la delegación de concretas funciones supervisoras en jefes de unidades de trabajo del BCE (art. 4), los cuales son nombrados al efecto por el Comité Ejecutivo del BCE previa consulta del Consejo de Supervisión (art. 5). La delegación, no obstante, no abarca la resolución de los recursos que puedan presentarse frente a las decisiones adoptadas en virtud de tal delegación, que continúan siendo resueltas por el Consejo de Gobierno del BCE (art. 8.2). Hasta el momento, el BCE ha acordado delegar el ejercicio de la potestad autorizatoria en relación con ciertas previsiones relativas a fondos propios[10] y al régimen de pasaporte comunitario, adquisición de participaciones cualificadas y revocación de autorización de entidades de crédito[11], así como el ejercicio de las competencias de supervisión conferidas por el Derecho nacional[12], bajo ciertas circunstancias previstas en los correspondientes actos dictados a tal efecto.

2.º Se crea un nuevo órgano colegiado, el Consejo de Supervisión, no previsto en el Derecho originario, al que se atribuye las funciones de "*planificación y ejecución de las funciones atribuidas al BCE*" en materia de supervisión prudencial

---

10 Decisión BCE/2018/10, de 15 de marzo de 2018, sobre la delegación de la facultad de adoptar decisiones de fondos propios, con arreglo a la cual delega el otorgamiento de autorización previa para clasificar instrumentos de capital como instrumentos de capital de nivel 1 previsto en el art. 26.3 del CRR, la autorización previa para clasificar instrumentos de capital como instrumentos de capital de nivel 1 adicional o de nivel, 2, cuando lo requiera la legislación nacional, y la autorización previa para reducir fondos propios con arreglo al art. 77 del CRR.

11 Decisión BCE/2019/23, de 23 de julio de 2019, sobre la delegación de la facultad de adoptar decisiones relativas al régimen de pasaporte, la adquisición de participaciones cualificadas y la revocación de la autorización de entidades de crédito.

12 Decisión BCE/2019/4, de 31 de enero de 2019, sobre la delegación de la facultad de adoptar decisiones relativas a las competencias de supervisión conferidas por el Derecho nacional, que opera dicha delegación en relación con facultades relativas a adquisiciones de participaciones, adquisiciones de activos o pasivos, ventas de participaciones, ventas de activos o pasivos, fusiones, escisiones, operaciones en terceros países o territorios, externalización, modificaciones estatutarias, nombramientos de auditores externos y préstamos a partes relacionadas (art. 3.1)

(art. 26.1 del Reglamento 1024/2013). El Consejo de Supervisión está integrado por un presidente, un vicepresidente[13], cuatro representantes del BCE[14] y un representante de la autoridad nacional competente de cada Estado miembro participante[15]. Al Consejo de Supervisión corresponde "*la labor de preparación*" de cuantas funciones tiene atribuidas el BCE en materia de supervisión y proponer al Consejo de Gobierno "*proyectos completos de decisiones para su adopción por éste*" (art. 25.8). De esta forma, el Consejo de Supervisión se erige como el órgano determinante del contenido material de cuantas decisiones en materia de supervisión prudencial adopta el BCE; es decir, es el Consejo de Supervisión quien determina exactamente cuáles son los efectos jurídicos que el ejercicio de una determinada potestad atribuida al BCE va a producir sobre la esfera jurídica de los particulares supervisados, los cuales, empero, no se producen hasta que se consuma el procedimiento de no objeción antecitado. Esta fórmula, por tanto, permite la participación de los Estados miembro participantes cuya moneda no es el euro en la elaboración de las principales decisiones en materia de supervisión prudencial. El Consejo de Supervisión adopta sus decisiones por mayoría simple, correspondiendo a cada miembro un voto (art. 26.6)[16]. Se excepciona de ese régimen los casos en los que el Consejo de Supervisión ejerza directamente potestades administrativas, en cuyo caso las decisiones se adoptarán por mayoría cualificada[17]. El Consejo de Supervisión cuenta con un órgano colegiado de

---

13 El nombramiento de presidente y vicepresidente requiere la aprobación del Parlamento Europeo, tras la preceptiva audiencia, y son nombrados mediante decisión de ejecución adoptada por el Consejo de la UE adoptada por mayoría cualificada sin tener en cuenta los votos de los Estados miembro que no participen en el MUS. El presidente se elige mediante un procedimiento abierto de selección entre personas de reconocido prestigio y experiencia en asuntos bancarios y financieros, y no pueden optar al cargo los miembros del Consejo de Gobierno. Por el contrario, el Vicepresidente debe ser, necesariamente, miembro del Comité Ejecutivo del BCE (art. 25.3). El presidente puede ser igualmente destituido mediante una decisión del Consejo de la UE adoptada en similares términos, para el caso de que deje de cumplir las condiciones requeridas para el cargo (art. 25.4).

14 Estos representantes del BCE no pueden ejercer funciones directamente relacionadas con la política monetaria (art. 25.4).

15 Además, para los casos en los que la ANC no sea un banco central, el párrafo segundo del art. 26.1 permite que el representante de dicha autoridad en el Consejo de Supervisión se asista de un representante del banco central del Estado de que se trate, asistencia que en modo alguno implica una sobrerrepresentación.

16 Las normas que rigen la formación de la voluntad de este órgano colegiado se encuentran recogidas en el Reglamento interno del Consejo de Supervisión (arts. 2 a 8).

17 Las normas que regulan el Consejo de Supervisión regulan de forma farragosa la conformación de esta mayoría cualificada. En primer término, el art. 26.7 del Reglamento 1024/2013 se limita a decir que esta mayoría se conformará "*con arreglo a lo dispuesto en el artículo 16, apartado 4, del TUE, y en el artículo 3 del Protocolo núm. 36 sobre las disposiciones transitorias, anejo al TUE y al TFUE, por lo que respecta a los miembros que representen a las autoridades de los Estados miembro participantes*".

apoyo, denominado "Comité Director", formado por el Presidente y Vicepresidente de aquél, un representante del BCE, cinco representantes de autoridades nacionales competentes (art. 26.10), y una secretaría a tiempo completo (art. 26.9).

3.º El Comité Ejecutivo del BCE es el responsable de la gestión ordinaria del BCE (art. 11.6 de los ESEBC). Se trata de un órgano colegiado compuesto por un presidente, un vicepresidente y cuatro miembros, nombrados por el Consejo Europeo (art. 11.2) y que desempeñan sus funciones con dedicación exclusiva (art. 11.1). En materia de supervisión prudencial[18], el Comité Ejecutivo dirige todas las unidades de trabajo del BCE, y es responsable de la estructura interna y el personal del BCE para el desempeño de estas funciones (art. 3.2 de la Decisión BCE/2014/39), Este personal depende jerárquicamente del Comité Ejecutivo en lo que respecta a cuestiones organizativas, de recursos humanos y administrativas, y funcionalmente del presidente y vicepresidente del Consejo de Supervisión (art. 3.3 de la Decisión BCE/2014/39).

4.º Para el ejercicio de las funciones de supervisión, el BCE se organiza en cuatro divisiones, denominadas "Direcciones Generales", que aglutinan toda la actividad supervisora[19]:

Añade este precepto que "*cada uno de los cuatro representantes del BCE designados por el Consejo de Gobierno dispondrá de un voto igual a la mediana de los votos de los demás miembros*". El art. 16.4 del TUE, concebido para una institución interestatal como es el Consejo, y no para un órgano colegiado mixto como es el Consejo de Supervisión del BCE establece como mayoría cualificada "*un mínimo del 55 por 100 de los miembros del Consejo que incluya al menos a quince de ellos y represente a Estados miembro que reúnan como mínimo el 65 por 100 de la población de la Unión*". Por su parte, el art. 3 del Protocolo núm. 36 establece la relación de votos que corresponde a cada Estado, a efectos de su votación en el Consejo. Finalmente, el art. 6.3 del Reglamento interno del Consejo de Supervisión se limita a precisar que para la adopción de decisiones se requiere un quórum de dos tercios de sus miembros con derecho a voto para que pueda votarse una propuesta (art. 6.3). Como consecuencia de lo anterior, y sin perjuicio de un análisis más profundo que pueda hacerse de la materia, considero que lo más razonable es interpretar la mayoría cualificada como una mayoría de votos a favor que incluya **(i)** el 55% de los votos de los representantes de las ANC, atribuidos de acuerdo al citado art. 3 del Protocolo núm. 36, que representen a su vez al 65% o más de la población; y **(ii)** la mayoría de los votos de los representantes del BCE.

18 El Comité Ejecutivo también desempeña funciones en materia de política monetaria dirigidas a ejecutar las decisiones adoptadas por el Consejo de Gobierno (cfr. art. 12.1, párrafo segundo, de los ESEBC) que no deben interferir en el desempeño de las funciones organizativas y administrativas con que cuenta en relación con las funciones de supervisión prudencial.

19 La estructura operativa del BCE en relación con el desempeño de funciones supervisoras se encuentra explicada en BCE, *Manual de supervisión* (ed. enero 2024), pp. 7-18, disponible en: https://www.bankingsupervision.europa.eu/ecb/pub/pdf/ssm.supervisory_guides202401_manual.es.pdf (enlace consultado el 19 de febrero de 2025).

a) Las Direcciones Generales "supervisión microprudencial I" y "supervisión microprudencial II" llevan a cabo las funciones de vigilancia y control que competen al BCE como supervisor directo de las entidades significativas.

b) La Dirección General "supervisión microprudencial III" se ocupa de las tareas que competen al BCE como supervisor indirecto de las entidades menos significativas y como supervisor del conjunto del sistema, incluyendo las relaciones de cooperación establecidas con las autoridades nacionales competentes.

c) La Dirección General "supervisión microprudencial IV" se ocupa de la supervisión horizontal y los conocimientos especializados y, en la práctica, es la que se ocupa de asistir a las demás Direcciones Generales cuando deben preparar proyectos de decisión relativas al ejercicio de las principales potestades administrativas de supervisión[20].

5.º El ejercicio de las funciones de supervisión directa que tiene atribuidas el BCE se lleva a cabo a través de unos órganos colegiados denominados "equipos conjuntos de supervisión" (ECS) que, integrados en las Direcciones Generales "supervisión microprudencial I y II", son quienes llevan a cabo la vigilancia y control y, con la asistencia de la Dirección General "supervisión microprudencial IV", cuando sea necesario, preparan los proyectos que someten a deliberación del Consejo de Supervisión para, en su caso, ser finalmente elevado al Consejo de Gobierno (o al órgano en que éste haya delegado el ejercicio de esas funciones)[21]. Existe un ECS por cada entidad supervisada significativa o cada grupo supervisado significativo (art. 3.1 del Reglamento 468/2014). Los ECS están integrados por personal del BCE y de las autoridades nacionales competentes según determine el BCE en cada caso (art. 4 del Reglamento 468/2014), y cuentan con un coordinador nombrado por el BCE, que lo preside, uno o más subcoordinadores nombrados

---

20 Esta Dirección General interviene cuando la vigilancia y control que llevan a cabo las Direcciones Generales supervisión microprudencial I y II resulta en el ejercicio de la potestad autorizatoria, inspectora, correctora (y, particularmente, la participación en los mecanismos de prevención temprana que competen al BCE) y sancionadora (*vid.* BCE, *Manual...*, *óp. cit.*, p. 17).

21 De acuerdo con el art. 3.2 del Reglamento 468/2014, corresponde a los ECS llevar a cabo el proceso de revisión y evaluación supervisora de las entidades significativas asignadas (es decir, realizar el seguimiento de las entidades a fin de verificar que cumplen en todo momento con las normas que ordenan su actividad); preparar, cuando sea necesario, un programa de evaluación a proponer al Consejo de Supervisión, que puede comportar el ejercicio de alguna potestad que produzca efectos jurídicos sobre las entidades (como la inspectora o la correctora); aplicar el programa de evaluación supervisora aprobado por el BCE y las decisiones dictadas en relación con la entidad; coordinarse con otro órgano colegiado al que se hará referencia a continuación, que es el que lleva a cabo materialmente las actividades inspectoras que resulten; y actuar de enlace con las autoridades nacionales competentes cuando resulte necesario. El proceso de revisión y evaluación supervisora debe aplicarse con la metodología aprobada al efecto por el BCE, que se explica en las pp. 23-27 de la citada *Guía*.

por las autoridades nacionales competentes donde se encuentren establecidas las entidades supervisadas, las filiales de bancos o las sucursales transfronterizas significativas de un grupo bancario[22], y otros miembros del equipo (art. 6).

6.º Para el ejercicio de la potestad inspectora, el art. 143 del Reglamento 468/2014 establece la creación de órganos colegiados denominados "equipos de inspección *in situ*" a fin de llevar a cabo materialmente esa tarea. Estos "equipos de inspección *in situ*" estarán integrados por empleados del BCE y de la autoridad nacional competente (art. 144.1), y a su frente se sitúa un jefe de equipo responsable de la coordinación entre éste y el ECS encargado de la supervisión de la entidad en cuestión (art. 146.2).

7.º El art. 123 del Reglamento 468/2014 también crea una unidad de investigación independiente a quien atribuye las facultades de instruir los expedientes sancionadores que resulten de posibles incumplimientos por las entidades de crédito de las normas aplicables. Si esta unidad, integrada por investigadores designados por el BCE (art. 123.1), aprecia indicios de infracción, elabora una propuesta de proyecto de decisión que presentará al Consejo de Supervisión, quien, en su caso, lo eleva definitivamente al Consejo de Gobierno (art. 127).

8.º También se crea un órgano administrativo colegiado denominado "Comité Administrativo de Revisión" (CAR)[23], según lo establecido en el art. 24 del Reglamento 1024/2013 (desarrollado por la Decisión BCE/2014/14), compuesto por un total de cinco miembros (art. 3.1) nombrados por el Consejo de Gobierno del BCE (art. 4.1) por cinco años de entre personas de excelente reputación, procedentes de los Estados miembro, que cuenten con un demostrado historial de conocimientos pertinentes y experiencia profesional (art. 3.2)[24]. El CAR cuenta con un presidente y un vicepresidente nombrados por el propio Comité (art. 5), y con una secretaría asistida por el secretario del Consejo de Supervisión. La función esencial del CAR es conocer de aquellas impugnaciones que, en vía administrativa, formulen los afectados por decisiones adoptadas por el BCE en materia de supervisión prudencial. En el Capítulo III de esta obra se examina cómo funciona el recurso frente a las decisiones del BCE que resuelve el CAR.

---

22 Cfr. BCE, *Manual..., óp. cit.*, p. 11. Los coordinadores son responsables "*de la ejecución de las tareas y actividades de supervisión incluidas en el programa de examen supervisor correspondiente a cada una de las entidades de crédito significativas*", mientras que los subcoordinadores "*serán responsables de definir claramente el alcance temático o geográfico de la supervisión*".

23 *Vid.* Muñoz Aranguren, Arturo, "Las Salas Administrativas de Apelación de las Agencias de la Unión Europea. Comentario a la decisión del panel de apelación de la Junta Única de Resolución (JUR) de 28 de noviembre de 2017", *LALEY* 6335, 2019.

24 Además, se permite el nombramiento de dos suplentes para que sustituyan temporalmente a los miembros del Comité en caso de incapacidad temporal, fallecimiento, dimisión o cese en el cargo, o cuando concurra un conflicto de intereses en relación con alguno de ellos.

9.º Por último, el art. 25.5 del Reglamento 1024/2013 ordena la creación de una comisión de mediación que tenga por objeto "*garantizar una separación de las funciones de política monetaria y de supervisión*" en aquellos casos en las que las autoridades nacionales competentes de los Estados miembro participantes tengan diferencias respecto de las objeciones realizadas por el Consejo de Gobierno del BCE a decisiones emitidas en materia de supervisión prudencial. Esta Comisión, creada efectivamente mediante el Reglamento 2014/26, cuenta con un miembro por Estado miembro participante (art. 3.1 del Reglamento 2014/26), nombrado por cada uno de éstos de entre los miembros del Consejo de Gobierno y del Consejo de Supervisión (art. 4.1). Todos los miembros deben servir a los intereses generales de la UE (art. 4.3). La Comisión estará presidida por el vicepresidente del Consejo de Supervisión, que no será miembro de ésta (art. 3.2), y dictaminará sobre la controversia de forma motivada (art. 10.2), dictamen que, sin embargo, no será vinculante para el Consejo de Supervisión y el Consejo de Gobierno (art. 10.3), sin perjuicio de que el primero puede, a la vista del contenido del dictamen de la Comisión de mediación, presentar al Consejo de Gobierno un nuevo proyecto de decisión sobre la cuestión (art. 11.1).

En segundo lugar, la normativa establece una serie de normas que se han dado en llamar "garantías organizativas", cuyo respeto legitima el ejercicio de las potestades administrativas que el BCE tiene atribuidas. Estas garantías se refieren a la obligación de independencia y objetividad que deben observar sus autoridades y personal (art. 19.1 del Reglamento 1024/2013)[25], la rendición de cuentas al Parlamento Europeo con carácter anual por parte del Presidente del Consejo de Supervisión (art. 20.2 y 3) y a los Parlamentos nacionales cuando así lo soliciten éstos (art. 21)[26], el secreto profesional e intercambio de información respecto del ejercicio de las funciones del personal responsable de las potestades de supervisión (art. 27), la autonomía a la hora de contratar el personal dedicado a estas funciones (art. 31), y un propio régimen

---

25 El profesor LAGUNA DE PAZ explica que "*esta previsión no es sino una reiteración del mandato de independencia del propio BCE (arts. 130 y 282.2 TFUE)*" ("El Mecanismo...", *óp. cit.*, pp. 62-63). La Sentencia del Tribunal General de la UE de 30 de noviembre de 2022 (TOL9.304.113), ya citada, remarca a este respecto que: "*Furthermore, it is apparent from settled case-law that the concept of misuse of powers refers to cases where an administrative authority has used its powers for a purpose other than that for which they were conferred on it. A decision may amount to a misuse of powers only if it appears, on the basis of objective, relevant and consistent factors, to have been taken for such a purpose. Furthermore, where more than one aim is pursued, even if the grounds of a decision include, in addition to proper grounds, an improper one, that would not make the decision invalid for misuse of powers, provided that the decision does not cease to pursue the main aim (see judgment of 13 December 2017, Crédit mutuel Arkéa v ECB, T-52/16, EU:T:2017:902, paragraph 210 and the case-law cited)*".

26 Según explicamos *ut supra*, la independencia de la institución, para encontrar encaje constitucional (en particular desde la perspectiva del principio democrático) debe contrapesarse con un mecanismo de rendición de cuentas ante los máximos representantes de los ciudadanos.

económico que garantice su independencia (arts. 28 y 29), que comporta el cobro de tasas anuales a las entidades de crédito por las funciones realizadas (art. 30[27]).

El profesor LAGUNA DE PAZ añade, como garantía organizativa, la separación de las potestades de resolución de las demás potestades que integran la función supervisora[28]. En mi opinión, y a pesar de que se trata de una exigencia de Derecho europeo (cfr. art. 4.7 de la CRD IV), esa separación no constituye una garantía organizativa, pues ningún riesgo existiría en el hecho de que las potestades de resolución, en cuanto potestades correctoras incardinadas en actividad administrativa de supervisión prudencial bancaria que son, sean atribuidas a la misma Administración titular de las restantes potestades de supervisión[29].

1.2 EL BDE COMO ANC EN ESPAÑA

El sistema de ejercicio coordinado de potestades administrativas en que consiste el MUS se completa con las autoridades nacionales competentes de los Estados miembros participantes, que tienen atribuidas todas las demás funciones de supervisión no situadas en la órbita del BCE por el Reglamento 1024/2013[30]. En el caso de España, la ANC es el BdE (cfr. disposición adicional decimosexta de la LOSSEC[31]).

---

27 Este artículo ha sido aplicado por la Decisión BCE/2014/41, de 22 de octubre de 2014, sobre las tasas de supervisión, que se actualiza cada año.

28 LAGUNA DE PAZ, José Carlos, *El Mecanismo..., óp. cit.*, pp. 65-66.

29 Como he explicado en otro lugar, el lugar conceptualmente apropiado para ubicar dogmáticamente la potestad de resolución bancaria es el de las potestades correctoras incardinadas en la actividad administrativa de supervisión (vid. Lora González, Carlos, ¿Qué es...?, óp. cit., pp. 123-133). La separación formal entre ambas funciones obedece, más bien, al diferente fundamento sobre el que se han edificado MUS (art. 127.6 del TFUE, que permite atribuir al BCE concretas funciones de supervisión) y MUR (art. 113 del TFUE, relativo a la unidad de mercado). Quizá habría sido más conveniente afrontar ambas actividades (la supervisión restringida en que consiste el MUS y la resolución en que consiste el MUR) desde el mismo fundamento de Derecho europeo, atribuyendo las funciones bien al BCE (con base en el art. 127.6 del TFUE) bien a una Agencia creada *ad hoc* para el desarrollo de la actividad administrativa de supervisión (que habría podido ser la ABE, por ejemplo, con base en el art. 114 del TFUE). Por esta segunda opción se han inclinado, de hecho, países como Austria (*Finanzmarktaufsicht*), Francia (*Autorité de contrôle prudentiel et de résolution*), Malta (*Malta Financial Services Authority*), etc., donde, mediante mecanismos internos de separación de funciones, cumplen la exigencia derivada del art, 4.7 de la CRD IV, pero evitan crear Administraciones distintas para el desarrollo de la misma actividad administrativa de supervisión prudencial bancaria.

30 En este sentido, cabe recordar que la Sentencia del Tribunal de Justicia de la UE de 8 de mayo de 2019 (TOL9.910.115) resolvió, precisamente, que el BCE tiene competencia exclusiva en las cuestiones enumeradas en los arts. 4.1 y 6 del Reglamento 1024/2013, para cuyo ejercicio puede ayudarse de las autoridades nacionales competentes, pero que éstas conservan todas las demás facultades de supervisión que pudieran atribuirles sus correspondientes normas reguladoras.

31 Desarrollada por la disposición adicional segunda del RD 84/2015.

El BdE es una entidad de Derecho público con personalidad jurídica propia y plena capacidad pública y privada (art. 1.1 de la LABdE), que se somete, en el ejercicio de las funciones de la primera clase, al Derecho administrativo, y, en todo lo demás, al Derecho privado (art. 1.2 de la LABdE)[32].

El BdE cuenta, desde hace décadas, con una estructura organizativa para el ejercicio de sus facultades de supervisión. Esta estructura se regula en la LABdE y en el RIBdE[33], de acuerdo con las cuales el BdE se estructura en los siguientes órganos:

1.º El Consejo de Gobierno, que es el máximo órgano de gobierno del BdE. Está integrado por el Gobernador, que lo preside[34]; el Subgobernador, que sustituye a aquél en caso de vacante[35]; seis consejeros designados por el Gobierno a propuesta del Ministro de Economía, Comercio y Empresa, oído el Gobernador (art. 56.1 del RIBdE); el Director General del Tesoro y Política Financiera y el Vicepresidente de la CNMC (art. 20.1 de la LABdE). A sus reuniones también asistirán, con voz pero sin voto, los Directores Generales del BdE (art. 53.2 del RIBdE), un representante del personal del BdE (art. 53.3) y el Secretario General del BdE, que actuará como secretario del Consejo (arts. 53.4 y 55)[36].

El Gobernador, el Subgobernador y los seis Consejeros sólo pueden ser cesados en caso de expiración del mandato, por renuncia o por separación acordada por el Gobierno, por incapacidad permanente para el ejercicio de su función, incumplimiento grave de sus obligaciones, incompatibilidad sobrevenida o procesamiento por motivo doloso (cfr. arts. 25.4 de la LABdE y 42 del RIBdE). La existencia de causas tasadas de cese es clave para aseverar la independencia de la institución. Esta independencia sólo puede verse algo perjudicada por el hecho de que el mandato de los Consejeros sea renovable por una sola vez (cfr. art. 25.2 de la LABdE), de forma que quizá convendría revisar esta previsión para establecer, al igual que ocurre para el Gobernador y el Subgobernador, un mandato único no renovable (cfr. art. 25.1 de la LABdE). Por otro lado, la presencia adicional en

---

32 Sobre esta exposición, *vid.* Deprés Polo, Mario, *et al.*, *Manual...*, *óp. cit.*, pp. 49-59.

33 Aprobado mediante Resolución de 28 de marzo de 2000, del Consejo de Gobierno del Banco de España.

34 El Gobernador cuenta con un gran catálogo de funciones institucionales, recogidas todas ellas en los arts. 36 y 37 del RIBdE. El Gobernador es nombrado por el Rey, a propuesta del Presidente del Gobierno, por un periodo de seis años sin renovación posible (art. 38.1 y 2), y puede ser separado por el Gobierno sólo en supuestos tasados (art. 42.3).

35 El Subgobernador es nombrado por el Gobierno, a propuesta del Gobernador, por seis años sin posible renovación (art. 46.1 y 3 del RIBdE), y también puede ser separado del cargo por el Gobierno sólo en supuestos tasados (art. 50.3).

36 En su defecto, actuará como secretario el vicesecretario del BdE y, en defecto de éste, el Director General que designe el Presidente (art. 55.1 del RIBdE).

el Consejo de Gobierno del Vicepresidente de la CNMC y del Director General del Tesoro y Política Financiera no compromete la independencia del BdE, no sólo porque estos dos miembros son minoritarios en el conjunto del Consejo de Gobierno, sino porque, además, el Vicepresidente de la CNMC está investido de análogas garantías de independencia (cfr. art. 15.2 de la LCNMC).

El régimen jurídico para la formación de la voluntad del Consejo de Gobierno es el previsto en los arts. 61 a 63 del RIBdE y, en todo lo no previsto en ellos, en los arts. 15 y ss. de la LEREJUSP. En materia de supervisión prudencial, sin embargo, las competencias del Consejo de Gobierno son más bien escasas, limitándose a ser el órgano de decisión para la imposición de sanciones que correspondan al BdE (art. 21.1-*i)* de la LABdE).

2.º La Comisión Ejecutiva del BdE, formada por el Gobernador, que la preside; el Subgobernador y dos consejeros, designados por el Consejo de Gobierno a propuesta del Gobernador de entre sus miembros no natos (arts. 22.1 de la LABdE y 65.1 del RIBdE), y asisten a sus reuniones, con voz pero sin voto, los Directores Generales del BdE (art. 22.2) y el Secretario General del BdE, que actuará como secretario de la Comisión (art. 22.3)[37]. El régimen jurídico aplicable a la formación de la voluntad de la Comisión Ejecutiva se contiene en los arts. 67 y 68 del RIBdE y, en lo no previsto en ellos, por los arts. 15 y ss. de la LEREJUSP. En materia de supervisión prudencial, la Comisión Ejecutiva es el órgano del BdE que tiene atribuidas el ejercicio de todas las funciones distintas de la sancionadora, esto es, la potestad autorizatoria (art. 23.1-*b)*) y la potestad correctora e interventora, incluyendo su papel como autoridad de resolución preventiva para entidades de crédito menos significativas (art. 23.1-*f)* de la LABdE[38]). La Comisión Ejecutiva puede crear comisiones internas para el estudio y resolución de ciertos asuntos, a propuesta del Gobernador (art. 77.1 del RIBdE).

3.º En el ámbito operativo, el BdE se articula en Direcciones Generales, que dependen directamente del Gobernador, y a cuyo frente se sitúan Directores Generales nombrados por la Comisión Ejecutiva a propuesta del Gobernador entre personas que cuenten con la debida formación y experiencia en la materia respecto

---

37 En caso de vacante, resulta de aplicación el régimen previsto en el art. 55.1 del RIBdE para el Consejo de Gobierno (art. 64.2).

38 Este precepto señala que compete a la Comisión Ejecutiva "*formular a las entidades de crédito las recomendaciones y requerimientos precisos, así como acordar respecto a ellas y a sus órganos de administración y dirección la incoación de expedientes sancionadores y las medidas de intervención, de sustitución de sus administraciones, o cualesquiera otras medidas cautelares previstas en el ordenamiento jurídico cuyo ejercicio se haya encomendado al Banco de España*", de forma que las competencias en cuanto autoridad de resolución preventiva de entidades no significativas encuentran perfecto engarce en su último inciso.

de la cual van a asumir competencias (art. 70.1 del RIBdE)[39]. Las Direcciones Generales podrán, además, contar con Directores Generales adjuntos, que asistirán a los Directores Generales y, en su caso, ejercerán cuantas competencias éstos deleguen en ellos (art. 84 del RIBdE). De las seis Direcciones Generales con que cuenta el BdE, el desempeño de la actividad de supervisión prudencial se encuentra repartido entre dos de ellas[40]:

a) La Dirección General de estabilidad financiera, regulación y resolución, que tiene a su cargo tareas relativas al seguimiento de la evolución económica general, la adopción de medidas de supervisión macroprudencial en coordinación con la AMCESFI, la participación en el proceso de ordenación de la actividad del crédito en lo relativo a las normas prudenciales, la recopilación de información relevante a estos efectos y el desempeño de aquellas funciones que le correspondan como autoridad de resolución preventiva en relación con las entidades menos significativas[41].

b) La Dirección General de supervisión, que lleva a cabo las restantes tareas en materia de supervisión prudencial y, en particular, el control continuado del cumplimiento, por las entidades de crédito, de las normas que les resultan de aplicación y la formulación de las propuestas de las medidas necesarias para garantizar el cumplimiento de la ordenación prudencial para su elevación al órgano competente. Además, esta Dirección General también participa en la fase ordenadora, contribuyendo a la definición de las normas que deben regir la actividad, y elabora los proyectos de normas de contabilidad aplicables a entidades de crédito y demás entidades supervisadas[42]. En esta Dirección General radican las unidades inspectoras del BdE que desde hace décadas se han responsabilizado de las tareas de supervisión prudencial de las entidades de crédito.

---

39 Las funciones de los Directores Generales son eminentemente operativas y de gestión de recursos (art. 69.2 del RIBdE).

40 Además de las señaladas, están la Dirección General de Economía y Estadística, la Dirección General de Efectivo y Sucursales, la Dirección General de Operaciones, Mercados y Sistemas de Pago y la Dirección General de Servicios (art. 80.1 del RIBdE).

41 *Vid.* descripción facilitada por el BdE en su página web, disponible en: https://www.bde.es/bde/es/secciones/sobreelbanco/organizacion/Organigrama/Direccion_Regula/Direccion_Gener_89e73c54007a821.html (enlace consultado el 7 de marzo de 2020).

42 *Vid.* descripción facilitada por el BdE en su página web, disponible en: https://www.bde.es/bde/es/secciones/sobreelbanco/organizacion/Organigrama/Direccion_Superv/Direccion_Gener_0c582d8ee17a821.html (enlace consultado el 7 de marzo de 2020).

4.º La acción de las Direcciones Generales se coordina en el seno del Comité de Dirección del BdE, formado por el Gobernador, el Subgobernador y los Directores Generales (art. 76 del RIBdE). Este órgano, además, ayuda al Gobernador y Subgobernador a preparar los asuntos a elevar al Consejo de Gobierno y a la Comisión Ejecutiva, según corresponda.

Los actos administrativos que dicta el BdE en el ejercicio de las potestades que le corresponden en materia de supervisión prudencial no ponen fin a la vía administrativa y, por tanto, son susceptibles de recurso de alzada ante el Ministro de Economía, Comercio y Empresa (cfr. arts. 2.2 de la LABdE y, para el particular caso de la potestad sancionadora, 113.2 de la LOSSEC), a quien el BdE deberá dar cuenta razonada de las sanciones impuestas que imponga (art. 89.2 de la LOSSEC), a excepción de la aprobación de los planes de recuperación y resolución y los actos dictados en el marco de procesos de actuación temprana y en la fase preventiva de la resolución, en cuanto autoridad de resolución temprana, que ponen fin a la vía administrativa y son directamente impugnables ante la Sala de lo Contencioso-Administrativo de la Audiencia Nacional (art. 71.1 y 2 de la Ley 11/2015). El Ministro de Economía, Comercio y Empresa, por tanto, constituye un órgano administrativo más de la Administración supervisora española.

Tanto la LABdE como el RIBdE contienen ciertas garantías organizativas que debe respetar el BdE también en el desempeño de las potestades de supervisión, tales como su especial independencia, derivada de su integración en el SEBC (arts. 1.1 de la LABdE y 2.1 del RIBdE), su particular régimen económico (arts. 4 de la LABdE y 27 y ss. del RIBdE), el deber de secreto de los miembros de sus órganos rectores y su personal (arts. 5 de la LABdE y 17 del RIBdE) y la autonomía en la selección de personal (arts. 6 de la LABdE y 18 del RIBdE). No obstante, el BdE no cuenta con medidas de separación entre sus funciones de política monetaria y de supervisión prudencial tan rigurosas como las que se han aprobado en relación con el BCE.

Por último, cabe destacar el papel que aún conserva el Ministro de Economía, Comercio y Competitividad como órgano administrativo al que la LOSSEC atribuye, en su disposición adicional decimosegunda, una potestad autorizatoria para las operaciones que supongan una modificación estructural de las entidades de crédito de entidades bancarias[43]. Esta previsión es, en mi opinión, una anomalía que guarda poca coherencia con el sistema configurado en el marco del MUS, toda vez que sustrae a la Administración

[43] El apartado tercero de la norma especifica que "*la autorización de operaciones de fusión, escisión o cesión global o parcial de activos y pasivos en las que intervenga una caja de ahorros o una cooperativa de crédito se regirán por su normativa específica*".

independiente encargada de la supervisión a nivel nacional una facultad que, en buena lógica, debería corresponderle a ella. Facultad que, por cierto, y según se explicará en el capítulo siguiente, no encuentra parangón en la normativa europea, que no atribuye al BCE potestad semejante[44] y que ha sido tratada en otros Estados miembro como una adquisición de participaciones cualificadas sujeta a la correspondiente potestad sí configurada en el marco del MUS[45].

2. ORGANIZACIÓN ADMINISTRATIVA EN EL MARCO DEL MUR

2.1 LA JUR

El esquema organizativo previsto para el MUS por el Reglamento 1024/2013 es replicado por el Reglamento 806/2014 para el establecimiento del MUR. En efecto, el MUR cuenta con el mismo ámbito espacial de aplicación que el MUS (esto es, los Estados miembro cuya moneda es el euro y aquéllos que no tienen esa moneda pero han decidido establecer una cooperación estrecha con el BCE, en términos previstos en el art. 7 del Reglamento 1024/2013: cfr. art. 4.1 del Reglamento 806/2014)[46], razón por la cual, respecto de las entidades de crédito[47], la distribución de competencias se

---

44 Es cierto que la normativa europea no impide que los ordenamientos nacionales configuran este tipo de potestades y las atribuyan a las autoridades nacionales que se determinen. El art. 4 del Reglamento 1024/2013 únicamente se limita a atribuir al BCE ciertas potestades de supervisión, sin excluir la posibilidad de que existan otras distintas no atribuidas a esa Administración. Ello no obstante, la existencia de una potestad como la que se comenta puede resultar discutible no sólo desde la perspectiva de las libertades fundamentales europeas, sino también desde la óptica de la configuración orgánica de la supervisión: no parece que tenga mucho sentido que el Ministro de Economía siga tutelando un sector cuya supervisión se ha atribuido principalmente a autoridades independientes.

45 Así ocurrió en la fusión de Banca Mediolanum SpA y su matriz Mediolanum SpA, mediante absorción de ésta por aquélla, que fue reputada por la *Banca d'Italia* y el BCE como una adquisición de participaciones cualificadas: cfr. Sentencia del Tribunal de Justicia de la UE de 19 de diciembre de 2018 (asunto C-219/17, *Silvio Berlusconi et al.* vs. *Banca d'Italia et al.*) (TOL6.956.007). Sobre esta Sentencia se volverá con mayor detalle más adelante.

46 La vinculación del ámbito espacial del MUR con el propio del MUS es tan íntima que en el momento en que un Estado miembro participante como consecuencia del establecimiento de una cooperación estrecha deje, por cualquier razón prevista en el art. 7 del Reglamento 1024/2013, de tener establecida esa cooperación, deja de aplicarse el Reglamento 806/2014 de forma inmediata (cfr. art. 4.2 de esa norma), a salvo de los procedimientos de resolución que en ese momento se encuentren en curso (art. 4.4).

47 Según se explicará en el Capítulo VII, el Reglamento 806/2014 también resulta de aplicación a las empresas de servicios de inversión y las entidades financieras establecidas en un Estado miembro participante no incluidas en el ámbito de la supervisión consolidada de la empresa matriz que corresponde al BCE (art. 2-*c)* del Reglamento 806/2014). Estas sociedades no se encuentran incluidas en el ámbito de aplicación objetivo del MUS.

corresponde con la efectuada bajo el MUS. Esto es, las entidades consideradas significativas por el BCE, así como todas aquéllas respecto de las cuales el BCE haya asumido su supervisión directa y otros grupos transfronterizos, son competencia de la JUR, y los demás permanecen bajo el paraguas de las autoridades nacionales: cfr. art. 7.2 del Reglamento 806/2014.

De este modo, el ejercicio coordinado de las potestades de resolución que se lleva a cabo en el marco del MUR depende de la consideración como entidad significativa o menos significativa acordad por el BCE en el marco del MUS. Es decir, los centros de poder administrativo que configura el MUR ejercen coordinadamente sus competencias como consecuencia directa de la misma decisión tomada por el BCE en relación con el carácter significativo o no de las entidades de crédito, sin que resulte necesario sustanciar un procedimiento específico. Ello, en mi opinión, es una evidencia clara de que las potestades propias de la resolución y reestructuración de entidades en crisis no son sino una clase específica de las potestades de intervención que tradicionalmente han ostentado las Administraciones supervisoras respecto de las entidades de crédito y que integra, por lo tanto, la actividad administrativa de supervisión prudencial[48].

Siendo ello así, en el seno del MUR las potestades administrativas de inspección, intervención y sanción relativas a la reestructuración y resolución de entidades de crédito son ejercidas a nivel europeo por la JUR y, a nivel español, según los casos, por el BdE[49] y el FROB. De esta forma, se replica el esquema trazado por el MUS (BCE-BdE) para el ejercicio de potestades respecto de entidades significativas y no significativas[50].

La JUR constituye una Administración independiente de la UE, con personalidad jurídica propia (art. 42.1 del Reglamento de la JUR) y plena capacidad jurídica (art. 42.2)[51].

---

48 Según sostengo en Lora Gonzàlez, Carlos, ¿Qué es...?, óp. cit., pp. 123-133.

49 Según se ha indicado ya, el Reglamento 806/2014 también resulta de aplicación a las empresas de servicios de inversión, respecto de las cuales las funciones que ostenta el BdE para las entidades de crédito corresponden a la CNMV.

50 *Vid.*, a este respecto, Zamora Santa Brígida, Ignacio, "La organización administrativa del Mecanismo Único de Resolución (MUR) en el marco de la Unión Bancaria", en Ruiz Ojeda, Alberto Luis, López Jiménez, José María, y Alés Hermosa, Gabriela, *Estudios sobre la resolución bancaria*, Thomson Reuters-Aranzadi: Cizur Menor (Navarra): 2020, pp. 819-844.

51 En relación con esta exposición, *vid.* Urbaneja Cillán, Jorge, *La ordenación...*, *óp. cit.*, pp. 405-407; Deprés Polo, Mario, *et al.*, *Manual...*, *óp. cit.*, pp. 44-45; Busch, Danny, "Governance of the Single Resolution Mechanism", en Busch, Danny, y Ferrarini, Guido A., *European banking*, Nueva YOrk: Oxford University Press, 2015, pp. 282-300; Uría Fernández, Francisco, *La nueva...*, *óp. cit.*, pp. 173-185; González García, Julio V., "Mecanismo...", *óp. cit.* Por su parte, Gerardo García-Álvarez realiza una exposición datada en plena tramitación de la regulación del MUR que, aunque no incluye tantos detalles como las otras obras citadas, resulta interesante desde el punto de vista de la formación de la normativa reguladora del mecanismo (*vid.* "La construcción...", *óp. cit.*, pp. 131-141).

La JUR constituye un único órgano colegiado (art. 43) integrado por un Presidente, nombrado por plazo de cinco años no renovables (art. 56.5) con base en sus méritos, cualificaciones, conocimientos de los asuntos bancarios y financieros y experiencia en la materia mediante un procedimiento de selección abierto que resuelve el Consejo de la UE, previa aprobación por el Parlamento Europeo, sobre la base de la propuesta remitida por la Comisión (art. 56.7); un Vicepresidente no miembro de la JUR, nombrado de igual modo; cuatro miembros a tiempo completo elegidos por el mismo procedimiento (art. 43.1-*b)*) y un miembro nombrado por cada uno de los Estados miembro participantes en representación de las autoridades de resolución nacionales (art. 43.1-*c)*)[52].

La JUR se reúne en dos formaciones distintas en función de los temas a tratar:

1.º En sesión plenaria, para el ejercicio de las principales funciones administrativas y de gobierno interno de la JUR (como la aprobación del programa de trabajo anual o el presupuesto anual, la adopción de su reglamento interno y el de la Junta en sesión ejecutiva, el ejercicio de las competencias que le correspondan respecto de su personal, la reestructuración interna de la JUR, etc.), así como para el ejercicio de las potestades de resolución de mayor trascendencia (el empleo del FUR por encima de los 5.000 millones de euros, recaudación de aportaciones ex post extraordinarias, etc.: cfr. art. 50 del Reglamento 806/2014). Esta formación debe reunirse al menos dos veces al año, pero puede convocarse a iniciativa del Presidente o a petición de, al menos, un tercio de sus miembros (art. 51.2), y adopta las decisiones por mayoría simple (art. 52.2), salvo en los casos de empleo del FUR y adopción de especiales instrumentos de resolución vinculados a ese empleo, donde además se exige que los votos a favor representen el 30% de las aportaciones al FUR (art. 52.3). La JUR debe adoptar y publicar un Reglamento interno para su sesión plenaria (art. 52.4[53]).

2.º En sesión ejecutiva, formada únicamente por el Presidente y los cuatro miembros nombrados por el Consejo de la UE (art. 53.1), a la que corresponde el ejercicio de las demás potestades administrativas en materia de resolución bancaria (art. 54.1-*b)* y 2)[54] y la preparación de los proyectos de cuantas decisiones deba adoptar la sesión plenaria (art. 54.1-*a)*).

Además de lo anterior, la JUR puede establecer comités internos para el asesoramiento y orientación sobre el desempeño de las funciones que le incumben (art. 84).

---

52 Además, la Comisión y el BCE cuentan cada uno con un observador permanente en la JUR (art. 43.3 del Reglamento 806/2014).

53 A la fecha presente ese Reglamento interno no ha sido publicado.

54 En concreto, la sesión ejecutiva puede aprobar planes de resolución, imponer obligaciones simplificadas, determinar el requisito mínimo de fondos propios y pasivos exigibles y facilitar a la Comisión un dispositivo de resolución, entre otras funciones.

Igualmente, la JUR cuenta con un Panel de Recurso creado al amparo del art. 85 y que desempeña las mismas funciones que tiene el CAR en el BCE, pues conoce de los recursos que se interpongan frente a las decisiones adoptadas por la JUR en el ejercicio de sus funciones[55]. En el Capítulo III de esta obra se examina cómo funciona el recurso frente a las decisiones de la JUR que resuelve el Panel de Recurso..

Por último, la JUR administra el FUR (art. 76.1), dotado con las aportaciones exaccionadas por las autoridades nacionales de resolución y destinado a sufragar aquellos instrumentos de resolución que requieran de asistencia financiera previa suscripción del correspondiente acuerdo (art. 76.4). El FUR se compone de aportaciones *ex ante*, realizadas por las entidades de crédito y demás sujetos a las previsiones del Reglamento 806/2014 anualmente (art. 70), y aportaciones *ex post* extraordinarias, recaudadas cuando concurran ciertas condiciones en la situación patrimonial del FUR (art. 71).

Al igual que ocurría en el caso del BCE, el Reglamento 806/2014 establece ciertas "garantías organizativas", tales como la rendición de cuentas ante el Parlamento Europeo, el Consejo y la Comisión (art. 45.1), así como ante los Parlamentos nacionales (arts. 45.2 y 46); la obligación de su personal de actuar con independencia y objetividad (art. 47.2) y en pos del interés general (art. 47.1); autonomía para la contratación de su personal (art. 82); obligaciones de secreto profesional e intercambio de información (art. 88); y obligaciones en materia de protección de datos (art. 89).

2.2 EL FROB COMO ANR EN ESPAÑA

Por lo que a las entidades de crédito menos significativas se refiere, el legislador español ha optado por establecer dos autoridades de resolución, el BdE para la fase preventiva (art. 2.1-*c)* de la Ley 11/2015) y el FROB para la fase ejecutiva (art. 2.1-*d)*)[56]. El

---

55 El Panel de Recurso de la JUR se rige por su Reglamento interno, aprobado por el propio Panel de acuerdo con lo establecido en el art. 85.10 del Reglamento 806/2014 y, a falta de referencias oficiales, disponible en: https://srb.europa.eu/sites/srbsite/files/spanish.pdf (enlace consultado el 7 de marzo de 2020). *Vid.* MUÑOZ ARANGUREN, Arturo, "Las Salas...", *óp. cit.*

56 El art. 3 de la Directiva 2014/49 permitía a los Estados miembro designar "*una o, excepcionalmente, varias autoridades de resolución*". Ésa es la previsión con base en la cual el legislador español ha optado por separar la autoridad responsable de la fase preventiva de la encargada de la fase ejecutiva. En mi opinión, la opción del BdE como autoridad de resolución preventiva se debe, precisamente, a que las potestades administrativas que se configuran para la reestructuración y resolución de entidades de crédito no son más que una singular manifestación de las potestades correctoras, que tiene todo el sentido que se atribuya a la misma autoridad que desempeña el resto de potestades de supervisión.

régimen organizativo del primero ya fue explicado en el apartado anterior; a continuación, se explica la organización administrativa de la segunda autoridad[57].

El FROB es una entidad de Derecho público con personalidad jurídica propia y plena capacidad pública y privada para el desarrollo de sus fines (art. 52.2 de la Ley 11/2015)[58]. El FROB se configura como un único órgano colegiado, denominado Comisión Rectora, formado por el Presidente, nombrado y separado por real decreto del Consejo de Ministros a propuesta del Ministro de Economía, Comercio y Empresa, previa audiencia en la Comisión correspondiente del Congreso de los Diputados (art. 55.1) por plazo de cinco años (art. 55.3); cuatro miembros designados por el BdE, uno de los cuales será el Subgobernador, que actuará como Vicepresidente del FROB (art. 54.1-*b)*), y los otros tres serán designados por la Comisión Ejecutiva del BdE (art. 55.1, párrafo tercero); tres representantes del Ministerio de Economía, Comercio y Empresa, designados por el Ministro, con rango mínimo de Director General (art. 54.1-*c)*); el Vicepresidente de la CNMV (art. 54.1-*d)*); y dos representantes del Ministerio de Hacienda y Función Pública, designados por el Ministro, con rango mínimo de Director General (art. 54.1-*e)*)[59]. A las reuniones de la Comisión Rectora podrán asistir, con

---

57 Una panorámica general sobre el FROB se contiene en ALÉS HERMOSA, Gabriela, y CARRILLO DONAIRE, Juan Antonio, "El FROB y su papel tras la puesta en marcha del Mecanismo Único de Resolución", en RUIZ OJEDA, Alberto Luis, LÓPEZ JIMÉNEZ, José María, y ALÉS HERMOSA, Gabriela, *Estudios sobre resolución bancaria*, Cizur Menor (Navarra): Thomson Reuters-Aranzadi, 2020, pp. 901-936.

58 *Vid.*, FERNÁNDEZ RODRÍGUEZ, Tomás Ramón, "El Fondo de Reestructuración Ordenada Bancaria: naturaleza, estructura y régimen jurídico", en TEJEDOR BIELSA, Julio César, y FERNÁNDEZ TORRES, Isabel (coords.), *La reforma bancaria en la Unión Europea y España*, Cizur Menor (Navarra): Thomson Reuters-Civitas, 2014, pp. 27-43; DEPRÉS POLO, Mario, *et al.*, *Manual...*, *óp. cit.*, pp. 62-64.

59 A diferencia de lo que ocurría en el caso del BdE, en el del FROB la independencia de la institución es menos clara y, aunque puede afirmarse en términos generales, puede presentar situaciones donde se encuentre más comprometida. Ello se debe en gran parte a la composición que presenta la Comisión Rectora del FROB donde, dejando a salvo al Presidente, sólo cinco de sus diez miembros (los cuatro representantes del BdE, incluido su Subgobernador, y el Vicepresidente de la CNMV) cuentan con garantías de independencia (particularmente, causas tasadas de cese y, en el caso del Subgobernador del BdE y el Vicepresidente de la CNMV, no renovación en el cargo). Los otros cinco miembros de la Comisión Rectora (los tres representantes del Ministerio de Asuntos Económicos y Transformación Digital y los dos representantes del Ministerio de Hacienda y Función Pública) pueden ser cesados por razones políticas en cualquier momento, y por tanto no gozan de esas garantías de independencia. La balanza la inclina, desde luego, el Presidente, que tiene voto de calidad (cfr. art. 54.6 de la Ley 11/2015), el cual tiene un mandato de cinco años no renovable (cfr. art. 55.2 de la Ley 11/2015) y causas tasadas de cese (por finalización del periodo para el que fue nombrado, por renuncia aceptada por el Gobierno, por estar incurso en alguna causa de incompatibilidad, por incapacidad sobrevenida para el ejercicio de sus funciones, por condena por delito doloso y por incumplimiento grave de sus obligaciones: cfr. art. 55.3 de la Ley 11/2015). No obstante lo anterior, algunos autores afirman la independencia del FROB. Vid.,

voz pero sin voto, un representante de la IGAE, designado por el Interventor General, y otro de la Abogacía General del Estado, designado por el Abogado General-Director del Servicio Jurídico del Estado (art. 54.1, párrafo segundo).

La Comisión Rectora del FROB es el órgano competente para el ejercicio de las potestades administrativas que la Ley atribuye a éste en el marco de los procesos de reestructuración y resolución, sin perjuicio de que delegue el ejercicio de parte de ellas (art. 54.5), en particular, en la persona de su Presidente (art. 55.4-*d)*)[60]. La Comisión Rectora adopta sus acuerdos por mayoría simple, teniendo su Presidente voto de calidad, siempre que asistan a la reunión, al menos, la mitad de sus miembros con derecho a voto (art. 54.6, párrafo primero).

Los actos adoptados por la Comisión Rectora del FROB u órganos delegados en el ejercicio de las potestades administrativas que tiene atribuidas ponen fin a la vía administrativa y son susceptibles de impugnación ante la Sala de lo Contencioso-Administrativo de la Audiencia Nacional (art. 72.2).

La normativa reguladora del FROB también contempla ciertas garantías organizativas para esta Administración. El FROB cuenta con autonomía en la gestión (art. 52.4), que se manifiesta en materia patrimonial (art. 52.6) o de personal (art. 52.7), si bien en materia financiera cuenta con un régimen de fiscalización más severo que el previsto en la LABdE para el BdE (art. 52.5). El FROB, además, deberá rendir cuentas ante el Congreso de los Diputados con una periodicidad mínima semestral (art. 56.1), e informará trimestralmente al Ministerio de Economía, Comercio y Empresa y al de Hacienda y Función Pública de su gestión y actuación (art. 56.3). Además, las autoridades y personal que presten sus servicios en el FROB deben mantener el deber de secreto de cuanta información conozcan como consecuencia del ejercicio de las funciones que tiene atribuidas (art. 59.1).

Por último, el FROB, además de contar con las potestades administrativas que en materia de reestructuración y resolución de entidades de crédito y empresas de inversión le atribuye la Ley, cuenta con una serie de facultades mercantiles respecto de aquellas entidades en las cuales haya asumido, en el marco de un proceso de reestructuración

---

en este sentido, Alés Hermosa, Gabriela, y Carrillo Donaire, Juan Antonio, "El FROB...", óp. cit., pp. 909-912. Estos autores afirman que el FROB queda instituido como "una auténtica Administración independiente para el ejercicio de las potestades de restructuración bancaria de carácter ejecutivo" (p. 910).

60 No obstante, son indelegables las funciones relativas a la aprobación de planes de resolución. acciones de amortización de instrumentos de capital y recapitalización interna, aprobación de la decisión de realizar operaciones de financiación mediante el empleo del FRN o solicitando asistencia financiera internacional, aprobación de las cuentas anuales del FROB, decisiones de utilización del FRN y las decisiones de enajenación o desinversión en una entidad previamente asistida.

y resolución, la titularidad de ciertos derechos sociales (art. 63)[61]. Estas facultades son susceptibles de impugnación en los mismos términos en que lo serían los acuerdos si se hubieran adoptado por los órganos sociales normalmente constituidos (art. 71).

3. AUTORIDADES MACROPRUDENCIALES

Según se explicó al comienzo de este epígrafe, una de las principales novedades introducidas por las reformas alumbradas por el Informe Larosière consistió en la incorporación del enfoque macroprudencial a la supervisión bancaria, tanto a nivel nacional como a nivel europeo. En ambos casos, los poderes públicos correspondientes han adoptado medidas similares y decidido encomendar esas funciones a órganos administrativos adscritos a sus correspondientes Administraciones (europea o estatal en el caso español) frente a otras alternativas como serían la creación de Administraciones independientes *ad hoc* o la atribución de las correspondientes facultades a Administraciones ya existentes (en particular, en el caso español, al BdE, y, en el caso europeo, al BCE).

3.1 LA JERS

En el ámbito europeo, el Reglamento 1092/2010 creó la JERS como "*órgano específico*" e "*independiente*" de la Unión, "*responsable de ejercer la supervisión macroprudencial a nivel de la Unión*", que, sin embargo, no debe "*tener personalidad jurídica*"

---

61 Estas facultades son, en concreto, las del órgano de administración de la entidad, cuando asuma tal condición; las de los accionistas o titulares de cualesquiera valores o instrumentos financieros, cuando el FROB haya suscrito o adquirido tales valores o instrumentos; y las de la junta o asamblea general, en los supuestos necesarios para llevar a efecto las medidas de resolución (ya sea porque las obstaculicen, ya sea porque no sea posible cumplir los requisitos exigidos por la normativa aplicable para la válida constitución y adopción de acuerdos por dichos órganos. Sobre esta cuestión, *vid.* SÁNCHEZ-CALERO GUILARTE, Juan, "El Fondo de Reestructuración Ordenada Bancaria: competencias mercantiles", en TEJEDOR BIELSA, Julio César, y FERNÁNDEZ TORRES, Isabel (coords.), *La reforma bancaria en la Unión Europea y España*, Cizur Menor (Navarra): Thomson Reuters-Civitas, 2014, pp. 45-73. Como recuerda Tomás Ramón FERNÁNDEZ, la asunción de estas facultades por el FROB, "*aunque la Ley no lo diga, habrá de expresarse en un acto administrativo formal dictado al amparo del artículo 63 de la Ley cuando se den las circunstancias que dicho precepto indica y, precisamente, porque se dan éstas, lo que el acto en cuestión habrá de justificar, ya que todo acto administrativo que limite derechos subjetivos o intereses legítimos debe ser motivado con referencia a los hechos y fundamentos de derecho*" (FERNÁNDEZ RODRÍGUEZ, Tomás Ramón, *El Fondo...*, *óp. cit.*, p. 38). Es decir, como aquí sostengo, se requiere que el FROB ejercite potestades correctoras sobre derechos de los particulares antes de que pueda asumir la titularidad de los órganos sociales o ejercitar por ellos las facultades correspondientes. Y estas potestades recuerdan mucho a la que, desde finales de los años setenta, ha ostentado el BdE para la intervención de los administradores de las entidades de crédito, que el legislador indudablemente incardina en el desempeño de la función supervisora.

(considerando (15) del Reglamento)[62]. De este modo, la JERS se constituye como un centro de poder administrativo sin personalidad jurídica propia que forma parte del SESF (art. 1.2 del Reglamento 1092/2010). El SESF, sin embargo, tampoco constituye una Administración independiente de la UE, sino que consiste, sencillamente, en un sistema de coordinación de las AES, las autoridades de supervisión financiera nacionales y la propia JERS (cfr. art. 1.3).

El Reglamento no especifica a qué Administración se encuentra adscrita la JERS (relevante a efectos de conocer la persona jurídica a la que deben imputarse sus actos), de forma que podría interpretarse que lo está bien a la Comisión, a través del Comisario competente, por cuanto ésta se trata de la Administración general de la UE, bien al BCE por ser ésta la Administración que ejerce las funciones de secretaría y presta a la JERS el necesario apoyo analítico, estadístico, logístico y administrativo (art. 2 del Reglamento 1096/2010)[63]. A favor de la primera opción se encuentra el hecho de que la JERS desempeña funciones en favor del conjunto de la UE (art. 1.2), cuyos intereses encarna de forma más proporcionada la Comisión, toda vez que el BCE desempeña un papel muy importante en relación con los Estados miembro cuya moneda es el euro, que conduce a una representación exclusiva de éstos en su máximo órgano de decisión (el Consejo de Gobierno). A favor de la segunda se sitúa, además de la importante función de apoyo a la actividad de la JERS que lleva a cabo el BCE, el sobrepeso que la normativa reguladora de la JERS concede a esa institución, manifestado, por ejemplo, en el hecho de que el Vicepresidente primero de la JERS debe ser miembro del BCE (art. 5.2), el Presidente y el Vicepresidente del BCE son los dos primeros miembros del máximo órgano de gobierno de la JERS (la Junta General) que se enumeran en el art. 6.1 del Reglamento 1092/2010, o cinco de los catorce miembros de su Comité Director son representantes del BCE (art. 11.1). Aunque la cuestión, como digo, no está clara, me inclino a entender que la JERS se trata de un órgano funcionalmente independiente[64] adscrito al BCE, especialmente desde que éste ha asumido las funciones de supervisión microprudencial a las que me he referido *ut supra*[65].

---

62 Sobre esta exposición, *vid.*, Urbaneja Cillán, Jorge, *La ordenación..., óp. cit.*, pp. 324-331; Deprés Polo, Mario, *et al.*, *Manual..., óp. cit.*, pp. 47-48; y Flores Doña, María Sierra, "La Junta Europea de Riesgo Sistémico", *RDBB*, núm. 121 (enero-marzo 2011), pp. 61-92.

63 El art. 3.1 del Reglamento 1096/2010 añade que "*el BCE destinará los suficientes recursos humanos y financieros al cumplimiento de las funciones correspondientes a la Secretaría*", y el apartado 2 del mismo precepto atribuye al BCE la potestad de nombrar al jefe de la secretaría, previa consulta de su Junta General.

64 E investido también de independencia en el sentido jurídico-administrativo, en la medida en la que los miembros de sus órganos rectores lo son por razón del cargo que ostentan, en la mayoría de los casos, en Administraciones independientes y, por tanto, investidos de garantías para desarrollar sus funciones con independencia. No obstante, en la medida en la que hemos concluido que la JERS se encuentra adscrita al BCE, goza, en todo caso, de la independencia propia de éste.

65 Esta opción no es desconocida en Derecho comparado. Recuérdese que, por ejemplo, Reino Unido ha constituido un órgano independiente adscrito al Banco de Inglaterra para el desempeño de estas

Sea como fuere, la JERS cuenta con funciones de supervisión general del sistema financiero, y las potestades que tiene atribuidas tienen por destinatarios exclusivamente otros sujetos de Derecho público (la Comisión, los Estados miembro, las AES o las autoridades de supervisión competentes), y no –directamente al menos– las esferas jurídicas de los particulares. En concreto, la JERS cuenta con funciones relativas a:

1.º La recopilación e intercambio de información sobre riesgos para las AES (art. 15.1 del Reglamento 1092/2010).

2.º La emisión de avisos o recomendaciones cuando prevea riesgos significativos que amenacen la estabilidad del sistema financiero (art. 16.1). Estos avisos o recomendaciones podrán tener carácter general o específico, e ir dirigidos a la UE en su conjunto, a uno o varios Estados miembro, a una o varias AES o a una o a varias autoridades nacionales de supervisión. Los destinatarios de las recomendaciones deberán informar a la JERS de las actuaciones emprendidas en respuesta a las recomendaciones y facilitar una justificación adecuada de cualquier inacción (art. 17.1), de modo que, en caso de incumplimiento injustificado, la JERS podrá informar al Consejo -y, en su caso, a la AES de que se trate- (art. 17.2), y comparecer ante el Parlamento Europeo, representada por su Presidente, para informarle de su decisión (art. 17.3). Respecto de estos avisos y recomendaciones, la JERS puede decidir hacerlos públicos (art. 18.1) o mantenerlos confidenciales (art. 18.4).

Para el desempeño de sus funciones, la JERS cuenta con una compleja estructura formada por los siguientes órganos administrativos:

1.º Un Presidente, que en un primer momento será el del BCE (art. 5.1), sin perjuicio de que pueda modificarse el sistema de elección una vez se revise el Reglamento (art. 20, párrafo segundo), y dos Vicepresidentes, el primero elegido entre los miembros del Consejo General del BCE por ese mismo órgano (art. 5.2), y el segundo lo será el Presidente del Comité Mixto del SESF al que se hará referencia en el apartado siguiente de este epígrafe (art. 5.3), en todos los casos por periodo de cinco años.

2.º La Junta General, presidida por el Presidente de la JERS (art. 5.5), y formada por el Presidente y el Vicepresidente del BCE, los Gobernadores de los bancos centrales nacionales, un miembro de la Comisión, los Presidentes de las AES,

---

funciones; o Irlanda, directamente, ha adscrito la autoridad competente para la supervisión prudencial en sus dos dimensiones al Banco de Irlanda. En este sentido, cabe destacar que, a salvo de las referencias al Presidente y al Vicepresidente del BCE, todas las demás relativas a los órganos del BCE del que deben proceder los representantes de éste que integren órganos de la JERS se hacen al Consejo General, y no a su Consejo de Gobierno (cfr. arts. 5.2 y 11.1-*c)*), donde se encuentran representados la totalidad de Estados miembro de la UE.

el Presidente y los dos Vicepresidentes del Comité Científico Consultivo y el Presidente del Comité Técnico Consultivo (art. 6.1), pudiendo asistir a sus reuniones, con voz pero sin voto, un representante de alto nivel por cada autoridad nacional de supervisión competente, en función de los temas a tratar, y el Presidente del Comité Económico y Financiero (art. 6.2 y 3). La Junta General desempeña las funciones atribuidas a la JERS y, en particular, adopta las decisiones relativas a los avisos y recomendaciones referidos *ut supra* (art. 4.2). Para ello, la Junta General se reúne, convocada por el Presidente, ordinariamente al menos cuatro veces al año, y extraordinariamente cuando así lo decida su Presidente o lo solicite al menos un tercio de sus miembros (art. 9.1). El régimen de mayoría ordinario es el de mayoría simple (art. 10.2), excepto para adoptar la decisión de hacer públicos avisos y recomendaciones, para lo que se requerirá una mayoría cualificada de dos tercios (art. 18.3). En todo caso, la válida adopción de acuerdos requiere un quórum mínimo de dos tercios (art. 10.4).

3.º El Comité Director, formado por el Presidente y el Vicepresidente primero de la JERS, el Vicepresidente del BCE, cuatro miembros de la Junta General que sean miembros del Consejo General del BCE, un miembro de la Comisión, los Presidentes de las AES, el Presidente del Comité Económico y Financiero, el Presidente del Comité Científico Consultivo y el Presidente del Comité Técnico Consultivo (art. 11.1). El Comité Director tiene funciones de asistencia en el proceso decisorio, preparando al efecto las reuniones de la Junta General, analizando documentos que vayan a ser objeto de examen por ésta y vigilando el desarrollo de la labor de la JERS (art. 4.3) El Comité Director se reunirá, al menos, una vez por trimestre a convocatoria de su Presidente, si bien éste podrá estimar necesarias reuniones adicionales (art. 11.2).

4.º El Comité Científico Consultivo, formado por el Presidente del Comité Técnico Consultivo y quince expertos "*que representen un amplio abanico de experiencias y aptitudes*" que no sean miembros de las AES, nombrados por el Comité Director con el visto bueno de la Junta General (art. 12.1). El Comité Científico Consultivo cuenta, además, con un Presidente y dos Vicepresidentes, nombrados por la Junta General a propuesta del Presidente de la JERS, de entre personas con un alto nivel de experiencia y conocimientos, y la Presidencia del Comité rotará entre esas tres personas (art. 12.3). El Comité Científico Consultivo presta consejo y apoyo a la JERS a instancia de su presidente (art, 12.3), y está facultado para organizar consultas en fase temprana con las partes interesadas en alguna decisión respecto de la cual el Presidente haya solicitado asistencia (art. 12.5).

5.º Finalmente, el Comité Técnico Consultivo está formado por un representante de cada uno de los bancos centrales nacionales, un representante del BCE, un representante de las autoridades nacionales de supervisión competentes de cada Estado miembro (que rotarán en función del asunto de que se trate), un representante de cada AES, dos representantes de la Comisión, un representante del CEF y un representante del Comité Científico Consultivo (art. 13.1). El Presidente del Comité Técnico Consultivo es nombrado por la Junta General, a propuesta del Presidente de la JERS (art. 13.2). Las funciones de este Comité son asimismo de consejo y apoyo de la JERS (art. 13.3).

La actuación de la JERS también cuenta con una serie de garantías organizativas, tales como la imparcialidad de los miembros de la JERS y su obligación de desempeñar sus funciones en interés del conjunto de la UE (art. 7.1), su incompatibilidad para ejercer funciones en el sector financiero (art. 7.2), su obligación de guardar secreto profesional por el desempeño de sus funciones (art. 8.1) y obligaciones de rendición de cuentas consistentes en una audiencia ante el Parlamento Europeo (art. 19.1) y la remisión de un informe anual a éste y al Consejo (art. 19.2).

3.2 LA AMCESFI

En el ámbito español, el RD 102/2019 creó la AMCESFI para el desempeño de las funciones que, en materia de supervisión macroprudencial, introduce la reforma operada en el ámbito europeo. Al igual que ocurría con la JERS, la AMCESFI se configura como un órgano colegiado complejo adscrito al Ministerio de Economía y Empresa –no hay dudas en este caso– (art. 1.4), que tiene como objetivo "*coadyuvar a la estabilidad del sistema financiero en su conjunto mediante la identificación, prevención y mitigación de aquellas circunstancias o acciones que pudieran originar un riesgo sistémico*" (art. 1.5).

Las funciones encomendadas a la AMCESFI guardan una clara correlación con las que corresponden a la JERS en el ámbito europeo. Así, la AMCESFI realiza análisis relativos a los factores de riesgo sistémico existentes en el sector y los mercados financieros (art. 10.1), emite opiniones sobre la intención de alguna de las autoridades de supervisión (BdE, CNMV y DGSFP) de aplicar alguna de las herramientas macroprudencial previstas en la legislación aplicable (art. 11)[66], adopta alertas al conjunto del sistema financiero, a una autoridad financiera en particular o a un grupo o subgrupo de participantes en el sector financiero sobre aquellas actividades o elementos que puedan constituir un factor de riesgo sistémico (art. 12.1) y emite recomendaciones a las autoridades de supervisión de medidas que se encuentren dentro de sus ámbitos de competencia para prevenir o atenuar factores de riesgo sistémico (art. 13.1). Tanto las alertas como las recomendaciones serán públicas, salvo que la publicación pueda producir efectos perjudiciales para la actividad financiera.

---

66 A tal efecto, los arts. 15 y 16 del RD 102/2019 establece el procedimiento de comunicación que regula la participación de la AMCESFI en la utilización de esas herramientas macroprudenciales.

La AMCESFI, en cuanto órgano complejo, está compuesto a su vez por los siguientes órganos administrativos:

1.º El Consejo[67], compuesto por el Ministro de Economía, Comercio y Empresa, que lo preside; el Gobernador del BdE, que lo vicepreside; el Presidente de la CNMV; el Subgobernador del BdE; el Vicepresidente de la CNMV; el Secretario de Estado de Economía y Apoyo a la Empresa; y el Director General de Seguros y Fondos de Pensiones (art. 3.2)[68]. Además, asiste a las reuniones del Consejo, con voz pero sin voto, el Abogado del Estado de la Secretaría General del Tesoro y Financiación Internacional, que actuará como Secretario (art. 3.3), así como, cuando así lo acuerde el propio Consejo, personal del Ministerio de Economía, Comercio y Empresa, el BdE, la CNMV, el FROB, el FGD, la CNMC o la AIREF (art. 3.4). El Consejo adopta las decisiones en ejercicio de las facultades que competen a la AMCESFI (art. 3.1), para lo cual se reunirá al menos una vez cada seis meses, y siempre que lo convoque el Presidente a iniciativa propia o a petición de al menos dos de sus miembros (art. 6.1). Para su válida constitución se requiere la presencia de todos sus miembros (art. 6.3), y las decisiones se adoptan por mayoría simple, correspondiendo al Presidente el voto dirimente (art. 6.4).

2.º El Comité Técnico de Estabilidad Financiera, como órgano de apoyo del Consejo, que está encargado de preparar y estudiar los asuntos a ser sometidos al Consejo (art. 7.1). Este Comité está compuesto por el Subgobernador del BdE, que lo preside; el Secretario General del Tesoro y Financiación Internacional, que lo vicepreside; el Vicepresidente de la CNMV; el Director General del Tesoro y Política Financiera; el Director General de Seguros y Fondos de Pensiones; el Director General de Estabilidad Financiera, Regulación y Resolución del BdE; el Director General de Supervisión del BdE; el Director General de Política Estratégica y Asuntos Internacionales de la CNMV; y el Director General de Mercados o el Director General de Entidades de la CNMV, en función de los temas a tratar (art. 7.2). Además, podrán asistir con voz pero sin voto otros miembros de las entidades y administraciones que forman parte de él, así como aquellas

---

67 El Consejo de Estado, en su Dictamen núm. 151/2019, de 28 de febrero, mediante el que informó el proyecto de Real Decreto, hizo algunas sugerencias técnicas que no han sido acogidas. Entre esas sugerencias se encontraba prescindir del término "Consejo" en el nombre de la autoridad, toda vez que ése era también el nombre que correspondía a su principal órgano rector (cfr. observación 2).

68 El Consejo de Estado puso de manifiesto el sobrepeso que tienen en el Consejo las autoridades de supervisión del sector del crédito y del sector de los valores frente a la de los seguros, lo que "*se debe a que en la actualidad no se ha constituido todavía una autoridad independiente como organismo supervisor del sector asegurador, siendo la Dirección General de Seguros y Fondos de Pensiones la que realiza tales funciones*" (observación 5 del Dictamen núm. 151/2019, de 28 de febrero).

personas que el Comité estime necesario (art. 7.5). El Comité debe reunirse, como mínimo, una vez cada tres meses, y siempre que lo convoque el Presidente o así lo soliciten al menos dos de sus miembros (art. 7.7). Los acuerdos los adopta por mayoría simple, correspondiendo a su Presidente el voto dirimente (art. 7.9).

3.º Los Subcomités temporales o permanentes que considere precisos cuando así lo considere el Consejo, a propuesta del Comité Técnico de Estabilidad Financiera (art. 8).

Por lo que a las garantías organizativas se refiere, el RD 102/2019 establece un sistema de rendición de cuentas consistente en publicar anualmente un informe anual (art. 19) y la comparecencia del Presidente de la AMCESFI ante la Comisión de Asuntos Económicos y Transformación Digital del Congreso de los Diputados "*con el fin de informar sobre las fuentes de riesgo sistémico identificadas y las acciones llevadas a cabo*" por la autoridad (art. 20). El Consejo de Estado, en su Dictamen núm. 151/2019, de 28 de febrero, echó en falta previsiones relativas a la independencia de la AMCESFI, siguiendo las recomendaciones dadas al efecto por la JERS (cfr. observación 3).

4. COORDINACIÓN INTERADMINISTRATIVA Y COLABORACIÓN LEAL ENTRE LAS ADMINISTRACIONES QUE DESARROLLAN LA ACTIVIDAD ADMINISTRATIVA DE SUPERVISIÓN PRUDENCIAL BANCARIA EN EL MARCO DEL MUS Y EL MUR

En el complejo esquema de distribución de potestades administrativas que se acaba de describir se revela como una pieza clave la coordinación y cooperación entre los distintos centros de poder administrativo que ejercen distintas facultades (o participan en el ejercicio de ellas) sobre unos mismos sujetos, máxime teniendo en cuenta que los efectos jurídicos que pueden derivarse del ejercicio de las potestades por una Administración pueden tener relevancia en las tareas encomendadas a las demás. Esa coordinación y cooperación, además, debe manifestarse en un fluido intercambio de información entre todas estas autoridades. Así lo exige el principio de cooperación leal recogido en el art. 4.3 del TUE[69].

A tal efecto, el Reglamento 1024/2013 establece en su art. 6.7 un sistema de cooperación entre el BCE y las autoridades nacionales competentes. Esa disposición ha sido aplicada por la Decisión BCE 2019/174, que recoge disposiciones relativas al intercambio de información sobre el rendimiento de los ECS que actúan sobre las entidades significativas en el marco del MUS. Además, el art. 7, según se explicó, regula las

69 *"Conforme al principio de cooperación leal, la Unión y los Estados miembro se respetarán y asistirán mutuamente en el cumplimiento de las misiones derivadas de los Tratados".*

relaciones entre el BCE y las autoridades competentes de aquellos Estados que hayan decidido establecer una cooperación estrecha en el marco del MUS, incluyendo los casos de desacuerdo entre ambos[70].

Por su parte, el art. 20 del Reglamento 468/2014 establece el deber de cooperar de buena fe entre BCE y autoridades nacionales competentes, y el art. 21 regula la obligación general de intercambiar información entre ambas Administraciones. Además, el art. 134 de esa misma norma desarrolla el deber de cooperación en materia sancionadora previsto en el art. 18.5 del Reglamento 1024/2013 en relación con las entidades significativas, y el art. 135 del Reglamento 468/2014 hace lo propio para las entidades menos significativas. Igualmente, el art. 139 de este último regula la cooperación en materia de solicitudes de información; los arts. 140 y 141 en materia de presentación de información por entidades de crédito; el art. 142 en relación con las investigaciones generales; y los arts. 143 a 146 respecto de las inspecciones *in situ*.

Por último, el art. 25.5 del Reglamento 1024/2013 ordena crear una Comisión de Mediación para dirimir las controversias que pudieran suscitar para las autoridades nacionales competentes las objeciones que el Consejo de Gobierno formule a los proyectos de decisión presentados por el Consejo de Supervisión.

El Capítulo III del Título III de la LOSSEC, que lleva por rúbrica "*colaboración entre autoridades de supervisión*" también impone al BdE la obligación de colaborar con autoridades supervisoras de otros países (art. 61), con autoridades supervisoras de la UE en materia de supervisión consolidada (arts. 62, 65 y 66), con los Estados miembro de establecimiento en caso de incumplimiento de sucursales en España (arts. 63 y 64) y con otras autoridades financieras nacionales (art. 67) y, en general, con las demás autoridades participantes en el MUS (disposición adicional decimosexta, párrafo segundo)[71].

En el ámbito del MUR existen disposiciones análogas dirigidas a garantizar la cooperación entre Administraciones. Así, el art. 30 del Reglamento 806/2014 contiene obligaciones de cooperación e intercambio de información en el seno del MUR, y el art. 31 impone a la JUR obligaciones específicas de cooperación con las autoridades nacionales de resolución. Además de ello, el art. 32 establece un procedimiento de consulta y cooperación con los Estados miembro no participantes y terceros países. Y, al igual que

---

70 Los arts. 118 y 119 del Reglamento 468/2014 establecen el procedimiento en caso de desacuerdo de un Estado miembro participante en régimen de cooperación estrecha con el contenido de un proyecto de decisión del Consejo de Supervisión o de las objeciones formuladas por el Consejo de Gobierno del BCE, respectivamente.

71 En relación con esta materia, *vid.* DEPRÉS POLO, Mario, *et al.*, *Manual...*, *óp. cit.*, pp. 59-62. Nótese que son obligaciones concebidas para las competencias excluidas del MUS. Para el ejercicio de las potestades incluidas en el MUS las normas de éste resultan directamente aplicables.

ocurría en el caso del MUS, los arts. 34 y siguientes regulan el ejercicio de las competencias de investigación bajo el MUR de forma coordinada por la JUR y las autoridades nacionales de resolución.

Por su parte, la Ley 11/2015 contiene medidas de coordinación entre Administraciones para la actuación temprana (art. 12), y sus arts. 57 y 58 contemplan específicas obligaciones de cooperación entre el FROB y otras autoridades nacionales competentes, y el FROB y otras autoridades internacionales, respectivamente. Además, la disposición adicional cuarta, 1, de dicha Ley impone el deber de colaboración de las autoridades nacionales con las autoridades europeas para la correcta ejecución del MUR en España.

Por lo que a las autoridades macroprudenciales se refiere, pesa sobre la JERS un deber de cooperación en el marco del SESF, según impone el art. 1.4 del Reglamento 1092/2010 y explica su considerando (14)[72]. En este sentido, el deber de colaboración de la JERS con las demás partes del SESF –y, en particular, con las AES– constituye una de sus funciones (cfr. art. 3.2-*g)* del Reglamento 1092/2010). Similares deberes de colaboración se imponen a la AMCESFI tanto respecto de las demás autoridades internas (art. 17.1 del RD 102/2019)[73] como de otras autoridades internacionales (art. 18.1), incluida la JERS (art. 18.2 y 3).

Respecto de la ABE, no puede olvidarse que la necesidad de cooperación y colaboración entre autoridades de supervisión constituye la razón última de su creación[74]. En cumplimiento de ese fundamento, el art. 2.4 del Reglamento 1093/2010 impone a esa autoridad la obligación de cooperar lealmente con las partes en el SESF (que incluye, no lo olvidemos, al BCE y a las demás autoridades de supervisión y resolución, europeas y nacionales), en análogos términos a los que el art. 1.4 del Reglamento 1092/2010 preveía para la JERS.

En último lugar, las distintas autoridades competentes en materia de supervisión han concluido entre sí distintos memoranda de entendimiento dirigidos a crear los cauces adecuados para materializar el cumplimiento de esas obligaciones de cooperación y colaboración[75]

---

72 "*En virtud del principio de cooperación leal, de conformidad con el artículo 4, apartado 3, del Tratado de la Unión Europea, las partes del SESF deben cooperar con confianza y respeto mutuo, en especial para garantizar los flujos de información adecuada y fiable entre ellas*".

73 En particular, con el BdE, la CNMV, la DGSFP, el FROB, el ICAC, el FGD, el FGI, el CCS, la AIREF, la CNMC y el IAE.

74 "*La crisis ha demostrado que el actual sistema de cooperación entre autoridades nacionales cuyos poderes se limitan a los respectivos Estados miembro resulta insuficiente respecto de las entidades financieras que realizan operaciones transfronterizas*" (considerando (33) del Reglamento 1093/2010). "*La Autoridad debe impulsar activamente la convergencia de la supervisión en la Unión, con el objetivo de instaurar una cultura de supervisión común*" (considerando (40) del mismo Reglamento).

75 Así, Memorándum celebrado entre el BCE y el Consejo de la UE en diciembre de 2013 (disponible en https://www.ecb.europa.eu/ecb/legal/pdf/mou_between_eucouncil_ecb.pdf; enlace consultado el

5. RELACIÓN ENTRE LA UNIÓN BANCARIA Y EL SESF: EL PAPEL DE LA ABE EN EL NUEVO ESQUEMA DE SUPERVISIÓN PRUDENCIAL BANCARIA

Como cierre del sistema se encuentran el SESF y, dentro de éste, la ABE como autoridad competente en materia del sector del crédito.

Según se explicó *ut supra*, el Informe Larosière, en el marco de la solicitud de una propuesta para la reforma de la supervisión financiera en la UE conferida al grupo de expertos, propuso la articulación de un SESF integrado, fundamentalmente, por tres autoridades de supervisión creadas a nivel europeo sobre la base de los comités "de nivel 3" que existían desde 2001, la autoridad macroprudencial que también proponía crear y los supervisores nacionales[76]. Sobre esta base, el Consejo y el Parlamento Europeo adoptaron los Reglamentos 1093/2010, 1094/2010 y 1095/2010, en cuya virtud constituyeron el SESF y crearon, respectivamente, la ABE, la AEMV y la AESPJ.

De acuerdo con el art. 2.1 de esos tres Reglamentos, el SESF tiene como principal objetivo:

> *"Garantizar la correcta aplicación de la normativa correspondiente al sector financiero, a fin de preservar la estabilidad financiera y garantizar la confianza en el sistema financiero en su conjunto y una protección suficiente para los consumidores de los servicios financieros".*

Como se comprueba, la misión del SESF excede las cuestiones relacionadas con la supervisión prudencial y abarca la vigilancia de la observancia de toda la normativa

---

26 de abril de 2020); Memorándum celebrado entre el BCE y la JUR (disponible en https://srb.europa.eu/sites/srbsite/files/mou_with_the_single_resolution_board_on_cooperation_and_information_exchange_2018_.pdf; enlace consultado el 26 de abril de 2020); Memorándum celebrado entre el BCE y el Tribunal de Cuentas de Europa el 28 de agosto de 2019 (disponible en https://www.bankingsupervision.europa.eu/ecb/legal/pdf/memorandum_of_understanding_between_the_eca_and_the_ecb_regarding_the_ecbs_supervisory_tasks.pdf; enlace consultado el 26 de abril de 2020); o Memorándum celebrado entre la JUR y la Comisión el 1 de agosto de 2019 (disponible en https://srb.europa.eu/sites/srbsite/files/mou_between_the_ec_and_the_srb.pdf; enlace consultado el 26 de abril de 2020). Recientemente, la ABE ha concluido un Memorándum de entendimiento con las autoridades de supervisión prudencial y conductual británicas, cuya referencia puede consultarse en https://www.bankofengland.co.uk/-/media/boe/files/news/2019/march/pra-and-fca-agree-mous-with-eba.pdf?la=en&hash=DC8435EE3F33FF38EA4638104527047F052A0D5A (enlace consultado el 26 de abril de 2020).

76 Cfr. *Informe Larosiére*, pp. 60-64. Sobre esta cuestión, *vid.* URBANEJA CILLÁN, Jorge, *La ordenación..., óp. cit.*, pp. 307-310. *Vid.* GARCÍA-ÁLVAREZ GARCÍA, Gerardo, "La construcción...", *óp. cit.*, pp. 82-90; FERNÁNDEZ ROZAS, José Carlos, "El laberinto de la supervisión del sistema financiero en la Unión Europea", en ESPLUGUES MOTA, Carlos, y PALAO MORENO, Guillermo, *Nuevas fronteras del Derecho de la Unión Europea. Liber amicorum José Luis Iglesias Buhigues*, Valencia: Tirant lo Blanch, 2012, pp. 907-937.

aplicable a cualesquiera entidades del sector financiero, incluyendo particularmente la normativa conductual que rige las relaciones de esas entidades con los consumidores.

Para el logro de ese objetivo, el SESF se compone de la JERS, la ABE, la AEMV, la AESPJ, un Comité Mixto de las AES al que a continuación se hará referencia, y las autoridades competentes o de supervisión de cada uno de los subsectores financieros que tengan atribuidas las potestades de supervisión que atribuye la normativa europea[77], incluido el BCE (art. 2.2)[78].

En el específico ámbito del crédito se crea la ABE como agencia de la UE (art. 5.1), con la más amplia capacidad jurídica en cada uno de los Estados miembro (art. 5.2)[79]. Siguiendo la sistemática exposición de sus funciones que hace el profesor URBANEJA[80], la ABE desempeña las siguientes funciones:

1.º Funciones normativas, dirigidas a elaborar las normas de desarrollo de las principales disposiciones aprobadas por el legislador europeo en aquellos aspectos que, por su complejidad técnica, resulte necesario que sean regulados por una entidad especializada. A tal efecto, la ABE puede elaborar normas técnicas de regulación (que regulan aquellos aspectos para los cuales la normativa establece una delegación normativa a favor de la Comisión: cfr. art. 10.1[81]) o normas técnicas de ejecución (que desarrollan aquellos aspectos necesitados de concreción, que también adopta la Comisión dentro de los límites establecidos

---

77 Es decir, las facultades de supervisión de entidades de crédito propiamente dichas (en el caso español, el BdE), las facultades de supervisión de empresas de servicios de inversión (la CNMV), las facultades resolución de ambos tipos de entidades (el FROB) y las facultades de supervisión del sector de los seguros (la DGSFP).

78 La referencia expresa al BCE fue introducida en el Reglamento 1093/2010 mediante el Reglamento 1022/2013, adoptado de forma simultánea al Reglamento 1024/2013 para adecuar las facultades de la ABE al nuevo esquema de distribución de facultades que diseña el MUS. En este sentido, aunque no se haya producido una reforma equivalente del Reglamento como consecuencia de la aprobación del Reglamento 806/2014 resulta razonable entender que la JUR también forma parte del SESF, toda vez que se trata de la autoridad competente para entidades significativas en relación con las potestades que configura la Directiva 2014/49, expresamente citada en el art. 1.2 del Reglamento 1093/2010 al que remite su art. 2.2-*f)* a la hora de determinar los integrantes del SESF. Sobre el reparto de competencias entre el BCE y la ABE, *vid.* GARCÍA-ÁLVAREZ GARCÍA, Gerardo, "La construcción...", *óp. cit.*, pp. 123-127.

79 *Vid.* URBANEJA CILLÁN, Jorge, *La ordenación...*, *óp. cit.*, pp. 311-324; DEPRÉS POLO, Mario, *et al.*, *Manual...*, *óp. cit.*, pp. 46-47; GARCÍA-ÁLVAREZ GARCÍA, Gerardo, "La construcción...", *óp. cit.*, pp. 90-94; y MENÉNDEZ, G., "Facultades de actuación de la Autoridad Bancaria Europea", *RDBB* núm. 154 (abril-junio 2019).

80 URBANEJA CILLÁN, Jorge, *La ordenación...*, *óp. cit.*, pp. 314-320.

81 El procedimiento de elaboración de estas normas se encuentra en los arts. 10 a 14 del Reglamento 1093/2010.

por el ordenamiento europeo: art. 15.1[82]). Tanto en uno como en otro caso corresponde a la Comisión asumir las normas técnicas elaboradas por la ABE y aprobarlas como actos delegados o de ejecución para que tengan efectos jurídicos vinculantes.

2.º Funciones de garantía del Derecho de la UE, dirigida a evitar omisiones en la aplicación del acervo europeo por parte de los supervisores nacionales. El art. 17 del Reglamento 1093/2013 configura un procedimiento en tres fases: en primer lugar, la ABE abrirá una investigación y, en caso de detectar incumplimientos del Derecho europeo, emitirá una recomendación a la autoridad incumplidora para que implemente las medidas necesarias para su corrección; si el incumplimiento persiste, la ABE dará cuenta a la Comisión para que ésta emita un dictamen motivado donde inste a la autoridad a aplicar debidamente el Derecho de la UE; si, finalmente persiste el incumplimiento, la Comisión podrá acudir al Tribunal de Justicia de la UE con arreglo al art. 258, párrafo segundo, del TFUE, al tiempo que la Autoridad podrá adoptar medidas directamente aplicables a las entidades de crédito para garantizar el cumplimiento del Derecho de la UE. La ABE, por tanto, cuenta, bajo estas excepcionales circunstancias, de potestades administrativas susceptibles de afectar la esfera jurídica de los particulares.

3.º Funciones de protección de los consumidores, tanto supervisando de forma directa los productos crediticios existentes en el mercado y la aproximación que las entidades hacen a los clientes para su colocación (art. 9.2 y 4), como prohibiendo o restringiendo temporalmente determinadas actividades (art. 9.5)[83].

4.º Funciones de intervención en aquellas situaciones en que exista una evolución adversa que pueda comprometer gravemente el correcto funcionamiento y la integridad de los mercados financieros o la estabilidad de la totalidad o una parte del sistema financiero de la UE (art. 18.1). Esa intervención consistirá, en primer lugar, en la coordinación de las cuantas medidas adopten las autoridades de supervisión competentes ante esas situaciones, recibiendo información actualizada y participando como observador en toda reunión celebrada al efecto. Además, si el Consejo de la UE declara la situación de emergencia con arreglo a lo previsto en el art. 18.2, la ABE podrá dirigir decisiones individuales a las autoridades nacionales instándoles a actuar del modo adecuado para evitar que se materialicen los riesgos que para el sistema financiero presenta la

---

82 Este precepto incluye las normas procedimentales para la aprobación de estas normas.

83 El profesor URBANEJA advierte de que estas últimas facultades generan dudas de Derecho, toda vez que la ABE puede ejercer esas competencias sin contar con el concurso de la Comisión en su adopción: cfr. *La ordenación...*, *óp. cit.*, p. 317.

situación de emergencia (art. 18.3). Al igual que en el caso de los procedimientos por infracción del Derecho de la UE, si las autoridades nacionales incumplen esa decisión la Comisión podrá actuar con arreglo al art. 258 del TFUE, y la ABE dictar cuantas decisiones individuales dirigidas a entidades de crédito sean necesarias para que ésta cumpla con las obligaciones que le competen con arreglo a la normativa aplicable. Además, la ABE contribuirá y participará activamente en la elaboración y coordinación de planes de rescate y resolución para las entidades de crédito, contribuyendo a desarrollar procedimientos para situaciones de emergencia y medidas preventivas dirigidas a evitar el impacto sistémico de cualquier quiebra (art. 25.1).

5.º Funciones de coordinación y de resolución de controversias suscitadas entre supervisores en situaciones transfronterizas (art. 19) o en diferentes sectores (art. 20). Además, la ABE también desempeña algunas funciones propiamente supervisoras, como es la promoción de la convergencia en lo que a los procesos de revisión y evaluación supervisoras se refiere (art. 20 bis), y el funcionamiento eficiente y coherente de los colegios supervisores (art. 21.1). En todo caso, la ABE puede emitir a las autoridades nacionales competentes directrices y recomendaciones dirigidas a promover la convergencia de las prácticas supervisoras en el conjunto de la UE (art. 16).

A la luz de lo expuesto, la ABE carece, salvo en situaciones excepcionales, de potestades administrativas de supervisión, pues sus funciones se dirigen, sobre todo, a "supervisar a los supervisores". Cabe reiterar, en este lugar, la pregunta ya formulada con anterioridad relativa a por qué el legislador europeo no optó en convertir a la ABE en el supervisor europeo del sector del crédito, confiriéndole las potestades de supervisión que prefirió atribuir al BCE y, después, las de resolución que otorgó a una Administración de nueva creación. En mi opinión, la opción de hacer de la ABE el supervisor europeo resolvería muchas de las limitaciones ya comentadas en el régimen finalmente aprobado y, además, aclararía considerablemente la constelación de administraciones existentes en la materia que, lejos de observar las exigencias mínimas impuestas por el principio de eficiencia, añaden confusión a una materia extremadamente importante para las sociedades europeas.

Para el desempeño de las anteriores funciones la ABE se articula en los siguientes órganos:

1.º La Junta de Supervisores, integrada por un Presidente, sin derecho a voto (art. 40.1-*a)*), nombrado por la propia Junta sobre la base de sus méritos, sus cualificaciones, su conocimiento de las entidades y los mercados financieros y su experiencia, que deberá ser oído por el Parlamento Europeo en los seis meses que medien entre su elección y la asunción de sus funciones (art. 48.2), nombrado por un plazo de cinco años (art. 48.3); el máximo representante de cada autoridad nacional competente en materia de supervisión (art. 40.1-*b)*)[84]; un representante de la Comisión, sin derecho a voto (art. 40.1-*c)*); un representante del BCE designado por su Consejo de Supervisión, sin derecho a voto (art. 40.1-*d)*); un representante de la JERS, sin derecho a voto (art. 40.1-*e)*); y un representante de cada una de las otras AES, también sin derecho a voto (art. 40.1-*f)*); más los observadores que la propia Junta admita (art. 40.7). La Junta de Supervisores es el órgano competente para el desempeño de todas las funciones atribuidas a la ABE (art. 43.1), para lo cual decidirá por mayoría cualificada, cuando se trate de decisiones relativas a sus funciones normativas, la restricción de ciertas actividades en el marco de sus funciones de protección de los consumidores o de la emisión de directrices y recomendaciones a las autoridades nacionales competentes (art. 44.1, párrafo segundo), o por mayoría simple, en el resto de casos (art. 44.1, párrafo primero), si bien en los procedimientos de garantía del Derecho de la UE o a la resolución de controversias entre autoridades en situaciones transfronterizas, esa mayoría simple debe incluir la mayoría simple de los miembros procedentes de las autoridades competentes de los Estados miembro participantes en el MUS y en el MUR y la mayoría simple de los Estados miembro no participantes (art. 44.1, párrafo tercero). La Junta se reúne cuando la convoque, al efecto, el Presidente o así lo solicite, al menos, un tercio de sus miembros (art. 44.2), y los miembros sin derecho a voto y observadores, a excepción del Presidente, el Director Ejecutivo y del representante del BCE, no asistirán cuando la sesión verse sobre entidades concretas (art. 44.4). Por último, la Junta de Supervisión puede crear comités internos o paneles para el desempeño de funciones específicas, pudiendo delegar en ellos el ejercicio de determinadas facultades relacionadas con dichas funciones (art. 41.1). Entre otros, deberá constituir un panel que incluye a la autoridad afectada en los casos de infracción del Derecho de la UE (art. 41.1) y en los casos de controversias entre autoridades en situaciones transfronterizas (art. 41.1 bis).

2.º El Consejo de Administración, compuesto por el Presidente y seis miembros de la Junta de Supervisores, elegidos por ésta por un mandato de dos años (art. 45.1). El Consejo de Administración es un órgano de apoyo administrativo de la Junta de Supervisores, y prepara y propone el programa anual y plurianual de trabajo de ésta (art. 47.2), administra el presupuesto (art. 47.3), gestiona el personal (art. 47.4) y decide sobre el acceso a los documentos de la ABE (art. 47.5), entre otras tareas. Decide por mayoría simple (art. 45.2) en las sesiones convocadas al efecto por el Presidente con anterioridad a cada Junta de Supervisores y, al menos, cinco veces al año (art. 45.3).

---

84 Las autoridades nacionales de supervisión también deberán nombrar su suplente (art. 40.3). Además, cuando fueren varias las autoridades nacionales de supervisión, todas ellas deberán consensuar el nombramiento de un solo representante (art. 40.5).

3.º El Director ejecutivo, nombrado por la Junta de Supervisores tras la confirmación por el Parlamento Europeo sobre la base de sus méritos, cualificaciones, conocimientos y experiencia, mediante un proceso de selección abierto (art. 51.2) por plazo de cinco años (art. 51.3), que actúa como responsable de la gestión de la Autoridad y órgano de preparación de los trabajos del Consejo de Administración (art. 53.1).

4.º El Comité Mixto de las AES es el foro de cooperación regular y estrecha entre dichas autoridades en todas aquellas cuestiones que afecten transversalmente a los tres subsectores que conforman el sector financiero (art. 54.2)[85], y está compuesto por los Presidentes de las tres AES y los Presidentes del Subcomité sobre conglomerados financieros creado en virtud del art. 57.1, así como los de aquellos otros subcomités que el Comité Mixto acuerde crear (art. 57.4) (art. 55.1), pudiendo asistir como observadores el Director Ejecutivo, un representante de la Comisión y la JERS (art. 55.2). La Presidencia será rotatoria entre los Presidentes de las AES, y el Presidente del Comité Mixto será un Vicepresidente de la JERS (art. 55.3). Este órgano es, pues, transversal a las tres AES, y tiene por objeto determinar posiciones conjuntas y, en su caso, adoptar actos comunes cuando resulte procedente (art. 56).

5.º La Sala de Recurso también se configura como un órgano común a las tres AES (art. 58.1), y está compuesta por seis miembros y seis suplentes, todos ellos personas de reconocido prestigio con los conocimientos y experiencia necesarios en las materias sobre las que van a decidir (art. 58.2), dos nombrados por el Consejo de Administración de cada AES (art. 58.3) por cinco años, prorrogables por una sola vez (art. 58.4).

La ABE también cuenta con una serie de garantías organizativas fruto de su autonomía, la cual se manifiesta en materia presupuestaria (arts. 62 a 66), de personal (art. 68) y obligaciones de secreto profesional (art. 70) e independencia y objetividad para sus miembros (arts. 42, 46, 49, 52 y 59). Además, se aplica a la ABE el Protocolo núm. 7 sobre privilegios e inmunidades de la UE, anejo al TUE y al TFUE (art. 67).

---

[85] Entre ellos, los conglomerados financieros, los servicios de contabilidad y auditoría, los análisis microprudenciales de las evoluciones, los riesgos y los puntos vulnerables para la estabilidad financiera en el ámbito intersectorial, los productos de inversión minoristas, el blanqueo de dinero y el intercambio de información con la JERS.

CAPÍTULO III

PROCEDIMIENTO ADMINISTRATIVO EN EL MARCO DEL MUS Y EL MUR

1. EL PROCEDIMIENTO ADMINISTRATIVO COMO GARANTÍA DE LOS DERECHOS E INTERESES DE LOS PARTICULARES

1.1. El procedimiento administrativo es una de las instituciones claves del Derecho administrativo. Por procedimiento administrativo suele entenderse el conjunto de estadios o etapas que necesariamente debe seguir un centro de poder administrativo para el correcto ejercicio de las potestades que tiene atribuidas[1].

Ahora bien, el procedimiento administrativo es mucho más que un guion para que las Administraciones públicas organicen su actividad; en puridad:

> *"El procedimiento administrativo se presenta como una garantía de la adecuación de la actividad administrativa a criterios de objetividad y eficacia, y, también como una garantía del pleno respeto de los derechos de los ciudadanos en sus relaciones con la Administración pública"*[2].

Así pues, la regulación del procedimiento administrativo tiene una importancia capital, toda vez que supone la regulación de las garantías de los particulares frente al ejercicio de poder administrativo[3].

En el anterior contexto, la normativa que regula la supervisión prudencial bancaria contiene previsiones que establecen cómo las Administraciones públicas deben ejercer las potestades que configura y atribuye. Ello no obstante, y como ocurría también con la ordenación de la actividad o con la configuración de los distintos centros de poder titulares de esas potestades, la existencia de dos niveles administrativos (nacional y europeo) supone la existencia de dos regulaciones distintas del procedimiento administrativo.

1.2. En el caso español, la dogmática administrativista ha desarrollado durante décadas la institución del procedimiento administrativo. España cuenta con una sólida normativa de procedimiento administrativo que define con claridad las normas que cualquier Administración pública debe observar al ejercitar cualquier potestad administrativa. Esas normas vienen representadas, en primer término, por las normas especiales que configuran las concretas potestades administrativas que conforman la actividad de supervisión (esto es, por la LOSSEC, la LABdE, la Ley 11/2015 y sus normas de desarrollo) y, supletoriamente, por la LPACAP. Todo ese conjunto normativo hace que,

---

1 En palabras GALLEGO ANABITARTE y MENÉNDEZ REXACH, *"la noción de procedimiento administrativo hace referencia a la ordenación de una serie de actuaciones, a la concatenación de diferentes trámites, cuyos efectos jurídicos están vinculados entre sí para la producción de una decisión administrativa"* (GALLEGO ANABITARTE, Alfredo, y MENÉNDEZ REXACH, Ángel, *Acto y procedimiento administrativo*, Madrid: Marcial Pons, 2001, p. 135).

2 GALLEGO ANABITARTE, Alfredo., y MENÉNDEZ REXACH, Ángel, *Acto..., óp. cit.*, p. 135.

3 LAGUNA DE PAZ, paralelamente a las garantías organizativas inherentes a la constitución de los distintos centros de poder, califica las normas de procedimiento como garantías procedimentales (*El Mecanismo..., óp. cit.* pp. 66-67).

en el ámbito nacional español, no existan lagunas relevantes por lo que al procedimiento administrativo se refiere: priman las normas especiales, pero los vacíos que éstas dejen son completados por la normativa reguladora del procedimiento administrativo común[4].

1.3. La regulación del procedimiento administrativo en Europa, sin embargo, presenta mayores dificultades. La dogmática europea no ha terminado de perfilar el concepto de Administración pública europea y, en consecuencia, tampoco el de actividad administrativa. Es evidente que una y otra existen, pues la ejecución de las políticas europeas y de las competencias que los Tratados atribuyen a la Unión o reparten entre ésta y los Estados miembro tiene lugar mediante el desarrollo de distintas actividades administrativas, pero, como es habitual en materia de Derecho de la UE, la realidad camina por delante de la construcción dogmática[5].

Todo ello también se proyecta en la institución del procedimiento administrativo. Como numerosos autores han expuesto en las tres últimas décadas, el Derecho de la Unión no contiene una construcción precisa del procedimiento administrativo[6]. Los

---

4 El art. 1.2 de la LABdE establece con claridad la aplicación de las previsiones de la LPACAP (al tiempo de aprobarse aquélla, la LRJPAC) al ejercicio de potestades administrativas por el BdE. Menos clara es la Ley 11/2015 en relación con el FROB, toda vez que su art. 52.3 sencillamente refiere que "*el FROB quedará sometido al ordenamiento jurídico-privado, salvo que actúe en el ejercicio de las potestades administrativas conferidas por esta Ley, el Derecho de la Unión Europea u otras normas con rango de Ley*". No obstante, el FROB, en cuanto entidad de Derecho público, se encuentra con claridad dentro del ámbito de aplicación de la LPACAP. Sí aparecen referencias expresas a la derogada LRJPAC en algunos preceptos relativos a la potestad sancionadora: así, arts. 77.4, 92.3 y 93 de la Ley 11/2015. Respecto de la intervención de otros centros de poder administrativo, y particularmente el Ministerio de Asuntos Económicos y Avance Digital en el ejercicio de la potestad autorizatoria configurada por la disposición adicional decimosegunda de la LOSSEC, su sujeción supletoria a las normas de procedimiento administrativo común no genera dudas.

5 Como explica el profesor Schwarze, los Tratados europeos no contienen una definición general de la Administración pública europea, sino que ésta aparece sólo referida en específicas ocasiones y en relación con aspectos concretos de su régimen jurídico. Un análisis comparado del Derecho administrativo de los Estados miembros y de la configuración institucional de la Administración permiten al autor caracterizar la Administración europea también como un complejo orgánico que, de forma directa o descentralizada, desempeña específicas tareas en servicio al interés común de todos los Estados de la Unión (*vid.* Schwarze, Jürgen, *European Administrative Law*, Office for Official Publications of the European Communities, Londres, 2006, pp. 20-24). Basándose en la estructura de separación de poderes común a los Estados miembros (particularmente, a aquéllos de tradición continental), el autor identifica la actividad administrativa con el desempeño de funciones ejecutivas: "*the literature has defined European administration functionally as the implementation of Community law in individual cases or concrete situations*" (p. 21).

6 *Vid.* Parejo Alfonso, Luciano, De la Quadra-Salcedo y Fernández del Castillo, Tomás, Estella de Noriega, Antonio, y Moreno Molina, Ángel Manuel, *Manual de Derecho administrativo comunitario*, Madrid: Ed. Universitaria Ramón Areces, 2000; Fuenteaja Pastor, Jesús Ángel, *Derecho administrativo europeo*, Cizur Menor (Navarra): Civitas-Thomson Reuters, 2015, pp. 297 y ss.; Soriano García, José Eugenio, (dir.), *Procedimiento administrativo europeo*, Cizur

principios fundamentales a que deben sujetarse las instituciones de la UE (que en pocas ocasiones se tildan de Administraciones, aunque lo sean) son de construcción jurisprudencial[7]. También la concepción del procedimiento administrativo como garantía de los derechos e intereses de los particulares (y, en particular, la construcción del llamado "derecho a ser oído" –trámite de audiencia en nuestra dogmática clásica– en el marco del procedimiento administrativo) obedece a decisiones del Tribunal de Justicia de la UE[8]. Sólo algunas normas regulan cómo las instituciones de la Unión deben ejercer las potestades administrativas que tienen atribuidas, y, en no pocas ocasiones, lo hacen de forma parca, dando lugar a importantes lagunas que, más allá de los principios jurisprudenciales antedichos, no pueden ser colmadas por ninguna otra norma[9].

En los últimos años se han producido avances en el terreno de la codificación de un procedimiento administrativo común para las instituciones europeas que permita colmar esas lagunas cuando las normativas sectoriales no establezcan cómo debe ejercitarse una determinada potestad[10]. Incluso, el grupo de investigación europeo de Derecho

---

Menor (Navarra): Aranzadi-Thomson Reuters, 2012; Craig, Paul, *EU..., óp. cit.*, pp. 320 y ss.; Chiti, M. P. y Ortega, L., *Derecho administrativo europeo*, Madrid: Civitas, 2002; Arzoz Santisteban, Xabier, *Concepto y régimen jurídico del acto administrativo comunitario*, Oñate: IVAP, 1998.

7 *Vid.* Nehl, H. P., *Principles of administrative procedure in EC law*, Oxford: Hart Publishing, 1999; Muñoz Machado, Santiago, "Los principios generales del procedimiento administrativo comunitario y la reforma de legislación básica española", *REDA* núm. 75 (1992), pp. 329-358, además de los ya citados.

8 Cfr. Alonso de León, Sergio, *Composite administrative procedures in the European Union*, Madrid: Iustel, 2017, pp. 122-136.

9 Excepción hecha de las cuestiones relativas a los plazos, fechas y términos de los actos del Consejo y de la Comisión (cfr. Reglamento 1182/1971, del Consejo, de 3 de junio de 1971, por el que se determinan las normas aplicables a los plazos, fechas y términos) y el acceso a los expedientes (cfr. Reglamento 1049/2001).

10 Así, pueden citarse las comunicaciones de la Dirección General para políticas internas del Parlamento Europeo *EU Administrative Law –The Acquis–* (2010), disponible en https://www.europarl.europa.eu/RegData/etudes/note/join/2010/432745/IPOL-JURI_NT(2010)432745_EN.pdf (enlace consultado el 29 de marzo de 2020); *Relevant provisions of the Lisbon Treaty on EU Administrative Law* (2010), disponible en: https://www.europarl.europa.eu/RegData/etudes/note/join/2010/432744/IPOL-JURI_NT(2010)432744_EN.pdf (enlace consultado el 29 de marzo de 2020); *Workshop on EU Administrative Law: state of Play and future prospects (León-Spain): briefing notes* (2011), disponible en: https://www.europarl.europa.eu/RegData/etudes/divers/join/2011/453215/IPOL-JURI_DV(2011)453215_EN.pdf (enlace consultado el 29 de marzo de 2020). El Parlamento Europeo también emitió el informe A7-0369/2012, de 12 de noviembre de 2012, en el cual contenía recomendaciones a la Comisión sobre la codificación del procedimiento administrativo para las instituciones europeas, disponible en: https://www.europarl.europa.eu/RegData/etudes/note/join/2010/432744/IPOL-JURI_NT(2010)432744_EN.pdf (enlace consultado el 29 de marzo de 2020), que concluyó en la declaración núm. P7_TA(2013)0004, disponible en: https://www.europarl.europa.eu/sides/getDoc.do?pubRef=-//EP//NONSGML+TA+P7-TA-2013-0004+0+DOC+PDF+V0//EN (enlace consultado el 29 de marzo de 2020).

administrativo ("ReNEUAL", por sus siglas en inglés) ha elaborado un código de procedimiento administrativo que se aproxima bastante a lo deseable[11]. Hasta la fecha, sin embargo, ninguno de esos esfuerzos ha cristalizado en un acto normativo que cada día se hace más necesario.

En el ámbito que nos ocupa, las normas reguladoras de la actividad administrativa de prudencial del sector del crédito supervisión contienen algunas previsiones relativas al procedimiento administrativo que deben seguir las autoridades europeas (particularmente, en relación con las potestades atribuidas al BCE). La relevancia de las normas de procedimiento administrativo en cuanto garantías de los particulares se ha puesto de manifiesto en algunos casos ya resueltos por los tribunales europeos, donde se anula el resultado del ejercicio de una potestad administrativa configurada en marco de la Unión Bancaria por incumplir las reglas procedimentales aplicables[12].

---

11 En España ha sido editado por el INAP: Mir Puigpelat, O., Hofmann H. C. H., Schneider J. P., Ziller J., Auby, J. B., Craig, P., Curtin, D., Della Cananea, G., Galetta, D. U., Mendes, J., Stelkens, U., Wierzbowski, M. (dirs.), *Código ReNEUAL de procedimiento administrativo de la Unión Europea*, Madrid: INAP, 2015.

12 Así, en la Sentencia del Tribunal General de 28 de noviembre de 2019 (asunto T-323/16, *Banco Cooperativo Español, S. A. vs. JUR*) (TOL7.829.436), el Tribunal anula el cálculo de las contribuciones *ex ante* para 2016 al FUR que correspondía asumir a Banco Cooperativo Español, S. A., acordadas por decisión de la JUR SRB/ES/SRF/2016/06, al entender que la decisión aprobada por los miembros de la JUR no había sido autenticada (n. 95). Ello no obstante, el Tribunal General aprovecha la Sentencia para examinar el procedimiento seguido por la JUR en la adopción de la decisión impugnada y concluyó con la existencia de infracciones procedimentales que también motivarían la invalidez de la decisión: "*de las consideraciones anteriores resulta que, más allá incluso de la falta de autenticación constatada en el apartado 95 de la presente sentencia, que implica la anulación de la Decisión impugnada, el procedimiento de adopción de dicha Decisión se tramitó haciendo manifiestamente caso omiso de los requisitos procedimentales aplicables a la aprobación de la referida Decisión por parte de los miembros de la sesión ejecutiva de la JUR y al modo de recoger tal aprobación*" (n. 111). En este sentido, el Tribunal General, además, pone de manifiesto la relevancia que, en cuanto garantías de los derechos de los particulares, tienen las normas de procedimiento administrativo en su conjunto, aun cuando no regulen expresamente derechos de los particulares en el procedimiento: "*a este respecto, procede señalar que el hecho de que las personas físicas o jurídicas no puedan invocar una violación de normas que no tienen por objeto garantizar la protección de los particulares, sino organizar el funcionamiento interno de los servicios en interés de una buena administración (véase, en este sentido, la sentencia de 7 de mayo de 1991, Nakajima/Consejo, C-69/89, EU:C:1991:186, apartados 49 y 50), no significa, sin embargo, que un particular nunca pueda invocar útilmente la violación de una norma que rige el proceso de toma de decisiones conducente a la adopción de un acto de la Unión. En efecto, entre las disposiciones reguladoras de los procedimientos internos de una institución deben distinguirse aquellas cuya infracción no puede ser invocada por las personas físicas y jurídicas, porque solamente se refieren a las normas de funcionamiento interno de la institución que no pueden afectar a su situación jurídica, y aquellas cuya infracción, en cambio, puede ser invocada, ya que son creadoras de derechos y representan un factor de seguridad jurídica para dichas personas (sentencia de 17 de febrero de 2011, Zhejiang Xinshiji Foods y Hubei Xinshiji Foods/Consejo, T-122/09, no publicada, EU:T:2011:46, apartado 103). En el presente asunto, el análisis del curso que siguió el procedimiento de adopción de la Decisión impugnada revela*

Estas normas, sin embargo, no son exhaustivas y en ocasiones no regulan todas las cuestiones que serían necesarias para garantizar una completa tutela de los derechos e intereses de los particulares.

La cuestión se complica todavía más si se repara en que la reglamentación de la supervisión en el marco del MUS y el MUR no comporta exclusivamente procedimientos administrativos sustanciados, bien por la Administración nacional, bien por la Administración europea, sino que también contempla la existencia de lo que, según se explicará a continuación, la doctrina ha dado en denominar "procedimientos compuestos", donde centros de poder incardinados en ambas Administraciones intervienen de forma decisiva en la conformación del acto administrativo finalmente aprobado. En estos casos, las exigencias procedimentales son, si cabe, aún más importantes, toda vez que la protección de los particulares hace necesaria una más perfecta coordinación entre todos los órganos administrativos que intervienen a fin de garantizar a los particulares una perfecta defensa frente a un eventual ejercicio arbitrario de poder administrativo.

1.4. Finalmente, existen condicionantes adicionales que surgen a la hora de regular el procedimiento administrativo en el ejercicio de potestades que, como las que integran la supervisión prudencial bancaria, deben desplegar efectos con inmediatez, a fin de garantizar la salvaguarda de la estabilidad del sistema financiero. En estos casos, la existencia de rígidas reglas de procedimiento administrativo pueden comprometer seriamente el buen fin de la supervisión y poner en riesgo el bien jurídico protegido por las normas cuyo cumplimiento se supervisa. En estos casos las exigencias del procedimiento administrativo pueden verse satisfechas mediante la sustitución de las reglas de procedimiento por los principios de procedimiento que, en cuanto mandatos de maximización, realicen las garantías de los particulares sin perjudicar una rápida actuación de las Administraciones supervisoras.

---

un importante número de infracciones de normas relativas a la tramitación por vía electrónica de un procedimiento escrito de adopción de decisiones. Si bien el artículo 9 de las Reglas de la sesión ejecutiva no lo establece de modo explícito, es evidente que todo procedimiento escrito conlleva necesariamente el envío del borrador de decisión a todos los miembros del órgano decisorio al que concierne dicho procedimiento. Cuando se trata, en particular, de un procedimiento de adopción de decisiones por consenso, como es el del presente asunto (véanse los apartados 103 a 107 de la presente sentencia), la decisión no puede adoptarse sin que se haya acreditado, como mínimo, que todos los miembros pudieron tomar conocimiento previamente del borrador de decisión. Por último, este procedimiento exige la fijación de un plazo que permita que los miembros de dicho órgano tomen posición sobre el borrador. Pues bien, estas normas de procedimiento dirigidas a garantizar el cumplimiento de los requisitos sustanciales de forma inherentes a todo procedimiento escrito por vía electrónica y a todo procedimiento de adopción de decisiones por consenso han sido infringidas en el presente asunto. Tales infracciones afectan directamente en la seguridad jurídica, puesto que han dado lugar a la adopción de una decisión de la que no se ha acreditado, no solo que fuera aprobada por el órgano competente, sino ni siquiera que la totalidad de los miembros de este órgano tomaran previamente conocimiento de ella" (nn. 112-114).

2. CLASES DE PROCEDIMIENTOS ADMINISTRATIVOS DE SUPERVISIÓN PRUDENCIAL BANCARIA EN EL MARCO DEL MUS Y EL MUR

Habida cuenta de la complejidad que presenta el estudio de los procedimientos administrativos seguidos por Administraciones europeas, creo conveniente sistematizar el conjunto de procedimientos administrativos regulados por la normativa de supervisión prudencial bancaria en función del nivel administrativo en que éstos se sustancian (europeo o nacional). De este modo, puede abordarse el examen de las garantías procedimentales frente al ejercicio de las potestades administrativas que conforman el MUS y el MUR de forma más certera.

2.1 PROCEDIMIENTOS COMPUESTOS

2.1.1. Bajo la rúbrica "procedimientos compuestos" pretendo incluir aquellos procedimientos que se refieren al ejercicio de potestades administrativas en el que intervienen de forma determinante centros de poder administrativo europeos y nacionales a la hora de configurar los efectos jurídicos que se derivan del acto en que resulta ese ejercicio.

Los "procedimientos compuestos" –también denominados "procedimientos mixtos" o "procedimientos por etapas"[13] – no son exclusivos del ámbito propio de la supervisión bancaria. Como explica ALONSO DEL LEÓN, los procedimientos compuestos son conocidos en el ámbito europeo en el marco distintas políticas (autorización de pesticidas, organismos modificados genéticamente, medicamentos para uso humano, biocidas, gestión de fondos europeos, denominaciones de origen, etc.) y, una vez más, su caracterización se ha realizado a golpe de decisión judicial de los Tribunales europeos[14]. La jurisprudencia del Tribunal de Justicia de la UE tuvo ocasión de pronunciarse sobre estos procedimientos en su Sentencia de 3 de diciembre de 1992

---

[13] Alonso del León repasa las aportaciones doctrinales a la materia en los años anteriores y refiere las denominaciones empleadas por los profesores Shmidt-Aβmann ("*staged procedures*") y della Cananea ("*mixed procedures*"). El mismo autor también refiere la aportación del profesor Mario Chiti que, finalmente, ha acuñado el término de "*procedimenti composti*" para referirse a esta clase de procedimientos: cfr. ALONSO DEL LEÓN, Sergio, *Composite..., óp. cit.*, pp. 154-155. Más recientemente, Esteban Ríos recopila las principales conclusiones alcanzadas por la doctrina en materia de procedimientos compuestos y analiza algunos de los principales retos jurídicos que plantean: vid. Esteban Ríos, Javier, *Coadministración y procedimientos compuestos: una singular vía de actuación administrativa entre lo nacional y lo europeo*, Cizur Menor (Navarra): Thomson Reuters-Aranzadi, 2023, especialmente pp. 55-156.

[14] ALONSO DEL LEÓN, Sergio, *Composite..., óp. cit.*, pp. 173-213

(TOL10.399.746)[15] y, a partir de ahí, la categoría se asentó y ha sido objeto de atención por la doctrina administrativista europea de los últimos tiempos[16].

Siguiendo al mismo autor, los procedimientos compuestos pueden clasificarse en procedimientos verticales aguas arriba (*bottom-up procedures*, en los que los Estados miembro intervienen de forma decisiva en la adopción de decisiones por las autoridades europeas), verticales aguas abajo (*top-down procedures*, el caso opuesto al anterior) y horizontales, donde el procedimiento se sustancia ante una misma autoridad (bien europea, bien nacional) pero existe aportación determinante de la otra en la conformación del resultado final[17]. Esta clasificación tiene una enorme importancia a la hora de examinar los problemas que, especialmente en materia de revisión judicial de los actos resultantes de estos procedimientos, presenta el ejercicio de potestades a su través[18].

---

15 Asunto C-97/91, *Oleificio Borelli SpA* vs. Comisión. El asunto versaba sobre un procedimiento en materia de política agraria. En concreto, la Comisión podía adjudicar ayudas al cultivo de un determinado producto previo informe favorable de la autoridad competente, informe que era vinculante para la autoridad europea. En el caso de autos, la autoridad competente en Italia era la región de Liguria, que emitió un informe negativo y, en consecuencia, la Comisión rechazó la solicitud de ayuda. El particular recurrió la decisión de la Comisión ante el Tribunal de Justicia de la UE y éste resolvió que era incompetente, toda vez que la *aportación decisiva* en el proceso decisorio lo había dado una autoridad nacional, cuyo informe debía ser el que, en consecuencia, se recurriera. La Sentencia suscitó mucha polémica en la doctrina porque resultó que, bajo Derecho italiano, el informe emitido por la región de Liguria no constituía un acto susceptible de impugnación, resultando en una evidente desprotección del particular. El profesor GARCÍA DE ENTERRÍA criticó el pronunciamiento del Tribunal de Justicia de la UE al entender que suponía una indebida extensión de las competencias de las jurisdicciones contencioso-administrativas nacionales al margen de lo previsto en sus correspondientes leyes reguladoras: cfr. GARCÍA DE ENTERRÍA, Eduardo, "La ampliación de la competencia de las jurisdicciones contencioso-administrativas nacionales por obra del Derecho comunitario. Sentencia Borelli de 3 de diciembre de 1992 del Tribunal de Justicia y el artículo 5 CEE", *REDA* núm. 78 (1993), pp. 317-324. Más recientemente, Javier Esteban también examina esta cuestión: *vid.* Esteban Ríos, Javier, *Coadministración..., óp. cit.*, pp. 123-131.

16 Y ello hasta el punto que el citado código ReNEUAL de procedimiento administrativo de la UE ya citado recogía, en su art. I-4.4 una definición de procedimiento compuesto como aquel "*procedimiento administrativo en el que las autoridades de la UE y las autoridades de un Estado miembro o de diferentes Estados miembro tienen atribuidas funciones distintas que son interdependientes*", aunque con poco acierto empleaba el mismo término para definir también a "*la combinación de dos procedimientos administrativos directamente relacionados*". El Código justifica los procedimientos compuestos en "*el carácter multijurisdiccional y la pluralidad de actores*" presentes en la UE que, en opinión de sus autores, "*exige que en la práctica exista un alto grado de cooperación en materia de procedimiento entre los actores de diversos ámbitos*" la cual "*se logra mediante procedimientos compuestos*" (cfr. *Código..., óp. cit.*, p. 76). Además, en su parte relativa a la explicación del articulado, el Código añade que los procedimientos compuestos "*constituyen un elemento distintivo y relevante del derecho administrativo de la UE*" (cfr. *ib. ídem*, p. 105).

17 ALONSO DEL LEÓN, Sergio, *Composite..., óp. cit.*, pp. 158-160.

18 ALONSO DEL LEÓN, Sergio, *Composite..., óp. cit.*, pp. 273-295.

2.1.2. Los mecanismos que conforman la unión bancaria contienen algunos procedimientos compuestos en los que intervienen las autoridades europeas y nacionales (y, particularmente, el BCE y las autoridades nacionales competentes) en el ejercicio de determinadas potestades. Es habitual identificar los procedimientos compuestos en este ámbito con los denominados por la normativa europea "procedimientos comunes"[19]; sin embargo, según se explica a continuación, esta denominación parte de otro punto de vista (procedimientos comunes a todas las entidades de crédito sujetas a supervisión bajo el MUS y el MUR, con independencia de que sean significativas o menos significativas), y no todos ellos son, en puridad, procedimientos compuestos.

Así, la normativa define como procedimiento común, en primer lugar, el ejercicio de la potestad autorizatoria en relación con el ejercicio de la actividad crediticia. En este procedimiento, la ANC recibe la solicitud y realiza un primer examen. Si, de ese examen, resulta que la solicitud incumple los requisitos exigidos por la legislación nacional, podrá denegarla y comunicar su decisión al BCE (art. 75 del Reglamento 468/2014); si, por el contrario, estima que cumple con todos ellos, preparará un proyecto de decisión que elevará al BCE (art. 76), quien deberá decidir en un plazo de diez días (salvo prórrogas: cfr. art. 78.1) acordando la autorización o formulando objeciones, que sólo podrán fundarse en incumplimientos del Derecho de la Unión (art. 14.3 del Reglamento 1024/2013). El transcurso del plazo sin pronunciamiento del BCE tiene efectos estimatorios (art. 78.3 del Reglamento 468/2014). Según se comprueba, el proyecto de decisión elevado por la ANC al BCE es determinante, por cuanto éste no puede oponer a aquél cuestiones reguladas por el derecho nacional y, si sólo encuentra reparos en ese orden, debe decidir conforme a la propuesta planteada por la ANC.

La Parte V del Reglamento 468/2014 también acoge, bajo la rúbrica de "procedimientos comunes", los establecidos para autorizar la adquisición de participaciones cualificadas y para revocar la autorización para el ejercicio de la actividad crediticia. Sin embargo, estos procedimientos no constituyen, en puridad, procedimientos compuestos, sino procedimientos de ejercicio directo de potestades por el BCE donde las autoridades nacionales competentes únicamente prestan un apoyo operativo que no determina el contenido que finalmente se adopte.

Por un lado, en relación con la autorización de adquisición de participaciones significativas, la Sentencia del Tribunal de Justicia de la UE de 19 de diciembre de 2018

---

[19] En realidad, la normativa europea de supervisión bancaria los denomina "procedimientos comunes": "*en cuanto a la naturaleza de estos procedimientos, podrían considerarse ejemplos paradigmáticos de lo que en la doctrina han venido denominándose procedimientos compuestos, en los que intervienen tanto autoridades nacionales como comunitarias (...)*" (Posada Rodríguez, Marcos, "Los denominados...", *óp. cit.*, p. 102).

(TOL6.956.007)[20] señala que la normativa posiciona al BCE como soberano a la hora de decidir autorizar o no la adquisición, sin perjuicio de que, en su razonamiento, pueda asumir, total o parcialmente, las razones expuestas en el proyecto de decisión sometido a su consideración por la ANC, de suerte que el resultado del ejercicio de la potestad es un acto de la Unión y el conocimiento de su eventual invalidez está reservado a la jurisdicción europea de forma exclusiva y excluyente:

> *"En virtud del artículo 4, apartado 1, letra c), del Reglamento MUS, en relación con el artículo 15, apartado 3, de ese mismo Reglamento y con el artículo 87 del Reglamento Marco del MUS, el BCE tiene la competencia exclusiva para decidir autorizar o no la adquisición propuesta, al término del procedimiento establecido, en particular, en el artículo 15 del Reglamento MUS y en los artículos 85 y 86del Reglamento Marco del MUS.*
>
> *En el ámbito de las relaciones regidas por el principio de cooperación leal en virtud del artículo 6, apartado 2, del Reglamento MUS, la función de las autoridades nacionales consiste, por su parte, como se desprende de esa disposición, del artículo 15, apartados 1 y 2, del mismo Reglamento y de los artículos 85 y 86 del Reglamento Marco del MUS en registrar las solicitudes de autorización, prestar asistencia al BCE, único titular de la facultad decisoria, en particular comunicándole toda la información necesaria para que pueda ejercer sus funciones tramitando dichas solicitudes y transmitiendo posteriormente al BCE una propuesta de decisión que no vincula a este (...)"* (nn. 54 y 55)[21].

A diferencia de lo que ocurre en el caso de la autorización del ejercicio de actividad, donde la normativa restringe el margen del BCE a la hora de adoptar la decisión final y la vincula, al menos en parte, a la aportación de la ANC, en el caso de la autorización de la adquisición de participaciones cualificadas la evaluación inicial que realiza la ANC no determina el resultado del procedimiento. El art. 15.3 del Reglamento 1024/2013 establece claramente que el BCE debe decidir "*basándose en los criterios de evaluación establecidos en el criterio aplicable de la Unión y de conformidad con el procedimiento y dentro de los plazos que en él se establecen*", sin referencia ninguna al examen previo realizado por la ANC[22].

---

20 Asunto C-219/17, *Silvio Berlusconi et al.* vs. *Banca d'Italia et al.*

21 El Abogado General Manuel Campos Sánchez-Bordona apuntó, en su escrito de conclusiones, en esa línea: "*el proyecto de la ANC, insisto, no condiciona jurídicamente la decisión posterior del BCE. Podrá, en función de sus propios méritos, influir más o menos en esta última, pero tal carácter es común a otros trámites (por ejemplo, un dictamen no vinculante) de cualquier procedimiento. La ANC no posee ningún poder resolutorio específico, más allá de que le corresponde instruir la primera fase del procedimiento, una vez presentada la solicitud de autorización. No se trata, pues, de un procedimiento de codecisión entre la ANC y el BCE (...)*" (n. 96).

22 De hecho, el Tribunal de Justicia de la UE ha dado el mismo tratamiento a la referida decisión del BCE en el asunto *Berlusconi* que a la adoptada por la JUR en relación con el cálculo de las aportaciones *ex ante* al FUR que correspondía realizar a otra entidad de crédito italiana donde se impugnaron ante la jurisdicción nacional los actos de trámite adoptados por la ANC. En efecto, la Sentencia del Tribunal de Justicia de la UE de 3 de diciembre de 2019 (asunto C-414/18; *Icrea Bnca SpA Istituto Centrale del Credito Cooperativo* vs. *Banca d'Italia*) (TOL7.606.94) señala que: "*cuando el legislador*

En relación con el procedimiento para la revocación de la autorización, la ya citada Sentencia del Tribunal General de la UE de 30 de noviembre de 2022 (TOL9.304.113), ya citada, indica:

> "*Therefore, since the ECB is not required to follow the draft withdrawal decision submitted by the national competent authority concerned and since any decision to withdraw authorisation is taken by it independently, on the basis of its own assessment, the applicant's argument that the ECB was not able to explain the change in the opinion of the FCMC concerning withdrawal of authorisation, even if it were required to do so, cannot, in any event, make out an infringement of Article 14 of Regulation No 1024/2013 by the ECB and, as a result, cause the contested decision to be vitiated by illegality*" (n. 168)[23].

En el mismo sentido, la Sentencia del Tribunal General de la UE de 4 de junio de 2025 (TOL10.555.080)[24].

Con base en las anteriores consideraciones, es indudable que, en estos dos casos, la decisión última, adoptada por el BCE, debe ser impugnada ante los órganos judiciales europeos[25].

---

de la Unión opta por un procedimiento administrativo que prevé la adopción por las autoridades nacionales de actos de trámite previos a la adopción de la decisión final de una institución de la Unión que produce efectos jurídicos y puede resultar lesiva, pretende establecer, entre dicha institución y las autoridades nacionales, un mecanismo específico de colaboración basado en la facultad decisoria exclusiva de la institución de la Unión (...)" (n. 41). Y sentencia: "*la JUR ejerce por sí sola la facultad decisoria final y (...) las autoridades nacionales de resolución se limitan (...) a prestar apoyo operativo a la JUR*" (n. 47).

23 "*Por tanto, dado que el BCE no está obligado a seguir el proyecto de decisión de revocación presentado por la autoridad nacional competente de que se trate y que toda decisión de revocación de la autorización es adoptada por él de manera independiente, sobre la base de su propia apreciación, la alegación de la demandante de que el BCE no pudo explicar el cambio de dictamen del FCMC relativo a la revocación de la autorización, aun cuando estuviera obligado a hacerlo, no puede, en cualquier caso, configurar una infracción del artículo 14 del Reglamento núm. 1024/2013 por parte del BCE y, en consecuencia, provocar el vicio de ilegalidad de la decisión impugnada*" (traducción propia).

24 T-551/23; Baltic International Bank SE vs. BCE] remarca el margen de apreciación con que cuenta el BCE para adoptar la decisión de revocación de una autorización de establecimiento de entidad de crédito: "En estas circunstancias, corresponde a las ANC —en el caso de autos, a la CMFC— demostrar los elementos constitutivos de las infracciones de la legislación en materia de LBC/FT, mientras que el BCE efectúa la apreciación jurídica que determina si estos elementos y las infracciones constatadas en que se basa la propuesta de decisión justifican la revocación de la autorización, así como la apreciación de la proporcionalidad (véase, por analogía, la sentencia de 6 de octubre de 2021, Ukrselhosprom PCF y Versobank/BCE, T-351/18 y T-584/18, EU:T:2021:669, apartado 197)" (n. 84).

25 En el ámbito de la revocación de la autorización de establecimiento debe excepcionarse de esta conclusión el procedimiento de autorización de la renuncia voluntaria a la autorización (que, según se explicará en el Capítulo IV de esta obra, el Derecho europeo configura como un procedimiento de revocación a solicitud de interesado), en aquellos casos en los que la ANC deniega la autorización a la renuncia (o la revocación voluntaria de la autorización de establecimiento), toda vez que, en esos casos, la conclusión de la ANC es decisiva y pone fin al procedimiento, sin que resulte necesario un pronunciamiento del BCE.

2.1.3. La calificación de un procedimiento "común" como "compuesto" o no, lejos de constituir una cuestión meramente teórica, tiene una indudable relevancia desde el punto de vista de la impugnación de los actos resultantes.

Así, en el caso de la autorización de establecimiento de una entidad de crédito, donde el acto administrativo resulta un procedimiento compuesto donde la aplicación del Derecho nacional lo realiza la ANC, y las apreciaciones de éstas vinculan al BCE, que solo aplica con carácter decisivo el Derecho europeo, quienes vean perjudicados sus derechos e intereses legítimos como consecuencia de la aplicación del Derecho nacional realizada, de manera vinculante, por la ANC, pueden plantearse dos alternativas de impugnación:

1.º Que se entienda que el contenido del acto determinado por la ANC se diluye con el decidido por el BCE, conformando un único acto jurídico con unos únicos efectos sobre la esfera jurídica del destinatario. En estos casos, la jurisdicción competente para conocer del eventual recurso será, en todo caso, la europea.

2.º Que se entienda que el contenido del acto determinado por la ANC se ubica en un acto administrativo autónomo insertado en el procedimiento autorizatorio y, por tanto, en términos de Derecho administrativo español, se considere un acto de trámite cualificado susceptible de recurso independiente. En este sentido, parece razonable entender que las apreciaciones que el BdE sobre una solicitud de autorización para el ejercicio de la actividad crediticia sobre la base del Derecho nacional (por ejemplo, entendiendo que esta normativa obliga a poner una determinada condición), "*decide directa o indirectamente el fondo del asunto*", en términos del art. 112.1 de la LPACAP y, por tanto, puede ser objeto de recurso autónomo e independiente.

Me inclino a pensar que, en estos casos, es la jurisdicción europea la única competente para conocer de la impugnación de la decisión, por las siguientes razones:

1.º Aunque la ANC determine la aplicación de la normativa nacional al caso, esa valoración forma parte de un acto único que dicta finalmente el BCE teniendo en cuenta, además del input de la Administración nacional, su propia aplicación del Derecho europeo. Así, de algún modo, el BCE, al adoptar la decisión final también está "*aplicando*" Derecho nacional, en la forma prefijada por la ANC, y es esa aplicación la que da lugar al efecto jurídico que, en su caso, impugnará el particular[26]. En otras palabras, ambas valoraciones se entrecruzan para arrojar

---

[26] En este sentido, debe recordarse que el art. 4.3 del Reglamento 1024/2013 establece que: "*a los efectos de desempeñar las funciones que le atribuye el presente Reglamento, y con el objetivo de garantizar una supervisión rigurosa, el BCE aplicará toda la legislación aplicable de la Unión y, en los casos en que dicha legislación esté integrada por Directivas, la legislación nacional que las incorpore al ordenamiento jurídico nacional*". Por tanto, cuando el BCE aplica Derecho nacional al decidir, por ejemplo, una autorización

un único resultado final (la autorización, con condiciones o no, o su denegación), producido por el BCE, de cuya eventual impugnación debe conocer, de forma igualmente unitaria, la jurisdicción europea[27].

2.º Resultaría enormemente disfuncional que el eventual perjuicio que el particular pueda sufrir sobre sus derechos e intereses como consecuencia del ejercicio de una potestad administrativa que es única y produce unos efectos jurídicos únicos pueda impugnarse ante dos jurisdicciones distintas. La falta de articulación en la normativa de los sistemas de recursos posibles a ambos niveles de forma ordenada (por ejemplo, obligando a plantear ambos recursos a la vez, estableciendo normas de prejudicialidad, etc.), puede dar lugar a un arbitraje jurisdiccional para el particular, que acudirá a una y otra jurisdicción, alternativa o sucesivamente, según las posibilidades que entienda que existen en cada caso de obtener un resultado favorable a sus pretensiones. Y, *a contrario*, desde la perspectiva de las garantías del particular, permitir a un particular acudir a dos jurisdicciones cuando no está conforme con el resultado final produciría, al menos formalmente, la necesidad de que el particular tenga que interponer dos recursos (uno ante la jurisdicción nacional y otro ante la jurisdicción europea) para asegurarse que, de desestimarse el primero porque, por ejemplo, el juez nacional no se estime competente al entender que los perjuicios provienen de una decisión de una institución europea, puede exigir una tutela a la jurisdicción europea, con las cargas que ello supone para el perjudicado.

3.º En relación con lo anterior, podría darse la situación en la que el juez nacional se declare incompetente para conocer de un recurso, por entender que los efectos jurídicos impugnados provienen de una institución europea, y la jurisdicción europea se estime incompetente al considerar que la Administración europea venía normativamente obligada a asumir los efectos jurídicos propuestos por la ANC. En estos casos, la adecuada garantía de los derechos del particular exigiría que se arbitre un expediente para resolver el conflicto de jurisdicción (similar al sistema que recoge en España la LOCJ) que, hoy por hoy, no existe.

---

para el ejercicio de la actividad crediticia, hace lo que la Ley (europea: el Reglamento 1024/2013) le permite hacer, de forma que, consecuentemente con ello, es razonable que el juicio de legalidad de ese acto lo lleve a cabo el tribunal que tiene encomendadas las facultades para revisar la legalidad de los actos de dicha institución de la UE.

27 En este sentido, *vid.* POSADA RODRÍGUEZ, Marcos, "La determinación...", *óp. cit.*, pp.106-107, quien defiende esta interpretación (el procedimiento compuesto da lugar a un resultado único que debe ser conocido por la jurisdicción competente para revisar la legalidad de los actos producidos por la Administración que lo dicta, con el input dado por la otra), sobre la base de la jurisprudencia previa del Tribunal de Justicia de la UE en materia de procedimientos compuestos, entre la que destaca sus Sentencias de 18 de diciembre de 2007 (asunto C-64/05) (TOL4.627.757), de 11 de noviembre de 1981 (asunto 60/81) (TOL10.399.745) y de 14 de febrero de 1989 (asunto 346/87) (TOL10.399.744).

4.º Finalmente, haciendo abstracción del régimen de impugnación de actos de trámite cualificado existentes en Derecho administrativo español, podría ocurrir que, como sucediera en el caso *Bonelli*, la legislación procesal nacional no permitiera atacar un acto de trámite (como sí se permite en España, siempre y cuando se entienda que un proyecto de decisión con condiciones elevado por una ANC constituye un acto de trámite cualificado, según se ha expuesto), de forma que, en estos casos, el particular se vería privado de obtener tutela judicial y la actuación de la Administración sería irrevisable.

Más evidente es la respuesta en los casos en los que la ANC deniega directamente una autorización para el ejercicio de la actividad, donde debe entenderse competente la jurisdicción nacional (ya se entienda que se trata de un acto definitivo, ya se entienda que es de trámite cualificado por impedir la continuación del procedimiento, porque, en todo caso, ese acto de la ANC pone fin al procedimiento, de acuerdo con el art. 75 del Reglamento 468/2014).

Esta problemática no se plantea en relación con aquellos procedimientos compuestos, como el previsto para autorizar la adquisición de participaciones cualificadas sobre entidades de crédito, donde la ANC realiza una primera valoración de la solicitud desde el prisma del Derecho nacional, pero ésta no resulta vinculante para el BCE porque éste sólo tiene que "*considerarlas*" al conformar su decisión. En estos casos, la incorporación de la aplicación de Derecho nacional al contenido de la decisión que dicte el BCE es consecuencia de la valoración realizada por éste y, por tanto, la jurisdicción competente para revisar su legalidad debe ser la europea.

2.1.4. Cuestión distinta se plantea en aquellos casos en los que, fuera del ámbito de los procedimientos compuestos, el ejercicio coordinado de competencias en que consisten el MUS y el MUR hace que una Administración dicte un acto llamado a ser ejecutado por otra, de suerte que los actos de ambas cuentan con unidad de fundamento.

Un ejemplo de esta situación aparece en aquellos casos en la JUR determina las cuantías *ex ante* a aportar al FUR, y la ANR (el FROB, en nuestro caso) las liquida. En estos casos, en la medida en la que los efectos jurídicos sobre el particular dimanan directamente del primer acto (en el ejemplo, la determinación de las contribuciones por la JUR), y el acto de la autoridad nacional (las liquidaciones del FROB) sólo la lleva a efecto, la competente para conocer de una eventual impugnación de la validez de la contribución debe ser la jurisdicción europea[28], limitándose la jurisdicción nacional a enjuiciar, en su caso, las condiciones de validez del acto de ejecución con arreglo a la normativa nacional aplicable.

28 A este respecto, la Sentencia del Tribunal de Justicia de la UE de 28 de noviembre de 2019 (TOL7.829.436), que resolvía la liquidación de las contribuciones *ex ante* para 2016 operada por el FROB sobre la base de un acto dictado por la JUR, entiende que: "*de la jurisprudencia se desprende que, incluso cuando el acto impugnado, para surtir efectos en la situación jurídica de los particulares,*

2.2 PROCEDIMIENTOS DE EJERCICIO DIRECTO

Junto a los supuestos anteriores, la normativa configura la mayor parte de los demás procedimientos (esto es, el ejercicio de la potestad autorizatoria en los demás casos, incluida la autorización de la adquisición de participaciones cualificadas, de la potestad inspectora, de las potestades correctora y resolutoria y, por último, de la potestad sancionadora) como procedimientos de ejercicio directo por parte del centro de poder que tiene atribuida la competencia para actuar[29]. Ello supone que todos los

---

exija necesariamente la adopción de medidas de ejecución [por las autoridades nacionales, en este caso, por el FROB], *el requisito de afectación directa se considera cumplido si dicho acto impone a su destinatario obligaciones con vistas a su ejecución y si dicho destinatario está obligado, de manera automática, a adoptar medidas que modifiquen la situación jurídica del demandante (véase, en este sentido, la sentencia de 7 de julio de 2015, Federcoopesca y otros/Comisión, T-312/14, EU:T:2015:472, apartado 38 y jurisprudencia citada)*" (n. 50). "*En el presente asunto, en primer lugar, resulta de la normativa aplicable y, en particular, de los artículos 54, apartado 1, letra b), y 70, apartado 2, del Reglamento n.º 806/2014, que la JUR es tanto el autor concreto del cálculo de las aportaciones individuales como el autor de la decisión que aprueba esas aportaciones. La circunstancia de que exista una cooperación entre la JUR y las autoridades nacionales de resolución no altera esta conclusión (auto de 19 de noviembre de 2018, Iccrea Banca/Comisión y JUR, T-494/17, EU:T:2018:804, apartado 27)*" (n. 52). Con base en ello, el Tribunal de Justicia de la UE concluye: "*pese a que las entidades no son, pues, los destinatarios de la Decisión impugnada, esta las afecta, sin embargo, directa e individualmente, en la medida en que les atañe en razón de determinadas cualidades que les son propias o de una situación de hecho que las caracteriza frente a cualquier otra persona, y por este motivo, las individualiza de manera análoga a la del destinatario, y en la medida en que produce efectos directos en su situación jurídica, sin atribuir facultad alguna de apreciación a los destinatarios de dicha Decisión* [en este caso, el FROB], *encargados de aplicarla*" (n. 58). En el conocido asunto de la resolución del Banco Popular, la Audiencia Nacional también se ha expresado en este sentido. En concreto, su Auto n1 42/2017, de 28 de septiembre, recaído en la pieza separada de medidas cautelares del recurso contencioso-administrativo núm. 440/2017 (TOL6.371.189), que enjuiciaba la legalidad de la decisión del FROB por la que se acordó adoptar las medidas necesarias para ejecutar la decisión de la JUR de venta forzosa de Banco Popular, la Sala afirmó: "*la ejecución de las medidas contenidas en el acto recurrido pueden* (sic) *generar perjuicios, si no de imposible, sí de muy difícil reparación, pero tales perjuicios, que además, en este caso, han de circunscribirse a los que afectan a la parte recurrente –por más que esta parte se arrogue los de los trabajadores o los del propio Banco Popular–, son imputables directamente a la decisión de la JUR, que, según se acaba de decir, es la que ha decidido la venta, pues las adoptadas por el FROB tienen un marcado carácter instrumental, siendo con ocasión de la impugnación de aquella decisión de la JUR, en la sede judicial correspondiente, donde se deberán invocar aquellos perjuicios, que sólo de forma indirecta se generan por la actuación recurrida ante este órgano judicial*" (FJ tercero).

29 Según se explicará más adelante, en el caso de la potestad de resolución bancaria se produce una situación un tanto inusual, toda vez que el acto administrativo acordando someter a una entidad de crédito a un dispositivo de resolución lo dicta la JUR, pero el art. 18.7 del Reglamento 806/2014 señala que dicho acto no "*entrará en vigor*" hasta que la Comisión Europea (y, en su caso, el Consejo de la UE) hayan confirmado que concurre un interés general en la resolución. Esta regulación ha dado lugar a distintas interpretaciones acerca de la imputación del acto, interpretaciones que no siempre han sido acogidas por el Tribunal de Justicia de la UE, con evidentes consecuencias prácticas, por ejemplo, a la hora de determinar la validez de la relación procesal entablada en la impugnación del acto.

elementos determinantes del contenido final de la decisión que recaiga son producidos por el mismo centro de poder que adopta el acto.

Ahora bien, la sola circunstancia de que se trate de procedimientos de ejercicio directo no supone que no intervengan otros centros de poder administrativos en el procedimiento (por ejemplo, informando o evacuando consultas en relación con la materia objeto de decisión). Antes al contrario, el ejercicio de todas las potestades reguladas bajo el MUS y el MUR cuenta con participaciones cruzadas de otros centros de poder administrativo (la ANC, si quien actúa es la autoridad europea, y viceversa; las autoridades nacionales competentes de otros Estados miembro donde las entidades de crédito están radicadas, etc.). Es más, el ejercicio de las potestades de supervisión relativas al seguimiento de la actividad y, en su caso, corrección de eventuales incumplimientos se encomienda a órganos colegiados (los equipos conjuntos de supervisión) que, aunque se encuentran incardinados en la estructura organizativa del BCE, constituyen el cauce adecuado para participar de las autoridades nacionales competentes de los Estados en los cuales opera la entidad supervisada en la actividad administrativa de supervisión.

En el caso de estos procedimientos de ejercicio directo, la cuestión relativa a la competencia procesal para conocer de la eventual invalidez de los actos administrativos en que resulten esos procedimientos deviene mucho más sencilla, toda vez que corresponderá a la jurisdicción nacional o europea en función de a qué nivel pertenezca el órgano decisorio.

No creo que suponga a este respecto un problema que, al adoptar una decisión en el marco de sus competencias, el BCE aplique Derecho nacional, en la forma prevista en el art. 4.3 del Reglamento, esto es, "*en los casos en que dicha legislación esté integrada por Directivas, la legislación nacional que las incorpore al ordenamiento jurídico nacional*", y "*cuando la legislación aplicable de la Unión esté compuesta por Reglamentos y en los ámbitos en que en la actualidad dichos Reglamentos otorguen expresamente opciones a los Estados miembro, el BCE aplicará también la legislación nacional que incorpore esas opciones al ordenamiento jurídico nacional*"[30]. En todos estos casos, la

30 La aplicación de Derecho nacional por el BCE no está exenta de problemas. A este respecto, *vid.* ESTEBAN RÍOS, Javier, "Derecho aplicable en el ámbito del Mecanismo Único de Supervisión. Interpretación y aplicación de normas nacionales por el Banco Central Europeo", *RGDE* núm. 44 (2018), pp. 94-124. El BCE ha publicado una *Guía del BCE sobre las opciones y facultades que ofrece el Derecho de la Unión*, fechada, en su última versión, en marzo de 2022, que contiene orientaciones sobre cómo debe proceder el BCE en esos casos (disponible en: https://www.bankingsupervision.europa.eu/ecb/pub/pdf/ssm.supervisory_guides2022_ond.es.pdf –enlace consultado el 11 de octubre de 2023–). Por otro lado, en relación con las situaciones en las cuales el BCE debe aplicar reglamentos europeos que confieren opciones a los Estados miembro, no puede perderse de vista que, cuando se refiere al ejercicio de potestades de supervisión, el BCE ha efectuado esas opciones para las entidades significativas bajo su supervisión por medio del Reglamento 2016/445. Por tanto, en estos casos la decisión tendrá un contenido de Derecho europeo, y será indudable que la jurisdicción competente para conocer de su impugnación será la europea.

afectación de la esfera jurídica de los particulares susceptible de recurso procede de la valoración que, de las circunstancias concurrentes al caso, hace el BCE, de forma que, aunque esa valoración incorpore elementos de Derecho nacional, debe ser la jurisdicción europea la que resuelva si, al realizarla, el BCE ajustó su conducta a Derecho o incumplió la normativa aplicable.

En este sentido, la ya citada Sentencia del Tribunal General de la UE de 30 de noviembre de 2022 (TOL9.304.113) confirma que, por ejemplo, una resolución por la que se revoca una autorización para el ejercicio de la actividad crediticia en la que el BCE aplica Derecho nacional debe ser impugnada ante ese Tribunal[31].

---

31 "*In that regard, it must be borne in mind that, under Article 4(1)(a) of Regulation No 1024/2013, and subject to Article 14 of that regulation, the ECB is exclusively competent, in respect of the tasks entrusted to it by that regulation, to authorise credit institutions established in the Member States participating in the Single Supervisory Mechanism and to withdraw authorisations from those institutions. Under Article 14(5) of Regulation No 1024/2013, the ECB may withdraw the authorisation in the cases set out in relevant EU law on its own initiative, following consultations with the national competent authority of the participating Member State where the credit institution is established, or on a proposal from such national competent authority. Moreover, Article 4(3) of Regulation No 1024/2013 provides that, for the purposes of carrying out the tasks conferred on it by that regulation, and with the objective of ensuring high standards of supervision, the ECB is to apply all relevant EU law, and where the EU law is composed of directives, the national legislation transposing those directives. It follows that, in order to carry out the task entrusted to it by Article 4(1)(a) of Regulation No 1024/2013, the ECB is required to apply not only EU law but also the provisions of national law transposing the directives. The ECB was therefore competent to apply national law transposing a directive (...). Lastly, it should be borne in mind that, according to the case-law, where the acts of the national authorities constitute a stage of a procedure in which an EU institution exercises, alone, the final decision-making power without being bound by the preparatory acts or the proposals of the national authorities, it falls to the EU Courts, by virtue of their exclusive jurisdiction to review the legality of EU acts on the basis of Article 263 TFEU, to rule on the legality of a final decision adopted by the ECB and to examine, in order to ensure effective judicial protection of the persons concerned, any defects vitiating the preparatory acts or the proposals of the national authorities that would be such as to affect the validity of that final decision (judgment of 19 December 2018, Berlusconi and Fininvest, C-219/17, EU:C:2018:1023, paragraphs 43 and 44)*" (nn. 76-79 y 90) ["*A este respecto, debe tenerse en cuenta que, en virtud del artículo 4, apartado 1, letra a), del Reglamento n.o 1024/2013, y sin perjuicio de lo dispuesto en el artículo 14 de dicho Reglamento, el BCE tiene competencia exclusiva, respecto de las funciones que le encomienda dicho Reglamento, para autorizar a las entidades de crédito establecidas en los Estados miembros participantes en el Mecanismo Único de Supervisión y para retirar las autorizaciones a dichas entidades. En virtud del artículo 14, apartado 5, del Reglamento n.º 1024/2013, el BCE puede retirar la autorización en los casos establecidos en la legislación pertinente de la UE por iniciativa propia, previa consulta a la autoridad nacional competente del Estado miembro participante en el que esté establecida la entidad de crédito, o a propuesta de dicha autoridad nacional competente. Por otra parte, el artículo 4, apartado 3, del Reglamento n.º 1024/2013 dispone que, a efectos del desempeño de las funciones que le atribuye dicho Reglamento, y con el objetivo de garantizar un alto nivel de supervisión, el BCE debe aplicar todo el Derecho pertinente de la UE y, cuando el Derecho de la UE esté integrado por directivas, la legislación nacional por la que se transponen dichas directivas. De ello se desprende que, para desempeñar la función que le encomienda el artículo 4, apartado 1, letra a), del Reglamento núm. 1024/2013, el BCE debe aplicar no sólo el Derecho de la UE,*

3. GARANTÍAS PROCEDIMENTALES

El ejercicio de las potestades administrativas configuradas en el marco del MUS y el MUR debe cumplir con una serie de exigencias mínimas sin las cuales los actos administrativos resultantes no serán legítimos ni, en consecuencia, sus destinatarios tendrán el deber de soportar los efectos jurídicos que les son propios.

Estas exigencias mínimas encuentran su origen inmediato, desde luego, en las normas especiales de procedimiento administrativo incluidas en la regulación del MUS y el MUR, las cuales, sin embargo, muchas veces son insuficientes, por poco exhaustivas o parciales, para cubrir todas las garantías que requieren los particulares en el dictado de actos administrativos. Es por ello que resulta necesario (y éste es uno de los propósitos declarados de este trabajo) integrar esas normas especiales con otras normas y principios generales que eviten el *non liquet*.

A nivel nacional, esa integración resulta más sencilla, en la medida en la que la existencia de una normativa exhaustiva de procedimiento administrativo común permite colmar aquellas lagunas procedimentales que las normas especiales dejen. Además, la jurisprudencia que, desde hace décadas, ha interpretado estas normas de procedimiento ha establecido premisas de aplicación que dotan de seguridad jurídica la sustanciación de los procedimientos administrativos en España.

A nivel europeo, en cambio, esta integración resulta más complicada[32]. La falta de una normativa sobre procedimiento administrativo común hace necesario acudir a los principios acuñados por la jurisprudencia del Tribunal de Justicia de la UE a la hora de enjuiciar la legalidad de actos de Administraciones de la UE sujetas a normas

---

sino también las disposiciones del Derecho nacional que transponen las Directivas. Por lo tanto, el BCE era competente para aplicar el Derecho nacional por el que se transpone una directiva (...). Por último, debe recordarse que, según la jurisprudencia, cuando los actos de las autoridades nacionales constituyen una etapa de un procedimiento en el que una institución de la UE ejerce, por sí sola, el poder de decisión final sin estar vinculada por los actos preparatorios o las propuestas de las autoridades nacionales, corresponde a los Tribunales de la UE, en virtud de su competencia exclusiva para controlar la legalidad de los actos de la UE sobre la base del artículo 263 TFUE pronunciarse sobre la legalidad de una decisión final adoptada por el BCE y examinar, para garantizar la tutela judicial efectiva de los interesados, los vicios de los actos preparatorios o de las propuestas de las autoridades nacionales que puedan afectar a la validez de dicha decisión final (sentencia de 19 de diciembre de 2018, Berlusconi y Fininvest, C-219/17, EU: C:2018:1023, apartados 43 y 44)" (traducción propia)].

32 Un primer conato de la necesidad de integrar una suerte de procedimiento administrativo común se encuentra en la Resolución (77) 31, del Comité de Ministros del Consejo de Europa, cuyo título es ya revelador: "*on the protection of the individual in relation to the acts of administrative authorities*". Esta resolución, disponible en https://rm.coe.int/cmres-77-31-on-the-protection-of-the-individual/1680a43b6f (enlace consultado el 27 de septiembre de 2023), declara como principios esenciales del procedimiento el derecho a ser oído, el acceso a la información, la asistencia y representación, la obligación de motivación y el derecho al recurso.

de procedimiento administrativo europeas[33]. Además, la novedad que introducen el MUS y el MUR respecto del estándar anterior en relación con la aplicación, por las Administraciones europeas, de Derecho nacional[34], podría entender trasladables los principios y garantías de Derecho nacional al menos cuando las Administraciones europeas están aplicando éste, aunque esta conclusión es controvertida en la doctrina[35].

Sobre estas premisas, las exigencias mínimas esenciales de procedimiento administrativo con arreglo a las cuales deben ejercitarse las potestades administrativas que conforman el MUS y el MUR pueden sintetizarse del modo que sigue.

3.1 INICIO FORMAL DEL PROCEDIMIENTO ADMINISTRATIVO

Los procedimientos deberán iniciarse formalmente en los términos establecidos en la normativa aplicable, es decir, a solicitud de interesado (por ejemplo, mediante la presentación de un escrito pidiendo una autorización) o de oficio (por decisión unilateral

---

33 "*Where there are existing gaps in the regulatory structure, where the Treaties and secondary Community law are silent, the Court of Justice will thus guarantee the necessary legal protection through its own extensive interpretation or through a decision which makes law*" (Schwarze, Jürgen, *Eurpean... óp. cit.*, pp. 1190-1191. "*Pese a todo, una parte de las cuestiones propias del Derecho administrativo de la Unión no están reguladas de forma general ni tampoco en el Derecho derivado sectorial. Esta circunstancia suscita inmediatamente la cuestión de cómo proceder a rellenar las lagunas existentes. La principal vía de integración de lagunas ha sido la identificación de principios generales del Derecho de la Unión. Así, el Tribunal de Justicia extrae dichos principios por medio del método comparativo y los aplica a los casos concretos que debe resolver- La doctrina también ha seguido esta vía a la hora de construir el Derecho administrativo de la Unión Europea*" (Arzoz Santisteban, Xabier, "Acto y Procedimiento Administrativo en el Derecho de la unión Europea: un Catálogo de Problemas", en Soriano García, José Eugenio, *Procedimiento administrativo europeo*, Cizur Menor (Navarra): Thomson Reuters-Civitas, 2012, p. 233). Este autor explica además cómo, en ocasiones, las construcciones jurisprudenciales en materia de principios de procedimiento administrativo europeo han terminado cristalizando en regulaciones *ad hoc* de determinados trámites o de ciertas garantías para los particulares. Por ejemplo, el autor explica cómo la vigente regulación en materia de acceso a expedientes es fruto de años de construcción jurisprudencial por parte del Tribunal de Justicia de la UE (Arzoz Santisteban, Xabier, "Acto...", *óp. cit.*, pp. 234-236).

34 Cfr. art. 4.3 del Reglamento 1024/2013.

35 "*Puede caber la duda de si, además de esas particularidades procedimentales que puedan recogerse en las normas sectoriales de transposición de CRD IV, podrían resultar de aplicación también las reglas procedimentales generales de la legislación nacional administrativa, No parece, sin embargo, que tal aplicación pueda sostenerse en el caso del propio BCE, pues el artículo 4.3 del Reglamento MUS sólo obliga a aquel a aplicar las Directivas «y la legislación nacional que las incorpore al ordenamiento jurídico nacional», ni parece que pueda caber que una institución comunitaria pueda quedar sujeta a la legislación nacional administrativa salvo que exista alguna remisión específica en la propia normativa comunitaria*" (Posada Rodríguez, Marcos, "Los denominados...", *óp. cit.*, p. 104).

del órgano competente cuando, a juicio propio, de su superior jerárquico o de otra Administración de forma razonada, entiende que concurren las circunstancias para ello).

El Derecho español regula estas cuestiones en los arts. 54 y ss. de la LPACAP[36], y los principales manuales de Derecho administrativo las han estudiado con detalle[37].

En el ámbito europeo, el ejercicio de potestades administrativas por parte del BCE cuenta con una regulación relativa a la iniciación de los procedimientos administrativos (art. 28 del Reglamento 468/2014)[38]. Este precepto, que refiere sin más la posibilidad de que los procedimientos se inicien de oficio o a instancia de parte interesada, y establece la obligación de las entidades de crédito sujetas a supervisión de participar en ellos, no detalla, sin embargo, cuándo un procedimiento de supervisión se entiende iniciado de oficio en aquellos casos en los que es consecuencia de una previa actuación del particular interesado o de otro órgano administrativo.

A este respecto, la Sentencia del Tribunal de Justicia de la UE de 7 de agosto de 2018 (TOL6.687.342)[39], al hilo del examen de un procedimiento sustanciado por la ANC austriaca en el periodo transitorio establecido en el Reglamento 1024/2013, ha concluido que los procedimientos iniciados de oficio sólo se incoan cuando existe un acto formal al respecto dictado por la autoridad competente, una "*decisión expresa de apertura del procedimiento*" en palabras del Tribunal, sin perjuicio de las actuaciones previas que, por la Administración o por el particular interesado en el procedimiento, hayan tenido lugar (cfr. n 57).

En fin, la normativa reguladora del procedimiento de ejercicio de la potestad de resolución bancaria atribuida a la JUR permite caracterizarlo como un procedimiento que se inicia de oficio[40].

---

36 En concreto, la LPACAP regula la iniciación de procedimientos de oficio a propia iniciativa del órgano actuante (art. 59), como consecuencia de orden superior (art. 60), por petición razonada de otros órganos (art. 61) y como consecuencia de denuncia de un tercero (art. 62), y la iniciación de procedimientos a instancia del interesado (art. 66). Además, la norma establece especialidades para el inicio de los procedimientos de materia sancionadora (arts. 63 y 64).

37 *Vid.*, por todos, Gallego Anabitarte, Alfredo, y Menéndez Rexach, Ángel, *Acto..., óp. cit.*, pp. 146-152.

38 Existen normas específicas para la iniciación de procedimientos sancionadoras contenidas en el art. 3 del Reglamento 2532/1998. Por otro lado, los arts. 36 a 38 del Reglamento 468/2014 regulan el procedimiento de denuncia de infracciones de la normativa de ordenación del sector que, en su caso, puede dar lugar a la incoación de un procedimiento administrativo de oficio por parte del BCE. Estos preceptos resultan correlativos a la regulación de la denuncia contenida en el art. 62 de la LPACAP.

39 Asunto C-52/2017; *VTB Bank (Austria) BG* vs. *Financmarktaufsichtsbehörde*.

40 Por lo que a las potestades correctoras de actuación temprana que regula la normativa de resolución se refiere, en la medida en la que están atribuidas a la Administración competente en las demás áreas de la supervisión y, además, la normativa reguladora se refiere a la regulación contenida en el Reglamento 1024/2013, cabe razonablemente entender que rigen las reglas de procedimiento ya comentadas.

3.2 PRÁCTICA DE PRUEBA

La tramitación de los procedimientos puede conllevar la práctica de prueba dirigida a acreditar los hechos sobre los que debe fundamentarse la decisión a adoptar por el órgano administrativo en cuestión[41].

Tanto el Derecho español (arts. 77 y 78 de la LPACAP) como las normas relativas al ejercicio de potestades administrativas por el BCE (arts. 29 y 30 del Reglamento 468/2014) regulan con detalle esta cuestión.

Algo más complejo es el régimen aplicable a la práctica de la prueba en el seno del procedimiento de ejercicio de la potestad de resolución bancaria que se atribuye a la JUR, como consecuencia de que el trámite de audiencia de los particulares tenga lugar después del dictado del acto y de la parquedad en la regulación, que obliga a acudir a los principios generales del Derecho de la UE para colmar esas lagunas o a aplicar analógicamente las Norma's previstas para el MUS, en atención a la identidad de razón que concurre sobre las potestades administrativas configuradas en uno y otro mecanismo.

3.3 TRÁMITE DE AUDIENCIA

El trámite de audiencia constituye la garantía procedimental más importante para los particulares.

Las normas españolas de Derecho administrativo reconocen, desde hace décadas, el derecho de los interesados en un procedimiento administrativo a ser oído antes de que se redacte la propuesta de resolución por plazo no inferior a quince días (art. 82 de la LPACAP). La jurisprudencia de nuestro Tribunal Supremo ha remarcado que la realización del derecho a la defensa de los particulares en los procedimientos administrativos constituye un requisito de la validez del acto, de suerte que la inobservancia del trámite de audiencia, cuando produce una indefensión material del particular, determina la invalidez del acto administrativo[42].

---

41 "*At the hearing, the person entitled to be heard can support his arguments with motions to hear evidence and can bring evidence generally. The authority is, however, not obliged to follow up every motion if it considers the facts to be adequately clarified (...). On the other hand, the hearing of evidence and the hearings which are of importance for the procedure should not occur if the addressee of the future administrative act has been excluded. At least where there is a contentious proceeding the person concerned must have the opportunity of participating in the takin of evidence*" (SCHWARZE, Jürgen, *European...*, *óp. cit.*, pp. 1369). Así lo ha confirmado la jurisprudencia del Tribunal de Justicia de la Unión Europea (*vid.* Sentencia del Tribunal de Justicia de la UE de 20 de junio de 1985; asunto C-141/84; *Henri de Compte vs. European Parliament*; TOL10.399.740; nn. 16 y ss.).

42 *Vid.* GALLEGO ANABITARTE, Alfredo, y MENÉNDEZ REXACH, Ángel, *Acto...*, *óp. cit.*, pp. 153 y 154.

En Derecho europeo, el trámite de audiencia ha sido objeto de pronta protección por el Tribunal de Justicia de la UE, quien ha considerado el *right to be heard* como una de las garantías elementales de los particulares frente al ejercicio de poder administrativo por las instituciones europeas[43]. El art. 22.1 del Reglamento 1024/2013 y el art. 31 del Reglamento 468/2014 reconocen expresamente el derecho de las entidades de crédito a ser oídas en los procedimientos que puedan afectar negativamente a sus derechos por un plazo mínimo de quince días (que puede ser ampliado bajo ciertas circunstancias), el cual, no obstante, se amplía a treinta días hábiles cuando se trata del ejercicio de la potestad sancionadora (cfr. art. 3.3 del Reglamento 2532/1998).

Ello no obstante, la normativa reguladora del MUS permite la adopción de decisiones *inaudita parte* "*en el caso que se consideren necesaria una decisión urgente para evitar un daño significativo al sistema financiero*", previsión que bajo el Derecho español sólo se admite para la adopción de acuerdos de intervención o sustitución provisional de los órganos de administración de una entidad de crédito o de uno o varios de sus miembros "*cuando la adopción de la medida se haya solicitado por la propia entidad o cuando dicho trámite* [de audiencia] *comprometa gravemente la efectividad de la medida o los intereses económicos afectados*" (art. 72, párrafo segundo, de la LOSSEC).

La posibilidad de excepcionar el trámite de audiencia en situaciones de urgencia a fin de garantizar la eficacia de la actuación administrativa (y, por consiguiente, la indemnidad del bien jurídico protegido a la que sirve la potestad que se ejercita) se presenta con toda nitidez en el ámbito del MUR, donde el acto administrativo que acuerda aplicar a una entidad de crédito un dispositivo de resolución se dicta *inaudita parte*, desplazando el momento en el que los particulares e interesados en el contenido del acto pueden defenderse a un momento posterior, en fase de recurso, al objeto de garantizar la eficacia de la resolución, que requiere una actuación urgente e inmediata de la Administración.

---

43 Tras examinar las previsiones relativas a esta materia que salpican el Derecho positivo europeo sin una norma común que las dote de coherencia interna, el profesor SCHWARZE concluye que: "*the principle that the rights of the defence of the parties concerned, in particular the right to a hearing are to be protected has a decisive significance even above and beyond the field of written law. The Court of Justice has, with the support of the literature, recognised the principle of* audi alteram pattern *in general as essential procedural rule for administrative proceedings*" (SCHWARZE, Jürgen, *European...*, *óp. cit.*, p. 1.324; *vid.* también pp. 1358 y ss.). Sobre esta cuestión, *vid.* ALONSO DEL LEÓN, Sergio, *Composite...*, *óp. cit.*, pp. 128-129. Es lugar común en estos autores situar reconocimiento inicial del derecho a ser oído en los procedimientos administrativos en la Sentencia del Tribunal de Justicia de las Comunidades Europeas de 4 de julio de 1963 (asunto C-32/62; *Alvis* vs. *Consejo de la CEE*) (TOL10.399.738), dictada en un asunto sobre función pública europea, según la cual "*according to a generally accepted principle of administrative law in force in the member states of the European Economic Community, the administrations of these states must allow their servants the opportunity of replying to allegations before any disciplinary decision is taken concerning them*" (n.1-A).

Pues bien, la preterición formal del trámite de audiencia en este tipo de situaciones, que requieren una actuación ágil de la Administración para evitar daños al bien jurídico protegido, resulta admisible, desde la óptica de las garantías de los particulares, si viene acompañada por una clara definición de los trámites que debe seguir la Administración para dictar válidamente el acto administrativo y un rápido y eficaz acceso al recurso[44]. En estos casos, esas garantías actúan como "principios", en el sentido expresado por DWORKIN[45] y ALEXY[46], esto es, como "estándares que no son normas", "mandatos de maximización" o "mandatos de optimización", cuya efectividad debe alcanzarse mediante reglas que garantizan la realización de esos principios en atención a la realidad a la que deben ser aplicados[47]. Precisamente, en el ámbito de la resolución bancaria esta aproximación ha sido avalada por los tribunales europeos, según se explicará más adelante[48].

Finalmente, en materia sancionadora, el trámite de audiencia se encuentra reforzado tanto en Derecho español[49] como europeo[50].

3.4 DERECHO DE ACCESO AL EXPEDIENTE

El derecho de acceso al contenido de los expedientes administrativos constituye un límite infranqueable para el ejercicio del poder. Con fuerte arraigo constitucional en España (cfr. art. 105-*b)* de la Constitución) y expreso reconocimiento en la normativa

---

44 En este sentido, MARTÍN-RETORTILLO propone que, en este ámbito, se incorporen más estrictas garantías patrimoniales por la Administración que compensen la relajación de formas en lo que a la substanciación del procedimiento administrativo se refiere (MARTÍN-RETORTILLO BAQUER, Sebastián, *Derecho administrativo económico, Vol. I*, Madrid: La Ley, 1991, pp. 60-62).

45 DWORKIN, Ronald, *Los derechos en serio*, Barcelona: Planeta-De Agostini, 1993, pp. 72-80

46 ALEXY, Robert, *Los derechos fundamentales*, Madrid: CEPC, 2022 pp. 77-78.

47 En palabras de ALEXY, "*los principios son normas que ordenan que algo sea realizado en la mayor medida posible, dentro de las posibilidades jurídicas y reales existentes*" (*Los derechos..., óp. cit.*, p. 77).

48 *Vid.* Sentencia del Tribunal General de la UE de 1 de junio de 2022, recaída en el asunto asuntos T-510/17 (Antonio del Valle Ruiz *vs.* Comisión Europea y JUR) (TOL8.988.239), firme, por todas. El razonamiento de esta Sentencia en relación con la configuración del procedimiento de ejercicio de la potestad de resolución bancaria como un procedimiento *inaudita parte* se examina en detalle en el Capítulo VII de esta obra.

49 Que establece una doble audiencia: al incoarse el procedimiento (cfr. art. 64.2-*f)* de la LPACAP) y en el trámite de audiencia ordinario (art. 82 de la LPACAP).

50 Que, además del derecho a ser oído que recoge específicamente el art. 126.2 del Reglamento 468/2014, otorga a los interesados el derecho a solicitar la celebración de una audiencia oral ante la unidad de investigación competente para la instrucción del procedimiento (art. 126.3 del mismo Reglamento).

de procedimiento común (art. 53-*a)* de la LPACAP)[51], el derecho de acceso al contenido de los expedientes administrativos cuenta en derecho europeo con una regulación común a los procedimientos administrativos seguidos ante el Parlamento Europeo, la Comisión o el Consejo en el Reglamento 1049/2001, el cual, sin embargo, no resulta de aplicación directa a otras instituciones de la UE.

En el ámbito del MUS, el art. 22.2, párrafo primero, del Reglamento 1024/2013 y el art. 32 del Reglamento 468/2014 regulan el derecho de las entidades de crédito sujetas a procedimientos de supervisión a acceder a los expedientes que se estén sustanciando frente a ellas[52]. Por lo que al MUR respecta, el Reglamento 806/2014 no contiene una previsión específica al respecto, pero el derecho de acceso al expediente se encuentra garantizado por la aplicación del Reglamento 1049/2001 y la jurisprudencia emanada al respecto del Tribunal de Justicia de la UE.

3.5 OBLIGACIÓN DE MOTIVACIÓN

La Administración tiene la obligación de motivar los actos que afectan a la esfera jurídica de los interesados, particularmente cuando resulten perjudiciales para sus derechos e intereses, y ello tanto en Derecho español (art. 53.1 de la LPACAP[53]) como en

51 Reconocimiento para los interesados en el procedimiento, pero no para terceros, los cuales tienen un acceso muy restringido en virtud de lo dispuesto en el art. 82 de la LOSSEC, de aplicación preferente sobre la normativa general en materia de transparencia y buen gobierno, tal y como ha resuelto recientemente el Tribunal Supremo en su Sentencia núm. 244/2023, de 27 de febrero (TOL9.446.676) (*vid.*, a este respecto, Posada Rodríguez, Marcos, "Comentario a la sentencia del Tribunal Supremo (Sala de lo Contencioso-Administrativo) 244/2023, de 27 de febrero, sobre el régimen de secreto aplicable al Banco de España y su relación con la Ley 19/2013, de 9 de diciembre, de transparencia", *RDBB* núm. 170 (mayo-agosto 2023)).

52 El art. 32.2 del Reglamento 468/2014 llega incluso a definir el expediente administrativo como "*toda la documentación que el BCE haya obtenido, elaborado o recopilado durante el procedimiento de supervisión, con independencia del medio de almacenamiento*", definición que, aunque de modo más críptico, recuerda a la introducida por el art. 70.1 de la LPACAP en el ordenamiento español, con arreglo al cual "*se entiende por expediente administrativo el conjunto ordenado de documentos y actuaciones que sirven de antecedente y fundamento a la resolución administrativa así como las diligencias encaminadas a ejecutarla*".

53 De acuerdo con ese precepto, la Administración debe motivar los actos que limiten derechos subjetivos o intereses legítimos; los actos que resuelvan procedimientos de revisión de oficio de disposiciones o actos administrativos, recursos administrativos y procedimientos de arbitraje y los que declaren su admisión; los actos que separen el criterio seguido en actuaciones precedentes o del dictamen de órganos consultivos; los acuerdos de suspensión de actos y la adopción de medidas provisionales, los acuerdos que afecten a las condiciones normales de procedibilidad (tramitación de urgencia, ampliación de plazos o realización de actuaciones complementarias), los actos que rechacen las pruebas propuestas por los interesados; los actos que acuerden la terminación del procedimiento por imposibilidad material de continuarlo por causas sobrevenidas o por desistimiento

Derecho europeo (cfr. art. 22.2, párrafo segundo, del Reglamento 1024/2013 y art. 33 del Reglamento 468/2014[54])[55]. A decir de nuestro Tribunal Supremo, la exigencia de motivación supone conocer el íter lógico seguido por la Administración actuante para, de los hechos concurrentes, concluir en la decisión finalmente adoptada[56].

En la específica materia de supervisión bancaria, la ya citada Sentencia del Tribunal General de la UE de 30 de noviembre de 2022 (TOL9.304.113) ha indicado que el cumplimiento de las exigencias de motivación debe examinarse en atención de las circunstancias concurrentes en cada caso, tales como el contenido de la medida en cuestión y la respuesta que se dé a las alegaciones presentadas por los potenciales afectados por la decisión:

> *"In that regard, the requirements to be satisfied by the statement of reasons depend on the circumstances of each case, in particular the content of the measure in question, the nature of the reasons given and the interest which the addressees of the measure, or other parties to whom it is of direct and individual concern, may have in obtaining explanations. It is not necessary for the statement of reasons to specify all the relevant matters of fact and law, since the question whether the statement of reasons meets the requirements of Article 296 TFEU must be assessed with regard not only to its wording but also to its context and to all the legal rules governing the matter in question (see*

---

de la Administración en los procedimientos iniciados de oficio, las propuestas de resolución en los procedimientos de carácter sancionador y los que resuelven los de esta clase y los relativos a la responsabilidad patrimonial de la Administración; y los actos dictados en el ejercicio de potestades discrecionales. Como apunta Luis Martín Rebollo, "*en resumidas cuentas, la conclusión final de todo el precepto viene a ser que hay que motivar prácticamente siempre. Por lo menos siempre que se trate de actos con proyección externa o en los que resulten afectados derechos e intereses del interesado*" (Martín Rebollo, Luis, *Leyes administrativas. Manual y normas básicas*, Cizur Menor (Navarra): Civitas-Thomson Reuters, 2016, p. 1.029).

54 Éste último es más sencillo que nuestra norma de procedimiento, pues establece que "*toda decisión de supervisión del BCE irá acompañada de un escrito de motivación de la adopción de la decisión*". En realidad, la obligación de las Administraciones públicas europeas de motivar los actos administrativos que dicten se encuentra ya en Derecho originario, en la medida en la que el párrafo segundo del art. 296 del TFUE establece que: "*los actos jurídicos deberán estar motivados y se referirán a las propuestas, iniciativas, recomendaciones, peticiones o dictámenes previstos por los Tratados*".

55 Precisamente en materia bancaria, el art. 6.27 del RD-ley 6/2021 modificó la LOSSEC a fin de añadir a su art. 50 el siguiente texto: "*toda decisión que tome el Banco de España en el ejercicio de su potestad supervisora deberá ser debidamente motivada*". Más allá del incorrecto uso que hace la norma de la expresión "*potestad supervisora*", es evidente la importancia que se da al ejercicio de las potestades administrativas de supervisión, en tanto en cuanto son susceptibles de limitar la esfera jurídica de los particulares.

56 Por ejemplo, en su Sentencia de 14 de febrero de 1997 (TOL5.148.835) el Tribunal Supremo explicó que la motivación supone la "*expresa invocación de las concretas razones por las que se impone una* [sanción] *determinada, ponderando las circunstancias concurrentes, siendo esta falta de motivación expresa base suficiente -sin necesidad de otra prueba- para anular la sanción a fin de que se imponga en su grado mínimo*" (FJ Cuarto).

judgment of 16 May 2017, Landeskreditbank Baden-Württemberg v ECB, T-122/15, EU:T:2017:337, paragraph 124 and the case-law cited)" (n.155)[57].

En el mismo sentido se ha pronunciado también la Sentencia del Tribunal General de la UE de 4 de junio de 2025 (TOL10.555.080), ya citada, al analizar la suficiencia en la motivación de una decisión del BCE por la que se acordaba revocar la autorización de establecimiento a una entidad de crédito letona:

> "Por lo que respecta a la primera parte del presente motivo de recurso, basada en la insuficiencia de la motivación, procede recordar que, según la jurisprudencia, la motivación exigida, en particular, por el artículo 296 TFUE, por el artículo 22, apartado 2, párrafo segundo, del Reglamento MUS de base y por el artículo 33, apartados 1 y 2, del Reglamento Marco del MUS debe adaptarse a la naturaleza del acto de que se trate y debe mostrar de manera clara e inequívoca el razonamiento de la institución de la que emane el acto, de manera que los interesados puedan conocer las razones de la medida adoptada y el órgano jurisdiccional competente pueda ejercer su control (véase, en este sentido, la sentencia de 8 de mayo de 2019, Landeskreditbank Baden-Württemberg/ BCE, C-450/17 P, EU:C:2019:372, apartado 85).
>
> El respeto de la exigencia de motivación debe apreciarse en función de las circunstancias del caso, en particular del contenido del acto, de la naturaleza de los motivos invocados y del interés que los destinatarios del acto u otras personas afectadas por este en el sentido del artículo 263 TFUE, párrafo cuarto, puedan tener en recibir explicaciones. No se exige que la motivación especifique todos los elementos de hecho y de Derecho pertinentes, en la medida en que la cuestión de si la motivación de un acto cumple las exigencias del artículo 296 TFUE debe apreciarse en relación no solo con su tenor, sino también con su contexto, así como con el conjunto de normas jurídicas que regulan la materia de que se trate (véase, en este sentido, la sentencia de 8 de mayo de 2019, Landeskreditbank Baden-Württemberg/BCE, C-450/17 P, EU:C:2019:372, apartado 87)" (nn. 104-105).

3.6 SEGURIDAD JURÍDICA Y SILENCIO ADMINISTRATIVO

El principio de seguridad jurídica exige certidumbre a la hora de que los particulares puedan conocer qué efectos jurídicos se derivan del ejercicio de una determinada potestad administrativa. Por esa razón, el ordenamiento jurídico ha desarrollado instituciones como el silencio administrativo y la caducidad, dirigidas a

---

57 "*A este respecto, los requisitos que debe cumplir la motivación dependen de las circunstancias de cada caso, en particular del contenido del acto de que se trate, de la naturaleza de los motivos alegados y del interés que los destinatarios del acto, u otras partes a las que afecte directa e individualmente, puedan tener en obtener explicaciones. No es necesario que la motivación especifique todos los elementos de hecho y de Derecho pertinentes, ya que la cuestión de si la motivación cumple los requisitos del artículo 296 TFUE debe apreciarse teniendo en cuenta no solo su tenor literal, sino también su contexto y todas las normas jurídicas que regulan la materia de que se trate (véase la sentencia de 16 de mayo de 2017, Landeskreditbank Baden-Württemberg/BCE, T-122/15, EU:T:2017:337, apartado 124 y jurisprudencia citada)*" (traducción propia).

proteger los derechos e intereses privados de aquellos supuestos en los que, pretendido el ejercicio de una determinada potestad (esto es, iniciado un procedimiento administrativo), la Administración posterga indefinidamente la decisión final. En esta clase de situaciones, los particulares pueden sufrir un perjuicio evidente al no conocer cómo quedará configurada su esfera jurídica una vez culmine el procedimiento más allá del plazo previsto para su resolución y, por tanto, no saber cómo deben actuar en consecuencia.

Por lo que al ordenamiento jurídico español se refiere, la normativa de procedimiento administrativo común impone a la Administración la obligación de resolver en un determinado plazo (en el procedimiento administrativo común español, de tres meses salvo que una Ley especial disponga la contrario: cfr. art. 21 de la LPACAP), transcurrido el cual:

1º. Si el procedimiento se ha iniciado a solicitud del interesado, el transcurso del plazo previsto sin que recaiga decisión final de la Administración comporta el reconocimiento del derecho, salvo que se esté en alguno de los supuestos para los que la LPACAP o una ley especial disponga lo contrario[58].

2º. Si el procedimiento se ha iniciado de oficio, la falta de resolución en plazo comportará el reconocimiento por silencio administrativo del derecho objeto del procedimiento, si éste fuere el caso, o la caducidad del procedimiento (cfr. art. 25.1-*a)* de la LPACAP), si se tratare de un procedimiento que pudiere afectar negativamente a los derechos e intereses de los particulares (cfr. arts. 25.1-*b)* y 95 de la LPACAP)[59].

---

58 Por lo que a la LPACAP se refiere, el art. 24.1, en sus párrafos segundo y tercero, señala que el silencio administrativo tiene resultado negativo cuando se trate de solicitudes relativas al derecho de petición realizado con arreglo al art. 29 de la Constitución, la transferencia al solicitante o a terceros de facultades sobre el dominio público o el servicio público, comporten el ejercicio de actividades que puedan dañar al medio ambiente, se trate de una reclamación de responsabilidad patrimonial a la Administración, o consistan en la impugnación de actos y disposiciones, incluyendo la solicitud de revisión de oficio, salvo en los recursos de alzada interpuesto contra la desestimación por silencio administrativo. La desestimación por silencio no enerva, empero, la obligación de la Administración de resolver (cfr. art. 24.3-*b)* de la LPACAP). Por lo que la excepción contenida en leyes especiales se refiere, el art. 24.1, párrafo primero *in fine*, establece que deberán fundarse en la "*concurrencia de razones imperiosas de interés general*". La institución del silencio administrativo ha sido desarrollada con exhaustividad por los principales estudiosos de nuestra doctrina: Gallego Anabitarte, Alfonso, y Menéndez Rexach, Ángel, *Acto...*, *óp. cit.*, pp. 174-182.

59 La caducidad también opera en los procedimientos iniciados a solicitud del interesado cuando se paralizan por causas imputables a éste y no a la Administración (cfr. art. 95.1 de la LPACAP). No obstante, esta previsión no puede considerarse propiamente una garantía procedimental a los efectos estudiados en este lugar.

En línea con la ausencia de un procedimiento administrativo común, el Derecho europeo no cuenta con un desarrollo dogmático ni normativo de estas instituciones. No obstante, la normativa reguladora del MUS y el MUR sí contiene algunas situaciones que, sin constituir propiamente supuestos de silencio administrativo o de caducidad del procedimiento, producen efectos similares.

Por ejemplo, el art. 78.3 del Reglamento 468/2014 establece que, cuando la ANC informa favorablemente una solicitud de la autorización de establecimiento de una entidad de crédito pero el BCE no se pronuncia en el plazo de diez días hábiles desde la recepción del proyecto de decisión preparado por aquélla, debe entenderse "*adoptado el proyecto de autorización redactado por la ANC*". La normativa no regula, sin embargo, qué ocurre si la demora tiene lugar en sede de la ANC[60], donde, en el caso español, de acuerdo con lo previsto en art. 6.8 de la LOSSEC, debería entenderse que el silencio administrativo tiene efectos desestimatorios.

Por su parte, la institución de la caducidad se hace especialmente presente en relación con los procedimientos sancionadores sustanciados por el BCE (cfr. art. 4.2 del Reglamento 2532/1998[61]), el BdE y el FROB (de acuerdo con el régimen general que se acaba de comentar), pero se echa en falta una regulación a este respecto en el Reglamento 806/2014 en relación con la potestad sancionadora atribuida a la JUR, respecto de la cual los particulares se sitúan en una posición de incertidumbre que no resulta compatible con los límites a que debe sujetarse el ejercicio del poder administrativo.

En cualquier caso, fuera de estos supuestos expresamente recogidos en las normas aplicables, entiendo que no resulta razonablemente posible pretender el recurso al silencio administrativo o la caducidad en el ámbito del Derecho europeo.

En otro orden de cosas, la seguridad jurídica también se protege mediante las normas reguladoras de la prescripción de las infracciones contenidas en los distintos cuerpos normativos[62].

---

60 En mi opinión, sería conveniente regular la elevación automática de un proyecto de decisión autorizatoria al BCE si la ANC no actúa en el plazo previsto al efecto. Y ello por cuanto en puridad se estaría configurando una suerte de silencio administrativo positivo semejante al que se prevé para la decisión última a adoptar por el BCE en relación con los requisitos establecidos por la legislación nacional, que son, según se ha explicado ya, objeto de exclusivo examen por las autoridades nacionales competentes. No estimo adecuado substraer al BCE, titular último de la competencia, la oportunidad de emitir su dictamen en tiempo por causas enteramente imputables a la ANC.

61 Establece un plazo de caducidad de un año para los procedimientos sancionadores sustanciados por el BCE.

62 Así, arts. 95 de la LOSSEC, 77 de la Ley 11/2015, 130 del Reglamento 468/2014 y 4.1 del Reglamento 2532/1998, Nuevamente, se echa gravemente en falta una regulación de la prescripción de las infracciones en materia de resolución bancaria en el Reglamento 806/2014.

3.7 EFICACIA DE LOS ACTOS ADMINISTRATIVOS

La normativa reguladora del procedimiento administrativo también impone unos requisitos de eficacia a los actos administrativos (tales como la notificación o la publicación de su contenido), en ausencia de los cuales esos actos, aun cuando sean válidos, no producen efectos jurídicos obligatorios para los particulares.

En Derecho español, estas condiciones de eficacia se regulan, respectivamente, en los arts. 40 a 44 y 45 de la LPACAP.

En el ámbito europeo, una vez más, no existe una regulación común de la cuestión, más allá de la previsión general contenida en el art. 297.2 del TFUE[63]. Por lo que a los actos administrativos de supervisión dictados en el marco del MUS se refiere, el art. 35 del Reglamento 468/2014 recoge un detallado régimen de notificación de las decisiones dictadas por el BCE en materia supervisora[64]. En el caso de las potestades atribuidas a la JUR, el Reglamento 806/2014, más allá de algunas tenues referencias a esta cuestión[65], no contiene un régimen general de notificación de sus actos[66]. Por tanto, en este caso debe entenderse necesaria la notificación en los términos impuestos por el citado art. 297.2 del TFUE.

---

63 "*Las decisiones que indiquen un destinatario, se notificarán a sus destinatarios y surtirán efecto en virtud de dicha notificación*".

64 La Sentencia del Tribunal de Justicia de la UE de 22 de mayo de 2025 (TOL10.536.624) (C-90/23 P; Trasta Komercbanka AS et al. vs. ECB et al.) ha remarcado la relevancia de la notificación de los actos dictados en el marco del MUS como condición de eficacia, al entender que sólo desde ese momento comienzan a correr los plazos de recurso: "a faliure to notify an act is capable of affecting only the determination of the starting point of the periiod for bringing an action" (n. 64) ["el fallo en la notificación de un acto sólo puede afectar la determinación del dies a quo del plazo para recurrir" (traducción propia)].

65 Por ejemplo, en materia de multas coercitivas el art. 39.4 señala que "*la multa coercitiva se podrá imponer por un plazo no superior a seis meses desde la notificación de la decisión de la Junta*"; el art. 65.3, inciso segundo, habilita a la JUR para "*aplicar*" (en realidad, dictar) normas de notificación dirigidas a garantizar la recaudación de las tasas administrativas con que financia su actividad; y el art. 85.3, párrafo segundo, señala que el plazo para interponer recurso ante el Panel de Recurso de la JUR es de seis meses "*a partir de la fecha de notificación de la decisión al interesado o, a falta de notificación, a partir de la fecha en que el interesado tuviera conocimiento de la decisión*". La cuestión, una vez más, merece una mayor atención del legislador europeo.

66 Caso aparte hace la referencia contenida en el art. 18.7 del Reglamento 806/2014 sobre que el dispositivo de resolución "entrará en vigor" una vez que la Comisión Europea y el Consejo den su conformidad. Como explico en detalle en el Capítulo VII de esta obra, resulta razonable entender esa referencia como una condición de eficacia del acto por el que se acuerda la resolución de una entidad de crédito, que no prejuzga la validez o invalidez del contenido sustantivo decidido por la JUR.

3.8 OTRAS GARANTÍAS PROCEDIMENTALES

Las normas de procedimiento administrativo aplicables al ejercicio de las potestades administrativas incardinadas en el MUS y el MUR regulan otras garantías procedimentales.

Así, se regulan los motivos por los cuales un particular puede comparecer en un procedimiento administrativo (es decir, puede considerarse "parte" en el procedimiento: cfr. arts. 4 de la LPACAP y 26 del Reglamento 468/2014), y se determina, como regla general, la inmediata ejecutoriedad de los actos administrativos sin perjuicio de que pueda acordarse la suspensión cautelar bajo ciertas circunstancias (arts. 94 y 116 de la LPACAP y 34 del Reglamento 468/2014).

En materia sancionadora, el art. 3.8 del Reglamento 2532/1998 requiere que la decisión sea firme antes de que pueda ser ejecutada, cosa que no ocurre en relación con la potestad sancionadora atribuida a la JUR, donde las decisiones son inmediatamente ejecutivas (cfr. art. 41.2 del Reglamento 806/2014). En esta misma materia, el art. 131 del Reglamento 468/2014 establece un plazo de prescripción de cinco años para hacer ejecutivas las sanciones impuestas en materia supervisora.

Finalmente, la normativa reguladora del MUS y del MUR exige previa autorización judicial para el ejercicio de la potestad inspectora cuando así se requiera por los ordenamientos nacionales (respecto de lo que no existe previsión expresa en la normativa sectorial española[67]), si bien, en estos casos, el juez nacional únicamente puede examinar si la decisión mediante la que se formula la correspondiente solicitud contiene medidas que no son "*arbitrarias ni desproporcionadas en relación con el objeto de la inspección*" (arts. 13.2 del Reglamento 1024/2013 y 37.2 del Reglamento 806/2014), correspondiendo al Tribunal de Justicia de la UE el examen sobre el fondo de la necesidad de la inspección.

4. DERECHO AL RECURSO

Entre las garantías que el ordenamiento jurídico confiere a los particulares ocupa un lugar destacado la posibilidad de que las decisiones administrativas puedan ser revisadas si han sido dictadas contraviniendo las prescripciones impuestas para el ejercicio de la

---

[67] Aunque, a la vista de la jurisprudencia de nuestro Tribunal Supremo en relación con las inspecciones *in situ* llevadas a cabo por la CNMC, debería replantearse esta cuestión (*vid.*, en este sentido, la Sentencia de 15 de junio de 2015 –rec. 1407/2014; TOL5.199.862– y Sentencia de 17 de septiembre de 2018 –2922/2016; TOL6.796.848–). A este respecto, podría plantearse una reforma del art. 8.6 de la LJCA, a fin de incluir, en su párrafo tercero, relativo a la necesidad de autorización judicial para "*la entrada e inspección de domicilios, locales, terrenos y medios de transporte*" acordada por la CNMC, la autorización judicial para esas mismas actuaciones realizadas por las Administraciones encargadas de la supervisión bancaria (BCE, BdE, JUR y FROB).

correspondiente potestad administrativa. Tanto en el ordenamiento español como en el europeo, esta revisión tiene lugar mediante recursos administrativos o jurisdiccionales (realizando, en este último caso, el principio de revisión judicial de la actividad administrativa previsto en el art. 106.1 de la Constitución y 263 del TFUE)[68].

4.1 RECURSOS ADMINISTRATIVOS

4.1.1 Frente a actos dictados por el BCE

Los actos administrativos dictados por el BCE pueden ser impugnados, con carácter potestativo, ante el CAR (art. 24 del Reglamento 1024/2013, desarrollado por la Decisión BCE/2014/16).

Este recurso administrativo deberá presentarse en el plazo de un mes desde la fecha de notificación del acto impugnado o, a falta de ésta, desde la fecha en que el interesado tuvo conocimiento de la decisión (art. 24.6 del Reglamento 1024/2013). La presentación del recurso no producirá efectos suspensivos, aunque el art. 24.8 del Reglamento 1024/2013 abre la puerta a que el CAR proponga al Consejo de Gobierno del BCE un proyecto de decisión relativo a la suspensión de los efectos del acto impugnado, razón por la cual cabe razonablemente concluir que el particular puede instar esta pretensión en su recurso.

El recurso administrativo ante el CAR tiene carácter bifronte, toda vez que, si el CAR decide desestimar el recurso, la decisión adoptada pone fin a la vía administrativa, que queda expedita para que el particular acceda a la jurisdicción; en cambio, si su decisión consiste en la estimación del recurso, el asunto debe ser devuelto al Consejo de Supervisión para que prepare un nuevo proyecto de decisión que eleve al Consejo de Gobierno para la adopción de una nueva decisión al respecto (cfr. art. 24.7 del Reglamento 1024/2013)[69]. Cualquiera que sea su sentido, el dictamen que emita el CAR sobre el recurso presentado deberá estar motivado (cfr. art. 24.9 del Reglamento 1024/2013).

Sobre la articulación del recurso ante el CAR, la ya citada Sentencia del Tribunal General de la UE de 30 de noviembre de 2022 (TOL9.304.113) ha proporcionado algunos elementos interpretativos de interés:

---

68 Para una panorámica general sobre el régimen de recursos en el MUS y el MUR, *vid.* LAGUNA DE PAZ, J. C., "Administrative and judicial review of EU supervisory decisions in the banking sector", *Journal of Banking Regulation,* 1 de septiembre de 2018.

69 Precisamente esta circunstancia conduce a la normativa a establecer que el CAR emite un "*dictamen*" sobre el recurso, y no una decisión, que sólo puede adoptar el Consejo de Gobierno del BCE mediante el procedimiento de no objeción ya explicado.

2.º La interposición de recurso ante el CAR no produce efectos suspensivos de la ejecutividad de la resolución impugnada (cfr. n 108).

3.º Cuando la nueva decisión se adopta sobre la base de hechos y fundamentos de derecho idénticos a los que sirvieron de base para adoptar la decisión inicial, no resulta necesaria la audiencia del interesado en el procedimiento seguido por el Consejo de Supervisión y el Consejo de Gobierno para la adopción de la decisión reformada (cfr. n. 137). Este pronunciamiento me parece problemático desde la perspectiva del derecho a ser oído que asiste a todo particular, toda vez que, aunque los hechos y fundamentos de derecho no se vean alterados, es evidente que los criterios sobre la subsunción de aquéllos en éstos proporcionados por el CAR son nuevos en el procedimiento y, en consecuencia, el particular afectado debe poder alegar frente a ellos antes de que se adopte el dictamen. La Sentencia del Tribunal de Justicia de la UE de 22 de mayo de 2025 (TOL10.570.551), ya citada, que revisó la del Tribunal General de la UE que se comenta, no se pronuncia sobre esta específica cuestión.

Adicionalmente, la citada Sentencia proporcionó un tercer carácter del recurso ante el CAR, consistente en que, a su juicio, los efectos de la decisión que el Consejo de Gobierno adopte, por el procedimiento de no objeción, en el marco de la revisión de una decisión después de un dictamen en ese sentido del CAR tendría efectos ex tunc. Sin embargo, la Sentencia del Tribunal de Justicia de la UE de 22 de mayo de 2025 (TOL10.536.624), ya citada, ha enmendado la anterior en este punto y ha concluido que los efectos de la decisión enmendada resultado de la revisión por el CAR son ex nunc, de manera que, en ínterin transcurrido entre el dictado de la decisión inicial y el dictado de la decisión enmendada, si la primera no se hubiera suspendido cautelarmente, se producen los efectos jurídicos propios de la decisión inicial:

> "As is apparent from the case-law of the Court of Justice, the abrogation of an act of an EU institution does not amount to recognition of its illegality and takes effect ex nunc , unlike a judgment annulling an act, by virtue of which the act annulled is removed retroactively from the EU legal order and is deemed never to have existed. In that regard, the fact that that abrogation was followed by the replacement of the initial act by a new act cannot give the latter retroactive effect (judgment of 12 December 2024, Nemea Bank v ECB and Others , C-181/22 P, EU:C:2024:1020, paragraph 44 and the case-law cited).
>
> It follows, inter alia, from Article 24(7) of the SSM Regulation that the new decision abrogates the initial decision and replaces it, with identical content. As the Court has already held, since the initial decision had the effect of withdrawing the authorisation of a credit institution, the new decision has the effect of extending the effects of the initial decision, without removing those already produced by it (judgment of 12 December 2024, Nemea Bank v ECB and Others , C-181/22 P, EU:C:2024:1020, paragraph 45). The result is that the initial decision is simply abrogated by the new decision, without being retroactively eliminated from the EU legal order.
>
> In the present case, it is the first decision which had the effect of withdrawing the authorisation which had been granted to the appellant for access to the activities of a credit

> institution. In addition, since, in principle, in accordance with Article 24(8) of the SSM Regulation, the request for review of an initial decision does not have suspensory effect, the first decision continued to produce its effects until the decision at issue took effect, namely when it was notified to the appellant. It was therefore only from the point when the appellant was notified that the latter decision abrogated and replaced the first decision (see, by analogy, judgment of 12 December 2024, Nemea Bank v ECB and Others , C-181/22 P, EU:C:2024:1020, paragraphs 46 and 47).
>
> It follows that the General Court erred in finding, in paragraph 105 of the judgment under appeal, that Article 24(7) of the SSM Regulation establishes an obligation on the part of the ECB to adopt a decision, following the administrative review procedure, which is retroactive to the time at which the initial decision took effect. The findings made by the General Court in paragraphs 106 and 108 to 110 of the judgment under appeal, summarised in paragraph 106 of the present judgment, are also vitiated by an error of law"[70] (nn. 108-111).

Estas conclusiones se contienen igualmente en la previa Sentencia del Tribunal de Justicia de la UE de 12 de diciembre de 2024 (TOL10.298.880)[71] (cfr. nn. 43-50).

---

[70] "Como se desprende de la jurisprudencia del Tribunal de Justicia, la derogación de un acto de una institución de la Unión no equivale al reconocimiento de su ilegalidad y produce efectos ex nunc , a diferencia de una sentencia de anulación de un acto, en virtud de la cual el acto anulado desaparece retroactivamente del ordenamiento jurídico de la Unión y se considera que nunca existió. A este respecto, el hecho de que dicha anulación haya ido seguida de la sustitución del acto inicial por un nuevo acto no puede conferir a este último efecto retroactivo (sentencia de 12 de diciembre de 2024, Nemea Bank/BCE y otros , C-181/22 P, EU:C:2024:1020, apartado 44 y jurisprudencia citada). Del artículo 24, apartado 7, del Reglamento MSE se desprende, en particular, que la nueva Decisión deroga la Decisión inicial y la sustituye, con idéntico contenido. Como ya ha declarado el Tribunal de Justicia, dado que la decisión inicial tenía por efecto retirar la autorización a una entidad de crédito, la nueva decisión tiene por efecto ampliar los efectos de la decisión inicial, sin suprimir los ya producidos por ésta (sentencia de 12 de diciembre de 2024, Nemea Bank/BCE y otros , C-181/22 P, EU:C:2024:1020, apartado 45). El resultado es que la decisión inicial es simplemente derogada por la nueva decisión, sin ser eliminada retroactivamente del ordenamiento jurídico de la UE. En el caso de autos, es la primera decisión la que tuvo por efecto retirar la autorización que se había concedido a la recurrente para acceder a las actividades de una entidad de crédito. Además, dado que, en principio, de conformidad con el artículo 24, apartado 8, del Reglamento del MUS, la solicitud de revisión de una decisión inicial no tiene efecto suspensivo, la primera decisión siguió produciendo sus efectos hasta que surtió efecto la decisión controvertida, a saber, cuando fue notificada a la recurrente. Por tanto, sólo a partir del momento en que se notificó a la recurrente, esta última Decisión derogó y sustituyó a la primera (véase, por analogía, la sentencia de 12 de diciembre de 2024, Nemea Bank/ BCE y otros, C-181/22 P, EU:C:2024:1020, apartados 46 y 47). De ello se deduce que el Tribunal General incurrió en error al declarar, en el apartado 105 de la sentencia recurrida, que el artículo 24, apartado 7, del Reglamento del MUS establece la obligación del BCE de adoptar una decisión, tras el procedimiento administrativo de revisión, que sea retroactiva al momento en que surtió efecto la decisión inicial. Las apreciaciones realizadas por el Tribunal General en los apartados 106 y 108 a 110 de la sentencia recurrida, resumidas en el apartado 106 de la presente sentencia, también adolecen de un error de Derecho" (traducción propia).]

[71] C-181/22; Nemea Bank plc vs. BCE.

4.1.2 Frente a los actos dictados por el BdE

En el caso del BdE, sus decisiones deben ser impugnadas, con carácter preceptivo, mediante recurso de alzada ante el Ministro de Economía, Comercio y Competitividad (arts. 2.2 de la LABdE y 11.2 de la LOSSEC por lo que al ejercicio de la potestad sancionadora se refiere), a excepción de aquéllas relativas a la aprobación de los planes de recuperación y resolución y los actos dictados en el marco de procesos de actuación temprana y en la fase preventiva de la resolución, que ponen fin a la vía administrativa y, a lo sumo, pueden ser objeto de recurso de reposición ante el propio BdE con carácter potestativo (art. 71.1 y 2 de la Ley 11/2015 y art. 123 de la LPACAP). El recurso de alzada se sustanciará con arreglo a las normas de procedimiento administrativo común al respecto (cfr. arts. 121 y 122 de la LPACAP).

En realidad, la condición del BdE como Administración independiente debería implicar que sus actos pusieran fin a la vía administrativa y fueran directamente recurribles ante la jurisdicción contencioso-administrativa, al igual que ocurre con los actos dictados por otras Administraciones independientes como, por ejemplo, la CNMC.

4.1.3 Frente a los actos dictados por la JUR

Según establece el art. 85.3 del Reglamento 806/2014, los actos dictados en el ejercicio de las potestades relativas a la evaluación de la resolubilidad dirigidas a las autoridades nacionales de resolución para que exijan a la entidad correspondiente que adopte las medidas oportunas (art. 10.10 del Reglamento 806/2014), a las obligaciones simplificadas para ciertas entidades (art. 11), a los requisitos mínimos de fondos propios y pasivos elegibles (art. 12.1), a la imposición de sanciones y multas coercitivas (arts. 28 a 41), a las contribuciones a los gastos administrativos de la JUR (art. 65.3) y las aportaciones *ex post* extraordinarias al FUR (art. 71), y a la denegación del acceso a los expedientes (art. 90.3), son susceptibles de ser impugnados, con carácter potestativo, ante un Panel de Recurso establecido en el seno de la JUR.

El recurso deberá estar motivado y ser interpuesto en el plazo de seis semana a partir de la fecha de notificación de la decisión al interesado o, a falta de notificación, a partir de la fecha en la que el interesado tuvo conocimiento de la decisión (cfr. art. 85.3, párrafo segundo, del Reglamento 806/2014). Al igual que en el caso del recurso ante el CAR, el recurso a interponer ante el Panel de Recurso de la JUR no produce efectos suspensivos, sin perjuicio de que el Panel de Recurso pueda acordar la suspensión cautelar del acto impugnado "*si considera que las circunstancias así lo requieren*" (art. 85.6 del Reglamento 806/2014).

El Panel de Recurso podrá confirmar la decisión de la JUR, si entendiera que el recurso no está lo suficientemente fundado, o remitirle el asunto, en caso contrario.

En este último supuesto, la JUR estará vinculada al dictamen emitido por el Panel de Recurso (art. 85 del Reglamento 806/2014).

4.1.4 Frente a los actos dictados por el FROB

Con más acierto que en el caso de los actos dictados por el BdE, a pesar de que las cotas de independencia del FROB no son tan elevadas como las de esa otra Administración, los actos administrativos dictados por el FROB ponen fin a la vía administrativa y pueden ser objeto de recurso de reposición ante la misma Administración (art. 72.2 de la Ley 11/2015). Este recurso deberá sustanciarse con arreglo a las normas generales del procedimiento administrativo común en la materia (cfr. arts. 123 y 124 de la LPACAP).

4.1.5 Frente a los actos dictados por la ABE

Los actos dictados por la ABE pueden ser objeto de revisión en vía administrativa ante la Sala de Recurso en el plazo de dos meses desde que el acto fue notificado o, a falta de notificación, desde que tuvo conocimiento de él (cfr. art. 60.2, párrafo primero, del Reglamento 1093/2010). Este recurso carecerá de efectos suspensivos, sin perjuicio de que la Sala de Recurso pueda acordar la suspensión del acto impugnado "*si considera que las circunstancias así lo requieren*" (art. 60.3 del Reglamento 1093/2010).

Al igual que ocurría con el recurso previsto para impugnar los actos de la JUR, si la Sala de Recurso de la ABE entiende que el recurso carece de fundamento, confirmará la decisión recurrida, pero, si lo entiende fundado, remitirá el asunto al servicio competente de la ABE para que adopte una decisión modificada, vinculada al pronunciamiento emitido sobre la cuestión de fondo por la Sala de Recurso (cfr. art. 60.5 del Reglamento 1093/2010).

4.2 RECURSOS JURISDICCIONALES

Por lo que a la revisión judicial de los actos dictados por las Administraciones europeas se refiere, los actos del BCE, la JUR y la ABE son impugnables ante el Tribunal General de la UE, *ex* arts. 256 y 263 del TFUE, 24.11 del Reglamento 1024/2013, 35 de los ESEBC, 86 del Reglamento 806/2014 y 61 del Reglamento 1093/2010. La impugnación de los actos de esas Administraciones ante el Tribunal General de la UE no se ve enervada por la previa interposición de un recurso administrativo cuando ello es posible (cfr. arts. 24.11 del Reglamento 1024/2013, 86.1 del Reglamento 806/2014 y 61.1 del Reglamento 1093/2010).

En el ámbito español, los actos dictados el Ministro de Economía, Comercio y Competitividad resolviendo los recursos de alzada interpuestos frente a los actos administrativos dictados por el BdE pueden ser impugnados ante la Sala de lo

Contencioso-Administrativo de la Audiencia Nacional (cfr. art. 11.1-*a)* y *b)* de la LJCA). Ante el mismo órgano jurisdiccional son impugnables los actos del FROB y los dictados por el BdE en ejercicio de sus potestades en cuanto autoridad de resolución temprana, que, según se ha indicado ya, agotan la vía administrativa (cfr. art. 11.1-*g)* de la LJCA).

SEGUNDA PARTE

POTESTADES ADMINISTRATIVAS DE SUPERVISIÓN EN EL MARCO DEL MUS Y EL MUR

CAPÍTULO IV

POTESTADES AUTORIZATORIAS

1. INTRODUCCIÓN

Siguiendo al profesor LAGUNA DE PAZ, la potestad autorizatoria se caracteriza como una técnica transversal a toda la actividad administrativa de naturaleza declarativa, por cuanto produce los efectos de remover los obstáculos erigidos por la ley para el ejercicio de derechos propios de los particulares[1]. La autorización administrativa se erige así como un obstáculo que es preciso remover para llevar a cabo una determinada actuación en garantía de que su desenvolvimiento no producirá daños al bien jurídico protegido.

En el ámbito de la supervisión prudencial bancaria, las autorizaciones administrativas consisten, pues en barreras legales que impiden a los operadores (fundamentalmente, las entidades de crédito) llevar a cabo determinadas actividades antes de que la Administración supervisora constate que la concreta acción a emprender no pone en riesgo la estabilidad del sistema financiero. En este ámbito, como en tantos otros, no existe, pues una única autorización posible, sino que, en la medida en la que son varias las acciones que pueden dañar ese bien jurídico protegido, son también varias las autorizaciones que se precisan para el desarrollo de la actividad crediticia.

A continuación se exponen las distintas acciones que, en el ámbito bancario, requieren, de acuerdo con la normativa prudencial que le resulta de aplicación, autorización previa. A fin de sistematizar la exposición, a continuación se examinan las autorizaciones presentes en el sector bancario para cada una de las dimensiones de la actividad protegidas por la libertad de empresa, esto es, el acceso a la actividad, su ejercicio y la salida del sector[2].

---

1 LAGUNA DE PAZ , José Carlos, *La autorización administrativa*, Cizur Menor (Navarra): Thomson Reuters-Aranzadi, 2006, pp. 108-127. Para este autor, su carácter declarativo singulariza a la potestad autorizatoria de la técnica concesional, donde los derechos del titular no preexisten en la ley, sino que nacen del acto de otorgamiento. Así, en el ámbito autorizatorio es la ley, y no el acto, la que delimita el contenido de los derechos subjetivos que la autorización, simplemente, habilita a ejercitar. Para el profesor DE LA CUÉTARA, el carácter declarativo de la autorización constituye un límite relevante al poder público (*vid.* DE LA CUÉTARA MARTÍNEZ, Juan Miguel, *La actividad de la Administración*, Madrid: Tecnos, 1983, p. 259). Esta posición la adoptan PARADA VÁZQUEZ (vid. PARADA VÁZQUEZ, Ramón, *Derecho Administrativo II: Régimen jurídico de la actividad administrativa*, Madrid: Ediciones Académicas, 2017, pp. 291-292) o REBOLLO PUIG (*Vid.* REBOLLO PUIG, Manuel, "Las autorizaciones administrativas y otros medios de intervención en la actividad privada", Cuadernos de Derecho para Ingenieros núm. 38 (2016), pp. 180-181), además de los ya citados.

2 Según explica ENTRENA CUESTA, el contenido esencial de la libertad de empresa puede definirse "*sobre tres ámbitos o aspectos lógicamente diferenciables: el acceso a la actividad, el ejercicio de la actividad económicas, la irrupción o aparición del sector público en el mercado desarrollando actividades empresariales*" (ENTRENA CUESTA, Ramón, "El principio de libertad de empresa", en GARRIDO FALLA, Fernando (dir.), *El modelo económico en la Constitución española*, Madrid: IEE, 1981, p. 158). En el mismo sentido se desarrolla la propuesta de Manuel ARAGÓN (*vid.* ARAGÓN REYES, Manuel,

2. ACCESO A LA ACTIVIDAD (I): CREACIÓN DE ENTIDADES DE CRÉDITO EN ESPAÑA

2.1 RESERVA DE ACTIVIDAD Y RESERVA DE DENOMINACIÓN

La actividad del crédito constituye una actividad reservada a las entidades de crédito. Ello implica que sólo aquellas organizaciones que hayan adquirido válidamente esta condición pueden ejercer la actividad, estando prohibido ese ejercicio a todas las demás. La reserva de actividad, por tanto, cuenta con dos dimensiones: una positiva (para ejercer la actividad del crédito debe tenerse la condición de entidad de crédito) y otra negativa (toda empresa distinta de las entidades de crédito tiene prohibido el ejercicio de la actividad crediticia).

La dimensión positiva de la reserva de actividad se recoge en el art. 3.1 de la LOSSEC en los siguientes términos:

> *"Queda reservada a las entidades de crédito que hayan obtenido la preceptiva autorización y se hallen inscritas en el correspondiente registro, la captación de fondos reembolsables del público, cualquiera que sea su destino, en forma de depósito préstamo, cesión temporal de activos financieros u otras análogas".*

Por su parte, la dimensión negativa de la reserva de actividad aparece contenida en el art. 3.3 de la LOSSEC:

> *"Se prohíbe a toda persona física o jurídica, no autorizada ni registrada como entidad de crédito el ejercicio de las actividades legalmente reservadas a las entidades de crédito (...)".*

Esta norma transpone el art. 9.1 de la CRD IV, con arreglo al cual "*los Estados miembro prohibirán a las personas o empresas que no sean entidades de crédito* [es decir, que no estén autorizadas e inscritas en los registros correspondientes] *el ejercicio, con carácter profesional, de la actividad de recepción de depósitos u otros fondos reembolsables procedentes de particulares*"[3]. El Derecho europeo, por tanto, sólo recoge la reserva de actividad en su dimensión negativa.

"Constitución económica y libertad de empresa", en IGLESIAS PRADA, Juan Luis, *Estudios jurídicos en homenaje al profesor Aurelio Menéndez, T. I*, Madrid: Civitas, 1996, pp. 178 y ss.) y de Óscar DE JUAN (*vid.* DE JUAN ASENJO, Óscar, "La Constitución económica española", CEC, Madrid, 1984, pp. 160-161).

3 El apartado 2 del art. 9 de la CRD IV excluye expresamente de la reserva de actividad la captación de depósitos u otros fondos reembolsables que realice un Estado miembro, sus autoridades regionales o locales o los organismos internacionales públicos de los que sean miembros uno o varios Estados miembro.

La ABE ha concretado el alcance de la dimensión negativa de la reserva de actividad. En la respuesta a la Q&A planteada bajo el número 2014_1626, la Autoridad ha aclarado que la reserva de actividad sólo se refiere a la captación de fondos del público con carácter profesional, y no a la captación que se realice con otra finalidad[4]. De esta forma, cabe realizar una interpretación restrictiva de la reserva de actividad, sin que deba entenderse aplicable de manera automática siempre que se esté ante una captación de fondos del público.

El Derecho español –no así el europeo[5]– acompaña la reserva de actividad con una institución similar que discurre en paralelo: la reserva de denominación. Como la de actividad, la reserva de denominación cuenta con una dimensión positiva, recogida en el art. 3.2 de la LOSSEC, y con una dimensión negativa, también incluida en el ya citado art. 3.3 de la LOSSEC. El primero de estos preceptos establece:

> *"Las entidades de crédito utilizarán denominaciones genéricas propias, que serán distintas para cada tipo de entidad de crédito, de conformidad con lo que se prevea reglamentariamente o en una ley específica".*

Es decir, las entidades de crédito deberán incluir en su denominación "banco", "caja de ahorros" o "caja rural" o "cooperativa de crédito", en función del "*tipo*" de entidad de crédito que sean. Y, recíprocamente:

> "*Se prohíbe a toda persona física o jurídica, no autorizada ni registrada como entidad de crédito (...) la utilización de las denominaciones propias de las mismas* [entidades de crédito] *o cualesquiera otras que puedan inducir a confusión con ella*" (art. 3.3 de la LOSSEC).

No obstante, "*las entidades de crédito extranjeras podrán usar en España sus denominaciones de origen siempre que no susciten dudas sobre su identidad. Si existiera*

---

4 En el caso resuelto por la ABE se planteaba la duda de si los contratos de depósito celebrados entre las entidades filiales y su matriz con el objetivo de mejorar la liquidez del grupo vulneraban la citada reserva de actividad: "*will the operation of a group account arrangement within an industrial group–which, inter alia, requires a subsidiary to deposit funds with its parent company–breach the deposit monopoly in Article 9(1) of the CRD?*". La pregunta formulada y la respuesta de la ABE está disponible en https://eba.europa.eu/single-rule-book-qa/-/qna/view/publicId/2014_1626 (enlace consultado el 3 de mayo de 2020).

5 El art. 19 de la CRD IV, rubricado "*denominación de la entidad de crédito*", se limita a afirmar que, "*para ejercer sus actividades, las entidades de crédito podrán utilizar, en el territorio de la Unión, la misma denominación que utilicen en el Estado miembro de su administración central, no obstante lo dispuesto en el Estado miembro de acogida en relación con el uso de los términos «banco», «caja de ahorros» u otras denominaciones bancarias. De existir riesgo de confusión, el Estado miembro de acogida podrá exigir, en aras de la claridad, la aposición a la denominación de ciertas menciones aclaratorias*". Por tanto, para el Derecho europeo la reserva de denominación es una cuestión que, en su caso, compete regular al Derecho nacional (del Estado de origen y del Estado de acogida, en la forma prevista en el precepto reproducido).

peligro de confusión, el Banco de España podrá exigir que se añada alguna mención aclaratoria" (art. 3.4 de la LOSSEC)[6].

Las empresas que incumplan la reserva de denominación en sus dos dimensiones (por no incluir la mención precisa las entidades de crédito o por incluirla las que no lo sean) no podrán acceder al Registro Mercantil ni a los demás registros públicos. Si lo hicieran, la inscripción será nula de pleno derecho (art. 3.5 de la LOSSEC)

Las reservas de actividad y denominación dotan de pleno sentido a la existencia de una potestad autorizatoria para el acceso a la actividad del crédito. Dado que sólo las empresas que legalmente ostenten la condición de entidades de crédito pueden desarrollar esa actividad, resulta razonable que tal condición surja del cumplimiento de ciertos requisitos que deben ser debidamente verificados por quien ha sido dotado de los poderes necesarios para ello. De lo contrario, ni las reservas de actividad y denominación tendrían efecto ni la potestad autorizatoria serviría al fin que la fundamenta, pues la estabilidad del sistema financiero se vería afectada por empresas de muy distinta naturaleza cuyo impacto no habría sido evaluado con antelación al inicio de la actividad.

2.2 AUTORIZACIÓN DE CREACIÓN DE ENTIDADES DE CRÉDITO EN ESPAÑA

La autorización para el acceso al ejercicio de la actividad del crédito o autorización de creación de entidades de crédito es un acto administrativo que remueve los obstáculos para captar libremente fondos reembolsables del público, actividad ésta que no es sino una proyección de la libertad de empresa.

Con carácter preliminar, cabe apuntar la insatisfactoria definición de "autorización" que contiene el art. 4.1.42 del CRR con la intención de referirse al acto que permite el ejercicio de la actividad crediticia, cuando señala que ésta consiste en un "*acto de las autoridades, cualquiera que sea su forma, del que deriva la facultad de ejercer la actividad*". Esta forma de definir la autorización da la errónea impresión de que ésta tendría un carácter constitutivo, en la medida en la que la facultad de ejercer la actividad *derivaría* de

---

6 Este precepto constituye la transposición del art. 19 de la CRD IV, con arreglo al cual "*para ejercer sus actividades,, las entidades de crédito podrán utilizar, en el territorio de la Unión, la Inma denominación que utilicen en el Estado miembro de su administración central, no obstante lo dispuesto en el Estado miembro de acogida en relación con el uso de los términos "banco", "caja de ahorros" u otras denominaciones bancarias. De existir riesgo de confusión, el Estado miembro de acogida podrá exigir, en aras de la claridad, la aposición a la denominación de ciertas menciones aclaratorias*". Este precepto, por cierto, evidencia que la reserva de denominación es una opción para los Estados miembro ("*no obstante lo dispuesto en el Estado miembro de acogida en relación con el uso de los términos...*").

ella. Habría sido más oportuno una expresión más acorde con su naturaleza declarativa, tal como aquel acto que *declara* la facultad de ejercer la actividad[7].

A continuación se detalla el procedimiento establecido en la normativa aplicable en el marco del MUS para el otorgamiento de esta autorización.

2.2.1 Articulación del procedimiento para el ejercicio de la potestad autorizatoria para el acceso a la actividad del crédito como procedimiento compuesto en el seno de la UE

La potestad autorizatoria para el acceso a la actividad del crédito ha sido atribuida, con carácter exclusivo y excluyente, al BCE. El art. 4,1-*a)* del Reglamento 1024/2013 expresa con claridad que el BCE tendrá "*competencias exclusivas*" para "*autorizar a las entidades de crédito*". El art. 14 de esa misma norma especifica que ese "*autorizar*" se refiere a la "*autorización para acceder a la actividad de una entidad de crédito que vaya a establecerse en un Estado miembro participante*".

A la vista de la lectura que ha hecho el Tribunal de Justicia de la UE de la atribución de potestades administrativas al BCE que opera el art. 4 del Reglamento 1024/2013, cabe concluir que el BdE no ostenta ya la titularidad de esta potestad, aun cuando participe en el procedimiento previsto para su ejercicio –y de forma muy determinante en relación con algunos aspectos, por cierto–. Esta afirmación contrasta con lo dispuesto en el art. 6.1 de la LOSSEC, establece:

> *"El Banco de España autorizará la creación de entidades de crédito (...) en los términos que se prevean reglamentariamente".*

Esta previsión, en la que la expresión "*reglamentariamente*" se refiere a las normas resultantes del ejercicio de la potestad reglamentaria de la Administración, y no a los actos normativos de la UE, contrasta con la previsión contenida en el disposición adicional decimosexta de la misma Ley[8], que con toda claridad establece la integración de

---

7 La versión inglesa del CRR define la autorización como aquél instrumento "*by which the right to carry out the business is granted*", dando igualmente la sensación de que las facultades nacen de la autorización, cuando preexisten a ésta. Más certera me parece la versión francesa en cuanto que no emplea el término "*autorisation*", sino "*agrément*", que puede traducirse como "*aprobación*" u "*homologación*", términos éstos que se compadecen mejor con el carácter declarativo de este acto; sin embargo, a la hora de definirlo, también recurre a la expresión "*qui confère le droit d'exercer l'activité*", en lugar de decir, por ejemplo "*qui déclare*" ese derecho.

8 "De conformidad con lo previsto en el Reglamento (UE) n.º 1024/2013, del Consejo, de 15 de octubre de 2013, que encomienda al Banco Central Europeo tareas específicas respecto de políticas relacionadas con la supervisión prudencial de las entidades de crédito, el Banco de España, en su condición de autoridad nacional competente en virtud del artículo 50 de esta Ley, forma parte integrante del Mecanismo Único de Supervisión junto al Banco Central Europeo y las restantes

España en el MUS y la condición del BdE como ANC, en los términos previstos en el Reglamento 1024/2013. Pues bien, si esto último es así, el error del que parte el art. 6.1 de la LOSSEC es patente: el BdE no autoriza la creación de entidades de crédito porque eso sólo puede hacerlo el BCE. El BdE, según se explica a continuación, interviene en el procedimiento y realiza aportaciones decisivas del contenido final de la decisión que adopte el BCE, pero no ejercita *per se* la potestad autorizatoria.

Precisamente por eso, "*los términos que se prevean reglamentariamente*" reconocen la competencia exclusiva del BCE y colocan al BdE en la posición que, de acuerdo con la normativa europea, le corresponde en el procedimiento. Así, la disposición adicional segunda del RD 84/2015 declara en su apartado 1:

> *"Las competencias de autorización y supervisión del Banco de España previstas en este real decreto se aplicarán en el marco de las atribuidas al Banco Central Europeo y al Mecanismo Único de Supervisión en la normativa europea (...)".*

Y en el apartado 2 detalla que "*corresponderá, en particular, al Banco Central Europeo autorizar a las entidades de crédito*". No hay duda, por tanto, de que "*los términos que se prevean reglamentariamente*" vacían de contenido la potestad autorizatoria atribuida al BdE por el art. 4.1-*a)* de la LOSSEC.

Esta confusa técnica legislativa tiene especial relevancia desde la perspectiva de la previsión de un plazo para la resolución obligatoria del procedimiento y los efectos que de su transcurso sin resolución se derivan para el particular. El art. 6.8 de la LOSSEC establece:

> *"La solicitud de autorización deberá ser resuelta dentro de los seis meses siguientes a su recepción en el Banco de España, o al momento en que se complete la documentación exigible y, en todo caso, dentro de los doce meses siguientes a su recepción. Cuando la solicitud no sea resuelta en el plazo anteriormente previsto, podrá entenderse desestimada.*
>
> *No obstante lo anterior, el plazo de resolución al que se refiere el párrafo anterior será de tres meses para las solicitudes de autorización que se encuentren dentro del supuesto del artículo 7.3".*

Ahora bien, a la vista de cómo concibe la LOSSEC el procedimiento autorizatorio (donde proclama la existencia de una potestad atribuida al BdE que no existe) y de cómo funciona éste realmente (con una fase en la que interviene el BdE y otra en la que interviene el BCE, el cual cuenta con un plazo de diez días hábiles más las eventuales prórrogas que pudiera acordar para pronunciarse) cabe preguntarse si ese plazo

---

autoridades nacionales competentes. En el marco del Mecanismo único de Supervisión, el Banco de España actuará bajo el principio de cooperación leal con el Banco Central Europeo y le prestará a éste la asistencia a que se refiere el artículo 6 del Reglamento (UE) n.º 1024/2013 y disposiciones de desarrollo", se refiere a la totalidad del procedimiento autorizatorio (esto es, desde que se presenta la solicitud ante el BdE hasta que es resuelta por el BCE) o exclusivamente a la fase nacional (que es la que vincula al BdE). Creo que existen argumentos para sostener que el término para resolver contenido en el art. 6.8 de la LOSSEC se refiere a la totalidad del procedimiento autorizatorio.

En primer lugar, porque así se deduce de una interpretación sistemática del procedimiento de autorización de entidades de crédito por el Reglamento 1024/2013 y el contenido de la CRD IV que transpone la LOSSEC. Así, el art. 15 de la CRD IV establece que la resolución y la notificación de la denegación de una autorización debe tener lugar en los mismos plazos que el art. 6.8 de la LOSSEC, es decir, en el plazo de seis meses desde la presentación de la solicitud o desde que ésta se completa y, en todo caso, en los doce meses siguientes a esa presentación. De este modo, parece claro que el legislador europeo ha querido establecer, en garantía del particular solicitante de la autorización, un plazo máximo de seis meses para que la Administración autorizante resuelva el procedimiento, de suerte que, cuando, con anterioridad al Reglamento 1024/2013, esa Administración autorizante era el BdE, aplicaba frente a éste y cuando, después de la entrada en vigor del citado Reglamento, lo son, conjuntamente, el BdE y el BCE, aplica a ambos también de manera conjunta.

En segundo lugar, la configuración de la potestad autorizatoria para el acceso a la actividad que realizan el Reglamento 1024/2013 y el Reglamento 468/2014 dejan a la "*legislación nacional pertinente*" el establecimiento de los plazos en que deben sustanciarse algunos trámites, excepción hecha de las resolución final del BCE cuyo plazo de diez días (más eventuales prórrogas) aparece expresamente establecido en ambas normas. Así, el art. 14.2 del Reglamento 1024/2013, al referirse a la preparación del proyecto de decisión por la ANC, señala que éste debe adoptarse "*en el plazo fijado por la legislación nacional pertinente*", y la misma fórmula se emplea por el art. 73.2 del Reglamento 468/2014 a la hora de decir que, recibida una solicitud de autorización por el BdE, éste debe dar cuenta al BCE de su contenido con indicación del plazo aplicable para resolver el procedimiento. A primera vista, esta previsión podría conducir a sostener la tesis contraria –que, por lo tanto, el plazo contenido en el art. 6.8 de la LOSSEC se refiere a la preparación del proyecto por el BdE, y no a la resolución definitiva del procedimiento por el BCE–. Sin embargo, el desarrollo del régimen contenido en el Reglamento 468/2014 termina por despejar toda duda:

1°. El art. 73.2 del Reglamento 468/2014 establece que, junto con la comunicación inicial de apertura del procedimiento autorizatorio que las autoridades nacionales competentes deben realizar al BCE, deberá informarse a éste "*del plazo establecido en la legislación nacional pertinente para tomar una decisión en relación con la solicitud y notificarla al solicitante*".

2°. Decisivo es, a mi juicio, que el art. 76.2 del Reglamento 468/2014 obligue a las autoridades nacionales competentes a elevar el proyecto de decisión al BCE "*al menos 20 días hábiles antes de que finalice el plazo máximo de evaluación fijado en la legislación nacional aplicable*". Si se tiene en cuenta que el plazo máximo para que el BCE resuelva es de diez días hábiles (arts. 14.3, inciso primero, del Reglamento 1024/2013 y 78.1 del Reglamento 468/2014), y que éste puede ampliarlo, cuando concurran razones que así lo justifiquen, por otro plazo de igual duración (arts. 14.3, inciso segundo, del Reglamento 1024/2013, y 77.2 del Reglamento 468/2014), parece claro que el "*plazo máximo*" previsto en la legislación nacional aplicable lo es para todo el periodo.

Así las cosas, a pesar de lo deficiente de la técnica legislativa, cabe entender que el procedimiento de autorización para el acceso a la actividad del crédito debe sustanciarse en el plazo de seis meses desde la recepción de la solicitud o su compleción y, en su caso dentro de los doce meses siguientes a esa recepción.

Sobre esta premisa, cabe plantearse entonces qué papel juega la institución del silencio administrativo y, en su caso, en qué sentido aplica. Pues bien, en mi opinión la respuesta dependerá del momento en el que se encuentre la tramitación del procedimiento:

1°. Si el silencio opera cuando la tramitación se encuentra en fase nacional (esto es, si los seis meses transcurren antes de que el BdE haya elevado al BCE un proyecto de decisión relativo a la autorización de la entidad de crédito), la institución del silencio aplica en toda su extensión con arreglo a las normas nacionales que lo rigen, esto es, en sentido negativo (cfr. art. 6.8 de la LOSSEC) y limitando su alcance a dejar expedita la vía contencioso-administrativa (cfr. art. 24.2, inciso segundo, de la LPACAP), sin determinar, por tanto, el alcance de una eventual resolución (en este caso, proyecto de autorización) extemporánea (cfr. art. 24.3-*b)* de la LPACAP). Esta última precisión resulta, además, coherente con la regulación europea del plazo del procedimiento autorizatorio, en la medida en la que el art. 15 de la CRD IV, con el que deben integrarse las previsiones del Reglamento 1024/2013, impone un plazo de seis meses para notificar la resolución que deniegue la autorización. Por tanto, si, transcurrido ese plazo, la Administración decide resolver en sentido favorable al solicitante, no parece que existan obstáculos para que el BdE y el BCE puedan autorizar la creación de una entidad más allá del plazo legal.

2°. Si el silencio opera en la fase europea (esto es, una vez que el BdE ya ha elevado al BCE un proyecto de decisión, pero antes de que el BCE resuelva), las normas europeas que regulan esta fase del procedimiento no conciben una institución como el silencio administrativo de nuestro Derecho nacional, si bien el art. 78.3 del Reglamento 468/2014 contiene una norma que conduce, materialmente, a un resultado material similar a la estimación por silencio administrativo del proyecto de decisión elevado por la ANC: "*si el BCE no toma una decisión en el plazo del apartado 1* [diez días hábiles, ampliables], *se considerará adoptado el proyecto de decisión redactado por la ANC*". Ahora bien, esta norma no toma como referencia en ningún caso el plazo de seis meses de duración del procedimiento en su conjunto, sino el plazo de diez días hábiles ampliables que el Reglamento confiere al BCE para resolver el procedimiento. Por tanto, se trata de una norma que entra en juego con independencia del tiempo que reste de los seis meses para concluir el procedimiento (y sin perjuicio de las responsabilidades que se puedan derivar para las ANC por incumplir el plazo de envío previsto en el art. 76 del Reglamento 468/2014, sobre el que se entrará más adelante).

Por lo que a la sustanciación del procedimiento se refiere, éste, según se ha apuntado ya, se divide en dos fases. La primera, tramitada en su integridad ante el BdE, tiene por objeto la evaluación de la solicitud desde la perspectiva de los requisitos impuestos por la normativa nacional (algunos de los cuales son trasunto de los establecidos en la CRD IV). Si, como resultado de esa evaluación, el BdE concluye con la conformidad de la solicitud con los referidos requisitos, preparará un proyecto de decisión que elevará al BCE; si, por el contrario, entiende que no se cumple algunos de los requisitos, podrá denegar la autorización. Sólo en el primer caso tendrá lugar la segunda fase, donde el BCE deberá examinar la solicitud exclusivamente desde la perspectiva del Derecho europeo (y no podrá, en consecuencia, denegar lo que el BdE concedió con base en un incumplimiento de la normativa nacional)[9]. A continuación se refiere la regulación de ambas fases contenida en la normativa aplicable.

2.2.2 Fase nacional

La fase nacional del procedimiento de autorización se encuentra regulada en los arts. 6 y 7 de la LOSSEC para todas las entidades de crédito y en los arts. 3 a 6 del RD 84/2015 para los bancos, en los arts. segundo a cuarto del Decreto 1838/1975 para las cajas de ahorros y en el art. 1 del RD 84/1993 para las cooperativas de crédito.

El procedimiento se inicia con la presentación de la solicitud por el interesado ante el BdE o ante el órgano de la Comunidad Autónoma correspondiente[10]. El BdE[11],

---

9 Según se explicó más arriba, el procedimiento para el ejercicio de la potestad autorizatoria para el acceso a la actividad es propiamente un "procedimiento compuesto", toda vez que la aportación de la ANC en materia de Derecho nacional es in disponible para el BCE, que se encuentra vinculado a ella.

10 Éste es el caso de las cooperativas de ámbito autonómico (cfr. art. 1.2 del RD 84/1993) y, en buena lógica, será el de las cajas de ahorros de ese ámbito, de acuerdo con la correspondiente normativa autonómica.

11 En el ámbito de las cooperativas de crédito, de acuerdo con el art. 4.1 del RD 84/1993, cuando la solicitud se presente ante el órgano competente de la Comunidad Autónoma del domicilio de la cooperativa de crédito proyectada, deberá elevar la solicitud junto con su informe al BdE en el plazo de dos meses.

una vez recibida la solicitud, debe dar cuenta al BCE de su contenido en los quince días hábiles siguientes (art. 73.1 del Reglamento 468/2014), indicándole también el plazo fijado por la legislación nacional para la resolución del procedimiento (art. 73.2) –lo que, según se expuso ya, confirma que este plazo regula la duración del conjunto del procedimiento, esto es, de la fase nacional y la fase europea–. El BdE, de oficio o a solicitud del BCE, podrá reclamar al interesado la información que faltare, en cuyo caso deberá notificar al BCE la recepción de la información complementaria en el plazo de los quince días siguientes (art. 73.3). El BdE también debe dar cuenta de la apertura del procedimiento al Ministerio de Economía, Comercio y Empresa, indicándole los "*elementos esenciales del expediente a tramitar*" (art. 6.2 de la LOSSEC)[12].

En segundo lugar, el BdE está obligado a solicitar una serie de informes preceptivos a distintas Administraciones. Con carácter general, el supervisor español en el sector del crédito debe recabar informes de sus homólogos en el ámbito de los valores y los seguros (la CNMV y la DGSFP) (art. 6.1 de la LOSSEC). Además, cuando la entidad de crédito fuera a ser controlada por una entidad de crédito o por una empresa de servicios de inversión que además haya sido autorizada como entidad de crédito[13], por una sociedad dominante de una entidad o por las personas físicas o jurídicas que controlen una entidad, el BdE deberá solicitar también informes a la autoridad supervisora competente (del sector del crédito, los valores o los seguros, según proceda) del correspondiente Estado miembro de la Unión Europea (art. 6.3 de la LOSSEC)[14].

---

12 En concreto, a la Secretaría General del Tesoro y Política Financiera: cfr. art. 3.1, párrafo segundo, del RD 84/2015, y 1.1, párrafo segundo, del RD 84/1993. Aunque el Decreto 1838/1975 no dice nada a este respecto (recuérdese que ordena substanciar el expediente ante el Ministro de Economía), esta previsión resulta igualmente aplicable al recogerse con carácter general en la LOSSEC para todas las entidades de crédito.

13 De acuerdo con lo previsto en el nuevo art. 8 bis de la CRD IV. Al conjunto de ambos tipos de entidades el Derecho europeo le denomina, simplemente, entidad (cfr. art. 4.1.3 de CRR).

14 Esta consulta abarcará la evaluación de la idoneidad de los accionistas, de los miembros del consejo de administración y de los directores generales y asimilados –quienes desarrollen en la entidad de crédito funciones de alta dirección bajo la dependencia directa de su órgano de administración (consejo de administración de bancos y cajas de ahorros o consejo rector de cooperativas: cfr. art. 6.7 de la LOSSEC) o de comisiones ejecutivas o consejeros delegados de éste; las personas que dirijan sucursales de entidades de crédito extranjeras en España; quienes, reuniendo esos requisitos, limiten sus funciones directivas a un área de actividad específica, siempre que se integren en una estructura de dirección que asuma al máximo nivel la gestión diaria de la entidad; y quienes tuvieran concluido un contrato laboral especial de alta dirección con arreglo a la normativa laboral aplicable: cfr. art. 6.6 de la LOSSEC– de la nueva entidad o de la entidad dominante (cuando se trate de una sociedad financiera de cartera o de una sociedad financiera mixta de cartera), y podrá reiterarse en momentos sucesivos de tiempo a efectos de comprobar que esos elementos continúan cumpliéndose (art. 6.4 de la LOSSEC). Esta previsión es trasunto del art. 16 de la CRD IV.

En tercer lugar, el BdE debe verificar que la entidad de crédito propuesta cumple los requisitos exigidos por la normativa aplicable para bancos, cajas de ahorro y cooperativas de crédito, según proceda:

1°. Los requisitos aplicables a los bancos para el ejercicio de la actividad del crédito son los contenidos en el art. 4 del RD 84/2015[15]:

(i) Requisitos subjetivos:

– Los titulares de paquetes accionariales significativos[16] deben reunir ciertos requisitos de idoneidad (tales como su honorabilidad comercial y profesionalidad[17], contar con medios patrimoniales para

---

15 Estos requisitos deben acreditarse mediante la documentación que el art. 5 del RD 84/2015 establece que debe acompañar a la solicitud. Entre esos documentos debe encontrarse un certificado de haber constituido ante el BdE un depósito del 20% del capital social (art. 5.1-*d)*), y la certificación de denominación negativa expedida por el RMC (art. 5.1-*a)*, inciso segundo).

16 Es decir, que posean un 10% de las acciones u otro inferior pero ejerzan una influencia notable en la entidad (arts. 16.1 de la LOSSEC y 6.1-*a)* del RD 84/2015), la cual vendrá determinada por la ostentación de derechos de voto por encima de esa cota adquiridos o disfrutados por cualquier título y ejercidos de forma directa o indirecta (esto es, controlando sociedades interpuestas que, a su vez, tengan una participación de control en la entidad de crédito o, cuando no se controlen aquellas sociedades, cuando de aplicar el porcentaje que tenga sobre éstas al que éstas tengan sobre las entidades de crédito resulte una participación significativa: cfr. art. 23.5 del RD 84/2015) (art. 23.1 del RD 84/2015), o por tener la posibilidad de nombrar o destituir algún miembro del consejo de administración de la entidad de crédito (art. 23.7 del RD 84/2015).

17 La honorabilidad comercial y profesional deberá evaluarse con arreglo a lo dispuesto en el art. 30 del RD 84/2015 (que desarrolla el art. 24.1 de la LOSSEC), esto es, teniendo en cuenta su trayectoria respecto de las Administraciones supervisoras en el sector financiero; su carrera profesional y las vicisitudes que ésta haya experimentado; su situación de inhabilitación derivada de un procedimiento concursal o de condena o sanción en un proceso penal o en un procedimiento administrativo, respectivamente, bajo ciertas circunstancias; o la existencia de investigaciones penales sobre su persona. El Capítulo 4 de la Circular 2/2016 desarrolla los procedimientos de evaluación de la idoneidad de los accionistas. Como es lógico, el requisito de la honorabilidad e idoneidad de una persona para el desempeño de una actividad introduce márgenes de apreciación que, si no se concretan adecuadamente, podrían convertir la potestad autorizatoria en una potestad discrecional. Por esa razón, el art. 6.1-*b)* del RD 84/2015 regla los criterios en cuya virtud la Administración debe evaluar el cumplimiento de tales requisitos a la hora de decidir si conceder o denegar la actividad: **(i)** presunción *iuris et de iure* de honorabilidad para las Administraciones públicas o las entidades de ella dependientes; **(ii)** medios patrimoniales con que cuentan los accionistas para atender los compromisos asumidos; **(iii)** transparencia en la estructura del grupo al que eventualmente pueda pertenecer la entidad y, en general, la existencia de graves dificultades para inspeccionar u obtener la información necesaria sobre el desarrollo de sus actividades; **(iv)** posibilidad de que la entidad quede expuesta, de forma inapropiada, al riesgo de las actividades no financieras de sus promotores o, cuando, tratándose de actividades financieras, la estabilidad o el control de la entidad pueda quedar afectada por el alto riesgo de aquéllas; y **(v)** posibilidad de que el buen ejercicio de la supervisión de la entidad sea obstaculizado por los vínculos estrechos (entendiendo por tales los del art. 42 del CCO o el hecho de poseer, de manera directa o indirecta, o mediante un vínculo de control, el 20 por ciento o más de los derechos

atender los compromisos asumidos, la transparencia en la estructura del grupo al que pertenezca la sociedad, el posible riesgo al que pueda exponerse la entidad por el desarrollo de actividades no financieras por sus promotores, o la posibilidad de que la función supervisora a desempeñar sobre la entidad por las Administraciones española o europea pueda verse dificultada por la existencia de estrechos vínculos entre los accionistas y terceros residenciados en Estados cuya legislación permita tal obstaculización; letra *d)* del RD 84/2015 en relación con el art. 6.1-*b)* del RD 84/2015).

- Los fundadores de la entidad no podrán reservarse ninguna ventaja o remuneración especial (letra *e)*).
- El órgano de administración deberá consistir en un consejo de administración de, al menos, cinco miembros[18], los cuales, junto con los directores generales o asimilados[19] y los responsables de las funciones de control interno y otros puestos clave tanto de la entidad de crédito a constituir como, en su caso, de su entidad dominante, deberán cumplir ciertos requisitos de honorabilidad comercial y profesional[20]

---

de voto o del capital de una empresa o entidad) que la misma mantenga con otras personas físicas o jurídicas, por las disposiciones legales, reglamentarias o administrativas del país a cuyo derecho esté sujeta alguna de dichas personas físicas o jurídicas, o por problemas relacionados con la aplicación de dichas disposiciones. Sobre la honorabilidad profesional como criterio para el otorgamiento de autorizaciones de acceso al ejercicio de profesiones o actividades, *vid.* MARTÍN-RETORTILLO BAQUER, Lorenzo, "Honorabilidad y buena conducta como requisitos para el ejercicio de profesiones y actividades", RAP, núm. 130 (enero-abril 1993), pp. 23 y ss.

18 El art. 13.1 de la CRD IV no exige un mínimo de miembros en el órgano de administración, sino únicamente que la "*dirección efectiva*" de la entidad cuente con, al menos, dos personas. Además, la dirección efectiva deberá cumplir los requisitos previstos en los apartados 2 a 8 del art. 91 de la CRD IV, *ex* párrafo segundo del art. 13.1 de la CRD IV.

19 De acuerdo con el art. 6.6 de la LOSSEC son asimilados a los directores generales quienes desarrollen en la entidad de crédito funciones de alta dirección bajo la dependencia directa de los órganos de administración o ejecutivos, en España o en el extranjero, aun cuando su responsabilidad se circunscriba a áreas específicas, así como aquellos que tengan concluida la correspondiente relación laboral especial de alta dirección.

20 En los términos previstos en los arts. 24.1 de la LOSSEC y 30 del RD 84/2015, y en el Capítulo 4 de la Circular 2/2016, tal y como se ha explicado en la nota al pie 22. La ABE, bajo la regulación previa a la CRD IV, publicó una guía relativa a la evaluación de la idoneidad de los administradores y directivos de las entidades de crédito titulada "*Guidelines on the assesssment of the suitablility of members of the management bdy and key function holders*", EBA/GL/2012/06, de 22 de noviembre de 2012, disponible en: https://eba.europa.eu/sites/default/documents/files/documents/10180/106695/7d1a34fc-0a74-4020-a14c-358ade55237d/EBA-GL-2012-06—Guidelines-on-the-assessment-of-the-suitability-of-persons-.pdf?retry=1 (enlace consultado el 9 de mayo de 2020). Este documento define los "puestos clave" a los que razonablemente se refiere

y de conocimientos y experiencia previa[21] (letra *f)*).

(ii) Requisitos organizativos:

- Deben revestir la forma de sociedad anónima constituida por el procedimiento de constitución simultánea y con duración indefinida (letra *a)*)[22].
- El objeto social debe estar circunscrito a la realización de las actividades propias del crédito (letra *c)*). Esta previsión, en puridad, consiste en una vuelta de tuerca de la vertiente negativa de la reserva de actividad, toda vez que no sólo se prohíbe a entidades que no tengan la condición de entidad de crédito el ejercicio de la actividad propia de éstas, sino a tales entidades el ejercicio de otras actividades (con ciertas excepciones expresamente previstas por la normativa).
- La entidad de crédito deberá tener su domicilio social y su efectiva administración y dirección en territorio español (letra *h)*)[23].

(iii) Requisito objetivo relacionado con la solvencia económica de la entidad: su capital social no debe ser inferior a 18 millones de euros y debe estar desembolsado íntegramente en efectivo y representado por acciones nominativas (letra *b)*)[24].

---

el requisito estudiado como "*those staff members whose positions give them significant influence over the direction of the credit institution, but who are not members of the management body. Key function holders might include heads of significant business lines, EEA branches, third country subsidiaries, support and internal control functions*". Tanto la exigencia de estos requisitos como los de conocimientos y experiencia que se refieren a continuación viene establecida en el párrafo segundo del art. 13.1 de la CRD IV.

21 De acuerdo con el art. 31.1 del RD 84/2015 esta exigencia se satisface contando con "*formación del nivel y perfil adecuado, en particular en las áreas de banca y servicios financieros, y experiencia práctica derivada de sus anteriores ocupaciones durante periodos de tiempo suficientes. Se tendrán en cuenta para ello tanto los conocimientos adquiridos en un entorno académico, como la experiencia en el desarrollo profesional de funciones similares a las que van a desarrollarse en otras entidades o empresas*".

22 Es decir, un banco debe constituirse mediante la suscripción del correspondiente contrato entre dos o más personas o por alto unilateral (art. 19.1 de la LSC), sin que quepa su constitución sucesiva mediante la suscripción pública de acciones (arts. 19.2 y 41 y ss. de la LSC). Estos requisitos relativos al tipo social, el procedimiento de constitución y la duración de la sociedad constituyen una innovación de la legislación española no previsto en la CRD IV.

23 Requisito exigido por el art. 13.2 de la CRD IV.

24 El requisito de capital exigido por la legislación nacional es muy superior a los cinco millones de euros exigidos por el art. 12.1 de la CRD IV. La exigencia de que se trata de acciones nominativas –que trae causa de la disposición adicional séptima, 1 de la LOSSEC– resulta plenamente coherente con la previsión contenida en el art. 113 de la LSC, que obliga a que tengan esa condición las acciones respecto de las cuales puedan imponerse restricciones, esto es, cuando se refieran a sociedades que

(iv) Requisitos objetivos relacionados con la solvencia técnica de la entidad:

- La entidad deberá contar con una "*adecuada organización administrativa y contable*" y con "*procedimientos de control interno adecuados que garanticen la gestión sana y prudente de la entidad*" (letra *g)*). Ambos requisitos van dirigidos a comprobar que la entidad de crédito cumple con la ordenación aplicable en materia de gobierno corporativo regulada en el Capítulo V del Título I de la LOSSEC, rubricado "*gobierno corporativo y política de remuneraciones*"[25].
- La entidad deberá contar con "*procedimientos internos y órganos adecuados de control interno y de comunicación para prevenir e impedir la realización de operaciones relacionadas con el blanqueo de capitales y la financiación del terrorismo en las condiciones establecidas por la normativa correspondiente*" (*letra i)*)[26].

2°. Los requisitos aplicables a las cajas de ahorros cuentan con una regulación mucho menos sistemática y, en no escasa medida, confusa. En parte, ello encuentra su origen en el hecho de que, hasta la entrada en vigor del Reglamento 1024/2013, buena parte de las cajas de ahorros españolas (aquéllas cuyo domicilio y ámbito de actuaciones se circunscribían a una sola Comunidad Autónoma) se encontraban ordenadas por normas autonómicas (conforme con las bases sentadas por el Estado) y supervisadas por las Administraciones de cada Comunidad Autónoma[27]. En el ámbito estatal, el Decreto 1838/1975 contiene los requisitos básicos

ejerzan actividades que de algún modo puedan afectar a ese bien jurídico. En todo caso, el carácter nominativo de las acciones de los bancos es una previsión de Derecho español que no encuentra parangón en el Derecho europeo.

25 La regulación de esta cuestión se contiene en el Capítulo IV del Título I del RD 84/2015 y en el Capítulo 4 de la Circular 2/2016.

26 Estos procedimientos se corresponden con los procedimientos de control interno exigidos por los arts. 26 y ss. de la LPBC y su normativa de desarrollo.

27 El reparto competencial de la función supervisora de las cajas de ahorros fue objeto de disputas sometidas al juicio del Tribunal Constitucional. En su Sentencia núm. 49/1988 (TOL80.160), el Tribunal resolvió la impugnación de la LORCA realizada por cincuenta diputados y los Gobiernos autonómicos de Galicia y Cataluña y, en lo que aquí interesa, reconoció que las funciones de "*inspección y sanción*" –únicas que, en ese momento, el Tribunal incardina en la actividad administrativa de supervisión, considerando la "*disciplina*" como el mero ejercicio de la potestad reglamentaria y, por tanto, la participación de la Administración en la ordenación del sector: cfr. FJ 30– pueden competer a las Comunidades Autónomas en relación con las cajas de ahorros que desarrollen actividades en su territorio (cfr. FJ 31). No obstante, el Tribunal Constitucional no analiza la distribución de competencias en cuanto a la específica cuestión de la creación de las cajas de ahorros, asunto que sólo examina desde la perspectiva de su encaje en el derecho fundamental de fundación reconocido por el art. 34 de la Constitución (cfr. FJ 9). De forma sucinta, el Tribunal Constitucional concluye con que el Estado cuenta con competencias básicas para ordenar la constitución y la actividad de las cajas de

ahorros, de forma tal que las Comunidades Autónomas deberán ejercer las suyas, para las cajas que operen dentro de su territorio, con sujeción a tales bases, tanto en lo que se refiere a la ordenación de la actividad como en lo relativo a su supervisión. Sobre esta base, todas las Comunidades Autónomas ordenaron la actividad de las cajas de ahorros y regularon la supervisión administrativa respecto de las cajas domiciliadas en su territorio o que actúen en él, configurando una potestad autorizatoria para la creación de entidades de crédito (así, Ley vasca 11/2012, que en su art. 4.1 atribuye esa potestad al Consejero competente en materia financiera; Decreto balear 43/1986, que en su art. 2-*a)* la atribuye al Consejo de Gobierno; Ley extremeña 8/1994, cuyo art. 4.1 también atribuye la potestad autorizatoria al Consejo de Gobierno de esa Comunidad Autónoma; Decreto-Legislativo valenciano 1/1997, cuyo art. 5.1 atribuye la potestad autorizatoria para la creación de cajas de ahorros en Valencia al Consejero competente en la materia; Ley andaluza 15/1999, que en su art. 6.1 atribuye la potestad al Consejo de Gobierno; Ley castellano-manchega 4/1997, que hace lo propio con el Consejo de Gobierno en su art. 4.1; Ley murciana 3/1998, que también atribuye la potestad en su art. 3 al Consejo de Gobierno de la Comunidad Autónoma; Decreto-Legislativo catalán 1/2008, cuyo art. 7.1 atribuye la competencia al Consejero del ramo; Ley canaria 10/2011, cuyo art. 4.2 también atribuye la potestad autorizatoria correspondiente a su Consejo de Gobierno; Ley aragonesa 1/1991, cuyo art. 5 atribuye la potestad autorizatoria a la Diputación General; Ley riojana 6/2004, que hace lo propio con su Gobierno en su art. 6.1; Ley asturiana 2/2000, cuyo art. 5.1 hace competente al Consejo de Gobierno para autorizar la creación de cajas de ahorro en el Principado; Ley cántabra 4/2004, que también hace competente a su Consejo de Gobierno en su art. 6.1; Decreto-legislativo gallego 1/2005, cuyo art. 9.1 atribuye a la Junta de Galicia la correspondiente potestad autorizatoria; Ley madrileña 4/2003, cuyo art. 7.1 hace lo propio con el Consejero del ramo; Decreto navarro 244/1992, cuyo art. 2-*a)* atribuye esa potestad a su Gobierno; y Decreto-legislativo castellano y leonés 1/2005, cuyo art. 6.1 también atribuye la correspondiente potestad a su Consejo de Gobierno). Este régimen autorizatorio convivía, empero, con el general regulado en el art. 43 de la LDIEC, que atribuyó al Ministro de Economía y Hacienda primero y al BdE la potestad para autorizar la creación de todas las entidades de crédito, condición que reunían ya entonces las cajas de ahorros. La primera redacción del art. 43 añadía un párrafo quinto que conciliaba esta potestad con aquéllas otras asumidas por las Comunidades Autónomas en la materia, al establecer: "*lo dispuesto en este artículo se entiende sin perjuicio de las competencias que tengan atribuidas las Comunidades Autónomas y de lo que resulte de los Convenios entre el Banco de España y las Comunidades Autónomas a que se refiere la disposición adicional primera, número 3, de la Ley 31/1985, de 2 de agosto, sobre los Órganos Rectores de las Cajas de Ahorro. En todo caso, la inscripción en los correspondientes registros del Banco de España será indispensable para que las entidades a que se refiere este artículo puedan desarrollar sus actividades*". De este modo, del art. 43.5 de la LDIEC se colegía que la potestad autorizatoria atribuida al Ministro de Economía y Hacienda sólo entraría en juego cuando la Comunidad Autónoma en cuyo territorio se ubicara la caja de ahorros careciera de competencia para autorizar su creación, prevaleciendo ésta cuando existiera, cuyo ejercicio debería no obstante amoldarse a la legislación básica estatal. Esa previsión (que tras la reforma operada por el art. 3 de la Ley 3/1994 se ubicaría en el apartado 8 del art. 43 bis de la LDIEC) estuvo vigente hasta la entrada en vigor de la LOSSEC, que no contempla ya la anterior coordinación en materia autorizatoria, de forma plenamente coherente con la atribución exclusiva de dicha potestad al BCE *ex* art. 4.1-*a)* del Reglamento 1024/2013. No obstante, las normas autonómicas en la materia no han adaptado su contenido a esta nueva situación –a pesar de que la disposición final undécima de la LCAFB obligaba a una profunda reforma de la legislación autonómica para adecuarla al nuevo régimen jurídico de cajas de ahorros, reforma que en buena lógica debería aprovecharse también para adecuar las potestades de supervisión al MUS–, provocando el absurdo de que configuran potestades que han sido sustraídas a las Comunidades

que deben reunir las cajas de ahorros para obtener la preceptiva autorización. Esta norma, sin embargo, se encuentra en gran parte obsoleta, toda vez que no incluye aquellos requisitos que derivan directamente de la CRD IV y que no se contemplaban en la legislación anterior. No en vano, creo que la reforma de 2013 –aprobada cuando tanto la CRD IV como el Reglamento 1024/2013 ya lo habían sido y eran conocidos por el legislador español– habría sido una buena ocasión para regular, de forma homogénea, los requisitos que deben observar las cajas de ahorros para su válida constitución, que podrían haberse desarrollado en una norma reglamentaria de carácter básico que contuviera una regulación adaptada al nuevo paradigma supervisor europeo. En su ausencia, todos aquellos requisitos exigidos por la CRD IV y no regulados por el Decreto 1838/1975 pero transpuestos para los bancos por el art. 4 del RD 84/2015 deben exigirse también a las cajas de ahorros. Y ello por cuanto, a pesar del mandato contenido en el art. 2.2, que circunscribe su aplicación a los bancos "*salvo que la normativa específica de las cajas de ahorros y las cooperativas de crédito prevea otra cosa*", entiendo que cabe una aplicación analógica del precepto, justificada por la necesidad de dar efectividad a la directiva, que, en cierta medida, garantice una aplicación homogénea de la CRD IV para este tipo de entidades de crédito. No en vano, el art. 4, a pesar de su ubicación sistemática, no se refiere a los requisitos para crear un banco, sino a los "*requisitos necesarios para ejercer la actividad*" crediticia, actividad que también desempeñan las cajas de ahorros. Sea como fuere, los requisitos contenidos en el Decreto 1838/1975, aunque mucho más asistemáticos, se corresponden en buena medida con los contenidos en el art. 4 del RD 84/2015 y, en aquellas cuestiones en que no lo hacen, resulta posible aplicar directamente las normas de la LOSSEC y el propio RD 84/2015 que sí resultan de aplicación directa a las cajas de ahorros en cuanto entidades de crédito[28]. En este complicado contexto, los requisitos que específicamente recoge el Decreto 1838/1975 para la creación de cajas de ahorros son[29]:

Autónomas en virtud de la cesión de soberanía realizada por España en favor de la UE con base en el art. 127.6 del TFUE. Resulta, en mi opinión, necesaria una profunda revisión de los regímenes autonómicos sobre las cajas de ahorros.

28 La aplicación analógica de la norma es una alternativa más razonable que defender el efecto directo de la CRD IV respecto de las cajas de ahorros, toda vez que la materia regulada en estas previsiones consiste en el ejercicio de una potestad administrativa en una relación vertical Estado-particular en sentido descendente (cfr. Sentencia del Tribunal de Justicia de la UE de 5 de febrero de 1993; asunto 26/62, *NV Algemene Transort en Expeditie Onderneming van Gend & Loos vs. Nederlandse administratie der belastingen*; TOL5.809.949).

29 En realidad, la mayoría de los requisitos contenidos en el Decreto 1838/1975 se refieren al contenido de la solicitud y no tanto a las condiciones que deben concurrir para que una caja de ahorros sea autorizada como entidad de crédito. No obstante, el paralelismo que pueden encontrarse entre las

(i) Requisito subjetivo: relación de miembros y circunstancias de los fundadores, así como los miembros futuros de su Consejo de Administración (art. segundo, 1-*c)* del Decreto 1838/1975). Esta relación deberá acreditar también que los fundadores reúnen las condiciones de idoneidad de los accionistas regulados en el art. 4-*d)* del RD 84/2015 (trasunto, según se ha indicado, del art. 14 de la CRD IV), en la medida en que tuvieran una posición de control sobre la entidad análoga a los titulares de paquetes accionariales significativos en los bancos[30], y los miembros del consejo de administración deberán reunir las condiciones de idoneidad contenidas en el art. 4-*f)* del RD 84/2015, en los términos previstos en el art. 6.6 de la LOSSEC y, en todo caso, en los arts. 15 y ss. de la LCAFB, el primero de los cuales fija el número mínimo de miembros en 5.

(ii) Requisitos organizativos:

- Proyecto de Estatutos de la entidad (cfr. art. segundo, 1-*d)* del Decreto 1838/1975), que deberá adecuarse a las previsiones de la LCAFB. A diferencia del art. 4-*c)* del RD 84/2015, la norma no exige limitar el ámbito de actuación de las cajas de ahorros a la actividad de crédito, ni podría, toda vez que estas entidades también desarrollan una amplia labor social (cfr. art. 2.2 de la LCAFB).
- Tener su domicilio social en territorio español, según exige para los bancos el art. 4-*h)* del RD 84/2015 (cfr. art. segundo, 1-*e)* del Decreto 1838/1975).

(iii) Requisito objetivo vinculado con la solvencia económica de la entidad: contar con un capital de 18 millones de euros (3.000 millones de pesetas dice, en realidad, el art. cuarto del Decreto 1838/1975). Esta cuantía se corresponde con la exigida para los bancos en el art. 4-*b)* del RD 84/2015 y es muy superior al umbral de 5 millones de euros exigido por el art. 12.1 de la CRD IV.

---

prescripciones del citado Decreto y el art. 5 del RD 84/2015 en cuanto al contenido de la solicitud que debe presentarse respecto de los bancos permite terminar por reconducir el contenido de aquel Decreto en requisitos para adquirir la condición de entidad de crédito (y, al tiempo, comprobar cuáles de los exigidos por la normativa europea no se encuentran expresamente incluidos en la norma reglamentaria española).

30 Por ejemplo, si los fundadores tienen capacidad para nombrar consejeros generales para las asambleas generales por encima de la cota determinante de la condición de titular de participaciones significativas, según lo establecido en los art. 4.1 y 7 de la LCAFB.

(iv) Requisitos objetivos vinculados con la solvencia técnica de la entidad:

- Contar con una buena organización administrativa y contable, y con procedimientos de control interno adecuado, que garanticen la gestión sana y prudente de la entidad (art. cuarto, párrafo segundo, del Decreto 1838/1975). Esta previsión se corresponde con el primer inciso del art. 4-*g)* del RD 84/2015.
- Programa de actividades, en el que se indicarán, en especial, el género de operaciones que se propongan realizar y la estructura de la organización de la caja, que deberá contar con la honorabilidad necesaria y la experiencia adecuada para desempeñar sus funciones, así como los procedimientos y órganos adecuados de control interno y de comunicación que se establezcan para prevenir e impedir la realización de operaciones relacionadas con el blanqueo de capitales (art. segundo, 1-*b)* del Decreto 1838/1975, reiterado en su última parte por el párrafo tercero del art. cuarto de la misma norma). Esta previsión, añadida por la disposición final, 2.2 del RD 54/2005, se compadece en buena medida con la contenida en el art. 4-*g)* e *i)* del RD 84/2015. Por tanto, la honorabilidad y experiencia deberá evaluarse con arreglo, *mutatis mutandis*, a lo dispuesto en los arts. 30 y 31 del RD 84/2015 (que sí resultan de aplicación directa a las cajas de ahorros) y la Circular 2/2016, y los procedimientos y órganos de control deberán respetar en todo caso las limitaciones derivadas de la particular estructura orgánica que configura la LCAFB (*vid.*, particularmente, sus arts. 23 y ss.).
- Deberá acreditarse el cumplimiento de los siguientes objetivos: "*seguridad del ahorro, aumento de la productividad del sistema bancario, mayor homogeneidad de la concurrencia entre las diferentes redes bancarias y una gama más amplia de servicios bancarios en relación con la publicación y las actividades económicas de la zona*" (art. segundo, 2, del Decreto 1838/1975).

Además, las cajas de ahorros deberán observar los límites territoriales previstos en el art. 2.2 de la LCAFB y sus activos totales y cuota de mercado no deberá superar los umbrales establecidos en el art. 34.2 de la misma Ley[31].

[31] El valor del activo total consolidado de la caja de ahorros no debe superar los diez mil millones de euros o su cuota en el mercado de depósitos de su ámbito territorial debe ser inferior al 35% total de depósitos. En otro caso, las cajas de ahorros deberán transformarse en fundaciones bancarias y ceder su negocio a otra entidad de crédito de naturaleza bancaria a cambio de acciones en ella (cfr. art. 34.1 de la LCAFB).

3º. La reforma que el legislador no acometió en relación con la constitución de las cajas de ahorros sí se ha realizado, en cambio, respecto de las cooperativas de crédito. Así, el art. segundo del RD 256/2013 adaptó el art. 2 de del RD 84/1993, que contiene los requisitos básicos aplicable a las cooperativas de crédito, a los requisitos sentados por la ABE y posteriormente recogidos en la CRD IV, y la disposición final, 1.1, del RD 84/2015 reformó el art. 1 del RD 84/1993 a fin de adecuar el procedimiento de autorización de las cooperativas de crédito a las exigencias derivadas de la implementación del Mecanismo Único de Supervisión[32]. Con arreglo al art. 2.1 del RD 84/1993, las cooperativas de crédito deben reunir, para ser autorizadas, los siguientes requisitos[33]:

(i) Requisitos subjetivos:

- El Consejo Rector deberá contar con, al menos, cinco miembros, y éstos, junto con los directores generales o asimilados (en el sentido ya comentado del art. 6.6 de la LOSSEC), los responsables de funciones de control interno y otros puestos claves para el desarrollo diario de la actividad (definidos como ya se ha explicado por la ABE), deberán reunir las condiciones de honorabilidad comercial y profesional y los conocimientos y experiencia exigidos por los apartados 2 y 3 del art. 2 del RD 84/1993, que tienen idéntico tenor que los arts. 30 y 31 del RD 84/2015. Además, los miembros del Consejo Rector deberán estar en disposición de ejercer un buen gobierno de la cooperativa, prestando

32 Las Comunidades Autónomas, que comparten competencias con el Estado en materia de cooperativas, han dictado normas de desarrollo de esta normativa básica, dentro de las cuales también se atribuía una potestad autorizatoria a las Comunidades Autónomas para las cooperativas de crédito que desarrollen su actividad en el ámbito de una comunidad autónoma. No obstante, la reforma operada por la disposición final, 1.1, del RD 84/2015 en el art. 1.1 del RD 84/1993 no deja lugar a dudas en cuanto a la atribución de esta potestad, con carácter exclusivo y excluyente, al BCE, y al papel del BdE como ANC que debe elevar la propuesta de decisión a aquél. A pesar de ello, todavía existen en la norma vestigios de la existencia de potestades autorizatorias autonómicas que ya no cuentan con efectividad. No obstante, este procedimiento no resulta incompatible con que la solicitud de autorización se presente ante "*el órgano de la Comunidad Autónoma que corresponda*" (art. 1.2 del RD 84/1993) cuando se trate de cooperativas de crédito que pudieran encontrarse en el ámbito de aplicación de las normas autonómicas en la materia, caso en el cual ese órgano deberá dar el oportuno traslado al BdE para que dé el curso correspondiente a las solicitudes con arreglo al Reglamento 1024/2013.

33 Paralelamente a lo previsto para bancos y cajas de ahorros, el art. 4 del RD 84/1993 establece los elementos que deberán integrar la solicitud de autorización para cooperativas de crédito, que incluye la certificación de haber constituido un depósito ante el BdE de un depósito por el 20% del capital inicial de la cooperativa (art. 4.1.*d)*). Además, los promotores de la cooperativa de crédito deberán contar con dos certificados de denominación negativa: el expedido habitualmente por el RMC y el expedido por la Sección Central del Registro de Cooperativas de la Dirección General del Trabajo Autónomo, de la Economía Social y de la Responsabilidad Social de las Empresas o la Comunidad Autónoma competente (art. 4.3).

especial atención a los potenciales conflictos de interés que pudieran surgir, así como a la dedicación del tiempo necesario para el ejercicio de sus funciones (art. 2.4 del RD 84/1993). Los miembros del Consejo Rector y los directivos señalados serán seleccionados y continuamente evaluados con arreglo a los procedimientos internos establecidos (art. 2.5), y su selección deberá comunicarse previamente al BdE (art. 2.6).

– Los promotores, fundadores o socios iniciales no podrán contar con ventajas o remuneraciones especiales (letra *e)*).

(ii) Requisitos organizativos:

– Revestir la forma de sociedad cooperativa constituida con arreglo a la Ley 13/1989 o a las demás disposiciones aplicables a esta clase de entidades (letra *a)*).

– Limitar estatutariamente el objeto social a las actividades propias de una entidad de crédito (letra *c)*), ordenando que las operaciones activas con terceros distintos de los socios no abarque más del 50% de los recursos de la entidad (art. 4 de la Ley 13/1989). Nuevamente, la limitación estatutaria supone un aditamento a la vertiente negativa de la reserva de actividad, según se comentó *ut supra* para los bancos.

– Tener su domicilio social y su efectiva administración y dirección en territorio español (letra *g)*).

(iii) Requisito objetivo relacionado con la solvencia económica de la entidad: tener un capital social inicial: *(a)* para las cooperativas de crédito de ámbito local que vayan a operar en municipios de menos de 100.000 habitantes, 1 millón de euros[34]; *(b)* cooperativas de crédito de ámbito local en municipios distintos de los anteriores, siembre que su ámbito de actuación no exceda una Comunidad Autónoma, 3.600.000 euros[35]; y *(c)* cooperativas de crédito con sede o ámbito que incluya las ciudades de Madrid o Barcelona, o sea supraautonómico, 4.800.000 euros[36] (letra *b)*, en relación con el art. 3.1 del RD 84/1993); capital social que deberá estar íntegramente suscrito y desembolsado en efectivo (art. 3.3).

---

34 En realidad, 175 millones de pesetas, que equivalen a 1.051.771 euros. Nótese que ésta cuantía es inferior a los 5 millones de euros exigidos por el art. 12.1 de la CRD IV y, por tanto, su inclusión en la normativa exige que el Estado haya realizado la notificación a la Comisión Europea y a la ABE requerida por el apartado 4 del mismo precepto. Lo misma exigencia cabe realizar respecto de las cuantías que se indican a continuación, todas ellas inferiores a 5 millones de euros.

35 600 millones de pesetas, que al cambio son 3.606.073 euros.

36 800 millones de pesetas, esto es, 4.808.017 euros.

(iv) Requisitos objetivos relacionados con la solvencia técnica de la entidad:

- Contar con una adecuada organización administrativa y contable y con procedimientos de control interno adecuados (letra *d)*), dirigido, al igual que en el caso de los bancos, a verificar el cumplimiento de la ordenación aplicable en materia de gobierno corporativo regulada en el Capítulo V del Título I de la LOSSEC y sus normas de desarrollo.
- Contar con procedimientos y órganos adecuados para el control interno y de comunicación para prevenir e impedir la realización de operaciones relacionadas con el blanqueo de capitales, en los términos previstos en los arts. 26 y ss. de la LPBC (letra *h)*).

El BdE valorará si el solicitante cumple todos los requisitos anteriores (en función del tipo de entidad de crédito que pretenda constituir) (art. 74 del Reglamento 468/2014). Si la valoración es negativa (por detectar que el solicitante incumple alguno de los requisitos), la Comisión Ejecutiva del BdE emitirá el correspondiente acto administrativo denegatorio que deberá notificar tanto al interesado como al BCE (arts. 14.2, último inciso, del Reglamento 1024/2013 y 75 del Reglamento 468/2014). En mi opinión, esta denegación expresa constituye una resolución que pone fin al procedimiento[37] y, por tanto es susceptible de ser recurrida en alzada ante el Ministro de Economía, Comercio y Empresa, y la decisión de éste ante la Sala de lo Contencioso-Administrativo de la Audiencia Nacional[38].

---

37 Podría plantearse la duda de si nos encontramos ante un acto verdaderamente finalizador del procedimiento o, más bien, ante un acto de tramite cualificado que impide la continuación del procedimiento y que, por esa razón, es igualmente susceptible de impugnación (cfr. 112.1 de la LPACAP). No obstante, creo que es técnicamente más correcto entender que se trata de una resolución que pone fin al procedimiento, por cuanto la regulación de la potestad autorizatoria en el marco del procedimiento compuesto atribuye a la ANC plenas facultades para valorar si la entidad de crédito proyectada cumple o no los requisitos establecidos por la legislación nacional, y sólo obliga a ésta a someter a decisión del BCE aquellas solicitudes que las reúnan, conservando, por tanto una esfera de libertad para que la ANC, al efectuar esa valoración, decida sobre el fondo y, en su caso, pueda apreciar que no concurren tales requisitos y desestimar la solicitud. Así se deduce del tenor literal del art. 75 del Reglamento 468/2014: "*las ANC denegarán las solicitudes que no cumplan las condiciones de autorización establecidas en la legislación nacional aplicable y remitirán una copia de su decisión al BCE*". "*Denegarán*", dice, pues, la norma; esto es, adoptarán una decisión sobre el fondo del asunto.

38 No obstante, la eventual impugnación (ya sea en vía administrativa o contencioso-administrativa) de una decisión denegatoria de esta autorización no podrá obtener nunca los efectos autorizatorios sino, todo lo más, una anulación de la decisión inválida dictada por la Comisión Ejecutiva del BdE y la devolución del expediente a esta entidad para que resuelva lo que en Derecho proceda. Si, evitado el vicio de legalidad que invalidaba la decisión previa, se entiende que el solicitante cumple con los requisitos previstos en la legislación nacional para constituir la entidad de crédito de que se trate, la Comisión Ejecutiva del BdE deberá elevar el correspondiente proyecto de decisión al

Si, por el contrario, la valoración es positiva, el BdE elaborará un proyecto de decisión, que elevará al BCE, en el que se proponga la concesión de la autorización solicitada (arts. 14.2, primer inciso, del Reglamento 1024/2013 y 76.1 del Reglamento 468/2014)[39]. Este proyecto de decisión deberá remitirse, al menos, veinte días hábiles antes de que finalice el plazo de seis meses desde que se presentó la solicitud o se completó la documentación (art. 76.2 del Reglamento 468/2014), lo que, en la práctica, supone que el BdE debe elevar el proyecto como tarde antes de que finalice el quinto mes desde ese mismo *dies a quo*.

Las normas reguladoras del procedimiento de autorización no contemplan, sin embargo, qué ocurre si el BdE no cumple con el referido plazo. Ello, en mi opinión, es importante desde el prisma de las garantías de los derechos de los particulares, porque compromete el plazo de diez días hábiles, ampliable por otros diez, con que debe contar el BCE para decidir sobre el proyecto que, en su caso, le eleve el BdE. A ello se suma que el art. 6.8 de la LOSSEC anuda al silencio efectos desestimatorios, mientras que el art. 78.3 del Reglamento 468/2014 anuda efectos estimatorios al silencio del BCE sobre el proyecto de la ANC en el plazo de diez hábiles (en su caso, ampliado).

En mi opinión, sería positivo introducir en la regulación del procedimiento mecanismos dirigidos a garantizar que, en todo caso, el BCE tenga la oportunidad de pronunciarse sobre la solicitud al menos desde los veinte días hábiles anteriores al vencimiento del plazo de seis meses previsto para resolver. A tal fin, podrían incorporarse previsiones en virtud de las cuales, aproximándose el momento en el que el BdE deba elevar al BCE su proyecto de decisión, éste pueda reclamar copia del expediente con el apercibimiento de que, si en el vigésimo día hábil anterior al vencimiento del plazo el BdE no ha cumplido

---

BCE para que decida conforme se expone a continuación. Así lo ha estimado procedente el Tribunal Supremo en casos parecidos relacionados con las potestades de supervisión de la CNMC (*vid.* Sentencias núm. 254/2018, de 19 de febrero –TOL6.517.757– y 583/2018, 10 de abril –TOL6.576.634–).

39 El proyecto de decisión podrá proponer que se añadan recomendaciones, condiciones o restricciones con arreglo a la legislación aplicable, nacional o europea (art. 77.3 del Reglamento 468/2014). La Sentencia del Tribunal de Justicia de la UE de 25 de junio de 2015 (asunto C-18/14, CO Sociedad de Gestión y Participación, S. A., y otros *v.* De Nederlandsche Bank NV y otros) (TOL5.180.925), que se refería a un pleito relativo a una autorización sobre adquisición de participaciones significativas de una empresa de seguros, admitió la posibilidad de que las autoridades competentes otorguen autorizaciones que impongan recomendaciones, condiciones o restricciones, siempre y cuando guarden relación con los criterios que, de acuerdo con la normativa aplicable, deben emplearse en la evaluación supervisora previa al otorgamiento o denegación de la autorización, y sean proporcionadas al fin perseguido por la norma (cfr. n. 46).

con su obligación, la competencia para decidir pasará automáticamente al BCE, quien podrá decidir aplicando tanto la normativa nacional como la de la Unión[40].

En otro orden de cosas, el proyecto de decisión no es impugnable (desde la perspectiva de Derecho administrativo español, constituye un acto de trámite no cualificado), sin perjuicio de que sus eventuales vicios puedan invocarse en el recurso que pueda interponerse frente a la decisión del BCE.

2.2.3 Fase europea

Recibido el proyecto de decisión, el BCE debe realizar una segunda evaluación de la solicitud desde la óptica del Derecho de la UE (art. 77.1, inciso primero, del Reglamento 468/2014).

Al realizar esta evaluación, el BCE se basará, en principio, en los criterios sentados por el propio BCE en su *Guía para la evaluación de las solicitudes de autorización. Solicitudes de autorización en general* y, en particular, los parámetros contenidos en sus capítulos 4 y 5 (págs. 8 y ss.)[41]. Esta *Guía* se trata de un instrumento de *soft-law* no vinculante, que contiene criterios interpretativos de la normativa aplicable[42] que, no obstante, podrían ser rectificados por el Tribunal de Justicia de la UE, en el ejercicio de la función jurisdiccional que le es propia.

---

40 Esta última previsión podría tener un perfecto encaje, además, en lo previsto en el art. 78.4 del Reglamento 468/2014, a cuyo tenor: "*el BCE adoptará una decisión concediendo la autorización si el solicitante cumple todas las condiciones de autorización de conformidad con lo dispuesto en la legislación pertinente de la Unión y en la legislación nacional del Estado miembro en el que esté establecido el solicitante*". Esta previsión cohonesta con la contenida en el art. 4.3 del Reglamento 1024/2013.

41 2ª edición, de enero de 2019. Disponible en: https://www.bankingsupervision.europa.eu/ecb/pub/pdf/ssm.201901_guide_assessment_credit_inst_licensing_appl.es.pdf (enlace consultado el 9 de mayo de 2020). Según se explica en su prólogo, la Guía tiene por objeto "*las autorizaciones iniciales de entidades de crédito* [como las que aquí se estudian], *las solicitudes presentadas por empresas de tecnología (*fintech*), las autorizaciones en el contexto de fusiones o adquisiciones, las solicitudes de entidades puente y las ampliaciones de autorizaciones ya existentes*" (pág. 2). La Guía establece como principios clave de esta actuación administrativa el desempeño de la función de salvaguardia de la estabilidad del sistema financiero que le sirve de fundamento, la comunicación abierta y completa, la coherencia y la evaluación caso a caso, y la proporcionalidad (pp. 6-7).

42 De acuerdo con su prólogo: "*las políticas, prácticas y procesos aquí descritos podrían tener que adaptarse con el paso del tiempo. Esta Guía, que no es jurídicamente vinculante, proporciona a los solicitantes y a cualquier entidad que participe en el proceso de autorización una herramienta práctica a fin de asegurar la eficacia y la fluidez del procedimiento y de la evaluación. La Guía se actualizará regularmente para reflejar las últimas novedades y la experiencia adquirida con la práctica*" (pág. 2).

Sea como fuere, corresponde al Consejo de Supervisión preparar el proyecto de decisión que será sometido a consideración del Consejo de Gobierno del BCE con arreglo al procedimiento de no objeción previsto en el art. 26.8 del Reglamento 1024/2013[43].

Durante la sustanciación de esta fase surge un problema en relación con el plazo de diez días de que dispone el BCE para pronunciarse desde que recibe el proyecto de decisión del BdE, según le confieren los arts. 14.3 del Reglamento 1024/2013 y 78.1 del Reglamento 468/2014, transcurridos los cuales sin decisión se entenderá adoptado el proyecto de la autoridad nacional (cfr. art. 78.3 del Reglamento 468/2014), toda vez que este plazo de diez días coincide con el previsto en el art. 26.8 del Reglamento 1024/2013 para que el Consejo de Gobierno del BCE formule objeciones al proyecto de decisión sometido a su consideración por el Consejo de Supervisión. Es decir, de una aplicación literal de la normativa referida se colegiría que el mismo día de la recepción del proyecto de decisión remitido por el BdE el Consejo de Supervisión debería elevar al Consejo de Gobierno un proyecto de decisión, pues si lo hiciera más tarde (por ejemplo, a los tres días) el proyecto de decisión podría entenderse aprobado una vez transcurrieran diez días desde la recepción del proyecto del BdE y, sin embargo, el Consejo de Gobierno, con arreglo al art. 26.8 del Reglamento 1024/2013, contara aún con tres días para poder formular objeciones a ese proyecto.

En mi opinión, la situación que ofrece la normativa es, en este punto, insatisfactoria, y sería conveniente una reforma de las normas de procedimiento que delimitara oportunamente los plazos con que cuenta el Consejo de Supervisión para elaborar el proyecto y el término dentro del cual el Consejo de Gobierno puede formular objeciones. A tal efecto, existen dos opciones: o acortar este último plazo a cinco días y configurar otro plazo idéntico para que el Consejo de Supervisión elabore el proyecto de decisión –opción que sólo requeriría la reforma del Reglamento 468/2014, que puede ser acometida directamente por el BCE, y que encaja perfectamente con lo dispuesto en el art. 26.8 del Reglamento 1024/2013, que permite que las objeciones del Consejo de Gobierno se hagan "*dentro de un plazo que deberá definirse en el procedimiento*", que no podrá superar los diez días–, o interpretar que el plazo de diez días contenido en el art. 14.3 del Reglamento 1024/2013 se refiere a aquél con que cuenta el Consejo de Gobierno, en consonancia con el máximo establecido en su art. 26.8, y que previamente a ese plazo el Consejo de Supervisión cuenta con otros diez días para preparar su proyecto de decisión, pues el BCE recibirá de la ANC el proyecto de decisión veinte días hábiles de que expire el plazo. Esta última opción, sin embargo, encuentra peor encaje en el tenor literal del art. 14.3 del Reglamento 1024/2013 y el establecimiento de dos plazos sucesivos de diez días podría requerir una reforma de esta norma, mucho más compleja de lograr que la del Reglamento 468/2014 propuesta en primer lugar.

---

43 *Vid.* BCE, *Guía...*, *óp. cit.*, p. 30.

Sea como fuere, si el BCE tuviera dudas sobre la procedencia de otorgar la autorización deberá comunicar sus objeciones al solicitante, quien tendrá derecho a formular alegaciones ante esa Administración (art. 77.1, inciso segundo, del Reglamento 468/2014). En estos casos, el BCE podrá acordar ampliar el plazo máximo para tomar una decisión por otros diez días hábiles (arts. 14.3 del Reglamento 1024/2013 y 77.2 del Reglamento 468/2014).

Esta ampliación del plazo con que cuenta el BCE para resolver, en principio, encaja con la previsión contenida en el art. 76.2 del Reglamento 468/2014, en cuanto obliga a las ANC a elevar al BCE el proyecto de decisión al menos veinte días hábiles antes de que termine el plazo para resolver, de suerte que, si no hay ampliación, la aprobación definitiva de la autorización tendrá lugar cuando resten al menos diez días para poner fin al procedimiento, pero, si hay ampliación, la resolución coincidirá, como tarde, con el último día del plazo para resolver.

En línea con lo ya apuntado más arriba, la duda interpretativa surge cuando la ANC incumple esa obligación, y remite al BCE el proyecto de decisión cuando quedan menos de veinte días para resolver el procedimiento, y el BCE acuerda ampliar el plazo para recibir alegaciones de los interesados[44]. En este caso ocurre que puede transcurrir el plazo general de seis meses para resolver el procedimiento donde el silencio tiene efectos desestimatorios, de acuerdo con el art. 6.8 de la LOSSEC, pero, sobre la base de un proyecto de decisión favorable del BdE, es posible que el BCE otorgue la autorización. En este caso, la respuesta más sencilla se encuentra en la conjunción de, por un lado, los efectos que el ordenamiento nacional anuda al silencio administrativo negativo, en el sentido de que deja expedita la vía de recurso para el particular pero no vincula a la Administración en su decisión final (cfr. art. 24.3-*b)* de la LPACAP); y, por otro, la inexistencia de una norma europea equivalente que obligue al BCE a decidir en el sentido que tenga el silencio de acuerdo con la normativa nacional. Por tanto, si se diera esta situación, la solución más razonable sería esperar unos días más sobre los seis meses para esperar a obtener la decisión expresa del BCE (o la convalidación del proyecto de decisión remitido por el BdE, en aplicación de la ya comentada regla del art. 78.3 del Reglamento 468/2014).

---

[44] Se hace eco de esta la inconsistencia entre el sentido del silencio en la legislación española y europea, para la fase nacional y europea del procedimiento, respectivamente, POSADA RODRÍGUEZ, Marcos, "Los denominados...", *óp. cit.*, pp. 115-116.

2.3 INSCRIPCIÓN DE LAS ENTIDADES DE CRÉDITO EN LOS REGISTROS ESPECIALES A CARGO DEL BANCO DE ESPAÑA

La normativa española impone a las entidades de crédito la obligación de inscribirse en el Registro de entidades de crédito del BdE "*una vez obtenida la preceptiva autorización y tras su constitución e inscripción en el registro público que corresponda*" (art. 15.1 de la LOSSEC), esto es, el Registro Mercantil y los Registros especiales según el tipo de entidad (Registro de Sociedades cooperativas[45] y Registros autonómicos de cajas de ahorros[46] y cooperativas[47]). Las inscripciones practicadas en el Registro especial del BdE deberán publicarse en el BOE (art. 3.3 del RD 84/2015), se comunicarán a la ABE y estarán disponibles en la página web del BdE[48] (art. 15.3 de la LOSSEC).

La inscripción de las entidades de crédito en un registro administrativo tiene lugar después del ejercicio de la potestad autorizatoria por la Administración, pero no forma parte de ella. Mientras que la autorización constituye una auténtica declaración de voluntad de la Administración, la inscripción registral únicamente expresa una declaración de conocimiento[49]. Se trata, por tanto, de dos actos separados.

En el ámbito europeo, el BCE no cuenta con un registro de entidades de crédito homólogo del existente en el BdE. No obstante, la ABE, mediante la Decisión de la Junta de Supervisores 2013/432, de 3 de diciembre de 2013[50], acordó crear un Registro

---

45 En relación estas últimas, existe una contradicción entre el art. 15.1 de la LOSSEC que se acaba de referir y el art. 5.2 de la Ley 13/1989, que requiere que la inscripción en el Registro Mercantil y en el Registro de Sociedades Cooperativas se haga "*una vez inscrita en el Registro del Banco de España*", lo cual es absurdo dado que la personalidad jurídica se adquiere por la inscripción de la sociedad en el Registro de Sociedades Cooperativas (cfr. art. 7 de la Ley 27/1999). El art. 1.3 del RD 84/1993 corrige este punto y establece la obligación de inscripción en el orden correcto: "*en el Registro especial del Banco de España, tras su inscripción constitutiva en el Registro Cooperativo correspondiente*"

46 *Vid.* Martínez, María Teresa, *Las inscripciones registrales de las cajas de ahorro*, Editoriales de Derecho Reunidas, S. A.: Alcobendas (Madrid), 2002, pp. 117-133.

47 De acuerdo con el art. 7.1 del RD 84/1993, es competente el registro estatal cuando la actividad ordinaria y habitual de la cooperativa excede el territorio de una Comunidad Autónoma, cualquiera que fuere el municipio de la sede social, y es competente el registro de la Comunidad Autónoma de que se trate cuando la actividad no extravase el territorio de ésta.

48 Disponible en: https://www.bde.es/bde/es/secciones/servicios/Particulares_y_e/Registros_de_Ent/ (enlace consultado el 9 de mayo de 2020).

49 Cfr. Laguna de Paz, José Carlos, *La autorización...*, *óp. cit.*, p. 100-101.

50 Su versión inglesa se encuentra disponible en: https://eba.europa.eu/sites/default/documents/files/documents/10180/16082/cc281951-561e-4ece-b336-a148408c4c84/EBA%20BS%202013%20432%20%28EBA%20Credit%20Institution%20Register%20BoS%20Decision%29.pdf (enlace consultado el 9 de mayo de 2020).

de entidades de crédito[51] con fines puramente estadísticos[52], donde aglutina los datos principales relativos a las entidades de crédito de toda la UE y sus entidades filiales. No obstante, la inscripción en este registro ni constituye una carga para las entidades de crédito (la practica la ABE de oficio, de ahí la obligación del BdE de informarla de las inscripciones que practica), ni deriva efectos jurídicos para las entidades de crédito inscritas.

3. ACCESO A LA ACTIVIDAD (II): TOMA DE CONTROL SOBRE ENTIDADES DE CRÉDITO YA EXISTENTES

La segunda forma de acceder a la actividad crediticia (la adquisición de participaciones significativas en entidades de crédito ya establecidas) también se sujeta por la normativa aplicable a autorización previa.

A este respecto, y como punto de partida, debe señalarse que la autorización para la toma de posiciones de control en entidades de crédito ya existentes es, a pesar del lenguaje que emplean las normas aplicables (hablan de "notificación" de la operación, y no de solicitud de autorización), una auténtica autorización administrativa, toda vez que, sólo una vez que la Administración se pronuncia sobre la solicitud sometida a su conocimiento, el particular se encuentra habilitado para llevar a cabo la operación[53]. Y ello por cuanto sólo una vez obtenida la autorización se remueven los obstáculos que la ley establece para adquirir ciertos títulos representativos del capital sobre entidades de crédito por encima de determinados umbrales en garantía de la estabilidad del sistema financiero.

A continuación se aborda el ejercicio de la potestad autorizatoria para la toma de control de entidades de crédito ya existentes.

---

51 El Registro puede consultarse en: https://eba.europa.eu/risk-analysis-and-data/credit-institutions-register (enlace consultado el 9 de mayo de 2020).

52 El fundamento jurídico para la creación del Registro es el art. 8.1-*j)* del Reglamento 1093/2010, con arreglo al cual la ABE tiene la función de "*publicar en su sitio Internet y actualizar periódicamente la información relativa a su sector de actividad, en particular en el ámbito de sus competencias, sobre las entidades financieras registradas, con objeto de garantizar que la información sea fácilmente accesible al público*".

53 El principio de libertad de forma que rige las relaciones con la Administración permite que estas solicitudes sean denominadas de distinta forma ("*solicitudes, comunicaciones y escritos*" dice el art. 66.3 de la LPACAP; "*notificación*" dice la normativa que aquí se estudia), pero ello no obsta para su calificación como solicitud en cuanto acto iniciador de un procedimiento administrativo.

3.1 UNA SITUACIÓN IMPROPIA DE LAS CAJAS DE AHORROS

La toma de control sobre entidades de crédito ya existentes tiene lugar mediante la reunión en una misma mano de un número de derechos suficientes para poder influir en el desarrollo de su actividad. Sin embargo, no todas las entidades de crédito pueden ser objeto de una toma de control de estas características.

No hay duda que en el caso de los bancos esa toma de control puede producirse. Al tratarse de sociedades anónimas, una misma persona podrá reunir en su poder suficiente número de acciones representativas del capital social de la entidad que lleven aparejadas los correspondientes derechos de voto para poder ejercer control sobre la entidad. No obstante, también resulta posible que un accionista disfrute de derechos de voto derivados de títulos representativos del capital que no le pertenecen. Y, por último, también puede ocurrir que una persona controle no sólo los derechos de voto inherentes a sus acciones, sino también los inherentes a títulos representativos del capital social formalmente poseídos de terceros que, en realidad, son controlados por aquél.

Más problemática es la toma de control de sociedades cooperativas, nacidas como puesta en común por sus socios de trabajo e industria para la realización de cierta actividad. Con base en ello, es lógico pensar que el control de las cooperativas lo ostentan esos socios que han aportado los medios y trabajan en ellas. Los títulos representativos del capital de estas sociedades, a diferencia de las acciones, no son títulos líquidos fácilmente transmisibles, sino que se encuentran inherentemente unidos a la implicación personal con la cooperativa que ésta conlleva. Ello no obstante, no es imposible que un socio adquiera cuotas significativas sobre el control de las sociedades cooperativas, lo que, cuando concurran las condiciones legalmente previstas al efecto, deberá sujetarse a autorización en términos análogos a los aplicables a la toma de control sobre bancos[54]. Y, desde luego, también es posible que una misma persona adquiera cuotas de control sobre la cooperativa si, por ejemplo, adquiere el control efectivo de otros socios de la cooperativa.

A diferencia de los dos casos anteriores, el control de las cajas de ahorros no responde a la titularidad de acciones u otros títulos representativos de su capital social porque, para empezar, las cajas de ahorro carecen de capital social. En efecto, el control de las cajas de ahorros se reparte de forma proporcional, según se establezca en sus Estatutos dentro de los límites impuestos por la LCAFB, entre fundadores, impositores,

---

[54] El art. 9.2 de la Ley 13/1989 establece: "*en la Asamblea General cada socio tendrá un voto. No obstante si los Estatutos lo prevén, el voto de los socios podrá ser proporcional a sus aportaciones en el capital social, a la actividad desarrollada o al número de socios de las cooperativas asociadas; en este supuesto, los Estatutos deberán fijar con claridad los criterios de proporcionalidad del voto*". En todo caso, las personas jurídicas no podrán realizar aportaciones superiores al 20% del capital social, y las personas físicas no podrán superar el 2,5% de éste (cfr. art. 7.3 de la Ley 13/1989).

Administraciones, entidades y corporaciones de Derecho público, trabajadores y entidades representativas de intereses colectivos[55]. Las personas que, en cada ocasión, van a ejercer la representación de todos los intereses indicados –denominados consejeros generales– son elegidas con ocasión de cada asamblea general de acuerdo con el procedimiento interno establecido[56]. Así pues, no resulta en la práctica posible la toma de control sobre cajas de ahorros ya constituidas en los mismos términos que puede hacerse en bancos o en cooperativas de crédito.

Por tanto, el acceso a la actividad del crédito mediante la toma de control sobre entidades ya existentes deberá entenderse referido a la toma de control de bancos o, en ciertas circunstancias, de cooperativas de crédito.

3.2 ADQUISICIÓN DE PARTICIPACIONES SIGNIFICATIVAS E INCREMENTO DE LA PARTICIPACIÓN EN ENTIDADES DE CRÉDITO: DELIMITACIÓN CONCEPTUAL

No toda adquisición de cuotas de control sobre una entidad de crédito es objeto de autorización administrativa previa. Con arreglo a la normativa aplicable, sólo se sujeta a autorización: **(i)** la adquisición de una participación significativa; o **(ii)** un incremento, directo o indirecto, de la participación en una entidad de crédito de tal forma que, o el porcentaje de derechos de voto o de capital poseído resulte igual o superior al 20%, 30% o 50%, o que, en virtud de la adquisición, se pudiera llegar a controlar la entidad de crédito (art. 17.1 de la LOSSEC). Ambos supuestos difieren entre sí y deben ser correctamente delimitados.

La noción de "adquisición de una participación significativa" en una entidad de crédito es delimitada en la Ley tanto positiva como negativamente:

1º. Delimitación positiva: de acuerdo con el art. 16.1 de la LOSSEC, una participación significativa es aquélla que alcance, de forma directa o indirecta, al menos un 10% del capital o de los derechos de voto de la entidad, así como aquélla que, sin llegar a ese porcentaje, permita ejercer una influencia notable. Desde esta óptica, tres son las dimensiones que abarca el concepto de participación significativa:

   (i) Control directo de al menos un 10% del capital social o de los derechos de voto de la entidad "*adquiridos directamente por el adquirente*" (art. 23.1-*a)*

---

55 Según establece el art. 4.3 de la LCAFB, el número de representantes de los anteriores intereses deberá ajustarse a las reglas establecidas por el fundador que, en todo caso, deberán garantizar que los representantes de los impositores sean entre el 50% y el 60% del total; los representantes de Administraciones públicas y entidades y corporaciones de Derecho público no superen el 25%; los representantes de los trabajadores sean inferiores al 20%; y por debajo de la misma cota se mantenga también el número de representantes de las entidades representativas de intereses colectivos.

56 Estos procedimientos deberán adecuarse a las normas contenidas en los arts. 5 a 8 de la LCAFB.

del RD 84/2015. De acuerdo con el art. 23.2 del RD 84/2015, "*los derechos de voto se calcularán sobre la totalidad de las acciones que los atribuyan, incluso en los supuestos en que el ejercicio de tales derechos esté suspendido*".

(ii) Control indirecto de la misma cota del capital social o de los derechos de voto, entendiendo por tal[57]:

- El ejercido mediante sociedades controladas o participadas por el adquirente potencial (art. 23.1-*b)* del RD 84/2015)[58].
- El ejercido mediante sociedades integradas en el mismo grupo que el adquirente potencial o participadas por entidades de su grupo (art. 23.1-*c)* del RD 84/2015).

---

57 De acuerdo con el art. 23.5 del RD 84/2015, "*las participaciones indirectas se tomarán por su valor, cuando el adquirente potencial tenga el control de la sociedad interpuesta, y por lo que resulte de aplicar el porcentaje de participación en la interpuesta, en caso contrario*". El control indirecto del capital social o de los derechos de voto ha sido clarificado por la ABE, junto con las demás AES, en el documento titulado *Joint consultation paper. Draft Joint Guidelines on the prudential assessment of acquisitions and increases of qualifying holdings in the financial sector*, de 3 de julio de 2015, JC/CP/2015/003, disponible en: https://eba.europa.eu/sites/default/documents/files/documents/10180/1131999/97d8dc53-fb8e-479c-90b0-b5286d8a4911/JC%20CP%202015%20003%20%28CP%20on%20Joint%20Guidelines%20on%20Qualifying%20Holdings%29.pdf?retry=1 (enlace consultado el 10 de mayo de 2020). Existe una traducción al español realizada por el BdE y disponible en: https://www.bde.es/f/webbde/INF/MenuHorizontal/Normativa/guias/JC-GL-2016-01_ES.pdf (enlace consultado el 10 de mayo de 2020). *Vid.*, a este respecto, pp. 17-18.

58 De acuerdo con el art. 23.6 del RD 84/2015, "*se considerarán sociedades controladas aquéllas en las que el adquirente potencial ostente el control por darse alguno de los supuestos previstos en el artículo 42 del Código de Comercio y participadas aquéllas en las que se posea, de manera directa o indirecta, al menos un 20 por ciento de los derechos de voto del capital de una empresa o entidad, o el 3 por ciento si sus acciones están admitidas a cotización en un mercado regulado*". El art. 42 del CCO define "grupo" en los siguientes términos": "*existe un grupo cuando una sociedad ostente o pueda ostentar, directa o indirectamente, el control de otra u otras. En particular, se presumirá que existe control cuando una sociedad, que se calificará como dominante, se encuentre en relación con otra sociedad, que se calificará como dependiente, en alguna de las siguientes situaciones: a) Posea la mayoría de los derechos de voto. b) Tenga la facultad de nombrar o destituir a la mayoría de los miembros del órgano de administración. c) Pueda disponer, en virtud de acuerdos celebrados con terceros, de la mayoría de los derechos de voto. d) Haya designado con sus votos a la mayoría de los miembros del órgano de administración, que desempeñen su cargo en el momento en que deban formularse las cuentas consolidadas y durante los dos ejercicios inmediatamente anteriores. En particular, se presumirá esta circunstancia cuando la mayoría de los miembros del órgano de administración de la sociedad dominada sean miembros del órgano de administración o altos directivos de la sociedad dominante o de otra dominada por ésta. Este supuesto no dará lugar a la consolidación si la sociedad cuyos administradores han sido nombrados, está vinculada a otra en alguno de los casos previstos en las dos primeras letras de este apartado. A los efectos de este apartado, a los derechos de voto de la entidad dominante se añadirán los que posea a través de otras sociedades dependientes o a través de personas que actúen en su propio nombre pero por cuenta de la entidad dominante o de otras dependientes o aquellos de los que disponga concertadamente con cualquier otra persona*".

– El ejercido por otras personas que actúen por cuenta del adquirente potencial o concertadamente con él o con sociedades de su grupo, incluyendo los derechos de voto ejercidos en virtud de un acuerdo con un tercero que obligue a sus firmantes a adoptar una política común duradera en relación con la gestión de la entidad o que tenga por objeto influir de manera relevante en la misma, así como los derechos de voto que puedan ejercerse en virtud de un acuerdo con un tercero que prevea la transferencia temporal y a título oneroso al adquirente potencial de los derechos de voto en cuestión (art. 23.1-*d)* del RD 84/2015)[59].

---

59 De acuerdo con el *Joint consultation paper* citado, la acción concertada se define como la situación en la que: "*any legal or natural persons who decide to acquire or increase a qualifying holding in accordance with an explicit or implicit agreement between them. Target supervisors should not be precluded from concluding that certain persons are acting in concert merely due to the fact that one or several such persons are passive, as inaction may be one of the elements that contribute to creating the conditions for an acquisition or increase of a qualifying holding*" ["*cualquier persona física o jurídica decide adquirir o incrementar una participación cualificada en virtud de un acuerdo explícito o implícito entre ellas. No debe impedirse que los supervisores de destino concluyan que determinadas personas actúan de forma concertada por el mero hecho de que una o varias de esas personas sean pasivas, ya que la pasividad puede ser uno de los elementos que contribuyan a crear las condiciones para una adquisición o incremento de una participación cualificada*" (traducción propia)] (p. 13). Y, seguidamente, la ABE ofrece ciertos criterios para que la Administración supervisora competente pueda decidir si existe acción concertada, tales como: "*shareholder agreements or other evidence of collaboration and agreements on matters of corporate governance (excluding however pure share purchase agreements, tag along and drag along agreements and pure statutory pre-emption rights); the existence of family relationships; the relationship between a proposed acquirer who holds a senior management position or is a member of a management body or of a management body in its supervisory function, including the person who effectively directs the business of the undertaking, and the undertaking in which the proposed acquirer holds such position; the relationship between undertakings in the same group (excluding, however, those situations which satisfy the independence criteria set out in paragraph 4 or, as the case may be, 5 of Article 12 of Directive 2004/109/EC on the harmonisation of transparency requirements in relation to information about issuers whose securities are admitted to trading on a regulated market, as subsequently amended); the use by different persons of the same source of finance for the acquisition or increase of holdings in the target undertaking; and consistent patterns of voting by the relevant shareholders*" ["*los acuerdos entre accionistas u otras pruebas de colaboración y los acuerdos sobre cuestiones de gobierno corporativo (excluidos, no obstante, los acuerdos puros de adquisición de acciones, los acuerdos de acompañamiento y arrastre y los derechos preferentes estatutarios puros); la existencia de relaciones familiares; la relación entre un adquirente potencial que ocupe un cargo de alta dirección o sea miembro de un órgano de dirección o de un órgano de dirección en su función de supervisión, incluida la persona que dirija de manera efectiva las actividades de la empresa, y la empresa en la que el adquirente potencial ocupe dicho cargo; la relación entre empresas del mismo grupo (excluidas, no obstante, las situaciones que satisfagan los criterios de independencia establecidos en el apartado 4 o, en su caso, 5 del artículo 12 de la Directiva 2004/109/CE sobre la armonización de los requisitos de transparencia relativos a la información sobre los emisores cuyos valores se admiten a negociación en un mercado regulado, con sus modificaciones posteriores); la utilización por distintas personas de la misma fuente de financiación para la adquisición o el incremento*

- El ejercido mediante derechos de voto adquiridos a través de persona interpuesta (art. 23.1-*e)* del RD 84/2015).
- El ejercido mediante derechos de voto que puedan controlarse, declarando expresamente la intención de ejercerlos, como consecuencia del depósito de las acciones correspondientes como garantía (art. 23.1-*f)* del RD 84/2015).
- El ejercido mediante derechos de voto que puedan ejercerse en virtud de acuerdos de constitución de un derecho de usufructo sobre acciones (art. 23.1-*g)* del RD 84/2015).
- El ejercido mediante derechos de voto vinculados a acciones depositadas en el adquirente potencial, si éste puede ejercerlos discrecionalmente en ausencia de instrucciones específicas dadas por los accionistas (art. 23.1-*h)* del RD 84/2015).
- El ejercido mediante derechos de voto que el adquirente potencial pueda ejercer en calidad de representante cuando los pueda ejercer discrecionalmente también en ausencia de instrucciones específicas de los accionistas (art. 23.1-*i)* del RD 84/2015).
- El ejercido mediante derechos de voto que el adquirente potencial pueda ejercer mediante acuerdos o negocios de depósito, usufructo o representación que haya celebrado una entidad controlada por el adquirente potencial (art. 23.1-*j)* del RD 84/2015).

(iii) Ejercicio de una influencia notable, aun cuando ésta derive de un porcentaje del capital o de los derechos de voto controlados directa o indirectamente inferior al 10% (art. 16.1 párrafo segundo, de la LOSSEC). De acuerdo con el art. 23.7 del RD 84/2015, se entiende por influencia notable la posibilidad de nombrar o destituir algún miembro del consejo de administración de la entidad de crédito[60].

---

de participaciones en la empresa objetivo; y pautas coherentes de votación por parte de los accionistas pertinentes" (traducción propia)] (pp. 13-14).

60 El citado *Joint consultation paper* contiene otros criterios para determinar si el potencial adquirente ejerce una influencia notable sobre la entidad, tales como "*the existence of material and regular transactions between a proposed acquirer and the target undertaking; the background of each member or shareholder in relation to the target undertaking; the enjoyment by the proposed acquirer of additional rights in the target undertaking, by virtue of a contract entered into or of a provision contained in the target undertaking's articles of association or other constitutional documents; the proposed acquirer being a member, or having a representative or being able to appoint a representative in the management body, the management body in its supervisory function or any similar body of the target undertaking; the overall ownership structure of the target undertaking or of a parent undertaking of the target undertaking, having regard in particular as to whether shares or participating interests*

2º. Delimitación negativa: de acuerdo con el art. 23.2 del RD 84/2015, no se computarán, a efectos de determinar la existencia de una participación significativa, las acciones adquiridas exclusivamente a efectos de compensación y liquidación dentro del ciclo corto de liquidación habitual[61], las que se puedan poseer por haber proporcionado el aseguramiento o la colocación de instrumentos financieros sobre la base de un compromiso firme, siempre que los derechos de voto correspondientes no se ejerzan o utilicen para intervenir en la administración de la entidad de crédito y se cedan en el plazo de un año desde su adquisición, las poseídas en virtud de una relación contractual para la prestación del servicio de administración y custodia de valores, siempre que la entidad sólo pueda ejercer los derechos de voto inherentes a dichas acciones con instrucciones formuladas por el propietario, las adquiridas por parte de un creador de mercado que esté autorizado a operar como tal por la normativa aplicable[62] y no intervenga en la

---

and voting rights are distributed across a large number of shareholders or members; the existence of relationships between the proposed acquirer and the existing shareholders and any shareholders agreement that would enable the proposed acquirer to exercise significant influence; the proposed acquirer's position within the group structure of the target undertaking; and the proposed acquirer's ability to participate in the operating and financial strategy decisions of the target undertaking" ["*la existencia de transacciones importantes y regulares entre un adquirente potencial y la empresa objetivo; los antecedentes de cada socio o accionista en relación con la empresa objetivo; el disfrute por el adquirente potencial de derechos adicionales en la empresa objetivo, en virtud de un contrato celebrado o de una disposición contenida en los estatutos u otros documentos constitutivos de la empresa objetivo; el hecho de que el adquirente potencial sea miembro o tenga un representante o pueda nombrar a un representante en el órgano de dirección, en el órgano de dirección en su función de supervisión o en cualquier órgano similar de la empresa objetivo; la estructura general de propiedad de la empresa objetivo o de una empresa matriz de la empresa objetivo, teniendo en cuenta, en particular, si las acciones o participaciones y los derechos de voto están distribuidos entre un gran número de accionistas o socios; la existencia de relaciones entre el adquirente potencial y los accionistas existentes y cualquier acuerdo de accionistas que permita al adquirente potencial ejercer una influencia significativa; la posición del adquirente potencial dentro de la estructura de grupo de la empresa objetivo; y la capacidad del adquirente potencial para participar en las decisiones de estrategia operativa y financiera de la empresa objetivo*" (traducción propia)] (p. 16).

61 El art. 23.2-*a)* del RD 84/2015 aclara que, en este sentido, "*la duración máxima del ciclo corto de liquidación habitual será de tres días hábiles bursátiles a partir de la operación y se aplicará tanto a operaciones realizadas en un mercado secundario oficial o en otro mercado regulado como a las realizadas fuera de él*", así como a operaciones realizadas sobre instrumentos financieros.

62 Directiva 2019/2177 del Parlamento Europeo y del Consejo de 18 de diciembre de 2019 por la que se modifica la Directiva 2009/138/CE sobre el acceso a la actividad de seguro y de reaseguro y su ejercicio (Solvencia II), la Directiva 2014/65/UE relativa a los mercados de instrumentos financieros y la Directiva 2015/849 relativa a la prevención de la utilización del sistema financiero para el blanqueo de capitales o la financiación del terrorismo; Directiva 2020/1504 del Parlamento Europeo y del Consejo, de 7 de octubre de 2020, por la que se modifica la Directiva 2014/65/UE relativa a los mercados de instrumentos financieros; Directiva 2021/338 del Parlamento Europeo y del Consejo de 16 de febrero de 2021 por la que se modifica la Directiva 2014/65/UE en lo relativo a los requisitos de información, la gobernanza de productos y la limitación de posiciones, y las Directivas 2013/36/

gestión de la entidad de crédito de que se trate ni ejerza influencia alguna sobre ella para adquirir las acciones ni respalde el precio de la acción de ninguna otra forma, y las incorporadas a una cartera gestionada discrecional e individualizadamente siempre que la empresa de servicios de inversión, sociedad gestora de instituciones de inversión colectiva o entidad de crédito, sólo pueda ejercer los derechos de voto inherentes a dichas acciones con instrucciones precisas por parte del cliente[63].

Por su parte, el "incremento directo o indirecto de la participación" no implica necesariamente la adquisición de un paquete accionarial o de derechos de voto de un volumen determinado, sino que hace referencia a cualquier adquisición de acciones o derechos de voto, por muy pequeña que ésta sea, que suponga un rebasamiento de las cotas del 20%, el 30% o el 50%, o la toma de control de la entidad (art. 17.1 de la LOSSEC)[64]. Es decir, mientras que la adquisición de participaciones significativas no tiene lugar si las acciones o los derechos de voto no representan por sí mismos un volumen del 10% de los totales o permiten ejercer una influencia notable en los términos expuestos, el incremento tiene lugar cualquiera que sea el tamaño del paquete accionarial o de los derechos de voto adquiridos siempre que produzcan los efectos descritos. Los criterios para adicionar las acciones o derechos de voto poseídos por el adquirente son razonablemente los mismos que los previstos para computar las participaciones significativas.

Los dos supuestos indicados (adquisición de participaciones significativas o incremento del control por encima de ciertos umbrales) constituyen, en sus múltiples manifestaciones, los dos únicos supuestos sujetos a autorización administrativa previa.

UE y (UE) 2019/878 en lo relativo a su aplicación a las empresas de servicios de inversión con el fin de contribuir a la recuperación de la crisis de la COVID-19; Directiva 2019/2034 del Parlamento Europeo y del Consejo, de 27 de noviembre de 2019 relativa a la supervisión prudencial de las empresas de servicios de inversión, y por la que se modifican las Directivas 2002/87/CE, 2009/65/CE, 2/UE, 2013/36/UE, 2014/59/UE y 2014/65/UE; o Directiva del Parlamento Europeo y del Consejo por la que se modifican las Directivas 2006/43/CE, 2009/65/CE, 2009/138/UE, 2011/61/UE, 2013/36/UE, 2014/65/UE, (UE) 2015/2366 y (UE) 2016/2341, transpuestas al ordenamiento español por la Ley 6/2023, de 17 de marzo, del Mercado de Valores y de los Servicios de Inversión.

63 Para el caso de que el adquirente potencial sea una entidad dominante de una sociedad gestora de instituciones de inversión colectiva, el art. 23.4-*a)* del RD 84/2015 establece criterios adicionales para la delimitación negativa de las participaciones significativas. Lo mismo hace el art. 23.4-*b)* del RD 84/2015 para el caso de que el adquirente potencial sea una entidad que ejerza el control de una empresa de servicios de inversión.

64 El precepto es trasunto del art. 22.1 de la CRD IV. Este precepto permite a los Estados prescindir del umbral del 30% en los casos de sociedades cotizadas que, en virtud de la normativa aplicable, deban requerir autorización administrativa previa para la adquisición de participaciones que impliquen rebasar la cota del tercio del capital o los derechos de voto totales de la entidad. España, sin embargo, no ha ejercitado la opción y mantiene el control cuando se rebase la cota del 30% referida.

La normativa recoge otras circunstancias relativas a la alteración del capital de las entidades de crédito que deben ser comunicados a la Administración supervisora pero que no requieren empero autorización previa (por ejemplo, la adquisición de una participación –calculada con base en los criterios referidos– superior al 5% que, por no atribuir el ejercicio de una influencia notable o por no rebasar las cotas indicadas o proveer con el control de la entidad, no requiera autorización previa, debe ser comunicada al BdE más pronto tenga lugar: cfr. art. 17.3 de la LOSSEC; la intención de reducir, directa o indirectamente, la participación significativa en una entidad de crédito, donde la notificación es previa: cfr. art. 21 de la LOSSEC; o, por parte de las entidades de crédito, cualquier adquisición o cesión de participaciones en su capital de que tengan conocimiento: cfr. art. 22.1 de la LOSSEC). Sin embargo, las normas citadas no configuran un derecho de oposición para el BdE en todos estos casos, en el entendido de que se trata de situaciones que no son susceptibles de lesionar el bien jurídico protegido por las normas aplicables.

3.3 PROCEDIMIENTO DE AUTORIZACIÓN

Según se ha apuntado ya, el procedimiento previsto para el ejercicio de la potestad autorizatoria examinada se engloba, junto con el previsto para la autorización para el ejercicio de la actividad del crédito, bajo la rúbrica "*procedimientos comunes*" en la Parte V del Reglamento 468/2014. Ello supone que, al igual que aquél, el procedimiento consta de dos partes, cada una de las cuales está protagonizada por una Administración (nacional o europea).

Ahora bien, existe una gran diferencia entre ambos procedimientos: mientras que durante el procedimiento de autorización para el ejercicio de la actividad del crédito la ANC realiza una aportación determinante del contenido de la decisión final (la relativa al cumplimiento o incumplimiento de los requisitos establecidos en la legislación nacional), en el procedimiento de autorización de la adquisición de participaciones significativas o incremento de participación en las entidades de crédito la ANC únicamente realiza una propuesta que en modo alguno vincula al BCE en su decisión final[65]. Por esa razón, este segundo procedimiento, en buena técnica, no puede ser considerado un "procedimiento compuesto" en el sentido del Derecho de la UE.

---

[65] El Tribunal de Justicia de la UE no ha dejado lugar a la duda: en el procedimiento de autorización de adquisición de participaciones significativas o incremento de la participación en entidades de crédito, "*la función de las autoridades nacionales consiste (...) en registrar las solicitudes de autorización, prestar asistencia al BCE, único titular de la facultad decisoria, en particular comunicándole toda la información necesaria para que pueda ejercer sus funciones, tramitando dichas soluciones y transmitiendo posteriormente al BCE una propuesta de decisión que no vincula a este, propuesta cuya notificación al solicitante, por otro lado, está prevista por el Derecho de la Unión*" (n. 55 de la Sentencia de 19 de diciembre de 2018; TOL6.956.007).

3.3.1 Fase nacional

La solicitud debe presentarse, en todo caso, ante el BdE (cfr. art. 17 de la LOSSEC).

El BdE debe informar al BCE de la recepción de la solicitud en los cinco días hábiles siguientes (art. 85.1 del Reglamento 468/2014), indicándole el plazo máximo establecido en la legislación nacional (art. 85.3 del Reglamento 468/2014) (que, en el caso español, es de sesenta días[66]). El transcurso de ese plazo sin que se haya dictado resolución produce efectos estimatorios.

El BdE deberá llevar a cabo la evaluación de la adquisición o incremento de la participación propuesta en el plazo de los cincuenta días hábiles posteriores a que reciba la notificación (art. 25.4 del RD 84/2015 y art. 15.2 del Reglamento 1024/2013) que, sin embargo, el Reglamento 468/2014 acorta a cuarenta y cinco días hábiles (art. 86.2). Ello, evidentemente, genera un punto de fricción que, en mi opinión, debe resolverse en favor de esta última norma. Y ello por cuanto el art. 15.2 del Reglamento 1024/2013 señala que la ANC debe transmitir la propuesta "*al menos diez días laborables antes de la expiración del correspondiente plazo de evaluación*". La norma dictada por el BCE en su desarrollo impone a las autoridades nacionales competentes la obligación de remitir la propuesta de decisión "*al menos 15 días hábiles antes de que expire el plazo de evaluación establecido en la legislación aplicable de la Unión*", también de sesenta días (art. 22.2, párrafo segundo, de CRD IV)[67]. Por ello, la normativa nacional no puede inobservar los límites impuestos por la normativa europea. Por tanto, el plazo de que dispone el BdE es, en todo caso, de cuarenta y cinco días hábiles, sin perjuicio de las suspensiones que puedan acordarse.

---

66 Cfr. art. 25.5, párrafo tercero, del RD 84/2015. Este plazo puede suspenderse si fuera necesario requerir al interesado información adicional con arreglo a lo previsto en el art. 25.4 del RD 84/2015. Esta suspensión se limitará al tiempo que medie entre la fecha de solicitud de la información adicional y la fecha de recepción de la misma, y en ningún caso podrá exceder los veinte días hábiles (art. 26.1 del RD 84/2015), límite que podrá extenderse a treinta días hábiles si el interesado está domiciliado o autorizado fuera de la Unión Europea o no está sujeto a supervisión financiera en la Unión (art. 26.2 del RD 84/2015). De la interrupción que, en su caso, se acuerde, el BdE debe informar al BCE, al cual deberán remitir la información adicional en el plazo de cinco días hábiles posteriores a su recepción (art. 85.2 del Reglamento 468/2014).

67 Este acortamiento proviene de la necesidad de conciliar los plazos anteriores con los previstos en el art. 26.8 del Reglamento 1024/2013 para la toma de decisiones por el BCE en materia de supervisión prudencial, que confiere al Consejo de Gobierno un plazo común de diez días para oponerse al proyecto de decisión que le eleve el Consejo de Supervisión, el cual puede ser acortado por la normativa de procedimiento correspondiente. Como esta cuestión no se encuentra regulada en este punto, permitir al BCE contar con el propuesta elevada por la ANC quince días antes permite que el Consejo de Supervisión disponga de, al menos, cinco días para preparar el proyecto de decisión que elevar al Consejo de Gobierno para que, en su caso, se oponga en el plazo común de diez días previsto en el art. 26.8 del Reglamento 1024/2013.

Durante el procedimiento de evaluación, el BdE tiene que recabar los siguientes informes:

1°. Del SEPBLAC, en el ámbito de sus competencias, con la finalidad de garantizar una gestión sana y prudente de la entidad de crédito y atendiendo a la posible influencia del adquirente potencial (art. 18.1 de la LOSSEC), quien deberá evacuarlo en el plazo de treinta días a contar desde aquél en que hubiera recibido la notificación (art. 25.2 del RD 84/2015). Este plazo se verá interrumpido si el BdE solicita al interesado información adicional en los términos ya expuestos (art. 26.3 del RD 84/2015).

2°. De la CNMV y de la DGSFP, en el ámbito de sus competencias (art. 19.2 de la LOSSEC), en relación con la idoneidad de los adquirentes potenciales y de la honorabilidad y experiencia de los administradores y directivos que se vayan a nombrar y, en particular, de aquéllos que ocupen alguno de esos cargos en otra sociedad del mismo grupo (art. 19.4 de la LOSSEC).

3°. De las autoridades de supervisión de otros Estados miembro, si el adquirente potencial es una entidad o una sociedad gestora de instituciones de inversión colectiva o de fondos de pensiones autorizada en otro Estado miembro; la sociedad matriz de alguna de los anteriores autorizada en otro Estado miembro; o una persona física o jurídica que ejerza el control sobre una entidad o una sociedad gestora de instituciones de inversión colectiva o de fondos de pensiones autorizada en otro Estado miembro (art. 19.1 de la LOSSEC). Las consultas recíprocas que deban hacerse entre autoridades europeas de supervisión deben ajustarse a lo previsto en el Reglamento de Ejecución 2017/461.

Las reservas u objeciones que estas Administraciones realicen sobre los proyectos de autorización deberán figurar en el proyecto de decisión (art. 25.3 del RD 84/2015)

La evaluación que debe realizar el BdE debe atenerse a la denominada "regla de los cinco criterios" acuñada por la ABE[68] y recogida en el art. 25.1 del RD 84/2015[69]. De acuerdo con este último, el BdE debe analizar:

---

68 *Five assessment criteria* contenidos en su ya citado *Joint consultation paper*, pp. 21-29. Para la ABE, estos criterios son: reputación del adquirente en términos de integridad y competencia profesional; reputación y experiencia de quien va a dirigir la entidad bajo el nuevo control; capacidad y solvencia económica del adquirente y de la entidad de crédito; mantenimiento de la "solvencia prudencial" exigida por la normativa aplicable a la entidad de crédito; y que no exista sospecha de blanqueo de capitales.

69 El precepto transpone el art. 23.1 de la CRD IV, que recoge los citados *five assessment criteria* de la ABE.

1º. Requisitos subjetivos:

(i) Honorabilidad comercial y profesional del adquirente potencial de acuerdo con lo previsto en el art. 30 del RD 84/2015 ya explicado *ut supra*[70].

---

[70] En relación con la evaluación de la honorabilidad de los potenciales adquirentes de paquetes accionariales cualificados en entidades de crédito, la Sentencia del Tribunal General de la UE de 2 de febrero de 2022 (asunto T-27/19, *Pilatus Bank plc* y *Pilatus Holding Ltd. vs. BCE* y *Comisión Europea*) (TOL8.773.690) ha indicado que: "*en segundo lugar, es preciso señalar que el concepto de buena reputación es un concepto jurídico indeterminado. En efecto, el artículo 23, apartado 1, de la Directiva 2013/36 no contiene una definición exhaustiva de dicho concepto ni una relación de los comportamientos que pueden incluirse en el ámbito de aplicación de este. Esto supone que las autoridades competentes examinarán caso por caso si un accionista propuesto para la adquisición de una participación cualificada en una entidad de crédito cumple el criterio de buena reputación, teniendo en cuenta los hechos pertinentes, los motivos que subyacen a este criterio y los objetivos que tal criterio pretende garantizar. Por tanto, el principio de seguridad jurídica no se opone a que dichas autoridades gocen de cierto margen de apreciación en la aplicación del criterio en cuestión. Además, con arreglo a una jurisprudencia reiterada, para interpretar una disposición de Derecho de la Unión procede tener en cuenta no solo su tenor literal, sino también su contexto y los objetivos perseguidos por la normativa de la que forma parte (véase, en este sentido, la sentencia de 7 de junio de 2005, VEMW y otros, C-17/03, EU:C:2005:362, apartado 41 y jurisprudencia citada). A este respecto, en primer término, el punto 10.9 de las Directrices conjuntas sobre evaluación cautelar de las adquisiciones y de los incrementos de participaciones cualificadas en el sector financiero, adoptadas por la Autoridad Bancaria Europea (ABE), la Autoridad Europea de Seguros y Pensiones de Jubilación (AESPJ) y la Autoridad Europea de Valores y Mercados (AEVM), indica, por una parte, que se considerará que [el adquiriente propuesto] goza de buena reputación cuando no existan pruebas que indiquen lo contrario y el supervisor designado no tenga motivos razonables para dudar de su buena reputación y, por otra parte, que se tendrá en cuenta toda la información pertinente disponible para la evaluación. En segundo término, es preciso indicar que, en el sentido habitual, la buena reputación se refiere a la condición de una persona que se ajusta a las normas y costumbres y al crédito de que goza esa persona entre el público en cuanto a esa aptitud y a su comportamiento. Así pues, la buena reputación no solo depende del comportamiento de una persona, sino también de la percepción ajena de ese comportamiento. En tercer término, es necesario recordar que la evaluación de la buena reputación de los accionistas de las entidades de crédito tiene por objeto garantizar una gestión sólida y prudente de dichas entidades, asegurar el mantenimiento de la idoneidad y la solidez financiera de los propietarios de las entidades de crédito y, de este modo, garantizar la defensa y la solidez del sistema financiero dentro de la Unión y en cada uno de los Estados miembro (considerandos 16, 17 y 22 del Reglamento n.o 1024/2013). Ahora bien, la consecución de los objetivos perseguidos por la normativa de la que forma parte el artículo 23, apartado 1, de la Directiva 2013/36 depende en gran medida de la confianza del público y de los actores del mercado bancario por lo que respecta a las entidades de crédito. En efecto, la pérdida de tal confianza puede conllevar para esas entidades la pérdida de financiación y generar así un riesgo no solo para la entidad de que se trate, sino para el sistema financiero dentro de la Unión y en cada uno de los Estados miembro. Por consiguiente, procede considerar que la buena reputación de los accionistas de las entidades de crédito debe evaluarse teniendo en cuenta la conformidad de su conducta con las leyes y normativas aplicables, así como la percepción de dicha conducta y de su reputación por el público y por los actores de los mercados financieros*" (nn. 73 a 80). Sobre esta Sentencia y la valoración que hace de los criterios de buena reputación en el contexto de los procedimientos de autorización de adquisición de participaciones cualificadas, *vid.* Lara Ortiz, María Lidón, "La revocación

(ii) Idoneidad de la nueva administración y dirección de acuerdo con lo previsto en el art. 29 del RD 84/2015, también explicado.

2º. Requisito objetivo de tipo jurídico: ausencia de indicios que permitan suponer que la operación guarda relación con o incrementa el riesgo de que se puedan producir operaciones de blanqueo de capitales o de financiación del terrorismo, de acuerdo con la normativa aplicable, para lo cual el informe citado del SEPBLAC deviene capital.

3º. Requisitos objetivos relativos a la solvencia económica de los partícipes en la operación y de la entidad de crédito:

(i) Solvencia financiera del adquirente potencial para atender los compromisos asumidos, en especial en relación con el tipo de actividad que se ejerza o esté previsto ejercer en la entidad de crédito de la que se propone la adquisición.

(ii) Capacidad de la entidad de crédito de cumplir de forma duradera con la ordenación prudencial que le resulta de aplicación (y, en particular, si la estructura resultante impide ejercer una supervisión eficaz).

Realizada la anterior evaluación, el BdE preparará una propuesta de decisión que deberá elevar al BCE en los plazos previstos. A este respecto, el Reglamento 1024/2013 habla de "propuesta" de adquisición (cfr. art. 15.2), mientras que el Reglamento 468/2014 y el RD 84/2015 se refieren a "proyecto" de decisión (cfr. arts. 86.2 y 25.5, respectivamente). En mi opinión, la denominación de la primera norma resulta más acertada, pues permite distinguir el contenido del acto de trámite que prepara en este caso el BdE en cuanto ANC del que elabora en el caso de las autorizaciones para el ejercicio de la actividad, donde sí realiza una aportación determinante del contenido del acto definitivo. La ANC no debe notificar al interesado la propuesta de decisión, a diferencia de lo que ocurría con el proyecto de decisión de autorización para ejercer la actividad del crédito (cfr. art. 88.3 del Reglamento 468/2014).

En todo caso, el art. 25.1, párrafo primero, del RD 84/2015 limita el contenido negativo de la propuesta que debe elevar el BdE a aquellos casos en los que "*haya motivos razonables para ellos, sobre la base de los criterios establecidos en el apartado 1*", lo cual es una obviedad pues lo contrario sería desproporcionado y arbitrario, y no respondería al carácter reglado de la autorización. Más interés tiene lo previsto en el párrafo segundo del mismo precepto, con arreglo al cual si el BdE tuviera objeciones a la adquisición deberá ponerlo de manifiesto al adquirente potencial por escrito, quien contará con un plazo de dos días hábiles para formular las alegaciones que a su derecho convengan.

---

de autorizaciones para ejercer la actividad de crédito en el marco del Mecanismo Único de Supervisión. A propósito de la Sentencia del Tribunal General, del Tribunal de Justicia de la Unión Europea (Sala Novena ampliada), de 2 de febrero de 2022, en el asunto T-27/19", *RDBB* núm. 167 (julio-septiembre, 2022).

Aunque el artículo no va más allá, creo razonable entender que ese trámite de alegaciones deba sustanciarse durante los cuarenta y cinco días previstos en la normativa aplicable para la fase nacional, esto es, la notificación al adquirente potencial deberá sustanciarse no más tarde del día cuarenta y dos. Una vez recibidas las alegaciones del adquirente potencial, deberá ser el BCE quien finalmente decida sobre la adquisición propuesta. El BdE no podrá imponer condiciones previas en cuanto a la cuantía de la participación que deba adquirirse ni tendrá en cuenta las necesidades económicas del mercado (art. 25.3 del RD 84/2015).

Por último, el BdE, de oficio o a solicitud del interesado, podrá hacer públicos los motivos que justifican su proyecto de decisión siempre que la información revelada no afecte a terceros ajenos a la operación (art. 25.8 del RD 84/2015).

3.3.2 Fase europea

La regulación relativa a la fase europea es bastante exigua. El art. 15.3 del Reglamento 1024/2013 únicamente establece que el BCE deberá decidir si se opone o no a la adquisición basándose en los criterios de evaluación establecidos en el Derecho aplicable de la UE, a lo que el art. 87 del Reglamento 468/2014 añade que deberá basarse también en el proyecto de decisión remitido por la ANC. Ya se ha explicado extensamente que la determinación del contenido final de la decisión corresponde, exclusivamente, al BCE.

En el interior del BCE, el proyecto de decisión debe prepararlo el Consejo de Supervisión, para lo cual contará con el plazo que reste hasta alcanzar el día quincuagésimo, en el cual deberá, como tarde, elevar el correspondiente proyecto de decisión al Consejo de Gobierno para que decida con arreglo al procedimiento de no objeción previsto en el art. 26.8 del Reglamento 1024/2013.

En los casos en los que la aplicación de instrumentos de resolución pueda dar lugar al supuesto de hecho que motiva la necesidad de notificar a la Administración supervisora competente la adquisición de participaciones significativas, la normativa relevante establece un régimen de plazos inferior dirigido a garantizar la plena efectividad de los instrumentos de resolución[71].

La decisión final que adopte el BCE será notificada a los particulares (art. 88.1 del Reglamento 468/2014) y al BdE (art. 88.2). La notificación deberá practicarse según lo previsto en el art. 35 del Reglamento 468/2014. Contra la decisión del BCE cabe recurso administrativo ante el CAR o, directamente, recurso ante el Tribunal de Justicia de la UE.

---

71 Así, el art. 26.6 de la Ley 11/2015, que reduce tal plazo a cinco días en el caso de aplicación del instrumento de venta de la entidad, o art. 44.4 de la misma norma, que establece un plazo indeterminado "*que no retrase, dificulte o impida la aplicación de las medidas adoptadas por el FROB*" en el caso de aplicación del instrumento de recapitalización interna.

3.4 EFECTOS DE LA FALTA DE AUTORIZACIÓN

Finalmente, el art. 20 de la LOSSEC sanciona la adquisición de participaciones significativas en entidades de crédito[72] sin autorización con una triple consecuencia: (i) suspensión de los derechos políticos correspondientes a las participaciones adquiridas irregularmente[73]; (ii) si concurrieran las razones para ello, la intervención de la entidad o la sustitución de sus administradores[74]; y (iii) la aplicación de las sanciones que correspondan[75].

4. EJERCICIO DE LA ACTIVIDAD (I): ACTUACIÓN TRANSFRONTERIZA

Mientras desarrollan el negocio de que se trate, los empresarios toman decisiones y actúan. Sin embargo, puede ocurrir que algunas de estas actuaciones puedan llegar a dañar el bien jurídico protegido por la normativa aplicable. Es por ello que el ordenamiento prevé que ciertos actos llevados a cabo por las entidades de crédito durante su normal actividad económica deban ser autorizados previamente por la Administración.

Grosso modo, en el específico ámbito del crédito las actuaciones potencialmente dañosas para la estabilidad del sistema financiero que se sujetan a autorización previa pueden agruparse en dos clases: la actividad transfronteriza de las entidades de crédito (tanto extranjeras en España como españolas en el extranjero) y determinadas vicisitudes societarias que pueden sufrir las entidades de crédito. En el presente epígrafe se aborda la primera, y, en el siguiente, se examinan las segundas.

---

72 No así el incremento de la participación, lo cual obedezca quizá más a un descuido que a una verdadera intención de que ese incremento sin autorización no produzca los efectos anteriores.

73 Añade el art. 20-*a)* de la LOSSEC que, si esos derechos llegan a ejercerse, los votos emitidos serán nulos y los acuerdos adoptados con ellos impugnables judicialmente, si esos votos hubieran sido determinantes para la adopción del acuerdo. A tal efecto, la LOSSEC reconoce legitimación activa al BdE para interponer el correspondiente recurso judicial. Cabría preguntarse aquí si la legitimación no debería corresponder a la Administración que tuviera encomendada la supervisión de la entidad en función de si ésta es o no una entidad significativa, esto es, al BCE o al BdE según los casos. La impugnación a la que se refiere este artículo se corresponde con la prevista en el Capítulo IX del Título V de la LSC, con lo que la impugnación debe, además, observar las reglas previstas en las normas allí contenidas.

74 Se trata de las medidas previstas en los arts. 70 y ss. de la LOSSEC, que forman parte de las potestades correctoras incardinadas en la actividad de supervisión. Vid., a este respecto, Capítulo VI de esta obra.

75 Por infracciones que serán muy graves o graves según la entidad de crédito objetivo sea o no extranjera, respectivamente (cfr. arts. 92-*b)* y 93-*a)* de la LOSSEC).

4.1 CONSIDERACIONES GENERALES

4.1.1 Formas de actuación transfronteriza

Con carácter general, las entidades de crédito cuentan con cuatro alternativas para llevar a cabo actividades económicas fuera del Estado en que han sido autorizadas:

1°. Creación de sucursales: una sucursal puede definirse como una unidad económica autónoma que, sin tener personalidad jurídica propia y diferente de la personalidad de su entidad matriz, cuenta con capacidad para realizar determinadas operaciones de crédito en un territorio determinado[76]. Como es evidente, la autonomía de la sucursal hace que su apertura en un Estado distinto de aquél en que fue autorizada la entidad pueda poner en riesgo la estabilidad del sistema financiero de ese país si la sucursal no cumple con la ordenación establecida en tutela de dicho bien jurídico. Por esa razón, la Administración supervisora del país de apertura de la sucursal debe comprobar, antes de que la sucursal comience a operar en él, que la sucursal reúne ciertas características que garantizan el mínimo riesgo para dicho bien jurídico. La correspondencia entre la ordenación de cada país con la existente en el Estado de origen de la entidad determinará el mayor o menor rigor de los nuevos requisitos que deban satisfacerse para poder obtener tal autorización.

2°. Régimen de libre prestación de servicios: este régimen supone que una entidad de crédito puede llevar a cabo las actividades económicas que le son propias en un Estado distinto de aquél en el que fue autorizada sin necesidad de tener presencia física en éste. Esta forma de actuación transfronteriza también puede suponer un riesgo para la estabilidad del sistema financiero del Estado de acogida, toda vez que supone el desplazamiento de fondos hacia entidades de crédito que escapan de la supervisión de sus autoridades. Por esa razón, el ejercicio de la actividad crediticia bajo esta fórmula también debe ser previamente autorizada por la Administración supervisora del Estado de acogida, siempre que la entidad solicitante reúna ciertos requisitos establecidos en la normativa aplicable.

3°. Constitución de sociedades filiales: una filial es una entidad de crédito sobre la que otra entidad de crédito ejerce el control[77]. Una filial, por tanto, se diferencia

---

[76] El art. 4.1.17 de CRR define una sucursal es una "*sede de explotación que constituya una parte, desprovista de personalidad jurídica, de una entidad, efectúe directamente, de modo total o parcial, las actividades inherentes a la actividad de una entidad*".

[77] El art. 4.1.16 de CRR define por remisión la noción de filial, aludiendo a los arts. 1 y 2 de la Directiva 83/349/CEE, añadiendo que también tendrá la condición de filial cualquier empresa sobre la que una empresa matriz ejerza de manera efectiva una influencia dominante o cualquier filial de

de una sucursal porque, a diferencia de ésta, constituye en sí misma una entidad de crédito que puede existir sin necesidad de que exista su entidad matriz, y, por tanto, cuenta con personalidad jurídica propia. La constitución o adquisición de una filial deberá regirse, por tanto, por la normativa relativa a la creación de una entidad de crédito o adquisición de participaciones significativas o del control de una existente en el Estado de origen. Ello no obstante, esta forma de actuación transfronteriza también puede suponer un riesgo para el Estado en el que se encuentra radicada la entidad matriz (si, por ejemplo, no está preparada para aportar los recursos que son necesarios para el ejercicio de la actividad en ese otro país).

4º. Apertura de oficinas de representación: estas oficinas se asimilan a las sucursales en que se trata de unidades administrativas que carecen de personalidad jurídica propia, si bien se diferencian de ellas en que no cuentan con autonomía para la realización de operaciones de crédito. Su función, por tanto, es meramente informativa o comercial, y no económica u operativa[78].

---

una filial. Pues bien, tras la derogación de la Directiva 83/149/CEE, los dos preceptos citados deben entenderse referidos al art. 2.10 de la Directiva 2013/34, para el cual una filial es "*una empresa controlada por una sociedad matriz, incluidas las empresas filiales de una empresa matriz de mayor jerarquía*". Aunque la redacción no deja de ser enrevesada, la idea del ejercicio de control por la matriz sobre la entidad que debe ser considerada filial se encuentra presente. La noción de control aparece delimitada en el art. 22.1 de la Directiva 2013/34/UE que, a la hora de imponer obligaciones para la preparación de estados financieros consolidados y un informe de gestión consolidado, establece que existen relaciones de control en los siguientes casos: "*a) tiene la mayoría de los derechos de voto de los accionistas o socios de otra empresa (empresa filial); b) tiene el derecho de designar o cesar a la mayoría de los miembros del órgano de administración, de dirección o de supervisión de la otra empresa (empresa filial) y es al mismo tiempo accionista o socia de esa empresa; c) tiene el derecho a ejercer una influencia dominante sobre una empresa (empresa filial), de la que es accionista o socia, en virtud de un contrato celebrado con ella o en virtud de sus estatutos o de una cláusula estatutaria de esa empresa, cuando el Derecho del que dependa la empresa filial permita que quede sujeta a tales contratos o cláusulas estatutarias. No es necesario que los Estados miembro exijan que la empresa matriz sea accionista o socia de su empresa filial. Los Estados miembro cuyo Derecho nacional no prevea esos contratos o esas cláusulas estatutarias no estarán obligados a aplicar esta disposición; o d) es accionista o socia de una empresa, y: i) la mayoría de los miembros del órgano de administración, de dirección o de supervisión de la otra empresa (empresa filial), en función durante el ejercicio, durante el ejercicio anterior y hasta el establecimiento de los estados financieros consolidados, han sido nombrados por efecto del mero ejercicio de sus derechos de voto, o ii) ella sola controla, en virtud de un acuerdo celebrado con otros accionistas o socios de esa empresa (empresa filial), la mayoría de los derechos de voto de los accionistas o socios de esta. Los Estados miembro podrán adoptar disposiciones más detalladas relativas a la forma y contenido de tales acuerdos*". Estos requisitos se compadecen en cierta medida con los previstos en el art. 42 del CCO.

78 De acuerdo con el art. 19.1 del RD 84/2015, las oficinas de representación son "*establecimientos orgánica y funcionalmente dependientes de entidades de crédito autorizadas en otro país, cuya actividad consista en realizar labores informativas o comerciales sobre cuestiones bancarias, financieras o económicas que sirvan de soporte material a la prestación de servicios sin establecimiento. Las oficinas*

4.1.2 Régimen de pasaporte comunitario y modulación introducida por el MUS

A. En el marco de la UE, el régimen de actuación transfronteriza de las entidades de crédito se ve modulado por las libertades fundamentales de establecimiento y circulación de capitales.

Las primeras Directivas que, en los años setenta, procuraron una armonización de la normativa bancaria tenían por objeto permitir que entidades autorizadas en cualquier Estado miembro pudieran desempeñar las actividades propias del sector del crédito en otros Estados miembro sin requerir una nueva autorización en ellos o, si esto no fuera posible, minimizando las cargas administrativas que esa nueva autorización requería. A este régimen se le ha conocido desde entonces con la expresión "pasaporte comunitario".

En la actualidad, la regulación del pasaporte comunitario se recoge en el Título V de CRD IV (según ha quedado modificado por CRD VI), que lleva por rúbrica, precisamente, "*disposiciones relativas a la libertad de establecimiento y a libre prestación de servicios*". El régimen de pasaporte comunitario se fundamenta sobre dos principios:

1°. Principio de reconocimiento mutuo, consistente en que cualquier entidad de crédito autorizada y supervisada por las autoridades competentes de otro Estado miembro pueden realizar una serie de actividades vinculadas al negocio del crédito sin necesidad de recabar autorización del Estado miembro de acogida[79]. A tal efecto, la CRD IV y la LOSSEC recogen en un Anexo aquellas actividades respecto de las cuales la autorización para su realización en un Estado miembro ampara su desarrollo en otro Estado miembro. El principio de reconocimiento mutuo no exonera de todo control al desarrollo de actividades crediticias en otros Estados miembro, sino que minimiza las cargas que deben soportar las entidades de crédito a la hora de realizar esas actividades en otros Estados en el entendido de que la armonización normativa realizada en el seno de la Unión hace equiparables las principales exigencias prudenciales aplicables con independencia del Estado de origen.

---

de representación ni podrán exigir remuneración alguna por el ejercicio de dichas actividades. No obstante, podrán repercutir al cliente los pagos realizados a terceros vinculados a las mismas".

[79] El art. 33 de la CRD IV establece: "*los Estados miembro dispondrán que las actividades enumeradas en el anexo I puedan ser ejercidas en su territorio, de conformidad con el artículo 35, el artículo 36, apartados 1, 2 y 3, el artículo 39, apartados 1 y 2, y los artículos 40 a 46, tanto mediante el establecimiento de una sucursal como mediante la prestación de servicios, por cualquier entidad de crédito autorizada y supervisada por las autoridades competentes de otro Estado miembro, siempre que la autorización ampare dichas actividades*". Los artículos a los que remite contienen el régimen del establecimiento de sucursales en otros Estados miembro (arts. 35 y 36.1 y 2) y de libre prestación de servicios (arts. 39.1 y 2), así como las obligaciones de previsión comunes a ambas (arts. 40 y ss.).

2°. Principio de supervisión en origen, que supone que las actividades crediticias realizadas en otros Estados miembro son supervisadas por la Administración a cargo de la entidad de crédito en su país de origen, sin perjuicio de que la Administración del Estado de acogida pueda imponer condiciones por razones de interés general para el desarrollo de las actividades[80]. En este sentido, la Administración supervisora del Estado miembro de origen es la única capacitada para denegar la apertura de una sucursal si entiende que existen razones para ello[81]. No obstante, la Administración supervisora del Estado de acogida tienen facultades para requerir a quienes lleven a cabo actividades crediticias en su territorio cierta información[82], adoptar medidas cautelares sobre ellas por razones de interés general[83] o, incluso, sancionar las infracciones administrativas de que sean responsables[84].

Así pues, el régimen de pasaporte comunitario supone una modulación de la potestad autorizatoria prevista con carácter general para la realización de actividades transfronterizas tanto por entidades de crédito españolas en el extranjero como por entidades de crédito extranjeras en España.

B. La implementación del MUS ha modificado sensiblemente la arquitectura institucional sobre la que se asentaba el régimen de pasaporte comunitario, toda vez que ha generado ciertas diferencias entre la regulación de la actuación transfronteriza "intra

80 Esta facultad se prevé en la CRD IV en relación con el establecimiento de sucursales (cfr. art. 36.1), si bien la LOSSEC la hace extensiva a la libre prestación de servicios, y especifica que la previsión es aplicable con independencia del ámbito estatal, autonómico o local del que provengan las disposiciones de interés general (art. 12.2).

81 El art. 35.3, párrafo primero, de la CRD IV, en relación con la apertura de sucursales, establece: "*salvo que, visto el proyecto en cuestión, la autoridad competente del Estado miembro de origen tenga razones para dudar de la idoneidad de la estructura administrativa o de la situación financiera de la entidad de crédito, dicha autoridad comunicará las informaciones contempladas en el apartado 2, en un plazo de tres meses a partir de la recepción de todas las informaciones, a la autoridad competente del Estado miembro de acogida e informará de ello a la entidad de crédito de que se trate*". El trasunto de esta norma en Derecho español se encuentra en el art. 14.1 del RD 84/2015.

82 El art. 40 de la CRD IV contiene esta facultad, que ha sido transpuesta, en el caso español, en el art. 86 de la LOSSEC. El apartado 1 de este precepto se refiere a las entidades de crédito europeas que tengan una sucursal en España y, recíprocamente, el apartado 4 a las entidades de crédito españolas que tengan una sucursal en otro Estado miembro.

83 Facultad prevista en el art. 43 de la CRD IV, que ha sido transpuesto al ordenamiento español mediante el art. 64 de la LOSSEC. La previsión recíproca (relativa a sucursales europeas de entidades de crédito españolas que incumplen alguna norma en un Estado miembro de acogida) se encuentra en los arts. 41 de la CRD IV y 63 de la LOSSEC.

84 Así lo permite el art. 44 de la CRD IV, transpuesto al ordenamiento español por el art. 89.4-*a)* de la LOSSEC.

MUS" y la de la actuación transfronteriza que, siendo "intra UE", supone la salida de una entidad supervisada bajo el MUS a un Estado miembro no participante, o viceversa.

En este sentido, cabe recordar que el MUS supone una supervisión única de las entidades de crédito domiciliadas en los Estados miembro participantes, pero sólo en relación con el ejercicio de concretas potestades administrativas de supervisión (aquéllas relacionadas en el art. 4 del Reglamento 1024/2013). Todas las demás facultades no atribuidas al BCE en virtud de ese precepto continúan correspondiendo a las Administraciones supervisoras nacionales.

Así las cosas, el art. 4 del Reglamento 1024/2013 atribuye al BCE competencia en materia de actuación transfronteriza en relación con dos supuestos determinados:

1º. El BCE llevará a cabo "*las funciones que corresponderían a la autoridad competente del Estado miembro de origen según el Derecho aplicable de la Unión, en relación con las entidades de crédito establecidas en un Estado miembro participante que deseen establecer una sucursal o prestar servicios transfronterizos en un Estado miembro no participante*" (art. 4.1-*b)* del Reglamento 1024/2013). Estas facultades, no obstante, son ejercidas por las autoridades nacionales competentes cuando se trata de entidades no significativas (cfr. art. 6.4 del Reglamento 1024/2013). Por tanto, la supervisión en origen la llevará a cabo bien el BCE, bien la ANC, según resulte del esquema de atribución de competencias diseñado por el MUS.

2º. Recíprocamente, el BCE ejercerá las funciones propias del Estado de acogida "*en relación con las entidades de crédito establecidas en un Estado miembro no participante que establezcan una sucursal o presten servicios transfronterizos en un Estado miembro participante*" (art. 4.2 del Reglamento 1024/2013). Aunque ello no se prevé expresamente en el Reglamento 1024/2013 –la facultad, en una decisión falta de sistemática, no se incluye en el apartado 1 que posteriormente es empleado como referencia para la coordinación del ejercicio de las funciones de supervisión en las autoridades nacionales competentes–, el Reglamento 468/2014 adopta la misma lógica que en el caso anterior y, según se verá a continuación, reparte las funciones entre el BCE y las autoridades nacionales competentes según se trate o no de una sucursal significativa (cfr. arts. 13 y 14).

Por tanto, únicamente esas dos funciones se entienden incluidas en el sistema de ejercicio coordinado de potestades administrativas en que consiste el MUS. Todas las demás continúan residenciadas en las Administraciones supervisoras nacionales, con arreglo régimen de pasaporte comunitario ordinario o a la legislación nacional aplicable, según proceda[85].

---

[85] En relación con la salida de entidades de crédito fuera de la UE, el mantenimiento de las potestades administrativas correspondientes en las Administraciones nacionales tiene toda la lógica si se tiene

Así las cosas, el examen de la actuación transfronteriza de las entidades de crédito españolas y de la actividad en España de las entidades de crédito extranjeras debe realizarse en tres bloques: la actuación "intra MUS", la actuación "intra UE" pero "extra MUS" y la actuación "extra UE".

4.2 APERTURA DE SUCURSALES Y LIBRE PRESTACIÓN DE SERVICIOS POR ENTIDADES DE CRÉDITO ESPAÑOLAS

4.2.1 En otros Estados miembro participantes en el MUS

El régimen de la actuación transfronteriza mediante el establecimiento de sucursales o la libre prestación de servicios en Estados miembro participantes en el MUS se encuentra recogido en los arts. 11 y 12 del Reglamento 468/2014.

Ambos preceptos asumen el esquema general de distribución de competencias bajo el MUS y diferencian entre el ejercicio de competencias sobre entidades significativas y entidades menos significativas. En el plano teórico, este reparto de competencias parece extralimitar el reparto de funciones realizado en virtud del art. 6.4 del Reglamento 1024/2013, toda vez que el ejercicio de las potestades administrativas atribuidas al Estado de origen cuando las entidades de crédito pretenden establecer sucursales o prestar servicios libremente en otros Estados miembro participantes no se encuentran entre las atribuidas al BCE en virtud del art. 4 del Reglamento 1024/2013 y, por tanto, permanecen atribuidas a las Administraciones supervisoras nacionales. No obstante, es cierto que el mantenimiento de estas potestades fuera de la órbita del MUS carecería de sentido y rompería la unidad de supervisión que pretende lograrse bajo el MUS, razón por la cual parece razonable la configuración que hacen de la cuestión los arts. 11 y 12 del Reglamento 468/2014. En todo caso, sería conveniente reformar el art. 4 del Reglamento 1024/2013 para clarificar esta cuestión y atribuir estas potestades al BCE.

Sea como fuere, el régimen contenido en los arts. 11 y 12 del Reglamento 468/2014 es el siguiente:

1°. Las entidades significativas que deseen establecer una sucursal o prestar servicios libremente en otro Estado miembro participante deberán realizar la notificación al BdE, en cuanto ANC del Estado miembro participante en el que tienen su

---

en cuenta que la realización de actividades económicas fuera de la UE depende en buena medida, al menos hasta la fecha presente, de la política exterior de los Estados miembro, que pueden tener concluidos tratados internacionales incorporados a su Derecho interno que rijan la actuación transfronteriza de las entidades de crédito que no forma parte en cambio del Derecho de la Unión.

sede central[86]. El BdE deberá informar inmediatamente al BCE y, en el caso de

---

86 La notificación deberá reunir el contenido establecido en el Reglamento Delegado 1151/2014, dictado al amparo de los arts. 35.5 y 39.4 de la CRD IV y que desarrolla lo previsto en los arts. 35.2 y 39.1. Igualmente, las notificaciones deberán llevarse a cabo en la forma prevista en el Reglamento de Ejecución 926/2014, dictado al amparo de los arts. 35.6 y 39.5 de la CRD IV. Los arts. 35.2 y 39.1 de la CRD IV han sido transpuestos al ordenamiento español por el art. 14.2 y 5 del RD 84/2015, respectivamente. De acuerdo con el art. 3 del Reglamento Delegado 1151/2014, en el caso del establecimiento de una sucursal deberá informarse de la denominación y dirección de la entidad de crédito, la denominación y el centro principal de actividad previsto de la sucursal y un programa de actividades con el siguiente contenido: "*a) los tipos de operaciones previstas, que incluirán los datos siguientes: i) los principales objetivos y la estrategia de negocio de la sucursal y una explicación de cómo esta contribuirá a la estrategia de la entidad y, en su caso, de su grupo, ii) una lista de las actividades mencionadas en el anexo I de la Directiva 2013/36/UE que la entidad de crédito tiene intención de desarrollar en el Estado miembro de acogida, iii) una indicación de las actividades que constituirán el negocio básico en el Estado miembro de acogida, incluida la fecha de inicio prevista para cada actividad básica, iv) una descripción de los clientes y contrapartes objetivo; b) la estructura organizativa de la sucursal, que incluirá los datos siguientes: i) una descripción de la estructura organizativa de la sucursal, incluidas las líneas jerárquicas funcionales y jurídicas y la posición y la función de la sucursal en la estructura corporativa de la entidad y, en su caso, de su grupo, ii) una descripción de los sistemas de gobernanza y los mecanismos de control interno de la sucursal, que incluirá los datos siguientes: los procedimientos de gestión del riesgo de la sucursal y los pormenores de la gestión del riesgo de liquidez de la entidad y, en su caso, de su grupo, cualesquiera límites que se apliquen a las actividades de la sucursal, en particular a sus actividades de préstamo, los pormenores de las disposiciones de auditoría interna de la sucursal, incluidos los datos de la persona responsable de tales disposiciones y, cuando proceda, los datos del auditor externo, las disposiciones contra el blanqueo de capitales de la sucursal, incluidos los datos de la persona designada para velar por la observancia de dichas disposiciones, los controles en materia de externalización y otros acuerdos con terceros en relación con las actividades realizadas en la sucursal que queden abarcadas por la autorización de la entidad, iii) cuando esté previsto que la sucursal lleve a cabo uno o más de los servicios y actividades de inversión definidos en el artículo 4, apartado 1, punto 2, de la Directiva 2004/39/CE, una descripción de las siguientes disposiciones: las disposiciones destinadas a salvaguardar el dinero y los activos de los clientes, las disposiciones para el cumplimiento de las obligaciones establecidas en los artículos 19, 21, 22, 25, 27 y 28 de la Directiva 2004/39/CE y las medidas adoptadas de conformidad con los mismos por parte de las autoridades competentes del Estado miembro de acogida, el código de conducta interno, incluidos los controles sobre las operaciones personales, los datos de la persona responsable de gestionar las reclamaciones planteadas en relación con los servicios y actividades de inversión de la sucursal, los datos de la persona designada para velar por el cumplimiento de las disposiciones de la sucursal en relación con los servicios y actividades de inversión; c) los pormenores de la experiencia profesional de las personas responsables de la gestión de la sucursal; d)otros datos, entre los que se incluirán los siguientes: i) un plan financiero que contenga previsiones relativas al balance y la cuenta de pérdidas y ganancias que abarquen un período de tres años, ii) la denominación y los datos de contacto de los sistemas de garantía de depósitos y de protección de los inversores de la Unión de los que sea miembro la entidad y que abarquen las actividades y servicios de la sucursal, junto con la cobertura máxima del sistema de protección de los inversores, iii) los datos de los equipos de TI de la sucursal*". Por su parte, de acuerdo con el art. 5 del mismo Reglamento Delegado, la notificación en el caso de libre prestación de servicios deberá incluir las actividades que pretende realizar la entidad en el Estado miembro de acogida, aquéllas que constituirán el negocio básico de la entidad en él y la fecha prevista para cada actividad básica de servicios, cuando proceda.

la libre prestación de servicios, a la ANC del Estado miembro participante de acogida (cfr. art. 12.1 del Reglamento 468/2014). En el caso de establecimiento de sucursal, el BCE cuenta con un plazo de dos meses para oponerse a la apertura de la sucursal (porque tenga razones para dudar de la idoneidad de la estructura administrativa o de la situación financiera de la entidad de crédito, según exige el art. 35.3 de la CRD IV), transcurrido el cual sin oposición podrá establecerse la sucursal (cfr. art. 11.1 y 3 del Reglamento 468/2014). El BCE deberá informar a la ANC del Estado miembro participante de acogida.

2°. Las entidades menos significativas deberán notificar su decisión al BdE[87], quien, en el caso de la libre prestación de servicios, se lo trasladará al BCE y a la ANC del Estado miembro participante de acogida (cfr. art. 12.2 del Reglamento 468/2014). En el caso del establecimiento de sucursales, el BdE contará con un plazo de dos meses para oponerse por las razones ya indicadas al establecimiento de la sucursal, transcurrido el cual podrá procederse a tal establecimiento. El BdE deberá trasladar la información sobre el establecimiento de la sucursal al BCE y a la ANC del Estado miembro participante de acogida (cfr. art. 11.2 y 4 del Reglamento 468/2014).

Por último, en caso del establecimiento de sucursales el art. 11.5 del Reglamento 468/2014 establece que cualquier cambio en la información facilitada deberá ponerse de manifiesto inmediatamente al BdE, el cual deberá dar oportuno traslado a la ANC del Estado miembro participante de acogida[88].

4.2.2 En otros Estados miembro no participantes en el MUS

Este supuesto también se encuentra expresamente recogido entre las "*competencias específicas*" atribuidas al BCE en virtud del art. 4.1-*b)* Reglamento 1024/2013, se desarrolla con arreglo al siguiente esquema:

1°. Las entidades significativas deberán notificar la decisión al BdE[89], quien dará traslado inmediato al BCE y a la ANC del Estado miembro de acogida. Corresponderá al BCE el ejercicio de las funciones que competen al Estado miembro de origen bajo el régimen del pasaporte comunitario (cfr. art. 17.1 del Reglamento 468/2014) y, por tanto, es el BCE quien en el plazo de dos

---

87 La notificación también deberá reunir los requisitos ya señalados *ut supra*.

88 Esta notificación deberá realizarse con arreglo a lo establecido en el art. 4 del Reglamento Delegado 1151/2014.

89 La notificación deberá hacerse con arreglo a los arts. 14.1 o 5 del RD 84/2015 y 3 y 5 del Reglamento Delegado 1151/2014, según se trate del establecimiento de sucursales o de libre prestación de servicios, según corresponda.

meses puede oponerse al establecimiento de la sucursal si concurrieran las razones previstas en Derecho de la Unión ya comentadas.

2º. Las entidades menos significativas también notificarán la decisión al BdE, quien ejercerá las funciones que el ordenamiento atribuye a la Administración supervisora del Estado miembro de origen (art. 17.2 del Reglamento 468/2014) y, por tanto, quien deberá llevar a cabo el ya referido juicio de idoneidad. El BdE deberá trasladar la información a la ANC del Estado miembro participante de acogida.

4.2.3 En Estados terceros

Las potestades relativas a la actuación transfronteriza fuera de la UE no se encuentran referidas entre las "funciones específicas" atribuidas al BCE en materia de supervisión prudencial bancaria por el art. 4.1 del Reglamento 1024/2013. Sin embargo, la Carta del BCE de 2016 interpretó ese precepto entendiendo que las facultades autorizatorias relativas a la actuación transfronteriza de entidades significativas en Estados terceros se encontraba comprendido en esas funciones y, por tanto, correspondía al BCE ejercitarlas de acuerdo con lo previsto al efecto por la normativa nacional. Por tanto, atendiendo a este criterio, la actividad transfronteriza en Estados terceros será supervisada por el BCE, cuando se trate de entidades significativas, y por el BdE, cuando se trate de entidades menos significativas, en ambos casos de acuerdo con lo previsto en los arts. 11 de la LOSSEC y 15 del RD 84/2015.

Así pues, la entidad de crédito que desee desarrollar actividad transfronteriza en Estados terceros, deberá presentar una solicitud el BCE o el BdE, según corresponda, en la que informe, al menos, del programa de actividades que refiera las operaciones que pretenda realizar y la estructura organizativa de la sucursal, así como el nombre e historial de los directivos responsables de ésta (cfr. art. 15.1 del RD 84/2015).

La Administración supervisora dispone de un plazo de tres meses para resolver sobre la autorización, y el silencio tiene efectos desestimatorios. La Administración supervisora podrá denegar la autorización cuando cuente con indicios fundados para dudar de la adecuación de las estructuras administrativas o de la situación financiera de la entidad de crédito, cuando en el programa de actividades se contemplen actividades no autorizadas a la entidad o cuando considere que la actividad de la sucursal no va a quedar sujeta a un efectivo control por parte de la autoridad supervisora del país de acogida o que existen obstáculos legales de otro tipo que impidan o dificulten la supervisión de la sucursal por el BdE o por el BCE, según corresponda (art. 15.2 del RD 84/2015).

Las modificaciones relevantes que se produzcan en relación con los extremos de la sucursal informados y autorizados por la Administración supervisora correspondiente deberán ser puestos en conocimiento de éste al menos un mes antes de llevarlos a cabo, plazo durante el cual esta Administración podrá oponerse por alguna de las razones antedichas respecto de la denegación de la autorización (cfr. art. 15.3 del RD 84/2015).

En relación con la libre prestación de servicios en Estados terceros, el art. 15.4 del RD 84/2015 únicamente exige comunicación previa. Tal y como la normativa configura este proceso, puede afirmarse que esta comunicación se hace a los solos efectos informativos, sin que, al contrario del caso anterior, se reconozca a la Administración supervisora un derecho de oposición y un plazo para ejercerlo. La razón parece radicar en que, al fin y a la postre, la libre prestación de servicios implica el empleo de los recursos, en términos de solvencia y liquidez, propios de la entidad, que son objeto de supervisión directa por el BdE o el BCE. Por tanto, el hecho de que la libre prestación de servicios se condicione a la mera comunicación a la Administración supervisora no obsta el ejercicio de las facultades de supervisión a que la entidad de crédito que presta libremente servicios en un Estado tercero está sujeta[90].

4.3 APERTURA DE SUCURSALES Y LIBRE PRESTACIÓN DE SERVICIOS EN ESPAÑA POR ENTIDADES DE CRÉDITO EXTRANJERAS

4.3.1 Por entidades de crédito domiciliadas en otros Estados miembro participantes en el MUS

El régimen aplicable al establecimiento de sucursales y libre prestación de servicios en España por entidades de otros Estados miembro participantes es idéntico al explicado en el epígrafe 4.2.1 para el caso inverso.

Las entidades significativas deberán notificar su decisión a la ANC donde tengan su sede central, la cual, en el caso de establecimiento de una sucursal, deberá notificarlo al BCE, quien podrá oponerse por las mismas razones ya explicadas y deberá, en todo caso, informar al BdE (art. 11.1 y 3 del Reglamento 468/2014); y, en el caso de libre prestación de servicios, deberá informar tanto al BCE como al BdE (arts. 12.1)[91]. Las entidades no significativas deberán proceder de igual modo ante su ANC supervisora, quien, para la apertura de sucursales, deberá dar cuenta al BCE para que, en su caso, se oponga e informe al BdE (art. 11.2 y 4), y, para la libre prestación de servicios, deberá informar al BCE y al BdE (art. 12.2).

En el caso de establecimiento de sucursales, recibida la notificación por el BdE, éste deberá dar cuenta de su recepción a la entidad de crédito, la cual deberá inscribir

90 De hecho, en la página web del BdE dedicada a este trámite (https://sedeelectronica.bde.es/sede/es/menu/tramites/supervision/Prestacion_de_s_9644d90f25b9f21.html –enlace consultado el 12 de octubre de 2023–), simplemente se indica que *"el Banco de España acusará recibo de todas las comunicaciones"*.

91 El art. 15.3, párrafo primero, del RD 84/2015 establece que el BdE debe recibir la notificación *"de su autoridad supervisora"*, lo que podría dar lugar a confusión, toda vez que en el caso de entidades significativas la notificación llega al BdE desde la ANC del Estado miembro participante en el que la entidad tenga su sede central, y no del BCE, que es *"su autoridad supervisora"*.

la sucursal en el Registro Mercantil y en el Registro de entidades de crédito del BdE, y deberá asimismo comunicar al BdE la fecha de inicio de sus actividades (art. 16.2, párrafo segundo, del RD 84/2015). El BdE podrá fijar un plazo de espera no superior a dos meses desde la recepción de la notificación del BCE o la ANC supervisora para el comienzo de las actividades, así como establecer ciertas condiciones para el ejercicio de la actividad en España por razones de interés general (art. 16.2, párrafo tercero del RD 84/2015)[92]. Cualquier modificación de las cuestiones objeto de notificación deberán ser puestas en conocimiento del BdE por las entidades de crédito al menos un mes antes de implementarlas en la práctica (art. 16.2, párrafo quinto, del RD 84/2015). Las sucursales de entidades extranjeras deberán respetar las normas aplicables a las entidades de crédito y cualesquiera de ámbito estatal, autonómico o local dictadas por razones de interés general (art. 16.1, párrafo segundo, del RD 84/2015). Por último, el derecho a establecer una sucursal caducará si transcurre un año desde el que se hubiera notificado a la entidad de crédito la recepción de la solicitud o desde la finalización del plazo de espera fijado sin que se haya procedido a la apertura efectiva de la sucursal (art. 16.2, párrafo segundo, del RD 84/2015).

Cuando presten servicios libremente, las entidades de crédito procedentes de otros Estados miembros participantes también se encuentran obligadas a observar las normas aplicables a las entidades de crédito y cualesquiera otras dictadas por razones de interés general (art. 16.1, párrafo segundo, del RD 84/2015).

4.3.2 Por entidades de crédito domiciliadas en otros Estados miembro no participantes en el MUS

La entrada de entidades de crédito en el ámbito del MUS comporta la activación de potestades expresamente atribuidas al BCE por el art. 4.2 del Reglamento 1024/2013. Estas facultades aparecen desarrolladas en los arts. 13 a 16 del Reglamento 468/2014 y, por lo que a la entrada de entidades europeas no participantes en España se refiere, en el art. 15.3, párrafo segundo, y 5 del RD 84/2015. Con arreglo a todas esas normas, cabe realizar un análisis separado para la apertura de sucursales y la libre prestación de servicios:

1º. El establecimiento de sucursales por entidades de crédito domiciliadas en Estados miembro no participantes es notificado al BdE por la Administración supervisora del Estado de origen. El BdE, a su vez, debe dar traslado inmediato de la notificación al BCE (art. 13.1). A continuación, y dentro de los dos meses

92 El precepto añade que, cuando entre las actividades que pretenda llevar a cabo la sucursal se encuentren actividades no incluidas en el Anexo de la LOSSEC (y de la CRD IV del que aquél es trasunto) que estén prohibidas o limitadas en España para las entidades de crédito, el BdE notificará esta circunstancia a la entidad y al BCE o a la ANC supervisora, según proceda.

siguientes a la recepción, la sucursal proyectada debe ser calificada por el BCE como significativa o no significativa, con arreglo a los criterios y procedimientos establecidos en el art. 6.4 del Reglamento 1024/2013 y 39 y ss. del Reglamento 468/2014[93]. Si el resultado supone que la entidad debe calificarse como significativa, el BCE desempeñará las facultades conferidas a la Administración supervisora del Estado de acogida por la normativa aplicable (arts. 13.2 y 14.1 del Reglamento 468/2014 y 16.5, párrafo primero, del RD 484/2015). Si, por el contrario, la entidad debe calificarse como menos significativa, será el BdE quien desempeñe esas facultades (arts. 13.2 y 14.2 del Reglamento 468/2014 y 16.5, párrafo primero, del RD 84/2015). No obstante, el BdE es quien en todo caso debe determinar las condiciones con arreglo a las cuales, de conformidad con la legislación nacional y en aras del interés general, una sucursal debe desarrollar sus actividades en España (art. 13.3 del Reglamento 468/2014 y 16.5, párrafo segundo, del RD 84/2015). Cualquier modificación que se realice en el programa de actividades (incluyendo el tipo de operaciones previstas y la estructura de la organización de la sucursal), la dirección en el Estado miembro de acogida y la identidad de los directivos responsables de la gestión de la sucursal deberá ser puesta en conocimiento del BdE de forma inmediata (art. 13.4 del Reglamento 468/2014), quien, en buena lógica, deberá trasladar la información al BCE si la sucursal fuera significativa (aunque esto no lo indica la norma).

2°. La libre prestación de servicios será igualmente notificada al BdE por conducto de la ANC del Estado miembro no participante de origen. El BdE informará de inmediato al BCE de la recepción de la comunicación (art. 15). En este caso, corresponden al BCE todas las facultades propias de la Administración supervisora del Estado de acogida (art. 16.1 del Reglamento 468/2014 y 16.3, párrafo segundo, del RD 84/2015), sin perjuicio de que el BdE pueda determinar las condiciones que deben aplicarse a la prestación de servicios en España por razones de interés general (art. 16.2 del Reglamento 468/2014).

A la vista de lo anterior, es evidente que la entrada de una entidad de crédito no supervisada bajo el MUS en el ámbito de este Mecanismo activa un papel protagonista en el BCE, a quien corresponden las facultades propias del Estado de acogida (que, no siendo muchas, son importantes), salvo cuando, de acuerdo con el Reglamento 1024/2013, esas facultades sean ejercitadas por el BdE en atención a la menos significatividad de la sucursal.

---

93 Esta previsión no aparece expresamente en ningún lugar, pero dado que se trata de un paso lógico imprescindible para aplicar el régimen previsto en la norma (los arts. 13.2 y 14 del Reglamento 468/2014 asumen que se ha efectuado esa calificación al anudar distintas consecuencias jurídicas en función de ella), debe entenderse que es el BCE quien debe llevarla a cabo, pues a él corresponde, de forma exclusiva, esa facultad en relación con la totalidad de entidades de crédito supervisadas bajo el MUS.

4.3.3 Por entidades de crédito domiciliadas en Estados terceros

Según se apuntó *ut supra*, las potestades relativas a la apertura de sucursales o libre prestación de servicios en España por entidades de crédito domiciliadas en Estados terceros[94] no forman parte de las "*competencias específicas*" atribuidas al BCE en virtud del Reglamento 1024/2013. De esta forma, tales potestades continúan residenciadas en el BdE, y su ejercicio se regula en el art. 17 del RD 84/2015[95].

A este respecto, un primer problema interpretativo surge al reparar en que el art. 17.1 del RD 84/2015 establece que el establecimiento de sucursales de entidades de crédito de Estados terceros en España deberá autorizarse observando "*los artículos 3 a 9*" del RD 84/2015, que regulan el procedimiento de autorización para el acceso a la actividad del crédito según la configuración propia del procedimiento compuesto previsto en el marco del MUS (y, por tanto, con una participación del BCE que, en relación con la actividad transfronteriza de entidades de crédito radicadas en Estados terceros, no se reconoce en el Reglamento 1024/2013)[96].

---

94 A este respecto, el Derecho de la Unión en materia de servicios financieros se rige por el llamado "principio de equivalencia". Para un entendimiento completo de cómo funciona este principio, vid. Comunicación de la Comisión al Parlamento Europeo, el Consejo, el Banco Central Europeo, el Comité Económico y Social europeo y el Comité de las Regiones sobre equivalencia en el ámbito de los servicios financieros, de 29 de julio de 2019 (COM(2019) 349 final; disponible en: https://eur-lex.europa.eu/legal-content/ES/TXT/HTML/?uri=CELEX:52019DC0349 -enlace consultado el 2 de septiembre de 2025).

95 Este régimen podría verse modificado con la transposición que España haga de CRD VI, que armoniza las normas existentes en los Estados miembros para el establecimiento de sucursales de entidades de Estados terceros en la UE, sujetándolas a un régimen de autorización y obligando a que la realización de determinadas actividades se lleve a cabo, necesariamente, a través de sucursales, y no mediante libre prestación de servicios. En todo caso, como advierte Riera Quesada, dado que en España existe un régimen de autorización de sucursales de entidades de crédito radicadas en Estados terceros que las asimila al establecimiento de una entidad de crédito en España, "*salvo que pretenda modificarse el régimen actual de TCBs* [sucursales de Estados terceros], *el impacto de esta normativa en relación con los requisitos de autorización debería ser limitado; en particular, si se mantiene el mismo régimen, la transposición de CRD VI a estos efectos debería limitarse a un mayor desarrollo de algunos aspectos de gobierno de la sucursal y a establecer unos mínimos en relación con la dotación de capital y la liquidez de las TCBs (en particular, parece que resultará necesario ajustar el régimen simplificado que permite el artículo 55 del RD 84/2015)*" (Riera Quesada, Ramón, "La última reforma de la regulación bancaria europea y sus efectos sobre las operaciones de las entidades de crédito de terceros países", *Revista General del Derecho de los Sectores Regulados* núm. 14 (noviembre 2024), pp. 189-190).

96 De hecho, tendría sentido que la entrada de un operador bancario (sucursal de una entidad domiciliada en un Estado tercero) en el circuito del MUS fuera autorizada por quien ostenta la potestad autorizatoria para el acceso a la actividad dentro de ese circuito (el BCE, en relación con el establecimiento de una entidad de crédito o la adquisición de participaciones significativas). El problema, sin embargo, parte del principio de atribución, la vinculación positiva de la Administración a la legalidad

En mi opinión, la remisión a esos preceptos contenida en el art. 17.1 del RD 84/2015 debe entenderse realizada únicamente en términos materiales, esto es, entendiendo que una sucursal de una entidad domiciliada en un Estado tercero debe reunir los requisitos exigidos en España para el establecimiento de una entidad de crédito, con las especialidades correspondientes. Ese precepto no puede atribuir al BCE competencias que el Derecho de la UE no le atribuye, y el Reglamento 1024/2013 no refiere en ningún lugar la posibilidad de que el BCE autorice la creación de sucursales en los Estados participantes en el MUS por entidades de crédito radicadas en Estados terceros[97].

Sea como fuere, la remisión a los arts. 3 a 9 de la LOSSEC permiten entender que el plazo establecido para la resolución del procedimiento es de seis meses (cfr. art. 6.8 del RD 84/2015), y el silencio tendrá entonces efectos desestimatorios (cfr. arts. 13.1 de la LOSSEC y 6.8 del RD 84/2015)[98]. En cualquier caso, el art. 17.1 del RD 84/2015 establece una serie de especialidades que resultan de aplicación a este tipo de solicitudes que no se encontraban previstas para las autorizaciones para el ejercicio de la actividad, y que modulan algunas condiciones previstas para la autorización de entidades de crédito en general que, por su propia naturaleza, las sucursales no pueden cumplir[99].

(particularmente cuando se trata de potestades limitativas de los derechos de los particulares) y la dicción literal del art. 4.1 del Reglamento 1024/2013, que no contempla este supuesto como una de las "funciones específicas" que se atribuyen al BCE en materia de supervisión prudencial de entidades de crédito. Podría tratar de encajarse esta facultad en la precisión general de su letra a) sobre el "establecimiento" de nuevas entidades de crédito, pero no sin dificultades. Finalmente, a esta problemática hermenéutica se une que las relaciones económicas internacionales son principalmente competencia de los Estados miembros, de suerte que el control que se leeré de realizar con esta autorización tiene un componente de soberanía nacional mucho más próximo a la Administración nacional que al BCE. Por tanto, desde el punto de vista teleológico, la conclusión que aquí se alcanza parece razonable.

97 El art. 4 del Reglamento 1024/2013 tampoco contempla que el BCE ostente otras potestades de supervisión sobre sucursales abiertas en Estados miembro participantes por entidades domiciliadas en Estados terceros, a diferencia de lo que hace, por ejemplo, con sucursales establecidas en Estados miembro participantes por entidades domiciliadas en Estados miembro no participantes (cfr. art. 4.2).

98 Si se defendiera que el BCE puede participar, resultaría aplicable los plazos y reglas sobre el silencio explicadas *ut supra* en relación con la autorización para el ejercicio de la actividad del crédito.

99 En concreto, "*por capital social mínimo se entenderá la dotación mantenida por la entidad en España de fondos de carácter permanente y duración indefinida, disponibles para la cobertura de pérdidas de la sucursal*"; no se le exige revestir la forma de sociedad anónima, que los accionistas (que no existen en una sucursal) reúnan las condiciones de idoneidad estipuladas, la prohibición de reservar a los fundadores ventaja o remuneración especial y contar con un consejo de administración cuyos miembros sean idóneos. Además, deberá acompañarse con la solicitud los estatutos sociales de la entidad de crédito y la escritura de constitución de la sociedad, y no deberá aportarse la relación de socios (que en el caso de la sucursal no existen, según se ha dicho ya) ni la relación de personas que van a integrar el consejo de administración. Por lo demás, el contenido de la solicitud, especificado en el párrafo tercero del art. 17.1 del RD 84/2015, es similar, *mutatis mutandis*, al contenido en el art. 35.2 de la CRD IV para la notificación del ejercicio

Además, de acuerdo con el párrafo segundo de ese precepto, "*la autorización podrá ser también denegada por aplicación del principio de reciprocidad*", previsión que, en mi opinión, evidencia la estrecha vinculación ya comentada entre la apertura de sucursales por entidades de crédito de Estados tercero y las relaciones internacionales del Reino de España, que explican en cierto modo que esta potestad autorizatoria permanezca en el seno del BdE.

Cuando una sucursal de un Estado tercero experimente alguna modificación en los elementos que se informaron en el proceso de autorización (programa de actividades, domicilio, nombre e historial de los directivos o sistema de garantía de depósitos que dé cobertura a las actividades de la entidad) deberá ponerse en conocimiento del BdE al menos un mes antes de que tenga efecto, a fin de que sea autorizado por esta Administración (art. 17.2, inciso primero, del RD 84/2015). Por su parte, el cierre de una sucursal deberá ser notificado con, al menos, tres meses de antelación e igualmente autorizado por el BdE (art. 17.2, inciso segundo, del RD 84/2015).

En relación con la libre prestación de servicios por entidades de crédito de Estados terceros en España, ésta debe ser igualmente autorizada por el BdE. La autorización puede ser condicionada si ello resultare preciso para garantizar el respeto de las normas dictadas por razones de interés general (art. 17.3 del RD 84/2015). El precepto no añade ninguna previsión relativa al plazo de autorización y efectos del silencio, por lo que cabe entender que resulta aplicable el plazo general de tres meses contenido en el art. 21.3 de la LPACAP y que el silencio tiene sentido estimatorio (cfr. art. 24.1 de la LPACAP)[100].

---

del derecho de establecimiento por entidades europeas (programa de actividades que indique las operaciones que pretende realizar y la estructura organizativa de la sociedad; domicilio en España; nombre e historial de los directivos responsables de la sucursal y el importe de recursos propios, coeficiente de solvencia de la entidad y grupo consolidable al que ésta pertenezca, a lo que se añade, como particularidad de estas sociedades, la información relativa al sistema de garantía de depósitos que proteja a los depositantes de la sucursal).

100 Y ello por cuanto se trata de un procedimiento iniciado a instancia del interesado que no se encuentra en ninguno de los supuestos que hacen que la solicitud deba entenderse desestimada (que una norma con rango de ley o de Derecho de la Unión así lo determine –y el art. 13.2 de la LOSSEC nada dice al respecto–, ejercicio del derecho de petición del art. 29 de la Constitución, transferencia de facultades relativas al dominio público y al servicio público, ejercicio de actividades potencialmente dañinas para el medio ambiente, reclamaciones de responsabilidad patrimonial de la Administración e impugnación de actos en vía administrativa). Además, el art. 24.1 de la LPACAP se cuida mucho de exigir que, cuando el silencio tenga efectos desestimatorios en los casos de solicitudes que persigan "*el acceso a actividades o su ejercicio, la ley que disponga el carácter desestimatorio del silencio deberá fundarse en la concurrencia de razones imperiosas de interés general*", justificación que tampoco se recoge en la LOSSEC a este respecto.

4.4 OFICINAS DE REPRESENTACIÓN

4.4.1 De entidades de crédito españolas en el extranjero

Las entidades de crédito españolas que deseen abrir una oficina de representación en el extranjero (y no se discrimina en este punto entre Estados miembro participantes, Estados miembro no participantes y Estados terceros) deberán comunicar al BdE[101] su intención de abrirla (indicando las actividades que vaya a realizar), su apertura efectiva y su cierre (cfr. art. 19.2 del RD 84/2015). Tampoco en este caso la normativa prevé que el BdE pueda formular oposición a la comunicación en un determinado plazo, con lo que cabe razonablemente entender que se trata de una comunicación a los solos efectos informativos, y sin perjuicio del ejercicio de las facultades de supervisión a las que está sujeta en todo caso la entidad[102].

4.4.2 De entidades de crédito extranjeras en España

En este punto, la norma distingue entre oficinas de representación abiertas por entidades de crédito domiciliadas en un Estado miembro de la UE (sin diferenciar entre Estados participantes y no participantes en el MUS) y aquéllas domiciliadas en un Estado tercero:

1º. Las entidades de crédito europeas que deseen abrir una oficina de representación en España deberán comunicarlo al BdE. El BdE podrá establecer un plazo de espera máximo de dos meses para el inicio de sus actividades e imponer aquellas condiciones que resulten pertinentes por razones de interés general (cfr. art. 19.3 del RD 84/2015). La comunicación deberá indicar las actividades que se pretendan realizar y el nombre e historial de la persona física que se vaya a hacer cargo de la oficina. Los cambios de domicilio, del ámbito de sus actividades o de esa persona responsable, así como el cierre de la oficina, deberán comunicarse igualmente al BdE (cfr. art. 19.5 del RD 84/2015).

2º. Las entidades de crédito de Estados terceros que deseen abrir una oficina de representación en España deberán recabar previa autorización administrativa del

---

101 La Carta del BCE de 2016 no se refiere expresamente a oficinas de representación. No obstante, la misma lógica aplicada para entender que el BCE tiene facultades para supervisar la actuación transfronteriza de entidades de crédito significativas en Estados terceros podría conducir a entender que esta comunicación deben hacerla al BCE, y no al BdE].

102 Al igual que ocurría más arriba, en el espacio dedicado en la página web del BdE a este trámite (https://sedeelectronica.bde.es/sede/es/menu/tramites/supervision/apertura-de-oficinas-de-representacion-en-estados-miembros-de-la-union-europea.html –enlace consultado el 12 de octubre de 2023–) sólo se refiere que "*el Banco de España acusará recibo de todas las comunicaciones*".

BdE. El plazo previsto para este procedimiento es de tres meses, transcurrido el cual sin respuesta la solicitud debe entenderse estimada por silencio administrativo (cfr. art. 19.4 del RD 84/2015). La solicitud deberá contar con el mismo contenido previsto para las comunicaciones de entidades europeas, y todo cambio en los elementos indicados, incluido el cierre de la oficina de representación, deberá ser comunicado al BdE (cfr. art. 19.5 del RD 84/2015).

4.5 CREACIÓN O ADQUISICIÓN DE FILIALES ESTABLECIDAS EN UN ESTADO TERCERO POR ENTIDADES DE CRÉDITO ESPAÑOLAS

La actuación transfronteriza de entidades de crédito españolas mediante la creación o adquisición de otras entidades de crédito en un Estado no miembro de la UE está sujeta a autorización previa por el BdE. En este caso, no hay dudas de que esta competencia no se encuentra atribuida al BCE en virtud del Reglamento 1024/2013, toda vez que la creación de entidades de crédito en Estados terceros no consiste en el acceso "*a la actividad de crédito de una entidad de crédito que vaya a establecerse en un Estado miembro participante*" (art. 14.1), y la adquisición de participaciones de control en ellas tampoco supone la "*adquisición de una participación cualificada en una entidad de crédito establecida en un Estado miembro participante*" (art. 15.1)[103]. No obstante, al igual que ocurría en relación con la apertura de sucursales y libre prestación de servicios por entidades significativas en Estados terceros, la Carta del BCE de 2016 entiende incluida en sus "funciones específicas" en materia de supervisión prudencial bancaria la supervisión de toda actividad transfronteriza (y, por tanto, también la constitución de filiales en Estados terceros) de acuerdo con el Derecho nacional aplicable, de suerte que debe entenderse que el BCE es la Administración competente para otorgar esta autorización respecto de tales entidades de crédito significativas.

Hecha la anterior precisión, el art. 18.1 del RD 84/2015 señala que será de aplicación el procedimiento autorizatorio previsto no ya, como anteriormente, en los arts. 3 a 9 del RD 84/2015, sino en los arts. 6 a 10 de la LOSSEC, que no contienen referencia alguna al procedimiento compuesto previsto para el otorgamiento de la autorización de establecimiento en el seno del MUS. Por tanto, el procedimiento debe sustanciarse en un plazo total de 6 meses cuyo transcurso sin resolución produce efectos desestimatorios de la autorización (cfr. art. 6.8 de la LOSSEC).

---

103 Creo no obstante que en este supuesto sería más razonable que la potestad se atribuyera a la Administración que realiza la supervisión prudencial de la entidad de crédito (esto es, el BCE para las entidades significativas y el BdE para las entidades menos significativas), toda vez que, en esta ocasión, la evaluación que debe realizarse a fin de conceder o denegar la autorización tiene un calado principalmente prudencial (se refiere, según se explicará, a la incidencia de la filial sobre fondos propios, idoneidad de los directivos y accionistas significativos y examen de la actividad administrativa de supervisión a que se sujetará la filial en el Estado de acogida).

La solicitud de autorización debe incluir el importe de la inversión y del porcentaje que representa la participación en el capital y en los derechos de voto de la entidad que se va a crear e indicación de las entidades a través de las cuales se va a realizar la inversión (cfr. art. 18.2-*a)* del RD 84/2015). Además, debe incorporase a la solicitud parte de la misma documentación exigida para la constitución de entidades de crédito en España (esto es, estatutos sociales y certificación registral negativa de la denominación propuesta, programa de actividades con el contenido ya indicado e identidad de administradores y directivos de la nueva identidad), sin que resulte exigible la realización de un depósito ante la Administración supervisora, y debiendo identificarse no a todos los socios, sino a aquéllos que vayan a tener participaciones significativas (esto es, más de un 10% del capital o de los derechos de voto, computados según se refirió *ut supra*) sobre la nueva entidad, que deberán ser, a juicio del supervisor español y bajo los requisitos exigidos por la normativa española, idóneos[104] (cfr. art. 18.2-*b)* del RD 84/2015). Por último, deberá acompañarse una descripción del régimen jurídico de ordenación y supervisión del sector del crédito en el Estado de acogida de la nueva entidad, además de la normativa fiscal y en materia de blanqueo de capitales aplicable. La existencia de obstáculos para el ejercicio de la supervisión consolidada (por el BCE o por el BdE, según corresponda) puede constituir causa de denegación de la apertura de la filial (cfr. art. 18.2-*c)* del RD 84/2015). La Administración supervisora podrá, en todo caso, reclamar cuantos datos necesite para evaluar adecuadamente la solicitud (cfr. art. 18.4 del RD 84/2015).

Por su parte, la adquisición de participaciones significativas o el incremento de la participación en el capital o derechos de voto de una entidad de crédito de un Estado tercero por una entidad de crédito española debe sujetarse al régimen de autorización previsto en el art. 17 de la LOSSEC. Ello no obstante, esta remisión cuenta con un problema importante: la LOSSEC no establece plazo máximo para el procedimiento de autorización ni los efectos del silencio en el procedimiento de autorización de participaciones cualificadas o de incremento de la participación en entidades de crédito, cuestión que regula, de forma poco sistemática, según se examinó, el art. 25.5, párrafo tercero, del RD 84/2015, dentro del procedimiento común que sí reclama la participación del BCE. En este contexto, caben dos alternativas: entender aplicable el mismo plazo de sesenta días con un silencio con efectos positivos (allí se habla de no oposición, y, en todo caso, es lo que resultaría de aplicar las reglas del art. 24.1 de la LPACAP), o entender que resulta aplicable el plazo de tres meses previsto con carácter general en el art. 21.3 de la LPACAP, también con silencio estimatorio. La evitación que el RD 84/2015 hace de remitirse al régimen contenido en sus arts. 24 y ss. me inclina por la segunda solución, sin perder de vista que, a efectos prácticos, el resultado es similar (sesenta días hábiles equivalen, más o menos, a tres meses naturales). La segunda opción viene también impuesta

104 Esto es, con arreglo a los arts. 29 y ss. del RD 84/2015 ya examinados.

por el juego norma de procedimiento específica-norma de procedimiento común, que colma la laguna que pudiera existir y excluye la necesidad de recurrir a la analogía.

La información que debe acompañar en este caso a la solicitud de autorización es similar a la prevista para la constitución de filiales, con la salvedad de que los estatutos de la entidad, programa de actividades e identidad de administradores, directivos y accionistas cualificados sólo serán exigibles si constituyen información pública. A esta documentación deberá añadirse el plazo previsto para realizar la inversión, las cuentas anuales de los dos últimos ejercicios de la entidad participada y, en su caso, los derechos de la entidad solicitante en orden a designar representantes en los órganos de administración y dirección de la participada (cfr. art. 18.3 del RD 84/2015). La Administración supervisora podrá exigir cuantos datos adicionales estime procedentes para realizar la evaluación de la solicitud (cfr. art. 18.4 del RD 84/2015).

Sea cual fuere el medio por el cual una entidad de crédito española actúa a través de filiales, éstas deberán integrarse en la supervisión consolidada de aquélla cuando concurran los criterios establecidos en la normativa aplicable al respecto[105]. Las potestades de supervisión en este caso serán ejercidas por el BCE o el BdE, según corresponda con base en el esquema de atribución previsto bajo el MUS.

5. EJERCICIO DE LA ACTIVIDAD (II): VICISITUDES SOCIETARIAS

El segundo grupo de actuaciones de las entidades de crédito que se sujetan a autorización previa por la Administración reúne las distintas vicisitudes societarias por las que este tipo de empresas puede atravesar. Éstas pueden consistir bien en una modificación de los estatutos que constituyeron un requisito esencial para el otorgamiento de la autorización, bien en una modificación estructural de la entidad[106], o bien en un ajuste de sus fondos propios o de la metodología empleada para determinar el nivel de éstos necesario para cumplir con los requerimientos impuestos por CRR.

---

105 Previstos en los arts. 11 y ss. de CRR, que obligan a las entidades matrices a consolidar en relación con las normas de solvencia, apalancamiento y, tras la reforma operada por CRR II, liquidez. Además, el art. 11.1 de CRR obliga a las entidades sujetas a supervisión consolidada a velar "*por que las filiales que no estén sujetas a lo dispuesto en el presente Reglamento apliquen sistemas, procedimientos y mecanismos que garanticen una consolidación adecuada*".

106 Por modificaciones estructurales me refiero a las operaciones de fusión, escisión y cesión global de activos y pasivos, y a cualquier otro acuerdo que tenga efectos económicos o jurídicos análogos a los anteriores (cfr. art. 11.1 del RD 84/2015). La cesión global de activos y pasivos consiste en la transmisión en bloque de una o varias partes del patrimonio de un banco, cada una de cuales forme una unidad económica, a una o varias sociedades de nueva creación o ya existentes, independientemente de que la operación merezca o no esta calificación de acuerdo con el Libro Primero del RD-ley 5/2023 (*vid.* sus arts. 69 y 81) (cfr. 11.2 del RD 84/2015).

En puridad, algunas de estas autorizaciones (particularmente, la relativa a la modificación de los estatutos sociales y, en ciertas ocasiones, también la que se refiere a la participación de una entidad de crédito en una operación de modificación estructural) constituyen simples modificaciones de la autorización originaria para el acceso al ejercicio de la actividad del crédito: cambian las circunstancias existentes al tiempo de otorgarse ésta y, por ello, la Administración debe verificar si el cambio afecta o no a la indemnidad de la estabilidad del sistema financiero. Ello no obstante, el Derecho positivo no regula un procedimiento de modificación de aquellas autorizaciones, sino que reconduce la modificación a la necesidad de obtener una nueva autorización para poder llevar a efecto válidamente el cambio proyectado.

5.1 AUTORIZACIÓN PARA LA MODIFICACIÓN DE ESTATUTOS SOCIALES DE ENTIDADES DE CRÉDITO

En principio, la potestad de autorizar las modificaciones que se produzcan en los estatutos sociales no se encontraría recogida entre las "*competencias específicas*" que el Reglamento 1024/2013 atribuye al BCE, y, por tanto, correspondería al BdE la competencia para emitirla. No obstante, una interpretación teleológica de las normas que atribuyen al BCE competencias para autorizar el ejercicio de la actividad hace razonable entender que, cuando la modificación estatutaria conlleve una modificación sustancial de la autorización otorgada por el BCE en el marco del procedimiento compuesto previsto al efecto por la normativa aplicable, sea éste, en el marco de ese procedimiento, quien la autorice. La Carta del BCE de 2017 expresamente afirma la competencia del BCE para ejercer las facultades de supervisión previstas en el Derecho nacional en relación con los estatutos sociales de las entidades de crédito significativas. Por tanto, cabe razonablemente concluir que el BCE será la Administración competente para ejercer esas facultades respecto de las entidades de crédito significativas y el BdE respecto de las menos significativas, en ambos casos de acuerdo con lo previsto en el Derecho nacional aplicable.

Adicionalmente, la *Guía para la evaluación de las solicitudes de autorización*, ya citada confirma que la lectura que esa Administración europea hace de las normas aplicables conduce a entender que la modificación de los estatutos de una entidad de crédito que suponga un cambio sustancial de los términos de ejercicio de la actividad autorizados debe ser sometido al procedimiento de autorización por el BCE:

> *"Las entidades pueden necesitar una modificación de su autorización inicial en los casos que se describen, sin carácter exhaustivo, a continuación.*
>
> *(...)*
>
> *La forma jurídica de una entidad también puede cambiar. Si el cambio de forma jurídica requiere autorización de acuerdo con el derecho nacional, o si modifica el régimen prudencial que se aplica a la entidad, el BCE debe participar en la decisión y adoptarla. Aun cuando el cambio de forma jurídica no requiera autorización de acuerdo con el derecho*

nacional, podrían ser necesarios otros tipos de aprobación supervisora, por ejemplo para modificar los documentos constitutivos (estatutos sociales) de la entidad" (págs. 12-14).

Por tanto, en la medida en la que la modificación estatutaria pueda suponer una alteración sustancial de los términos de la autorización para el ejercicio de actividad, la competencia corresponderá al BCE a través del mismo procedimiento previsto para el otorgamiento de aquella autorización, con independencia de que se trate de entidades significativas o menos significativas.

Por el contrario, existen otras modificaciones estatutarias que, de acuerdo con el Derecho nacional, no constituyen una modificación sustancial de la autorización inicial y, por tanto, no requieren de autorización expresa, sometiéndose a un régimen de simple comunicación al BdE[107]. En estos casos, la notificación deberá hacerse a la autoridad competente para supervisar la entidad en cuestión en función de su carácter significativo o menos significativo, esto es, al BCE o al BdE, según corresponda.

Por lo que al ejercicio de la potestad autorizatoria en este ámbito se refiere, el Derecho español configura de forma diferente la potestad de autorización de las modificaciones que se produzcan en los estatutos sociales según la naturaleza de la entidad de crédito de que se trate:

1º. En relación con los bancos, la potestad se regula en el art. 10 del RD 84/2015. Al igual que lo que ocurría en algunos casos de actividades transfronterizas, el apartado 1 del precepto remite, a efectos de regular el procedimiento, a lo previsto en el art. 3 de la misma norma; art. 3 que, recuérdese, regulaba el procedimiento de autorización para el acceso a la actividad como un procedimiento compuesto donde intervenían primero el BdE y después el BCE. Ello cohonesta completamente con la idea de que una modificación estatutaria que constituya una alteración sustancial de la autorización inicial deba contar con la participación del BCE en el procedimiento. La solicitud de autorización deberá presentarse ante el BdE y acompañarse de un certificado del acto de modificación estatutaria acordado, un informe justificativo de la propuesta elaborado por el consejo de administración y el proyecto de nuevos estatutos donde figuren expresamente indicados los cambios propuestos (cfr. art. 10.1, párrafo segundo,

107 De acuerdo con el párrafo segundo del art. 10.2 del RD 84/2015, los supuestos sujetos a comunicación previa son: cambio del domicilio social dentro del territorio nacional; aumento del capital social; incorporación textual de preceptos legales o reglamentarios de carácter imperativo o prohibitivo o cumplir resoluciones judiciales o administrativas; y aquellas modificaciones respecto de las cuales el BdE haya manifestado que resulta innecesaria la autorización previa dada su escasa relevancia. Si el BdE comprobara que las modificaciones no se incluyen en los supuestos de comunicación, instará a la entidad para que revise el acuerdo o se ajuste al procedimiento de autorización (cfr. art. 10.2, párrafo segundo, del RD 84/2015).

del RD 84/2015). El BdE cuenta con dos meses para resolver la solicitud (plazo del que deberá informar al BCE con la notificación del inicio del procedimiento *ex* art. 73.2 del Reglamento 468/2014) y el silencio tiene efectos estimatorios (cfr. art. 10.1, párrafo primero, del RD 84/2015). A este procedimiento resultan trasladables las apreciaciones realizadas *ut supra* al hablar del procedimiento de autorización de inicio de actividad, en lo concerniente al juego entre el plazo de diez días hábiles con que cuenta el BCE para resolver (cfr. art. 78.1 del Reglamento 468/2014) y el sentido estimatorio del proyecto elevado por la ANC que se anuda a su falta de respuesta (cfr. art. 78.3 del mismo Reglamento), y el plazo de dos meses previsto por el legislador nacional para la duración total del procedimiento y el sentido estimatorio del silencio.

2°. En el caso de las cajas de ahorros, la regulación de esta potestad autorizatoria se realiza por las normas autonómicas que desarrollan las bases estatales[108]. La mayoría de estas normas atribuye al Consejo de Gobierno o al Consejero de la Comunidad Autónoma competente en la materia la potestad de autorizar cualquier modificación que se produzca en los estatutos de las cajas de ahorros, sin excepcionar, como hace el RD 84/2015 para los bancos, aquellas modificaciones de menor intensidad que no entrañan riesgo para la estabilidad del sistema financiero[109]. Las normas autonómicas no regulan de forma exhaustiva las

[108] La LCAFB únicamente se refiere, en su disposición adicional 7ª, 2, a que los cambios de domicilio deberán ser autorizados según se prevea en las normas autonómicas de aplicación, pero guarda silencio en relación con todas las demás modificaciones estatutarias.

[109] La Ley andaluza 15/1999 atribuye la competencia al Consejero de Economía y Hacienda (cfr. art. 20), y, a diferencia de lo que ocurría en el caso de los bancos, exige autorización previa para aquellas modificaciones estatutarias que procedan de cambios legales (cfr. art. 21), y su Reglamento de desarrollo, aprobado mediante Decreto 138/2002, establece un plazo de duración de cuatro meses para el procedimiento (cfr. art. 24.4); el Decreto aragonés 93/1983 atribuye al Departamento de Economía y Hacienda esta potestad, sin incluir norma alguna de procedimiento (cfr. art. 4.1-*a)*); la Ley canaria 10/2011 sólo configura esta potestad respecto de la Federación de cajas de ahorros, pero no en relación con la modificación de estatutos (cfr. art. 87); el art. 13 del Texto Refundido de la Ley de Cajas de Ahorros de Castilla y León atribuye esta potestad a la Junta de Castilla y León; la disposición adicional tercera de la Ley castellano-manchega 4/1997 atribuye esta potestad a la Consejería competente en materia de Economía, previsión que aparece reiterada en el art. 2 del Decreto 135/1997 en relación con las adaptaciones que las cajas de ahorros debían hacer tras la entrada en vigor de aquélla Ley; el art. 9s del Texto Refundido de la Ley de Cajas de Ahorros de Cataluña también atribuye esa potestad al Consejero de Economía Finanzas, a salvo del cambio del domicilio central, que deberá ser autorizado por el Gobierno de la Generalidad; el art. 12 del Texto Refundido de la Ley sobre Cajas de Ahorros valenciano atribuye esta potestad al Instituto Valenciano de Finanzas; la Ley extremeña 8/1994 atribuye esta potestad a la consejería de Economía y Hacienda en disposición adicional primera; el Decreto gallego 77/1983 atribuye la potestad a la Consejería de Economía (cfr. art. 3.1-*a)*); la Ley riojana 6/2004 atribuye esta potestad al Gobierno de La Rioja; el art. 13 de la Ley madrileña 4/2003 atribuye esta potestad a la Consejería competente

normas procedimentales aplicables al ejercicio de esta potestad, de suerte que resulta de aplicación el régimen general del procedimiento administrativo común (tres meses desde que se presenta la solicitud y silencio administrativo con efectos estimatorios). Ninguna de las normas autonómicas que regulan la potestad reclaman la participación del BdE ni del BCE. En mi opinión, estas normas deben integrarse con la normativa europea en la materia, y entender que, cuando implican modificaciones sustanciales, esas Administraciones deberán remitir el expediente al BdE, quien, en cuanto ANC, elaborará el correspondiente proyecto de decisión que elevará al BCE para que decida sobre la autorización de la modificación estatutaria con arreglo al procedimiento compuesto ya señalado.

3º. Para las cooperativas de crédito, la potestad se regula en el art. 1.4 del RD 84/1993 que, a salvo de lo previsto específicamente en materia de plazo (tres meses) y efectos del silencio administrativo (estimatorios), remite a lo previsto en los apartados 1 a 3 anteriores en materia de autorización de acceso a la actividad que, al igual que ocurría en el caso de los bancos, comporta expresamente la participación del BCE. La razón es idéntica a la que se daba en el caso de los bancos: en realidad, esta autorización no es más que la modificación de la autorización para el ejercicio de la actividad, cuyo ejercicio compete al BCE. Al igual que en el caso de los bancos, el art. 1.4 del RD 84/1993 también contempla la exclusión del alcance de esta potestad aquellas modificaciones referentes a cambios de domicilio dentro del municipio de su sede y las que tengan por exclusivo objeto incorporar textualmente a los Estatutos preceptos legales o reglamentarios de carácter imperativo o prohibitivo, así como aquellas modificaciones respecto de las cuales la autoridad estatal o autonómica ha considerado que resulta innecesaria su autorización[110], comunicación ésta que deberá realizarse a la Administración competente para supervisar la entidad (el BCE o el BdE, en función de su carácter significativo o no significativo).

---

en materia de economía, y la configura en términos análogos a la prevista en el art. 10 del RD 84/2015 para las modificaciones estatutarias de los bancos (plazo de dos meses, silencio positivo y las mismas excepciones que sujeta a autorización previa); la Ley murciana 3/1998 atribuye esta potestad a la Consejería de Economía y Hacienda (cfr. art. 10); la disposición final segunda de la Ley Foral 7/1987 atribuye la misma potestad al Gobierno de Navarra; y, finalmente, la disposición transitoria segunda de la Ley vasca 11/2012 obligaba a las cajas de ahorros a adaptar sus estatutos al nuevo régimen y facultaba a la Consejería competente en materia financiera para su aprobación, de modo y manera que puede asumirse que la potestad que se estudia existe y se atribuye a dicha Consejería. En los casos de Asturias, Cantabria, Galicia e Islas Baleares las normas autonómicas vigentes no configuran esta potestad.

110 En cuanto cooperativas, la modificación de los estatutos sociales de las cooperativas de crédito deberá ajustarse a lo previsto en el art. 11.3 de la Ley 27/1999.

5.2 AUTORIZACIÓN PARA LA REALIZACIÓN DE CIERTAS MODIFICACIONES ESTRUCTURALES EN LAS QUE INTERVENGAN ENTIDADES DE CRÉDITO

La normativa de supervisión prudencial bancaria también sujeta a autorización previa la realización de determinadas modificaciones estructurales (tales como la fusión, escisión o cesión global o parcial de activos y pasivos, entre otras), toda vez que estas operaciones pueden alterar las condiciones de solvencia y liquidez de las entidades de crédito y poner en riesgo la estabilidad del sistema financiero.

Ahora bien, desde el establecimiento del MUS la regulación que esas normas hacen de esta autorización genera problemas interpretativos, en la medida en la que el Derecho español sustrae la potestad autorizatoria del esquema general, que pivota sobre el BdE, para atribuirla al Ministerio de Economía, Empresa y Comercio o a determinados órganos pertenecientes a las Administraciones de las Comunidades Autónomas, mientras que la interpretación que el BCE hace de la normativa europea la asimila, cuando conlleve una modificación sustancial de la autorización de establecimiento, a la autorización de establecimiento de entidades de crédito (y, en consecuencia, la sujeta al procedimiento compuesto previsto al efecto).

En cualquier caso, estos problemas interpretativos quedarán superados una vez se trasponga al ordenamiento español CRD VI, que ordena atribuir esta potestad autorizatoria a la Administración supervisora competente, que deberá desenvolverla en el marco del MUS.

5.2.1 Situación anterior al establecimiento del MUS: la autorización de modificaciones estructurales en entidades de crédito corresponde al Ministerio de Economía, Empresa y Comercio o a órganos asimilados de las Comunidades Autónomas

La normativa prudencial bancaria española configuraba la potestad para autorizar la realización de modificaciones estructurales sobre entidades de crédito de manera diferenciadas en función del tipo de entidad de que se tratara en cada caso:

1°. En relación con los bancos, la disposición adicional duodécima de la LOSSEC, desarrollada por el art. 11 del RD 84/2015 establece que:

> *"Corresponderá al Ministro de Economía y Competitividad autorizar las operaciones de fusión, escisión o cesión global o parcial de activos y pasivos en las que intervenga un banco, o cualquier acuerdo que tenga efectos económicos o jurídicos análogos a los anteriores".*

En este procedimiento, el BdE interviene únicamente a título meramente consultivo, al igual que otras Administraciones como el SEPBLAC, la CNMV o la DGSFP.

2º. Por lo que a las cajas de ahorros se refiere, la LCAFB establece, en su disposición adicional séptima, 1, que las fusiones entre cajas de ahorros deberán sujetarse al procedimiento autorizatorio establecido en la normativa autonómica de desarrollo. Añade esta disposición que la denegación de la autorización únicamente podrá producirse mediante resolución motivada cuando la entidad resultante pudiera incumplir cualquier de los requisitos objetivos previstos en la citada normativa.

La normativa autonómica a la que llama esta disposición (la falta de adaptación al régimen de la LCAFB en su gran mayoría, en incumplimiento de la disposición final undécima de esta Ley) configura esta potestad de forma semejante a la antigua potestad autorizatoria y, por tanto, supone la evaluación, por el órgano administrativo competente (el Consejero del ramo o el Consejo de Gobierno), de elementos similares a los establecidos en el art. 11 del RD 84/2015 para la autorización de modificaciones estructurales sobre bancos. Igualmente, las normas autonómicas extienden su alcance a otras operaciones de modificación estructural y, en no escasas ocasiones, a la integración de las cajas de ahorros en sistemas institucionales de protección[111]. Con carácter

111 Así, la Ley andaluza 15/1999 atribuye esta potestad al Consejo de Gobierno en materia de fusiones, en el art, 14 bis.1 (y en el art. 14 ter para los casos en los que las cajas de ahorros tienen domicilios en Comunidades Autónomas distintas), en materia de integración en sistemas instituciones de protección, a la Consejería de Economía y Hacienda en el art. 15 bis.3, y para los casos de escisión y cesión global y el pasivo, a la misma Consejería en su art. 16; la Ley aragonesa 1/1991 atribuye la potestad a la Diputación General únicamente para los casos de fusiones en su art. 12.1; también corresponde al Consejo de Gobierno de Asturias autorizar las operaciones de fusión según el art. 9.1 de su Ley 2/2000; el art. 7.1 del Decreto balear 43/1986 regula esta potestad en relación con "*las absorciones y fusiones*" de cajas de ahorros baleares, y se atribuya al Consejo de Gobierno, y la disposición adicional primera prevé un acuerdo conjunto con los órganos de gobierno de otras Comunidades Autónomas cuando las cajas fusionadas estén domiciliadas en distintos territorios; la Ley canaria 10/2011, en su art. 8.1, atribuye esta potestad para los casos de fusiones y absorciones, al Consejo de Gobierno de la Comunidad Autónoma, su apartado 6 se refiere de forma análoga a los anteriores a las autorizaciones por los órganos de gobierno de todas las Comunidades Autónomas en los que las cajas fusionadas tengan su domicilio cuando éste sea el supuesto de hecho, y u art. 9.1 establece un régimen de comunicación previa para las adhesiones a sistemas institucionales de protección; el art. 17.1 del Texto Refundido de la Ley de Cajas de Ahorros de Castilla y León atribuye la potestad autorizatoria para las fusiones intra Comunidad a la Junta de Castilla y León, establece en el mismo precepto asimismo la necesidad de una autorización conjunta cuando fusión se realice cajas no domiciliadas en Castilla y León, y prevé la autorización por la Junta de Castilla y León de las operaciones cesión global del activo y pasivo, escisiones y adhesiones a sistemas institucionales de protección; el art. 8.1 de la Ley castellano-manchega 4/1997 atribuye a su Consejo de Gobierno autorizar las fusiones de cajas domiciliadas en Castilla-La Mancha, y su apartado 4 establece la necesidad de una autorización conjunta para las fusiones con cajas domiciliadas allende la Comunidad Autónoma; el art. 9.1 del Texto Refundido de la Ley de Cajas de Ahorros de Cataluña atribuye la potestad de autorizar absorciones y fusiones al Gobierno de la Generalidad, y su apartado 2 hace lo propio en relación con la adhesión a los sistemas institucionales de protección –Cataluña,

general, los procedimientos de autorización prevén la participación del BdE mediante la evacuación del correspondiente informe preceptivo[112].

3º. En el caso de las cooperativas de crédito, la legislación básica estatal incluye una regulación mínima de la potestad que homogeniza las normas de desarrollo autonómicas. En efecto, el art. 10.1 de la Ley 13/1989 configura una potestad autorizatoria para las operaciones de fusión, escisión y transformación en los que intervenga una cooperativa de crédito[113], sin especificar, sin embargo, qué

---

de forma poco sistemática, regula las normas procedimentales en el Anexo del Decreto 172/1994, el cual establece incluso efectos desestimatorios para el silencio, norma discutible si se entiende que, en realidad, esta autorización permite el acceso a la actividad del crédito a la entidad resultante y, por tanto, los efectos desestimatorios deben establecerse por Ley *ex* art. 24.1 de la LPACAP–; el art.3.1 del Texto Refundido de la Ley de Cajas de Ahorros de la Comunidad Valenciana atribuye la potestad al Consejero competente en materia de hacienda en los casos de fusión, escisión, transformación o cesión global del activo y del pasivo, y la adhesión a sistemas institucionales de protección; el art. 9. de la Ley extremeña 8/1994 atribuye la potestad para lose fusión al Consejo de Gobierno de la Comunidad Autónoma, y prevé, en su apartado la necesidad de autorización conjunta cuando la fusión se produzca con entidades de crédito de otros territorios; el art. 54 del Texto Refundido de la Ley de Cajas de Ahorros de Galicia atribuye esta potestad al Consejo de Gobierno y prevé trámite de audiencia del Parlamento gallego; el art. 17.1 de la Ley riojana 6/2004 atribuye al Gobierno de La Rioja esa potestad, previendo igualmente la necesidad de autorización conjunta cuando las cajas fusionadas estén domiciliadas en diferentes Comunidades Autónomas, y su art. 21.1 atribuye la potestad al Gobierno de La Rioja en relación con las operaciones de cesión global del activo y pasivo y escisión, excluyendo expresamente su apartado 3 de forma expresa los casos de adhesión a un sistema institucional de protección, que se sujetan sencillamente a comunicación previa; el art. 14.1 de la Ley madrileña 4/2003 atribuye la potestad al Consejo de Gobierno de la Comunidad, y su apartado 6 prevé la necesidad de autorización conjunta cuando en la fusión intervengan cajas de ahorros domiciliadas en distintos territorios; el art. 11.1 de la Ley murciana 3/1998 atribuye esta potestad en relación con las fusiones, escisiones y cambios de domicilio al Consejo de Gobierno de la Comunidad, su apartado 2 prevé la autorización conjunta para los casos de fusiones interautonómicas, y el apartado 4 hace lo propio adhesión de cajas de ahorros a sistemas institucionales de protección; el art. 2-*a)* del Decreto navarro 244/1922 atribuye sin más esta potestad al Gobierno navarro; y el art. 7.1 de la Ley vasca 11/2012 atribuye esta potestad en relación con absorciones y fusiones de cajas de ahorros al Consejero del ramo.

112 Así, arts. 14 bis.2 y 16.2 de la Ley andaluza 15/1999; art. 12.2 de la Ley aragonesa 1/1991; 8.1, párrafo quinto, de la Ley canaria 2011; 17.1 del Texto Refundido de la Ley de Cajas de Ahorros de Castilla y León; art. primero.2 del Decreto catalán 303/1980; 17.1 de la Ley riojana 6/2004; y art. 14.1 de la Ley madrileña 4/2003. En los casos asturiano, balear, castellano-manchego, extremeño, gallego, murciano, navarro y vasco sin embargo, no se prevé expresamente la participación del BdE, lo que convierte el informe que pudiera evacuar en potestativo. Llama poderosamente la atención cómo, en caso de las normas más antiguas que no han sido debidamente adaptadas a las reformas sucedidas en la materia durante la última década larga, todavía aparecen referencias a que este tipo de autorizaciones, como las de creación, son "*discrecionales*", cuando la lógica supervisora imperante bajo el nuevo paradigma hace necesario que estas autorizaciones sean regladas (cfr. art. 2-*a)* del Decreto castellano-manchego 45/1985 o art. 2-*a)* del Decreto navarro 244/1992).

113 Operaciones que el art. 30.1 del RD 84/1993 define de forma análoga a la contenida en el RD 84/2015, y entiende por tales: "*a) Las escisiones que tengan por objeto promover una cooperativa de*

órgano es el competente para ello, lo que abre la puerta a que las Comunidades Autónomas lo sean cuando la fusión tenga lugar entre cooperativas domiciliadas en la misma Comunidad, o la Dirección General del Tesoro y Política Financiera del Gobierno de España en otro caso (cfr. art. 31.1 del RD 84/1993)[114], debiendo en estos casos recabarse informe preceptivo de, entre otras Administraciones, el BdE (cfr. art. 31.1 del RD 84/1993) y las Comunidades Autónomas afectadas (cfr. art. 31.2 del RD 84/1993)[115]. El art. 10.1 de Ley 13/1989 establece la necesidad de que el BdE evacue informe preceptivo sobre la fusión.

---

crédito, sea a partir de otras entidades o a) Las escisiones que tengan por objeto promover una cooperativa de crédito, sea a partir de otras entidades o de una sección crediticia de cooperativas de otras clases, así como las que incidan, en todo o en parte, sobre el patrimonio y el colectivo social de cualquier cooperativa de crédito. b) Las fusiones que tengan lugar entre cooperativas de otras clases –salvo, las de seguros– para promover una de crédito, y las que se produzcan entre cooperativas de crédito preexistentes, o entre éstas y otras entidades de depósito cuando las otras sociedades del sector cooperativo se inhiban del propósito fusionista en el plazo de tres meses una vez recibida la información pertinente del Consejo Rector de la cooperativa crediticia afectada. c) Las fusiones que, excluyendo también a las de seguros, se produzcan entre cooperativas de crédito y cooperativas de otra clase o grado siempre que éstas tengan sección de crédito o el núcleo de su objeto social, al menos, pueda ser válidamente asumido, como servicios complementarios o auxiliares, por la cooperativa de crédito nueva o absorbente. d) La cesión global o parcial de activos y pasivos en la que intervenga una cooperativa de crédito. Se entenderá por cesión parcial de activos y pasivos la operación definida en el artículo 11.2 del Real Decreto 84/2015, por el que se desarrolla la Ley 10/2014, de 26 de junio, de ordenación, supervisión y solvencia de entidades de crédito. e) Cualquier acuerdo que tenga efectos económicos o jurídicos análogos a los supuestos previstos en las letras anteriores.". Por su parte, el art. 30.2 del RD 84/1993 prohíbe la realización de modificaciones estructurales fuera de los supuestos señalados.

114 La distribución de competencias que hace el art. 31.1 del RD 84/1993 se refiere en los siguientes términos: "*La autorización a que se refiere el artículo anterior irá precedida, en todo caso, de informe del Banco de España y deberá resolver sobre la misma la Dirección general del Tesoro y Política Financiera o el órgano competente de la Comunidad Autónoma, cuando sobre todas las entidades afectadas, y sin perjuicio de lo que se señala en el párrafo siguiente, tenga atribuidas y asumidas competencias y el ámbito operativo actual de las mismas y el de la resultante de la fusión o escisión no sea superior al de la Comunidad Autónoma correspondiente. En el supuesto de fusiones mixtas previsto en el inciso final del párrafo b), del apartado 1, del artículo anterior, la competencia corresponderá a la autoridad estatal, cuando o bien la cooperativa implicada rebase el ámbito autonómico, o la Comunidad Autónoma carezca de competencia sobre alguna de las entidades afectadas, o se trate de entidades con sede en distintas Comunidades Autónomas*".

115 En general, la normativa autonómica ha dedicado menor atención a la configuración de esta potestad administrativa (que, por otra parte, pueden ejercer las Comunidades Autónomas con la sola regulación del art. 31 del RD 84/1993, si tienen asumidas competencias en la materia en virtud de sus estatutos de autonomía) que en el caso de las cajas de ahorros. La referencia expresa a la potestad de autorizar modificaciones estructurales de cooperativas de crédito aparece recogida, de forma sincrética, en el art. 2.3 del Decreto andaluz 158/1993, en el art. 3.1 del Decreto castellano y leonés 164/1988 y en el art. 11.1 de la Ley extremeña 5/2001.

5.2.2 Situación tras el establecimiento del MUS: ausencia de previsiones específicas en el Reglamento 1024/2013 y asimilación, por el BCE, de ciertos supuestos de modificaciones estructurales a la modificación sustancial de la autorización de establecimiento

El art. 4.1 del Reglamento 1024/2013 no recoge, entre las "*competencias específicas*" que atribuye al BCE, ninguna mención a la autorización de modificaciones estructurales de entidades de crédito. Por tanto, cabe razonablemente concluir que esta autorización se corresponde con una facultad que queda fuera del sistema de ejercicio coordinado de potestades administrativas en que consiste el MUS y que, por tanto, debe estarse a lo dispuesto en el Derecho nacional de cada Estado miembro.

Ello no obstante, el BCE, en su *Guía para la evaluación de solicitudes de autorización*, ya citada, ha realizado una interpretación extensiva de la facultad comprendida en el art. 4.1-*a)* del Reglamento 1024/2013 ("*autorizar a las entidades de crédito y revocar la autorización de las entidades de crédito*") y ha incluido en ellas la autorización de aquellas modificaciones estructurales que impliquen una alteración sustancial de la autorización de establecimiento. Así se pronuncia la *Guía*:

> *"Una fusión puede requerir una decisión del BCE sobre la ampliación de la autorización, especialmente cuando las autorizaciones de las entidades fusionadas no ser refieran a las mismas actividades. La entidad que asuma las actividades reguladas que anteriormente desarrollaban las otras partes en la fusión necesitará autorización para el conjunto completo de actividades. Si la entidad ya dispone de autorización de entidad de crédito, podría ser necesario ampliarla, sin perjuicio de cualesquiera otras aprobaciones supervisoras que deban obtenerse para la fusión"* (pág. 14).

Esta interpretación, unida a la casuística existente en Derecho español (que ha permanecido inalterada tras el establecimiento del MUS), genera un problema interpretativo a la hora de determinar qué Administración debe solicitarse la preceptiva autorización para llevar a cabo la modificación estructural de una entidad de crédito.

La interpretación que hace el BCE del art. 4.1-*a)* del Reglamento 1024/2013 deja a salvo la posibilidad de que la modificación de la autorización de establecimiento sea concurrente con "*cualesquiera otras aprobaciones supervisoras que deban obtenerse para la fusión*", lo que podría hacer compatibles las previsiones de Derecho español con las normas del MUS, siempre y cuando se alcanzara la conclusión de que las modificaciones estructurales sustanciales requieren, al menos, dos autorizaciones: la del BCE (en los casos en los que, de acuerdo con el criterio del BCE, así proceda) y la de la Administración española competente en función del tipo de entidad de que se trate.

Desde el punto de vista doctrinal, esta interpretación tiene sentido si se entiende que la norma española configura una autorización incardinada en una actividad distinta a la de supervisión prudencial bancaria que, en último término, persigue la salvaguarda de un bien jurídico protegido distinto de la estabilidad del sistema financiero. Ésta es, en mi opinión, la ratio de la reserva que realiza el BCE en su interpretación del art. 4.1-*a)* a este respecto.

La cuestión requiere, en todo caso, una clarificación en el Derecho positivo. Según se expone a continuación, la próxima transposición de CRD VI constituye la oportunidad idónea para ello.

5.2.3 Situación tras CRD VI: la autorización de modificaciones estructurales de entidades de crédito debe ser otorgada por el BCE y el BdE

A. La reforma introducida por CRD VI (que, a la fecha de edición de la presente obra, no ha sido transpuesta al ordenamiento jurídico español[116]) incorpora a la normativa prudencial europea una regulación específica de la autorización para la realización de transferencias significativas de activos y pasivos y fusiones y escisiones[117] de entidades de crédito[118].

Tanto en uno como en otro caso, los arts. 27 septies.1 y 27 decies.1 de CRD IV atribuyen la potestad autorizatoria a "*la autoridad competente*" responsable de la supervisión de esas entidades. Y esta autoridad competente, según dispone el art. 4.1.40 de CRR, al que remite el art. 3.1.36 de CRD IV, se corresponde con:

> *"Una autoridad pública o un organismo oficialmente reconocido en el Derecho nacional, con facultades con arreglo al Derecho nacional para supervisar entidades como parte del sistema de supervisión vigente en el Estado miembro de que se trate".*

---

116 De acuerdo con el art. 2 de CRD VI, los Estados miembros deben transponer la reforma antes del 10 de enero de 2026.

117 El nuevo Capítulo 4 del Título III de CRD IV se titula "*transferencias significativas de activos y pasivos*", y el nuevo Capítulo 5 "*fusiones y escisiones*". Ambas operaciones se enmarcan en una regulación más amplia de las denominadas "*operaciones significativas*", que también abarcan la adquisición de participaciones cualificadas (ahora ya para el conjunto de Estados miembros, y no sólo para aquéllos Estados miembros participantes en el MUS, como ocurre con la regulación contenida en el Reglamento 1024/2013), pero con un alcance desigual. En el caso de las transferencias significativas de activos y pasivos, sólo se sujetan a regulación aquéllas que reúnan los criterios contenidos en el art. 27 septies.2 de CRD IV, esto es, cuando la transferencia se refiera a activos o pasivos que tengan un valor igual o superior al 10% del total de los activos o pasivos de la entidad, salvo que tenga lugar entre entidades del mismo grupo, en cuyo caso ese umbral aumenta hasta el 15%; en el caso de las fusiones y escisiones, sin embargo, todas ellas se consideran operaciones significativas, "*dado que cabe esperar que el ente de nueva creación presente un perfil prudencial sensiblemente diferente al de los entes iniciales que intervengan en la fusión o escisión*" (Considerando 10 de CRD VI). Por otro lado, el art. 28 octies, párrafo segundo, de CRD VI deja fuera de este régimen a las fusiones y adquisiciones resultantes de un proceso de resolución bancaria, que se regirá por sus propias disposiciones (esto es, la normativa de transposición de BRRD y el Reglamento 806/2014, en el caso de los Estados miembros participantes en el MUR.

118 Y de otras entidades, tales como las empresas de servicios de inversión participadas mayoritariamente por una entidad de crédito, las sociedades financieras de cartera, sociedades financieras mixtas de cartera (cfr. arts. 27 septies.1 y 27 decies.1 de CRD IV). No obstante, para la explicación que sigue lo relevante es la inclusión de las entidades de crédito en el alcance de estas normas.

Así pues, la potestad autorizatoria para la realización de modificaciones estructurales queda, en virtud de estas normas, incorporada al "*sistema de supervisión vigente en el Estado miembro de que se trate*" que, lógicamente, puede ser el MUS (cuando se trate de un Estado miembro participante) y por tanto la autoridad competente corresponderse con el BCE y la ANC, según se trate de una entidad significativa o menos significativa, respectivamente; o el esquema de supervisión nacional, en otro caso, y entonces, la autoridad competente corresponderse con el supervisor que tenga atribuidas las demás facultades de supervisión que regula CRD IV (autorizaciones de establecimiento, correcciones o sanciones, por ejemplo)—. En cualquiera de esos casos, lo relevante es que la autorización para la realización de modificaciones estructurales no se identifica con una potestad desgajada de la actividad administrativa de supervisión prudencial bancaria y, en consecuencia, no existe justificación para que la potestad autorizatoria se atribuya a una Administración que desarrolla sus funciones al margen de esa actividad.

A este respecto, el Considerando (9) de CRD VI expone de forma muy clara que el propósito que el legislador europeo persigue con esta reforma es reforzar el papel de los supervisores ya existentes, completando el haz de facultades de que disponen, y no crear una supervisión paralela y desgajada del conjunto de la supervisión prudencial bancaria:

> *"Los supervisores de las entidades de crédito han de poseer todas las facultades necesarias para ejercer sus cometidos respecto de las distintas operaciones que efectúen los entes supervisados. A esos efectos, y con miras a favorecer la igualdad de condiciones, los supervisores deben disponer de todas las facultades que les permitan supervisar las operaciones significativas que puedan llevar a cabo los entes supervisados. Por consiguiente, ha de notificarse a las autoridades competentes toda operación significativa llevada a cabo por un ente supervisado que plantee dudas sobre su perfil prudencial o sobre posibles actividades de blanqueo de capitales o de financiación del terrorismo (...)".*

A la luz de lo anterior, en el marco trazado por CRD VI una previsión como la contenida en la disposición adicional duodécima de la LOSSEC, en las normas autonómicas a las que llama la disposición adicional séptima, 1, de la LCAFB o el art. 10.1 de la Ley 13/1989 no resulta compatible con la actividad administrativa de supervisión configurada por la normativa europea.

B. Con independencia de lo anterior, la reforma operada por CRD VI no termina por clarificar si, de acuerdo con el régimen que introduce en cuanto a la autorización de modificaciones estructurales de entidades de crédito, esta potestad debe o no entenderse incluida en el sistema de ejercicio coordinado de facultades de supervisión que constituye el MUS. Ello es lógico: CRD IV es un acto legislativo dictado para la armonización de la normativa bancaria en el conjunto de la UE, sobre la base del art. 114.1 del TFUE, mientras que el MUS se establece en un acto distinto (el Reglamento 1024/2013), aprobado sobre la base del art. 127.6 del TFUE. Por tanto, la solución definitiva a este problema sólo puede venir de la mano de una reforma del art. 4.1 de esta última norma para incluir con claridad entre las "*competencias exclusivas*" atribuidas al BCE en materia de supervisión prudencial bancaria esta clase de autorizaciones[119].

Sea como fuere, la reintegración de la potestad para autorizar modificaciones estructurales de entidades de crédito al circuito normal de la supervisión prudencial bancaria hace más consistente la interpretación que, en relación con las fusiones, hacía el BCE en la *Guía* citada, con arreglo a la cual la asimilaba a una autorización para el establecimiento de una entidad de crédito (que debía sustanciarse con arreglo al procedimiento compuesto previsto en el Reglamento 1024/2013) cuando la fusión implicara una modificación sustancial de la entidad subsistente. Ahora cabría añadir que, cuando esa modificación no sea sustancial, no resultan exigibles los rigores del procedimiento compuesto, y es el supervisor ordinario quien debe otorgarla. Así, la expresión "*sin perjuicio de cualesquiera otras aprobaciones supervisoras que deban obtenerse para la fusión*" cobra sentido al referirse a las autorizaciones que pueden exigir otras normas sectoriales dictadas en garantía de un bien jurídico distinto de la estabilidad del sistema financiero, que ya queda suficientemente asegurada por la intervención del BCE (o, en caso de modificaciones no sustanciales, del supervisor ordinario de la entidad).

5.3 AUTORIZACIONES PARA APLICAR DISTINTOS REQUISITOS Y METODOLOGÍAS DE EVALUACIÓN DE FONDOS PROPIOS, CONTENIDAS EN EL CRR

5.3.1. La ordenación prudencial bancaria impone a las entidades de crédito, entre otras obligaciones, la exigencia de mantener ciertos requisitos de solvencia y liquidez, tanto desde una perspectiva microprudencial como macroprudencial. Pues bien, la concreta forma en que cada entidad de crédito cumple con esos requisitos (por ejemplo, cómo valora los fondos propios y calcula los ratios que debe observar) puede modificarse bajo ciertas circunstancias; modificación que se sujeta a autorización previa a fin de garantizar que esos cambios no dañan la estabilidad del sistema financiero.

Estas potestades aparecen configuradas, de forma entremezclada con la ordenación del sector, en CRR, CRD IV y, en cuanto normas que transponen esta última, la LOSSEC y el RD 84/2015. La primera de las normas citadas, de aplicación general al conjunto de la Unión, y no sólo a los Estados miembro participantes en el MUS, atribuye esas potestades a la "*autoridad competente*". De acuerdo con el art. 4.1-*d)* del Reglamento 1024/2013, que atribuye al BCE la competencia de "*velar por el cumplimiento*" de

[119] Sin perjuicio de ello, una interpretación razonable de las normas podría conducir a entender que la autorización de modificaciones estructurales se trata de una función relativa a "*velar por el cumplimiento*" y "*garantizar el cumplimiento*" de las normas de liquidez y solvencia de entidades de crédito contenidas en las letras *d)* y *e)* del art. 4.1 del Reglamento 1024/2013 y, por tanto, la potestad autorizatoria se ejerce por el BCE o la ANC, según corresponda en función del tipo de entidad supervisada de que se trate.

las normas de solvencia europeas y, en su caso, nacionales, "*que imponen requisitos prudenciales a las entidades de crédito en materia fondos propios, titulización limitación ante exposiciones, liquidez, apalancamiento, y notificación y publicación de información sobre estas cuestiones*", la autoridad competente a efectos del ejercicio de esta potestad será el BCE o el BdE, según se trate de entidades de crédito significativas o menos significativas[120].

Cuando se trate de entidades significativas, la petición debe presentarse directamente ante el BCE (cfr. art. 95.1 del Reglamento 468/2014)[121]. Además, resultarán de aplicación al procedimiento todas las garantías procedimentales contenidas en los arts. 25 y ss. del Reglamento 1024/2013. Se echa en falta una regulación precisa de los plazos a que debe sujetarse el BCE para la tramitación de estos procedimientos autorizatorios, sobre los que la normativa europea guarda silencio. En el caso del ejercicio por el BdE de estas potestades sobre las entidades menos significativas, regirá lo dispuesto en la LOSSEC y el RD 84/2015 y, en todo lo no regulado por estas normas, lo previsto en la normativa de procedimiento administrativo común.

5.3.2. Las potestades autorizatorias relativas a modificaciones sobre los requisitos de fondos propios y de liquidez y cambios en las metodologías empleadas para su evaluación son las más abundantes. Sin ánimo de ser exhaustivo –se referirá únicamente la manifestación de la libertad de empresa objeto de autorización, sin mención específica a los requisitos bajo los cuales puede concederse cada autorización, lo cual haría excesivamente extenso el análisis–, estas potestades pueden clasificarse del modo que sigue:

1º. Autorizaciones en materia de modificación en la composición de los fondos propios:

(i) El art. 26.2 de CRR establece que las Administraciones supervisoras podrán autorizar que una entidad de crédito incluya los beneficios provisionales o de cierre de ejercicio en el capital de nivel 1 ordinario antes de que tales resultados hayan sido formalmente confirmados por los órganos de gobierno de la entidad.

---

120 En este sentido, no puede olvidarse que el art. 89 del Reglamento 468/2014 establece que "*el BCE ejercerá la supervisión directa de las entidades supervisadas significativas*", lo cual no se compadecería con que las autorizaciones para la aplicación especial de ciertas previsiones sobre fondos propios fueran concedidas por Administraciones distintas. En este sentido, *vid.* ESTEBAN RÍOS, Javier, *El ejercicio de las potestades supervisora y sancionadora en el marco del Mecanismo Único de Supervisión*, Cizur Menor (Navarra): Thomson Reuters-Aranzadi, 2020, pp. 209-211. Por otro lado, según se apuntó más arriba, en ocasiones el CRR confiere a los Estados derechos de opción para que sean éstos quienes terminen de establecer la ordenación a que deben ajustarse las entidades de crédito. Cuando esta ordenación constituya parámetro de medida para el ejercicio de esta clase de autorizaciones, el BCE, al supervisar las entidades significativas, debe estar a las opciones que él mismo ha determinado en virtud del Reglamento 2016/446, y no a las opciones realizadas por el legislador nacional.

121 Se enmarca en el Título III de la Parte VI, que lleva por rúbrica "*otros procedimientos de aplicación por parte de las entidades supervisadas significativas*".

(ii) El art. 26.3 de CRR permite a las Administraciones supervisoras autorizar que una entidad de crédito clasifique los instrumentos de capital emitidos con posterioridad al 28 de junio de 2013 como capital de nivel 1 ordinario. La Administración deberá dar cuenta a la ABE de las razones que le han conducido a otorgar esta autorización cuando la ABE le manifieste que es materialmente complejo determinar el cumplimiento de los requisitos normativamente establecidos para calificar esos instrumentos como capital de nivel 1 ordinario.

(iii) El art. 31.1 de CRR también faculta a las Administraciones supervisoras a autorizar la inclusión dentro del capital de nivel 1 ordinario los instrumentos de capital que cumplan las condiciones para ello y hayan sido suscritos por Administraciones públicas en el contexto de recapitalización de la entidad de acuerdo con las normas de reestructuración y resolución aplicables, siempre que concurran ciertos requisitos sobre esos instrumentos[122].

2º. Autorizaciones en materia de instrumentos de capital con distribuciones no monetarias:

(i) El art. 73.1 de CRR permite a las Administraciones supervisoras autorizar a una entidad de crédito para incluir como instrumentos de capital de nivel 1 ordinario, de capital de nivel 1 adicional o de capital de nivel 2 aquellos instrumentos de capital para los cuales la entidad es la única con poder discrecional para decidir el pago de distribuciones de una forma distinta del efectivo o de un instrumento de fondos propios[123].

---

122 Estas condiciones son que: "*a) los instrumentos de capital se hayan emitido después del 1 de enero de 2014; b) la Comisión considere ayuda estatal los instrumentos de capital; c) los instrumentos de capital se hayan emitido en el contexto de medidas de recapitalización con arreglo a la normativa que regule en el momento las ayudas de Estado; d) los instrumentos de capital estén plenamente suscritos y mantenidos por el Estado o una autoridad pública o empresa estatal pertinente; e) los instrumentos de capital puedan absorber pérdidas; f) con excepción de los instrumentos de capital a que se refiere el artículo 27, en caso de liquidación, los instrumentos de capital otorguen a sus titulares un derecho de crédito sobre los activos residuales de la entidad, una vez satisfechos todos los créditos preferentes; g) existan mecanismos de salida adecuados del Estado o, cuando proceda, de la autoridad pública o entidad estatal pertinente; h) la autoridad competente haya concedido una autorización previa y haya publicado su decisión junto con una explicación de la misma*".

123 A tal efecto, el apartado 2 del art. 73 exige que la capacidad de la entidad para cancelar pagos en virtud del instrumento no se vea afectada adversamente por el poder discrecional para modificar la forma de retribución al titular del instrumento de capital ni por la forma en que se pueda proceder a las retribuciones; que la capacidad del instrumento de absorber pérdidas no se vea afectada adversamente por el poder discrecional contemplado en el apartado 1, ni por la forma en que se pueda proceder a las distribuciones; y que la calidad del instrumento de capital no se vea reducida por ese poder discrecional ni tal forma de proceder a las distribuciones.

(ii) El art. 76.2 de CRR permite a las Administraciones supervisoras autorizar a una entidad de crédito utilizar una estimación prudente de la exposición subyacente de la entidad a los instrumentos de capital incluidos en índices[124].

(iii) El art. 77 de CRR permite a las Administraciones supervisoras autorizar a las entidades de crédito para reducir, reembolsar o recomprar instrumentos de capital de nivel 1 ordinario emitidos por la entidad de forma autorizada por la legislación nacional aplicable[125]; reducir, distribuir o reclasificar como otro elemento de fondos propios las cuentas de primas de emisión relativas a instrumentos de fondos propios; o exigir el rescate, reembolso, devolución o recompra de instrumentos de capital de nivel 1 adicional o de capital de nivel 2, según proceda, antes de la fecha de su vencimiento contractual[126].

3º. Autorizaciones en materia de evaluación de fondos propios y cálculo de los requisitos de solvencia que las entidades de crédito deben cumplir frente a ciertas clases de riesgos inherentes a su actividad:

(i) En relación con el cálculo de las exposiciones de una entidad de crédito al riesgo de crédito, las Administraciones supervisoras pueden autorizar a las entidades para:

- No valorar –esto es, asignarles una ponderación del 0%– las exposiciones ponderadas por riesgo frente a una contraparte que sea su empresa matriz, su filial, una filial de su empresa matriz o una empresa que forme parte de su grupo societario (cfr. art. 113.6 de CRR).

---

124 El apartado 3 del precepto establece como requisito para el otorgamiento de la autorización que la entidad demuestre a satisfacción de la Administración supervisora que tendría dificultades prácticas en hacer el seguimiento de su exposición subyacente a los elementos citados.

125 De acuerdo con el art. 78.1 de CRR, esta autorización se concederá si se cumplen las siguientes condiciones: con anterioridad o simultáneamente la entidad sustituya esos instrumentos por instrumentos de fondos propios de igual o superior calidad en condiciones que resulten sostenibles para la capacidad de ingresos de la entidad (para más información, la ABE ha concretado este requisito en su Q&A 2013_467) y la entidad haya demostrado satisfactoriamente a la autoridad competente que sus fondos propios después de esa operación superarán los requisitos exigidos por la normativa aplicable (la ABE también ha resuelto cuestiones a este respecto en las Q&A 2013_290, 2014_1352, 2015_1791 y 2015_2042).

126 El art. 78.4 de CRR exige para obtener esta autorización: "*a) que exista una modificación de la clasificación reglamentaria de dichos instrumentos que tuviera como resultado probable su exclusión de los fondos propios o su reclasificación en una calificación inferior de fondos propios, y que se cumplan las dos condiciones siguientes: i) que la autoridad competente considere que dicha modificación tiene suficiente certidumbre, ii) que la entidad demuestre a satisfacción de las autoridades competentes que la reclasificación reglamentaria de dichos instrumentos no era previsible razonablemente en el momento de su emisión; b) que exista una modificación en el tratamiento fiscal aplicable a dichos instrumentos que la entidad demuestre a satisfacción de las autoridades competentes que es importante y que no era previsible razonablemente en el momento de su emisión*".

- No valorar las exposiciones frente a contrapartes con las que la entidad haya suscrito un acuerdo de responsabilidad contractual o legal, en el marco de un sistema institucional de protección, que proteja a las entidades y, en particular, garantice su liquidez y solvencia, a fin de evitar la quiebra, cuando resulte necesario (cfr. art. 113.7 de CRR).
- Calcular las exposiciones ponderadas por riesgo mediante el método basado en calificaciones internas (IRB, por sus siglas en inglés), según lo previsto en el Reglamento de Ejecución 2016/100 (cfr. art. 143.2 de CRR). En estos casos, se requerirá una autorización por cada categoría de exposiciones y cada sistema de calificación, cada método de modelos internos para el cálculo de las exposiciones de renta variable y cada método de estimaciones propias de pérdidas en caso de impago (LGD, por sus siglas en inglés) y los factores de conversión que emplee. Igualmente, se deberán autorizar por la Administración supervisora competente la modificación sustancial del ámbito de aplicación de un sistema de calificación o un método de modelos internos para el cálculo de las exposiciones de renta variable que la entidad haya sido autorizada a utilizar y la modificación sustancial de un sistema de calificación o un método de modelos internos para el cálculo de las exposiciones de renta variable que la entidad haya sido autorizada a utilizar (cfr. art. 143.3 de CRR). Autorización para el empleo de esta metodología debe ser revisada cada tres años por la Administración supervisora.
- Dejar de emplear el método basado en calificaciones internas para una determinada exposición o categoría de exposiciones para usar en su lugar el método estándar si la entidad ha demostrado, a satisfacción de la Administración supervisora, que la aplicación del método estándar no tiene por objeto únicamente reducir los requisitos de fondos propios de la entidad, es necesaria habida cuenta de la naturaleza y complejidad del total de las exposiciones de este tipo de la entidad y no tendrá repercusiones negativas importantes en la solvencia de la entidad o en su capacidad de gestionar el riesgo de manera efectiva (cfr. art. 149.1 de CRR).
- Dejar de emplear el método basado en calificaciones internas para ciertas exposiciones concretas[127] para utilizar en su lugar el método estándar (cfr. art. 150.1 de CRR).

---

127 Estas exposiciones son: "*a) la categoría de exposición contemplada en el artículo 147, apartado 2, letra a), cuando el número de contrapartes significativas sea limitado y resulte excesivamente oneroso*

- Calcular los importes ponderados por riesgo de crédito de las exposiciones pertenecientes a la categoría de renta variable según las especialidades contenidas en el art. 155 de CRR y emplear al efecto sus propias estimaciones propias de pérdidas en caso de impago (cfr. art. 151.4 y 8 de CRR).
- Utilizar sus propias estimaciones a la hora de calcular los factores de conversión aplicables para calcular el valor de ciertas exposiciones[128]

---

que la entidad instrumente un sistema de calificación para dichas contrapartes; b) la categoría de exposición contemplada en el artículo 147, apartado 2, letra b), cuando el número de contrapartes significativas sea limitado y resulte excesivamente oneroso que la entidad instrumente un sistema de calificación para dichas contrapartes; c) las exposiciones en unidades de negocio no significativas, así como las categorías o tipos de exposición que sean poco relevantes en términos de tamaño y perfil de riesgo percibido; d) las exposiciones frente a administraciones centrales y bancos centrales de los Estados miembro y frente a sus autoridades regionales y locales, organismos administrativos y entes del sector público, a condición de que: i) no exista, debido a determinadas disposiciones públicas, ninguna diferencia en cuanto a riesgo entre las exposiciones frente a la administración central y al banco central y las demás exposiciones, y ii) se asigne a las exposiciones frente a la administración central y al banco central una ponderación de riesgo del 0 % con arreglo al artículo 114, apartados 2, 4 o 5; e) las exposiciones de una entidad frente a una contraparte que sea su empresa matriz, su filial o una filial de su empresa matriz, a condición de que la contraparte sea una entidad o una sociedad financiera de cartera, una sociedad financiera mixta de cartera, una entidad financiera, una empresa de gestión de activos, una empresa de servicios auxiliares sujeta a los requisitos prudenciales adecuados o una empresa que esté vinculada por una relación a tenor del artículo 12, apartado 1, de la Directiva 83/349/CEE; f) las exposiciones entre entidades que satisfagan las condiciones definidas en el artículo 113, apartado 7; g) las exposiciones de renta variable frente a entidades cuyas obligaciones de crédito reciban una ponderación de riesgo del 0 % con arreglo al capítulo 2, incluidas las entidades con respaldo del sector público a las que pueda aplicarse una ponderación de riesgo del 0 %; h) las exposiciones de renta variable que se deriven de programas legislativos destinados a promover determinados sectores de la economía, que ofrezcan a la entidad importantes subvenciones para inversión e impliquen algún tipo de supervisión pública de las inversiones accionariales, así como restricciones a las mismas, entendiéndose que tales exposiciones, de forma agregada, solo podrán excluirse del método IRB hasta un máximo del 10 % de los fondos propios; i) las exposiciones contempladas en el artículo 119, apartado 4, que cumplan las condiciones fijadas en él; j) las garantías estatales y reaseguradas por el Estado a que se refiere el artículo 215, apartado 2".

128 Estas exposiciones son: " a*) en el caso de las líneas de crédito que puedan ser canceladas incondicionalmente por la entidad en cualquier momento y sin previo aviso, o que prevean efectivamente su cancelación automática por deterioro de la capacidad crediticia del prestatario, se aplicará un factor de conversión del 0 %. Para aplicar un factor de conversión del 0 %, las entidades deberán seguir activamente la situación financiera del deudor, y sus sistemas de control interno les deberán permitir detectar inmediatamente un deterioro de la calidad crediticia del deudor. Las líneas de crédito no utilizadas podrán considerarse incondicionalmente cancelables cuando sus condiciones autoricen a la entidad a cancelarlas hasta donde lo permita la legislación de protección del consumidor y demás disposiciones conexas; b) con respecto a las cartas de crédito a corto plazo procedentes de movimiento de bienes, se aplicará un factor de conversión del 20 % tanto a la entidad emisora como a la entidad confirmante; c) en lo que respecta a las líneas de compra no utilizadas relativas a derechos de cobro*

frente a empresas, entidades, administraciones centrales y bancos centrales y exposiciones minoristas (cfr. art. 166.8-*e)* de CRR).

- Reconocer garantías contingentes (que establezcan condiciones en las que pueda cesar las obligaciones del garante) a la hora de calcular los importes de las exposiciones ponderadas por riesgo de crédito (cfr. art. 183.1-*c)* de CRR).
- Aplicar el método de modelos internos para el ajuste de la volatilidad a la hora de calcular el valor de exposición plenamente ajustado resultante de la aplicación de un acuerdo marco de compensación admisible que cubra las operaciones de recompra, las operaciones de préstamos de valores o de materias primas o de toma de valores o de materias primas en préstamo u otras operaciones vinculadas al mercado de capitales, excepto los contratos de derivados (cfr. art. 221.3 de CRR).
- Revertir al empleo de otros métodos de valoración para calcular los ajustes de volatilidad que se aplicarán para calcular las exposiciones de garantías reales de naturaleza financiera, en relación con las entidades que hubieran sido autorizadas para emplear otros métodos de valoración (cfr. art. 225.1 de CRR).
- Transferir una parte significativa del riesgo de crédito correspondiente a titulizaciones cuando la entidad originadora pueda demostrar, en cada caso, que la reducción de los requisitos de fondos propios por ella lograda mediante la titulización está justificada por una transferencia acorde del riesgo de crédito a terceros (cfr. art. 244.4 de CRR).

(ii) En relación con el cálculo de las exposiciones de una entidad de crédito al riesgo de contraparte, las Administraciones supervisoras pueden autorizar a las entidades para emplear el método de modelos internos para calcular el valor de exposición de ciertas operaciones[129] (cfr. art. 283.1 de CRR) y para emplear una medida más prudente que la unidad de medida empleada

---

adquiridos renovables y que puedan ser anuladas sin condiciones o que ofrezcan efectivamente a la entidad la posibilidad de cancelación en cualquier momento y sin previo aviso, se aplicará un factor de conversión del 0 %. Para aplicar un factor de conversión del 0 %, las entidades deberán seguir activamente la situación financiera del deudor, y sus sistemas de control interno les deberán permitir detectar inmediatamente un deterioro de la calidad crediticia del deudor; d) para otras líneas de crédito, líneas de emisión de pagarés (NIF) y líneas renovables de colocación de emisiones (RUF), se aplicará un factor de conversión del 75 %".

[129] Contratos enumerados en el anexo II; operaciones de recompra, de préstamo o toma en préstamo de valores o materias primas y de préstamo con reposición del margen; y contratos enumerados en el anexo II y operaciones de préstamo con reposición del margen (cfr. art. 273.2 de CRR).

para calcular el valor de exposición reglamentario en relación con cada contraparte en el ámbito del modelo de validación inicial y permanente del modelo de exposición en riesgo de contraparte y medidas de riesgo de las entidades de crédito (cfr. art. 294.2 de CRR).

(iii) En relación con el cálculo de las exposiciones de una entidad de crédito al riesgo operativo, las Administraciones supervisoras pueden autorizar a las entidades para emplear métodos avanzados de cálculo basados en sus propios sistemas de medición de riesgo operativo, el retorno a la aplicación de métodos menos complejos (como el método estándar) y el uso combinado de diferentes métodos (cfr. arts. 312.2, 313.3 y 314.1 de CRR, respectivamente).

(iv) En relación con el cálculo de las exposiciones de una entidad al riesgo de mercado, las Administraciones supervisoras pueden autorizar a las entidades para:

- Acogerse a ciertas exenciones de los requisitos específicos de presentación de información por riesgo de mercado (cfr. art. 325 bis.6 de CRR).
- Utilizar las posiciones en una entidad o empresa para compensar posiciones en otra entidad o empresa, cuando los requisitos de solvencia se apliquen en base consolidada (cfr. art. 325 ter de CRR).
- Hacer uso de definiciones alternativas de las sensibilidades al riesgo delta en el cálculo de los requisitos de fondos propios de una posición de la cartera de negociación (art. 325 unvicies.5 de CRR).
- Emplear el modelo interno alternativo modelo interno alternativo a los efectos de cumplir con el requisito de presentación de información (cfr. art. 325 bis septvicies de CRR).
- No contabilizar un exceso –variación en el valor de una cartera por encima de cierta cota– cuando el hecho de que una variación en un día del valor de su cartera supere el valor en riesgo correspondiente calculado mediante el modelo interno de dicha entidad sea imputable a un factor de riesgo no modelizable (cfr. art. 325 ter septies.8 de CRR).
- Utilizar un modelo interno de riesgo de impago a efectos de calcular los requisitos de fondos propios (art. 325 ter quaterdecies de CRR).
- Utilizar modelos de sensibilidad para calcular las posiciones relativas a contratos de futuros, contratos a plazo sobre tipos de interés, opciones y certificados de opción de compra y operaciones de permuta financiera (cfr. art. 331.1 de CRR).

- Utilizar el método basado en la fórmula supervisora para el cálculo de los requisitos de fondos propios para instrumentos de titulización (cfr. art. 337.2 de CRR).
- Utilizar un modelo adecuado en el cálculo del parámetro "delta" cuando se trate de opciones OTC o aquél no pudiera obtenerse a partir del mercado organizado de que se trate (cfr. arts. 352.1 y 358.3 de CRR).
- Utilizar modelos internos en la valoración del riesgo general y específico de los instrumentos de renta variable, el riesgo general y específico de los instrumentos de deuda, el riesgo de tipo de cambio y el riesgo de materias primas (cfr. art. 363.1 de CRR).
- Optar por incluir sistemáticamente todas las posiciones en renta variable cotizada y todas las posiciones en derivados que se basen en renta variable cotizada a la hora de aplicar el modelo IRC interno a todas las posiciones sujetas a un requisito de fondos propios pro riesgo específico de tipo de interés (cfr. art. 373 de CRR).

(v) En relación con el cálculo de las exposiciones de una entidad al riesgo de ajuste de valoración del crédito, las Administraciones supervisoras pueden autorizar a las entidades para calcular los requisitos de fondos propios por este riesgo con base en un modelo interno con arreglo a la fórmula establecida en el art. 383.1 del CRR, siempre que se encuentren autorizadas para emplear el método de modelos internos (cfr. art. 383.4 de CRR), así como para reconocer los efectos de las garantías reales de naturaleza financiera a la hora de calcular el valor de las exposiciones a este riesgo, siempre que la entidad se encuentre autorizada a emplear modelos internos para estimación de pérdidas LGD (cfr. art. 401.2 de CRR).

4º. En materia de requisitos de liquidez, introducidos como obligación por CRR II, el art. 428 bis decies de CRR establece la posibilidad de que las Administraciones supervisoras autoricen a entidades pequeñas y no complejas a optar por calcular la relación entre la financiación estable disponible con arreglo a ciertas reglas especiales contenidas en los arts. 428 bis unvicies y ss. de CRR.

5.3.3. En materia de gobierno corporativo, existen manifestaciones de la libertad de empresa que pueden comprometer la gestión sana y prudente de una entidad de crédito que informa buena parte de la ordenación en la materia y, por tanto, también se sujetan a autorización previa.

Por un lado, el art. 35 del RD 84/2015 exige autorización previa para la concesión de créditos, avales y garantías de una entidad de crédito a los miembros de su consejo de administración o a sus directores generales o asimilados, a salvo de aquellos casos en los cuales esas acciones estén amparadas en convenios colectivos concertados entre la entidad de crédito y el conjunto de sus empleados y se realice en virtud de contratos cuyas condiciones estén estandarizadas y se apliquen en masa y de manera habitual a un elevado número de clientes, siempre que el importe concedido a una misma persona, a sus familiares de hasta segundo grado o a las sociedades en las que estas personas ostenten una participación de control igual o superior al 15%, o de cuyo consejo formen parte no exceda de 200.000 euros. Por otro, el art. 36.3 del RD 84/2015 sujeta a autorización previa la cuantía, devengo y abono de cualquier retribución variable a los administradores y directivos de una entidad de crédito que haya percibido apoyo financiero.

En cualquier caso, la autorización más relevante a este respecto es, sin duda, la correspondiente a la evaluación de la idoneidad de las personas responsables de la gestión de las entidades de crédito. En este sentido, el art. 33.3 del RD 84/2015 obliga a las entidades de crédito a "*notificar al Banco de España la propuesta de nombramiento de nuevos miembros del consejo de administración, de directores generales o asimilados tanto de la propia entidad de crédito como, en su caso, de su sociedad dominante*".

Realizada esta notificación, si la entidad fuera significativa el BdE deberá dar traslado inmediato de la solicitud al BCE (cfr. arts. 93.1 y 94.1 del Reglamento 468/2014[130]); en otro caso, la competencia recaerá en el BdE. Sea como fuere, la Administración supervisora competente contará con un plazo de tres meses, contados desde la fecha de la notificación, para para emitir su juicio de idoneidad, produciendo el silencio efectos positivos (cfr. art. 29.2-*c)*-3º del RD 84/2015[131]), plazo y sentido del silencio que también aplica en el caso de que el competente para llevar a cabo la evaluación sea el BCE (cfr. ya citados arts. 93.1 y 94.1 del Reglamento 468/2014). La autorización es reglada, a pesar de que los parámetros normativos de autorización empleen conceptos jurídicos indeterminados, y deberá dirigirse a la comprobación de la concurrencia de los requisitos de honorabilidad, conocimientos, experiencia y capacidad de gestión previstos en los arts. 30 a 32 del RD 84/2015.

5.4 AUTORIZACIÓN PARA LA DESIGNACIÓN DE NUEVOS ADMINISTRADORES Y DIRECTIVOS DE ACUERDO CON LOS CRITERIOS DE IDONEIDAD Y HONORABILIDAD PREVISTOS EN LA ORDENACIÓN PRUDENCIAL APLICABLE

Finalmente, durante el desarrollo de la actividad crediticia ocurre que uno de los elementos esenciales sobre el que se realizó una evaluación supervisora al tiempo de otorgarse la autorización de establecimiento, la identidad de las personas que desempeñan cargos de administración y dirección sobre la entidad, puede verse alterada. A fin de garantizar la efectividad del control previo realizado sobre este extremo al

130 El Derecho europeo disocia entre la idoneidad de los miembros del órgano de administración (art. 93 citado) y la idoneidad de los directivos de las entidades (art. 94), mientras que el Derecho español reconduce la evaluación de ambos a un mismo régimen.

131 Precepto que desarrolla el genérico mandato contenido en el art. 25.2 de la LOSSEC a este respecto.

constituirse la entidad, la normativa aplicable faculta a la Administración supervisora a realizar una evaluación de la idoneidad y honorabilidad de las personas propuestas para ocupar puestos de administración y dirección en una entidad de crédito antes de su nombramiento efectivo (cfr. art. 25.2 de la LOSSEC).

Sin perjuicio de que esta función no aparece expresamente recogida entre las enumeradas en el art. 4.1 del Reglamento 1024/2013, las normas sobre idoneidad y honorabilidad encajan en la supervisión de la existencia de "estructuras sólidas de gobernanza" a la que se refiere el art. 4.1-e) de dicha norma, tal y como ha interpretado (en este caso, con mayor anclaje normativo) la Carta del BCE de 2017. Esta natural interpretación del art. 4.1-e) del Reglamento 1024/2013 ya se contenía en el Reglamento 468/2014, cuyo art. 93 establece un procedimiento específico para el ejercicio de esta potestad por el BCE sobre entidades de crédito significativas. Por tanto, de todo lo expuesto cabe concluir que la evaluación de la idoneidad y honorabilidad de las personas que ocupen los puestos de administración y dirección de las entidades de crédito deberá autorizarse por el BCE, si la entidad es significativa, o por el BdE, si es menos significativa, de acuerdo con las reglas sustantivas contenidas en los arts. 24 a 27 de la LOSSEC y 29 a 34 del RD 84/2015, y los criterios dados por la ABE para aplicarlos, todos ellos ya referidos en la sección dedicada a la autorización de establecimiento y que, por tanto, no se reiterarán en este lugar.

6. CESE DE LA ACTIVIDAD

La salida de una entidad del sector del crédito también es objeto de control por la Administración supervisora competente sobre dos vectores: (**i**) en forma de salida obligada, cuando la actividad desarrollada por la entidad suponga un riesgo para la estabilidad del sistema financiero; y (**ii**) en forma de autorización de toda salida voluntaria, en la medida en la que el abandono de la actividad por una entidad también podría afectar al bien jurídico protegido. Adicionalmente, el ordenamiento contempla supuestos en los cuales la falta de ejercicio de la actividad hace resurgir los obstáculos que existían para su realización antes de obtener la autorización de establecimiento y, de este modo, ésta pierde su eficacia. Por último, la normativa de supervisión también contempla el control administrativo de los procesos de disolución y liquidación de las distintas entidades de crédito a fin de que éste no perjudique en modo alguno la estabilidad del sistema financiero.

6.1 REVOCACIÓN DE LA AUTORIZACIÓN

La revocación de la autorización para el ejercicio de la actividad crediticia comporta la salida obligatoria de la entidad del sector del crédito ante el riesgo de que su permanencia en él pueda perjudicar de alguna forma la estabilidad del sistema financiero. De este modo, la revocación de la autorización constituye un cese obligatorio en la actividad, toda vez que el título que habilita para su ejercicio pierde sus efectos y, por tanto, la entidad ya no se encuentra autorizada para llevar a cabo una actividad reservada a entidades debidamente autorizadas.

La revocación de la autorización de acceso al ejercicio de la actividad es una consecuencia evidente de la calificación de ésta como "autorización de funcionamiento": dado que la autorización produce efectos durante todo el tiempo que dure la actividad, es posible que, ante la desaparición de las condiciones que motivó su otorgamiento, esos efectos desaparezcan y, por tanto, resurjan los obstáculos o límites previamente existentes para el ejercicio de la actividad.

En este sentido, parece que la revocación de la autorización tendría mejor encaje sistemático en el examen de las potestades correctoras o interventoras que se realizará en el Capítulo VI de esta obra. Cuando se revoca una autorización no se "autoriza" nada, sino que se limita el ejercicio de un derecho haciendo que vuelvan a surgir los obstáculos para ello que precisamente la autorización removió. Siendo ello así, entiendo que existen dos razones que aconsejan tratar el procedimiento de revocación de la autorización de establecimiento en este lugar. La primera: este procedimiento se encuentra íntimamente relacionado con el procedimiento de autorización para el ejercicio de la actividad; es, en cierto modo, el proceso inverso al seguido al tiempo de la autorización. Y la segunda: existe una potestad autorizatoria (la relativa a la salida voluntaria del sector) que sí es propiamente tal potestad –y, por tanto, tiene sentido que se examine en este lugar–, cuyo análisis requiere conocer previamente el procedimiento de revocación de la autorización de establecimiento.

La revocación de la autorización para el ejercicio de la actividad del crédito constituye el tercero y último de los procedimientos comunes que configuran el Reglamento 1024/2013 y el Reglamento 468/2014. No obstante, a pesar de concebirse como un procedimiento común, no puede ser considerado un procedimiento compuesto, sino un procedimiento puramente europeo, sin perjuicio de la participación de las autoridades nacionales competentes en la formación de la voluntad del BCE que es, sin embargo, la única realmente decisiva sobre el resultado final del procedimiento[132].

---

[132] El art. 83.2 del Reglamento 468/2014 señala que: "*el BCE tomará su decisión teniendo en cuenta lo siguiente: a) su evaluación de las circunstancias que justifican la revocación; b) si procede, el proyecto de decisión de revocación de la ANC; c) la consulta con la ANC pertinente y, si la ANC no es además la autoridad nacional de resolución, con la autoridad nacional de resolución (...); y d) cualesquiera comentarios formulados por la entidad de crédito con arreglo a lo dispuesto en el artículo 81, apartado 2, y el artículo 82, apartado 3*". Como se comprueba, el precepto indica que el BCE tomará "*su*" decisión, sin que la ANC realice, como en el caso del procedimiento de autorización, aportaciones decisivas; ello sin perjuicio de que ésta pueda informar lo que, en su opinión, sea apropiado desde la perspectiva

Ello no obstante, debe advertirse una deficiente técnica legislativa a la hora de regular este procedimiento en la normativa española. Como ya ocurriera con la potestad de autorización para el ejercicio de la actividad, la potestad de revocación de esta autorización aparece regulada en los arts. 8 de la LOSSEC y 12 del RD 84/2015, así como en el Reglamento 1024/2013 y en el Reglamento 468/2014. Pues bien, mientras que la regulación contenida en la LOSSEC y en los dos Reglamentos europeos citados resulta de aplicación a todas las entidades de crédito (bancos, cajas de ahorros y cooperativas de crédito), la regulación del art. 12 del RD 84/2015 sólo se aplica a los bancos. Ocurre entonces el problema de que el encaje del BdE como ANC en el procedimiento de revocación sólo se contiene en el art. 12 del RD 84/2015 (que solo es aplicable a los bancos), sin que el art. 8 de la LOSSEC contenga norma alguna de procedimiento administrativo para las tres clases de entidades de crédito.

Lo anterior produce una evidente disfunción, toda vez que siempre que se pretenda revocar la autorización para ejercer la actividad del crédito debe seguirse el "procedimiento común" previsto en la normativa europea, que por mor del principio de primacía desplaza cualquier otra regulación nacional incompatible con ella. De este modo, mientras que la revocación de la autorización de bancos cuenta con una normativa claramente compatible con el marco europeo, no ocurre lo mismo con la revocación de la autorización de otras entidades de crédito que, sin embargo, en la práctica, debe sustanciarse del mismo modo.

En el ámbito de las cooperativas de crédito el problema se ha solucionado mediante la incorporación de una regulación idéntica al art. 12 del RD 84/2015 en el art. 39 del RD 84/1993. En el caso de las cajas de ahorros, sin embargo, la normativa básica estatal no contiene normas relativas a la autorización o revocación de su autorización para ejercer la actividad, de suerte que deberían ser las distintas normas autonómicas las que incorporaran las previsiones análogas al art. 12 del RD 84/2015. Esta incorporación, sin embargo, no existe o, cuando aparecen referencias a la revocación, no cohonesta con el contenido de la nueva regulación europea de la materia. Resulta necesaria una adaptación de la normativa autonómica en materia de cajas de ahorros, pues, hoy por hoy, la única herramienta posible consiste en aplicar analógicamente un art. 12 del RD

---

del Derecho nacional. Buena prueba de ello hace el ultimo inciso del art. 12.1 del RD 84/2015, con arreglo al cual "*a la resolución de la revocación de la autorización mediante decisión del Banco Central Europeo se le aplicará el régimen de impugnación previsto en la normativa de la Unión Europea y, en particular, en el Reglamento (UE) 1024/2013, del Consejo, de 15 de octubre de 2013, que encomienda al Banco Central Europeo tareas específicas respecto de políticas relacionadas con la supervisión prudencial de entidades de crédito*". Las Sentencias del Tribunal General de la UE de 30 de noviembre de 2022 (TOL9.304.113) y de 4 de junio de 2025 (TOL10.555.080), ya citadas, comparten esta lectura de las normas aplicables y confirman que el procedimiento de revocación de la autorización no se trata de un procedimiento compuesto, según se explicó en detalle en el Capítulo III de esta obra.

84/2015 cuya aplicación a este tipo de entidades ha sido expresamente excluida por el legislador (cfr. art. 2.2 del RD 84/2015)[133].

En mi opinión, la revocación de la autorización para el ejercicio de la actividad del crédito (y, como se verá a continuación, la renuncia y la caducidad) debería regularse en el RD 84/2015 de forma homogénea para las tres clases de entidades de crédito, toda vez que esta norma supone, en esta materia, un desarrollo del art. 8 de la LOSSEC que sí se aplica a la totalidad de las entidades de crédito. Al igual que apunté a la hora de hablar de otras potestades autorizatorias configuradas en las Secciones 1ª a 3ª del Capítulo I del Título I del RD 84/2015, de cuyo ámbito de aplicación el art. 2.2 del RD 84/2015 excluye expresamente a cooperativas de crédito y cajas de ahorros salvo que su normativa específica disponga otra cosa, resulta necesaria una modificación del RD 84/2015 para armonizar la regulación de estas potestades configuradas por la normativa europea como "procedimientos comunes" donde debe necesariamente seguirse las mismas reglas para su ejercicio respecto de la totalidad de entidades de crédito.

Por otra parte, la revocación de la autorización para ejercer la actividad del crédito guarda estrecha relación con la reestructuración y resolución de una entidad de crédito. Por esa razón, la normativa aplicable prevé que bien el BdE, bien el BCE, según los casos, coordinen con la Administración competente en materia de reestructuración y resolución de entidades de crédito[134] el proyecto de decisión que pretendan adoptar a fin de que ésta pueda objetar la continuación del procedimiento de revocación por

133 La mayor parte de las normas autonómicas bien no configuran los supuestos de revocación de la autorización para el ejercicio de la actividad del crédito –y reconducen la salida del sector de una caja de ahorros a la disolución y liquidación de la entidad–, bien configuran la revocación como una potestad atribuida a los órganos competentes autonómicos. Así lo hacen, por ejemplo, el art. 12 del Texto Refundido de la Ley de Cajas de Ahorros de Castilla y León, que atribuye la potestad a la Junta de Castilla y León; el art. 4.7 de la Ley canaria 10/2011 que, sin atribuir expresamente la potestad, la regula a la vez que la potestad de autorización para el ejercicio de la actividad, que atribuye al Gobierno de Canarias; el art. 9 del Texto Refundido de la Ley de Cajas de Ahorros de la Comunidad Valencia atribuye la potestad al Consejero de Economía, Hacienda y Administración Pública salvo en el caso de que la revocación sea consecuencia de la comisión de una infracción que lleve aparejada esa sanción, cuando corresponde al Gobierno de la Comunidad Autónoma; el art. 7 de la Ley extremeña 8/1994 atribuye la potestad al Gobierno de Extremadura; el art. 12 de la Ley riojana 6/2004 atribuye la potestad al Gobierno de La Rioja; el art. 12 de la Ley madrileña 4/2003 reparte la potestad entre el Consejero de Economía y Hacienda (para los casos de exclusión del FGD) y el Gobierno de la Comunidad de Madrid (para el resto de casos); y el art. 9 de la Ley murciana 3/1998 atribuye la potestad al Gobierno de la Región de Murcia.

134 El Reglamento 468/2014 se refiere a las "autoridades nacionales de resolución". No obstante, hay que tener en cuenta que esta norma fue aprobada antes de la implantación del MUR y la creación de la JUR como Administración europea competente en materia de resolución, de suerte que la referencia debe entenderse hecha ahora a la autoridad competente en materia de reestructuración y resolución de entidades de crédito, sea ésta la JUR (cuando la entidad sea significativa), sea ésta el FROB (cuando la entidad sea menos significativa). El art. 14.6 del Reglamento 1024/2013 lo confirma al decir

estarse tramitando medidas de su competencia para corregir la actividad de la entidad titular de la autorización y, de esa forma, evitar la causación de perjuicios a la estabilidad del sistema financiero.

Los arts. 14.6 del Reglamento 1024/2013 y 84 del Reglamento 468/2014 establecen que, si la Administración competente en materia de reestructuración y resolución considerara que la revocación de la autorización perjudicaría a la adecuada aplicación de medidas necesarias para la resolución o para el mantenimiento de la estabilidad financiera, objetará al BCE la continuación del procedimiento y acordará con éste un plazo durante el cual el BCE se abstendrá de proceder a la revocación de la autorización, transcurrido el cual el BCE evaluará si procede la revocación de la autorización o la ampliación del plazo acordado a la vista de los progresos realizados.

De todo ello el BCE deberá dar debida cuenta al BdE, que informará al BCE de las medidas adoptadas por la Administración competente en materia de resolución y de su evaluación de las consecuencias de una revocación. Si, durante este proceso, la Administración de resolución no plantea objeciones a la revocación de la autorización o si el BCE estima que no se han aplicado las medidas adecuadas necesarias para garantizar la estabilidad del sistema financiero, podrá continuar con la substanciación del procedimiento. Dado que en Derecho europeo el transcurso del plazo previsto para que una Administración sustancie un procedimiento iniciado de oficio no lleva anudados los efectos propios de la caducidad que sí existen en Derecho español[135], el tiempo conferido a la Administración de resolución para que, en su caso, formule objeciones, no tiene efecto práctico plantearse si tal plazo provoca o no efectos suspensivos en el procedimiento de revocación, como ocurriría en Derecho nacional[136].

Por último, es preciso apuntar que la normativa aplicable no prevé sólo la revocación de la autorización para el ejercicio de la actividad, sino también de aquellas otras autorizaciones que se concedieron a entidades de crédito extranjeras para actuar en España mediante sucursales o en régimen de libre prestación de servicios. Así, el art. 8.2 de la LOSSEC establece que **(i)** la autorización de una sucursal de una entidad de crédito de un Estado tercero será expresamente revocada (por el BdE, que fue quien la autorizó) cuando sea revocada la autorización de la entidad de crédito (por las Administraciones supervisoras de origen); y **(ii)** la autorización de una sucursal de una entidad de crédito europea se entenderá revocada (sin necesidad por tanto de acto expreso en este sentido) cuando sea revocada la autorización de la entidad de crédito en el Estado de origen, si bien en este caso el BdE declarará la prohibición para que esa entidad inicie nuevas

---

que "*mientras las competencias en materia de resolución de entidades de crédito sigan siendo competencias nacionales*" se contará con la participación de las autoridades nacionales de resolución.

135 Cfr. art. 25.1-*b)* de la LPACAP.

136 Cfr. art. 22 de la LPACAP.

operaciones en territorio español, previa consulta de las Administraciones competentes de ese otro Estado (cfr. art. 8.3 de la LOSSEC). Creo razonable entender que las competencias atribuidas al BdE en el segundo supuesto se entienden atribuidas al BCE cuando éste autorizó el establecimiento de la sucursal de acuerdo con las previsiones contenidas en el Reglamento 468/2014.

Sentado todo lo anterior, el procedimiento de revocación de la autorización se configura como un procedimiento que debe iniciarse de oficio –una entidad de crédito que voluntariamente quiera dejar de llevar a cabo la actividad del crédito debe formular renuncia e iniciar el correspondiente procedimiento[137]–, si bien la iniciativa para su incoación puede corresponder al BdE o al BCE.

6.1.1 Procedimiento de revocación a iniciativa del BdE

De acuerdo con el art. 12.1 del RD 84/2015, el BdE podrá iniciar el procedimiento de revocación cuando concurran alguna de las causas previstas en el art. 8 de la LOSSEC, a saber: **(i)** cuando se interrumpa la realización de la actividad de la entidad durante más de seis meses[138]; **(ii)** cuando se compruebe que la autorización se obtuvo por medio de declaraciones falsas o por otro medio irregular; **(iii)** cuando la entidad de crédito incumpla las condiciones que motivaron la autorización; **(iv)** cuando incumpla los requisitos de solvencia y liquidez recogidos en la ordenación prudencial del sector o impuestos como correctivos por las Administraciones supervisoras, comprometa la capacidad de reembolso de los fondos que le han confiado los depositantes o no ofrezca garantía de poder cumplir sus obligaciones con acreedores; **(v)** cuando se imponga esa sanción por la comisión de una infracción que lleve aparejada la revocación de la sanción (la llamada "revocación-sanción"); **(vi)** cuando existan razones fundadas y

---

137 Ello es así en Derecho español, y, en mi opinión, es técnicamente lo más correcto, toda vez que la revocación de la autorización tiene un matiz punitivo (se revoca la autorización porque algo se ha hecho mal) mientras que la renuncia no tiene por qué tenerlo. No obstante, el Derecho europeo concibe la posibilidad de revocar la autorización a solicitud de la entidad de crédito; es decir, el Derecho europeo permite que renuncia y revocación se regulen como una misma institución (la revocación): "*en el caso de que la ANC pertinente considera que deba revocarse en todo o en parte la autorización de una entidad de crédito con arreglo a la legislación nacional o de la Unión aplicable, incluso si la revocación es a petición de la entidad de crédito (...)*" (art. 80.1 del Reglamento 468/2014). El art. 12.3 del RD 84/2015 reduce a la unidad ambos procedimientos, aunque intentando salvaguardar la diferencia existente entre renuncia y revocación, al decir: "*asimismo, el Banco de España elevará al Banco Central Europeo una propuesta de revocación de la autorización cuando la entidad de crédito renuncie a la autorización concedida (...)*". En mi opinión, ambas figuras deberían regularse separadamente, sin perjuicio de que las reglas de procedimiento sean comunes a ambas (y, por tanto, quizá sea adecuado que se refieran a "revocación o renuncia" para evidenciar la diferencia existente entre ambas instituciones).

138 Según se explica más abajo, éste es, en realidad, un supuesto de caducidad de la autorización.

acreditadas para considerar que la influencia ejercida por las personas que posean una participación significativa en una entidad de crédito pueda resultar en detrimento de la gestión sana y prudente de ésta; **(vii)** cuando la entidad sea excluida del FGD; o **(viii)** cuando se hubiera dictado resolución judicial de apertura de la fase de liquidación en un procedimiento concursal[139].

Sobre la revocación-sanción, POSADA RODRÍGUEZ expone que puede encontrarse una inconsistencia entre la competencia exclusiva que el art. 14.5 del Reglamento 1024/2013 atribuye al BCE para revocar la autorización para el ejercicio de la actividad crediticia y el hecho de que, en materia sancionadora, la competencia del BCE se limite, por el art. 18.1 del mismo Reglamento, a las sanciones pecuniarias, limitándose en lo demás a "*exigir a las autoridades nacionales competentes que entablen los procedimientos oportunos con vistas a la adopción de medidas para garantizar que se imponen las sanciones adecuadas de conformidad con los actos a que se refiere el artículo 4, apartado 3, párrafo primero, y con cualquier Derecho nacional pertinente que confiera competencias específicas que el Derecho de la Unión no exige en la actualidad (...)*" (art. 18.5 del Reglamento 1024/2013). Ante esta tesitura, el autor mencionado entiende que existen dos alternativas:

> *"A este respecto, D'Ambrosio por ejemplo considera que debe prevalecer la regla general de atribución de la competencia para revocar al BCE prevista en el artículo 14.5 del Reglamento MUS sobre las especialidades derivadas del artículo 18 del mismo Reglamento, dado que la finalidad de dicha atribución al BCE es garantizar la igualdad de condiciones en el acceso al mercado, sin explicar muy bien cómo se articularía y si habría de seguirse, por ejemplo, el procedimiento sancionador previamente.*
>
> *Sin embargo, podría haber también razones a favor de entender que la revocación-sanción en esos casos debe ser acordada en el seno del procedimiento sancionador tramitado por la ANC y resuelta por tanto por esta, como por ejemplo (i) la propia especialidad del artículo 18 del Reglamento MUS frente al artículo 14.5 (ii) la intención que parece derivarse del mismo de que el BCE imponga únicamente sanciones pecuniarias (iii) el hecho de que en las entidades de crédito menos significativas, la revocación-sanción corresponda a las ANCs, quebrándose así la consideración como procedimiento común de la misma (iv) las exigencias derivadas del carácter sancionador de la revocación en estos casos, que requeriría que la misma sea tramitada e impuesta en un procedimiento que respete las garantías propias del ámbito sancionador; (v) la difícil articulación procedimental que, de otra forma, se plantearía; o, aunque se trate del legislador nacional (vi) el propio tenor del artículo 8.1 e) de la LOSSEC, que remite a la imposición de la revocación-sanción «en los términos previstos en el Título IV»"*[140].

---

139 Las causas de revocación referidas en los números (i) a (v) son trasunto del art. 18 de la CRD IV; las demás son específicamente introducidas por el Derecho nacional. En realidad, el primer supuesto es un supuesto de caducidad y el referido en el número (v) un supuesto de revocación-sanción; el resto serían supuestos de revocación por incumplimiento.

140 POSADA RODRÍGUEZ, Marcos, "La determinación...", *óp. cit.*, p. 120.

En mi opinión, existen razones teleológicas y sistemáticas que conducen a entender que, en todo caso, la revocación de la autorización debe ser acordada por el BCE en el seno del procedimiento establecido en el art. 14.5 del Reglamento 1024/2013, sin perjuicio de que, en el caso de que la revocación traiga causa de un expediente sancionador sustanciado por la ANC, ese procedimiento se inicie a instancia de ésta:

1º. Desde el punto de vista teleológico, las normas de supervisión atribuyen al BCE estas facultades exclusivas porque la revocación de la autorización, además de cumplir, en su caso, con las finalidades preventiva y represiva propia de las sanciones, cumplen una misión desde el prisma de la tutela de la estabilidad del sistema financiero que no puede ser obviada, la cual se encuentra encomendada en este ámbito al BCE (cfr. art. 4.1-a) del Reglamento 1024/2013). La consideración de las ANCs como competentes para revocar la autorización en los casos en los que esa revocación provenga de un expediente sancionador quiebra el fundamento de la atribución al BCE de esa competencia exclusiva y, en fin, frustra el fin perseguido con la creación de un sistema de ejercicio coordinado de competencias como es el MUS.

2º. Desde el punto de vista sistemático, la forma en la que el Reglamento 468/2014 configura el procedimiento de revocación permite fácilmente los obstáculos procedimentales que se aducían en defensa de la tesis contraria. Así, llegado el caso de que una ANC sancione a una entidad de crédito con la revocación de la autorización, la ANC puede fácilmente acudir al expediente previsto en el art. 80 del Reglamento 468/2014 y, con base en la resolución sancionadora, tomar la iniciativa y elevar al BCE un proyecto de decisión para la revocación de la autorización, que deberá entonces seguir el curso previsto en esa norma para culminar en una decisión del BCE sobre la cuestión. De este modo, la revocación deberá ser efectiva una vez el BCE adopta la decisión de revocación, tomando en consideración, en su caso, criterios contenidos en la legislación nacional (cfr. art. 4.3 del Reglamento 1024/2013), en el ejercicio de su competencia exclusiva al efecto, al tiempo que se habrá respetado la autonomía de la ANC para ejercer la potestad sancionadora (esto es, el *ius puniendi* del Estado), sin lo cual el BCE no habría adoptado la decisión final de revocar la autorización sobre la base de los incumplimientos que motivaron la imposición de la sanción[141].

En otro orden de cosas, el Tribunal de Justicia de la UE ha señalado que la revocación de la autorización de una entidad de crédito no se limita formalmente al incumplimiento de normas prudenciales, sino también puede tener lugar cuando la entidad de crédito incumple normas incorporadas, por remisión, a la normativa de supervisión

---

141 Lógicamente, el BCE puede revocar de oficio la autorización de acuerdo con el art. 82 del Reglamento 468/2014, pero, en esos casos, se hará por concurrir una de las causas establecidas en la normativa al efecto, y no necesariamente como consecuencia de la comisión de una infracción.

prudencial pero que tiene por objeto tutelar un bien jurídico diverso de la estabilidad del sistema financiero. Por ejemplo, la Sentencia del Tribunal de Justicia de la UE de 7 de septiembre de 2023 (TOL9.884.180)[142] señala que el BCE puede acordar la revocación por incumplimiento, por la entidad de crédito, de la normativa en materia de prevención de blanqueo de capitales y financiación del terrorismo:

> *"In addition, as regards the link between AML/CFT and prudential supervision, the General Court rightly pointed out, in paragraph 143 of the judgment under appeal, that, among the circumstances justifying withdrawal of a banking authorisation, first, Article 18(f) of Directive 2013/36 mentions the breaches referred to in Article 67(1) of that directive, which include serious breaches of the national provisions adopted pursuant to Directive 2005/60 on the prevention of the use of the financial system for the purposes of money laundering and terrorist financing. Secondly, Article 18(e) of that directive mentions the other cases in which national law provides for withdrawal of authorisation.*
>
> *In that regard, it was held correctly in paragraph 187 of the judgment under appeal that although the Member States remain competent to implement the AML/CFT provisions, as expressly provided for in recital 28 of the Basic SSM Regulation, the ECB has exclusive competence to withdraw authorisation, for all credit institutions, irrespective of their size, even where such competence is based, as in the present case, on the grounds set out in Article 67(1)(d), (e) and (o) of Directive 2013/36, to which Article 18 of that directive refers, since Article 14(5) of that regulation lays down, as a condition for the withdrawal of authorisation, the existence of one or more grounds justifying withdrawal under Article 18 of that directive. Accordingly, the ECB's competence to adopt the decision of 17 July 2018 cannot, on that ground, be called into question.*
>
> *Consequently, in the light of the foregoing, the General Court, first, did not err in law in noting, in paragraph 144 of the judgment under appeal, that, although Article 18 of Directive 2013/36 refers to the power of national competent authorities to withdraw authorisations, in view of the distribution of tasks between those authorities and the ECB, provided for in Article 4 of the Basic SSM Regulation, and particularly in view of the fact that the power to withdraw authorisation has become an exclusive competence of the ECB, which the ECB may exercise, pursuant to Article 14(5) of that regulation, on a proposal from a national competent authority, Article 18 of that directive must be understood as referring to the power to propose the withdrawal of authorisation, which remains with the national competent authorities"*[143].

---

142 Asunto C-803/21 P, *Versobank AS vs. Ukrselhosprom PCF LLC, BCE* y *Comisión Europea.*

143 *"Adicionalmente, en lo que atañe al vínculo entre la lucha contra el blanqueo de capitales y la financiación del terrorismo y la supervisión prudencial, el Tribunal General señaló acertadamente, en el apartado 143 de la sentencia recurrida, que, entre las circunstancias que justifican la revocación de una autorización bancaria, en primer lugar, el artículo 18, letra f), de la Directiva 2013/36 menciona las infracciones contempladas en el artículo 67, apartado 1, de dicha Directiva, que incluyen las infracciones graves de las disposiciones nacionales adoptadas en aplicación de la Directiva 2005/60, relativa a la prevención de la utilización del sistema financiero para el blanqueo de capitales y para la financiación del terrorismo. En segundo lugar, el artículo 18, letra e), de dicha Directiva menciona los demás supuestos en los que el Derecho nacional prevé la revocación de la autorización. A este respecto, se declaró acertadamente en el apartado 187 de la sentencia recurrida que, si bien los Estados miembros siguen siendo competentes para aplicar las disposiciones en materia de PBC/FT, como prevé expresamente el considerando 28 del*

Una vez finalizada la fase de instrucción del procedimiento, e inmediatamente antes de redactar el proyecto de decisión a elevar al BCE, el BdE deberá dar trámite de audiencia a los interesados por plazo de quince días "*para formular alegaciones y presentar los documentos y justificaciones que estimen pertinentes*" (art. 12.2 del RD 84/2015).

Finalizada la fase nacional, el BdE elevará el correspondiente proyecto de decisión al BCE para su evaluación (cfr. art. 80.1 del Reglamento 468/2014), el cual comunicará también al FROB o a la JUR, según corresponda, a efectos de que puedan objetar sobre la revocación de la autorización por afectar ésta a medidas de reestructuración o resolución que fueran a implementarse sobre la entidad (cfr. art. 80.2 del Reglamento 468/2014). El BCE evaluará el proyecto "*sin demora justificada*" pero sin que la normativa le imponga un plazo concreto para ello, y resolverá con arreglo al procedimiento de no objeción previsto en el art. 26.8 del Reglamento 1024/2013 (cfr. arts. 81.1 y 83.1 del Reglamento 468/2014).

El BCE deberá conferir a la entidad de crédito interesada nuevo trámite de audiencia de tres días hábiles para que puedan pronunciarse sobre el contenido de la decisión que pretende adoptar (cfr. arts. 81.2 y 31.3 del Reglamento 468/2014). En este sentido, cabe indicar que este trámite de audiencia debe versar sobre el contenido de la decisión que hayan preparado los técnicos del BCE, que podrá, según se ha indicado ya, coincidir o no con el proyecto elevado por el BdE[144]. Esta consideración explica la existencia del doble trámite de audiencia que configura la normativa, uno ante el BdE para contestar a las razones esgrimidas por éste para instar la revocación y otro ante el BCE para alegar frente a las razones (iguales o distintas) que conducen a esta Administración a decidir en un sentido concreto.

Reglamento de base del MUS, el BCE tiene competencia exclusiva para retirar la autorización, para todas las entidades de crédito, con independencia de su tamaño, incluso cuando dicha competencia se base, como en el caso de autos, en los motivos establecidos en el artículo 67, apartado 1, letras d), e) y o), de la Directiva 2013/36, a los que se remite el artículo 18 de dicha Directiva, ya que el artículo 14, apartado 5, de dicho Reglamento establece, como condición para la revocación de la autorización, la existencia de uno o varios motivos que justifiquen la revocación en virtud del artículo 18 de dicha Directiva. Por consiguiente, la competencia del BCE para adoptar la decisión de 17 de julio de 2018 no puede cuestionarse por este motivo. Así las cosas, a la luz de lo anterior, el Tribunal General, en primer lugar, no incurrió en error de Derecho al señalar, en el apartado 144 de la sentencia recurrida, que, si bien el artículo 18 de la Directiva 2013/36 se refiere a la facultad de las autoridades nacionales competentes de revocar las autorizaciones, habida cuenta del reparto de funciones entre dichas autoridades y el BCE, previsto en el artículo 4 del Reglamento de base del MUS, y habida cuenta, en particular, de que la facultad de revocar la autorización ha pasado a ser una competencia exclusiva del BCE, que éste puede ejercer, en virtud del artículo 14, apartado 5, de dicho Reglamento, a propuesta de una autoridad nacional competente, debe entenderse que el artículo 18 de la citada Directiva se refiere a la facultad de proponer la revocación de la autorización, que sigue correspondiendo a las autoridades nacionales competentes" (traducción propia).

144 De acuerdo con el art. 31.1 *in fine* del Reglamento 468/2014, "*la notificación por la cual el BCE dé a una parte la oportunidad de formular sus comentarios mencionará el contenido material de la decisión de supervisión prevista y los hechos materiales, las objeciones y los fundamentos jurídicos en los que el BCE pretenda basar su decisión*".

Sustanciado el trámite de audiencia, el BCE tomará una decisión sobre "*aceptar o rechazar el proyecto de revocación pertinente*" (art. 83.1 del Reglamento 468/2014), para lo cual tendrá en cuenta: (**i**) su evaluación de las circunstancias que justifican la revocación; (**ii**) si procede, el proyecto de decisión de revocación del BdE; (**iii**) las consultas evacuadas por la JUR o el FROB, según corresponda; y (**iv**) las alegaciones realizadas por la entidad de crédito en el procedimiento (cfr. art. 83.2 del Reglamento 468/2014).

La decisión de revocar la autorización para ejercer la actividad del crédito debe ser notificada por el BCE a la entidad de crédito que pierde tal condición (cfr. art. 88.1-*a)* del Reglamento 468/2014), al BdE (cfr. art. 88.2-*b)*) y a la ABE (cfr. art. 88.5). Por su parte, el BdE deberá notificar la decisión a la JUR o al FROB (cfr. art. 88.4 del Reglamento 468/2014), al Ministerio de Economía, Comercio y Empresa (cfr. art. 8.4 de la LOSSEC) y a las autoridades competentes del Estado miembro en el cual la entidad tenga una sucursal o ejerza la libre prestación de servicios (art. 8.5 de la LOSSEC).

Por último, la revocación de la autorización para ejercer la actividad del crédito producirá el efecto inmediato de abrir la fase de disolución y liquidación de la entidad afectada por la decisión, con arreglo a las normas legales y estatutarias de aplicación (cfr. art. 8.6 de la LOSSEC)[145].

6.1.2 Procedimiento de revocación a iniciativa del BCE

La gran diferencia existente entre el procedimiento iniciado de oficio por el BdE y el que inicia de oficio el BCE es que éste se configura como un procedimiento horizontal donde, en consecuencia, toda la instrucción del procedimiento corre a cargo de la Administración europea.

La intervención del BdE en el procedimiento tiene lugar en dos momentos: (**i**) de forma potestativa, antes de que el BCE incoe el procedimiento, a requerimiento de éste a fin de que pueda opinar sobre si existen razones fundadas que aconsejen la iniciación del procedimiento; y (**ii**) de forma preceptiva, una vez iniciado el procedimiento en el trámite de alegaciones que el BCE deberá abrir en su favor por plazo de, al menos, 25 días hábiles —que, no obstante, cuando concurran razones de urgencia podrán acortarse a 5 días (cfr. art.82.2 del Reglamento 468/2014)—. La normativa española no regula cómo debe sustanciarse ante el BdE este trámite, razón por la cual resultará de aplicación la normativa de procedimiento administrativo común en materia de emisión de informes (cfr. art. 80 de la LPACAP, porque, en realidad, no estamos hablando de una audiencia, sino de un trámite de informe).

---

145 Es decir, de acuerdo con lo previsto en la normativa de sociedades anónimas para los bancos, de sociedades cooperativas para las cooperativas de crédito y de cajas de ahorros para esta clase de entidades.

La audiencia al BdE debe tener lugar al final de la instrucción e inmediatamente antes de que el BCE adopte la decisión definitiva, toda vez que éste deberá darle traslado, para que se pronuncie sobre ellos, de los "*comentarios formulados por la entidad de crédito*" en el trámite de audiencia de tres días que debe conferírsele con carácter preceptivo en los mismos términos expuestos para el procedimiento iniciado a iniciativa del BdE (cfr. art. 82.3 del Reglamento 468/2014). En este caso, en consecuencia, existe un único trámite de audiencia a la entidad de crédito que resulta posteriormente evaluado tanto por la Administración europea como por la española.

Además, el BCE deberá dar cuenta del proyecto de decisión que pretenda adoptar a la Administración de resolución competente a fin de que manifieste lo que proceda en el ámbito de sus competencias, en los términos también expuestos (cfr. art. 82.4 del Reglamento 468/2014).

El BCE, a la hora de decidir, deberá tomar en consideración: **(i)** su evaluación de las circunstancias que justifican la revocación; **(ii)** las consultas evacuadas por el BdE y la JUR o el FROB, según corresponda; y **(iii)** las alegaciones realizadas por la entidad de crédito en el procedimiento (cfr. art. 83.2 del Reglamento 468/2014). La decisión finalmente adoptada será objeto de notificación en idénticos términos a la producida en el procedimiento iniciado por el BdE, y producirá los mismos efectos jurídicos.

6.2 RENUNCIA A LA AUTORIZACIÓN

La renuncia tiene lugar cuando la salida de una entidad de crédito del sector responde a la voluntad de aquélla. Las entidades de crédito no pueden dejar de realizar sus actividades sin más, dado que ello puede perjudicar a la estabilidad del sistema financiero. Por esa razón, el ordenamiento prevé la necesidad de que las entidades de crédito que deseen abandonar el sector obtengan una autorización previa para ello que garantice el bien jurídico protegido por la normativa prudencial no se verá afectado. Así pues, frente a la revocación, la renuncia constituye una auténtica potestad autorizatoria.

Según se apuntó *ut supra*, el ordenamiento europeo no diferencia adecuadamente entre renuncia y revocación, sino que concibe ambas como dos formas distintas de iniciar un mismo procedimiento (al que llama "procedimiento de revocación", iniciado de oficio –en los auténticos casos de revocación– o a solicitud del interesado –en el caso de renuncia–). No me parece la solución más acertada, por cuanto la naturaleza dogmática de las dos potestades difiere, según se ha visto: la revocación de la autorización supone el ejercicio de coerción sobre una entidad de crédito cuya continuidad en el sector puede comprometer la estabilidad del sistema financiero; la renuncia, en cambio, comporta el ejercicio de una auténtica potestad autorizatoria que pretende verificar que la salida voluntaria de una entidad del sector no afecta en modo alguno a ese bien jurídico protegido. La opción tomada por el legislador español se revela así más adecuada.

La configuración normativa de la potestad autorizatoria relativa a la renuncia a la autorización se topa con el mismo problema que ocurría respecto de la revocación: el art. 9 de la LOSSEC contiene una previsión aplicable a la totalidad de las entidades de crédito, pero el art. 12 del RD 84/2015, que desarrolla el precepto en sus apartados 3, 4 y 5, según se ha visto, sólo resulta aplicable a los bancos. En materia de cooperativas de crédito, una vez más, la inconsistencia se ha solucionado replicando en la normativa básica el mismo régimen contenido en el RD 84/2015 (cfr. art. 39.3, 4 y 5 del RD 84/1993)[146]. Por lo que a las cajas de ahorros se refiere, sin embargo, no existe una norma similar en la normativa básica, y la mayor parte de las normas autonómicas no se refieren siquiera a la posibilidad de que una cajas de ahorros decida abandonar voluntariamente el sector[147], de suerte que, en estos supuestos, sería razonable recurrir a la analogía como solución y aplicar el régimen previsto en el RD 84/2015, en la medida en la que entre uno y otro caso existe una evidente identidad de razón (cfr. art. 4.1 del Código Civil).

El procedimiento de autorización del cese de la actividad por renuncia es similar al procedimiento de revocación. El procedimiento se inicia mediante la presentación ante el BdE de una solicitud en la que la entidad de crédito manifieste su voluntad a renunciar a su autorización (cfr. art. 9 de la LOSSEC), a la que se deberá acompañar un plan de cesación de la actividad (cfr. art. 12.3, párrafo segundo, del RD 84/2015).

Si el BdE estima que la salida de la entidad del sector no supone un riesgo para la estabilidad del sistema financiero, preparará un proyecto de decisión que elevará al BCE para su evaluación y ulterior decisión (cfr. art. 12.3, párrafo primero, del RD 84/2015). Una vez el BCE reciba el proyecto de decisión relativo a la autorización del cese, deberán seguirse los trámites contenidos en los arts. 80 y 81 del Reglamento 468/2014 ya expuestos *ut supra*, como si de un procedimiento de revocación de autorización se tratase[148]. El BCE adoptará su decisión sobre su propia evaluación de la solicitud y en atención a los datos obrantes al expediente administrativo (cfr. art. 83.2 del Reglamento 468/2014).

Si, por el contrario, el BdE estima que concurren razones fundadas para considerar que la cesación de actividad puede ocasionar riesgos graves a la estabilidad financiera (cfr. art. 9 de la LOSSEC), podrá denegar directamente la solicitud de autorización

146 En adelante, las referencias se harán exclusivamente al art. 12 del RD 84/2015 para facilitar la explicación, pero las conclusiones son idénticas para cooperativas de crédito.

147 El art. 4.7 de la Ley canaria 10/2011, el art. 9.1 del Texto Refundido de la Ley de Cajas de Ahorros de la Comunidad Valenciana, el art.1 de la Ley riojana 6/2004, el art. 12.2 de la Ley madrileña 4/2003 y el art. 9.1 de la Ley murciana 3/1998 contemplan la renuncia como un supuesto de revocación de la autorización bancaria. Estas previsiones, por tanto, no resultan consistentes con las previsiones contenidas en los arts. 8 y 9 de la LOSSEC, que regulan separadamente la de la revocación y de la renuncia en atención a su diferente naturaleza dogmática.

148 Incluyendo un trámite de audiencia de la entidad de crédito ante el BCE por plazo de tres días (cfr. arts. 81.2 y 31 del Reglamento 468/2014).

sin necesidad de elevar proyecto de decisión alguno al BCE[149]. En este solo caso, el procedimiento de renuncia constituye un auténtico "procedimiento compuesto" en el sentido de Derecho europeo, toda vez que, cuando la decisión es desfavorable la aportación de la Administración nacional es decisiva, sin que la Administración europea tenga la posibilidad de enmendar el criterio. Así, esta denegación de la autorización debe ser impugnada ante la jurisdicción española, y no ante la jurisdicción europea, que sólo conocerá de una eventual negativa del BCE a conceder la autorización.

El BdE o el BdE y el BCE, según los casos, disponen de un plazo total de tres meses para tramitar el expediente de renuncia, computados desde que la entidad presentó su comunicación (cfr. art. 12.3 del RD 84/2015). Transcurrido el plazo sin respuesta, y dado que la norma no regula la cuestión, parece que pueden entenderse producidos los efectos del silencio administrativo positivo (cfr. art. 24 de la LPACAP).

La autorización para el cese de la actividad, que debe ser notificada en mismos términos que la revocación de la autorización, produce efectos jurídicos similares a los de la revocación, con la excepción de la obligatoriedad de la disolución y liquidación de la entidad, que no es aplicable si ésta pretende continuar ejerciendo actividades no reservadas a entidades de crédito (cfr. art. 12.4 del RD 84/2015)[150].

6.3 CADUCIDAD DE LA AUTORIZACIÓN

La caducidad de la autorización constituye el tercer mecanismo a través del cual una entidad de crédito deja de realizar actividades crediticias. La institución de la caducidad, harto conocida en nuestro Derecho administrativo, comporta la idea de inactividad en el ejercicio de un derecho que hace decaer indefectiblemente su eficacia.

---

149 De acuerdo con el art. 12.5 del RD 84/2015, el BdE deberá considerar, a efectos de determinar si la salida de la entidad del sector del crédito puede ocasionar riesgos graves a la estabilidad financiera, la necesidad de asegurar la continuidad de aquellas actividades, servicios y operaciones cuya interrupción podría perturbar la economía o el sistema financiero y, en particular, los servicios financieros de importancia sistémica y los sistemas de pago, compensación y liquidación; evitar efectos perjudiciales para la estabilidad del sistema financiero; y proteger a los depositantes y los demás fondos reembolsables y activos de los clientes de las entidades de crédito.

150 En caso de los bancos, pueden seguir prestando servicios como establecimientos financieros de crédito, empresa de servicios de pago, etc., siempre y cuando cuenten con los correspondientes títulos habilitantes. En el caso de las cooperativas, pueden transformarse en sociedades cooperativas ordinarias para la realización de actividades económicas distintas de las crediticias. Más complicado parece encontrar un escenario en el que una caja de ahorros se dedique a una actividad distinta; en estos casos, las cajas de ahorros que renuncien válidamente a su licencia bancaria estarán abocadas a la disolución y liquidación. En este último sentido, no cabe confundir la institución de la renuncia, prevista, según se ha dicho, para la salida voluntaria del sector, con la transformación obligatoria de una caja de ahorros en una fundación ordinaria o especial cuando concurran los requisitos del art. 34 de la LCAFB.

En el ámbito de las autorizaciones y licencias la caducidad supone que la remoción de los obstáculos que preexistían para el ejercicio de un derecho desaparece y, con ello, esos obstáculos vuelven a surgir y deben volver a removerse en el caso de que el particular desee ejercitar de nuevo ese derecho. En resumidas cuentas, la caducidad comporta la pérdida de eficacia jurídica de la autorización.

El art. 18-*a)* de CRD IV permite a los Estados miembro contemplar en sus legislaciones dos supuestos de caducidad: el transcurso de doce meses desde la notificación de la autorización sin que la entidad de crédito haga uso de ella, y el transcurso de seis meses en los que la entidad de crédito haya cesado toda actividad. No obstante, los Estados miembro no están obligados a contemplar ambos supuestos (o uno de ellos) como causa de caducidad de la autorización, caso en el cual deberán, eso sí, incluirse como supuestos de revocación de la autorización.

El legislador español ha optado por un sistema mixto: contempla el primer supuesto (el transcurso de más de doce meses desde que se notificó la autorización sin que hayan comenzado las actividades de la entidad) como causa de caducidad (cfr. art. 10.1 de la LOSSEC) e incluye el segundo entre los supuestos de revocación de la autorización (cfr. art. 8.1-*a)* de la LOSSEC). Entiendo que la opción obedece a la distinta afección que uno y otro caso puede provocar sobre la estabilidad del sistema financiero: mientras que en el primero la incidencia es mínima, toda vez que la entidad aún no ha llevado a cabo ninguna operación (y, por tanto, no ha captado ningún depósito), en segundo puede ser mayor según el volumen de negocio de la entidad y la importancia que tenga en términos prudenciales. Es por ello que, mientras en el primer caso un sencillo procedimiento de declaración de la caducidad puede ser suficiente, en el segundo se requiere un examen más profundo que, además, haga aconsejable la intervención del BCE, razón por la cual se contempla como supuesto de revocación de la autorización.

La regulación de la caducidad de la autorización se enfrenta al mismo problema ya comentado para la revocación de y la renuncia a la autorización: mientras que el art. 10 de la LOSSEC se refiere a todas las entidades de crédito, el art. 13 del RD 84/2015 que lo desarrolla resulta de aplicación sólo a los bancos (cfr. art. 2.2 del RD 84/2015). De nuevo, en materia de cooperativas de crédito la cuestión se ha solucionado por la vía de la réplica (el art. 40 del RD 84/1993 es idéntico al citado art. 13 del RD 84/2015), pero, en materia de cajas de ahorros, la regulación es dispersa, disforme y no homogénea, y atribuye la potestad para declarar la caducidad de la autorización al órgano competente de la Comunidad Autónoma de que se trate[151]. También resulta por tanto

[151] El art. 13.4 del Decreto andaluz 138/2002 recoge una previsión asimilable a la caducidad para el caso de que, una vez autorizada una caja de ahorros, sus órganos de gobierno no se constituyan en el plazo máximo de dos años a partir de la inscripción provisional de la caja en el Registro de Cajas de Ahorros de

razonable recurrir aquí a la aplicación analógica del régimen previsto en el RD 84/2015 (cfr. art. 4.1 del Código Civil).

De acuerdo con lo previsto en el art. 13.1 del RD 84/2015, la caducidad de la autorización requiere una aceptación expresa por el BdE. Es decir, el procedimiento para declarar la caducidad es un procedimiento exclusivamente de Derecho nacional, en cuya tramitación el BCE no interviene. Ello, como es evidente, debe entenderse sin perjuicio del deber de cooperación en el marco del MUS que compete al BdE en todo momento y, en particular, respecto del BCE.

A tal efecto, el BdE iniciará de oficio el correspondiente procedimiento administrativo (cfr. art. 13.2 del RD 84/2015) y dará traslado a los interesados del acuerdo de incoación a fin de que formulen, por plazo de diez días, las alegaciones y aporten los documentos que a su derecho convengan (cfr. art. 13.3 del RD 84/2015). Una vez instruido el procedimiento, e inmediatamente antes de redactar la propuesta de resolución, el BdE deberá dar nuevo trámite de audiencia a la entidad de crédito por plazo de quince días para que alegue lo que estime conveniente (cfr. art. 13.4 del RD 84/2015).

La resolución que declare la caducidad será impugnable en alzada ante el Ministro de Economía, Comercio y Empresa (cfr. art. 13.1, último inciso, del RD 84/2015).

6.4 DISOLUCIÓN Y LIQUIDACIÓN VOLUNTARIA DE ENTIDADES DE CRÉDITO

Existe una última potestad autorizatoria relativa al cese de la actividad de las entidades de crédito que, aunque ubicada sistemáticamente entre las potestades correctoras o interventoras que se examinarán en el Capítulo VII, por su naturaleza y contenido parece adecuado examinar en este lugar.

Andalucía; el art. 8.1 de la Ley asturiana 2/2000 y el art. 7.1 de la Ley castellano-manchega 4/1997 contienen dos supuestos de caducidad (que se manifiestan en la denegación de la inscripción definitiva) cuando, transcurridos dos años desde la inscripción provisional, la caja no haya dado comienzo a sus actividades ro de los doce meses siguientes o haya interrumpido esas actividades por un plazo superior a seis meses; el art. 4.5, párrafo segundo, de la Ley canaria 10/2011, el art. 6.7 del Texto Refundido de la Ley de Cajas de Ahorros de Castilla y León, el art. 7.6 del Texto Refundido de la Ley de Cajas de Ahorros de la Comunidad Valenciana, el art. 9.4 del Texto Refundido de la Ley de Cajas de Ahorros de Galicia, el art. 6.7, inciso segundo, de la Ley riojana 6/2004, los arts. 11, párrafo segundo, y 12.1 de la Ley madrileña 4/2003, y el art. 5.4 de la Ley murciana 3/1998 contemplan el mismo supuesto de caducidad que la LOSSEC; y, por último, el art. 7.1 de la Ley extremeña 8/1994 contempla el transcurso de doce meses sin dar comienzo a las actividades propias de la entidad como supuesto de revocación de la autorización. Como se ve, el tratamiento que las normas autonómicas dan a la cuestión dista mucho de ser homogéneo y consistente con la regulación contenida en la LOSSEC.

El art. 77 de la LOSSEC establece que "*en el supuesto de que una entidad de crédito decida su disolución y correspondiente liquidación voluntaria, deberá comunicarlo al Banco de España, el cual podrá fijar condiciones a dicha decisión en el plazo de tres meses desde la presentación de la correspondiente solicitud*". De este modo, la LOSSEC configura una suerte de régimen de comunicación previa con arreglo al cual toda entidad de crédito (incluyendo, por tanto, bancos, cajas de ahorros y cooperativas de crédito) que hayan decidido disolverse y liquidarse, deberán sujetarse a un control previo por el BdE dirigido a que éste pueda verificar que esas operaciones de disolución y liquidación no perjudican la estabilidad del sistema financiero.

Como se ha indicado, el art. 77 de la LOSSEC no sujeta a autorización previa la disolución y liquidación. Y ello por cuanto la disolución y liquidación voluntaria de una entidad de crédito debe seguir necesariamente a la previa revocación, renuncia o caducidad de la autorización.

Por último, nótese que este régimen, que tal y como lo configura la LOSSEC es de aplicación a todas las entidades de crédito, contrasta con la opción que algunas normas autonómicas han tomado para la disolución y liquidación de las cajas de ahorros, que habitualmente se sujetan a autorización (no a comunicación previa) del órgano autonómico competente[152]. Aunque aparentemente inconsistente con el esquema adoptado en la LOSSEC, esta participación de las Comunidades Autónomas quizá se explica por la

---

152 El art. 17 de la Ley aragonesa 1/1991 atribuye la potestad autorizatoria a la Diputación General de Aragón; el art. 10.1 de la Ley asturiana 2/2000 hace lo propio con el Consejo de Gobierno del Principado; el art. 11.1 del Decreto balear 43/1986 también atribuye la potestad al Consejo de Gobierno de las Islas Baleares; el art. 12.1 de la Ley canaria 10/2011 atribuye esa misma potestad al Gobierno de Canarias; el art. 23.1 del Texto Refundido de la Ley de Cajas de Ahorros de Castilla y León atribuye la potestad autorizatoria que se examina a la Consejería de Hacienda; el art. 10.1 de la Ley castellano-manchega 4/1997 hace lo propio con el Consejo de Gobierno de la Junta de Comunidades de castilla-La Mancha; también el art. 10.1 del Texto Refundido de la Ley de Cajas de Ahorros de Cataluña atribuye esta potestad al Gobierno de la Generalidad; el art. 14.1 del Texto Refundido de la Ley de Cajas de Ahorros de la Comunidad Valenciana atribuye la potestad al Consejero del ramo; el art. 11.1 de la Ley extremeña 8/1994 atribuye esta potestad al Consejo de Gobierno de la Junta de Extremadura; el art. 56.1 del Texto Refundido de la Ley de Cajas de Ahorros de Galicia lo propio con la Consejería de Economía y Hacienda; el art. 23.1 de la Ley riojana 6/2004 también atribuye esta potestad a la Consejería competente en materia de Hacienda; el art. 15.0 de la Ley madrileña 4/2003 atribuyen la potestad al Gobierno de la Comunidad de Madrid, previo informe del BdE; el art. 17.1 de la Ley murciana 3/1998 también residencia la potestad en el Consejo de Gobierno de la Región de Murcia; el art. 2-*c)* del Decreto navarro 244/1992 atribuye al Gobierno de Navarra esta potestad; y, finalmente, el art. 10.1 de la Ley vasca 11/2012 atribuyen la potestad de autorizar los acuerdos de disolución y liquidación al Departamento del Gobierno vasco competente. La ley andaluza es algo diferente, toda vez que no configura propiamente una potestad autorizatoria de los acuerdos de disolución y liquidación, sino la facultad del Consejero de Economía y Hacienda de aprobar el balance final de la liquidación (cfr. arts. 18, párrafo cuarto, de la Ley andaluza 15/1999 y 23.3 del Decreto andaluz 138/2002).

fuerte vinculación que existe entre este tipo de entidades de crédito y ciertos intereses generales autonómicos, normalmente de tipo social, también presentes, junto con la estabilidad del sistema financiero, en su actividad. Por tanto, parece razonable entender que este segundo control se dirige más an preservar esos otros intereses generales autonómicos que la estabilidad del sistema financiero, que ya queda asegurada con la participación de la Administración supervisora prudencial en la revocación de o renuncia a la autorización de establecimiento de la caja de ahorros de que se trate.

CAPÍTULO V

POTESTADES INSPECTORAS

1. INTRODUCCIÓN

Las potestades inspectoras se identifican con aquellos poderes que permiten a la Administración acceder a la información necesaria para evaluar el cumplimiento por los particulares de la ordenación a la que deben sujetar su conducta. Siguiendo al profesor FERNÁNDEZ RAMOS, estas potestades se caracterizan por su carácter unilateral, externo, restrictivo, concreto u objetivo, singular y transitorio, reglado (sin perjuicio de que su supuesto de hecho pueda estar conformado por conceptos jurídicos indeterminados) e instrumental[1].

Las potestades inspectoras constituyen poderes que la Ley atribuye a las Administraciones públicas competentes para que éstas puedan conocer la realidad bajo la cual se desarrolla la actividad propia del sector del crédito y pueda detectar eventos de riesgo potencialmente perjudiciales para la estabilidad del sistema financiero por constituir incumplimientos de la ordenación del sector. De este modo, las potestades inspectoras, aunque cuentan con un carácter instrumental en el conjunto de la actividad de supervisión prudencial bancaria, constituyen un poder jurídico autónomo e independiente que comienza y termina en el acceso, por la Administración, a ciertos datos relativos a la actividad crediticia. Es decir, aunque el resultado obtenido por la Administración del ejercicio de la potestad inspectora en sus diferentes manifestaciones pueda servir para accionar otras potestades de supervisión (como la correctora o la sancionadora), no es éste el fin último de aquéllas, que se agota con la mera obtención de información por la Administración.

Las potestades inspectoras pueden abarcar efectos jurídicos de diferente naturaleza: obligaciones de dar (determinada información que posee el sujeto pasivo de la potestad: son los comúnmente conocidos como "requerimientos de información"), obligaciones de hacer (poner a disposición determinadas fuentes de información de las que la Administración extrae directamente los datos que desea conocer: se corresponde con las obligaciones de exhibir y dar copia de libros, registros y documentos) o no hacer (soportar la actuación *in situ* de los inspectores en los lugares de trabajo). Incluso, en ocasiones el ejercicio de la actividad inspectora se refiere al tratamiento de datos por parte de la Administración que, en sí mismo, no comporta efectos jurídicos coactivos para el particular. Al examen de estas manifestaciones se dedicará el epígrafe 3 de este capítulo.

Ello no obstante, comúnmente esos efectos jurídicos no se producen de manera aislada, sino interrelacionados entre sí, en el conjunto de una actuación inspectora más amplia. Por ejemplo, normalmente las visitas de inspección no se limitan a acceder a

---

1 FERNÁNDEZ RAMOS, S., *La actividad administrativa de inspección. El régimen jurídico general de la función inspectora*, Comares, Granada, 2002, pp. 52-61.

los locales y realizar medias comprobaciones oculares, sino que suelen conllevar requerimientos de información o solicitudes de exhibición de libros, registros y documentos. En este sentido, la configuración que la normativa reguladora del MUS y el MUR hacen de las potestades inspectoras ofrecen distintas formas de articulación coordinadas de todas ellas que se examinarán en el epígrafe 4 siguiente.

Finalmente, con carácter previo al examen de ambas cuestiones, el epígrafe 2 de este capítulo se dedicará a examinar la planificación de la inspección como fase previa al ejercicio de las potestades inspectoras propiamente dicho.

2. PLANIFICACIÓN DEL EJERCICIO DE LAS POTESTADES INSPECTORAS EN EL MARCO DEL MUS Y EL MUR

Por su propia naturaleza, la potestad inspectora puede ser ejercitada por la Administración inspectora de forma recurrente o de forma aislada, normalmente en respuesta a un concreto suceso del que se quieren conocer las implicaciones que representa para los bienes jurídicos protegidos a cuya supervisión sirve esa potestad. En el primer escenario, lo habitual es que la Administración inspectora planifique el ejercicio de la potestad inspectora con ánimo tanto de asignar de forma eficiente sus recursos como de obtener los datos precisos para el desarrollo de su actividad supervisora en el momento adecuado[2]. En el segundo, el carácter reactivo de la inspección obligará a adoptar las decisiones pertinentes para materializar el ejercicio de la potestad inspectora de la forma más adecuada posible.

Por lo que a la planificación de las inspecciones bajo el MUS se refiere, tanto la normativa europea como la nacional prevén que las Administraciones supervisoras programen con carácter anual el ejercicio de la potestad inspectora.

Por el lado europeo, el art. 99 de la CRD IV establece la obligación de las Administraciones supervisoras de adoptar, como mínimo una vez al año, "*un programa supervisor en relación con las entidades que estén bajo su supervisión*", el cual deberá contemplar la realización del Proceso de Revisión y Evaluación Supervisora o PRES y deberá contener: **(i)** una indicación de la forma en que las autoridades competentes se proponen llevar a cabo su labor y asignar sus recursos; **(ii)** la identificación de las entidades que está previsto someter a una supervisión reforzada y las medidas que prevén adoptar al efecto (aumento del número de frecuencias, presencia permanente en la entidad, presentación de información adicional, revisión adicional o más frecuente de los planes operativo o

---

2 Sobre la planificación del ejercicio de la potestad inspectora con carácter general, *vid.* García Ureta, Agustín, *La potestad inspectora de las Administraciones públicas*, Madrid: Marcial Pons, 2006, pp. 89-129; Fernández Ramos, Severiano, *La actividad..., óp. cit.*, pp. 332-342.

de negocio de la entidad o exámenes temáticos centrados en riesgos específicos); y **(iii)** un plan de inspecciones de los locales de la entidad y sus sucursales.

Con esta base normativa, el *Manual de supervisión* editado por el BCE establece el punto de partida de la actividad supervisora en "*la planificación de las actividades supervisoras, que se establecen en el programa de examen supervisor (PES)*"[3]. De este modo, el PES es la clave de bóveda de la planificación de la actividad inspectora por el BCE, y recoge:

> *"Las tareas y actividades relacionadas con la supervisión continuada y las misiones in situ, de acuerdo con los recursos disponibles"*[4].

La planificación de la actividad inspectora del BCE cuenta con dos fases. Por un lado, la planificación estratégica comprende la definición de prioridades supervisoras por el Consejo de Supervisión, sobre la base de la valoración de los principales riesgos a que se enfrentan las entidades sujetas a supervisión, y teniendo en cuenta le evolución de los entornos económico, regulatorio y supervisor[5].

Por otro lado, en la planificación operativa se corresponde con la elaboración de los PES concretos para cada entidad, que determina las concretas actuaciones inspectoras que se van a desarrollar respecto de cada entidad y qué recursos tiene el BCE asignados a ellas[6]. El *Manual* define el PES, que es elaborado por los ECS responsables de cada entidad[7], en los siguientes términos:

---

3 BCE, *Manual..., óp. cit.*, p. 75.

4 BCE, *Manual..., óp. cit.*, p. 75.

5 Cfr. BCE, *Manual..., óp. cit.*, p. 45. En cuanto a las prioridades supervisoras, el BCE ha venido haciendo un uso muy amplio de estas facultades, abordando aspectos que, en mi opinión, exceden la verificación del recto cumplimiento de la ordenación prudencial bancaria. Por ejemplo, en materia de riesgos climáticos y medioambientales, el BCE ha elaborado una *Guía sobre riesgos relacionados con el clima y medioambientales*, de noviembre de 2020 (disponible en: https://www.bankingsupervision.europa.eu/ecb/pub/pdf/ssm.202011finalguideonclimate-relatedandenvironmentalrisks~58213f6564.es.pdf; enlace consultado el 19 de febrero de 2025), que formula una serie de expectativas supervisoras que constituyen una interpretación de la normativa aplicable a la actividad de crédito, pero que, como tales, no aparecen expresamente recogidas con esa precisión en ninguna norma jurídica. Por tanto, estas expectativas pueden ser objeto de interpretación jurisdiccional, en caso de discrepancia por parte de las entidades de crédito.

6 Cfr. BCE, *Manual..., óp. cit.*, pp. 13 y 75 y ss.

7 "*En el proceso anual de elaboración del PES, los ECS elaboran para cada entidad supervisada un calendario anual de reuniones principales. Este calendario es flexible y puede actualizarse en el curso del año. También pueden celebrarse reuniones ad hoc a solicitud del supervisor o de la entidad supervisada en cuestión. Al margen de ello, las ANC y la dirección local de las entidades pueden mantener reuniones sobre tareas supervisoras no encomendadas al MUS sin que en ellas participen los ECS, a los cuales deberá informarse*" (BCE, *Manual..., óp. cit.*, p. 86).

"El PES de una entidad significativa abarca las actividades recurrentes que realizan a distancia los ECS y las actividades in situ *que llevan a cabo en las oficinas de la entidad supervisada los equipos de inspección"*[8].

El primer grupo de actividades, que conforman lo que, al abordar la ejecución del PES, el propio *Manual* denomina "supervisión continuada" comprende tres elementos: **(i)** actividades de nivel mínimo de intensidad, basadas en el riesgo de la entidad (actividades básicas periódicas, como el PRES, revisiones exhaustivas sobre aspectos seleccionados atendiendo a las características específicas de la entidad y revisiones y análisis temáticos, según las prioridades supervisoras determinadas en la planificación estratégica); **(ii)** otras actividades periódicas relacionadas con requisitos organizativos, administrativos o legales de la entidad que pueden planificarse con anticipación; y **(iii)** actividades adicionales, como complemento a las actividades de nivel mínimo. Por su parte, el segundo grupo de actividades incluye la realización de inspecciones *in situ* (análisis exhaustivos de la entidad, y no meras visitas de inspección) e investigaciones de modelos internos.

Una vez finalizadas las dos fases de la planificación, se obtiene como resultado el PES, que será aplicado, en ejercicio de la actividad inspectora, por el ECS y, por lo que a las actuaciones *in situ* se refiere, por los equipos de investigación *in situ* que se explican en el lugar de este Capítulo dedicado a las visitas de inspección.

En el ámbito nacional existe menos información sobre la planificación de la actividad inspectora. Tan sólo el art. 55.1 de la LOSSEC –trasunto, en lo esencial, del art. 99 de CRD IV– refiere la obligación del BdE de aprobar:

"Al menos una vez al año, un programa supervisor para todas las entidades de crédito sujetas a su supervisión prestando especial atención a las siguientes entidades:

a) Aquéllas cuyos resultados en las pruebas de resistencia o en el proceso de revisión supervisora y de evaluación, indiquen la existencia de riesgos significativos para su solidez financiera o revelen el posible incumplimiento de la normativa de solvencia.

b) Cualesquiera otras que, a juicio del Banco de España, requieran una consideración especial en el ejercicio de la función supervisora"[9].

A diferencia de lo que ocurre a nivel europeo, en España el BdE no elabora un plan de supervisión para cada entidad, sino que aprueba un único programa para todas las entidades a su actividad supervisora. Así, el apartado 2 del mismo art. 55 de la LOSSEC

---

[8] BCE, *Manual..., óp. cit.*, p. 76.

[9] El nuevo art. 55 bis de la LOSSEC, añadido en virtud de la disposición final 7.1 de la Ley 6/2023, obliga al BdE a contar con un órgano de control interno y a elaborar anualmente una memoria sobre su actividad de supervisión, en la que, entre otras cosas, se evalúe el grado de cumplimiento del programa supervisor.

señala que el programa deberá referir, de entre todas esas entidades, aquéllas a las que esté previsto someter a supervisión reforzada, de acuerdo con las medidas que incorpora el apartado 3 y que son las mismas ya citadas al examinar el régimen de la CRD IV (aumento del número o frecuencia de inspecciones *in situ*, presencia permanente, etc.).

Más allá de estas previsiones, no es pública la forma en que el BdE elabora el programa supervisor. Sería conveniente que el BdE publicara al menos una *Guía* de las que refiere el art. 54 de la LOSSEC, de forma similar a cómo ha hecho el BCE, que explique los principales pasos y criterios que sigue para confeccionar el programa supervisor anual de las entidades de crédito.

3. MANIFESTACIONES DE LAS POTESTADES INSPECTORAS EN LA ACTIVIDAD ADMINISTRATIVA DE SUPERVISIÓN PRUDENCIAL BANCARIA

3.1 REQUERIMIENTOS INDIVIDUALIZADOS DE INFORMACIÓN

Los requerimientos individualizados de información, en cuanto manifestación de la potestad inspectora, pueden definirse como aquellos actos administrativos que imponen sobre uno o varios particulares determinados una obligación de dar a la Administración un bien inmaterial denominado información[10], referido a un ámbito concreto y expresamente acotado de una actividad, bien o servicio, con independencia de cuáles sean los soportes materiales que lo contienen[11].

---

10 Vida Fernández define la información como "*aquel conjunto de datos y conocimientos concernientes a una determinada realidad que permiten ampliar o precisar los que se poseen sobre una materia determinada*" (Vida Fernández, J., "El acceso a la información de los operadores en los sectores regulados: el caso de los requerimientos de información de la Comisión del Mercado de las Telecomunicaciones", REDA núm. 132 (2006), p. 664). Además, Izquierdo Carrasco señala que esa información deberá consistir en "*aquella documentación que la normativa obliga a las entidades a conservar*", pues "*no puede exigirse entregar algo que no se tiene el deber de conservar o disponer. Además, incluso en el caso de existir esa documentación, a la entidad de crédito* [o a cualquier requerido] *le bastaría con negarlo y para la Administración sería harto difícil negar lo contrario*" (Izquierdo Carrasco, Manuel, "La inspección del Banco de España sobre las entidades de crédito", en Muñoz Machado, Santiago; Vega Serrano, Juan Manuel; y Bobes Sánchez, María José (dirs.)., *Derecho de la regulación económica. X. Sistema* Bancario, Madrid: Iustel, 2013, p. 508).

11 En el ámbito tributario, el TEAC ha definido el requerimiento individualizado de información que contempla el art. 93.1 de la LGT como "*un acto administrativo con entidad propia, no adjetiva, que concreta e individualiza el deber general de suministrar información de terceros y define una obligación de hacer*" (Resolución de 14 de febrero de 2019, rec. núm. 4829/2017, FJ Tercero). En ese mismo ámbito, Del Moral identifica estos requerimientos con las "*obligaciones formales*" que define el

La normativa reguladora de la actividad administrativa de supervisión regula los requerimientos de información de manera separada en función de la Administración supervisora que ejercite, en cada caso, la potestad inspectora.

3.1.1 Requerimientos individualizados de información librados por el BCE

La facultad del BCE de poder librar requerimientos individualizados de información se contiene en los arts. 10 del Reglamento 1024/2013 y 139 y 141 del Reglamento 468/2014, los cuales facultan al BCE para exigir a determinados particulares que le proporcionen cierta información, y en el art. 11.1-*c)* del Reglamento 1024/2013, que regula la facultad del BCE de "*obtener explicaciones escritas o verbales*" de esas mismos particulares (cfr. art. 11.1-*c)* del Reglamento 1024/2013).

Con base en estas normas, la potestad para librar requerimientos individualizados de información atribuida al BCE se caracteriza por las siguientes notas:

1º. La posibilidad de librar requerimientos de información constituye una manifestación autónoma e independiente de la potestad inspectora. Así se refleja en la expresión "*el BCE podrá exigir (...)*" que emplean tanto el art. 10.1 del Reglamento 1024/2013 como el art. 139.1 del Reglamento 468/2014, o "*el BCE tendrá derecho a (...)*" que aparece en el art. 11.1 del Reglamento 1024/2013. El art. 141.1 del Reglamento 468/2014 se refiere expresamente a "*la facultad del BCE de exigir que se le proporcione información*", configurando, por tanto, este poder como una potestad con sustantividad propia. La autonomía de esta potestad aparece reflejada en el comienzo del art. 10.1 del Reglamento 1024/2013, que la reconoce "*sin perjuicio de las competencias a que se refiere el artículo 9, apartado 1*", que no son otras que "*las funciones que le atribuyen el artículo 4, apartados 1 y 2*", esto es, las demás potestades incluidas en la actividad administrativa de supervisión que desempeña el BCE.

2º. El requerimiento de información constituye un acto definitivo, toda vez que el fin último es obtener, aprehender una información que se encuentra en poder del particular. Así se colige del art. 10.3 del Reglamento 1024/2013, que fija el fin de los efectos jurídicos derivados del ejercicio de la potestad "*cuando el BCE obtenga información*", la cual, posteriormente, podrá emplear "*para desempeñar las funciones que le atribuye el presente Reglamento*" (art. 10.1) en el ejercicio de

art. 29.1 de la LGT como aquéllas que, "*sin tener carácter pecuniario, son impuestas por la normativa tributaria o aduanera a los obligados tributarios, deudores o no del tributo, y cuyo cumplimiento está relacionado con el desarrollo de actuaciones o procedimientos aduaneros*" (Del Moral González, Alfonso, "Requerimientos de información sobre datos del propio obligado tributario", Impuestos núm. 13 (2009), pp. 11-12).

potestades administrativas independientes. No obstante, en algunos casos donde el requerimiento se libre mediante fórmulas poco formalizadas o se realice en el contexto de otras manifestaciones de la potestad inspectora (piénsese, por ejemplo, en el caso de las "*explicaciones escritas o verbales*" que pueden seguir al requerimiento para la exhibición de documentos a las que se refiere el art. 11.1-*c)* del Reglamento 1024/2013), podría parecer más complicado atribuir a la petición ese carácter. En estos casos, parece razonable concluir que esas solicitudes de información comportan el ejercicio autónomo de la potestad de requerir información, y, como tal ejercicio autónomo, el particular, si lo considera ilegal, puede impugnarlo. El problema vendrá dado, en todo caso, por la prueba de la ilegalidad, particularmente en el caso de la solicitud de "explicaciones verbales"; ahora bien, en este caso tan difícil será para el particular acreditar los vicios de legalidad de la solicitud como para el BCE probar que el particular se ha negado a proporcionar esas explicaciones ilícitamente y, por tanto, deben deducirse consecuencias sancionadoras para él.

3º. El contenido del deber que impone el requerimiento en cuanto obligación de dar aparece reflejado en los términos que ambas normas emplean para definir los efectos jurídicos que produce el ejercicio de esta potestad: "*podrá exigir a los particulares (...) que le proporcionen cuanta información sea necesaria*" (arts. 10.1 del Reglamento 1024/2013 y 139.1 del Reglamento 468/2014); "*las personas contempladas en el apartado 1 deberán facilitar la información solicitada*" (art. 10.2 del Reglamento 1024/2013); "*el BCE tendrá derecho a (...) obtener explicaciones escritas o verbales*" (art. 11.1-*c)* del Reglamento 1024/2013). En todas estas expresiones se constata que el fin perseguido con el ejercicio de la potestad consiste en que se transfiera al BCE una información que, antes de ese ejercicio, sólo se encontraba en poder de los particulares requeridos.

4º. El alcance de la información solicitada debe encontrarse dentro del siguiente perímetro:

(i) Desde el punto de vista subjetivo, el destinatario del requerimiento pueden ser: entidades de crédito, sociedades financieras de cartera, sociedades financieras mixtas de cartera y sociedades mixtas de cartera establecidas en los Estados miembro participantes; y personas "*pertenecientes*" a alguna de esas entidades o terceros a las que éstas hayan subcontratado funciones o actividades[12]. En cuanto a las personas pertenecientes a esas entidades,

[12] Respecto de las personas no incluidas en esos grupos, el art. 11.1-*d)* del Reglamento 1024/2013 admite que podrá ser entrevistada "*cualquier otra persona*", si bien ésta no se sujeta al ejercicio de la potestad inspectora, sino que se requiere su previo consentimiento en proporcionar la información requerida.

la previsión no se refiere a los representantes legales de las entidades de crédito, toda vez que éstos, en cuanto tales, actúan cuando son requeridas aquéllas[13], sino a otras personas que, careciendo de tal poder de representación, cuentan, por razón de su cargo, con información que no puede ser obtenida de otra forma (por ejemplo, personas que ostentan determinados cargos que, de acuerdo con las previsiones aplicables en materia de gobierno corporativo, gozan de independencia que impide a los representantes de las entidades conocer esa información). En cuanto a los terceros con los que la entidad tenga subcontratadas funciones o actividades, el Derecho europeo no especifica cuáles son estas, a diferencia de lo que ocurre en Derecho nacional. A fin de esclarecer esta cuestión, constituye un elemento de indudable valor hermenéutico las reglas sobre externalización contenidas en las págs. 22 y 23 *Guía sobre Gobierno interno* elaborada por la ABE, de 27 de noviembre de 2011[14] y en las *Directrices sobre externalización* de la misma ABE, de 25 de febrero de 2019[15].

(ii) Desde el punto de vista objetivo, la información solicitada debe guardar relación con el ejercicio de las demás funciones que atribuye al BCE el art. 4.1 y 2 del Reglamento 1024/2013 (cfr. arts. 10.1 de esa norma y 141.1 del Reglamento 468/2014), y, dentro de ellas, especialmente relevantes son las referidas a velar por el cumplimiento de los actos que imponen requisitos prudenciales a las entidades de crédito en materia de fondos propios,

---

13 *Vid.* Izquierdo Carrasco, M., "La inspección...", *óp. cit.*, p. 509.

14 Disponible en: https://eba.europa.eu/sites/default/documents/files/documents/10180/103861/77c2646b-dbe5-4494-a4f8-ed05b1c79e6d/EBA_2012_00210000_ES_COR.pdf?retry=1 (enlace consultado el 25 de octubre de 2020).

15 Disponibles en: https://www.bde.es/f/webbde/INF/MenuHorizontal/Normativa/guias/EBA-GL-2019_02_ES.pdf (enlace consultado el 25 de octubre de 2020). De acuerdo con estas Directrices, "*como principio general, las entidades y las entidades de pago no deberían considerar como externalización lo siguiente: a. una función que legalmente debe realizarse por un proveedor de servicios, p. ej., una auditoría legal; b. los servicios de información de mercado (p. ej., el suministro de datos por parte de Bloomberg, Moody's, Standard & Poor's, Fitch); c. las infraestructuras de red globales (p. ej., Visa, Mastercard); d. los acuerdos de compensación y liquidación entre cámaras de compensación, entidades de contrapartida central y entidades de liquidación y sus miembros; e. las infraestructuras de mensajería financiera globales sujetas a la vigilancia de las autoridades pertinentes; f. los servicios de corresponsalía bancaria; y g. la adquisición de servicios que no serían asumidos de otro modo por la entidad o la entidad de pago (p. ej., asesoramiento de un arquitecto, emisión de dictamen jurídico y representación ante órganos judiciales y administrativos, limpieza, jardinería y mantenimiento de las instalaciones de la entidad o la entidad de pago, servicios médicos, mantenimiento de coches de empresa, servicios de restauración, servicios de máquinas expendedoras, servicios administrativos, servicios de viaje, servicios de correo, recepcionistas, personal de secretaría y operadores de centralita), bienes (p. ej., tarjetas de plástico, lectores de tarjetas, material de oficina, ordenadores personales, mobiliario) o de suministros básicos (p. ej., electricidad, gas, agua, línea telefónica)*" (n. 28).

titulización, limitación de grandes exposiciones, liquidez, apalancamiento y notificación y publicación de información sobre estas cuestiones (art. 4.1-*d)*), o requisitos de idoneidad de las personas responsables de la gestión de las entidades de crédito, procesos de gestión de riesgos, mecanismos internos de control, políticas y prácticas de remuneración, y procesos internos eficaces de evaluación de la adecuación del capital, en particular cuando se aplican modelos basados en calificaciones internas (art. 4.1-*e)*), así como las relativas a la realización de revisiones supervisoras en materia de solvencia, transparencia y liquidez (art. 4.1-*f)*), y a la aplicación de planes de recuperación e intervención temprana (art. 4.1-*i)*).

Más allá de excluir implícitamente la aplicación de las reglas de procedimiento administrativo y los requisitos de validez y eficacia contenidas en el Reglamento 468/2014 al ejercicio de la potestad inspectora (cfr. art. 25.1 del Reglamento 468/2014), la normativa aplicable no contiene previsiones específicas para el libramiento de estos requerimientos individualizados de información. No obstante, cabe entender que resulta aplicable, como principio general del Derecho europeo, el principio de proporcionalidad, del que puede encontrarse una manifestación en el art. 139.2 del Reglamento 468/2014[16]. Además, los requerimientos de información deberán explicitar de forma concreta la información solicitada y el plazo con que el particular requerido cuenta para ello, y resulta igualmente razonable pensar que deben incluir una mínima motivación que, al menos, refiera el nexo causal con el ejercicio de alguna de las funciones de supervisión que el BCE tiene atribuidas. Por último, el art. 10.2 del Reglamento 1024/2013 autoriza a quienes deban guardar secreto profesional a proporcionar la información que se requiera.

En cuanto a la forma en que el particular requerido debe dar respuesta al requerimiento, ésta dependerá de la forma en la que se haya librado el requerimiento. Cuando éste haya sido escrito, debe responderse del mismo modo; cuando la solicitud haya sido verbal, la respuesta podrá ser verbal o escrita, si bien en el primer caso resulta conveniente documentar la reunión a ulteriores efectos probatorios. En todo caso, el art. 140.3 del Reglamento 468/2014 exige que la remisión de información requerida expresamente por el BCE para ser facilitada a intervalos regulares se haga, en todo caso, por escrito (cfr. art. 141.2 del Reglamento 468/2014).

El incumplimiento del requerimiento podría dar lugar a la imposición de sanciones en los términos previstos en el art. 18.7 del Reglamento 1024/2013.

---

16 *"Antes de exigir información de conformidad con el artículo 10, apartado 1, del Reglamento del MUS, el BCE tendrá en cuenta la información de que ya dispongan las ANC".*

3.1.2 Requerimientos individualizados de información librados por el BdE

En el ámbito nacional, esta manifestación de la potestad inspectora se regula en la letra *b)* del art. 50.2 de la LOSSEC, la cual se completa mediante la proyección del reconocimiento general de la potestad inspectora que se contiene en la letra *a)* del mismo precepto. Además, al igual que ocurría con la regulación europea, el precepto relativo a la manifestación de la potestad inspectora consistente en la realización de investigaciones y comprobaciones también incluye nuevamente la posibilidad de librar requerimientos de información, aunque con importantes diferencias respecto a lo que ocurre en el Reglamento 1024/2013 (cfr. art. 50.2-*c)*-3° de la LOSSEC).

Los requerimientos individualizados de información que puede librar el BdE se caracterizan por las siguientes notas:

1°. Se trata del ejercicio de una manifestación autónoma de la potestad inspectora, en el sentido que ya venimos señalando, en la medida en que su ejercicio se agota con la aprehensión, por el BdE, de la información solicitada. Así aparece reconocida como tal por la norma: "*el Banco de España podrá (...) requerir (...) las informaciones (...) recogidas en la normativa de ordenación y disciplina*" (art. 50.2-*b)* de la LOSSEC), y ello exclusivamente "*con el fin de que el Banco de España pueda obtener dichas informaciones*" (art. 50.2-*a)*, párrafo segundo, de la LOSSEC); o, también, el BdE "*podrá: (...) solicitar y obtener explicaciones escritas o verbales (...)*". Como se comprueba, este requerimiento cuenta con sustantividad propia y no se enmarca en el ejercicio de ningún otro procedimiento.

2°. Aunque no se recoge expresamente, es consecuencia necesaria de lo anterior que el requerimiento de información constituya un acto definitivo, en la medida en que según se ha visto, la normativa agota los efectos jurídicos derivados del ejercicio de la potestad en la obtención, por el BdE, de la "*la información necesaria para comprobar el cumplimiento de la normativa de ordenación y disciplina*" (art. 50.2-*a)*, párrafo primero, en relación con el párrafo segundo, de la LOSSEC). Vuelven a surgir a este respecto los problemas ya comentados para el caso de los requerimientos verbales, que merecen la misma respuesta.

3°. El ejercicio de la potestad genera en el particular requerido una obligación de dar, pues, de lo contrario, el BdE no podría "*obtener*" la información que se solicita (cfr. arts. 50.2-*a)*, párrafo segundo, y 50.2-*c)*-3° de la LOSSEC).

4°. El alcance del requerimiento viene definido en sus dos dimensiones:

(i) Desde el punto de vista subjetivo, el art. 50.2-*a)*, párrafo primero, de la LOSSEC únicamente se refiere a "*las entidades y personas sujetas a su función supervisora, y a terceros a los que dichas entidades hayan subcontratado actividades o funciones operativas*". En relación con las primeras, el art. 56 de la LOSSEC especifica que esas entidades y personas se corresponden con las entidades de crédito españolas, los grupos consolidables de entidades de crédito con matriz en España y las sucursales de entidades de crédito de Estados no miembros de la Unión Europea, así como las empresas matrices de éstas cuando sean sociedades financieras de cartera o sociedades financieras mixtas de cartera. Igualmente, el BdE podrá supervisar a "*las personas españolas que controlen entidades de crédito de otros Estados miembro de la Unión Europea*". Además, la falta de referencia expresa a personas distintas de los representantes de las entidades de crédito dificulta, en mi opinión, que el BdE pueda librar requerimientos de información específicos a esas otras personas[17]. En cuanto a los terceros a los que las entidades de crédito hayan subcontratado actividades o funciones operativas, éstos serán aquellos que desempeñen las funciones relacionadas en el art. 22 del RD 84/2015 y la Norma 43 de la Circular 2/2016, sin perjuicio del valor interpretativo que puedan aportar las *Guías* de la ABE ya citadas. No obstante lo anterior, cabe recordar a este respecto la advertencia ya realizada relativa a la indebida extensión del ámbito subjetivo de este requerimiento que hace el art. 50.2-*c)*-3º de la LOSSEC, que debe ser corregido. No puede olvidarse que esta posibilidad no "converge" con los instrumentos y prácticas de supervisión de la UE que el propio art. 50.3-*c)* de la LOSSEC establece como límite al ejercicio de las potestades de supervisión del BdE.

(ii) Desde el punto de vista objetivo, la información requerida debe ser "*necesaria para comprobar el cumplimiento de la normativa de ordenación y solvencia*" (art. 50.2-*a)*, párrafo primero, de la LOSSEC), lo cual se concreta en aquélla relativa a "*los sistemas, estrategias, procedimientos o mecanismos de cualquier tipo aplicados por las entidades de crédito*" para dar cumplimiento a esa normativa (art. 51 de la LOSSEC), a "*los riesgos a los cuales están o pueden estar expuestas las entidades*" (art. 52 de la LOSSEC) y a "*la idoneidad, remuneraciones y responsabilidad en la gestión de riesgos*" y demás aspectos sobre "*gobierno corporativo*" (art. 53 de la LOSSEC). Además, el ámbito al cual se extienda la función supervisora del BdE puede ser acotado por el contenido del programa supervisor que elabore esa Administración de acuerdo con lo previsto en el art. 55 de la LOSSEC.

La normativa nacional, en línea con lo que ocurre a nivel europeo, tampoco ofrece una regulación procedimental aplicable a los requerimientos de información. Solamente el art. 50.3-*a)* de la LOSSEC recoge expresamente la necesidad de que el ejercicio

---

17 *Vid.* Izquierdo Carrasco, M., "La inspección...", *óp. cit.*, p. 508.

de la potestad inspectora se sujete a las exigencias del principio de proporcionalidad[18] –impuesto, en todo caso, por el art. 4.1 de la LEREJUSP–.

Más allá de esta previsión, el libramiento de requerimientos individualizados de información por el BdE se sujeta a los principios generales del procedimiento administrativo, entendidos éstos "*como "estándares que no son normas", "mandatos de maximización" o "mandatos de optimización", cuya efectividad debe alcanzarse mediante reglas que garantizan la realización de esos principios en atención a la realidad a la que deben ser aplicados*"[19]. Así, los requerimientos individualizados de información deben ajustarse a los requisitos de validez y eficacia previstos en la normativa de procedimiento administrativo común, y deben contar con una mínima motivación donde se justifique la necesidad y proporcionalidad de la solicitud, al tratarse de actos limitativos los derechos de los particulares (cfr. art. 35.1-*a)* de la LPACAP).

En cuanto a la forma en que los particulares requeridos deben responder al requerimiento de información, ésta igualmente dependerá del carácter escrito o verbal en que se haya formulado la solicitud. En el primer caso, el art. 50.2-*b)* de la LOSSEC se limita a imponer a las entidades de crédito la obligación de "*habilitar, en el plazo que se fije para ello, los medios técnicos requeridos por el Banco de España para la eficacia de sus sistemas de comunicación electrónica, en los términos que éste adopte al efecto*", previsión que, tras la obligación general impuesta a todas las personas jurídicas de relacionarse con la Administración por medios electrónicos (art. 14.2 de la LPACAP), parece reconducirse al empleo adecuado de la sede electrónica del BdE. En el segundo, la persona que responda verbalmente deberá contar con poder suficiente para vincular, con sus respuestas, a la persona jurídica.

El incumplimiento de un requerimiento individualizado de información librado por el BdE puede ser constitutivo de una infracción muy grave, *ex* art. 92-*i)* y *j)* de la LOSSEC.

3.1.3 Requerimientos individualizados de información librados por la JUR

Los arts. 34 y 35.1-*c)* del Reglamento 806/2014 atribuyen a la JUR una potestad de requerir información escrita o verbal con una configuración muy similares a la potestad que el art. 10 del Reglamento 1024/2013 atribuye al BCE.

---

18 "*El Banco de España deberá valorar, en la elección de las medidas que se vayan a adoptar, criterios como la gravedad de los hechos detectados, la eficacia de la propia función supervisora en términos de la subsanación de los incumplimientos detectados o el comportamiento previo de la entidad*".

19 Lora González, Carlos, "Circulares internas del Banco de España y garantías del particular frente a las visitas de inspección: comentario a la Sentencia del Tribunal Supremo núm. 914/2023, de 4 de julio", *AJUM* núm. 63 (diciembre 2023), p. 146.

Así, la JUR cuenta con una potestad inspectora autónoma que puede manifestarse en forma de requerimiento de información ("*podrá exigir*", art. 34.1 del Reglamento 806/2014), cuyo ejercicio resulta en un acto administrativo definitivo que agota el ejercicio de la potestad (pues el fin de éste no es más que "*obtener*" o "*recabar*" la información) que impone una obligación de dar sobre los particulares requeridos (éstos "*facilitarán la información solicitada*", art. 34.2 del Reglamento 806/2014), siempre que el requerimiento se encuentre dentro de ciertos límites subjetivos y objetivos:

1º. Desde un punto de vista subjetivo, podrán ser requeridos las entidades de crédito, las empresas matrices (incluidas sociedades financieras de cartera y sociedades financieras mixtas de cartera, cuando consoliden, a efectos de supervisión, en el BCE) y las empresas de servicios de inversión y las entidades financieras establecidas en un Estado miembro participante; el personal al servicio de cualquiera de éstas o aquellos terceros a los que les hayan subcontratado funciones o actividades (cfr. art. 34.1, *in fine*, del Reglamento 806/2014)[20]. En cuanto a la interpretación de estos extremos, resultan aplicables los criterios hermenéuticos comentados al explicar la potestad atribuida al BCE y, en particular, las citadas *Guías* de la ABE.

2º. Desde un punto de vista objetivo, la información requerida deberá guardar relación con el ejercicio de las funciones de la JUR (cfr. art. 34.1, *ab initio*, del Reglamento 806/2014). Estas funciones se corresponden con el catálogo enumerado en el art. 50 del Reglamento 806/2014, y, a estos efectos, fundamentalmente la aplicación de instrumentos de resolución y el seguimiento de los procesos de reestructuración y resolución.

El art. 34 recoge hasta en dos ocasiones manifestaciones del principio de proporcionalidad al que debe sujetarse el ejercicio de esta potestad por la JUR. Así, el art. 34.1 del Reglamento 806/2014 le permite el ejercicio de esta potestad "*a través de las autoridades nacionales de resolución o directamente, después de haberlas informado y haciendo pleno uso de toda la información de que dispongan el BCE o las autoridades nacionales competentes*", lo que circunscribe los requerimientos a aquellos casos en los cuales la información que se solicita no estuviera incorporada, por así decirlo, al "sistema supervisor". En la misma dirección, el art. 34.6 del Reglamento 806/2014 imponen al BCE y a las autoridades nacionales competentes y de resolución la obligación de cooperar con la JUR a fin de "*comprobar si la información solicitada se encuentra parcial o íntegramente disponible*" porque, cuando así sea, "*las autoridades nacionales competentes, el BCE en su caso o las autoridades nacionales de resolución*" se la remitirán, sin que resulte necesario

---

20 Al igual que ocurría en el caso del BCE, el art. 35.1-*d)* del Reglamento 806/2014 habilita a la JUR para entrevistar a "*cualquier otra persona física o jurídica que acepte ser entrevistada a fin de recabar información relacionada con el objeto de una investigación*".

someter al particular a un requerimiento de información. Y viceversa cuando la JUR recabe la información la pondrá a la disposición de todas estas Administraciones (cfr. art. 34.3 del Reglamento 806/2014).

Por último, el art. 34.2 del Reglamento 806/2014 contiene una autorización expresa para que aquellos particulares que sean requeridos para proporcionar una información sujeta a secreto profesional deban darla, sin que ello pueda considerarse un quebrantamiento de dicho deber. En todo lo demás, a falta de una regulación específica del procedimiento[21] y de un código de procedimiento administrativo común al que pueda acudirse, resultarán de aplicación los principios generales del Derecho europeo.

El incumplimiento de un requerimiento individualizado de información librado por la JUR constituye una infracción (cfr. art. 38.2-*a)* del Reglamento 806/2014), que podrá dar lugar a la correspondiente sanción (cfr. art. 38.3 del Reglamento 806/2014).

3.1.4 Requerimientos individualizados de información librados por el FROB

El art. 64.1-*b)* de la Ley 11/2015 faculta al FROB para "*requerir a cualquier persona información necesaria para preparar y aplicar una medida o instrumento de resolución*". Esta regulación genera, a mi juicio, dudas en relación a si debe considerarse una atribución legal a esa Administración de la potestad inspectora, en esta manifestación, o, por el contrario, le reconoce la posibilidad de solicitar información en el seno de otros procedimientos, algo que, según se explicó *ut supra*, no se corresponde con el ejercicio de esa potestad. Creo que, en efecto, este precepto no atribuye al FROB una auténtica potestad inspectora, por cuanto:

1º. La posibilidad de librar requerimientos de información no se trata de una manifestación de la potestad inspectora autónoma e independiente, ya que sólo puede ser ejercitada en el contexto de la preparación y aplicación de una medida o instrumento de resolución. Aunque hubiera sido mucho más adecuado que el precepto se refiriera directamente a "*cualquier información necesaria en el seno de un procedimiento de preparación o aplicación de una medida o instrumento de resolución*", el resultado es el mismo. A lo sumo, la diferencia puede consistir en la solicitud primaria de información en cuanto diligencia de comprobación previa, a fin de decidir si pone en marcha o no el correspondiente procedimiento de resolución.

21 El art. 29 del Reglamento 806/2014 contiene una serie de normas relativas a la aplicación de las decisiones adoptadas por la JUR que se basan, en su gran mayoría, en el recurso principal a las autoridades nacionales de resolución para hacerlas efectiva (apartado 1), y a la aplicación directa sólo en caso de que éstas no las apliquen (apartado 2). Estas normas, sin embargo, no parecen trasladables al ámbito de los requerimientos de información, toda vez que se trata de una potestad que, en su caso, es ejercida "*directamente*" por la JUR (cfr. art. 34.1).

2°. Como consecuencia de lo anterior, tampoco parece que el resultado del ejercicio de esa facultad consista en un acto administrativo definitivo, toda vez que su fin último no es, como ocurría en los casos anteriores, "*obtener información*", sino "*preparar y aplicar una medida o instrumento de resolución*". Por tanto, la solicitud de información reúne las características propias de los actos de trámite.

3°. Además de lo anterior, la facultad no cuenta con un ámbito subjetivo claramente definido, sino que se refiere a "*cualquier persona*". Siendo ello así, resulta excesivo pretender que se trata de una manifestación de una potestad inspectora autónoma, pues ello conduciría a permitir sobre el papel que el FROB requiera información de personas que no guarden relación con la entidad de crédito. Parece que la expresión "*cualquier persona*" tiene sentido sólo si se pone en la justa luz de la regulación general de un procedimiento administrativo de resolución, donde la generalidad desaparece para identificar a "*cualquier persona*" con el más técnico concepto de "*cualquier interesado*" en ese procedimiento, en el sentido del art. 4 de la LPACAP.

El incumplimiento de requerimientos de información librados en el contexto de estos procedimientos de reestructuración y resolución de entidades de crédito puede ser constitutivo de una infracción muy grave *ex* art. 79-*f)* de la Ley 11/2015.

3.1.5 Requerimientos individualizados de información librados por la ABE

El art. 35.6, en relación con el art. 32.3 bis, del Reglamento 1093/2010 atribuye a la ABE una potestad inspectora en materia de requerimientos de información. Esta potestad, que, en una clara manifestación del principio de proporcionalidad, la ABE sólo puede ejercer "*cuando no haya información completa o exacta disponible o no se haya facilitado a su debido tiempo*" por las Administraciones que dispongan de ella, con arreglo a lo establecido en los apartados anteriores de ese mismo artículo, faculta a la ABE para requerir información a las entidades financieras, las sociedades de control o las sucursales de una entidad financiera o las entidades operativas no reguladas dentro de un conglomerado o grupo financiero que sean importantes respecto de las actividades de las entidades financieras pertinentes.

De acuerdo con lo previsto en el mismo precepto, el requerimiento de información que puede efectuar en este caso la ABE sí parece corresponderse con una manifestación de una potestad inspectora autónoma cuyo ejercicio origina un acto administrativo definitivo que impone una obligación de dar sobre ciertos particulares en el ámbito del desempeño de las funciones que esa Administración tiene legalmente atribuidas (cfr. art. 35.1 del Reglamento 1093/2010). Ahora bien, sin que empezca su naturaleza en cuanto tal potestad inspectora, la eficacia de esta facultad es en este caso considerablemente limitada, toda vez que, si los particulares requeridos no contestan, la ABE sólo puede acudir al BCE o al BdE para que sean éstos quienes le faciliten "*pleno acceso a la información y a todos los documentos, libros o registros de origen a los que el destinatario tenga acceso legal para comprobar la información*" (art. 35.7 bis del Reglamento 1093/2010).

Por último, según establece el art. 35.6 del Reglamento 1093/2010, el requerimiento debe estar debidamente justificado y motivado. La norma no prevé ninguna norma de procedimiento adicional, por lo que deben aplicarse los principios generales del Derecho europeo en todo lo demás.

La normativa reguladora de la actividad de supervisión desarrollada por la ABE no contiene sanciones para el caso de incumplimiento de estos requerimientos individualizados de información.

3.2 SOLICITUDES DE EXHIBICIÓN Y COPIA DE LIBROS, REGISTROS Y DOCUMENTOS

La solicitud de exhibición y copia de libros, registros y documentos se corresponde con aquel acto administrativo que impone sobre uno o varios particulares determinados una obligación de hacer consistente en la puesta a disposición de la Administración los soportes donde se encuentran reflejados ciertos datos, que serán extraídos posteriormente de éstos directamente por la propia Administración.

Al igual que ocurría con los requerimientos individualizados de información, en el ámbito de las solicitudes de exhibición y copia de libros, registros y documentos, no existe una regulación exhaustiva relativa a la forma de ejercicio de la potestad inspectora en esta manifestación.

3.2.1 Solicitudes de exhibición y copia de libros, registros y documentos libradas por el BCE

La normativa europea configura la facultad de librar requerimientos de exhibición o presentación de documentos atribuida al BCE en el contexto de las llamadas investigaciones generales, donde, según se verá más adelante, esta facultad podrá ejercitarse autónomamente o, eventualmente, junto con la de requerir información a la entidad de crédito inspeccionada.

En efecto, el art. 11.1 del Reglamento 1024/2013, al regular las facultades que puede ejercer el BCE durante una investigación general, atribuye a esta Administración el poder de "*exigir la presentación de documentos*" y "*examinar los libros y registros*" y "*obtener copias o extractos de dichos libros y registros*".

El régimen jurídico que regula esta facultad está caracterizado por las siguientes notas:

1º. Constituye una manifestación autónoma de la potestad inspectora que puede ser ejercitada por el BCE de manera independiente de otras manifestaciones de la potestad inspectora (o conjuntamente con ellas, como se ha indicado ya) y de cualesquiera otras potestades administrativas que el ordenamiento le reconoce. Así, el art. 142 del Reglamento 468/2014 habla de "*las facultades*" reconocidas en el art. 11.1 del Reglamento 1024/2013 como poderes autónomos unos de otros, que el BCE puede o no ejercer de manera independiente.

2º. Su ejercicio parte del dictado de un acto administrativo, al que expresamente se refieren los arts. 11.2 del Reglamento 1024/2013 ("*investigaciones abiertas por decisión del BCE*") y 142 del Reglamento 468/2014 (investigaciones generales abiertas "*en virtud de una decisión*"). Además, de acuerdo con esta última norma, el acto que dé cobertura a la solicitud deberá estar motivado ("*especificará (...) el fundamento jurídico de la decisión*") y ser proporcionado, esto es, adecuado a la "*finalidad*" perseguida, que también deberá referirse.

3º. Genera en los particulares una obligación de hacer ("*las personas contempladas (...) quedarán sujetas a las investigaciones iniciadas por decisión del BCE*", dice el art. 11.2 del Reglamento 1024/2013), consistente en la "*presentación de documentos*" y en la exhibición de "*libros y registros*" para su examen por el BCE, y, en su caso, entrega de copias a éste.

4º. Su alcance se encuentra delimitado en sus dos aspectos:

(i) Por el lado subjetivo, la potestad sólo podrá ejercitarse "*sobre cualquiera de las personas enumeradas en el artículo 10*" (art. 11.1 del Reglamento 1024/2013), esto es, las entidades de crédito, sociedades financieras de cartera, sociedades financieras mixtas de cartera y sociedades mixtas de cartera establecidas en un Estado miembro participante, así como las personas pertenecientes a cualquiera de ellas o los terceros a los que éstas hayan subcontratado funciones o actividades.

(ii) Por el lado objetivo, la potestad se proyecta sobre "*documentos*", "*libros*" y "*registros*" por lo que a la exhibición se refiere, aunque parece que se limita a los dos últimos cuando se trata de obtener copias (cfr. letras *a)* y *b)* del art. 11.1 del Reglamento 1024/2013), siempre que la información sea necesaria para el ejercicio "*de las funciones que le atribuye el presente Reglamento*" (particularmente, las contenidas en las letras *d), e), f)* e *i)*, según se explicó para los requerimientos de información), y cualquiera que sea el soporte en que se encuentren aquellos documentos. Por "*libros*" y "*registros*" la norma se refiere a todos aquellos documentos que, por mandato de la Ley, las personas sujetas a esta potestad tienen obligación de tener para recoger en ellos ciertos datos tasados de muy distinto orden (así, libros de actas, libros de cuentas, etc.), pero también a cuantos registros públicos contienen información relativa a la actividad de las entidades de crédito, donde se reconoce al BCE un interés legítimo para su consulta. Por "*documentos*", por el contrario, la norma se refiere a otros archivos distintos de esos libros o registros de confección o conservación obligatoria (tales como facturas, albaranes, contratos, etc.)[22].

Este régimen jurídico se completa con dos previsiones tendentes a garantizar el cumplimiento del deber por los particulares sujetos a la potestad:

1º. La negativa a exhibir o presentar documentos, al igual que la falta de respuesta a requerimientos de información, "*constituye un incumplimiento de una decisión del BCE*" que puede derivar responsabilidad administrativa de acuerdo con lo previsto en el art. 18.7 del Reglamento 1024/2013 (cfr. art. 142 *in fine* del Reglamento 468/2014).

2º. El art. 11.2, párrafo segundo, del Reglamento 1024/2013 establece una suerte de posibilidad de *ejecución forzosa* por la Administración de la obligación de exhibir o presentar documentos en el caso de que los particulares incumplan, para lo cual el BCE acudirá a la ANC para efectuar una visita de inspección dirigida a acceder personalmente a la información contenida en esos documentos.

Por último, la decisión que adopte el BCE para ejercitar la potestad puede ser impugnada ante el Tribunal de Justicia de la UE (cfr. art. 267-*b)* del TFUE).

3.2.2 Solicitudes de exhibición y copia de libros, registros y documentos libradas por el BdE

La normativa nacional recoge esta facultad tanto en el contexto de las investigaciones generales ya explicadas, como de manera autónoma.

Así, por un lado, el art. 50.2-*a)*, párrafo segundo, de la LOSSEC, dispone que, "*con el fin de que el Banco de España pueda obtener dichas informaciones, o confirmar su veracidad, las entidades y personas mencionadas quedan obligadas a poner a disposición del Banco de España cuantos libros, registros y documentos precisos, incluidos los programas informáticos, ficheros y bases de datos, sea cual sea su soporte físico o virtual*". Por otro

---

22 Como indica Izquierdo Carrasco, "*la potestad tiene sentido con respecto a toda aquella documentación que la normativa obliga a conservar, aunque no sólo la específica sobre entidades de crédito, sino también la fiscal, mercantil, del mercado de valores o cualquier otra en cuanto sea relevante. Evidentemente no puede exigirse entregar algo que no se tiene el deber de conservar o disponer*" (Izquierdo Carrasco, Manuel, "La inspección...", *óp. cit.*, p. 508). Aunque el autor hace esa afirmación en sede de requerimientos de información, es evidente que resulta íntegramente trasladable a la manifestación de la potestad inspectora que aquí se examina.

lado, el art. 50.2-*c)* de la LOSSEC regula esta facultad en el marco de la realización de investigaciones generales, al facultar al BdE para "*exigir la presentación de documentos*" y "*examinar los libros y registros y obtener copias o extractos de los mismos*". Como se comprueba, el contenido jurídico de la facultad es similar en ambos casos, variando sólo el contexto en que se regula[23].

El régimen jurídico aplicable a esta facultad está caracterizado por las siguientes notas:

1º. Constituye una manifestación de la potestad inspectora autónoma. Según se ha visto, el art. 50-2-*a)*, párrafo segundo, de la LOSSEC, se refiere a ella directamente como una manifestación de la potestad inspectora que regula en su primer párrafo ("*el Banco de España podrá recabar (...) la información necesaria*" y "*con el fin de que el Banco de España pueda obtener dichas informaciones, o confirmar su veracidad, las entidades y personas mencionadas quedan obligadas a poner a disposición del Banco de España*").

2º. Aunque no aparece expresamente recogido en la LOSSEC, su ejercicio requiere la cobertura de un acto administrativo debidamente motivado y deberá estar conectado con la finalidad "*de que el Banco de España pueda obtener dichas informaciones, o confirmar su veracidad*" (art. 50.2-*c)* de la LOSSEC), con arreglo al principio de proporcionalidad (cfr. art. 50.3-*a)* de la LOSSEC).

3º. El contenido jurídico del deber a que da lugar el ejercicio de la facultad se identifica con una obligación de hacer del particular, en concreto, con la obligación de "*poner a disposición del Banco de España*" (art. 50.2-*a)*, párrafo segundo, de la LOSSEC), "*presentar*" documentos (art. 50.2-*c)*-1º de la LOSSEC) o poner a disposición del BdE esos documentos o copias o extractos de ellos (art. 50.2-*c)*-2º de la LOSSEC).

4º. El alcance de este requerimiento también se encuentra claramente delimitado en los ámbitos subjetivo y objetivo:

(i) Desde el punto de vista subjetivo, el art. 50.2-*a)*, párrafo segundo, se refiere a "*las personas mencionadas*" en el párrafo anterior, esto es, "*las entidades o personas sujetas a* [la] *función supervisora*" del BdE, las cuales, según se explicó en el epígrafe anterior, se corresponden con las enumeradas en el art. 56 de la LOSSEC.

(ii) Desde el punto de vista objetivo, el requerimiento, además de referirse a los ámbitos de supervisión señalados en los arts. 51 a 53 de la LOSSEC (mecanismos de cumplimiento normativo, riesgos y sistemas de gobierno corporativo y políticas remunerativas), deberá versar sobre "*libros*", "*registros*"

23 *Vid.* Chinchilla Martín, María del Carmen, "El régimen de supervisión, inspección y sanción del Banco de España en la Ley 10/2014", *RVAP*, núm. 102 (mayo-agosto 2015), pp. 51-52.

o "*documentos*", en el sentido en los tres casos explicados en el comentario a la normativa europea, con la alusión expresa a la inclusión de "*los programas informáticos, ficheros y bases de datos, sea cual sea su soporte físico o virtual*". De este modo, la LOSSEC evidencia que lo relevante son los datos contenidos en cualesquiera de esos archivos que el BdE tomará directamente, y no el soporte en que éstos puedan encontrarse recogidos.

Al igual que ocurría en la normativa europea, el eventual incumplimiento de un requerimiento de exhibición o presentación de documentos puede desencadenar consecuencias sancionadoras *ex* arts. 92-*i)* y 93-*l)* de la LOSSEC; sin embargo, a diferencia de aquélla, la normativa española no prevé medidas de ejecución forzosa dirigidas a asegurar el buen fin del ejercicio de la potestad inspectora en esta manifestación.

3.2.3 Solicitudes de exhibición y copia de libros, registros y documentos libradas por la JUR. El FROB carece de esta facultad

El art. 35 del Reglamento 806/2014 atribuye la potestad de librar requerimientos de exhibición o presentación de documentos a la JUR. Este precepto contiene una regulación muy similar a la incorporada al art. 11 del Reglamento 1024/2013 para el BCE, cuyo análisis resulta trasladable con las particularidades que se exponen a continuación.

Por un lado, el art. 35 del Reglamento 806/2014 regula esta manifestación de la potestad inspectora en el marco de "investigaciones generales". Así, cuando la JUR acuerde, mediante decisión, iniciar una investigación de esa clase sobre alguno de los particulares sujetos a sus funciones, podrá "*exigir la presentación de documentos*" y "*examinar los libros y registros (...) y obtener copias o extractos de dichos libros y registros*". El alcance objetivo de esta potestad difiere en cierto modo del correspondiente a la potestad atribuida al BCE, consecuencia lógica de las diferentes funciones que éste y la JUR desempeñan, y se circunscribe a las funciones indicadas en el art. 50 del Reglamento 806/2014.

Por otro lado, el art. 35.2, párrafo segundo, del Reglamento 806/2014 contiene una previsión relativa a la posible ejecución forzosa de un requerimiento de exhibición o presentación de documentos indebidamente desatendido, mediante el recurso a una inspección *in situ* llevada a cabo de consuno con las autoridades nacionales de resolución. Además, el art. 38.2-*b)* del Reglamento 806/2014 tipifica como infracción "*no someterse a una investigación general de conformidad con el artículo 35*", que se sancionará con la correspondiente multa (cfr. art. 38.3 del Reglamento 806/2014).

Adicionalmente, la decisión de la JUR que dé cobertura a esta manifestación de la potestad inspectora debe estar motivada (a falta de un precepto similar al art. 142

del Reglamento 468/2014, podría aplicarse éste por analogía) y ser proporcionada (el art. 35.1 del Reglamento 806/2014 señala que la potestad inspectora podrá ejercitarse "*a través de las autoridades nacionales de resolución o directamente, después de haberlas consultado*", con la finalidad de evitar sujetar a un particular a sus efectos jurídicos cuando la información que se pretende obtener ya es conocida por otra Administración supervisora)

Finalmente, de acuerdo con el art. 38.2 del Reglamento 806/2014, el hecho de no someterse a una investigación general (y, por tanto, no exhibir o proporcionar copias de libros, registros y documentos a la JUR) puede ser constitutivo de infracción administrativa.

Por lo que al FROB se refiere, y en línea con la inexistencia de una auténtica potestad inspectora en relación con los requerimientos individualizados de información, la Ley 11/2015 no le atribuye esta facultad.

3.3 VISITAS DE INSPECCIÓN

3.3.1 Delimitación conceptual

Las visitas de inspección constituyen una manifestación de la potestad inspectora consistente en el acceso, por la Administración, a los locales donde se realiza una actividad, se produce un bien o se presta un servicio, a fin de verificar las condiciones bajo las cuales se llevan a cabo esas acciones, obligando correlativamente a los titulares de esos espacios a consentir y facilitar ese acceso[24]. Es decir, el ejercicio de la potestad inspectora en esta manifestación genera en la esfera jurídica del titular de los espacios a los cuales se pretende acceder un conjunto de obligaciones de hacer (en el sentido de posibilitar la entrada y permanencia de los agentes de la Administración en el interior de los locales) y no hacer (en cuanto evitar cualquier intento de obstaculización de esos acceso y permanencia), dirigidas a permitir que los agentes de la Administración puedan obtener por ellos mismos informaciones existentes en los espacios inspeccionados.

Debe hacerse una precisión desde este momento para contextualizar adecuadamente el análisis subsiguiente. Una cosa es la manifestación de la potestad inspectora consistente en la realización de visitas de inspección en sí misma considerada, y otra muy distinta la función que esta manifestación desempeña en el conjunto del ejercicio de la potestad inspectora en sus diferentes manifestaciones, como poder vicarial de un adecuado desempeño de la actividad administrativa de supervisión. Así, una cosa

---

24 Fernández Ramos, Severiano, "La actividad...", *óp. cit.*, p. 270.

es que la manifestación de la potestad inspectora consistente en la visita de inspección aisladamente considerada se agote con la entrada y permanencia de los agentes de la Administración en los locales del particular inspeccionado[25], y otra muy distinta que, normalmente, esta manifestación no vaya acompañada de otras (libramiento de requerimientos de información; acceso a libros, registros y documentos; etc.). La mera entrada y permanencia de los agentes de la Administración en los locales del inspeccionado puede tener sentido cuando se pretende una simple inspección ocular (por ejemplo, de la organización de un proceso industrial, comprobable a simple vista), pero carece de sentido en relación con actividades, como la crediticia, donde ese acceso es sólo la condición necesaria para acceder a la información requerida para supervisar adecuadamente la actividad, que obra en soportes a los que también deben acceder esos agentes.

Precisamente por ello, tanto los Reglamentos reguladores del MUS y el MUR como la LOSSEC española conciben las "inspecciones *in situ*" como la facultad de acceder a locales y otros espacios profesionales titularidad de las entidades de crédito y demás personas sujetas a su actividad de supervisión, sí, pero en el contexto de una actividad inspectora más amplia. De hecho, el art. 12.2 del Reglamento 1024/2013 sitúa el fundamento de estas visitas de inspección en los actos administrativos que dan cobertura a "investigaciones generales", en cuyo contexto la Administración puede también requerir información a las entidades de crédito o solicitar exhibición y copia de sus libros, registros y documentos:

> "*Los agentes del BCE y demás personas acreditadas por él para realizar inspecciones in situ podrán acceder a cualesquiera locales y terrenos de uso profesional de las personas jurídicas objeto de una decisión de investigación adoptada por el BCE y gozarán de todas las facultades estipuladas en el artículo 11, apartado 1* [esto es, las incardinadas en las investigaciones generales]".

Sobre esta base, la *Guía de supervisión bancaria*, publicada por el BCE en septiembre de 2014, define las inspecciones *in situ* como:

> "*Investigaciones minuciosas de los riesgos, controles y gobernanza realizadas en los locales de una entidad de crédito y con un alcance y calendario predefinidos*" (n. 69).

---

25 La visita de inspección "*no comporta la potestad de registro y retención de documentos, para cuya comunicación las leyes ordenadoras de la función inspectora tipifican específicos deberes de colaboración a cargo de los titulares de los establecimientos y demás lugares sujetos a inspección, así como atribuyen a la Administración determinadas facultades de requerimiento de información*" (FERNÁNDEZ RAMOS, Severiano, "La actividad...", *óp. cit.*, p. 289). En análogo sentido "*los Inspectores no cuentan, por lo general, con una potestad de registro de las sedes de las empresas, en el sentido coactivo previsto en la Ley de Enjuiciamiento Criminal –Título VIII del Libro II– y que alcanza el uso de la fuerza –art. 568–*" (p. 308).

Por su parte, la *Guía para inspecciones* in situ *e investigaciones de modelos internos*, publicada por el BCE[26], en su última actualización, en septiembre de 2018, las define del modo siguiente:

> "*Las OSI* [*on-site inspections*, por sus siglas en inglés] *son investigaciones pormenorizadas sobre el riesgo, los controles de riesgo y la gobernanza*".

Además, según se explicó ya, ésta segunda *Guía* diferencia las inspecciones *in situ* de las llamadas "investigaciones de modelos internos"[27], que también comportan el ejercicio de la potestad inspectora en su manifestación de realizar visitas de inspección.

De este modo, las visitas de inspección constituyen sólo una de las manifestaciones –la fundamental– que aparecen cuando el BCE lleva a cabo inspecciones *in situ* o investigaciones de modelos internos, pero sin la cual esta fórmula de ejercicio coordinado de las distintas facultades que conforman la potestad inspectora no podría tener lugar. Por tanto, en la medida en la que estas visitas constituyen el corazón de las inspecciones *in situ*, a continuación se examina la regulación europea de estas últimas, haciendo abstracción, en la medida de lo posible, del ejercicio de otras facultades (requerimientos individualizados de información o solicitudes de exhibición o copia de libros, registros y documentos) que pudieran realizarse durante la realización de esas inspecciones *in situ*.

Por un lado, la *Guía* expresan de modo muy amplio cuál debe ser la finalidad de estas inspecciones (y, por ende, del acceso a locales de las entidades de crédito):

> "• *examinar y evaluar el nivel, la naturaleza y las características de los riesgos inherentes a los que la entidad está expuesta, teniendo en cuenta asimismo su cultura de riesgos;*
>
> • *examinar y evaluar la adecuación y la calidad de la gobernanza corporativa y el marco de control interno de la persona jurídica inspeccionada en vista de la naturaleza de sus actividades y riesgos;*
>
> • *evaluar los sistemas de control y los procesos de gestión de riesgos de la persona jurídica inspeccionada, centrándose, en particular, en la detección de las deficiencias o vulnerabilidades que puedan afectar a sus fondos propios;*
>
> • *examinar la calidad de las partidas del balance y la situación financiera de la persona jurídica inspeccionada;*
>
> • *evaluar el modelo de negocio de la persona jurídica inspeccionada;*

---

26 BCE, *Guía para inspecciones* in situ *e investigaciones de modelos internos* (ed. septiembre 2018), disponible en: https://www.bankingsupervision.europa.eu/ecb/pub/pdf/ssm.osi_guide201809.es.pdf (enlace consultado el 19 de febrero de 2025).

27 Cfr. p. 71 de la *Guía*, que indica que la solicitud de aprobación es iniciada por la entidad interesada por el ECS encargado de su supervisión.

- *comprobar el cumplimiento de la normativa bancaria por parte de la persona jurídica inspeccionada; y, comprobar, en su caso, el cumplimiento de las exigencias legales relativas a los modelos internos utilizados para el cálculo de los requisitos de capital (autorización inicial, cambios sustanciales, ampliaciones, despliegue, uso parcial permanente o reversión a enfoques menos sofisticados)" (p. 6 de la Guía para inspecciones in situ e investigaciones de modelos internos).*

A pesar de tratarse de un instrumento de *soft-law*, y de la amplitud de los ámbitos que abarca, el acotamiento de la finalidad que debe perseguir la inspección resulta de gran utilidad para realizar el juicio de proporcionalidad que, según se ha explicado ya, cabe hacer en aquellos casos en los que sea precisa la autorización judicial.

Por otro lado, la *Guía* también establece los principios generales sobre los que deben sustanciarse las inspecciones *in situ*, los cuales, nuevamente, resultan muy oportunos a los efectos de enjuiciar la legalidad de una decisión que ordene la práctica de una inspección *in situ*. Así, de un lado, la *Guía* señala que deben basarse en el riesgo, ser proporcionadas, ser intrusivas, ser prospectivas y orientarse a la acción, esto es, servir de base para, en su caso, aplicar medidas correctivas a la entidad inspeccionada (cfr. p. 7). De otro lado, esa Guía también resume las principales pautas de procedimiento que resultan de aplicación a la práctica de estas inspecciones (cfr. pp. 18-26).

Finalmente, resulta de utilidad, a los efectos de poder decidir sobre la proporcionalidad o legalidad de una inspección, la clasificación de estas inspecciones que realiza la *Guía de supervisión* de 2014.

Por una parte, las inspecciones *in situ* pueden ser periódicas, determinadas por un plan de inspecciones aprobado al efecto por la Administración supervisora, o accidentales o *ad hoc*, esto es, vinculadas a eventos concretos (cfr. n. 71 de la *Guía*). En el primer caso, un elemento determinante de la proporcionalidad o legalidad de la inspección será el contenido del plan de inspecciones con base en el cual se pretende o se practica; en el segundo lo serán las características propias del evento al que la inspección pretende dar respuesta.

Por otra parte, las inspecciones pueden ser completas, selectivas o temáticas. Las inspecciones completas "*abarcan un amplio espectro de los riesgos y actividades de la entidad de crédito afectada, al objeto de obtener una imagen integral de la misma*". Las inspecciones selectivas "*se centran en un determinado aspecto del negocio de una entidad de crédito, o en un problema o riesgo concretos*" de esa entidad. Por último, las inspecciones temáticas "*se centran en un único problema (por ejemplo, un área de negocio o tipo de transacciones) a nivel de todo un grupo de entidades de crédito homólogas*" (cfr. n. 73 de la *Guía*). Estas últimas se diferencian, pues, de las selectivas en que no se refieren a una sola entidad, sino a un conjunto de éstas. En el anterior contexto, habrá visitas de inspección que resulten proporcionadas en el marco de una inspección completa pero que no lo sean en el de una inspección selectiva o temática; el acceso a los locales de una entidad puede no ser legal en el contexto de una inspección competa o temática por vulnerar, por ejemplo, el principio de igualdad; etc.

3.3.2 Facultad de realizar visitas de inspección atribuida al BCE

Según se acaba de apuntar, la normativa europea configura la potestad del BCE de realizar visitas de inspección en el marco de las llamadas *inspecciones in situ*.

El art. 12 del Reglamento 1024/2013 atribuye al BCE la potestad de realizar visitas de inspección a las personas sujetas a su supervisión siempre que concurran tres requisitos:

1º. "*A fin de ejercer las funciones que le atribuye el presente Reglamento*", esto es, limitada a la verificación de aquellos parámetros cuya supervisión le encomienda la norma. Este requisito guarda una estrecha relación con el principio de proporcionalidad, de suerte que exige la existencia de un claro nexo causal entre aquella supervisión y la visita de inspección que el BCE pretenda acometer para que ésta pueda reputarse como legítima.

2º. "*De conformidad con el artículo 13*", esto es, previa solicitud "*del correspondiente mandamiento judicial*" cuando, "*de acuerdo con la normativa nacional*", se requiera tal autorización. Según se establece en el art. 13.2 del Reglamento 1024/2013, la autorización judicial deberá conferirla el juez nacional competente, el cual, siguiendo los criterios establecidos por el Tribunal de Justicia de la UE[28], únicamente deberá examinar su proporcionalidad y la ausencia de arbitrariedad, en los términos ya expuestos *ut supra*[29]. El enjuiciamiento de la legalidad sobre la decisión corresponderá, en cuanto acto de una institución de la UE, al Tribunal de Justicia de la UE, *ex* art. 267 del TFUE.

3º. "*Notificándolo con antelación a la autoridad competente correspondiente*" y, en principio, a los particulares inspeccionados, si bien "*cuando así lo requieran la correcta realización y la eficacia de las inspecciones, el BCE podrá efectuar las inspecciones* in situ *sin previo aviso a dichas personas jurídicas*". Este amplio margen de apreciación de las circunstancias en las cuales puede prescindirse de la previa notificación al interesado ("*la correcta realización y la eficacia*

28 García Ureta, Agustín, *La potestad..., óp. cit.*, pp. 262-263.

29 En estos casos, "*el juez nacional podrá pedir al BCE explicaciones detalladas, en particular sobre los motivos que tenga el BCE para sospechar que se han infringido los actos a que se refiere el artículo 4, apartado 3, párrafo primero, y sobre la gravedad de la presunta infracción y la naturaleza de la implicación de la persona sujeta a medidas coercitivas*", lo cual tendrá especial relevancia cuando el BCE cuente con indicios de que la entidad o persona inspeccionada podría haber cometido una infracción que deba ser sancionada.

de las inspecciones" no dejan de ser conceptos jurídicos indeterminados cuya concreción implica un importante componente valorativo) se ve matizado, empero, por el art. 145.1 del Reglamento 468/2014, que establece como principio general la notificación del inicio de la inspección "*al menos cinco días hábiles [antes] de su comienzo*". La *Guía para inspecciones* ya citada señala que esa notificación procede "*excepto en las circunstancias especiales que se indican en el apartado 3.3.1*", que se limita a reproducir aquellas amplias categorías que emplea el Reglamento 1024/2013 sin proporcionar elementos objetivos para la valoración.

Las visitas de inspección del BCE son planificadas por la División de inspecciones *in situ* centralizadas de la Dirección General de supervisión microprudencial IV del BCE, en estrecha cooperación con la División de Planificación y Coordinación del PES[30]. El alcance y frecuencia es propuesto por los ECS con base en la estrategia general de supervisión, el PES y las características de la entidad de crédito[31]. No obstante, las visitas de inspección también pueden constituir una respuesta a un acontecimiento o incidente ocurrido en una entidad de crédito.

Las visitas de inspección son ejecutadas por los equipos de inspección *in situ* (OSIT, por sus siglas en inglés), a cuyo frente se sitúa un jefe de misión que dará las instrucciones pertinentes para la ejecución de las tareas en que consista materialmente la visita de inspección (o el ejercicio de las demás facultades ejercitadas durante la inspección *in situ*) (cfr. art. 146.1 del Reglamento 468/2014)[32]. El jefe de misión es el responsable de la coordinación entre las actuaciones inspectoras y el ECS responsable de la entidad (cfr. art. 146.2 del Reglamento 468/2014). La composición de los OSIT es establecida por el BCE con personal propio y de las ANC (cfr. art. 144.1 y 3 del Reglamento 468/2014)[33]. De entre los miembros de los OSIT, el BCE deberá escoger también al

30 BCE, *Manual...*, *óp. cit.*, p. 17.

31 La *Guía para inspecciones...* ya citada aclara que "*el ECS contribuye a las actividades in situ a través de, entre otras cosas, i) la preparación del programa de examen supervisor (PES), incluidas las inspecciones, ii) la comunicación con el equipo de inspección durante la investigación, y iii) la preparación de las recomendaciones o los borradores de decisiones derivadas de las deficiencias detectadas y, después de la inspección, el seguimiento de las medidas correctoras o supervisoras*" (BCE, *Guía para inspecciones...*, *óp. cit.*, p. 5).

32 "*El jefe de misión es la persona de contacto principal de la persona jurídica inspeccionada acerca de los asuntos tratados durante la inspección. Dirige el equipo de inspección, organiza las distintas fases de la inspección y es el único miembro del equipo de inspección que firma el informe. Es responsable de mantener informados del progreso de la misión a las divisiones y los directivos pertinentes del BCE*" (BCE, *Guía para inspecciones...*, *óp. cit.*, p. 8).

33 La composición del equipo en lo relativo a su tamaño, competencias, conocimientos especializados y rango jerárquico se ajustará a las particularidades de cada inspección (cfr. BCE, *Manual...*, *óp. cit.*, pp. 9-11).

jefe de misión (cfr. art. 144.2 del Reglamento 468/2014)[34]. En la práctica, el BCE ha externalizado en auditoras externas la ejecución material de alguna de las tareas que comportan las visitas de inspección, cuestión ésta que ha sido discutida con acierto por algún sector doctrinal[35].

Según expresa la *Guía sobre inspecciones*, después de una serie de actuaciones internas confirmatorias de la procedencia de la inspección y la disponibilidad de recursos, el BCE designa al jefe de misión a través de una carta de apoderamiento y notifica a la entidad de crédito el acto administrativo que inicia el procedimiento de inspección[36]. De acuerdo con el art. 143.2 del Reglamento 468/2014, este acto administrativo debe indicar, al menos, el objeto y la finalidad de la inspección *in situ* –indispensable para que el juez nacional que, en su caso, deba autorizar el acceso a los locales pueda llevar a cabo el juicio de proporcionalidad y no arbitrariedad de la visita– y la advertencia de que cualquier obstrucción al acceso del OSIT a las dependencias de la entidad se considerará constitutivo de infracción, a los efectos correspondientes. Como excepción, el art. 143.3 del Reglamento 468/2014 prevé que pueda prescindirse de un específico acto administrativo si el particular está siendo objeto de una investigación general y la visita de inspección tiene un alcance objetivo y fundamento idéntico al de aquella investigación.

---

34 En general, para garantizar la independencia entre los trabajos *in situ* y a distancia llevados a cabo por el BCE, el jefe de misión no puede formar parte del ECS (BCE, *Guía para inspecciones...*, *óp. cit.*, p. 7).

35 En concreto, Manuel Izquierdo Carrasco discute que el BCE pueda externalizar esas actuaciones, en la medida que comporta el ejercicio de una potestad administrativa y esa posibilidad no se encuentra prevista en la normativa. Así, Izquierdo explica que el único anclaje normativo que esa externalización encuentra se contiene en el art. 12.2 del Reglamento 1024/2013, que indica que "*los agentes del BCE y demás personas acreditadas por él para realizar inspecciones* in situ *podrán acceder a cualesquiera terrenos de uso profesional de las personas jurídicas objeto de una decisión de investigación adoptada por el BCE (...)*". En opinión del autor, que comparto, esa base resulta insuficiente, toda vez que las "*demás personas acreditadas*" a que se refiere el precepto se correspondería más bien con el personal enviado en comisión de servicios por las ANC de los Estados miembro participantes en el MUS. Ello, además, contrasta con las previsiones que en otras normas reguladoras de esta manifestación de la potestad inspectora en otros ámbitos se contienen al respecto, que sí prevén desde el comienzo la posibilidad de externalización (Izquierdo Carrasco, Manuel, "La discutible utilización por el BCE de entidades auditoras y consultoras en la inspección *in situ*", en Ureña Salcedo, Juan Antonio (coord.), *Unión Bancaria Europea. Lecciones de Derecho Público*, Madrid: Iustel, 2019, pp. 57-93). La *Guía sobre inspecciones...* ya citada –que no tiene fuerza normativa y, por tanto, no sana la falta de habilitación señalada– si prevé expresamente la posibilidad de externalización: "*los componentes del equipo de inspección pueden ser supervisores del BCE, supervisores empleados por las ANC del Estado miembro participante donde esté radicada la persona jurídica inspeccionada y supervisores de otras ANC, así como miembros del ECS y otras personas autorizadas por el BCE. El equipo también puede incluir consultores externos. Independientemente de su origen, todos los miembros del equipo trabajan bajo la dirección del jefe de misión*" (BCE, *Guía sobre inspecciones...*, *óp. cit.*, p. 8).

36 BCE, *Guía para inspecciones...*, *óp. cit.*, pp. 9-10.

Una vez transcurridos al menos cinco días desde que se notifique el inicio de la inspección (cfr. art. 145.1 del Reglamento 468/2014, *a contrario*), el jefe de misión debe informar al inspeccionado de la identidad de los miembros del OSIT, solicitar un espacio físico para el desarrollo de las actuaciones inspectoras y formular asimismo una primera solicitud de información, "*detallando la información que el equipo de inspección considera necesaria como punto de partida de la inspección*"[37]. En puridad, esta solicitud no es más que el ejercicio de la potestad inspectora en su manifestación de solicitar la exhibición o copias de libros, registros y documentos.

La visita de inspección comienza con una reunión de inicio entre el OSIT y la dirección de la entidad inspeccionada[38]. La reunión de inicio "*la organiza y preside el jefe de misión*", "*tiene lugar en las oficinas de la persona jurídica al menos cinco días después de haberse envido la carta de notificación*" y a ella "*debería asistir un alto cargo de la persona jurídica inspeccionada, a saber, el Consejero Delegado o un miembro del Consejo de Administración*" y "*el equipo de inspección al completo (...), a menos que su tamaño u otras circunstancias exijan otra cosa*"[39].

Con el acceso y permanencia del OSIT a las dependencias de la entidad se agota el ejercicio de la potestad inspectora en su manifestación relativa a la realización de visitas de inspección. Ello no obstante, durante la reunión de inicio, el jefe de misión ejercita la potestad inspectora en su manifestación de requerir información a los representantes de la entidad en relación con "*su estructura organizativa, modelos de negocio, estrategia y políticas y procedimientos de gobernanza, y sus procesos principales en las áreas incluidas en la inspección. También puede pedir que la persona jurídica inspeccionada identifique, si fuera oportuno, a las principales personas de contacto para cada tema*"[40].

Una vez celebrada la reunión de inicio, el OSIT tiene facultades para acceder a los locales de la entidad inspeccionada tantas veces como sean necesarias para el desarrollo

---

37 BCE, *Guía para inspecciones...*, *óp. cit.*, p. 10. La *Guía* añade que "*la información solicitada incluye, entre otras cosas, el organigrama, procedimientos relacionados con el ámbito de la inspección y cualquier otra información necesaria (por ejemplo, expedientes con información sobre carteras)*".

38 "*La reunión de inicio es el primer encuentro oficial entre la persona jurídica inspeccionada y el equipo de inspección. (...). Durante esta reunión, el jefe de misión presenta el equipo a la dirección de la persona jurídica inspeccionada, anuncia los objetivos y el ámbito de la inspección y detalla sus distintas fases, centrándose en la planificación de las primeras reuniones (...). En ella también podría comunicarse un calendario provisional relativo a la duración de las investigaciones*" (BCE, *Guía para inspecciones...*, *óp. cit.*, p. 11).

39 BCE, *Guía para inspecciones...*, *óp. cit.*, p. 11.

40 BCE, *Guía para inspecciones...*, *óp. cit.*, p. 11.

de las tareas de inspección[41]. Este acceso, durante el cual el OSIT, bajo las órdenes del jefe de misión, también podrá ejercitar la potestad inspectora en otra manifestaciones[42], también comporta la posibilidad de que el OSIT visite los lugares donde se aplican los distintos procedimientos investigados a fin de verificar si se ejecutan como deben ("*walk-thorugh*")[43]. Ésta última posibilidad constituye, precisamente, el más genuino ejercicio de la potestad inspectora en su manifestación relativa a la realización de visitas de inspección.

Las conclusiones de la inspección se reflejan en un informe, cuyo borrador comentan la Dirección General de Supervisión Microprudencial IV y la ANC competente y, posteriormente, el particular inspeccionado. El borrador de informe y el contenido de las alegaciones es comentado una reunión llamada de "pre-cierre", que constituye el último acceso del OSIT a los locales de la entidad. Durante esta reunión, "*el jefe de misión presenta el resultado de la inspección, abriéndose desde ese momento un plazo de dos semanas para que la persona jurídica haga comentarios por escrito*"[44].

El informe final es notificado a la entidad supervisada[45], aunque no constituye una resolución en el sentido de acto finalizador de un procedimiento. Este informe, todo lo más, puede servir de base para el ejercicio de otras potestades incardinadas en la actividad administrativa de supervisión (como la correctora o la sancionadora).

---

41 "*Para llevar a cabo sus investigaciones, el equipo de inspección tiene derecho a acceder a las oficinas y locales profesionales de las personas jurídicas*" (BCE, *Guía para inspecciones...*, *óp. cit.*, p. 18).

42 Examen de libros registros y documentos ("*observación, verificación y análisis de la información*"), requerimientos individualizados de información ("*entrevistas específicas*" y "*reuniones ocasionales con la persona jurídica inspeccionada a nivel de grupos de trabajo, a fin de discutir los hechos y observaciones preliminares antes de la reunión de pre-cierre*") o toma de muestras y análisis ("*muestreo/examen caso por caso*", "*confirmación de datos*" y "*testeo de los modelos*"): cfr. BCE, *Guía para inspecciones...*, *óp. cit.*, pp. 12-13. Los *principios aplicables a las inspecciones* contenidos en la citada *Guía* refieren la posibilidad de que el BCE ejercite la potestad inspectora en estas otras manifestaciones de forma a mi juicio incorrecta o poco precisa como "*derechos*" de los OSIT.

43 "*El objetivo de esta técnica de inspección es comprobar que el procedimiento que la persona jurídica inspeccionada declara haber establecido se aplica realmente en la práctica. Esta técnica también arroja luz sobre la coherencia de los procedimientos, lo que permite al equipo detectar lagunas o deficiencias*" (BCE, *Guía para inspecciones...*, *óp. cit.*, p. 12).

44 BCE, *Guía para inspecciones...*, *óp. cit.*, pp. 13-14.

45 Aunque extralimita propiamente la manifestación de la potestad inspectora que ahora se manifiesta, cabe señalar que el informe final sirve de base bien para que el BCE formule recomendaciones no vinculantes sobre mejoras que la entidad debe implementar ("*carta indicando las expectativas supervisoras*"), bien para que adopte una decisión de medidas correctoras, en la forma que se explica con detalle en el Capítulo VII de este trabajo. En todo caso, el ECS correspondiente deberá hacer seguimiento de la observancia, por la entidad, de esas cuestiones: cfr. BCE, *Guía para inspecciones...*, *óp. cit.*, pp. 15-17.

3.3.3 Facultad de realizar visitas de inspección atribuida al BdE

(A) Visitas de inspección realizadas por el BdE

La regulación del ejercicio de la potestad inspectora del BdE en su manifestación de acceso a locales de las entidades de crédito es mucho parca que en el ámbito europeo. El art. 50.2-*d)* de la LOSSEC se refiere a ella en los siguientes términos:

> *"El Banco de España podrá (...) realizar cuantas inspecciones sean necesarias en los establecimientos profesionales de las personas jurídicas contempladas en la letra a), y en cualquier otra entidad incluida en la supervisión consolidada".*

La anterior previsión se complementa con la referencia a las inspecciones *in situ* que se recoge en el art. 55.2-*d)* de la LOSSEC, al referir, como contenido mínimo que debe incluir el programa supervisor, "*un plan de inspecciones* in situ *de las entidades de crédito*", y con las medidas que el art. 55.3-*a)* y *b)* de la LOSSEC faculta al BdE para adoptar "*a la vista de los resultados de la revisión y evaluación supervisora*", que incluye el "*aumento del número o la frecuencia de las inspecciones in situ de la entidad*" e, incluso, una "*presencia permanente en la entidad de crédito*". Además, el art. 82 de la LOSSEC impone al BdE y a quienes presten servicios en él un deber de secreto que se extiende a los datos obtenidos en las inspecciones *in situ*, y el art. 92-*i)* de la LOSSEC reputa como infracción muy grave la negativa al ejercicio por el BdE de sus facultades supervisoras, "*siempre que medie requerimiento expreso y por escrito al respecto*"[46]. Según explica la *Memoria de la supervisión bancaria en España. 2019* publicada por el BdE[47], la regulación se completaría por la Circular interna 7/2011, actualizada por la Circular interna 2/2013.

Ahora bien, esta última consideración debe ser rechazada a la vista del pronunciamiento realizado por la Sentencia del Tribunal Supremo núm. 914/2023, de 4 de julio (TOL9.647.676), sobre la naturaleza jurídica de las Circulares Internas 7/2011 y 2/2013, toda vez que las califica de meras instrucciones de servicio con eficacia exclusiva *ad intra* del BdE, y les niega la naturaleza disposiciones generales y, por tanto, la capacidad de vincular a las entidades de crédito inspeccionadas. Así lo expresa la Sentencia:

> *"Una guía u orientación a los agentes supervisores de cómo deben actuar para la evaluación de los riesgos, y en ningún caso se prescribe la menor obligación o conducta vinculante a las entidades supervisoras (...). En todo caso, son indicaciones para la labor de supervisión e inspección y no de instrucciones o mandatos dirigidos a las entidades supervisadas".*

---

46 *Vid.* CHINCHILLA MARTÍN, María del Carmen, "El régimen...", *óp. cit.*, pp. 52-60.

47 Disponible en: https://www.bde.es/f/webbde/GAP/Secciones/SalaPrensa/NotasInformativas/13/Informe_de_la_Comision_Interna_.pdf (enlace consultado el 28 de noviembre de 2020).

A la luz de lo expuesto, las Circulares internas 7/2011 y 2/2013 serán relevantes, en su caso, a efectos disciplinarios, pero no determinan la legalidad o ilegalidad del ejercicio de la potestad inspectora por el BdE frente a las entidades de crédito[48].

Sea como fuere, con arreglo a las normas e instrumentos de *soft-law* citados el régimen jurídico de las visitas de inspección a realizar por el BdE queda caracterizado por las dos siguientes notas:

1º. Al igual que en el ámbito europeo, las visitas de inspección pueden ser planificadas (incluidas en el programa supervisor anual) o *ad hoc*, en respuesta a determinados eventos (cfr. arts. 55.2-*d)* y 55.3-*a)* de la LOSSEC)[49]. En el ámbito español no se recoge la clasificación de inspecciones en completas, selectivas o temáticas que, sin embargo, podrían configurarse en aplicación de la cláusula de convergencia prevista en el art. 50.3-*c)* de la LOSSEC.

2º. Las inspecciones *in situ* son ejecutadas por los inspectores del BdE. Según se explica en la *Memoria* ya citada, la estructura del BdE se ha adaptado a la que presenta el BCE, de modo que la realización de las tareas materiales en que consisten las visitas de inspección se han atribuido a dos Divisiones dependientes de la Dirección General de Supervisión, el Departamento de Inspección III en lo relativo a las visitas de inspección a entidades de crédito españolas menos significativas del MUS, otras entidades fuera del MUS y resto de sucursales y filiales en España de entidades extranjeras, y el Departamento de Inspección IV, para la participación en las visitas de inspección sobre entidades significativas que lidera el BCE[50].

A partir de ahí, la normativa no contiene mayor detalle y, en particular, no dota al sistema de normas procedimentales que permitan examinar adecuadamente cuándo el BdE respeta esta garantía de las entidades sujetas su supervisión.

En mi opinión, la forma más razonable de integrar esta laguna consiste en acudir a los principios a que debe ajustarse el ejercicio de la potestad inspectora, es decir, los principios generales a los que se sujeta toda actividad administrativa[51] entendidos como auténticos principios, o, en palabras de Dworkin[52] y Alexy[53], como "estándares que

---

48 Lora González, Carlos, "Circulares...", *óp. cit.*

49 Izquierdo Carrasco señala que esta clasificación se compadece con la regulación otrora contenida en el art. 17 del Decreto-Ley 18/1962 (Izquierdo Carrasco, Manuel, "La inspección...", *óp. cit.*, pp. 514-515).

50 BdE, *Memoria...*, p. 42.

51 Así, el de legalidad y de reserva de Ley, previo procedimiento, revisión jurisdiccional, proporcionalidad o respeto a los derechos fundamentales (particularmente, la inviolabilidad del domicilio y el secreto de las comunicaciones).

52 Dworkin, Ronald, *Los derechos...*, *óp. cit.*, pp. 72-80

53 Alexy, Robert, *Los derechos...*, *óp. cit.*, pp. 77-78.

no son normas", "mandatos de maximización" o "mandatos de optimización", cuya efectividad debe alcanzarse mediante reglas que garantizan la realización de esos principios en atención a la realidad a la que deben ser aplicados. Así, la manifestación de la potestad inspectora consistente en realizar visitas de inspección deberá ejercitarse de tal manera que permita a esos principios operar en toda la extensión en la que les resulta posible operar en atención al objeto, contexto y finalidad de la inspección.

Sobre esta base, el régimen jurídico expuesto puede completarse con las siguientes reglas:

1º. La realización de visitas de inspección requiere el dictado, por el BdE, de un acto administrativo previo de cobertura. A esta conclusión me hace llegar la tipificación de la infracción muy grave por obstrucción de las actuaciones inspectoras, tal y como ha quedado recogido en el art. 92-*i)* de la LOSSEC, toda vez que, para que la obstrucción pueda deducir responsabilidad administrativa, debe existir "*requerimiento expreso y por escrito al respecto*". Por tanto, *a contrario* puede colegirse que, cuando los equipos se desplazan a la entidad (esto es, se llevan a cabo visitas de inspección), debe existir un mandato que haga las veces de acto administrativo de cobertura.

2º. Las visitas de inspección deben desarrollarse salvaguardando los derechos y garantías de los particulares y, en particular, deberán dirigirse a aquella información que guarde relación con el objeto, contexto y fin delimitados por el acto de cobertura de la inspección. La validez o invalidez de ésta, por tanto, deberá enjuiciarse a la luz de las concretas circunstancias que concurran en cada caso.

Desde luego, sería deseable que el BdE dotara a sus inspecciones de mayor seguridad jurídica en la dimensión *ad extra* mediante, al menos, la publicación de un instrumento de *soft law* (al estilo de lo realizado por el BCE), que permita a los particulares conocer mínimamente cómo se desarrollarán las actuaciones inspectoras. A este respecto, la cláusula de convergencia contenida en el art. 50.3-*c)* de la LOSSEC puede constituir un fundamento razonable para que el BdE aproxime sus prácticas supervisoras en materia de inspección a las del BCE.

Finalmente, los informes de inspección son los únicos documentos que recogen de forma concluyente el resultado de las visitas de inspección. El resto de documentos, como las notas extraordinarias, las actas de inspección y las notas de seguimiento, tienen la mera consideración de papeles de trabajo[54].

---

[54] Según explica IZQUIERDO CARRASCO, la Circular Interna 7/2011 (que, según se ha expuesto ya, no es oponible a las entidades de crédito) regula tres tipos de documentos: la nota extraordinaria, que tiene carácter interno y surge de hechos que por su importancia pudieran requerir alguna actuación especial que fueran detectados durante la visita de inspección; el acta de inspección, que sólo se redactará cuando resulte necesario dejar constancia de circunstancias o situaciones de

(B) Inspecciones continuadas in situ

El acceso a los locales de las entidades de crédito cuenta en España con una modalidad *sui géneris* que no encuentra parangón en la normativa europea: la inspección o seguimiento continuado *in situ*. Como explica Izquierdo Carrasco, esta genuina modalidad de visita de inspección:

> *"Consiste en una presencia permanente en las dependencias de la entidad bancaria de personal del Banco de España realizando funciones de control e inspección"*[55].

Es decir, la inspección continuada *in situ* supone un control permanente de la actividad de la entidad de crédito inspeccionada desde los propios locales de ésta, a los cuales se desplazan los inspectores del BdE.

La inspección continuada *in situ* no encuentra anclaje en la LOSSEC. El art. 50.2-*d)* habilita al BdE a realizar "*cuantas inspecciones sean necesarias en los establecimientos profesionales*" de las entidades sujetas a supervisión, pero conectadas con un objeto, contexto y finalidad claramente delimitados, y no resulta suficiente para defender la posibilidad de una permanencia continuada e indefinida de los agentes de la Administración en los locales de la entidad inspeccionada.

Sólo el art. 55.3-*b)* de la LOSSEC, en el marco de las medidas que el BdE puede adoptar a la vista de los resultados de la ejecución del programa supervisor, señala que éste puede acordar la "*presencia permanente en la entidad de crédito*". Pero, en mi opinión, esa "*presencia permanente*" se configura por al LOSSEC como una herramienta excepcional y reactiva para comprobar que la entidad de crédito reconduce su actividad por los estándares marcados en la ordenación prudencial y, en su caso, limitada al año de vigencia que tenga el programa supervisor en el que se enmarque la medida, y no como un comisionado permanente del BdE en las dependencias de la entidad.

En esta dirección parece situarse Izquierdo Carrasco quien, aunque incluye esta figura entre las modalidades en que puede ejercitarse la potestad inspectora (porque lo cierto es que sucede), critica su utilización el BdE por carecer del más mínimo anclaje legal:

---

hecho que no se desprendan de la documentación aportada por la entidad o en poder del BdE y que, por tanto, no puedan ser acreditadas de otro modo; y el informe de inspección, que refleja el alcance, los resultados y las conclusiones de los trabajos de la visita de inspección (Izquierdo Carrasco, Manuel, "La inspección...", *óp. cit.*, pp. 521-522). No obstante, a diferencia de lo que ocurre en el caso de las visitas de inspección realizadas por el BCE, el informe de inspección tiene carácter reservado, algo que, en mi opinión, se compadece poco con las exigencias derivadas de la cláusula de convergencia del art. 50.3-*c)* de la LOSSEC. En todo caso, al igual que entonces, estos informes de inspección pueden servir de base para que la Comisión Ejecutiva substancie procedimientos de medidas correctoras o sancionadoras.

55 Izquierdo Carrasco, Manuel, "La inspección...", *óp. cit.*, p. 515.

> *"Esta modalidad de control supone un salto cualitativo en cuanto a la intrusión que origina en la actividad diaria de la entidad, que requiere una expresa previsión legal. Una cosa es que la Ley atribuya a la Administración una potestad para inspeccionar una entidad y otra que la Administración traslade de manera permanente a dicha entidad un personal inspector para la realización de funciones de vigilancia y control"*[56].

Además, este mismo autor añade que la obligación a las entidades de crédito de soportar la presencia permanente de inspectores del BdE supone, en la práctica, la obligación de proporcionarles un espacio físico y unos medios materiales para desarrollar su trabajo, lo que constituyen prestaciones personales de carácter patrimonial que también exigen por sí mismas reserva de Ley *ex* art. 31.1 de la Constitución.

Al mismo respecto, FERNÁNDEZ RAMOS señala que esta modalidad se aleja de la categoría de potestad inspectora para asemejarse más bien a la figura de "comisionado permanente"[57]. En el seguimiento continuado *in situ*, el particular está permanentemente obligado a abstenerse de impedir el acceso de terceros extraños a su actividad a sus dependencias y, lo que es peor, a atender los requerimientos y solicitudes de información y documentación que éstos le formulen sin necesidad de dictar específicos actos que lo amparen (y que, en su caso, pueda impugnar el particular).

La falta de anclaje legal de esta modalidad de inspección ha pretendido colmarse por medio de la Circular Interna 2/2013[58]. Ahora bien, a la vista del resultado

---

56 El autor continúa criticando la carencia de todo fundamento legal que tiene esta modalidad de inspección y cuestionándose la necesidad de su existencia: "*se trata de una de las actuaciones más restrictivas y de mayor intensidad de esta actividad de control administrativo (...). Este seguimiento continuado in situ carece de una expresa previsión normativa. A nuestro juicio, ni la potestad de acceso a locales ni la de acceso a documentación e información, en su configuración actual, ofrecen base suficiente para el mismo. Esta modalidad de control supone un salto cualitativo en cuanto a la intrusión que origina en la actividad diaria de la entidad, que requiere una expresa previsión legal. Una cosa es que la Ley atribuya a la Administración una potestad para inspeccionar una entidad y otra que la Administración traslade de manera permanente a dicha entidad un personal inspector para la realización de funciones de vigilancia y control*" (IZQUIERDO CARRASCO, M., "La inspección...", *óp. cit.*, pp. 515-516).

57 FERNÁNDEZ RAMOS, Severiano, *La actividad...*, *óp. cit.*, p. 57. Según se explicó *ut supra*, el autor equipara esta figura a la del comisionado gubernamental permanente existente, al margen de la potestad inspectora, en otros sectores.

58 De acuerdo con la *Nota de prensa*, publicada por el BdE sobre esta disposición, la Circular Interna 2/2013 contemplaría la figura del seguimiento continuado *in situ* en los siguientes términos: "*en el caso de entidades en seguimiento continuado* in situ, *a principios de cada año se enviará escrito de comunicación de inicio del seguimiento a la entidad, se elaborará una nota previa con el alcance de los trabajos a realizar y se entregarán los correspondientes mandatos al equipo de inspección, de forma similar a como se viene haciendo en el caso de las visitas de inspección*". De este extracto puede concluirse que la Circular interna 2/2013 **(i)** recogería la posibilidad de que el BdE realice seguimientos continuados *in situ* en las dependencias de las entidades de crédito; y **(ii)** exigiría que, cuando ello se produzca, el BdE dicte y notifique a la entidad inspeccionada un acto administrativo ("*enviará escrito de comunicación*

alcanzado por la citada Sentencia del Tribunal Supremo núm. 914/2023, de 4 de julio (TOL9.647.676), esta Circular Interna no determina la sujeción pasiva de las entidades de crédito a la potestad inspectora del BdE y, por tanto, las entidades de crédito no se encuentran legalmente obligadas a soportar una presencia permanente en sus dependencias más allá del que venga predefinido por el programa supervisor, en los casos en los que excepcionalmente resulte conveniente para asegurar el buen fin de la supervisión.

La imposición de las obligaciones dimanantes de un seguimiento continuado *in situ* fuera de ese contexto carecerá de anclaje legal y, en consecuencia, no será válido[59].

3.3.4 Facultad de realizar visitas de inspección atribuida la JUR. El FROB carece de esta facultad

Los arts. 36 y 37 del Reglamento 806/2014 contienen una regulación de la facultad de la JUR de realizar visitas de inspección similar a la que los arts. 12 y 13 del Reglamento 1024/2013 ofrecen para el BCE, cuyo análisis resulta, por tanto, plenamente trasladable a este supuesto.

Ahora bien, debe advertirse que, a diferencia de lo que ocurre con el BCE, en el caso de la JUR no existen ni normas de desarrollo que contengan unas mínimas normas de procedimiento (esto es, normas análogas a las contenidas en los arts. 143 a 146 del Reglamento 468/2014), ni siquiera *Guías* u otros documentos de *soft-law* que permitan conocer la forma en que la JUR debe desarrollar sus visitas de inspección. Ante este vacío, y dado que resulta preciso investir al particular sujeto al ejercicio de esta potestad de unas mínimas garantías, podría resultar razonable una aplicación analógica de las normas dictadas por el BCE, si bien ello puede encontrar dificultades desde la perspectiva de la autonomía con que cuenta la JUR en cuanto agencia independiente de la UE.

El problema en la práctica es, sin embargo, menor de lo que parece. Por un lado, la JUR y el BCE han concluido un Memorándum de entendimiento[60] cuyo artículo 8.1 regula la participación del personal de la JUR en las inspecciones llevadas a cabo por el BCE, y viceversa, y se establece la compartición de información obtenida en las visitas

---

de inicio del seguimiento a la entidad") y delimite con claridad el objeto de la inspección ("*se elaborará una nota previa con el alcance de los trabajos a realizar*"). Sin embargo, la *Nota de prensa* citada no aclara en qué casos, según la Circular Interna 2/2013, podría el BdE someter a las entidades de crédito a un seguimiento continuado *in situ*.

59 Cfr. LORA GONZÁLEZ, Carlos, "Circulares...", *óp. cit.*, pp. 148-149.

60 *Memorandum of understanding between the Single Resolution Board and the European Central Bank in respecto of cooperation and information exchange*, firmado en Bruselas y Fráncfort del Meno el 22 de diciembre de 2015, y disponible en: https://srb.europa.eu/sites/srbsite/files/en_mou_ecb_srb_cooperation_information_exchange_f_sign_.pdf (enlace consultado el 28 de noviembre de 2020).

de inspección entre ambas Administraciones. De este modo, es muy posible que, llegado el momento en el que la JUR deba ejercitar las potestades correctoras o sancionadoras que tiene atribuidas, la información que pueda obtenerse mediante la ejecución de una visita de inspección ya haya sido recabada y compartida por el BCE.

Por otro lado, la realidad de los hechos muestra que la JUR no está acometiendo visitas de inspección (y, por tanto, no está enfrentándose al problema relativo a qué normas procedimentales aplicar). Así se colige del Informe Especial núm. 23/2017 del Tribunal de Cuentas Europeo titulado *Junta Única de Resolución: ha comenzado la compleja tarea de construir la Unión Bancaria, pero aún queda mucho por hacer*"[61], que sentencia: "*hasta el momento, la JUR no ha realizado ninguna inspección* in situ *ni ha participado en las del BCE*" (n. 134)[62].

A diferencia de lo que ocurre con la JUR, el FROB carece de potestad inspectora en materia de visitas de inspección.

3.3.5 Participación de la ABE en visitas de inspección realizadas por las otras Administraciones públicas

El art. 32.3 bis del Reglamento 1093/2010, si bien no habilita a la ABE para llevar a cabo *per se* visitas de inspección, le confiere facultad suficiente para exigir a las Administradores supervisoras con potestad para ello (BCE, BdE o JUR) que programen una visita de inspección, así como para participar en esas visitas, siempre que ello venga exigido por la eficacia de sus facultades como garante del funcionamiento coherente de los colegios de supervisores en relación con las entidades transfronterizas en toda la Unión.

3.4 REALIZACIÓN DE MEDICIONES, TOMA DE MUESTRA Y ANÁLISIS: EL PROCESO SUPERVISOR *STRICTO SENSU*

3.4.1 Consideraciones generales

Esta manifestación se diferencia de aquellas otras precisamente porque no conlleva la imposición de un concreto deber jurídico sobre el particular inspeccionado. En efecto, el ejercicio de la potestad inspectora en esta manifestación no genera en la

---

[61] Disponible en: https://www.eca.europa.eu/Lists/ECADocuments/SR17_23/SR_SRB-BU_ES.pdf (enlace consultado el 28 de noviembre de 2020).

[62] El mismo informe señala, en relación con la compartición de datos referida inmediatamente antes: "*la evidencia de auditoría indicaba que el BCE solo comparte otros datos (como los resultados de las inspecciones in situ), parcialmente y no siempre con rapidez*" (n. 132).

entidad de crédito un correlativo deber de dar, hacer o no hacer, como ocurre cuando se libran requerimientos de inspección y solicitudes de exhibición o copia de libros, registros y documentos, o se ordenan visitas de inspección. El análisis de datos ocurre por completo en la *esfera interna* de la Administración supervisora, que somete la información recabada a una concreta metodología que *genera nueva información* que hasta entonces no existía, y que la Administración necesita para verificar que la conducta de las entidades de crédito se ajusta a los parámetros ordenados por la normativa de solvencia y liquidez.

Esta circunstancia explica por qué esta manifestación de la potestad inspectora apenas cuenta con base legal o normativa. Bajo el MUS, sólo algunas de las técnicas de tratamiento de datos se encuentran recogidas en normas (así, la realización del proceso de revisión y evaluación supervisora –arts. 97 y 98 de la CRD IV y 76 y 77 del RD 84/2015, que transponen aquéllos–, la revisión de los modelos internos empleados por las entidades de crédito –arts. 101 de la CRD IV y 80 del RD 84/2015, que lo traspone– o la realización de las pruebas de resistencia o solvencia –que, según se verá, constituyen una novedosa técnica de análisis y tratamiento de datos que se emplea en el contexto del ejercicio de la potestad inspectora por la Administración supervisora: cfr. arts. 100 de la CRD IV y 55.5 de la LOSSEC–). De las demás tenemos conocimiento por los documentos de *soft law* elaborados por las Administraciones supervisoras y, en particular, por el BCE.

En todo caso, no parece que esta circunstancia presente algún problema de legalidad, toda vez que, contando las Administraciones supervisoras con habilitación legal para tratar o analizar la información recabada, la concreta técnica o metodología que emplee al efecto, en la medida en la que no produzca *per se* efectos jurídicos sobre los particulares, puede recogerse y modificarse unilateralmente por la propia Administración, según convenga, en cada caso, a la adecuada realización de la actividad de supervisión.

En otro orden de cosas, la potestad inspectora, en esta manifestación, puede ejercitarse bien de oficio (por ejemplo, en la realización del PRES), bien en el contexto de otros procedimientos administrativos seguidos por las Administraciones supervisoras (por ejemplo, en los seguidos para otorgar diferentes autorizaciones). En el primer caso, el ejercicio de la potestad inspectora se agotará con la realización del análisis o tratamiento de datos de que se trate, sin perjuicio de que las conclusiones alcanzadas puedan dar lugar al ejercicio de potestades correctoras o sancionadoras, en cuyos procedimientos el particular tendrá ocasión de alegar lo que convenga a sus derechos sobre los resultados de ese análisis o tratamiento de datos en que se fundamentan; en el segundo caso, esas alegaciones deberán incluirse en el contexto de la impugnación del acto en cuyo procedimiento se incardina el análisis o tratamiento de datos en cuestión (por ejemplo, la denegación de la autorización).

Finalmente, esta manifestación de la potestad inspectora no tiene lugar únicamente respecto de los datos recabados mediante el ejercicio de esta facultad en sus otras manifestaciones, sino que su objeto inmediato lo conforma también el conjunto de información remitida periódicamente por la entidad de crédito supervisada en cumplimiento de las obligaciones impuestas al efecto por la ordenación prudencial del sector. Estas obligaciones, que no resultan objeto de examen en este trabajo al no resultar del ejercicio de potestades administrativas sino de la propia ley, tienen un papel esencial en el adecuado desenvolvimiento de la actividad de supervisión prudencial de las entidades de crédito.

3.4.2 Proceso supervisor realizado por el BCE

El fundamento normativo de esta manifestación de la potestad inspectora para el BCE se recoge en el art. 4.1-*f)* del Reglamento 1024/2013, que atribuye a esta Administración competencia para:

> *"Llevar a cabo revisiones supervisoras –que incluyan, si procede en coordinación con la ABE, la realización de pruebas de resistencia y la posible publicación de sus resultados– para determinar si las estructuras, estrategias, procesos y mecanismos establecidos por las entidades de crédito y los fondos propios de dichas entidades garantizan una gestión y cobertura adecuada de sus riesgos y, sobre la base de ese proceso de revisión supervisora, imponer a las entidades de crédito requisitos específicos de fondos propios, requisitos específicos de publicación, requisitos específicos de liquidez y otras medidas en los casos en que el Derecho aplicable de la Unión permita expresamente a las autoridades competentes intervenir en este sentido".*

Como se comprueba, el precepto mezcla la atribución de dos potestades administrativas distintas: el tratamiento y análisis de datos como manifestación de la potestad inspectora ("*llevar a cabo revisiones supervisoras*" para verificar el cumplimiento de la normativa) y la potestad correctora, que, en caso de advertir un incumplimiento, le permita compeler coactivamente a la entidad a ajustar su conducta a la ordenación prudencial del sector ("*imponer a las entidades de crédito requisitos específicos*").

En este contexto normativo, el BCE lleva a cabo el análisis y tratamiento de los datos (la "*revisión supervisora*") a través de distintas técnicas que recoge sumariamente el *Manual* ya citado, algunas de las cuales se refieren en la normativa del MUS mientras que otras parece que han sido elaboradas por el propio BCE[63]. Por un lado, y antes de aplicar la información recogida a un examen concreto, el BCE somete los datos recabados a un "*conjunto completo de pruebas de validación*", al objeto de comprobar la coherencia y exactitud dentro de cada módulo (mediante las llamadas pruebas de

---

63 *Vid.* BCE, *Manual..., óp. cit.*, pp. 85 y ss..

validación XBRL) y la integridad de los datos, verificando que no falta o sobra alguna plantilla en los módulos presentados[64].

Por otro lado, la información se somete a una evaluación de calidad de los datos, primero por la ANC, de forma preliminar, y luego por el BCE, de forma más exhaustiva, examinando su exactitud, fiabilidad, integridad, coherencia, plausibilidad y puntualidad. Este examen resulta en informes periódicos de la Dirección General de Estadística del BCE para cada entidad.

Siguiendo la sistemática del *Manual*, las principales técnicas de análisis que el BCE emplea en la revisión supervisora son las siguientes:

1°. Análisis de riesgos para identificar y evaluar los principales riesgos y vulnerabilidades de las entidades de crédito, a través de distintos tratamientos de la información:

   (i) Análisis horizontales y evaluación global de los principales riesgos de los Estados miembro, dirigidos a la identificación de riesgos nuevos que puedan desencadenar consecuencias para la solvencia y liquidez de las entidades de crédito. Los resultados de estos análisis se tienen en cuenta para la planificación estratégica global del MUS y en el PES global.

   (ii) Análisis exhaustivos de ciertos aspectos de naturaleza horizontal, como los principales riesgos constatados en el proceso de identificación anterior. De estos análisis resultan informes horizontales o individuales para cada entidad, como análisis comparativos con entidades similares.

   (iii) Pruebas de resistencia, que se tratan con detalle en la última parte de este epígrafe.

   (iv) Estudios de impacto cuantitativos, que consisten en la "*evaluación del cumplimiento por las entidades del MUS de las medidas micro y macro prudenciales vigentes y de las iniciativas regulatorias próximas a entrar en vigor*"[65]. Estos estudios también concluyen en informes periódicos sobre el perfil de riesgo de las entidades supervisadas o sobre el impacto *ad hoc* sobre cuestiones de política supervisora.

2°. Evaluación de la idoneidad de los miembros de los órganos de administración, siempre que tenga lugar un nuevo nombramiento en alguna entidad supervisada por el BCE. El objetivo es "*garantizar que las entidades*

---

64 *Ib. ídem*, p. 72. Según explica el Manual, la información recabada, ya provenga del cumplimiento de las obligaciones de información o del ejercicio de la potestad inspectora, se incorpora, por las ANC, al SUBA en formato XBRL, y se divulga interna y externamente. La ABE publica los datos al máximo nivel de consolidación.

65 BCE, *Manual...*, *óp. cit.*, p. 79.

significativas cumplan los requisitos de contar con estructuras de gobernanza sólidas, que incluyan las exigencias de idoneidad de las personas responsables de la gestión de las entidades". La evaluación de la idoneidad de los miembros de los órganos de gobierno de una entidad de crédito se enmarca en el procedimiento de autorización al que las entidades de crédito deben someter cada nombramiento[66].

3º. Procesos de revisión regulatoria periódica, entre los que se incluyen la evaluación periódica de los planes de reestructuración y las políticas de remuneración, las evaluaciones del cumplimiento de los requisitos de comunicación de información y las políticas de reparto de dividendos de las entidades. Estos procesos pueden desarrollarse de oficio por el BCE o en el marco de solicitudes formuladas por las entidades de crédito (por ejemplo, de autorización previa para excluir a miembros del personal de la presunción de afectar sustancialmente al perfil de riesgo de una entidad o las peticiones de aumento de la proporción entre los elementos fijo y variable de la retribución)[67].

4º. Realización del PRES. Esta técnica de análisis de datos aparece recogida en los arts. 97 y 98 de la CRD IV –transpuestos a la legislación nacional (que es la que debe aplicar el BCE al llevarla a cabo sobre entidades de crédito españolas *ex* art. 4.3 del Reglamento 1024/2013) en los arts. 75 y 76 del RD 84/2015–. El PRES constituye un proceso de análisis global de los principales parámetros de riesgo de las entidades de crédito (y, en concreto, los riesgos a los cuales las entidades y sus grupos consolidables están o podrían estar expuestas, los riesgos que una entidad supone para el sistema financiero, teniendo en cuenta la determinación y medición del riesgo sistémico realizadas por las Administraciones competentes al efecto, y los riesgos que se hayan puesto de manifiesto en las pruebas de resistencia). "*La evaluación del PRES trata de obtener una imagen global del perfil de riesgo de una entidad del modo más adecuado posible, teniendo en cuenta los riesgos y sus factores* atenuantes", esto es, tiene un "*enfoque holístico*"[68]. La evaluación

66 BCE, *Manual...*, *óp. cit..*, pp. 79 y ss.

67 BCE, *Manual...*, *óp. cit..*, p. 88.

68 BCE, *Manual...*, *óp. cit..*, p. 90. El *Manual* prosigue señalando que los cuatro elementos fundamentales del PRES del MUS son: una evaluación del modelo de negocio y de la rentabilidad, que analiza la naturaleza de ese modelo de negocio y qué podría afectar negativamente a su capacidad de generar beneficios y crecimiento; una evaluación del gobierno interno y de la gestión de riesgos centrada en la organización interna de la entidad y en el modo en que desarrolla y gestiona su negocio y sus riesgos; una evaluación de cada tipo de riesgo para el capital en condiciones normales y de tensión; y una evaluación de cada tipo de riesgo para la liquidez y la financiación en condiciones normales y de tensión (pp. 91-94).

deberá hacerse mediante los criterios contenidos en el art. 77 del RD 84/2015[69] y de acuerdo con la metodología elaborada por la ABE[70]. A partir de esta evaluación, el BCE "*determinará si los sistemas, estrategias, procedimientos y mecanismos empleados por las entidades y los fondos propios y la liquidez mantenidos por ellas garantizan una gestión y cobertura sólida de sus riesgos*" (cfr. art. 76.1 del RD 84/2015), a cuyos efectos elaborará "*informes de evaluación del riesgo del grupo e informes de evaluación del riesgo de liquidez del grupo*", así como "*perspectivas preliminares sobre medidas de capital, de liquidez y cautivitas*"[71]. Estos informes ponen fin al ejercicio de la potestad inspectora en esta manifestación mediante la realización del PRES. La llamada "decisión del PRES" que, en su caso, motive una evaluación desfavorable en algún parámetro no forma parte del ejercicio de la potestad inspectora, sino que es fruto del ejercicio de la potestad correctora[72]. La periodicidad, alcance y profundidad del PRES son determinados por el BCE con base en el principio de proporcionalidad, "*teniendo en cuenta la magnitud, importancia sistémica, naturaleza, dimensión y complejidad de las actividades de la entidad*", y tendrá al menos una periodicidad anual (cfr. art. 76.2 del RD 84/2015).

---

69 Estos criterios son trasunto de los contenidos en el art. 98 de la CRD IV, y consisten en los resultados de las pruebas de resistencia o solvencia; la exposición al riesgo de concentración y su gestión por las entidades; la solidez, adecuación y forma de aplicación de las políticas y de los procedimientos establecidos por las entidades para la gestión del riesgo residual asociado al uso de técnicas reconocidas de reducción del riesgo de crédito; la adecuación de los recursos propios que posea una entidad con respecto a activos que haya utilizado; la exposición al riesgo de liquidez y su medición y gestión por las entidades; la incidencia de los efectos de diversificación y el modo en que esos efectos se tienen en cuenta en el sistema de evaluación del riesgo; los resultados de las pruebas de resistencia llevadas a cabo por entidades que utilicen métodos internos para calcular los requisitos de recursos propios por riesgo de mercado; la ubicación geográfica de las exposiciones de las entidades; el modelo empresarial de la entidad; la evaluación del riesgo sistémico; la exposición de las entidades al riesgo de tipo de interés derivado de actividades ajenas a la cartera de negociación; la exposición de las entidades al riesgo de apalancamiento excesivo; y los sistemas de gobierno corporativo de las entidades, su cultura y sus valores corporativos y la capacidad de los miembros de consejo de administración para desempeñar sus funciones. También se incluye en la revisión y evaluación supervisora el control del apoyo implícito que una entidad de crédito haya dado a una titulización (cfr. art. 77.3 del RD 84/2015). Estos criterios han sido desarrollados por la Norma 45 de la Circular 2/2016.

70 *Guidelines on common procedures and methodologies for the supervisory review and evaluation process (SREP)*, EBA/GL/2014/13, 19 de diciembre de 2014, disponibles en: https://eba.europa.eu/sites/default/documents/files/documents/10180/935249/4b842c7e-3294-4947-94cd-ad7f94405d66/EBA-GL-2014-13%20(Guidelines%20on%20SREP%20methodologies%20and%20processes).pdf (enlace consultado el 12 de diciembre de 2020).

71 BCE, *Manual..., óp. cit.*, p. 97.

72 A este respecto, recuérdese que el art. 4.1-*f)* del Reglamento 1024/2013 atribuye, de forma entremezclada, dos potestades al BCE: la potestad inspectora en esta manifestación ("*llevar a cabo revisiones supervisoras*") y la potestad correctora ("*imponer a las entidades de crédito requisitos específicos*").

5º. Evaluación de los métodos internos empleados para el cálculo de requerimientos de recursos propios. Este análisis de información trae causa de uno de los grandes cambios de paradigma que provocó la crisis financiera de 2008, consistente en evitar que las entidades de crédito basaran sus decisiones de solvencia en calificaciones externas, proporcionadas por agencias de calificación, y alentarlas a emplear métodos internos en la realización de esas evaluaciones[73]. A tal efecto, el art. 78.1 del RD 84/2015 señala que corresponde a la Administración supervisora controlar que las entidades de crédito no dependan exclusiva o mecánicamente de las calificaciones crediticias externas a la hora de evaluar la solvencia de un ente o un instrumento financiero, teniendo en consideración la naturaleza, escala y complejidad de las actividades de la entidad. Este control se materializa, por un lado, en el empleo de métodos internos para el cálculo de requerimientos de recursos propios frente a distintos riesgos debe ser autorizado por las Administraciones supervisoras; y, por otro lado, en el seguimiento que verifique periódicamente que se mantienen las circunstancias que motivaron el otorgamiento de la correspondiente autorización.

La potestad inspectora en la manifestación que aquí se estudia se ejercita en ambos casos (en el seno del procedimiento autorizatorio en el primero y de forma aislada, de oficio, en el segundo). Para poder verificar que los modelos internos continúan cumpliendo los requisitos que les resultan exigibles, la normativa establece ciertas obligaciones de información periódica sobre las entidades que cuentan con esas autorizaciones (cfr. art. 79.2 del RD 84/2015), que servirá de base para el ejercicio, por el BCE, de la potestad inspectora para establecer referencias de supervisión del cumplimiento, por estos modelos, de la normativa aplicable (cfr. art. 79.4 del RD 84/2015) y verificar que continúan concurriendo los requisitos que motivaron el otorgamiento de la autorización (cfr. art. 80 del RD 84/2015). Esta evaluación se realizará de forma anual por el BCE[74] y, en su caso, podrá dar lugar a la adopción de medidas correctoras (cfr. arts. 79.6 y 80 del RD 84/2015). La evaluación de los modelos internos tiene lugar en el marco del llamado "seguimiento continuado de los modelos internos", que articula la manifestación de la potestad inspectora que aquí se aborda con otras posibles, tales como el requerimiento individualizado de información para recoger datos adicionales o la realización de visitas de inspección, en el contexto de las llamadas "investigaciones de modelos internos".

---

73 "*Alentarán*", dice el art. 78.1 de la CRD IV que introduce este enfoque en el ordenamiento europeo, y "*promoverá*" emplea el art. 78.2 y 3 del RD 84/2015 que transpone aquél. Con este enfoque se pretende que las entidades sean más responsables de las decisiones adoptadas.

74 Cfr. BCE, *Manual..., óp. cit.*, p. 99. La norma establece que deberá hacerse "*al menos cada tres años*": cfr. art. 80.1 del RD 84/2015, en transposición del art. 101.1 de la CRD IV.

6º. Por último, el BCE también ejercita la potestad inspectora en esta manifestación en el contexto de procedimientos administrativos, normalmente de naturaleza autorizatoria, iniciados a solicitud de la entidad de crédito interesada en realizar alguna actividad (emisión de instrumentos de capital CET1, inclusión de beneficios provisionales o de cierre de ejercicio en el capital CET1, reducción de los instrumentos de fondos propios, evaluación *ex post* de instrumentos AT1 y T2, exenciones de capital y de liquidez, apoyo financiero intragrupo, iniciar un proceso de estructurar una operación de titulización que implique transferencia significativa del riesgo, etc.)[75]. En todos esos casos, una eventual infracción de las normas que sujetan el ejercicio de la potestad inspectora en esta manifestación deberá atacarse mediante la impugnación del acto (denegatorio de la autorización) que resulte del procedimiento en cuestión.

3.4.3 Proceso supervisor realizado por el BdE

El fundamento normativo de la atribución al BdE de esta manifestación de la potestad inspectora se encuentra en los arts. 51 a 53 de la LOSSEC. Estos preceptos atribuyen a la Administración supervisora española la facultad de "*supervisar*" (en puridad, "evaluar") "*los sistemas, estrategias, procedimientos o mecanismos de cualquier tipo, aplicados por las entidades de crédito para dar cumplimiento a la normativa de ordenación y disciplina*", "*los riesgos a los cuales están o pueden estar expuestas las entidades, y con base en esta evaluación y en la prevista en el artículo anterior, determinar su los mecanismos de cumplimiento normativo, los recursos propios y la liquidez mantenidos por las entidades de crédito garantizan una gestión y cobertura sólida de sus riesgos*" y "*el cumplimiento por parte de las entidades de crédito de las normas sobre idoneidad, remuneraciones y responsabilidad en la gestión de riesgos, así como de las demás normas sobre gobierno corporativo*".

Según se comprueba, los dos primeros preceptos son trasunto de los arts. 97 y 98 de CRD IV y atribuye al BdE la potestad de realizar el PRES, cuyas normas esenciales se contienen en los arts. 76 y 77 del RD 84/2015. El art. 53, por su parte, ordena al BdE llevar a cabo la evaluación del cumplimiento de las cuestiones relativas al gobierno corporativo que, aunque nada diga al respecto la normativa aplicable, deberá desenvolverse de forma similar a como la desarrolla el BCE, siquiera en observancia de la cláusula de convergencia recogida en el art. 50.3-*c)* de la LOSSEC. Me remito a la explicación ya dada al respecto[76].

---

[75] Cfr. BCE, *Manual...*, *óp. cit.*, pp. 100-106.

[76] Como especialidades, el art. 76.3 del RD 84/2015 permite al BdE realizar el PRES conjuntamente sobre entidades que reúnan características similares, lo que contrasta con la explicación del *Manual* para el BCE, que señala con claridad que se hará una aplicación del PRES por entidad. Además, el BdE debe informar de los resultados alcanzados en el PRES a la ABE (cfr. art. 76.4 del RD 84/2015).

Además de estos artículos, los arts. 78 a 80 el RD 84/2015 contienen el régimen aplicable a la evaluación de modelos internos empleados para el cálculo de recursos propios. En la medida en la que estas normas son las que rigen el ejercicio de la potestad inspectora por el BCE que se ha explicado ya, cabe remitirse a esa explicación, que se da por reproducida en este punto.

En todo caso, cabe razonablemente entender que el BdE realiza todas aquellas otras evaluaciones que refiere el *Manual* sobre las entidades menos significativas a su cargo.

Por último, debe señalarse que, en la medida en que toda la información que es sometida a análisis y tratamiento en ejercicio de la potestad inspectora es compartida por todas las Administraciones supervisoras mediante su incorporación al mismo sistema de datos (SUBA), los datos de que dispone el BdE también se han sometido, con carácter previo a su empleo en las evaluaciones anteriores, a pruebas de validación, integridad y calidad, en los términos ya expuestos.

3.4.4 Proceso supervisor realizado por la ABE: pruebas de resistencia o solvencia o "test de estrés" como manifestación de la potestad inspectora

Las pruebas de resistencia o solvencia de las entidades de crédito, también conocidas como "test de estrés" por la traducción literal de la expresión anglosajona *stress test*, son modelos econométricos que simulan la evolución de ciertos parámetros macroeconómicos y los proyectan sobre la situación de solvencia de las entidades de crédito a fin de comprobar cómo reaccionarían éstas en ese escenario simulado[77]. De este modo, se obtiene información sobre cuáles son los principales riesgos a los que se enfrentarían las entidades de crédito de materializarse los parámetros empleados en la simulación.

Las pruebas de resistencia no constituyen una innovación del MUS. Desde hace años las entidades de crédito empleaban las pruebas de resistencia para comprobar su capacidad de hacer frente a las eventuales adversidades que pudieran producirse[78].

---

77 "*Una prueba de resistencia es una evaluación de la situación financiera de un banco en condiciones de gran presión. La idea básica de las pruebas de resistencia es proyectar la evolución de los principales parámetros de viabilidad de un banco en caso de que se produjeran una o más grandes perturbaciones negativas. Estas perturbaciones pueden ocurrir por i) sucesos en todo el mercado, como una grave recesión, un hundimiento de la bolsa o la pérdida de confianza en los bancos, ii) acontencimientos «idiosincrásicos», esto es, una crisis específica de un banco y no necesariamente relacionada con la situación económica en general, o iii) una combinación de ambos*" (Informe Especial del TCuE núm. 10/2019, *Pruebas de resistencia para bancos de la UE: Aunque se facilita más información que nunca, es necesario mejorar la coordinación y centrarse en los riesgos*, p. 13; Informe Especial disponible en: https://www.eca.europa.eu/Lists/ECADocuments/SR19_10/SR_EBA_STRESS_TEST_ES.pdf –enlace consultado el 13 de diciembre de 2020–).

78 Este empleo particular de las pruebas de resistencia por las entidades de crédito hoy se encuentra recogido en el art. 177 de CRR: "*1. Las entidades deberán contar con procesos sólidos para levar a cabo*

No obstante, estas pruebas de resistencia, preparadas y aplicadas por una sola entidad, tenían un alcance limitado, toda vez que no permitían evaluar el impacto macroeconómico que la reacción de la entidad a los escenarios simulados podría conllevar.

A raíz de la crisis financiera de 2009, las Administraciones supervisoras del sector del crédito introdujeron en sus prácticas de supervisión la realización de pruebas de resistencia o solvencia globales o generales del conjunto de entidades de crédito[79]. Así, como parte de la incorporación del enfoque macroeconómico a la supervisión bancaria operado por el paquete de Reglamentos encabezado por el Reglamento 1092/2010, el legislador europeo configuró las pruebas de resistencia como una facultad de la Administración supervisora europea –en aquel momento, la ABE que creó al tiempo– y para todo el conjunto de la Unión (y no sólo para los Estados participantes en el MUS) que le permitieran disponer de más información a fin del adecuado desempeño de la actividad de supervisión.

El Considerando (43) del Reglamento 1093/2010 lo expresa en los siguientes términos:

> *"Con vistas a preservar la estabilidad financiera, es preciso determinar, en una fase temprana, las tendencias, los riesgos potenciales y los puntos vulnerables del nivel microprudencial, a nivel transfronterizo e intersectorial. (...) La Autoridad, en cooperación con la JERS, debe también iniciar y coordinar las pruebas de solvencia a escala de la Unión, para evaluar la resistencia de las entidades financieras a evoluciones adversas del mercado y debe velar por que se aplique a dichas pruebas la metodología más coherente que sea posible a nivel nacional (...)".*

De este modo, las pruebas de resistencia o solvencia salían del ámbito privado de las entidades de crédito para convertirse en una auténtica potestad administrativa de una Administración supervisora que le permitiera *obtener información* para el correcto

---

pruebas de resistencia que puedan utilizar al evaluar la adecuación del capital. Las prueba de resistencia servirán para detectar posibles acontecimientos o cambios en la coyuntura económica que puedan tener efectos negativos sobre las exposiciones crediticias de la entidad, y para evaluar la capacidad de la entidad para afrontar dichos cambios. 2. Las entidades realizarán de forma periódica pruebas de resistencia en relación con el riesgo de crédito para valorar el efecto de determinadas condiciones en el total de los requisitos de capital por riesgo de crédito. La prueba que se vaya a utilizar será elegida por la entidad y examinada por la autoridad supervisora. Dicha prueba deberá ser pertinente y contemplar las consecuencias de escenarios de recesión graves, pero plausibles. Las entidades valorarán posibles migraciones de sus calificaciones en los escenarios utilizados para las pruebas de resistencia. Las carteras sometidas a pruebas de resistencia deberán concentrar la mayor parte de las exposiciones de la entidad (...)".

79 "*In 2009, the United States used stress tests as a means to fight the financial crisis; Europe followed suit in 2010. Since then, stress test have become a key instrument in the supervisory toolbox*" (ENRIA, Andrea, *The future of stress testing - realism, relevance and resources*, Keynote speech at the European Systemic Risk Board (ESRB) Annual Conference, disponible en: https://www.bankingsupervision.europa.eu/press/speeches/date/2019/html/ssm.sp190926~341f1e0cb6.en.html –enlace consultado el 13 de diciembre de 2020–).

desempeño de sus funciones. En otras palabras, las pruebas de resistencia se convertían en una singular manifestación de la potestad inspectora, en su manifestación de análisis y tratamiento de datos que aquí se estudia[80].

El art. 22.1 bis del Reglamento 1093/2019 refleja con toda claridad la vinculación de la potestad de la ABE de llevar a cabo pruebas de resistencia con el nuevo enfoque macroeconómico incorporado a la supervisión de las entidades de crédito al configurar la facultad de esa Administración para llevar a cabo esas pruebas:

> *"Al menos anualmente, la Autoridad decidirá si deben llevarse a cabo evaluaciones a escala de la Unión de la resistencia de las entidades financieras con arreglo al artículo 32* [referido al seguimiento de cerca y la evaluación de la evolución del mercado] *(...)"*[81].

Y el art. 23.1 del Reglamento 1093/2010 señala que, en todo caso, los criterios a seguir en la realización de las pruebas de resistencia previa consulta con la JERS, en cuanto autoridad macroprudencial de la Unión:

> *"La Autoridad establecerá, en consulta con la JERS, criterios para la determinación y medición del riesgo sistémico y un régimen adecuado de pruebas de solvencia que incluya una evaluación de la posibilidad de que el riesgo sistémico que plantean las entidades financieras aumente en situaciones de tensión (...)"*

Cuando los resultados de las pruebas de resistencia así lo aconsejen, la ABE dará cuenta a la autoridad competente para el ejercicio de las potestades que resulten necesarias y, en particular, de la potestad correctora en su manifestación relativa a la reestructuración y resolución de entidades de crédito (cfr. art. 23.2 del Reglamento 1093/2010)

Además de las anteriores pruebas de resistencia que, a nivel macroeconómico y para todo el conjunto de la UE, realiza la ABE, el MUS ha atribuido a las Administraciones supervisoras la facultad de realizar esta clase de pruebas a nivel microeconómico a una

---

80 Así lo advirtió tempranamente IZQUIERDO CARRASCO, al recoger, entre las modalidades de actuación inspectora del BdE, la realización de pruebas de resistencia o test de estrés. No obstante, el autor matiza que estas pruebas se encontrarían "*a medio camino entre la inspección y la información al mercado*" (cfr. IZQUIERDO CARRASCO, Manuel, "La inspección...", *óp. cit.*, p. 517). En mi opinión, la realización de pruebas de resistencia constituye propiamente ejercicio de la potestad inspectora en esta manifestación de realización de análisis y tratamiento de datos que aquí se examina, sin perjuicio de que su resultado se emplee, posteriormente, para aplicar medidas de disciplina de mercado.

81 En relación con su función como garante del funcionamiento coherente de los colegios de supervisores por lo que se refiere a entidades transfronterizas en toda la Unión, el art. 21.2, párrafo tercero, *b)*, del Reglamento 1093/2010 faculta a la ABE para: "*iniciar y coordinar las pruebas de solvencia a escala de la Unión con arreglo al artículo 32 para evaluar la capacidad de recuperación de las entidades financieras, en particular el riesgo sistémico planteado por las entidades financieras a que se refiere el artículo 23, ante evoluciones adversas del mercado, y una evaluación de la posibilidad de aumento del riesgo sistémico en situaciones de tensión, garantizando que se aplique a dichas pruebas una metodología coherente a escala nacional y, cuando proceda, dirigir una recomendación a la autoridad competente para que corrija los problemas detectados en la prueba de solvencia*".

entidad o a un conjunto determinado de entidades. El art. 55.5 de la LOSSEC, que transpone el art. 100 de CRD IV, recoge esa obligación del siguiente modo:

> *"Al menos una vez al año, el Banco de España someterá a pruebas de resistencia a las entidades de crédito que supervisa, a fin de facilitar el proceso de revisión y evaluación supervisora previsto en este artículo".*

Esta atribución debe entenderse realizada al BCE cuando éste sea la Administración supervisora, toda vez que se trata de una facultad expresamente incluida en el art. 4.1-*f)* del Reglamento 1024/2013, al que se ha hecho referencia más arriba.

Tal y como explica el *Manual*, estas pruebas de resistencia son diferentes de aquéllas que puede organizar a escala europea la ABE, toda vez que tienen carácter microprudencial, esto es, se realizan entidad a entidad. Sin perjuicio de esta diferencia, "*las pruebas de resistencia microprudenciales se complementan a menudo con ampliaciones macroprudenciales que recogen efectos de retroalimentación de propagación*"[82]. Estos aditamentos no se corresponden con las pruebas que coordina la ABE, sino que se refieren a elementos de riesgo muy concretos cuyo examen a nivel macroprudencial resulta necesario para extraer conclusiones certeras de las pruebas microprudenciales realizadas.

Desde el 1 de enero de 2019 se encuentran en vigor las *Guidelines on institutions' stress testing* elaboradas por la ABE y que contienen previsiones en materia de organización, metodologías y procedimientos para llevar a cabo las pruebas de resistencia tanto anuales que, a nivel microprudencial realizan las Administraciones supervisoras, como las que, a escala europea, promueve la propia ABE[83].

Mientras que los resultados de las pruebas de resistencia realizadas a nivel microprudencial por la Administraciones supervisoras suelen incorporarse a las conclusiones del PRES, los obtenidos de las pruebas realizadas a escala europea por la ABE se recogen en informes específicos que son publicados y difundidos al objeto de promover una adecuada disciplina de mercado sobre las entidades de crédito.

---

82 BCE, *Manual..., óp. cit.*, p. 78. En el mismo lugar, el *Manual* explica: "*los efectos de retroalimentación pueden producirse, por ejemplo, por cambios adversos en el entorno desencadenados por un escenario de tensión que afecten negativamente al crédito. Los efectos de propagación se producen en estos escenarios, por ejemplo, a través de vínculos de crédito o de financiación entre las distintas entidades. Tanto los efectos de retroalimentación como los de propagación suelen recogerse mediante modelos «de arriba a abajo» diseñados para análisis macroprudenciales y de estabilidad financiera. Con ellos se complementan las pruebas de resistencia «de abajo a arriba», de naturaleza más microprudencial, en las que las entidades de crédito utilizan normalmente sus propios modelos con el propósito de reflejar los riesgos con alta sensibilidad y garantizar la comparabilidad de los resultados entre entidades*".

83 EBA/GL/2018/04, de 19 de julio de 2018, disponibles en: https://eba.europa.eu/sites/default/documents/files/documents/10180/2282644/2b604bc8-fd08-4b17-ac4a-cdd5e662b802/Guidelines%20on%20institutions%20stress%20testing%20(EBA-GL-2018-04).pdf (enlace consultado el 13 de diciembre de 2020).

Así las cosas, las pruebas de resistencia no representan más que una concreta metodología para el análisis y tratamiento de los datos recabados por las distintas Administraciones supervisoras en el ejercicio de la potestad inspectora en sus demás manifestaciones. Éste es, por tanto, el lugar adecuado para su examen.

4. LA REGULACIÓN DE LAS DISTINTAS MANIFESTACIONES DE LA POTESTAD INSPECTORA BAJO EL MUS: ARTICULACIÓN COORDINADA Y PROCEDIMIENTOS DE INSPECCIÓN

Según se ha apuntado al explicar, de forma separada, las distintas manifestaciones que presenta la potestad inspectora en el contexto de la actividad administrativa de supervisión prudencial bancaria, el nuevo marco supervisor introducido por CRD y articulado en el MUS configura mecanismos para el ejercicio simultáneo de varias de ellas con el objetivo de obtener una mayor eficiencia supervisora. Por ese motivo, creo conveniente cerrar este capítulo con un análisis de estos mecanismos como perspectiva adecuada para colocar esas manifestaciones en la justa luz de su articulación en la práctica.

4.1 INVESTIGACIONES GENERALES

Las investigaciones generales, reguladas en los arts. 11 del Reglamento 1024/2013, 50.2-*c)* de la LOSSEC y 36 del Reglamento 806/2014, representan un ejercicio coordinado de distintas manifestaciones de la potestad inspectora (la de librar requerimientos individualizados de información, la de solicitar la exhibición de libros, registros y documentos y la de realizar inspecciones *in situ*[84]). Ello supone que, mediante un único acto administrativo, la Administración supervisora produce sobre el particular destinatario del acto los efectos jurídicos propios de ambas manifestaciones en orden a alcanzar un mismo fin (es decir, a obtener una misma concreta información).

En efecto, el art. 11 del Reglamento 1024/2013 regula las investigaciones generales en los términos siguientes:

> *"A fin de ejercer las funciones que le atribuye el presente Reglamento, y con supeditación a las demás condiciones establecidas en el Derecho pertinente de la UE, el BCE podrá realizar*

[84] Aunque esta última manifestación de la potestad inspectora no se encuentra entre las que enumera el art. 11.1 del Reglamento 1024/2013 en relación con las investigaciones generales, el art. 12.2 de la misma norma configura la entrada en el domicilio de una entidad de crédito como una facultad de los inspectores respecto de *"las personas jurídicas objeto de una decisión de investigación adoptada por el BCE"*, lo que conduce a entender que las investigaciones generales también pueden dar cobertura a la realización de esta manifestación de la potestad inspectora.

todas las investigaciones necesarias sobre cualquiera de las personas contempladas en el artículo 10, apartado 1, que estén establecidas o situadas en un Estado miembro participante.

A tal fin, el BCE tendrá derecho a: a) exigir la presentación de documentos; b) examinar los libros y registros de las personas contempladas en el artículo 10, apartado 1, y obtener copias o extractos de dichos libros y registros; c) obtener explicaciones escritas o verbales de cualquier persona contemplada en el artículo 10, apartado 1, o de sus representantes o personal; d) entrevistar a cualquier otra persona que acepte ser entrevistada a fin de recabar información relacionada con el objeto de una investigación".

Como se comprueba, la realización de investigaciones generales comporta, en realidad, el ejercicio de la potestad inspectora **(i)** en diferentes manifestaciones (exigir la presentación de documentos, examinar y obtener copias de libros y registros y formular requerimientos individualizados de información escritos o verbales –vía obtención de explicaciones o vía entrevistas–); y **(ii)** sobre "*cualquiera de las personas contempladas en el artículo 10, apartado 1, que estén establecidas o situadas en un Estado miembro participante*", lo que bien puede permitir que algunas de las manifestaciones se dirijan a una persona (por ejemplo, una solicitud de exhibición de libros, registros o documentos a la entidad de crédito en cuanto tal) y otras manifestaciones a otras personas (al tiempo, requerir de forma individualizada información al autor de esos documentos).

Pues bien, según dispone el art. 142 del Reglamento 468/2014, el ejercicio de la potestad inspectora en todas esas manifestaciones y para todas esas personas vendrá amparada en una misma decisión del BCE, que deberá referir, además de las concretas manifestaciones en que se traducirá ese ejercicio, "*el fundamento jurídico de la decisión y su finalidad*". Es decir, que los efectos jurídicos asociados a cada una de esas manifestaciones, aun siendo diferentes (en nuestro ejemplo, imponen una obligación de hacer a la entidad de crédito y una obligación de dar al autor de los documentos) comparten fundamento y finalidad.

En contraposición, el art. 10 del Reglamento 1024/2013 faculta al BCE para "*exigir*" a ciertas personas allí indicadas "*que le proporcionen cuanta información sea necesaria para desempeñar las funciones que le atribuye el presente Reglamento*", esto es, *mutatis mutandis* para "*exigir explicaciones*", sin necesidad de enmarcarse en una investigación general. Sin embargo, ningún precepto de esa ni de ninguna otra norma habilita al BCE para, por ejemplo, "*exigir la presentación de documentación*" o "*examinar los libros y registros*" llevados por una entidad de crédito sino es en el marco de una investigación general[85].

85 Esto no ocurre, por cierto, en el ámbito nacional, donde, el art. 50.2-*a)*, párrafo segundo, de la LOSSEC, permite al BdE solicitar la exhibición de libros, registros y documentos sin circunscribirlo a la realización de las investigaciones generales que esa norma también contempla en su art. 50.2-*c)*.

De lo anterior se colige que, en el ámbito europeo, la posibilidad de formular solicitudes de exhibición de libros documentos o registros sólo se manifiesta en el contexto de una investigación general, mientras que la posibilidad de librar requerimientos individualizados de información puede existir también de forma autónoma, al margen de este ejercicio coordinado. Ello no ocurre de igual modo en el ámbito español, donde la segunda facultad también se recoge por la normativa de forma independiente de las investigaciones generales (cfr. art. 50.2-*a)*, párrafo segundo, de la LOSSEC).

4.2 INSPECCIONES IN SITU

Algo parecido ocurre con la categoría de "inspecciones *in situ*" a la que se refieren, en segundo lugar, el art. 12 del Reglamento 1024/2013 y 36 del Reglamento 806/2014. El primero de los citados establece que:

> *"Los agentes del BCE y demás personas acreditadas por él para realizar inspecciones* in situ *podrán acceder a cualesquiera locales y terrenos de uso profesional de las personas jurídicas objeto de una decisión de investigación adoptada por el BCE y gozarán de todas las facultadas estipuladas en el artículo 11, apartado 1".*

Esto es, además de la manifestación que constituye propiamente la visita de inspección ("*podrán acceder a cualesquiera locales y terrenos*"), los funcionarios, en el marco de la misma inspección *in situ*, pueden formular requerimientos individualizados de información y solicitar la exhibición o copia de libros, documentos o registros que prevé el art. 11.1 del Reglamento 1024/2013. En este contexto, las inspecciones *in situ* también constituyen una articulación coordinada de distintas manifestaciones de la potestad inspectora.

Más allá de la posibilidad de acceso al domicilio de las entidades objeto de inspección, a la luz de la normativa que las regula, las inspecciones *in situ* se asemejan grandemente a las investigaciones generales en cuanto articulación coordinada de varias manifestaciones de la potestad inspectora. Buena prueba de ello hace que la normativa permite que una decisión inicialmente dictada para amparar una investigación general pueda dar cobertura también a la posterior práctica de una visita de inspección (cfr. art. 143.3 del Reglamento 468/2014).

Sentado lo anterior, el BCE ha tratado de dotar de cierta pautas de actuación a la práctica de inspecciones *in situ*, mediante la *Guía para inspecciones* ya citada. Esta *Guía* no configura propiamente un procedimiento administrativo dirigido a la emisión de un acto administrativo que produzca concretos efectos sobre la esfera jurídica de los particulares, sino que se limita a coordinar las distintas manifestaciones de la potestad inspectora que se pueden durante la práctica de inspecciones *in situ*, garantizando de una parte los derechos de las entidades de crédito inspeccionadas y de otra parte el buen fin del proceso de inspección. Como consecuencia de ello, los efectos jurídicos propios de las distintas manifestaciones de la potestad inspectora que coordina la *Guía* se van produciendo enteramente durante todo el proceso de inspección (las entidades soportan el acceso de los inspectores, atienden a requerimientos de información verbales o escritos, exhiben libros o documentos, etc.), y las garantías de los particulares aplican durante todo él y para cada una de esas manifestaciones, con la necesaria flexibilidad que las exigencias de esta potestad instrumental requiere, según se expuso.

Así las cosas, esa *Guía* dedica su segunda parte a regular un "*proceso de inspección*", con distintas fases, compuestas por unas diligencias preliminares, un acuerdo de iniciación que da cobertura jurídica a la inspección, el desarrollo de la inspección (durante el que se producen los efectos jurídicos propios de las distintas manifestaciones de la potestad inspectora) y, finalmente, la emisión de un informe definitivo con las conclusiones alcanzadas (cfr. págs. 9 a 18)[86]. Según se ha apuntado ya, este informe final de la inspección no constituye, empero, un acto administrativo, en la medida en la que no produce por sí mismo efectos jurídicos sobre los particulares y, por tanto, no puede ser recurrible de forma autónoma (sin perjuicio, claro está, de los recursos que puedan caber frente a los actos administrativos mediante los que se ejercita la potestad inspectora –la decisión que da cobertura a la inspección–, la actuación material de inspección o el resultado del ejercicio de otras potestades de inspección –como la correctora o la sancionadora– en el que se haga uso de la información obtenida durante la inspección).

4.3 SUPERVISIÓN CONTINUADA "A DISTANCIA"

Junto con las inspecciones *in situ*, el *Manual sobre supervisión bancaria* editado por el BCE, otro instrumento de *soft law* también citado, configura la "supervisión continuada" como otra en la que la potestad inspectora puede ejercitarse de forma coordinada en varias de sus distintas manifestaciones.

El *Manual* concibe la supervisión continuada como tres cosas distintas: la evaluación de medidas periódicas; la ejecución del Programa de Evaluación Supervisora o

---

86 Este informe puede, eventualmente, servir de base para el ejercicio de otras potestades por el BCE, tales como la correctora o la sancionadora pero, como se ha indicado ya, éste no es el propósito del ejercicio de la potestad inspectora, que se agota con la obtención, por la Administración, de la información buscada. De hecho, la propia Guía prevé que, junto a la posibilidad de que la inspección dé lugar a la elaboración de "*un borrador de decisión que establece las medidas supervisoras vinculantes para solucionar esas deficiencias*", esto es, de un proyecto de acto administrativo mediante el que el BCE ejercite sus potestades correctoras, también contempla que, tras la inspección, el BCE prepare "*un borrador de carta de seguimiento, que incluye recomendaciones para solucionar las deficiencias mencionadas en el informe*", que no produce efectos jurídicos coactivos y, por tanto, no constituye el ejercicio de ninguna potestad administrativa (cfr. págs. 14 y 15).

"PES"; y la ejecución del Proceso de Revisión y Evaluación Supervisora o PRES (cfr. pág. 85). El *Manual* coordina las distintas manifestaciones de la potestad inspectora de forma diferente en cada caso: mientras que para la revisión de medidas periódicas y la ejecución del PES refiere sencillamente el ejercicio ordenado de distintas manifestaciones de la potestad inspectora (requerimientos individualizados y el análisis de datos), el desarrollo del PRES se compone de una serie de fases ordenadas, en cada una de las cuales se realizan distintas manifestaciones de la potestad inspectora.

Al respecto de esto último, el art. 97 de CRD IV (transpuesto en España por el art. 76 del RD 84/2015 y la Norma 45 de la Circular 2/2016) regula la "*revisión y evaluación supervisoras*", que debe desarrollarse con base en los criterios establecidos en el art. 98. Sobre estos fundamentos legales, el *Manual* establece que:

> "*La evaluación del PRES se realiza de forma continuada y es la base para la decisión sobre la adecuación de los niveles de capital y de liquidez y para las medidas de supervisión adicionales que deben adoptarse al menos anualmente y actualizarse siempre que sea necesario*" (pág. 88).

Es decir, el PRES se configura como un ejercicio ordenado de la potestad inspectora, según los plazos y objetivos marcados en la planificación correspondiente, que produce un resultado concreto, en forma de "informes provisionales".

Al igual que ocurría en el caso de las inspecciones *in situ*, estos informes, que no producen por sí mismos efectos jurídicos sobre los particulares y, por tanto, no son susceptibles de impugnación autónoma, pueden servir de base, en su caso, para el ejercicio de la potestad correctora, en la llamada "decisión del PRES":

> "*La evaluación continuada en el marco del PRES puede revelar la necesidad de adoptar medidas de supervisión inmediatas para corregir las deficiencias de una entidad de crédito. Estas conclusiones se sintetizan en informes provisionales y se comunican a las estructuras intermedias del BCE a su debido tiempo. Dependiendo de su naturaleza, se envían a la entidad de crédito como un acto operativo o son adoptadas por el Consejo de Supervisión/Consejo de Gobierno en forma de decisiones de supervisión, como una decisión actualizada del PRES o como decisiones de imposición de sanciones o medidas de ejecución (en este último caso, los ECS trabajan en colaboración con la División de Ejecución y Sanciones). El resultado de este procedimiento se tiene también en cuenta para la evaluación continuada del PRES*" (pág. 94).

Esta decisión, no obstante su denominación, no constituye una manifestación de la potestad inspectora, ni representa el final de una suerte de procedimiento inspector, sino que es el resultado del ejercicio de las potestades correctoras (como la imposición de órdenes y prohibiciones) que el ordenamiento jurídico atribuye a la Administración supervisora.

4.4 INVESTIGACIONES DE MODELOS INTERNOS Y SEGUIMIENTO CONTINUADO DE MODELOS INTERNOS

Sobre el mismo esquema, aunque con notables diferencias, esos mismos documentos configuran dos fórmulas inspectoras adicionales que, comportando también el ejercicio de la potestad inspectora en distintas manifestaciones, se diferencia de las anteriores por que el ejercicio de la potestad se suscita a solicitud del interesado, y no de oficio: son las llamadas investigaciones de modelos internos y la supervisión continuada de modelos internos.

De acuerdo con la *Guía sobre inspecciones*, las llamadas "investigaciones de modelos internos" son "*evaluaciones exhaustivas de los modelos internos utilizados para el cálculo de los requisitos de fondos propios, con especial atención en lo que se refiere a las metodologías, adecuación económica, riesgos, controles de riesgo y gobernanza*". Es decir, aunque las investigaciones de modelos internos se desarrollan de forma similar a las inspecciones *in situ*, no constituyen un ejercicio coordinado de distintas manifestaciones de la potestad inspectora, sino que se enmarcan en el procedimiento autorizatorio correspondiente de forma que la información recabada mediante ellas se dirige a verificar si concurren o no los requisitos precisos para conceder o no la autorización solicitada.

Por su parte, el *Manual*, explica el seguimiento continuado de modelos internos en los siguientes términos:

> *"El objetivo del seguimiento continuado de los modelos es comprobar si la entidad de crédito cumple los requisitos regulatorios relativos a los modelos internos utilizados para el cálculo de los requerimientos mínimos de capital con arreglo al RRC* [el CRR]. *Estos requerimientos se refieren a la sensibilidad al riesgo, la validación, la gestión del riesgo de modelo, las adaptaciones del modelo, los procesos que rodean el modelo y el análisis comparativo del modelo. El BCE debe evaluar periódicamente si la entidad de crédito utiliza técnicas de modelos internos claramente articuladas y actualizadas. La información recogida a partir del seguimiento de los modelos internos se incorpora a la evaluación continuada de la entidad y es un elemento fundamental de la decisión del PRES"*[87].

Según establece el art. 101.1 de CRD IV[88], el seguimiento continuado de modelos internos supone, en puridad, una revisión periódica de las autorizaciones concedidas para adoptar ciertos métodos de evaluación de riesgos:

> *"Las autoridades competentes someterán a revisión regularmente, y al menos cada tres años, la observancia por las entidades de los requisitos aplicables a los métodos cuya utilización para el cálculo de los requisitos de fondos propios requiere la autorización previa de las autoridades competentes de conformidad con la parte tercera del Reglamento (UE) núm. 575/2013. Tomarán particularmente en consideración los cambios en la actividad de la entidad y la aplicación de dichos métodos a nuevos productos"*.

---

87 BCE, *Manual..., óp. cit.*, p. 98.

88 Transpuesto al ordenamiento español por el art. 80 del RD 84/2015.

Así pues, el seguimiento continuado de modelos internos sí constituye propiamente una manifestación de la potestad inspectora, que tiene lugar porque la entidad de crédito ha sido autorizada, a su solicitud, para el empleo de determinados métodos de evaluación de riesgos.

CAPÍTULO VI

POTESTADES CORRECTORAS (I): ÓRDENES Y PROHIBICIONES. INTERVENCIÓN Y SUSTITUCIÓN DE ADMINISTRADORES

1. INTRODUCCIÓN

Las potestades correctoras se identifican con el conjunto de facultades que permiten a la Administración pública afectar la esfera jurídica de los particulares para ajustarla a la conformación que de ella hacen las normas que ordenan una determinada actividad[1]. Es decir, las potestades correctoras producen efectos constrictivos o limitativos de la esfera jurídica de los particulares de manera directa. Estas potestades se caracterizan por tener un carácter externo, constrictivo o limitativo, singular, no indemnizable, unilateral y reglado.

Estas potestades se encuentran presentes en la actividad administrativa de supervisión prudencial bancaria desde hace décadas, y conforman lo que la doctrina dio en llamar la "disciplina" administrativa del sector del crédito.

La doctrina identifica las potestades correctoras con "técnicas ablatorias" (SANTAMARÍA PASTOR[2]) o "de limitación" (GARCÍA DE ENTERRÍA Y FERNÁNDEZ RODRÍGUEZ[3])[4], las cuales pueden clasificarse del modo que sigue:

(i) Potestades que disminuyen o privan de ciertas situaciones activas a los particulares (limitaciones administrativas del ejercicio de derechos, esto es, establecimiento de prohibiciones; y ablaciones reales, que abarcan la potestad expropiatoria, las transferencias coactivas forzosas y los decomisos).

(ii) Potestades que crean o amplían situaciones pasivas en los particulares (exigencia de prestaciones forzosas, personales o reales; e imposición de órdenes o mandatos).

---

1 DEPRÉS POLO *et al.* se refieren a ellas como "*medidas necesarias para retornar al cumplimiento*" (DEPRÉS POLO, Mario, *et al.*, *Manual...*, *óp. cit.*, p. 394; CHINCHILLA MARTÍN las rubrica como "*medidas correctivas*" (CHINCHILLA MARTÍN, Carmen, "El régimen"..., *óp. cit.*, pp. 60-72).

2 SANTAMARÍA PASTOR, Juan Alfonso, *Principios de Derecho Administrativo. Vol. II*, Madrid: Iustel, 2018, pp. 279-287.

3 GARCÍA DE ENTERRÍA, Eduardo, y FERNÁNDEZ RODRÍGUEZ, Tomás Ramón, *Curso de Derecho administrativo. T. II*, Cizur Menor (Navarra): Thomson Reuters-Civitas, 2017, pp. 131 y ss. Ambos autores incluyen también en este capítulo la potestad sancionadora que, en cuanto expresión del *ius puniendi* del Estado, conforma una categoría autónoma y completamente distinta de las potestades correctoras que aquí se examinan.

4 Otros autores, sin embargo, se limitan al estudio de la llamada imposición de deberes a través de órdenes y prohibiciones, pasando por alto las demás técnicas que tienen orígenes diversos (así, PARADA VÁZQUEZ, Ramón, *Derecho administrativo....*, *óp. cit.*, pp. 298-299; o DE LA CUÉTARA MARTÍNEZ, Juan Miguel, *La actividad...*, *óp. cit.*, pp. 255-257). GARRIDO FALLA, aunque dedica el grueso de la explicación al examen de las órdenes y mandatos, también incluye entre las técnicas de limitación (a las que denomina "medios de policía") otras como la autorización o las propias de la ejecución forzosa de actos administrativos (apremio sobre el patrimonio, ejecución subsidiaria, multa coercitiva y ejecución sobre las personas) (cfr. GARRIDO FALLA, Fernando, *Tratado de Derecho Administrativo. Vol.* II, Madrid: Tecnos, 2012, pp. 180-182).

Sobre estas premisas, en el concreto ámbito de la actividad de supervisión prudencial bancaria las Administraciones supervisoras cuentan con potestades correctoras que abarcan desde la imposición de órdenes y prohibiciones menos o más intensas sobre las entidades de crédito, sus accionistas o sus administradores y directivos, hasta la novación objetiva o subjetiva forzosa de ciertos derechos reales o de crédito de esos particulares de forma permanente.

Al examen del primer conjunto de potestades correctoras, que abarca la imposición de mandatos (incremento de los instrumentos de capital para reforzar la solvencia o la sustitución forzosa de administradores, por ejemplo) o limitaciones administrativas al ejercicio de ciertos derechos (prohibición de distribuir dividendos o, de manera más intensa, la intervención de los órganos de administración de una entidad de crédito) se dedica el presente capítulo.

El segundo grupo de potestades correctoras, que se identifica con las novaciones forzosas de derechos reales o de crédito, que se corresponde con la conocida como resolución bancaria, se examinará en el capítulo siguiente. Dado que he dedicado una obra monográfica a explicar la naturaleza de esta institución como auténtica potestad correctora incardinada en la actividad administrativa de supervisión, no justificaré en este momento su caracterización como tal, remitiéndome a lo allí expuesto[5].

Finalmente, al objeto de acotar adecuadamente el ámbito de las potestades correctoras, es preciso señalar que la fijación de colchones de capital que el BdE realiza en el ámbito de la supervisión macroprudencial (cfr. arts. 43 y ss. de la LOSSEC y 58 y ss. del RD 84/2015), no se identifica con el ejercicio de potestades correctoras, sino con el dictado de actos administrativos plúrimos o de alcance general mediante los que la Administración participa en la ordenación del sector bancario[6]. Por tanto, esta cuestión se encuentra extramuros del objeto de una obra como esta, dedicada al examen de la actividad administrativa de supervisión prudencial bancaria.

---

5 Lora González, Carlos, *¿Qué es...?*, *óp. cit.*, pp. 119-153.

6 Más discutible puede ser esta conclusión para el caso de la participación del BCE en la supervisión macroprudencial del sector. El art. 5.2 del Reglamento 1024/2013 permite a esta Administración "*imponer requisitos más elevados que los aplicados por las autoridades nacionales competentes o designadas de los Estados miembro participantes en lo que respecta a los colchones de capital que han de mantener las entidades de crédito*", que parece referirse a modificar la concreción de la ordenación realizada por el BdE siempre que lo haga al alza, pero también a "*aplicar medidas más rigurosas para subsanar riesgos sistémicos o macruprudenciales a nivel de las entidades de crédito en los casos expresamente previstos en la legislación pertinente de la Unión*", que podría en cambio amparar la imposición de deberes adicionales a ciertas entidades de crédito mediante, aquí sí, el ejercicio de una potestad correctora.

2. ÓRDENES Y PROHIBICIONES

2.1 MEDIDAS DE SUPERVISIÓN Y MEDIDAS DE ACTUACIÓN TEMPRANA, DOS CARAS DE LA MISMA MONEDA

Las Administraciones responsables de la supervisión prudencial de entidades de crédito tienen atribuida la potestad de imponer órdenes de sentido imperativo o prohibitivo que incorporan deberes a la esfera jurídica de los particulares o requieren el cumplimiento de las obligaciones normativamente impuestas[7], o limitan el normal ejercicio de derechos, respectivamente. Todas estas potestades, a pesar de generar obligaciones de hacer o de no hacer, según los casos, tienen una arquitectura común y son ejercitadas del mismo modo por las Administraciones supervisoras. Por esa razón, interesa un estudio conjunto de todas ellas[8].

Las normas de supervisión recogen esta clase de facultades administrativas en dos lugares distintos. Por un lado, la normativa de supervisión *stricto sensu* permite a la Administración competente (el BCE o el BdE, según corresponda) imponer mandatos imperativos o prohibiciones a los particulares supervisados (las entidades de crédito en sí mismas o sus accionistas o directivos) dirigidas a corregir eventuales incumplimientos de las normas que ordenan el sector, reales o certeramente potenciales, para evitar que, de ese modo, se dañe la estabilidad del sistema financiero. Estas potestades son referidas en la Ley como "medidas de supervisión".

Por otro lado, la normativa relativa a recuperación y resolución de entidades de crédito también atribuye a la Administración supervisora (y no a la competente en materia de resolución[9]; así, al BCE o al BdE, según corresponda) similares facultades

---

7 Dentro de las órdenes imperativas cabe distinguir las dos clases mencionadas (aquéllas que modifican la esfera jurídica del particular destinatario de ellas para imponerles un deber y aquéllas que simplemente reiteran el deber ya impuesto por la norma), pero ambas son medidas correctoras de la misma naturaleza.

8 Como excepción a ello se sitúa la intervención y sustitución de los miembros del órgano de administración que, a pesar de tratarse de una limitación administrativa al ejercicio de un derecho (el que corresponde a los accionistas de nombrar libremente a los administradores de su empresa) y simultáneo mandato de contenido imperativo (el de nombrar a ciertas personas como tales administradores), cuenta con una regulación específica que aconseja un tratamiento separado.

9 Ni a la Administración competente en materia de resolución preventiva, encargada de elaborar el plan de resolución (el BCE o el BdE, según los casos), ni a la Administración competente en materia de resolución ejecutiva (la JUR o el FROB). Es decir, el BCE y el BdE no son titulares de estas potestades correctoras contenidas en la normativa de recuperación y resolución de entidades de crédito por ser *también* Administraciones de resolución, sino que lo son en su condición de Administraciones supervisoras *stricto sensu*. El matiz es importante, porque evidencia la estrecha conexión que, al fin y a la postre, existe entre supervisión y recuperación y resolución de entidades de crédito.

para tratar de corregir situaciones donde el incumplimiento de las normas de solvencia puede abocar a una entidad de crédito a una situación de crisis pero que se estima que la entidad es capaz de superar tal situación por sus propios medios. A estas facultades se les denomina por la norma "medidas de actuación temprana"[10].

Como explican con acierto COLINO MEDIAVILLA y FREIRE COSTAS, las medidas de actuación temprana presentan con las medidas de supervisión una diferencia de grado, pero no de cualidad[11]. Ello supone que en ambos casos se trata de potestades de las mismas características, aunque su ejercicio pueda comportar efectos menos o más invasivos de la esfera jurídica de los particulares. Medidas de supervisión y medidas de actuación temprana, como se dice, producen el resultado de imponer deberes adicionales (menos o más pesados) o limitar el normal ejercicio de derechos de los particulares (con menor o mayor intensidad), de forma que no existe entre ambas diferencia dogmática de calado. Ello comporta distintas implicaciones en las que resulta conveniente detenerse brevemente.

En primer lugar, tanto las medidas de supervisión como las medidas de actuación temprana son adoptadas cuando los particulares incumplen la normativa de solvencia y liquidez. Ahora bien, no cualquier incumplimiento determina la aplicación indiferente de una u otra clase de medidas. La diferente gradación de los efectos jurídicos que produce el ejercicio de unas y otras potestades encuentra correspondencia en la distinta cualificación que la norma atribuye a los supuestos de hecho que permiten el ejercicio de unas y otras.

Por un lado, el art. 16.1 del Reglamento 1024/2013 señala que el BCE podrá aplicar medidas de supervisión si la entidad de crédito no cumple los requisitos prudenciales que impone la ordenación del sector, si el BCE tiene constancia de que la

---

10 Para una panorámica general sobre las medidas de actuación temprana, *vid.* URBANEJA CILLÁN, Jorge, "El procedimiento de actuación temprana. Su conformación en el sistema de la Unión Europea de reestructuración de entidades de crédito", en ALONSO LEDESMA, Carmen (dir.), *Hacia un sistema financiero de nuevo cuño. Reformas pendientes y andantes*, Tirant lo Blanch: Valencia, 2016, pp. 293-317.

11 COLINO MEDIAVILLA, José Luis, y FREIRE COSTAS, Rita María, "La actuación temprana", *RDBB* núm. 137, 2015. Al comienzo de su exposición, los autores refieren que "*el elemento central del sistema de ordenación, supervisión y resolución de entidades de crédito es la gradación. Primero es el ejercicio de la actividad. Después, en su caso, el acaecimiento de dificultades, que se presentan progresivamente, en niveles de gravedad que van de menos a más hasta la inviabilidad. En consecuencia, gradualmente, se trata de evitar que se produzca la crisis, incluida la planificación de cómo afrontarla si acaece, y se establecen medidas para, una vez que ha tenido lugar, solucionarla en función de su gravedad*". Esta gradación consistiría, primero, en el cumplimiento de las normas de solvencia y liquidez; segundo, en las medidas de supervisión; tercero, en las medidas de actuación temprana, más incisivas que las anteriores en la esfera jurídica de los particulares; y cuarto y último, en la resolución de la entidad bien para reconducirla hacia la viabilidad, bien para disolverla y liquidarla,

entidad de crédito va a incumplirlos dentro de los doce meses siguientes o si, en fin, del resultado del ejercicio de cualquiera de las potestades inspectoras que esa Administración tiene atribuidas se concluye que las estructuras, estrategias, procesos y mecanismos establecidos por la entidad de crédito y los fondos propios y la liquidez que posee la entidad no garantizan una gestión y cobertura adecuada de sus riesgos. En términos similares se pronuncia el art. 68.1 de la LOSSEC al regular las potestades correctoras que comportan medidas de supervisión, transponiendo lo prescrito por el art. 102.1 de CRD IV[12].

Por otro lado, el art. 8.1 y 2 de la Ley 11/2015, que transpone el art. 27 de BRRD, regula el supuesto de hecho para aplicar las medidas de actuación temprana en los siguientes términos:

> *"1. Cuando una entidad, o una matriz de un grupo consolidable de entidades, incumpla o existan elementos objetivos conforme a los que resulte razonablemente previsible que no pueda cumplir en un futuro próximo con la normativa de solvencia, ordenación y disciplina, pero se encuentre en disposición de retornar al cumplimiento por sus propios medios, el supervisor competente declarará iniciada la situación de actuación temprana y podrá adoptar todas o algunas de las medidas establecidas en este Capítulo.*
>
> *(...) 2. Para valorar la posibilidad de incumplimiento de los requerimientos señalados en el apartado anterior se podrá atender, entre otros aspectos, a la existencia de un rápido deterioro de la situación financiera de liquidez de la entidad o un incremento rápido de su nivel de apalancamiento, mora o concentración de exposiciones.*
>
> *Reglamentariamente se podrán precisar otros indicadores objetivos que habrán de emplearse para determinar la presencia de las condiciones previstas en dicho apartado".*

En palabras de Deprés Polo *et al.*, este precepto "*proporciona indicios para valorar la posibilidad de que se produzca un incumplimiento de los requerimientos de la normativa*"[13], indicios que, no obstante, deberán estar perfectamente objetivados, como reclama el carácter reglado de las potestades correctoras que se ejercitan.

Sea como fuere, el desarrollo reglamentario al que llama la Ley no se ha producido. Ello no deja de ser relevante, dado que el art. 27.1 de BRRD añade que, para valorar la

---

12 En realidad, el art. 68.1 de la LOSSEC prescinde del tercer supuesto recogido en el art. 16.1 del Reglamento 1024/2013 (el relativo a los resultados de las actuaciones inspectoras). Aunque, en mi opinión, este tercer supuesto no añade materialmente nada a lo anterior (lo relevante es que se constate el incumplimiento o la certeza de que se va incumplir, con independencia de que se constate como consecuencia del ejercicio de potestades inspectoras o por otros medios –por ejemplo, por comunicación de la entidad–), su mención se compadece más con la fórmula empleada por la CRD IV. Esta norma recoge en su art. 104.1 el catálogo de medidas de supervisión y regula su supuesto de hecho por remisión a otras normas, entre las que se encuentra el citado art. 102.1, donde se recogen los dos supuestos trasladados al art. 68.1 de la LOSSEC, pero también los arts. 97, 98 y 101, que regulan el ejercicio de distintas potestades inspectoras.

13 Deprés Polo, Mario, *et al.*, *Manual...*, *óp. cit.*, p. 440.

posibilidad de incumplimiento a que se refiere el apartado 2 reproducido, podrá atenderse a "*una serie de umbrales, que pueden incluir los requisitos de fondos propios del ente más 1,5 puntos porcentuales*", algo que la Ley española que lo transpone omite. Parece que el desarrollo reglamentario sería un buen lugar para, al menos recoger esa precisión, que puede ayudar a objetivar el supuesto de hecho incluyendo los mecanismos técnicos de valoración para determinar su concurrencia.

En todo caso, la ABE ha elaborado una *Guía* que, a pesar de tratarse de un instrumento de *soft law*, ayuda a objetivar la valoración de la posibilidad de incumplimiento, ofreciendo criterios para determinar cuándo concurre el supuesto de hecho que habilita a la Administración para adoptar medidas de actuación temprana[14].

Como se comprueba, el supuesto de hecho previsto para el ejercicio de potestades correctoras en materia de actuación temprana es más estricto que el contemplado para ejercicio de esas facultades en el caso de las medidas de supervisión, por cuanto no basta el incumplimiento de los requisitos de solvencia y liquidez o la representación por el supervisor de que éste se va a producir, sino que resulta necesario que ese incumplimiento o previsibilidad de incumplimiento sean de tal magnitud, medida como el impacto en determinadas variables econométricas con arreglo a unos criterios objetivos, que coloquen a la entidad en una situación de riesgo grave para la estabilidad del sistema financiero. En palabras de Colino Mediavilla y Freire Costas, se requiere:

> *"Algún elemento adicional que refleje que la situación que llama la aplicación de las medidas adicionales de actuación temprana supone un grado superior de gravedad en las dificultades manifestadas por el incumplimiento, o la previsión razonable de incumplimiento, de los requisitos razonables"*[15].

---

14 EBA/GL/2015/03, 29 de julio de 2015, adoptadas como propias por el BdE el 24 de septiembre de 2015. El documento se encuentra disponible en: https://www.bde.es/f/webbde/INF/MenuHorizontal/Normativa/guias/eba-gl-2015-03-es.pdf (enlace consultado el 31 de enero de 2021). La *Guía* objetiva el supuesto de hecho sobre tres vectores: **(i)** puntuación global del PRES y combinaciones predefinidas de la puntuación global del PRES y de las puntuaciones de los elementos individuales del PRES; **(ii)** cambios significativos o anomalías detectados en el seguimiento de los indicadores financieros y no financieros clave en el marco del PRES, que pongan de manifiesto que se cumplen las condiciones para una actuación temprana; y **(iii)** hechos significativos que indiquen que se cumplen las condiciones para una actuación temprana; y ofrece criterios para determinar cuándo, en cada uno de esos extremos, concurre la situación que habilita para la adopción de medidas de actuación temprana.

15 Colino Mediavilla, José Luis, y Freire Costas, Rita María, "La actuación...", *óp. cit.* Los autores, además, advierten de una deficiente técnica legislativa en la BRRD a la hora de configurar ese "elemento adicional" que con acierto identifican, y, como parte de la exégesis de la norma que realizan para tratar de solventar la deficiencia, advierten inconsistencias en las versiones española, italiana, francesa, inglesa y alemana de la norma. No obstante, los criterios de la ABE referidos *ut supra* han venido a superar el problema, al proporcionar elementos de objetivación claros y precisos. Por otro lado, los autores también resaltan la diferencia que existe entre el presupuesto para la adopción de medidas de actuación temprana y el presupuesto para la adopción de medidas de resolución, cual es la viabilidad o inviabilidad futura de la entidad.

Como muestra de la diferencia que existe entre las medidas de actuación temprana y las medidas de supervisión, la Sentencia del Tribunal de Justicia de la UE de 12 de octubre de 2022 (TOL9.248.510)[16] anula una medida de sustitución de administradores[17] adoptada con arreglo a la normativa de actuación temprana porque el supuesto de hecho al que se acogió el BCE se correspondía con el previsto para las medidas de destitución de administradores en el ámbito de la estricta supervisión:

> "*De un análisis textual relativo a la formulación de los requisitos de aplicación del artículo 69 octiesdecies, apartado 1, letra b), del texto único bancario* [que regula las medidas de supervisión estrictamente consideradas] *y del artículo 70 de dicho texto* [que contiene las medidas de actuación temprana] *se desprende que su enumeración es exhaustiva y que son alternativos, como indica la utilización de la conjunción alternativa «o». Así, la segunda disposición establece que la disolución de los órganos de administración o de control de los bancos y el establecimiento de una administración extraordinaria son posibles en cuatro supuestos, dos de los cuales están previstos en la primera disposición y deben interpretarse, como indica la remisión directa a dicha disposición, del mismo modo que en el contexto de la «destitución». El análisis del texto indica asimismo que no existe jerarquía entre estos requisitos.*
>
> *Por tanto, del artículo 69 octiesdecies, apartado 1, letra b), del texto único bancario y del artículo 70 del mismo texto resulta que la segunda disposición no contempla la disolución de los órganos de administración o de control de los bancos ni el establecimiento de una administración extraordinaria en el supuesto de que el «deterioro de la situación del banco o del grupo bancario [fuese] particularmente significativo».*
>
> *En el presente asunto, mediante la decisión de sometimiento a administración provisional, el BCE decidió la «disolución de los órganos de administración y control [del banco] y su sustitución por tres comisarios extraordinarios y por un Consejo de Supervisión».*
>
> *Para adoptar esta decisión, consideró, en el apartado 2.1, que «se [cumplían] los requisitos establecidos en el artículo 69 octiesdecies y en el artículo 70 del texto único bancario, es decir, un deterioro significativo de la situación del [banco]», antes de concluir, en el apartado 2.6, que «la administración extraordinaria [era] necesaria y adecuada» y que «el ejercicio de la facultad contemplada en el artículo 70 [de dicha disposición se consideraba] también proporcionado para hacer frente a la grave situación que [atravesaba el banco en ese momento]».*
>
> *De esta manera, de la motivación expuesta en la mencionada decisión se desprende que la facultad ejercida por el BCE en el presente asunto para someter al banco a administración provisional es la contemplada en el artículo 70 del texto único bancario, y la referencia al artículo 69 octiesdecies de dicho texto no permite desvirtuar esta afirmación.*
>
> *Del mismo modo, en la decisión de prórroga, el BCE consideró que debía mantenerse la administración provisional, debido a la persistencia del «importante deterioro de la*

---

16 Asunto T-502/19, *Francesca Corneli vs. BCE* (TOL9.248.510). La Sentencia se encuentra actualmente recurrida en casación por la Comisión Europea y el BCE en los recursos C-789/22 P y C-777/22 P, respectivamente. A la fecha de depósito del presente trabajo el Tribunal de Justicia de la UE no ha resuelto los mencionados recursos de casación.

17 "*Disolución de administradores*" en Derecho italiano.

situación de la entidad supervisada» (apartado 2.1), y a que «el ejercicio de la facultad con arreglo al artículo 70 [del texto único bancario]» era adecuado a las circunstancias (apartado 2.6).

De ello se deduce que el BCE infringió el artículo 70 del texto único bancario al basarse en el «deterioro significativo de la situación del [banco]» para disolver los órganos de administración o de control del banco, establecer una administración provisional y mantenerla en vigor durante el período contemplado en la decisión de prórroga, pese a que ese requisito no lo establecía dicha disposición" (nn. 94 a 100).

En segundo lugar, las medidas de supervisión y las medidas de actuación temprana también presentan diferencias por el lado de sus distintos efectos jurídicos. En el caso de las primeras, la mayoría de las medidas se dirigen a exigir temporalmente requisitos más estrictos (mayores fondos propios, refuerzo de los procedimientos, mecanismos o estrategias, etc.), o a limitar temporalmente el ejercicio de ciertas actividades (limitar las actividades, limitar la distribución de dividendos, etc.), para, de ese modo, colocar a la entidad prontamente en los estándares de solvencia y liquidez establecidos en la norma (cfr. art. 68.2 de la LOSSEC).

En el caso de las medidas de actuación temprana, los efectos son considerablemente más invasivos, toda vez que pueden suponer una completa reestructuración patrimonial de la entidad, ejecutando el plan de recuperación elaborado por la entidad, imponiendo a los órganos sociales la adopción de ciertos acuerdos, obligando a negociar sus pasivos con los acreedores e, incluso, destituir o intervenir completamente el órgano de administración (cfr. art. 9.2 de la Ley 11/2015). Además, las medidas de actuación temprana producen el efecto de evitar la tramitación de un procedimiento concursal sobre la entidad (cfr. disposición adicional decimoquinta de la Ley 11/2015[18]).

La diferencia tanto en el supuesto de hecho como en los efectos jurídicos que existe entre las medidas de supervisión y las medidas de actuación temprana impide hablar de "solapamiento" entre ambas, como en alguna ocasión ha señalado la Presidente del Consejo de Supervisión del BCE[19], o entender que la corrección de las entidades

---

18 Así, los jueces no podrán admitir las solicitudes de concurso de la entidad, y, si se hubiera solicitado concurso necesario, el órgano judicial competente lo suspenderá y dará cuenta al FROB, para que, en el plazo de siete días, comunique si va a abrir un procedimiento de actuación temprana o de resolución, casos en los cuales el juez no admitirá la solicitud. Las actuaciones judiciales que se realicen contraviniendo estas normas serán nulas de pleno derecho.

19 Así hizo tanto en la carta de 24 de enero de 2018 como en la anterior de 18 de agosto de 2017, disponible en: https://www.bankingsupervision.europa.eu/ecb/pub/pdf/ssm.mepletter170818_Lamberts.en.pdf (enlace consultado el 31 de enero de 2021). En esta última, la Presidente exponía: "*although the ECB has made frequent use of the supervisory measures provided for in Article 16 SSMR, the implementation of EIMs has proved challenging so far, notably because: (i) the powers are not included in the SSMR and can only be exercised by the*

de crédito en las que se advierta un incumplimiento de la ordenación constituye una potestad discrecional de la Administración. Es cierto que, en ocasiones, puede resultar complicado trazar la frontera entre la concurrencia de un supuesto de hecho y otro, y razones de proporcionalidad pueden conducir al ejercicio de unas potestades correctoras frente a otras, pero ello no supone la existencia de una potestad discrecional donde la concurrencia de un supuesto de hecho permita varias soluciones jurídicamente válidas, porque sólo una de ellas (la que mejor se acomode a las exigencias derivadas del principio de proporcionalidad) es admisible. Dicho de otro modo, la norma deja cierto margen de apreciación a la Administración para determinar la concurrencia de un supuesto de hecho basado en conceptos jurídicos indeterminados que, aunque presenten similitudes, son diferentes, de modo que, determinada por aquélla la concurrencia de uno (el propio de las medidas de supervisión) u otro (el que motiva la aplicación de medidas de actuación temprana), sólo una será la solución válida en Derecho.

Ello no se ve alterado por el hecho de que la aplicación de unas y otras medidas cuente con elementos normativos comunes que se manifiestan en las referencias cruzadas existentes al efecto en todas las normas[20]. En mi opinión, esta coordinación entre las

ECB on the basis of the respective transpositions of the Bank Recovery and Resolution Directive (BRRD)5; and (ii) there is significant overlap between EIMs and "regular" supervisory measures provided for in Article 104 CRD IV and Article 16 SSMR. This overlap means that some early intervention measures are also available as "regular" supervisory measures and are therefore usually adopted as such for proportionality reasons. In particular, a bank may be required to disclose early intervention measures, whereas this might not be the case for measures taken under Article 16 SSMR. In addition, please note that annotated decisions by the Supervisory Board, including decisions to apply early intervention measures, are referenced in the records of proceedings of the Supervisory Board transmitted by the ECB to the European Parliament, as laid down in the Interinstitutional Agreement between the European Parliament and the ECB6 and under the relevant clauses on the protection of confidential information shared by the ECB with the European Parliament" (pág. 2). En mi opinión, más que de solapamiento cabe hablar de confusión al tener que aplicar la Administración supervisora medidas que no se encuentran recogidas en la normativa que regula el ejercicio de sus potestades y, por tanto, ser necesario un ejercicio de analogía para poder colmar una laguna que la normativa en materia de resolución no completa. No deja de ser destacable que mientras las normas de supervisión *stricto sensu* recogidas en CRD IV y transpuestas por la LOSSEC cuentan con un equivalente que, en el ámbito europeo, regula el ejercicio de las correspondientes facultades por la Administración europea competente (el BCE), en el caso de la resolución las normas de la BRRD y la Ley 11/2015 carecen de ese parangón en lo que a las medidas de actuación temprana se refiere, como consecuencia de que la potestad para adoptar éstas no se atribuye a la Administración de resolución ejecutiva (la JUR), que es la regulada por el Reglamento 806/2014, sino a la Administración de resolución preventiva (el BCE, regulado por el Reglamento 1024/2013, y, en España, el BdE).

20 Así, el art. 68.3 de la LOSSEC señala que la Administración supervisora podrá adoptar las medidas de supervisión ahí contenidas sin perjuicio de las medidas de actuación temprana previs-

normas de supervisión (estrictamente considerada) y las normas de actuación temprana se justifica, precisamente, en la idéntica naturaleza jurídica que, sin perjuicio de la diferencia de grado que existe, comparten todas esas medidas. La cuestión, no obstante, no está exenta de críticas que conducen a la doctrina a cuestionar, incluso, la eficacia real de las medidas de actuación temprana[21].

Por último, la reforma del marco legislativo de las medidas de actuación temprana conocida como CMDI, actualmente en tramitación, persigue, entre otros objetivos, eliminar "*los solapamientos entre las medidas de intervención temprana y las de supervisión*"[22], a fin de dotar de mayor eficiencia a la acción supervisora.

Sea como fuere, en el marco normativo vigente, resulta razonable abordar conjuntamente el estudio de las órdenes y prohibiciones que derivan tanto de la aplicación de medidas de supervisión como de la adopción de medidas de actuación temprana, toda vez que en ambos casos actúa la misma Administración en el ejercicio de potestades administrativas dogmáticamente similares.

Finalmente, debe tenerse presente que las Administraciones supervisoras también adoptan una tercera clase de órdenes y prohibiciones en materia de supervisión macroprudencial. Pues bien, aunque estas potestades están parcialmente excluidas del MUS (o, más bien, atribuidas originalmente al BdE, sin perjuicio de que el BCE pueda aplicarlas de forma más estricta), no dejan de ser medidas de supervisión e, incluso, presentan cierta identidad con alguna de ellas (así, la limitación en la distribución de dividendos).

---

tas en la normativa de recuperación y resolución de entidades de crédito. Igualmente, el art. 8.3 de la Ley 11/2015 señala que estas medidas de actuación temprana "*serán compatibles con las previstas en la normativa vigente en materia de ordenación y disciplina*", a salvo de la revocación de la autorización.

21 En esta línea, *vid.* Colino Mediavilla, José Luis, "¿Puede aplicarse eficazmente la intervención temprana en la crisis de las entidades de crédito?", *RDM* núm. 316/2020. En realidad, el autor, aunque achaca a la relación de estas medidas con las propias de supervisión como parte del problema, termina por poner el foco en la insuficiencia de instrumentos adecuados para configurar un auténtico procedimiento de reestructuración preventiva.

22 Comisión Europea, *Comunicación de la Comisión al parlamento Europeo, al Consejo, al Banco Central Europeo, al Comité Económico y Social Europeo y al Comité de las Regiones sobre la revisión del marco de gestión de crisis bancarias y garantía de depósitos para contribuir a completar la unión bancaria,* de 18 de abril de 2023 (COM(2023) 225 final), p. 4.

2.2 CATÁLOGO DE ÓRDENES Y PROHIBICIONES QUE PUEDEN IMPONER LAS ADMINISTRACIONES DE SUPERVISIÓN PRUDENCIAL

Los arts. 16.2 del Reglamento 1024/2013, 68.2 de la LOSSEC y 9.2 de la Ley 11/2015 recogen un listado *numerus clausus* de mandatos y prohibiciones que las Administraciones supervisoras pueden adoptar[23].

Para facilitar su mención, en el cuadro siguiente se clasifican estas medidas según tengan efectos imperativos o prohibitivos, y con indicación sobre si aparecen recogidas en materia de supervisión *stricto sensu* (**S**), actuación temprana (**AT**) o, dentro de las medidas de supervisión, en materia de supervisión macroprudencial (**M**), así como de los artículos que las refieren.

Mandatos (órdenes de contenido positivo)			Prohibiciones (órdenes de contenido negativo)		
Clase	Medida	Artículo	Clase	Medida	Artículo
S	Requisitos adicionales de fondos propios	16.2-*a)* del Reglamento 1024/2013 y 68.2-*a)* de la LOSSEC	**S**	Restricción o limitación de la actividad, operaciones, o red de entidades, o solicitar el abandono de actividades que planteen riesgos excesivos	16.2-*e)* del Reglamento 1024/2013 y 68.2-*e)* de la LOSSEC
S/AT	Refuerzo de estructuras, procesos, mecanismos y estrategias	16.2-*b)* del Reglamento 1024/2013, 68.2-*b)* de la LOSSEC y 9.2-*g)* de la Ley 11/2015[24]	**S**	Reducción del riesgo inherente a las actividades, productos y sistemas, incluida la delegación de la prestación de servicios o del ejercicio de funciones en las entidades de crédito	16.2-*f)* del Reglamento 1024/2013 y 68.2-*f)* de la LOSSEC

---

23 El art. 16.2 del Reglamento 1024/2013 puede generar dudas sobre si el listado tiene carácter de *numerus apertus*, toda vez que establece que "*el BCE estará facultado, en particular para (...)*". Esta lectura podría venir confirmada por el art. 104.1 de CRD IV, que señala que las Administraciones supervisoras "*dispondrán, como mínimo, de las siguientes facultades*". Sin embargo, una lectura sistemática con el art. 68.2 de la LOSSEC, que no deja de ser la norma que transpone el citado art. 104.1 de CRD IV, y que el BCE tiene obligación de aplicar ("*el Banco de España podrá adoptar, de entre las siguientes, las medidas que considere más oportunas (...)*"), y con el art. 9.2 de la Ley 11/2015, que hace lo propio con el art. 27.1 de BRRD ("*podrá adoptar las siguientes medidas*"), conduce a la conclusión contraria. Conclusión ésta que viene confirmada por la vinculación positiva de la Administración a la legalidad, particularmente exigente cuando ejercita, como es el caso, potestades ablatorias. No cabe, por tanto, en mi opinión, considerar el catálogo como de *numerus apertus*. La única excepción que cabría hacer a este respecto pasaría por aquellos requerimientos o intimaciones que la Administración puede dirigir a las entidades para recordarles la necesidad de cumplir con las normas que ordenan el sector, que, al no innovar la esfera jurídica de los particulares, no presenta problemas admitir de forma añadida a las facultades enumeradas en los citados preceptos.

24 Éste habla de "*cambios en la estrategia empresarial de la entidad o del grupo o subgrupo consolidable*".

S/AT	Presentación de un plan para retornar al cumplimiento	16.2-*c)* del Reglamento 1024/2013, 68.2-*c)* de la LOSSEC y 9.2-*b)* de la Ley 11/2015[25]	**S/M**	Prohibir o restringir el reparto de dividendos a accionistas, socios o titulares de instrumentos de capital de nivel 1[26]	16.2-*i)* del Reglamento 1024/2013, art. 48.2-*a)* y *c)* de la LOSSEC[27], 48 ter..2-*a)* y *c)* de la LOSSEC[28] y 68.2-*i)* de la LOSSEC
S	Política específica de dotación de provisiones o tratamiento de los activos en cuanto a requisitos de fondos propios	16.2-*d)* del Reglamento 1024/2013 y 68.2-*d)* de la LOSSEC	**S/M**	Limitación de la retribución variable	16.2-*g)* del Reglamento 1024/2013, 35-*a)* de la LOSSEC[29], 48.2-*b)* de la LOSSEC[30], 48 ter..2-*b)* de la LOSSEC[31] y 68.2-*g)* de la LOSSEC

25 Con una redacción algo distinta de los anteriores, pero substancialmente igual en sus efectos: *"requerir al órgano de administración de la entidad para que examine su situación, determine las medidas necesarias para superar los problemas detectados y elabore un plan de actuación para resolver dichos problemas, con un calendario específico de actuación"*.

26 A los efectos de la medida de supervisión macroprudencial, el art. 48.5 de la LOSSEC refiere qué supuestos deben entenderse como distribuciones relativas al capital CET 1.

27 Este precepto contempla la medida para el caso de que las entidades de crédito no cumplan el requisito combinado de colchones de capital o que realicen una distribución de capital CET 1 que implique su disminución hasta un nivel en que ya no se respete ese requisito, casos en los cuales deberán calcular el importe máximo distribuible antes de distribuir dividendos, remunerar los instrumentos de capital CET 1 o asumir la obligación de abonar retribuciones variables. Estas restricciones se aplicarán únicamente a los pagos que den lugar a una reducción de capital CET 1 o a una reducción de los beneficios, y siempre que la suspensión o cancelación del pago no constituyan un incumplimiento de las obligaciones de pago u otra circunstancia que conduzca a la apertura del oportuno procedimiento concursal (cfr. art. 48.4 de la LOSSEC).

28 *Ib ídem*, para los casos de incumplimiento del colchón de la ratio de apalancamiento.

29 Para entidades que reciban apoyo financiero público.

30 En el contexto de las medidas de supervisión macroprudencial ya comentadas.

31 Sobre incumplimiento del colchón vinculado a la observancia de la ratio de apalancamiento.

S	Utilizar los beneficios netos para reforzar los fondos propios	16.2-*h)* del Reglamento 1024/2013 y 68.2-*h)* de la LOSSEC	**S/AT**	Destituir a los miembros del órgano de administración[32]	16.2-*m)* del Reglamento 1024/2013 y 9.2-*d)* de la Ley 11/2015[33]
S	Requisitos de información adicionales o más frecuentes[34]	16.2-*j)* del Reglamento 1024/2013 y 68.2-*j)* y *h)* de la LOSSEC			

32 Esta medida se diferencia de la intervención y sustitución de administradores que, según se ha apuntado ya, conforma una medida que mezcla elementos imperativos con elementos prohibitivos, y que será objeto de estudio separado en el epígrafe siguiente. Esta medida, por el contrario, simplemente determina que los accionistas no pueden ejercer su derecho a nombrar a los administradores respecto de una concreta persona, a la que se cesa en sus funciones, pero no substituye la voluntad de los accionistas para nombrar un nuevo administrador. Según se comprueba, la medida aparece recogida en el art. 16.2 del Reglamento 1024/2013, pero no así en la LOSSEC ni en CRD IV como parte de las medidas de supervisión. La LOSSEC lo regula de forma autónoma, como medida de actuación temprana (cfr. art. 70.1-*a)*) cuando concurre una situación distinta de las previstas en la Ley 11/2015 pero de excepcional gravedad (esto es, en un supuesto de incumplimiento cualificado respecto del que motiva la adopción de medidas de supervisión: cfr. art. 70.1-*b)* de la LOSSEC), y cuando se adquiera una participación significativa en una entidad de crédito sin respetar el régimen de autorización contemplado en las normas aplicables, o existan razones fundadas y acreditadas para considerar que la influencia ejercida por las personas que la posean pueda resultar en detrimento de la gestión sana y prudente de la entidad, que dañe gravemente su situación financiera (cfr. art. 70.1-*c)* de la LOSSEC).

33 En este caso, también se contempla la sustitución del cesado por incumplimiento de los requisitos de idoneidad de CRD IV y la LOSSEC, pero, como ha explicado la ABE, se limita a uno o varios concretos administradores, sin que suponga una intervención global de la entidad. Ésta última sólo puede realizarse bajo el régimen de intervención y sustitución que se estudiará más adelante, en el cual se incluye también el cese o destitución de uno o varios administradores por razones distintas al incumplimiento de las condiciones de idoneidad recogidas en la normativa –que bien puede identificarse con las "*razones fundadas o acreditadas*" de que la influencia ejercida perjudica a la entidad, a las que se refiere el art. 70.1-*c)* de la LOSSEC, ya citado–: "*if this measure (and/or other measures of Article 27)* [la destitución referida en la tabla] *is not sufficient, under Article 28 of the BRRD the competent authorities can remove i) the senior management and or management body of the institution as a whole, or ii) remove individuals of those bodies but this time, not necessarily under the conditions of CRD/MIFID test, including respectively Articles 91, 94 n (ii) and 100 CRD, as well as Article 9 and Annexe II (II.1), fourth paragraph MIFID but by virtue of the trigger in Article 28 being met*" (*vid.* Q&A 2015_1862; disponible en https://www.eba.europa.eu/single-rule-book-qa/-/qna/view/publicId/2015_1862 –enlace consultado el 31 de enero de 2021).

34 En los términos previstos en el apartado 2 bis del mismo art. 68 de la LOSSEC: "*a los efectos, del apartado 2, letra j), las obligaciones de información adicionales o más frecuentes se podrán imponer siempre y cuando sean adecuadas y proporcionadas respecto al objetivo para el cual se requiera la información y la información solicitada no sea repetitiva*".

S	Requisitos adicionales de liquidez, incluidas restricciones de los desfases de vencimientos entre activos y pasivos	16.2-*k)* del Reglamento 1024/2013 y 68.2-*k)* de la LOSSEC[35]	
M	Exigir la divulgación de información adicional	68.2-*l)* de la LOSSEC	
M	Elaboración de un plan de conservación del capital[36]	49 de la LOSSEC	
AT	Requerir al órgano de administración para que aplique una o varias de las medidas recogidas en el plan de recuperación	9.2-*a)* de la Ley 11/2015	

35 Con un contenido más preciso que el de su homóloga europea: "*imponer la obligación de disponer de una cantidad mínima de activos líquidos que permitan hacer frente a las potenciales salidas de fondos derivadas de pasivos y compromisos, incluso en caso de eventos graves que pudieran afectar a la liquidez, y la de mantener una estructura adecuada de fuentes de financiación y de vencimientos en sus activos, pasivos y compromisos con el fin de evitar potenciales desequilibrios o tensiones de liquidez que puedan dañar o poner en riesgo la situación financiera de la entidad*".

36 Puede discutirse si esta medida es el resultado del ejercicio de una potestad correctora o, más bien, sus efectos jurídicos dimanan directamente de la Ley para el caso de incumplimiento. No obstante, parece que, cuando se produzca esta situación, será el BdE quien, en todo caso, requiera a la entidad para que elabore este plan, razón por la cual entiendo razonable incluirlo en este listado.

AT	Requerir al órgano de administración para que convoque la Junta, o convocarla directamente si aquél no acata, fijar el orden del día y proponer la adopción de determinados acuerdos	9.2-*c)* de la Ley 11/2015
AT	Designar un delegado del supervisor que asista, con voz pero sin voto, a las reuniones del órgano de administración y sus comisiones delegadas, con facultades de acceso a la información en su condición de miembro	9.2-*e)* de la Ley 11/2015
AT	Requerir al órgano de administración para que elabore un plan de para la negociación de la reestructuración de la deuda	9.2-*f)*

A estas facultades cabe añadir, como medida de actuación temprana pero también, en Derecho español, como medida de supervisión, la intervención y sustitución de administradores, a la que ya me he referido y que se abordará en detalle en el epígrafe 3 de este Capítulo.

El art. 68 bis de la LOSSEC, además, obliga al BdE a adoptar medidas de supervisión prudencial en materia de riesgo de tipos de interés derivado de actividades ajenas a la cartera de negociación, ya sean las del art. 68.2, ya sea la consistente en imponer la obligación de especificar hipótesis de modelización y asunciones paramétricas, distintas de las previstas en la normativa europea aplicable, y exigir que las entidades las utilicen en los cálculos del valor económico de su patrimonio neto:

1º. Cuando el valor económico del patrimonio neto de la entidad disminuya en una cifra superior al 15% de su CET1 como consecuencia de una variación súbita e inesperada de los tipos de interés según alguno de los seis escenarios supervisores de perturbación aplicados a los tipos de interés.

2º. Cuando los ingresos netos por intereses de la entidad sufran una disminución significativa como consecuencia de una variación súbita e inesperada de los tipos de interés según alguno de los dos escenarios supervisores de perturbación aplicados a los tipos de interés.

De los anteriores supuestos se excepciona el caso en el que el BdE considere que la gestión por parte de la entidad del riesgo de tipo de interés derivado de las actividades ajenas a la cartera de negociación es adecuada y que la entidad no está excesivamente expuesta al riesgo de tipo de interés derivado de las actividades ajenas a la cartera de negociación (cfr. art. 68 bis. 3 de la LOSSEC).

Por otro lado, en relación con la medida relativa a la posibilidad de imponer requisitos de fondos propios adicionales, contemplada en los arts. 16.2-*a)* del Reglamento 1024/2013 y 68.2-*a)* de la LOSSEC, el art. 69 de la LOSSEC, que transpone el antiguo apartado 2 del art. 104 de CRD IV (hoy, tras la reforma operada por CRD V, trasladado al art. 104 bis), obliga al BdE a aplicar la medida en los siguientes supuestos:

1º. Cuando la entidad esté expuesta a riesgos o elementos de riesgo no cubiertos o no suficientemente cubiertos por los requisitos de recursos propios establecidos en las partes tercera, cuarta y séptima de CRR, de acuerdo con el desarrollo reglamentario que se provea.

2º. Cuando la entidad no cumpla los requisitos establecidos en los arts. 29 y 41.1 de la LOSSEC o en el art. 393 de CRR, y no sea probable que otras medidas de supervisión sean suficientes para garantizar el cumplimiento de dichos requisitos en un plazo adecuado.

3º. Cuando los ajustes de valoración con respecto a posiciones o carteras específicas dentro de la cartera de negociación, de acuerdo con lo establecido en el art. 105 de CRR, no sean suficientes para permitir que la entidad venda o cubra sus posiciones en un corto periodo de tiempo sin incurrir en pérdidas importantes en condiciones de mercado normales.

4º. Cuando el incumplimiento de los requisitos exigidos para la aplicación de un método de cálculo de los requisitos de recursos propios que requiere autorización previa de conformidad con la parte tercera de CRR, pueda dar lugar a unos requisitos de recursos propios insuficientes.

5º. Cuando, de forma reiterada, el nivel de recursos propios de la entidad sea inferior al nivel de recursos propios adecuado de conformidad con la orientación sobre recursos propios adicionales comunicada de conformidad con el art. de la LOSSEC 69 bis.

6º. En otras situaciones específicas que el BdE considere que puedan suscitar problemas importantes de supervisión.

Adicionalmente, el nuevo art. 69 bis de la LOSSEC faculta al BdE para emitir, como resultado del ejercicio de sus potestades inspectoras, una orientación sobre recursos propios para las entidades de crédito. Como es lógico, esta orientación no se corresponde con una potestad correctora en la medida en que no produce efectos jurídicos coactivos sobre las entidades de crédito[37]. Igualmente, el art. 69 ter confiere al BdE la facultad de exigir a las entidades de crédito que limiten su exposición a un sector de actividad económica que, a la vista de la concentración de la exposición de la entidad a él, pueda suponer un elemento de riesgo sistémico.

2.3 APLICACIÓN DE ÓRDENES Y PROHIBICIONES

2.3.1 Por el BCE

El ejercicio de las potestades correctoras atribuidas al BCE se encuentra regulado en el Reglamento 1024/2013 y el Reglamento 468/2014. Ambas normas contienen un completo sistema de procedimiento administrativo que contempla las distintas fases de éste y la forma en que debe permitirse a los particulares ejercer, ante la posibilidad de ver afectada su esfera jurídica, su derecho a ser oído. Estas normas, además, incluyen la posibilidad de excepcionar la aplicación de esas mismas normas cuando el ejercicio de la potestad correctora urge, a la vista de las circunstancias, si bien en este segundo caso debe sustanciarse con posterioridad el procedimiento en el que el particular tenga la posibilidad de defenderse, y acudir al correspondiente régimen de responsabilidad patrimonial para el caso de que la actuación de la Administración generara daños de los que ésta tuviera que hacerse responsable[38].

---

[37] De acuerdo con el apartado 4 del art. 69 bis, la incapacidad de una entidad para mantener esa orientación no activará las restricciones al reparto de dividendos previstas en los arts. 48 y 48 ter siempre que la entidad cumpla con: **(i)** los requisitos de recursos propios aplicables establecidos en las partes tercera, cuarta y séptima de CRR; **(ii)** el requisito de recursos propios adicionales previsto en los artículos 68.2.a) y 69 de la LOSSEC; y **(iii)** el requisito combinado de colchones de capital establecido en el artículo 43 o el requisito de colchón de ratio de apalancamiento previsto en el artículo 92.1 bis de CRR, según proceda

[38] Sobre la responsabilidad patrimonial de las Administraciones supervisoras europeas por fallos en su actividad, *vid.* Lara Ortiz, María Lidón, *Regulación bancaria. Responsabilidad social versus responsabilidad patrimonial,* Valencia: Tirant lo Blanch, 2023, especialmente pp. 149-169 y 179-219].

Tanto las normas que rigen el procedimiento ordinario como las especialidades del procedimiento de urgencia son objeto de examen a continuación. Ello no obstante, con carácter previo deben realizarse dos precisiones relativas a la aplicación de esas normas también al ejercicio por el BCE de potestades correctoras en materia de actuación temprana y de supervisión macroprudencial.

(A) Aplicación de las normas de procedimiento a la adopción de medidas de actuación temprana y de medidas de supervisión en materia macroprudencial

Según se ha expuesto más arriba, la normativa relativa a recuperación y resolución de entidades de crédito, representada por BRRD y la Ley 11/2015 que la transpone, no cuenta con una norma que regule el ejercicio de los poderes del BCE en cuanto Administración de supervisión del mismo modo que lo hace el Reglamento 1024/2013 con respecto a CRD IV y la LOSSEC. Esta situación puede generar algún problema en relación con la aplicación de medidas de actuación temprana.

El art. 22 del Reglamento 1024/2013 circunscribe las normas de procedimiento contenidas en él a la adopción de decisiones de supervisión "*de conformidad con el artículo 4 y la sección 2 del capítulo III*", es decir, en el ámbito de lo que hemos denominado medidas de supervisión y el ejercicio de la potestad sancionadora. En la misma dirección, el art. 25.1 del Reglamento 468/2014, que abre la parte de esta norma dedicada a desarrollar aquel art. 22 del Reglamento 1024/2013, circunscribe las normas de procedimiento que contiene a los procedimientos "*iniciados de conformidad con el artículo 4 y la sección 2 del capítulo III del Reglamento del MUS*". De este modo, podría defenderse que la adopción de decisiones por el BCE en materia de actuación temprana estaría excluido del alcance de estas normas. Sin embargo, creo que existen razones para defender que las decisiones en materia de actuación temprana son, a estos efectos, decisiones de supervisión y, en consecuencia, deben adoptarse con arreglo a los procedimientos establecidos al efecto.

En primer lugar, porque la adopción de medidas de adopción temprana no deja de ser resultado del ejercicio de potestades administrativas para "*velar por el cumplimiento*" de las normas de solvencia y liquidez y "*garantizar el cumplimiento*" de las demás que ordenan el sector, funciones ambas que las letras *d)* y *e)* del art. 4.1 del Reglamento 1024/2013 atribuyen al BCE.

Además, la letra *f)* del mismo art. 4.1 del Reglamento 1024/2013 permite al BCE adoptar, junto con medidas que impongan requisitos adicionales de fondos propios, de liquidez o de información, "*otras medidas en los casos en que el Derecho aplicable de la Unión permita expresamente a las autoridades competentes intervenir en ese sentido*". Y éste es el caso: el art. 27 de BRRD impone a los Estados miembro la obligación de legislar para que "*las autoridades competentes tengan a su disposición*" las medidas de actuación temprana; y eso es, precisamente, lo que hacen los arts. 8 y 9 de la Ley 11/2015, cuando atribuye las potestades al "*supervisor competente*" que, de acuerdo con el art. 2.1-*b)* de la Ley, se corresponde con: "*el Banco de España y el Banco Central Europeo, dentro del Mecanismo Único de Supervisión, como autoridades responsables de la supervisión de las entidades de crédito (...)*"[39]. Esto es, los poderes se atribuyen al supervisor competente "*dentro*" del MUS y, por tanto, con sujeción a las normas que regulan el ejercicio de las potestades administrativas previstas en él.

En este sentido, la limitación objetiva de su alcance que hacen el art. 22.1 del Reglamento 1024/2013 y el art. 25.1 del Reglamento 468/2014 no persigue distinguir entre la aplicación de medidas de supervisión en sentido estricto y medidas de actuación temprana, porque todas ellas son propiamente medidas de supervisión, sino más bien trazar la frontera entre el ejercicio de potestades correctoras y sancionadoras, por un lado, y el ejercicio de las demás potestades en el ámbito del MUS, como la autorizatoria o la inspectora, por otro, ya que este segundo bloque de potestades cuentan con su propio régimen.

Adicionalmente, esta interpretación concuerda perfectamente con el tenor literal del art. 16.2 del Reglamento 1024/2013 cuando señala las potestades correctoras de las que, "*como mínimo*", debe disponer el supervisor. Como se indicó más arriba, ese "*como mínimo*" no permite que el BCE se atribuya cualesquiera potestades correctoras, entre otras razones y de forma principal porque ello vulneraría su vinculación positiva a la legalidad, pero sí permite que otra Ley le atribuya más potestades correctoras que, entonces, podrán entenderse incluidas en el art. 16.2 del Reglamento 1024/2013 y, por tanto, sujetas a las reglas de procedimiento indicadas.

En realidad, la duda desaparecería por completo si todas las potestades correctoras incardinadas en la actividad de supervisión prudencial bancaria, con independencia de cuál sea el supuesto de hecho que motive su aplicación, se regularan de forma unitaria en un sólo cuerpo normativo, separando en dos artículos o en dos apartados del mismo artículo las distintas facultades según su gradación, pero permitiendo una concepción homogénea de lo que no son sino poderes idénticos desde la óptica de su naturaleza jurídica.

Finalmente, tampoco cabría construir el argumento de que medidas de supervisión en sentido estricto y medidas de actuación temprana se sujetan a reglas procedimentales diferentes con base en un argumento funcional o práctico, consistente en que las segundas requieren de un procedimiento más rápido que pueda justificar prescindir de algunos trámites como, por ejemplo, la falta de audiencia a las entidades de crédito destinatarias de esas medidas, para garantizar que la apertura de un procedimiento de

---

39 En la misma dirección, el art. 2.1 de BRRD incluye al BCE entre las autoridades competentes para desempeñar las funciones incluidas en el art. 4.1 del Reglamento 1024/2013.

actuación temprana a una entidad no desestabilice el sistema financiero[40]. Precisamente, el párrafo segundo del art. 22.1 del Reglamento 1024/2013 permite al BCE prescindir del trámite de audiencia "*en caso de que sea necesaria una intervención urgente para impedir que el sistema financiero sufra daños importantes. En tal caso, el BCE podrá adoptar una decisión provisional, y deberá dar a las personas interesadas la oportunidad de ser oídas lo antes posible una vez adoptada su decisión*". De este modo, aplicando las reglas de procedimiento previstas para el ejercicio de las potestades de supervisión del BCE se alcanza también ese objetivo cuando sea necesario.

Más sencilla parece la respuesta que debe darse en relación con las medidas de supervisión macroprudencial, porque, en estos casos, se incluyen expresamente en el alcance de las reglas procedimentales señaladas. Así, el art. 101.2 del Reglamento 468/2014, que regula la posibilidad de que el BCE ejercite los poderes que le confiere el art. 5.2 del Reglamento 1024/2013 para imponer medidas de supervisión macroprudencial más restrictivas que las acordadas por el BdE, señala que:

> *"Los procedimientos macroprudenciales (...) no constituirán procedimientos del BCE o de las ANC con arreglo al presente Reglamento, sin perjuicio de lo dispuesto en el artículo 22 del MUS en relación con las decisiones dirigidas a entidades supervisadas concretas".*

Como las posibilidades que el art. 5.2 confiere al BCE son muy amplias (pues puede adoptar decisiones que obliguen a las ANC, a todas las entidades de crédito o a un sector de ellas –por ejemplo, subiendo los colchones determinados como parte de la ordenación por el BdE–, o, en fin, dictar actos administrativos singulares que corrijan el incumplimiento de una entidad concreta), la norma distingue entre las decisiones del

---

[40] La Presidente del Consejo de Supervisión del BCE advirtió, en una carta dirigida a los eurodiputados Philippe LAMBERTS y Ernest URTASUN con fecha 24 de enero de 2018, que la apertura de un procedimiento de actuación temprana podría obligar a hacer pública la situación de crisis de la entidad con arreglo al art. 17 del Reglamento 596/2014 en materia de abuso de mercado, a pesar de que el apartado 5 de esa norma permite a las entidades de crédito retrasar, bajo ciertas circunstancias, la divulgación de información que afecte a "*un problema temporal de liquidez, y en particular, la necesidad de recibir provisión de liquidez temporal de un banco central o prestamista de última instancia*", lo que, en su opinión, podría tener efectos adversos para la entidad y reducir la efectividad de la medida en mitigar el deterioro en su posición financiera: "*such disclosure might have unintended adverse effects for the supervised bank and therefore the effectiveness of the measure in mitigating a deterioration in its financial position*". Carta disponible en: https://www.bankingsupervision.europa.eu/ecb/pub/pdf/ssm.mepletter180125_Lamberts_Urtasun.en.pdf (enlace consultado el 31 de enero de 2021). COLINO MEDIAVILLA, que se hace eco de esta denuncia, señala la necesidad de graduar adecuadamente las medidas y ser estrictamente proporcionados en las decisiones que las acompañen a fin de minimizar los daños que la divulgación de una situación de crisis, por transitoria que sea, puede producir sobre la solvencia y liquidez de una entidad de crédito (COLINO MEDIAVILLA, José Luis, "La gestión temprana de la crisis de entidades de crédito", en GONZÁLEZ VÁZQUEZ, José Carlos, y COLINO MEDIAVILLA, José Luis, *Regulación bancaria y actividad financiera*, Las Rozas (Madrid): Wolters Kluwer España, 2020, pp. 287-302).

BCE dirigidas a otras Administraciones, los actos dirigidos a todos los participantes del sector con carácter general y los actos singulares dirigidos a destinatarios concretos. En estos últimos casos, que son en realidad los que se corresponden con el ejercicio de potestades correctoras, el Reglamento 468/2014 remite a la aplicación del art. 22 del Reglamento 1024/2013, lo que, en último término, supone la aplicación del acervo normativo contenido en los arts. 25 y ss. del propio Reglamento 468/2014 que desarrollan aquel artículo.

(B) Procedimiento ordinario

Los procedimientos para la adopción de medidas de supervisión o de actuación temprana son iniciados de oficio (art. 28.1 del Reglamento 468/2014).

Aunque la norma no lo refiere con claridad, parece que la incoación la adopta el ECS responsable de la entidad, toda vez que se trata del órgano administrativo que lleva a cabo la evaluación y revisión supervisora de la entidad y aplica el PES y las decisiones de supervisión (cfr. art. 3.2 del Reglamento 468/2014). Es el ECS de cada entidad, por tanto, quien dispone de la información necesaria para decidir si concurren o no los supuestos de hecho que facultan al BCE para ejercitar las potestades correctoras[41]. En el caso de las medidas de actuación temprana, los ECS estarán asistidos por la División de Gestión de Crisis del BCE[42].

En el caso de las medidas de actuación temprana, el acuerdo de incoación deberá incorporar una declaración de la iniciación de la situación de actuación temprana (cfr. art. 8.1 de la Ley 11/2015), declaración que decaerá "*cuando la entidad deje de encontrarse en las circunstancias*" que integran el supuesto de hecho para el ejercicio de las potestades correctoras en estos casos (cfr. art. 8.4 de la Ley 11/2015). Esta declaración, como ocurre con la declaración de inviabilidad que abre el procedimiento de resolución, no constituye un acto administrativo susceptible de impugnación autónomo, sin perjuicio de que sus errores puedan invocarse en el recurso seguido frente a los concretos actos que se dicten ejerciendo las potestades correctoras[43].

Aunque no siempre aparece recogido en la normativa, los documentos que ha ido elaborando el BCE para la correcta aplicación del MUS revelan que la incoación de

---

41 El *Manual* del BCE refiere la importancia que tienen los ECS en la adopción de medidas correctoras: cfr. BCE, *Manual...*, *óp. cit.*, pp. 105-107.

42 BCE, *Guía de supervisión...*, *óp. cit.*, pp. 38-39; BCE, *Manual...*, *óp. cit.*, pp. 105-109.

43 *Vid.* Sentencia del Tribunal de Justicia de la UE de 7 de agosto de 2018, C-52/17 (TOL6.687.342). Un análisis de esta Sentencia puede encontrarse en ARRANZ ALONSO, Lucía, y POSADA RODRÍGUEZ, Marcos, "El papel del Tribunal de Justicia de la UE en la configuración del Mecanismo Único de Supervisión", en GONZÁLEZ VÁZQUEZ, José Carlos, y COLINO MEDIAVILLA, José Luis, *Regulación...*, *óp. cit.*, pp. 174-177.

un procedimiento de medidas correctoras puede acordarse en diferentes momentos. Por un lado, tras la realización del PRES el BCE puede adoptar una decisión "*sobre las medidas de supervisión más adecuadas para corregir las debilidades de la entidad*"[44]. Lo mismo ocurre tras finalizar una inspección *in situ*: el BCE puede adoptar una decisión de supervisión, ejercitando las potestades correctoras, o formular simples recomendaciones a las entidades[45]. El art. 16.1-*c)* del Reglamento 1024/2013 se refiere a ambas, y a otros posibles ejercicios de la potestad inspectora (como la realización de los test de estrés) como momentos que pueden derivar en el ejercicio de la potestad correctora. Ello, por supuesto, además de todos aquellos casos en los que los ECS detectaran, por cualquier otro medio, un incumplimiento de la normativa en los términos señalados en las letras *a)* y *b)* de ese precepto.

Incoado el procedimiento, se abre la fase probatoria (cfr. art. 29 del Reglamento 468/2014), que incluye no sólo la aportación de documentos, sino también la comparecencia de peritos y testigos, incluso oralmente (cfr. art. 30 del Reglamento 468/2014). Parece que la instrucción del procedimiento y la práctica de la prueba deberá realizarse ante el Consejo de Supervisión, toda vez que es el órgano encargado de preparar un proyecto de decisión, aunque es éste un extremo que debería aclararse normativamente.

Seguidamente, y antes de preparar la propuesta de resolución, el BCE deberá dar audiencia a la entidad interesada por plazo mínimo de dos semanas, que podrá ampliar en lo que entienda procedente o, incluso, reducir a tres días hábiles cuando concurran las circunstancias para ello (cfr. art. 31.1 a 3 del Reglamento 468/2014). Esta última cuestión no deja de tener relevancia, toda vez que permite al BCE no acudir al procedimiento de urgencia –que supone el dictado del acto sin haber escuchado previamente a la entidad– ante situaciones graves que requieran una actuación ágil pero no inmediata, de forma que los efectos jurídicos no se producen hasta que el particular ha podido defenderse adecuadamente.

Como complemento indispensable para el adecuado ejercicio de ese derecho de defensa, el art. 32 del Reglamento 468/2014 regula el acceso al expediente, a fin de poder comprobar las actuaciones administrativas incorporados a él sobre las que debe alegar durante el procedimiento.

Finalizada la instrucción del procedimiento, el Consejo de Supervisión deberá elaborar y aprobar un proyecto de decisión que elevará al Consejo de Gobierno del BCE para ser, en su caso, aprobado mediante el procedimiento de no objeción, de acuerdo con lo previsto en el art. 26.8 del Reglamento 1024/2013.

---

44 BCE, *Manual...*, *óp. cit.*, p. 93.

45 BCE, *Guía para inspecciones...*, *óp. cit.*, pp. 15-18.

El proyecto de decisión, como la decisión que terminará siendo si el Consejo de Gobierno nada objeta, deberá estar debidamente motivada, con expresa referencia a los hechos y fundamentos jurídicos en los que se base. Unos y otros deben corresponderse con aquéllos sobre los que los interesados hayan tenido la oportunidad de defenderse, siendo de lo contrario la decisión inválida (cfr. art. 33 del Reglamento 468/2014).

La decisión debe ser debidamente notificada a la entidad de crédito interesada por alguno de los medios que refiere el art. 35 del Reglamento 468/2014.

La decisión adoptada de ese modo resulta inmediatamente ejecutiva, salvo que el particular solicite su suspensión cautelar al impugnarla ante el CAR o así lo decida de oficio el BCE en la propia decisión (sujetándola, por tanto, a condición suspensiva) o a petición del destinatario, en casos distintos a la impugnación en vía administrativa (cfr. art. 34 del Reglamento 468/2014).

La decisión resultado del ejercicio de la potestad correctora es susceptible de impugnación ante el CAR, con arreglo a lo dispuesto en la Decisión 2014/360/UE, y directamente ante el Tribunal de Justicia de la UE, en aplicación de lo previsto en el art. 267-*b)* del TFUE.

En caso de incumplimiento, y sin perjuicio de las sanciones que puedan corresponder, el BCE podrá adoptar las medidas de ejecución pertinentes (y, entre ellas, la aplicación de multas coercitivas de naturaleza no sancionadora)[46]. Sobre estas últimas me detendré en el Capítulo VII de esta obra, a fin de detallar sus diferencias con las sanciones que el BCE también puede imponer en ejercicio de su potestad sancionadora.

Por último, el Reglamento 468/2014 contiene una serie de previsiones dirigidas a garantizar la plena eficacia de las decisiones que adopte el BCE, el cual puede solicitar a las autoridades nacionales competentes, entre otras medidas, la ejecución material de la decisión, así como coordinar la actuación entre todas estas Administraciones al mismo fin (cfr. arts. 89 a 94). Estos mecanismos también incluyen la posibilidad de que sean las autoridades nacionales competentes las que presenten al BCE proyectos de decisiones en materia de ejercicio de las potestades correctoras (cfr., en particular, art. 90.1-*a)* del Reglamento 468/2014).

(C) Procedimiento de urgencia

Como consecuencia de la dinámica propia de la actividad crediticia, en ocasiones puede ser aconsejable que el BCE, ante incumplimientos de la ordenación aplicable que puedan suponer un daño inminente para la estabilidad del sistema financiero, deba adoptar medidas inmediatas que eviten ese daño. Esta posibilidad, claro está, encuentra

---

46 Cfr. BCE, *Manual..., óp. cit.*, pp. 112-113.

difícil encaje en unas normas de procedimiento estrictas donde deban seguirse necesariamente ciertos trámites en determinados plazos. Ahora bien, de no seguirse estos trámites y respetarse los plazos, los derechos de los particulares destinatarios de la decisión pueden verse vulnerados y, por consiguiente, la decisión ser inválida.

Para tratar de conjugar ambos factores, la normativa que regula el ejercicio de las potestades correctoras por el BCE contempla la posibilidad de que esta Administración adopte medidas sin solución de continuidad, que serán inmediatamente ejecutivas, sin perjuicio de que, posteriormente, sustancie un procedimiento donde el particular pueda defenderse de los fundamentos de la decisión y en el que ésta resulte finalmente confirmada o revocada. En efecto, el art. 22.1, párrafo segundo, del Reglamento 1024/2013 dispone que:

> "*El párrafo primero* [relativo al derecho a ser oído en los términos ya expuestos] *no se aplicará en caso de que sea necesaria una intervención urgente para impedir que el sistema financiero sufra daños importantes. En tal caso, el BCE podrá adoptar una decisión provisional, y deberá dar a las personas interesadas la oportunidad de ser oídas lo antes posible una vez adoptada su decisión*".

El art. 31.4 y 5 del Reglamento 468/2014 desarrolla esta previsión y señala que, entre los elementos sobre los que el particular puede alegar, se encuentran también las razones de urgencia que han justificado la adopción de la medida sin respetar los trámites ordinarios exigibles. El plazo para formular alegaciones *a posteriori* será de dos semanas, aunque el BCE podrá ampliarlo hasta un máximo de seis meses. El procedimiento concluirá con una nueva decisión confirmando, renovando, enmendando o revocando y sustituyendo por otra la decisión original.

El procedimiento de urgencia debe completarse con uno de los incisos del art. 26.8 del Reglamento 1024/2013, que permite al Consejo de Gobierno adoptar decisiones por el procedimiento de no objeción en cuarenta y ocho horas cuando se trate de situaciones de emergencia. Aunque la norma define cuándo se dan esas situaciones de emergencia, no parece difícil identificarlas con las situaciones de urgencia para la estabilidad del sistema financiero mencionadas por el art. 22.1, párrafo segundo, del mismo Reglamento, y concluir, por tanto, que el objetivo de la norma se dirige a acortar el plazo máximo de diez días establecido con carácter general para la adopción de decisiones.

Como es lógico, frente a las decisiones adoptadas por el procedimiento de urgencia, el particular afectado, sin perjuicio de que participe en el procedimiento que se siga a continuación para confirmar, enmendar o revocar la decisión, puede solicitar la suspensión de su ejecutividad al BCE (cfr. art. 34 del Reglamento 468/2014) y, en mi opinión, impugnarla ante el CAR, en su caso, también con solicitud de suspensión cautelar (cfr. art. 24.5 del Reglamento 1024/2013).

A este respecto, cabe recordar lo que establece el art. 340, párrafo segundo, del TFUE en relación con la responsabilidad patrimonial de las instituciones de la UE por daños causados por sus acciones[47]:

> *"En materia de responsabilidad extracontractual, la Unión deberá reparar los daños causados por sus instituciones o sus agentes en el ejercicio de sus funciones, de conformidad con los principios generales comunes a los Derechos de los Estados miembro".*

Pues bien, sobre esta base normativa, para el caso de que adopte una decisión por el procedimiento de urgencia que, finalmente, sea reputada, por el propio BCE o en vía de recurso jurisdiccional injustificada en cuanto a la inexistencia del presupuesto habilitante para su adopción *inaudita parte*, la entidad de crédito destinataria del acto podría reclamar un resarcimiento como consecuencia de los daños que, en términos de merma de derechos, haya sufrido para que el BCE haya podido asegurar la estabilidad del sistema financiero[48].

2.3.2 Por el BdE

El ejercicio de las potestades correctoras por el BdE también presenta algún problema jurídico. Por un lado, ni la LOSSEC ni el RD 84/2015 (ni ninguna otra norma pública del BdE) recoge reglas de procedimiento precisas para que el BdE ejercite sus potestades correctoras. En consecuencia, como advierte Chinchilla Martín, debe entenderse necesario sujetar todas sus decisiones a las normas de procedimiento contenidas en la LPACAP[49].

---

47 *Vid.* Lara Ortiz, María Lidón, *Regulación..., óp. cit*, pp. 225-233.

48 Según la Sentencia del Tribunal General de la UE de 1 de junio de 2022 (asunto T-523/17, Eleveté Invest Group, S. L., *vs.* Comisión Europea y JUR; TOL8.988.238), confirmada por la Sentencia del Tribunal de Justicia de la UE de 4 de octubre de 2024 (asunto C-541/22 P; TOL10.206.875), que enjuició la legalidad de la resolución de Banco Popular acordada por la JUR y en cuyo seno se solicitaba la responsabilidad extracontractual de esta Administración sobre la base del art. 340 del TFUE, "*según reiterada jurisprudencia, para que se genere la responsabilidad extracontractual de la Unión a la que se refiere el artículo 340 TFUE, párrafo segundo, es necesario que concurran un conjunto de requisitos, a saber, la ilicitud de la actuación imputada a la institución de la Unión, la realidad del daño y la existencia de una relación de causalidad entre la actuación de la institución y el perjuicio invocado (véanse las sentencias de 20 de septiembre de 2016, Ledra Advertising y otros/ Comisión y BCE, C-8/15 P a C-10/15 P, EU:C:2016:701, apartado 64 y jurisprudencia citada; de 16 de diciembre de 2020, Consejo y otros/K. Chrysostomides & Co. y otros, C-597/18 P, C-598/18 P, C-603/18 P y C-604/18 P, EU:C:2020:1028, apartado 79 y jurisprudencia citada, y de 25 de febrero de 2021, Dalli/Comisión, C-615/19 P, EU:C:2021:133, apartado 41 y jurisprudencia citada)*" (n. 595). En el caso enjuiciado por esta Sentencia, el Tribunal General de la UE concluyó con la inexistencia de una ilicitud que permita hacer surgir la responsabilidad patrimonial de la JUR por la adopción del dispositivo de resolución).

49 Chinchilla Martín, María del Carmen, "El régimen...", *óp. cit.*, pp. 60-62.

Ello comporta dos consecuencias de calado. La primera, que, a diferencia de lo que ocurre con el BCE, el BdE debe sujetarse a esas normas también cuando ejercita estas potestades en materia de actuación temprana. El art. 1.2 de la LABdE es claro cuando refiere como norma supletoria la LPACAP para el ejercicio de todas las potestades administrativas que el BdE tenga atribuidas, y no cabe duda de que éstas lo son.

Sin embargo, a diferencia de lo que ocurre con el BCE, la aplicación de las normas de procedimiento al ejercicio de las potestades correctoras siempre y en todo caso puede conducir a situaciones en las cuales la falta de flexibilidad del supervisor para imponer medidas correctoras adecuadas a tiempo aboque a la entidad de crédito a la inviabilidad y, por tanto, se arriesgue la estabilidad de sistema financiero. Para que el acto administrativo sea válido, debe seguir los procedimientos establecidos en la LPACAP; de lo contrario, podrá ser anulable e, incluso, de haber prescindido completamente del procedimiento legal, nulo de pleno derecho, de acuerdo con lo previsto en los arts. 48 y 47.1-*e)* de la LPACAP, respectivamente.

A este respecto resulta conveniente aclarar que, si las Circulares internas 10/2011 y 2/2013 citadas más arriba incorporaran normas de procedimiento especiales que, por ejemplo, previeran la omisión de audiencia al particular, a la vista del pronunciamiento contenido en la Sentencia del Tribunal Supremo núm. 914/2023, de 4 de julio (TOL9.647.676), también citada, esas normas serían irrelevantes desde la óptica de las garantías del particular[50].

Por estas razones, resulta necesaria una reforma de la LOSSEC que adecue la normativa para el ejercicio de las potestades correctoras a las exigencias que reclama la tutela de la estabilidad del sistema financiero para, por ejemplo, prever una excepción análoga a la que contiene el art. 22.1, párrafo segundo, del Reglamento 1024/2013, que, por un lado, faculte al supervisor a adoptar medidas correctoras *inaudita parte* cuando ello sea necesario para la adecuada tutela de la estabilidad del sistema financiero, y, por otro lado, refuerce las garantías de la entidad de crédito para poder accionar y defenderse frente a una eventual ejercicio ilegal de estas potestades correctoras en situaciones de urgencia (y, en su caso, reclamar responsabilidad por los daños y perjuicios que un incorrecto ejercicio de esas potestades hubiera podido causarle). Esta modificación legal sería, además, plenamente coherente con la cláusula de convergencia contenida en el art. 50.3-*c)* de la LOSSEC.

Igualmente, sería conveniente que, en línea con lo indicado en el art. 104.1 de la CRD IV *ab initio*, y recogido por el art. 16.1-*c)* del Reglamento 1024/2013, se introdujera

---

50 Tal y como se expuso anteriormente, esta Sentencia considera que esas Circulares internas son "*meras instrucciones de servicio*" que sólo vinculan a los agentes de la Administración. Por tanto, estos instrumentos no son idóneos para excepcionar el juego de las normas del procedimiento administrativo común, que resulta de plena aplicación a la aplicación, por el BdE, de medidas correctoras.

expresamente la posibilidad de que el BdE adopte medidas correctoras como consecuencia de inspecciones realizadas sobre la entidad o de la realización del PRES. Esto último es algo que, hoy por hoy, ya ocurre, según revela la *Memoria* del BdE para 2019 al hablar de la "*decisión anual de capital y liquidez de Pilar 2*"[51], pero que no aparece previsto en la norma.

Adicionalmente, también parece conveniente seguir los pasos dados el sector de los seguros y los reaseguros cuando, en una particular proyección de la regla sobre la posibilidad de preferir el trámite de audiencia contenida en el art. 82.4 de la LPACAP[52], el ejercicio de la potestad correctora se integra como parte (la parte final) del procedimiento de inspección, de suerte que las actuaciones inspectoras y las alegaciones realizadas por el particular a las conclusiones de la inspección se trasladan sin solución de continuidad al ejercicio de esa otra potestad, y se dan por reproducidos, evitando de ese modo las dilaciones que se derivarían de tener que incoar un nuevo procedimiento *ad hoc* para el ejercicio de las potestades correctoras sin preterir las garantías de la entidad de crédito (cfr. art. 126.1 de la LOSSEAR).

Sea como fuere, la conclusión que se alcanza es que, con las normas actualmente existentes en la mano, el ejercicio de las potestades correctoras por el BdE, con independencia del supuesto de hecho que las motive y los efectos jurídicos que produzcan, debe ajustarse a las normas de procedimiento administrativo contenidas en la LPACAP y contar con la previa audiencia del interesado. Del rigor de esta conclusión podrían librarse únicamente aquellos requerimientos o intimaciones que no innovan la esfera jurídica de la entidad de crédito por limitarse a recordar deberes que dimanan directamente de la Ley y, quizá, aquellos actos que se basen en actuaciones inspectoras respecto de las cuales el particular haya tenido la oportunidad de alegar *ex* art. 82.4 de la LPACAP, siempre y cuando el ejercicio de la potestad correctora no se base en hechos o fundamentos nuevos respecto de los cuales el particular no haya tenido ocasión de pronunciarse antes antes.

Adicionalmente, de acuerdo con lo señalado en el art. 104 del Reglamento 468/2014, la aplicación de medidas de supervisión macroprudencial requiere el informe previo al BCE, el cual podrá objetar la medida, sin que tal objeción determine la decisión final que el BdE puede adoptar. De esta forma, esta carga procedimental se configura como un informe preceptivo pero no vinculante del BCE[53].

---

51 *Vid.* BdE, *Memoria*..., *óp. cit.*, pp. 53-58.

52 "Se podrá prescindir del trámite de audiencia cuando no figuren en el procedimiento ni sean tenidos en cuenta en la resolución otros hechos ni otras alegaciones y pruebas que las aducidas por el interesado".

53 Nótese que la LOSSEC omite esta necesidad de informe preceptivo del BCE.

Por último, los arts. 96 a 98 del Reglamento 468/2014 incluyen normas de coordinación entre el BdE y el BCE para el ejercicio por el primero de las potestades correctoras sobre entidades menos significativas, entre las que destaca la notificación al BCE de algunas medidas correctoras especialmente relevantes como el cese de los miembros del órgano de administración o aquellas que tengan un impacto significativo en la entidad.

2.3.3 Por la ABE

La ABE puede, en situaciones extraordinarias, dictar actos administrativos que limiten la esfera jurídica de los particulares en materia de supervisión prudencial.

El art. 18 del Reglamento 1093/2010 faculta a la ABE para, ante situaciones en que exista una evolución adversa que pueda comprometer gravemente el correcto funcionamiento y la integridad de los mercados financieros o la estabilidad de la totalidad o una parte del sistema financiero de la UE, dictar medidas dirigidas a las Administraciones competentes para que actúen del modo adecuado para evitar que se materialicen los riesgos que, para el sistema financiero, presenta la situación de emergencia. Si las autoridades nacionales incumplen esa decisión, la Comisión podrá actuar con arreglo al art. 258 del TFUE[54], y la ABE dictar cuantas decisiones individuales dirigidas a entidades de crédito sean necesarias para que ésta cumpla con las obligaciones que le competen con arreglo a la normativa aplicable.

Estas últimas decisiones individuales dirigidas a que la entidad de crédito destinataria cumpla las normas que rigen su conducta constituyen a todas luces el ejercicio de una potestad correctora. No obstante, a diferencia de la que se ha explicado para el BCE y el BdE, esta potestad no produce el efecto de innovar la esfera jurídica de las entidades de crédito, pues no crea nuevos deberes o prohíbe el ejercicio de determinadas facultades de algún derecho, sino que se identifican con intimaciones que simplemente recuerdan aquello que dimana directamente de la Ley.

El Reglamento 1093/2010 no contiene normas de procedimiento para que la ABE ejercite esta potestad. Por tanto, debe acudirse a los principios generales del Derecho europeo para integrar esta laguna a la hora de enjuiciar la legalidad o ilegalidad de la actuación de la ABE.

---

[54] Esto es, emitiendo un dictamen motivado y, si el Estado miembro no lo acata en el plazo conferido al efecto, formulando la correspondiente denuncia ante el Tribunal de Justicia de la UE.

3. UN CASO PARTICULAR DE MANDATO-PROHIBICIÓN: INTERVENCIÓN Y SUSTITUCIÓN DE ADMINISTRADORES

3.1 DELIMITACIÓN CONCEPTUAL Y DISTINCIÓN RESPECTO DE FIGURAS AFINES

La intervención y sustitución de administradores de entidades de crédito es una manifestación de la intervención de empresas recogida en el art. 128. 2, *in fine*, de la Constitución Española. En palabras de MUÑOZ MACHADO:

> *"Las intervenciones contempladas en el artículo 128.2 CE son, por tanto, decisiones de los poderes públicos, enmarcadas en la regulación de los sectores económicos, que suponen un límite a la libertad de empresa, y se justifican en la subordinación al interés general de toda la riqueza del país"*[55].

Esto es, la intervención de empresas (y, como especie de ella, la intervención y sustitución de administradores de entidades de crédito) son una clase particular de las limitaciones administrativas al ejercicio de derechos que, por su particular incidencia sobre la libertad de empresa, sólo puede acordarse cuando concurran circunstancias verdaderamente excepcionales[56].

Como explica CARRILLO DONAIRE, en el ámbito del crédito la intervención de empresas se manifiesta, en realidad, en dos figuras diferenciadas: la intervención simple y la intervención con sustitución de administradores:

> *"En virtud de la primera, la Administración designa una serie de personas sin cuya aprobación quedan sin validez los acuerdos de los órganos de gobierno ordinario de la entidad; en tanto que con la sustitución de administradores el Consejo de Administración de la entidad es sustituido por otro que nombra el Banco de España (...). En ambos casos, la actividad de los administradores ha de enderezarse a superar las circunstancias que motivaron la intervención, dado que el presupuesto de hecho de la misma es la previa situación de crisis y la finalidad que se persigue con la medida es superarla mediante el saneamiento de la entidad, ya sea meramente financiero o de reequilibrio patrimonial, ya implique –además– medidas y decisiones de gestión que persigan remover la incorrecta administración o, finalmente, medidas de reestructuración patrimonial y de modificación de la estructura social"*[57].

---

55 MUÑOZ MACHADO, Santiago, *Tratado de Derecho Administrativo y Derecho Público General. T. XIV: La actividad regulatoria de la Administración*, Madrid: Agencia Estatal Boletín Oficial del Estado, 2015, p. 343.

56 MUÑOZ MACHADO, Santiago, *Tratado..., Vol. XIV, óp. cit.*, p. 342.

57 CARRILLO DONAIRE, Juan Antonio, "Intervención de entidades de crédito en crisis", en MUÑOZ MACHADO, Santiago, y VEGA SERRANO, Juan Manuel (dirs.), *Derecho de la regulación económica, T. X. Sistema Bancario*, Madrid: Iustel: 2013, p. 792.

Hasta la reforma operada en el sistema de supervisión por la LOSSEC y la Ley 11/2015, y las normas europeas de que traen causa[58], la intervención y sustitución de administradores se concebían, dentro del marco de la actividad administrativa de supervisión prudencial bancaria, como la medida más incisiva a disposición de la Administración supervisora, para responder a las situaciones más graves que pueden darse en las entidades de crédito como consecuencia de la infracción de la ordenación aplicable. Hoy por hoy, sin embargo, la intervención y sustitución del órgano de administración se sitúa en una posición intermedia, entre las menos incisivas medidas de supervisión y actuación temprana y las más penetrantes medidas de resolución. Enseguida volveré sobre esta cuestión, porque tiene importantes consecuencias prácticas en la aplicación de esas medidas[59].

Sea como fuere, las medidas de intervención y sustitución de administradores constituyen una limitación administrativa al ejercicio de la libertad de empresa, dado que la decisión limita las facultades de los administradores de tomar ciertas decisiones (pues no serán válidas aquéllas que carezcan de la aquiescencia de los interventores), mientras que la decisión de sustituir administradores restringe las facultades de los propietarios de designar la dirección efectiva de la empresa que poseen.

Sobre esta base, cabe diferenciar estas medidas de figuras afines con las que pueden asemejarse. La finalidad de esta diferencia es clara: evitar que eventuales lagunas o problemas en la aplicación de las normas que regulan esas medidas hagan acudir a la regulación de instituciones distintas de las que éstas provienen. Estos problemas no son meramente teóricos, sino que se han producido en la práctica, y se han resuelto de forma más o menos satisfactoria, según los casos.

En primer lugar, las medidas de intervención y sustitución de administradores no tienen naturaleza sancionadora, de suerte que no resulta posible acudir a los principios que informan esta potestad a la hora de aplicar tales medidas. Esta diferenciación ha sido nítidamente realizada por la jurisprudencia que enjuició la decisión del BdE de sustituir los administradores del Banco Estatal de Crédito, S. A. ("Banesto"), y ha sido reiterada con posterioridad con ocasión del enjuiciamiento de decisiones similares (así, en el caso de la intervención de la Caja de Ahorros de Castilla-La Mancha).

58 En puridad, hasta la aprobación del Real Decreto-Ley 24/2012 y su conversión en la Ley 9/2012. No obstante, en la medida en que estas normas se asientan en los principios de la BRRD que es incorporada definitivamente al ordenamiento jurídico por la Ley 11/2015, puede situarse aquí el cambio de paradigma del sistema supervisor.

59 Junto a las dos manifestaciones comentadas (intervención simple o con sustitución del órgano de administración), la Ley configura una tercera figura, la intervención de las operaciones de liquidación de una entidad de crédito disuelta, que, a pesar de que la normativa la asemeja a aquéllas, no me parece que guarde tanta semejanza con una limitación de la libertad de empresa como con otras figuras de corte autorizatorio o, incluso, de naturaleza jurisdiccional, como el concurso de acreedores.

La Sentencia del Tribunal Superior de Justicia de Madrid núm. 1063/2001, de 26 de noviembre de 2001 (TOL10.397.528), que conoció de la impugnación realizada por los administradores destituidos de Banesto, señaló la diferencia existente entre la "*limitación temporal en el ejercicio de facultades o derechos acordada conforme a una norma*" y la adopción de medidas cautelares en el contexto de un expediente sancionador, y ubicó a las medidas que aquí se examinan en el primer grupo. Para ello, la Sentencia se sirvió de los siguientes argumentos: **(i)** el entonces vigente art. 31.3 de la LDIEC (hoy, art. 70.2 de la LOSSEC) permitía la adopción de ésta medida en el seno de un expediente sancionador o con independencia del ejercicio de la potestad sancionadora, revelando de este modo la autonomía de la institución respecto de esta última; **(ii)** la LDIEC, como hoy hace la LOSSEC, regulaba las medidas de intervención y sustitución de administradores en un Título, el III, distinto al que contenía la regulación del ejercicio de la potestad sancionadora, el I; y **(iii)** en otras áreas del Derecho administrativo existe la posibilidad de adoptar medidas de intervención de empresas en circunstancias excepcionales al margen del ejercicio de la potestad sancionadora (así, en materia de defensa de consumidores y usuarios, sanitaria, urbanística o de policía de actividades recreativas). Con base en todo ello, el Tribunal concluyó:

> "*Por lo tanto, la adopción de una medida cautelar fuera del procedimiento sancionador es perfectamente aplicable siempre que exista una norma sobre la que se ampare, y la resolución, que evidentemente afectará a un derecho que se esté ejercitando, que la adopte lo deberá ser conforme a la propia normativa que la vincula indefectiblemente. Existe una relación normativa y fáctica entre medida y procedimiento, debiendo entenderse una aneja a la otra, y la resolución impugnada no vulnera esa relación por lo que resultan, tal y como se expuso al principio, inútiles todos los argumentos esgrimidos por las partes a este respecto*" (cfr. Fundamento Jurídico Tercero).

La Sentencia del Tribunal Supremo de 14 de marzo de 2006 (TOL872.113), que confirmó la anterior, confirmó la naturaleza no sancionadora de estas medidas:

> "*No es, por tanto, una medida dirigida a reprobar una conducta supuestamente ilícita. Si además ésta existiera, la autoridad administrativa competente tiene otros medios a su alcance para perseguirla y castigarla. Se trata de una medida que aunque pueda guardar relación con el campo sancionador, como señala la Exposición de Motivos de la LDIEC, tiene su propia autonomía e independencia. Esto es así, no sólo por la finalidad que con ella se persigue, sino porque claramente se infiere de su propia regulación. En efecto, mientras en el Título I de la LDIEC se establece el «régimen sancionador de las entidades de crédito», el Título III se dedica, como antes se dijo, a la sustitución e intervención de las mismas entidades, lo que ya permite inicialmente adelantar que se refiere a instituciones distintas. Más esclarecedor es el propio artículo 31, cuando indica en su apartado 3 que «las medidas de intervención o sustitución a que se refiere este artículo podrán adoptarse durante la tramitación de un expediente sancionador o con independencia del ejercicio de la potestad sancionadora, siempre que se produzca alguna de las situaciones previstas en los números anteriores», lo que indudablemente demuestra el distinto campo en que ambas potestades administrativas se desenvuelven; criterio que además puede extraerse de la sentencia de esta Sala de 5 de mayo de 2004, en relación con la conminación efectuada el 24 de febrero de 1994 por el Banco de España a Banesto en orden al restablecimiento de su situación patrimonial*".

En fin, la Sentencia de la Audiencia Nacional de 18 de octubre de 2010 (TOL6.657.928), que enjuició la impugnación de la decisión del BdE de intervenir el órgano de administración de la Caja de Ahorros de Castilla-La Mancha, reiteró la doctrina anterior:

> *"La primera razón trae causa de la naturaleza jurídica de la medida adoptada, al tratarse de la medida de sustitución provisional del órgano de administración de una entidad de crédito, lo que no tiene carácter sancionador y, por lo pronto, implica que no le resulte aplicable la doctrina constitucional que entiende extensibles al derecho administrativo sancionador, con ciertos matices, los principios inspiradores del Orden Penal, entre los que se encuentra la audiencia del interesado. En efecto la resolución adoptada por el Banco de España no imponía sanción alguna a los antiguos administradores de la entidad, ni constituye procedimiento sancionador alguno. Su finalidad no es otra que, ante la concurrencia de una situación de excepcional gravedad para la entidad, sustituir provisionalmente a su órgano de administración, con el fin de que los nuevos administradores designados en la nueva etapa adopten las medidas necesarias exigidas por la particular situación.*
>
> *Es el artículo 31.3 LDIEC ("Las medidas de intervención o sustitución a que se refiere este artículo podrán adoptarse durante la tramitación de un expediente sancionador o con independencia del ejercicio de la potestad sancionadora, siempre que se produzca alguna de las situaciones previstas en los dos números anteriores") donde de forma expresa se prevé la posibilidad de que tales medidas de intervención y sustitución provisional -cuya naturaleza y, como su propio nombre indica, es cautelar, debiendo sólo mantenerse hasta que la entidad supere la situación de excepcional gravedad- puedan ser adoptadas durante la tramitación de un expediente disciplinario o, como es el caso, con independencia del ejercicio de la potestad sancionadora.*
>
> *En este sentido la STS de 14 de marzo de 2006 , en efecto, ya se pronunciaba en relación con la naturaleza de la medida de sustitución provisional de los administradores de una entidad de crédito"* (Fundamento Jurídico 4).

La cuestión no se ha vuelto a suscitar, en parte porque la doctrina es clara y en parte porque, después de la crisis de la Caja de Ahorros de Castilla-La Mancha, se aprobó el Decreto-Ley 24/2012, que introdujo en el ordenamiento español las medidas de actuación temprana, reestructuración y resolución, en el marco de cuyo ejercicio se comenzaron a adoptar estas medidas de intervención y sustitución del órgano de administración. Sólo en el caso del Banco de Madrid el BdE acordó la intervención, primero, y la sustitución, después, y a petición de la entidad, del órgano de administración de forma independiente respecto de esas otras medidas; sin embargo, en el procedimiento que se siguió frente al primero de esos dos acuerdos no se discutió ya la naturaleza sancionadora de las medidas[60].

---

60 *Vid.* Sentencia de la Audiencia Nacional de 25 de octubre de 2017 (TOL6.438.405).

En segundo lugar, la intervención de empresas no constituye una medida de naturaleza expropiatoria, toda vez que su aplicación mantiene indemne la titularidad de los derechos de los propietarios. Como explica el profesor Muñoz Machado:

> *"Es claro que el uso de esta prerrogativa implica un límite para la libertad de empresa consagrada en el artículo 38 CE. Intervención, sin duda, comprende una potestad de los poderes públicos que se superpone sobre el libre ejercicio de la actividad empresarial con el propósito de dirigirla o suspender su desenvolvimiento autónomo. Intervención no es, en la Constitución, lo mismo que expropiación de bienes y derechos, institución que está regulada en un lugar distinto y con diferentes consecuencias jurídicas (artículo 33.3 CE). De esa diferenciación puede extraerse la consecuencia de que la intervención no implica la liquidación de empresas, ni la privación total o parcial de sus activos, ni la desaparición de sus accionistas o propietarios. Hecha esta acotación resulta obligado caracterizar la intervención como una decisión que afecta, con diferentes intensidades posibles, al ejercicio de la libertad de empresa, pero sin cuestionar ni su continuidad ni su propiedad"*[61].

Sobre este planteamiento, el profesor Carrillo Donaire concluye que las medidas de intervención de empresas afectan "*negativamente al ejercicio de la libertad de empresa, pero sin cuestionar, por vía de principio, ni su continuidad ni su propiedad*"[62].

Estas consideraciones, que comparto plenamente, también permiten distinguir las medidas de intervención y sustitución de administradores de las medidas de resolución, que, aunque no tienen naturaleza expropiatoria, sí son una clase de potestades ablatorias de derechos, esto es, de facultades que permiten de suyo alterar de forma permanente elementos subjetivos u objetivos de determinados derechos (y, particularmente, el de propiedad sobre acciones u otros instrumentos de capital o el de crédito de una relación obligacional). Sin embargo, esto no ocurre en el caso de las medidas de intervención y sustitución de administradores, que son temporales (finalizan una vez desaparezcan las circunstancias que motivaron su adopción) y afectan al ejercicio de concretas facultades inherentes a la libertad de empresa (las de los administradores de adoptar libremente acuerdos válidos, en el caso de la intervención simple, o las de los accionistas de designar el órgano de administración, en el de sustitución), pero no alteran el contenido normal del derecho.

La distinción de las medidas de intervención y sustitución respecto de las de resolución tiene importantes implicaciones prácticas. Por un lado, permite colocar esta técnica de corrección en su justa posición en el sistema de potestades de supervisión, algo imprescindible para poder realizar posteriormente un correcto análisis sobre la compatibilidad de la configuración normativa que hace el Derecho español de estas medidas con la que ofrece el Derecho europeo. Por otro lado, permite distinguirla, como técnica autónoma, de la sustitución de administradores que ocurre en el caso

---

61 Muñoz Machado, Santiago, *Tratado…, Vol. XIV, óp. cit.*, p. 342.

62 Carrillo Donaire, Juan Antonio, "Intervención…", *óp. cit.*, p. 787.

de que se apliquen medidas de resolución sobre una entidad, tal y como permiten los arts. 22 de la Ley 11/2015 y 23 *in fine* del Reglamento 806/2014[63].

En último lugar, las medidas de intervención y sustitución de administradores también deben distinguirse de otras medidas de contenido parecido que las normas recogen en el catálogo de mandatos y prohibiciones que facultan a las distintas Administraciones supervisoras para imponer. Por un lado, en sede de actuación temprana, la Ley 11/2015 faculta a la Administración supervisora para imponer determinados mandatos al órgano de administración a fin de que lleve a cabo determinadas actuaciones (así, aplique medidas previstas en su plan de recuperación, examine su situación y elabore un plan de actuación, convoque los órganos sociales para la consideración de ciertas decisiones, etc.). En todos estos casos, el órgano de administración no ve enervadas sus normales facultades, sino que únicamente se le añade un nuevo deber que, una vez atendido, en nada interrumpe el normal desempeño de sus funciones.

Por otro lado, la letra *d)* del art. 9.1 de la Ley 11/2015 faculta a la Administración supervisora para "*requerir el cese o la sustitución de uno o varios miembros del órgano de administración, directores generales o asimilados, si se determina que dichas personas no son aptas para cumplir sus obligaciones de conformidad con los requisitos de idoneidad exigibles*". Aunque presente cierto paralelismo con las medidas que ahora se examinan, existe una importante diferencia: en el caso de la facultad del art. 9.1-*d)* de la Ley 11/2015, el supuesto de hecho que debe concurrir, además del propio para la declaración de la actuación temprana, según se ha expuesto ya, es el incumplimiento de los requisitos de idoneidad previstos en la normativa. En el caso de las medidas de intervención y sustitución, sin embargo, no resulta necesario este último extremo, de suerte que pueden ser acordadas aunque los administradores reúnan tales condiciones de idoneidad. La ABE, en respuesta al Q&A 2015_1862, tradujo esas consideraciones en que en el primer caso la destitución o sustitución debía hacerse bajo las condiciones del art. 13 de la CRD IV y del art. 9 de la Directiva 2014/65, mientras que en el segundo caso no era necesario cumplir con tales normas para operar la intervención del órgano de administración[64].

---

63 En estos casos, la sustitución del órgano de administración no constituye una simple limitación administrativa de derechos, sino que es una técnica instrumental al servicio de una auténtica ablación de derechos, en la que resultarán las medidas de resolución. De este modo, la sustitución de administradores, que además no lleva a cabo el BCE o el BdE, sino el FROB, por iniciativa propia en el caso de entidades menos significativas o por mandato de la JUR en el de entidades significativas, sólo persigue la plena efectividad de las medidas de resolución finalmente adoptadas, y no la corrección de situaciones de grave incumplimiento.

64 "*If the triggers of Article 27 of Directive 2014/59/EU (BRRD) are met, the competent authority can remove members of the management body or senior management under the conditions of the fit and proper test of Article 13 Directive 2013/36/EC (CRD) and Article 9 Directive 2014/65/EC (MIFID). If this measure (and/or other measures of Article 27) is not sufficient, under Article 28 of the BRRD the competent authorities can remove i) the senior management and or management body of the institution*

3.2 CONFIGURACIÓN DE LAS MEDIDAS DE INTERVENCIÓN Y SUSTITUCIÓN DE ADMINISTRADORES EN EL DERECHO EUROPEO Y EL DERECHO ESPAÑOL: ALGUNAS INCONSISTENCIAS SUSTANTIVAS

La intervención y sustitución de los órganos de administración de las entidades de crédito no constituye una novedad imputable al nuevo marco supervisor creado por el MUS y el MUR. Por el contrario, los arts. 31 a 38 de la LDIEC recogían un régimen que, con los ajustes que a continuación se comentarán, guarda enormes similitudes con el que hoy contemplan los arts. 70 a 77 de la LOSSEC.

En la redacción originaria del art. 31.1 y 2 de la LDIEC se establecía:

> *"1. Únicamente cuando una entidad de crédito se encuentre en una situación de excepcional gravedad que ponga en peligro la efectividad de sus recursos propios o su estabilidad, liquidez o solvencia, podrá acordarse la intervención de la misma o la sustitución provisional de sus órganos de administración o dirección.*
>
> *2. Lo dispuesto en el número 1 de este artículo será también aplicable en aquellos casos en que, existiendo indicios fundados de que concurra la situación de excepcional gravedad a que el mismo se refiere, la verdadera situación de la entidad de crédito no pueda deducirse de su contabilidad".*

En esencia, la norma permitía la intervención o sustitución del órgano de administración de una entidad de crédito cuando concurriera una situación de excepcional gravedad o ésta no pudiera descartarse con base en los datos obrantes en los libros de cuentas de la entidad.

Con motivo de la aprobación del Real Decreto-Ley 24/2012 el precepto fue objeto de enmienda para incardinar esta facultad de intervención y sustitución de administradores en el contexto de las medidas de actuación temprana que el citado Real Decreto-Ley contenía. En realidad, la modificación desdobló el supuesto de hecho, permitiendo que, además de en los casos previstos en ese Real Decreto-Ley, el BdE pudiera continuar acordando la intervención o sustitución del órgano de administración de entidades de crédito en situaciones excepcionales que no estuvieran cubiertas por las medidas de actuación temprana. Así, el remozado art. 31 de la LDIEC pasó a establecer:

> *"1. Cuando una entidad de crédito se encuentre en alguna de las situaciones descritas en el Real Decreto-ley 24/2012, de 31 de agosto, de reestructuración y resolución de entidades de crédito, podrá acordarse la sustitución provisional de su órgano*

as a whole, or ii) remove individuals of those bodies but this time, not necessarily under the conditions of CRD/MIFID test, including respectively Articles 91, 94 n (ii) and 100 CRD, as well as Article 9 and Annexe II (II.1), fourth paragraph MIFID but by virtue of the trigger in Article 28 being met" (disponible en: https://www.eba.europa.eu/single-rule-book-qa/-/qna/view/publicId/2015_1862 –enlace consultado el 31 de enero de 2021–).

de administración en los términos previstos en esta ley y con las particularidades recogidas en el citado real decreto-ley.

2. También podrá acordarse la intervención de una entidad de crédito o la sustitución provisional de su órgano de administración en los términos previstos en esta ley cuando existan indicios fundados de que aquella se encuentre en una situación de excepcional gravedad que ponga en peligro su estabilidad, liquidez o solvencia".

De este modo, el apartado 1 del artículo pasaba a remitir el supuesto de hecho para el ejercicio de estas facultades a las circunstancias previstas en el art. 10 del Real Decreto-Ley 24/2012, coincidentes, en lo esencial, con las hoy previstas en el también art. 10 de la Ley 11/2015, y el apartado 2 refundía los dos supuestos originales y los reconducía a la existencia de "*indicios fundados*" de que la entidad "*se encuentre en una situación de excepcional gravedad que ponga en peligro su estabilidad, liquidez o solvencia*", siempre cuando, lógicamente, la situación no determine la aplicación de las medidas contenidas en el Real Decreto-Ley 24/2012.

Por otro lado, el Real Decreto-Ley 24/2012 añadió, en el apartado 3 del art. 31, un nuevo supuesto de hecho, relativo a la adquisición de participaciones cualificadas sin la preceptiva autorización previa.

El art. 31 de la LDIEC fue objeto de una última reforma con ocasión de la aprobación de la Ley 9/2012, si bien únicamente dirigida a ajustar las referencias al Real Decreto-Ley del que esta Ley traía causa, sin alterar la estructura del supuesto de hecho emanada de aquél.

Esta situación se ha trasladado, con los solos ajustes derivados de la sustitución de la Ley 9/2012 por la Ley 11/2015, al art. 70.1 de la LOSSEC, que establece en los siguientes términos los supuestos de hecho que amparan el ejercicio de esta potestad por el BdE:

"1. Procederá la intervención de una entidad de crédito o la sustitución provisional de su órgano de administración o de uno o varios de sus miembros en los siguientes supuestos:

a) De acuerdo con lo previsto en la Ley 11/2015, de 18 de junio, de resolución de entidades de crédito y empresas de servicios de inversión.

b) Cuando existan indicios fundados de que la entidad de crédito se encuentre en una situación distinta de las previstas en el ámbito de aplicación de la Ley 11/2015, de 18 de junio, pero de excepcional gravedad y que pueda poner en peligro su estabilidad, liquidez o solvencia.

c) Cuando se adquiera una participación significativa en una entidad de crédito sin respetar el régimen previsto en esta Ley o cuando existan razones fundadas y acreditadas para considerar que la influencia ejercida por las personas que la posean pueda resultar en detrimento de la gestión sana y prudente de la misma, que dañe gravemente su situación financiera".

Las referencias a la Ley 11/2015 deben entenderse realizadas a los arts. 9.1-*j)* y 10, que regulan la posibilidad de que la Administración supervisora intervenga o sustituya el órgano de administración de una entidad de crédito en el marco de las medidas de actuación temprana y, por tanto, siempre que concurra el supuesto de hecho para declarar esta situación, según se expuso en el epígrafe anterior. Hasta aquí lo relativo al Derecho español.

En el ámbito europeo, la situación es distinta. La ausencia de un código normativo único de supervisión, más allá de la homogenización normativa en materia de libertad de establecimiento y de circulación de capitales, motivó la ausencia de una regulación unitaria de esta potestad hasta la creación del MUS y el MUR. Ahora bien, esta falta de recorrido histórico no impide advertir algunas diferencias sustanciales –que, según se verá, se transformarán, en algunos casos, en inconsistencias sustantivas– con la regulación que hace la norma española.

En primer lugar, ni CRD IV, que establece las bases de la supervisión prudencial bancaria en toda la Unión, ni el Reglamento 1024/2013, que hace lo propio con el MUS, recogen esta facultad entre las propias de la Administración supervisora. Tan sólo el art. 16.2-*m)* de este último Reglamento faculta al BCE para "*destituir*" a los miembros del órgano de administración de la entidad de crédito que incumplan las normas aplicables (ha de entenderse, en mi opinión, las reguladoras de su idoneidad). Esta facultad, según se explicó más arriba, es empero diferente de la intervención de empresa de la que las medidas que ahora se examinan constituyen una manifestación. Así pues, los arts. 70 a 77 de la LOSSEC son fruto exclusivo del legislador nacional.

Por el contrario, la posibilidad de que la Administración supervisora intervenga o substituya el órgano de administración se ha recogido, en Derecho europeo, en BRRD, que contiene el marco normativo aplicable a la actuación temprana y a los procesos de reestructuración y resolución de entidades de crédito. En concreto, estas facultades aparecen recogidas dentro del elenco de medidas que la Administración puede adoptar una vez se ha declarado una entidad en situación de actuación temprana, ordenadas como dos posibilidades sucesivas: primero, previendo la posibilidad de que la Administración supervisora cese al órgano de administración, dejando a la entidad que nombre uno nuevo con arreglo al Derecho aplicable (cfr. art. 28 de BRRD); después, atribuyendo a la Administración la posibilidad de que designe a un nuevo administrador provisional (esto es, sustituyendo propiamente al órgano de Administración: cfr. art. 29 de la BRRD).

El legislador español no ha transpuesto esta directiva de forma satisfactoria, por cuanto la Ley 11/2015 no contiene un parangón equiparable al art. 28 de BRRD. De la posibilidad de que la Administración supervisora cese a los miembros del órgano de Administración por resultar inidóneos para el desempeño de la función, recogida en el art. 9.2-*d)* (que transpone, a su vez, el art. 27.1-*d)* de BRRD) se pasa, directamente, a la intervención o sustitución de administradores sin necesidad de que incurra en ellos una causa de inidoneidad. No existe el término medio que, en Derecho europeo, representa el art. 28 de BRRD, esto es, la posibilidad de que la Administración destituya al órgano de administración por razones distintas a las del cumplimiento de las normas de idoneidad, pero se deje a los órganos sociales la posibilidad de designar un nuevo órgano con arreglo a las normas aplicables. Y esta preterición comporta consecuencias prácticas de calado.

Por un lado, y en primer lugar, cuando la entidad de crédito es significativa es el BCE el facultado para adoptar medidas de actuación temprana; medidas que, en cuanto aparecen recogidas en una Directiva, debe aplicar de acuerdo con la "*legislación nacional que las incorpore al ordenamiento jurídico nacional*" (cfr. art. 4.3 del Reglamento 1024/2013). Sin embargo, en el presente caso, no existe norma nacional que incorpore la potestad contemplada en el art. 28 de BRRD al ordenamiento español, de suerte que, en un caso de actuación temprana, el BCE sólo puede optar por destituir a los miembros del órgano de administración por razones de inidoneidad o, en otro caso, por intervenir o sustituir completamente al órgano de administración, sin que pueda limitarse al cese de sus miembros para que la Junta o Asamblea General de la entidad nombre uno nuevo.

Y, análogamente: ¿puede el BCE aplicar medidas de intervención y sustitución sobre entidades significativas en los casos del art. 70.1-*b)* de la LOSSEC, esto es, en casos distintos de los previstos en la Ley 11/2015 en los que exista una situación de excepcional gravedad y que pueda poner en peligro su estabilidad, liquidez o solvencia? En mi opinión, no, puesto que el BCE, cuando ejerce sus funciones de supervisión debe aplicar el Derecho de la Unión, que no contempla esta medida más que en los casos de actuación temprana. Esta segunda posibilidad es obra exclusiva del legislador español que no proviene ni de una Directiva ni de una opción legislativa ejercitada con arreglo a un Reglamento europeo, que son las dos únicas excepciones en las que el art. 4.3 del Reglamento 1024/2013 permite al BCE aplicar directamente legislación nacional.

De este modo, se produce un tratamiento distinto para entidades significativas, donde sólo se adoptarán medidas de intervención y sustitución cuando se encuentren en una situación de actuación temprana, y entidades menos significativas, donde estas medidas pueden adoptarse al margen de esa situación, en casos de excepcional gravedad. Este resultado, en mi opinión, no sólo es contrario al principio de igualdad que rige el ordenamiento europeo y español, sino que encuentra difícil encaje en la cláusula de convergencia del art. 50.3-*c)* de la LOSSEC.

Pero aún hay más. Los profesores Colino Mediavilla y Freire Costas han puesto de manifiesto dos inconsistencias adicionales entre la configuración de estas medidas que hace el Derecho europeo y la configuración que realiza el Derecho español[65].

---

65 Colino Mediavilla, José Luis, y Freire Costas, Rita María, "La actuación temprana: relaciones sistemáticas y dificultades interpretativas", en Colino Mediavilla, José Luis, y

La primera crítica se refiere a la merma de garantías que el Derecho español confiere a los administradores destituidos, que encaja difícilmente con el espíritu de la norma europea y tiene su reflejo en el tratamiento jurisprudencial que, hasta el momento presente, se ha dado al delicado tema del trámite de audiencia, que se tratará con mayor extensión en el apartado siguiente. En este sentido, los profesores recuerdan que la medida de intervención o sustitución de administradores prevista en el art. 29 de BRRD (que es la que, como se ha dicho, se traslada al art. 10 de la Ley 11/2015) debe limitarse a unas concretas y determinadas funciones, no abarcando por principio la totalidad de las facultades del administrador de la entidad[66] :

> *"De estos números 2 y 3 del art. 29 de la Directiva 2014/59/UE resulta el significado y alcance de la sustitución como medida de actuación temprana. No significa que el administrador provisional sustituya a los componentes del órgano de administración, ocupando su lugar. Por el contrario, el órgano de administración se mantiene, pero se limita el ejercicio de sus facultades en la medida en que se atribuyen competencias y funciones al administrador provisional. La sustitución en el ámbito de la actuación temprana es, por lo tanto, sustitución (por el administrador provisional) en el ejercicio de las facultades del órgano de administración, algunas o todas.*
>
> *(...) En consecuencia, la defensa de los derechos de los propietarios exige que la entidad mantenga su órgano de administración diferenciado del administrador, para que, con independencia de los fines que éste persiga conforme a las competencias que se le atribuyan, la entidad puedan continuar ejerciendo sus facultades de administración en lo que no se haya atribuido al administrador provisiona, y pueda seguir determinando su propio interés, manifestando su voluntad y actuando en los ámbitos sustantivo y procesal (representación)"*[67].

Hoy por hoy, las dos normas que fundamentan el anterior argumento de los profesores se recogen en el art. 24.1 del RD 1012/2015, que establece:

González Vázquez, José Carlos (dirs.), *Las cajas de ahorros y la prevención y tratamiento de la crisis de las entidades de crédito*, Comares: Granada, 2014, pp. 213-249.

66 Los apartados 2 y 3 del citado art. 29 de BRRD en que se fundamenta su argumento establecen: "2. *La autoridad competente especificará las competencias del administrador provisional en el momento de su designación, basándose en lo que resulte proporcionado a las circunstancias. Tales competencias podrán incluir algunos o todos los poderes del órgano de dirección de la entidad, de acuerdo con los estatutos de esta y con la legislación nacional, incluida la facultad de desempeñar algunas de las funciones administrativas del órgano de dirección de la entidad o todas ellas. Las competencias del administrador provisional en relación con la entidad serán conformes con el derecho de sociedades aplicable. 3. La autoridad competente especificará en el momento de la designación el papel y las funciones del administrador provisional, que podrán incluir la determinación de la situación financiera de la entidad, la gestión de la actividad o de parte de la actividad de la entidad con miras a preservar o restaurar la situación financiera de la entidad, y la adopción de medidas orientadas a restaurar la gestión sana y prudente de la actividad de la entidad. La autoridad competente especificará en el momento de la designación todo posible límite del papel y las funciones del administrador provisional*".

67 Colino Mediavilla, José Luis, y Freire Costas, Rita María, "La actuación...", *óp. cit.* p. 239.

> *"1. El supervisor competente detallará las competencias y funciones del administrador provisional en el momento de la designación o cuando se produzca cualquier cambio de las condiciones de designación. A estos efectos, el acuerdo deberá incluir, al menos, el siguiente contenido:*
>
> *a) Las competencias del administrador provisional, que deberán ser proporcionales a las circunstancias de la entidad y podrán comprender algunos o todos los poderes del órgano de administración de la entidad, incluida la facultad de desempeñar funciones administrativas.*
>
> *b) Las funciones del administrador provisional, así como los posibles límites a las mismas. Entre tales funciones podrán incluirse:*
>
> *1.°La determinación de la situación financiera de la entidad.*
>
> *2.°La gestión de la actividad o de parte de la actividad de la entidad con miras a preservar o restaurar la situación financiera de la entidad.*
>
> *3.°La adopción de medidas orientadas a restaurar la gestión sana y prudente de la actividad de la entidad.*
>
> *c) En caso de que el administrador provisional haya sido designado para colaborar temporalmente con el órgano de administración, sus funciones, obligaciones y competencias, así como las decisiones del órgano de administración de la entidad que deban ser consultadas o aprobadas por el administrador provisional.*
>
> *d) Las acciones del administrador provisional que deben ser sometidas a la aprobación del supervisor competente. No obstante lo anterior, el administrador provisional no podrá convocar la junta general de accionistas de la entidad y fijar los puntos del orden del día sin la aprobación del supervisor competente".*

Es decir, en los casos en los que las medidas de intervención y sustitución del órgano de administración se adoptan con base en la Ley 11/2015 (esto es, con arreglo al art. 70.1-*a)* de la LOSSEC), el acuerdo debe expresar qué concretas funciones del órgano de administración son sustituidas y, por tanto, atribuidas al administrador sustituto, de modo que, en todas las demás, los administradores originales continuarán desempeñando sus funciones. Ello es particularmente relevante en relación con el derecho de defensa de la entidad frente a esa decisión, la cual deberá poder formular alegaciones representada por quienes han sido afectados inmediatos por el acto administrativo. Sobre esta cuestión se volverá en el apartado siguiente, al hablar del procedimiento previsto para la adopción de estas medidas.

La supervivencia del órgano de administración sustituido, sin embargo, no ocurre cuando se aplica estrictamente la regulación de la LOSSEC, al margen de la Ley 11/2015 y el RD 1012/2015, esto es, cuando la medida se ampara en el art. 70.1-*b)* de la LOSSEC. En estos casos, el órgano de administración es sustituido por completo, y todas sus facultades son asumidas sin solución de continuidad por el administrador sustituto. Esta posibilidad, como denuncian los profesores referidos, tiene difícil encaje con la normativa europea de supervisión.

La segunda crítica parte del distinto esquema bajo el que se configuran estas medidas en uno y otro ordenamiento. Según explican los profesores citados, las medidas de supervisión se configuran, en el nuevo sistema creado en torno al MUS y el MUR, sobre una suerte de gradación: primero, la ordenación del sector; después, las medidas de supervisión *stricto sensu*; si éstas no funcionan, las medidas de actuación temprana; y, finalmente, cuando no queda otra opción, la resolución. En este esquema, el legislador europeo ha colocado las medidas de intervención y sustitución del órgano de administración al final del tercer grado, esto es, como una medida de actuación temprana de última instancia. Dentro de esta situación, la Administración primero deberá procurar agotar los mandatos y prohibiciones que puede imponer a la entidad; si no son suficientes, debería proceder al cese de administradores para que la entidad nombre otros nuevos, con arreglo a un art. 28 de BRRD que, en la práctica, no ha sido transpuesto; finalmente, si ello tampoco fuera suficiente, podrá adoptar la más incisiva medida de intervenir o sustituir por completo el órgano de administración.

Las normas españolas, sin embargo, rompen este esquema al substraer de la actuación temprana las medidas de intervención y sustitución del órgano de administración de entidades de crédito configurando un supuesto de hecho que habilita su aplicación en casos distintos a los propios de esa situación. Ello, nuevamente, comporta implicaciones prácticas de envergadura, según explican los citados profesores.

Permitir aplicar medidas de intervención y sustitución de administradores fuera de los casos de actuación temprana supone eliminar elementos del supuesto de hecho previsto en la normativa europea al efecto. Y ello por cuanto, bajo el esquema europeo, no sólo resulta necesario que concurra una situación de tal excepcionalidad que no pueda ser solventada con los demás medidas de actuación temprana, sino que, además, requiere que concurra el supuesto de hecho propio de esta situación, esto es, un incumplimiento efectivo o la concurrencia de alguno de los elementos objetivos previstos en las normas conforme a los cuales resulte razonablemente previsible que la entidad no pueda cumplir en un futuro próximo con la normativa de solvencia, ordenación y disciplina, pero se encuentre en situación de retornar al cumplimiento. Esta exigencia, que objetiva en buena medida la indeterminación de los conceptos jurídicos que conforman el supuesto de hecho de la medida en cuestión (existencia de indicios fundados de que la entidad se encuentra en una situación de excepcional gravedad que pueda poner en peligro su estabilidad, liquidez o solvencia), desaparece en el caso previsto en el art. 70.1-*b)* de la LOSSEC.

Buena parte de la litigiosidad a que dio lugar la intervención y sustitución de administradores en el pasado se debió, en parte, a una discusión sobre la concurrencia del supuesto de hecho para adoptar la medida. Particularmente reveladora es la jurisprudencia del "caso Banesto", que pone de manifiesto los numerosos incidentes procesales que tuvieron lugar en relación con la proposición de prueba pericial que, al final, no resultó practicada al no abonar las partes proponentes la provisión de fondos reclamada por los peritos. No en vano, el Tribunal Superior de Justicia de Madrid, confirmado después por el Tribunal Supremo, fundó su decisión en relación con la concurrencia del supuesto de hecho en los informes elaborados por la Administración e incorporados al expediente, al no haber desvirtuado su valor probatorio las partes demandantes:

> *"Estamos ante una somera descripción de la realidad contable de la entidad, la misma viene referida estrictamente en los informes existentes en el momento de dictarse la resolución, descripción que transcribe la efectividad, liquidez, estabilidad y solvencia de la misma y que no aparece contrarrestada por prueba alguna eficaz de las partes ya que no se practicó pericial contable y el informe contable de parte acompañado junto con una de las demandas carece de valor probatorio alguno al no haber podido ser objeto de análisis y discusión dentro de este procedimiento judicial y ello obedece a la necesidad, como ha señalado la STS de 23 de febrero de 1998, de hacer prevalecer las garantías procesales de contradicción y de la posibilidad de recusar a los peritos, así como por la facultad de cada parte de adicionar los extremos de la prueba propuestos por la contraria y por la posibilidad de solicitar las aclaraciones que estimen pertinentes en el acto de emisión y ratificación del dictamen pericial"* (Fundamento Jurídico Sexto de la Sentencia de 26 de noviembre de 2001; TOL10.397.528).

Los profesores Colino Mediavilla y Freire Costas evidencian el absurdo de mantener el supuesto de hecho del art. 70.1-*b)* de la LOSSEC, toda vez que resulta complicado encontrar un supuesto en el que una entidad atraviese una situación de excepcional gravedad de tal magnitud que no resulte procedente declarar la situación de actuación temprana, en cuyo seno, entonces, podrá acordarse la intervención o sustitución de administradores:

> *"La norma parte de lo que hemos dicho antes: que la intervención y la sustitución tienen lugar en el ámbito de la Ley 9/2012. A partir de ahí, el mantenimiento de la regulación general de la intervención y sustitución en la Ley 10/2014 requiere configurar un supuesto general de aplicación distinto de los supuestos de aplicación de la Ley 9/2012, y se hace diciendo que la situación ha de ser distinta de las reguladas en la Ley 9/2012, pero de excepcional gravedad y que pueda poner en peligro la estabilidad, liquidez o solvencia de la entidad.*
>
> *¿Es esto posible, realmente? Si, como hemos visto, el incumplimiento, o la previsión razonable de incumplimiento, de los requisitos prudenciales no justifica todavía aplicar, entre las medidas para retornar al cumplimiento, la intervención ni la sustitución, y la existencia de una situación de mayor gravedad, que amenace la viabilidad de la entidad (su estabilidad, liquidez y solvencia) hace entrar en juego las medidas de actuación temprana, en las que caben la intervención y la sustitución, ¿hay margen, en la realidad, para supuestos intermedios en la situación patrimonial de la entidad?*
>
> *Es decir, ¿cuál es la situación fáctica que se corresponde con el supuesto normativo consistente en que la situación es tan grave que puede poner en peligro la estabilidad, liquidez*

> *o solvencia de la entidad, pero, sin embargo, no cae en el ámbito de los supuestos normativos establecidos en la Ley 9/2012? Se nos antoja un supuesto normativo ficticio"*[68].

Ficticio, y peligroso, cabría añadir, pues deja la puerta abierta a una discrecionalidad que, como ya ocurrió en otro tiempo –ahí están los ejemplos citados–, encaja con dificultad en la naturaleza reglada que debe tener una potestad administrativa incardinada en la actividad administrativa de supervisión, por definición neutral a los fines[69].

Las inconsistencias que se han explicado en las líneas precedentes no son, en fin, sino la consecuencia lógica de la absurda dicotomía por la que tanto el legislador europeo como, particularmente, el español optan para regular la actividad administrativa de supervisión prudencial bancaria. No tiene sentido, como se ha dicho tantas veces ya, separar las normas de actuación temprana y reestructuración y resolución de entidades de crédito de las normas de supervisión *stricto sensu*. Todas ellas configuran potestades administrativas que sirven al mismo interés general (verificar que las entidades de crédito cumplen con la normativa prudencial). Por esa razón, todas ellas deben ser objeto de una regulación unitaria, sistemática y coherente.

Por todo ello, creo, con los profesores COLINO MEDIAVILLA y FREIRE COSTAS, que las medidas de intervención y sustitución del órgano de administración: **(i)** deben regularse en sede de actuación temprana; **(ii)** deben ajustar su contenido estrictamente a las exigencias impuestas por BRRD, a fin de lograr una aplicación coherente y homogénea de ellas por el BCE y el BdE; y **(iii)** deben diferenciarse de la posibilidad del cese de administradores por causas distintas a su inidoneidad, que hoy por hoy no se recoge en la normativa española.

3.3 PROCEDIMIENTO PARA LA APLICACIÓN DE LAS MEDIDAS DE INTERVENCIÓN Y SUSTITUCIÓN DE ADMINISTRADORES: LOS GRAVES ERRORES DE LA NORMATIVA ESPAÑOLA Y LOS POSIBLES MATICES A LA VISTA DE LAS NORMAS EUROPEAS

Con las matizaciones que se acaban de realizar, la regulación esencial del procedimiento para la adopción de medidas de intervención y sustitución de entidades de crédito se contiene en los arts. 70 a 77 de la LOSSEC y, cuando estas medidas se adoptan en el marco de la actuación temprana, en los arts. 23 y 24 del RD 1012/2015, que desarrollan el art. 10 de la Ley 11/2015.

El procedimiento puede iniciarse de oficio o a instancia fundada de los administradores de la entidad de crédito, de su órgano de fiscalización interna o, en su caso, de

---

68 COLINO MEDIAVILLA, José Luis, y FREIRE COSTAS, Rosa María, "La actuación...", *óp. cit.*, pp. 243-244.

69 Vid. Lora González, Carlos, ¿Qué es...?, óp. cit., pp. 49-50.

una minoría de socios que sea, al menos, igual a la que exija la legislación mercantil para instar la convocatoria de una Asamblea o Junta General Extraordinaria (cfr. art. 71.2 de la LOSSEC)[70]. Además, el art. 70.2 de la LOSSEC señala que esta medida podrá adoptarse "*durante la tramitación de un expediente sancionador o con independencia del ejercicio de la potestad sancionadora*". Por último, el BdE (o el BCE, cuando proceda), debe dar cuenta al Ministerio de Economía, Comercio y Empresa y al FROB de la decisión adoptada (cfr. art. 71.1 de la LOSSEC).

El art. 72.1 de la LOSSEC prevé el trámite de audiencia "*de la entidad de crédito*" por un plazo no inferior a cinco días. Sin embargo, el apartado 2 del mismo precepto omite ese trámite en dos supuestos: cuando el procedimiento se inste a solicitud de la entidad, y cuando el trámite de audiencia comprometa gravemente la efectividad de la medida o los intereses económicos afectados[71]. En estos casos, la normativa pretende compensar la adopción de la medida *inaudita parte* mediante la reducción del plazo de resolución del recurso de alzada a diez días a contar desde la fecha de su interposición, algo que, desde el plano material, contribuye a garantizar las oportunidades de defensa del particular destinatario de la decisión.

Este esquema (omisión del trámite de audiencia y, sin embargo, acortamiento de los plazos para recurrir) podría satisfacer exigencias del principio de previo procedimiento en su vertiente material (esto es, como garantía de los particulares frente al ejercicio del poder administrativo), siempre y cuando la reducción de plazos también opere para la resolución del recurso por la Administración y, en su caso, para los órganos judiciales, que deberían sustanciar la eventual impugnación de la decisión mediante un procedimiento preferente y sumario. Las carencias que, hoy por hoy, presenta la solución dada por el legislador ha granjeado críticas a la omisión del trámite de audiencia en este procedimiento por parte de la doctrina[72], pues, como advierte la profesora Chinchilla Martín, la necesidad de recurrir para obtener la tutela de los derechos e intereses afectados por la decisión no deja de ser una carga para el interesado[73].

---

70 Aunque la posibilidad de inicio del procedimiento a instancia de parte pueda sorprender, lo cierto es que se ha producido en la realidad: en el caso del Banco de Madrid, mediante Resolución de 10 de marzo de 2015, el BdE acordó la intervención simple del órgano de administración de la entidad; a la vista de ello, el consejo de administración de la entidad, reunido en sesión extraordinaria el 12 de marzo de 2015 (BOE núm. 60, de 11 de marzo de 2015, pág. 22.900), acordó por unanimidad solicitar al BdE la sustitución completa de sus miembros (BOE núm. 62, de 13 de marzo de 2015, pág. 23.559).

71 Éste constituye un buen ejemplo de cómo la normativa especial en materia de supervisión prudencial del sector del crédito permite excepcionar el juego de las normas de procedimiento administrativo común cuando la tutela de la estabilidad del sistema financiero así lo exija, en línea con lo previsto en el art. 22.1, párrafo segundo, del Reglamento 1024/2013.

72 Así, por todos, Chinchilla Martín, María del Carmen, "El régimen...", *óp. cit.*, pp. 63-72.

73 "*Recurrir es una carga, en todos los sentidos, que nunca puede equipararse y, por consiguiente, sanar, la indefensión causada a quien se le causa un daño sin haberle dado, previamente, la posibilidad de alegar*

A este respecto, la profesora CHINCHILLA MARTÍN apunta, como una posible solución a las carencias que presenta el sistema desde el punto de vista procedimental, configurar la adopción de la medida a renglón seguido de otras actuaciones en las cuales el particular haya alegado contra los mismos hechos que sirven de base a esta adopción, siempre y cuando éstos no varíen respecto de aquéllos[74]. Ello, como advierte dicha autora, encaja con la previsión hoy contenida en el art. 82.4 de la LPACAP, cuando señala:

> *"Se podrá prescindir del trámite de audiencia cuando no figuren en el procedimiento ni sean tenidos en cuenta en la resolución otros hechos ni otras alegaciones y pruebas que las aducidas por el interesado".*

Ésta, en último término, es la solución ya comentada que se adopta en los procedimientos de "supervisión por inspección" regulados en el art. 126 de la LOSSEAR. De este modo, concluido el ejercicio de la potestad inspectora y habiendo dado traslado de las conclusiones al interesado, si las conclusiones definitivas alcanzadas hicieran urgente la intervención o sustitución de administradores, sí resultaría conforme con sus garantías dictar una resolución sin solución de continuidad, siempre y cuando tales conclusiones se fundamenten en los mismos hechos frente a los que el particular alegó en el seno de las actuaciones inspectoras.

No obstante lo anterior, esta alternativa no será posible en todos los casos, toda vez que existirán supuestos en los que el BdE acuerde la intervención o sustitución de administradores con base en elementos distintos a los recabados en una inspección o a los resultados arrojados por el PRES (donde la entidad de crédito ha podido alegar), y, según se ha dicho, puede haber otros perjudicados que no hayan podido participar en esos procedimientos previos. En estos casos, cuando concurran circunstancias de urgencia, deberá garantizarse el cumplimiento del principio de previo procedimiento ofreciendo a los particulares rápidas y efectivas vías de recurso y, eventualmente, un sistema ágil de compensación patrimonial, para el caso de que la actuación de la Administración supervisora fuera inválida.

Más allá de las reflexiones anteriores *de lege ferenda,* la adopción de este tipo de medidas *inaudita parte* fue examinada por nuestros tribunales en los casos de Banesto y Caja de Ahorros de Castilla-La Mancha. En ambos procedimientos, los administradores destituidos alegaron durante el proceso que la decisión era nula porque no se les dio audiencia previa en el procedimiento administrativo. Los tribunales, sin embargo, con base en la Ley reguladora, se limitaron a señalar que esa privación era conforme a Derecho en la medida en que estaba así previsto por la Ley. Así, la

---

lo que a su derecho convenga" (CHINCHILLA MARTÍN, María del Carmen, "El régimen...", *óp. cit.*, p. 68).

[74] CHINCHILLA MARTÍN, María del Carmen, "El régimen...", *óp. cit.*, p. 66.

Sentencia del Tribunal Superior de Justicia de Madrid núm. 1063/2001 de 26 de noviembre (TOL10.397.528), ya citada, explicó:

> *"La propia norma prevé su propio trámite en el supuesto de urgencia acreditada, trámite que va dirigido no al campo genérico de tramitación de la decisión sino al específico de aportar una solución rápida y provisional ante una situación de hecho que necesariamente ha de ser corregida, y tal tramite consiste únicamente en adoptar una motiva resolución.*
>
> *Por otro lado, entendemos claramente la vinculación al procedimiento genérico en aquellos supuestos en los que no exista una norma específica, no reiteraremos aquí la jurisprudencia unánime en tal sentido, pero no es el caso de autos. No se trata de cuestionar la aplicabilidad de la norma específica frente a la genérica, sino de ver si es necesaria esa apuesta de complementariedad que hacen los recurrentes al supuesto concreto y tal no acontece en cuanto a la especial conformación de la medida, no siendo necesario reiterar los argumentos ya expresados"* (Fundamento Jurídico Cuarto).

En línea con ello, la Sentencia del Tribunal Supremo de 14 de marzo de 2006 (TOL872.113), que confirmó aquélla, justificó la excepción en la necesidad de tutelar intereses generales superiores a la garantía del particular (cfr. Fundamento Jurídico Tercero). Esta fue la línea seguida también por la Sentencia de la Audiencia Nacional de 18 de octubre de 2010 (TOL6.657.928), en el caso de la Caja de Ahorros de Castilla-La Mancha (cfr. Fundamento Jurídico 4).

Como se comprueba, los tribunales que resolvieron los anteriores casos se limitaron a aplicar la ley, sin plantearse cómo opera en esos casos donde, por razones de interés general, resulta necesario omitir el trámite de audiencia, el principio de previo procedimiento regulado en el art. 105-*c)* de la Constitución, y cómo y en qué medida los derechos e intereses legítimos de los particulares se encuentran adecuadamente garantizados por el sistema vigente. Quizá el planteamiento de estas cuestiones en futuras discusiones que puedan surgir sobre la aplicación de estas medidas puedan ayudar a perfeccionar el régimen legal y a dotar de mayores garantías materiales a los particulares frente a la aplicación de estas medidas de intervención y sustitución de administradores en entidades de crédito.

En relación con el trámite de audiencia, existe un segundo punto problemático que la norma tampoco resuelve satisfactoriamente. El art. 72 de la LOSSEC reconoce la posibilidad de que se dé audiencia exclusivamente a "*la entidad*", pero no a los accionistas, a los administradores destituidos y a los depositantes. En mi opinión, cabe aplicar en este punto la regla general contenida en el art. 4 de la LPACAP y considerar que también ostentan esa condición los accionistas (por cuanto la designación de administradores es un derecho inherente a la condición de accionista que se ve limitado por la decisión)[75] y los propios administradores destituidos. En relación con

[75] En estos casos, no puede perderse de vista que pude aparecer un problema instrumental no menor en el caso de sociedades con un número elevado de accionistas que quizá merecería una solución en el plano procesal.

los primeros, la ya citada Sentencia del Tribunal General de la UE de 12 de octubre de 2022 (TOL9.248.510) ha reconocido la legitimación activa de una accionista de Banca Carige SpA para impugnar una decisión del BCE de destitución de administradores[76] al entender que la decisión afecta a su esfera jurídica, en la medida en la que impide el ejercicio de sus derechos políticos, entre ellos, el de instar la convocatoria de una Junta General de la entidad o proponer, a partir de cierta representación en el capital de la entidad, posibles administradores:

> *"Como se desprende de los autos, la situación jurídica de la demandante se ve afectada, en el presente asunto, sin intervención de un acto intermedio, por las decisiones impugnadas, ya que estas modifican por sí mismas los derechos que le asisten para participar en calidad de accionista en la gestión del banco de conformidad con las normas aplicables:*
>
> *–así, dichas decisiones afectan al derecho de la demandante a elegir, como accionista, a los órganos de dirección y supervisión del banco, dado que, de no existir tales decisiones, los accionistas que, por sí solos o con otros, poseen cierto porcentaje del capital podrían presentar una lista de candidatos para la elección de los miembros del Consejo de Administración y del Consejo de Supervisión y cualquier accionista puede elegir, entre los candidatos, a los miembros de estos dos órganos, de conformidad con los estatutos del banco (artículos 18 y 26);*
>
> *–por otra parte, la decisión de sometimiento a administración provisional afecta al derecho de los accionistas, como la demandante, a convocar la junta general de accionistas y a fijar el orden del día, dado que, según el artículo 10, apartado 4, de los estatutos del banco, los accionistas pueden provocar la celebración de una junta general y fijar puntos en el orden del día, derecho este que, en el caso de autos, ha quedado suspendido por las decisiones impugnadas y que, de conformidad con el artículo 70, apartado 2, del decreto legislativo n. 385 – Testo unico delle leggi in materia bancaria e creditizia (Decreto Legislativo n.° 385 — Texto refundido de las Leyes en materia bancaria y de crédito), de 1 de septiembre de 1993 (suplemento ordinario de la GURI n.° 230, de 30 de septiembre de 1993) (en lo sucesivo, «texto único bancario»), solo los administradores provisionales pueden convocar la junta general y fijar el orden del día con la aprobación del BCE, de conformidad con el artículo 72, apartado 6, del texto único bancario;*
>
> *–por último, las decisiones impugnadas modifican las condiciones en las que los accionistas, como la demandante, pueden exigir la responsabilidad de los órganos de dirección y supervisión, dado que, en principio, esta responsabilidad se rige por el artículo 2392 del Código Civil italiano y, en caso de administración provisional, está limitada a los supuestos de dolo o culpa grave, conforme al artículo 72, apartado 9, del texto único bancario, disposición esta que, por otra parte, establece que las acciones civiles contra los administradores provisionales estarán supeditadas a la autorización del BCE y cuyo apartado 5 confía a los administradores provisionales el derecho a entablar acciones por responsabilidad contra los miembros de los órganos disueltos del banco o contra el director general, privando así a la junta de accionistas o a los accionistas que, conjuntamente, poseen determinado porcentaje del capital social del derecho a entablar tal acción con arreglo a los artículos 2393 y 2393 bis del Código Civil italiano.*

---

[76] "*Disolución de administradores*" en Derecho italiano.

De todo ello resulta que la relación jurídica entre el banco y sus accionistas, entre los que figura la demandante, fue modificada, sin intervención de acto intermedio alguno, mediante las decisiones impugnadas, las cuales, por tanto, la afectan directamente" (nn. 34 y 35).

Más discutible me parece alcanzar esta solución respecto de los depositantes, en línea con lo decidido por la jurisprudencia, por ejemplo, al negar legitimación a los depositantes que recurrieron la intervención, primero, y la sustitución, después, de los administradores del Banco de Madrid[77].

Además de lo anterior, otra duda que puede surgir se refiere a quién actúa por la entidad al impugnar, eventualmente, estas decisiones. Parece que, tal y como configura la Ley la medida, debe entenderse que son los nuevos administradores designados quienes deben representar a la entidad (y, por tanto, adoptar, entre otras decisiones, el acuerdo de interposición de acciones exigido por el art. 45.2-*d)* de la LJCA). Esta conclusión no deja, en mi opinión, de presentar algunos problemas, en la medida en la que, en la práctica, se pretende que quienes se han visto beneficiados por la medida desplieguen diligencia en impugnarla, algo que podría generar cierto conflicto de intereses. Una posible solución a esta situación podría ser, en mi opinión, que la representación a estos efectos fuera decidida por los accionistas, en cuanto propietarios de la entidad.

En otro orden de cosas, el acuerdo deberá designar a la persona o personas que hayan de ejercer las funciones de intervención o hayan de actuar como administradores provisionales, e indicará si tales personas deben actuar conjunta, mancomunada o solidariamente. Los nuevos administradores deberán contar con los requisitos de idoneidad y honorabilidad exigidos con carácter general para los administradores de entidades de crédito (cfr. art. 73.1 de la LOSSEC).

Una cuestión polémica en relación con este aspecto ha sido la regulación de la eficacia del acuerdo de intervención o sustitución contenida en la Ley. Según señala el art. 73.2 de la LOSSEC, el acuerdo de intervención o sustitución es ejecutivo "*desde el momento que se dicte*", esto es, sin necesidad de cumplir con las exigencias de notificación o publicación que el art. 39.2 de la LPACAP establece en garantía de los particulares. No obstante, el propio precepto añade que su eficacia frente a terceros quedará supeditada a la publicación del acuerdo en el BOE. El problema, por tanto, pasa por determinar quiénes no reúnen la condición de terceros y, por tanto, se encuentran sujetos al contenido del acto desde el momento en que se dicte.

En principio, parece que la respuesta pasaría por entender que únicamente no se consideran terceros la entidad de crédito y los administradores intervenidos y sustituidos. Sin embargo, del repaso de las resoluciones judiciales recaídas hasta la fecha en relación con

---

77 Sentencia de la Audiencia Nacional de 25 de octubre de 2017 (TOL6.438.405), ya citada.

el ejercicio de esta potestad (casos Banesto, Caja de Ahorros de Castilla-La Mancha y Banco de Madrid), la práctica responde a un modelo de notificación instantánea del acuerdo a esos administradores sustituidos y sustitutos, que ampara para la entrada inmediata de estos últimos en sus funciones[78]. En cualquier caso, como explica CHINCHILLA MARTÍN, esta cuestión tiene poco recorrido práctico, por cuanto:

> *"El efecto jurídico más importante de la intervención (la privación de validez de los acuerdos y actos adoptados una vez acordada la intervención, sin la aprobación expresa de los interventores) sólo se produce, según el artículo 74.1, a partir de la fecha de publicación del Acuerdo en el BOE"*[79].

El art. 73.3 de la LOSSEC, en fin, habilita a la Administración para acordar, como medida de ejecución del acuerdo, "*la compulsión directa para la toma de posesión de las oficinas, libros y documentos correspondientes o para el examen de estos últimos, sin perjuicio de lo previsto en el artículo 96.3 de la Ley 30/1992, de 26 de noviembre* [hoy, art. 100 de la LPACAP]". Esta regulación tampoco termina por ser satisfactoria. Como explica la profesora CHINCHILLA MARTÍN:

> *"Esta disposición vuelve a poner de manifiesto que el Acuerdo de intervención no puede ser ejecutivo desde que se dicta, pues para producir efectos, como ya se ha dicho, tiene que ponerse en conocimiento del interesado (artículos 57.2 y 58.1 de la LRJPAC); pero, además, para que sea posible su ejecución forzosa es necesario, por un lado, que se notifique al interesado la resolución que autorice el acto de ejecución de que se trate (artículo 93.2 LRJPAC). Con ello no trato de decir, obviamente, que una ley especial y posterior como es la LOSSEC no pueda separarse del criterio establecido en una ley anterior y general como es la LRJPAC; sino que, puesto que hay principios y garantías*

---

78 Por citar sólo un ejemplo, la Sentencia del Tribunal Superior de Justicia de Madrid núm. 1063/2001, de 26 de noviembre (TOL10.397.528), ya citada, reproduce el contenido del punto Tercero de la Resolución de 28 de diciembre de 1993 por la que se acordó la sustitución de los administradores de Banesto –y que no se incluye en la publicación realizada en el BOE– que dice: Tercero: "*Notifíquese al representante legal del Banco Español de Crédito SA, informándole de la inmediata ejecutividad del presente acuerdo de sustitución de administradores y de la posibilidad de interponer contra el mismo el recurso ordinario a que se refieren los artículos 114 y siguientes de la Ley 30/1992, de 26 de noviembre. Siendo las 17 horas, el Gobernador y el Subgobernador se ausentan momentáneamente para, en compañía del Director General Adjunto Jefe de los Servicios Jurídicos señor Fanjul, notificar a don Mariano C., que ha sido expresamente citado a tal efecto, el precedente acuerdo. A su regreso y entregada al Secretario General la copia del acuerdo con el recibí firmado por el señor C., se personan los señores don Alfredo S. A., don Ildefonso A. G., don Marcial P. A., don Epifanio R. B. y don Matías R. I., a quienes el Secretario General hace entrega de las correspondientes notificaciones del tal mencionado acuerdo, recogiendo su aceptación de esos nombramientos mediante los recibís firmados en las correspondientes copias. El señor S. A. manifiesta su plena disposición y entrega igual que los demás administradores provisionales designados por el Banco de España para colaborar en la solución del problema planteado. Igualmente, dada su calidad de Administrador Presidente Ejecutivo, anuncia su propósito de suspender temporalmente y mientras dure tal labor, su condición de Consejero en el Banco Bilbao Vizcaya y las entidades de su grupo, de lo que se informará al Registro de Altos Cargos para su anotación correspondiente*".

79 CHINCHILLA MARTÍN, María del Carmen, "El régimen...", *óp. cit.*, p. 69.

que están en la LRJPAC, pero no son sino expresión y desarrollo de principios consagrados en la Constitución (artículo 105), las especialidades que la LOSSEC establece en los puntos que aquí han quedado expuestos deberían interpretarse en un sentido integrador y coherente con las garantías establecidas en la LRJPAC"[80].

En mi opinión, cabe plantearse, en relación con las medidas de ejecución que pueden adoptarse para llevar a efecto estos acuerdos, el juego que tienen las normas de procedimiento administrativo común a este respecto. Es cierto que, para el dictado del acto correctivo, la LOSSEC establece normas especiales que, por razones de interés general, desplacen la regulación general contenida en la LPACAP, particularmente en lo relativo a la omisión del trámite de audiencia, pero no establece reglas especiales en materia de ejecución forzosa. En ese contexto, cabría preguntarse si la adopción de esas medidas no requeriría el cumplimiento de los requisitos previstos en los arts. 99 y ss. de la LPACAP y, en particular, la necesidad de un previo apercibimiento. Desde luego, esta es una cuestión que merece una respuesta en la LOSSEC dirigida a garantizar que la flexibilidad alcanzada en la regulación del procedimiento principal encuentre su reflejo también en la adopción de las medidas de ejecución eventualmente necesarias para llevarla a efecto.

Otro asunto polémico al que ya se ha hecho referencia es el relativo al plazo de duración de la medida de intervención o sustitución. El art. 76 de la LOSSEC sólo señala que, acordado el cese de las medidas de sustitución, los administradores sustitutos deberán convocar los órganos de la entidad competentes para elegir un nuevo órgano[81]. Las Resoluciones del BdE que, hasta la fecha, han aplicado esta clase de medidas han señalado que éstas cesarán cuando desaparezcan las circunstancias que motivaron su adopción. El art. 10 de la Ley 11/2015, por el contrario, establece que las medidas "*se mantendrán en vigor por el plazo de un año*", y podrán prorrogarse por periodos iguales de forma motivada si se mantuvieran las circunstancias que dieron lugar a su adopción.

Ahora bien, una interpretación restrictiva (al tratarse de una potestad limitativa de los derechos de los particulares destinatarios del acto) y, sobre todo, las exigencias derivadas del principio de proporcionalidad, permiten entender que ese "*se mantendrán*" que contiene el art. 10 de la Ley 11/2015 no implica necesariamente que la medida deba estar en vigor un año, sino que, si desaparecieran las circunstancias que motivaron se adopción,

---

80 Chinchilla Martín, María del Carmen, "El régimen...", *óp. cit.*, p. 69.

81 No se regulan los efectos derivados del cese de las medidas de intervención porque, en estos casos, el órgano de administración continúa ocupado por las personas designadas al efecto por la propiedad y, por tanto, resulta aplicable plenamente el Derecho de sociedades que regula la cuestión. No hay en estos casos, en otras palabras, "vacío de poder" ninguno. En otro orden de cosas, "*no dice, sin embargo, la Ley acerca de las circunstancias que deberían llevar a acordar el cese de la intervención*" (Chinchilla Martín, María del Carmen, "El régimen...", *óp. cit.*, p. 71).

la medida podría quedar sin efecto. Esta interpretación se ve confirmada por el hecho de que ese criterio (el mantenimiento de las circunstancias que la motivaron) es el que, según se ha visto, la propia norma emplea para justificar la extensión de las medidas, de modo que una interpretación *a contrario* y favorable a los particulares afectados, perfectamente admisible, conduce a esa conclusión.

En otro orden de cosas, los efectos de las medidas de intervención y sustitución de administradores se recogen en los arts. 74 y 75 de la LOSSEC. En el primer supuesto, no serán válidos los acuerdos adoptados por los órganos sociales sin el visado de los interventores desde la publicación del acuerdo en el BOE. Además, los interventores podrán revocar cuantos poderes de representación se hubieran otorgado en nombre y por cuenta de la entidad de crédito, y podrán solicitar la devolución de los documentos correspondientes. En el caso de la sustitución, los administradores sustitutos, además de desempeñar las facultades propias del órgano de administración, actúan como interventores de los acuerdos de la Junta o Asamblea General de la entidad. En este caso, además, las obligaciones de remisión de información pública periódica, de formulación de cuentas anuales y de aprobación de éstas y de la gestión de la entidad podrán suspenderse por el plazo máximo de un año si los administradores sustitutos entendieran que falta información necesaria para cumplir adecuadamente con ellas.

Por último, los arts. 77 y 78 de la LOSSEC regulan lo que, en mi opinión, son más manifestaciones de sendas potestades autorizatorias que de potestades verdaderamente correctoras. El primero impone a las entidades de crédito que acuerden su disolución y liquidación la obligación de comunicar esta circunstancia al BdE, el cual podrá imponer condiciones en los tres meses siguientes a la recepción de esa comunicación (esto es, autorizar con condiciones la disolución y liquidación). El segundo permite al Ministerio de Economía, Comercio y Empresa intervenir las operaciones de liquidación de una entidad de crédito, lo que sencillamente supone la posibilidad de que ese Ministerio autorice la ejecución de tales operaciones. La razón de que esta potestad se encuadre sistemáticamente en este lugar no es más que el procedimiento previsto para emitir la autorización es el mismo que para adoptar medidas de intervención o sustitución de administradores, aunque su justificación, naturaleza y efectos jurídicos son, como digo, bien distintos. Ni que decir tiene que estas dos potestades autorizatorias no encuentran parangón en Derecho europeo y, por tanto, no parece que puedan ser ejercitadas por el BCE[82].

Adicionalmente, el art. 79 de la LOSSEC obliga al BdE a enviar anualmente a las Cortes Generales una Memoria de las actuaciones que hayan dado lugar a medidas de intervención o sustitución, Memoria que, en mi opinión, deberá incluir las medidas de

---

82 En mi opinión, la existencia de esta potestad debe reconducirse a los mecanismos de supervisión del cese de actividad previstos en la normativa europea.

esa clase adoptadas por el BCE, en la medida en que no parece que la LOSSEC pueda exigir a esta Administración semejante rendición de cuentas a las Cortes Generales al margen de lo previsto en el art. 21 del Reglamento 1024/2013.

CAPÍTULO VII

POTESTADES CORRECTORAS (II): RESOLUCIÓN BANCARIA[1]

---

1 Este Capítulo es una reproducción literal del Capítulo IV de la monografía *¿Qué es la resolución bancaria? Respuestas desde el Derecho administrativo*, publicado en esta misma editorial en 2024 (cfr. LORA GONZÁLEZ, Carlos, *¿Qué es...?*, op. cit., pp. 155-204). Su inclusión en esta obra se hace necesaria para ofrecer al lector un *Manual de supervisión prudencial bancaria* completo, que contenga todas las potestades incardinadas en la actividad administrativa de supervisión prudencial bancaria. Si, como justifiqué en aquella otra obra, la potestad de resolución bancaria es una potestad correctora más, aunque particularmente intensa, incardinada en esa actividad, no tendría sentido presentar un *Manual* que la obvie. A este respecto, con la finalidad de mantener coordinadas ambas obras, el contenido de este Capítulo no ha sufrido ninguna modificación. Ello no obstante, no puedo desconocer que, a la fecha de publicación de esta obra, se ha dictado la Sentencia del Tribunal General de la UE de 18 de junio de 2025 (TOL10.570.551) (T-450/22, MeSoFa Vermögenverwaltungs AG, anteriormente Sber Vermögensverewaltungs AG, e inicialmente Sberbank Europe AG, vs. JUR y BCE), por la que se aporta claridad a algunos puntos del régimen europeo de resolución bancaria, como el supuesto de hecho previsto en el art. 18.1-b) del Reglamento 806/2014 o las exigencias del principio de proporcionalidad a la hora de determinar si resulta procedente o no someter a una entidad de crédito a un procedimiento de resolución.

1. PREPARACIÓN DE LA RESOLUCIÓN

El ejercicio de la potestad de resolución bancaria se encuentra precedido de una fase previa de preparación en la que entidades y Administraciones prevén las posibles medidas que se vean obligadas a adoptar con ocasión de una eventual resolución de la entidad[2].

Existen, en realidad, dos instrumentos de prevención dirigidos a preparar la eventual resolución de una entidad: los planes de recuperación, que deben elaborar las entidades de crédito en aplicación directa de las normas prudenciales que ordenan el sector[3], y el plan de resolución, que es más propiamente un instrumento incardinado en la actividad administrativa de supervisión tendente a preparar el eventual ejercicio de la potestad resolutoria. A este segundo dedicaremos, en consecuencia, las líneas siguientes.

Cabe advertir, de manera preliminar, que ambos planes (y, por tanto, también el plan de resolución) son instrumentos preventivos, y su elaboración no conduce de manera automática al ejercicio de la potestad de resolución bancaria. El plan de resolución simplemente analiza cuál puede ser la opción de resolución más viable, para el caso de que se produjera una situación objetiva de crisis que requiera la aplicación de un instrumento de resolución, pero ni determina la existencia de esa situación, ni aplica el o los instrumentos de resolución en él previstos.

---

2 Sobre esta cuestión, *vid.*, que se seguirá en lo sucesivo, ALÉS HERMOSA, Gabriela, y CARRILLO DONAIRE, Juan Antonio, "Planes...", *óp. cit.*, pp. 265-298.

3 El plan de recuperación constituye una obligación para las entidades de crédito directamente emanada de la ordenación prudencial del sector. El plan debe recoger las medidas de contingencia necesarias para para que la entidad pueda volver a una situación de normalidad. Siguiendo la explicación de los autores citados, el plan de recuperación debe incorporar, como mínimo, los eventuales escenarios de inviabilidad financiera y macroeconómica (de acuerdo con las Directrices de la ABE sobre el abanico de escenarios que deben contemplarse en los planes de reestructuración; EBA/GL/2014/06 disponibles en: https://www.bde.es/f/webbde/INF/MenuHorizontal/Normativa/Circulares_y_guias_en_proceso_de_consulta/EBA_GL_2014_06_ES.pdf –enlace consultado el 18 de abril de 2021–), información sobre los elementos relevantes, las medidas a adoptar en actuación temprana, las condiciones y procedimientos para aplicar medidas de recuperación, los acuerdos de ayuda financiera intragrupo y las condiciones para hacer uso de las flexibilidades de crédito de los bancos centrales, todo ello acompañado de indicadores de recuperación cuantitativos y cualitativos (cfr. arts. 6 de la Ley 11/2015 y 11 a 14 del RD 1012/2015). La concreción de los extremos indicados ha sido realizada por las Directrices de la ABE sobre la lista mínima de indicadores cualitativos y cuantitativos de los planes de reestructuración (EBA/GL/2015/02; disponibles en: https://www.bde.es/f/webbde/INF/MenuHorizontal/Normativa/guias/eba-gl-2015-02-es.pdf –enlace consultado el 18 de abril de 2014–). En relación con este plan, el papel de las Administraciones supervisoras se limita al ejercicio de la potestad autorizatoria que confirma la adecuación del plan a la realidad de la entidad, así como la de sus eventuales modificaciones. Esta autorización pone fin a la vía administrativa y será directamente recurrible ante la Sala de lo Contencioso-Administrativo de la Audiencia Nacional (cfr. art. 72.1 de la Ley 11/2015).

El art. 13 de la Ley 11/2015, transponiendo lo dispuesto en el art. 12 de la BRRD, y el art. 8 del Reglamento 806/2014, establecen la obligación de la autoridad correspondiente (la JUR para entidades significativas y el BdE para las entidades menos significativas[4]) elabore y apruebe, previas las consultas pertinentes, un plan de resolución que contenga "*las acciones de resolución que el FROB podrá aplicar en el caso de que la entidad cumpla con las condiciones*" para que pueda ser ejercitada la potestad de resolución. Así, el plan de resolución establecerá las medidas de resolución que la autoridad competente pueda emprender cuando una entidad o un grupo reúna las condiciones, y en modo alguno presupondrá más ayuda financiera extraordinaria que la utilización del FUR según lo dispuesto en la normativa, ayudas en forma de provisión urgente de liquidez del banco central o ayudas en forma de provisión de liquidez del banco central atendiendo a criterios no convencionales en cuanto a garantías, vencimiento y tipos de interés (cfr. arts. 8.6 del Reglamento 806/2014 y 13.2 de la Ley 11/2015)[5]. De este modo, los planes de resolución tienen por objeto prever y garantizar que las entidades se resuelven de forma ordenada, con arreglo a la normativa que resulta de aplicación. La aprobación del plan de resolución pone fin a la vía administrativa y es directamente impugnable ante la Sala de lo Contencioso-Administrativo de la Audiencia Nacional (cfr. art. 72.1 de la Ley 11/2015).

La elaboración de un plan de resolución para cada entidad o grupo de entidades no agota la fase preparatoria de la resolución[6]. Antes al contrario, las autoridades de resolución –en este caso, la JUR para las entidades significativas y el BdE para las entidades menos significativas– deberán evaluar la resolubilidad de cada entidad, es decir, que "*si, en el caso de que cumpliese las condiciones para la resolución, pudiera procederse a su liquidación en el marco de un procedimiento concursal o a su resolución (...), de forma que: a) no se produzcan consecuencias adversas significativas para el sistema financiero español, de otros Estados miembros de la Unión Europea o de la Unión Europea en su conjunto; b) se garantice la continuidad de las funciones esenciales desarrolladas por la entidad*"[7] (art. 15.1 de la Ley 11/2015; en términos similares, art. 10.1 del Reglamento 806/2014).

---

4 El art. 13 de la Ley 11/2015 atribuye la competencia a la autoridad de resolución preventiva, la cual se corresponde con el BCE o el BdE según la entidad sea significativa o menos significativa. Sin embargo, el art. 8 del Reglamento 806/2014 sustrae la competencia que pudiera corresponder al BCE a este respecto en relación con las entidades significativas y ordena que sea la JUR la encargada de preparar el plan de resolución.

5 Las normas contienen disposiciones específicas para los planes de resolución de grupo en el apartado 11 del art. 8 del Reglamento 806/2014 y en el art. 14 de la Ley 11/2015.

6 *Vid.* Manso Olivar, Rubén, y Gómez Fernández, Lorena, "Los instrumentos de resolución y su inadecuación a los problemas coyunturales de liquidez de las entidades", en Ruiz Ojeda, Alberto Luis, y López Jiménez, José María (dirs.), *Estudios sobre resolución bancaria*, Thomson Reuters-Aranzadi: Cizur Menor (Navarra), 2020, pp. 580-583.

7 En concreto, el art. 10.3 del Reglamento 806/2014 establece en su inciso segundo que: "*se considerará que puede llevarse a cabo la resolución de un ente si resulta factible y creíble que la Junta proceda, bien*

Si, durante el proceso de evaluación de la resolubilidad, las autoridades competentes detectaran obstáculos importantes para la resolución de la entidad, podrá ejercitar la potestad correctora en el sentido clásico que ya se ha examinado (esto es, imponiendo prohibiciones o mandatos a las entidades) para que se adopten las medidas necesarias para remover esos obstáculos, tales como la revisión de los mecanismos de financiación, la elaboración de un acuerdo para garantizar el desarrollo de sus funciones esenciales, imponer límites a riesgos individuales o globales de la entidad, imponer requisitos adicionales de información, etc. (cfr. art. 17.2 de la Ley 11/2015 y art. 10.11 del Reglamento 806/2014)[8].

Adicionalmente, las autoridades de resolución también deberán determinar el requisito mínimo de fondos propios y pasivos elegibles, calculado como el importe de los fondos propios y los pasivos elegibles expresados porcentualmente con respecto al tal de pasivos y fondos propios de la entidad, a los que, en su caso, se aplicarán las competencias de depreciación y conversión (cfr. art. 12 del Reglamento 806/2014), lo que se articula mediante el ejercicio de una potestad correctora en sentido clásico en forma de mandato.

2. EJERCICIO DE LA POTESTAD RESOLUTORIA

El ejercicio de la potestad resolutoria se enmarca propiamente en lo que se ha dado en denominar la "fase ejecutiva" de la resolución. En ella, las Administraciones competentes concluyen con la concurrencia de los supuestos de hecho que les habilitan para ejercer la potestad y accionan ésta, generando los efectos jurídicos propios de la resolución.

---

a su liquidación con arreglo a procedimientos de insolvencia ordinarios, bien a su resolución haciendo uso de los instrumentos y competencias de resolución, evitando en la mayor medida posible toda consecuencia adversa significativa para los sistemas financieros (incluida la eventualidad de inestabilidad financiera general o la existencia de factores que afecten a todo el sistema) del Estado miembro en que esté situado el ente, de otros Estados miembros de la Unión y con el fin de garantizar la continuidad de las funciones esenciales desarrolladas por el ente". Y el apartado 5 del mismo precepto termina por aclarar que "*las consecuencias adversas significativas para el sistema financiero o la amenaza para la estabilidad financiera se refieren a una situación en la que el sistema financiera está real o potencialmente expuesto a una perturbación que puede provocar dificultades financieras que podrían poner en peligro la integridad, la eficiencia y el correcto funcionamiento del mercado interior o de la economía o el sistema financiero de uno más estados miembros*", de acuerdo con las alertas y recomendaciones pertinentes de la JERS y los criterios pertinentes elaborados por la ABE para la determinación y medición del riesgo sistémico.

8 En realidad, el ejercicio de la potestad correctora en este punto está precedida por un turno voluntario para que las entidades de crédito, a la vista del informe sobre evaluación de la resolubilidad elaborado por la Administración competente, puedan proponer las medidas que entiendan más adecuadas para remover esos obstáculos. Sólo en el caso de que en un plazo de cuatro meses no se hayan propuesto esas medidas, o éstas hayan sido consideradas inadecuadas por la Administración, ésta podrá imponer coactivamente aquéllas que entienda más adecuadas al fin propuesto (cfr. art. 10.7 y 9 del Reglamento 806/2014 y art. 17.1 y 2 de la Ley 11/2015).

En principio, la fase ejecutiva de la resolución parte del esquema trazado en el plan de resolución de la entidad. No obstante, si éste, por las razones que fueran, no existiera, o las medidas en él contempladas no se estimaran, llegado el caso, las adecuadas para corregir el incumplimiento de la ordenación prudencia bancaria que motiva el ejercicio de la potestad, la Administración competente puede modular su aplicación y aplicar otros instrumentos de resolución que respondan mejor a la situación de hecho planteada.

A continuación se lleva a cabo un examen detenido de los supuestos de hecho que determinan el ejercicio de la potestad (que, al ser comunes para la potestad atribuida a la JUR y para la que ostenta el FROB, se examinarán conjuntamente), y el procedimiento que debe seguir cada una de las dos Administraciones competentes en el ámbito de sus competencias para acordar la resolución de una entidad de crédito.

2.1 SUPUESTOS DE HECHO PARA EL EJERCICIO DE LA POTESTAD RESOLUTORIA

Como potestad administrativa que es, la de resolución de crisis de entidades de crédito se encuentra plenamente sometida a la Ley (cfr. arts. 9.3 y 103.1 de la Constitución) y, por ende, sólo puede ser ejercitada en la forma y manera que el ordenamiento establece. Además, como potestad incardinada en la actividad administrativa de supervisión, la potestad se encuentra caracterizada, según se ha expuesto ya, por su neutralidad a los fines.

Tanto el art. 18 del Reglamento 806/2014 como el art, 19 de la Ley 11/2015 establecen que el ejercicio de la potestad resolutoria debe ir precedido de la constatación de la concurrencia de tres supuestos de hecho acumulativos, a saber: **(i)** que la entidad de crédito sea inviable o sea razonablemente previsible que vaya a serlo en un futuro próximo; **(ii)** que no existan perspectivas razonables de que medidas procedentes del sector privado (como las medidas aplicadas por los sistemas institucionales de protección), de supervisión (como las medidas de actuación temprana) o la amortización o conversión de capital, puedan impedir la inviabilidad de la entidad en un plazo de tiempo razonable; y **(iii)** que concurran razones de interés público que hagan necesario o conveniente acometer la resolución de la entidad para alcanzar alguno de los objetivos de la resolución, por cuanto la disolución o liquidación de la entidad en el marco de un procedimiento concursal no permitiría razonablemente alcanzar dichos objetivos en la misma medida.

La experiencia judicial existente en relación con la aplicación del Reglamento 806/2014 por la JUR (*vid.* Sentencias del Tribunal General de la UE de 1 de junio de 2022[9]), evidencia cómo la acreditación de los supuestos que permiten el ejercicio de la

---

[9] Recaídas en los asuntos T-510/17 (Antonio del Valle Ruiz *vs.* Comisión Europea y JUR) (TOL8.988.239), firme; T-481/17 (Fundación Tatiana Pérez de Guzmán el Bueno y Stiftung für Forschung und Lehre (DFL) *vs.* JUR) (TOL8.988.240), respecto de la que se presentaron sendos

potestad de resolución bancaria compete a la JUR, quien debe sostener la apreciación en datos acreditados en el expediente (como, por ejemplo, documentos o manifestaciones de responsables de la entidad que permitan razonablemente alcanzar la conclusión de que concurre alguno de los supuestos en los que puede apreciarse la concurrencia de este requisito, como ocurría en aquellos casos)[10].

A continuación se examina detalladamente cada uno de estos requisitos y la concreta forma en que las Administraciones competentes deben acreditar su concurrencia.

2.1.1 Declaración de inviabilidad o de previsible inviabilidad

Este primer requisito consiste en una declaración razonada emitida por la Administración supervisora competente (esto es, el BCE para las entidades significativas y el BdE para las entidades menos significativas) donde evalúa la situación patrimonial de la entidad y concluye que, en términos de liquidez o solvencia, la situación es insostenible y concurre una situación de inviabilidad cierta o certeramente próxima. En la práctica del BCE, esta declaración se denomina *failable or likely to fail statement* o *FOLTF statement*.

En puridad, la *FOLTF statement* constituye un acto administrativo de trámite que, si resulta positivo, obliga al examen, por la Administración competente, de la concurrencia de los otros dos requisitos, mientras que si es negativo impide el ejercicio de la potestad resolutoria. En consecuencia, en este último escenario, si la emisión de la declaración obedeciera a una solicitud formulada por un particular (*a. e.*, la propia entidad), podría considerarse un acto de trámite cualificado en el sentido del art. 112.1 de

recursos de casación bajo los números C-448/22 P y C-551/22 P, el primero de los cuales se encuentra pendiente de resolución mientras que el segundo ha sido resuelto por medio de la Sentencia del Tribunal de Justicia de la UE de 18 de junio de 2024 (TOL10.042.332), que revoca la previa Sentencia del Tribunal General al considerar que el recurso era inadmisible (más adelante se analizará este pronunciamiento); T-523/17 (Eleveté Invest Goup, S. L., *vs.* Comisión Europea y JUR) (TOL8.988.238), confirmada mediante Sentencia del Tribunal de Justicia de la UE de 4 de octubre de 2024, recaída en el recurso de casación número C-541/22 (TOL10.206.875); T-628/17 (Aeris Invest Sàrl *vs.* Comisión Euopea y JUR) (TOL8.988.236), confirmada mediante Sentencia del Tribunal de Justicia de la UE de 4 de octubre de 2024, recaída en el recurso de casación número C-535/22 P (TOL10.206.876); o T-570/17 (Algebris (UK) Ltd y Anchorage Capital Group LLC *vs.* Comisión Europea) (TOL8.988.23), firme. Un buen análisis de estas Sentencias se encuentra en Urbaneja Cillán, Jorge, "Los mecanismos de gestión de crisis bancarias como garantía de estabilidad en la UE. El Tribunal General desestima los recursos contra la resolución del Banco Popular", *RDCE* núm. 73 (2022), pp. 995-1039.

10 *Vid.*, particularmente, la recaída en el asunto T-523/17, nn. 118-262, donde se examina con mucha profusión por qué en el asunto de la resolución de Banco Popular existían hechos acreditados que permitían razonablemente apreciar la concurrencia de los supuestos que permiten el ejercicio de la potestad de resolución bancaria.

la LPACAP[11], por cuanto impide la prosecución del procedimiento, y, en ese caso, sería directamente recurrible ante los órganos jurisdiccionales competentes[12].

Las normas ofrecen criterios para que la Administración supervisora determine que concurren las razones para determinar si concurre o no este primer supuesto de hecho. Así, el art. 18.4 del Reglamento 806/2014 y el art. 20 de la Ley 11/2015, establecen que una entidad es inviable o es razonablemente previsible que lo sea si concurre alguna de las siguientes circunstancias:

1º. La entidad incumple de manera significativa o es razonablemente previsible que incumpla de manera significativa en un futuro próximo los requerimientos de solvencia u otros requisitos necesarios para mantener su autorización.

2º. Los pasivos exigibles de la entidad son superiores a sus activos o es razonablemente previsible que lo sean en un futuro próximo.

3º. La entidad no puede o es razonablemente previsible que en un futuro próximo no pueda cumplir puntualmente sus obligaciones esenciales.

4º. La entidad necesita ayuda financiera pública extraordinaria. No obstante lo anterior, el apartado 2 del citado art. 20 de la Ley 11/2015 aclara que "*no se considerará que la entidad es inviable si la ayuda financiera pública extraordinaria se otorga para evitar o solventar perturbaciones graves de la economía y preservar la estabilidad financiera*" (por ejemplo, las ayudas concedidas por los poderes públicos con ocasión de la pandemia en el año 2020, o de la guerra de Ucrania en 2023), si adopta alguna de las siguientes formas: "*garantía estatal para respaldar operaciones de liquidez concedidas por los bancos centrales de acuerdo con sus propias condiciones*"; "*garantía estatal de pasivos de nueva emisión*"; o "*inyección de recursos propios o adquisición de instrumentos de capital a un precio y en unas condiciones tales que no otorguen ventaja a la entidad*", siempre y cuando, en este último caso, estas ayudas no se den cuando la entidad ya esté cumpliendo alguno de los requisitos referidos en los tres párrafos anteriores (esto es, existe un incumplimiento significativo de los requisitos de solvencia u otros requisitos técnicos necesarios para el mantenimiento de la autorización; sus pasivos exigibles son

---

11 De acuerdo con esta norma, son actos de trámite cualificados aquéllos que "*deciden directa o indirectamente el fondo del asunto, determinan la imposibilidad de continuar el procedimiento, producen indefensión o perjuicio irreparable a derechos e intereses legítimos*".

12 En relación con la eventual impugnación de la *FOLTF statement*, la Sentenciad el Tribunal General de la UE de 15 de noviembre de 2022 (asunto T-732/19, PNB Banka AS *vs.* JUR, República de Letonia y BCE), señala que la revisión judicial alcanza a las formas extrínsecas del razonamiento empleado por la JUR para determinar si concurre o no este requisito. Por ejemplo, en el caso de autos el Tribunal resuelve que la JUR actuó correctamente porque se basó en una valoración autónoma e independiente de la que había realizado previamente el BCE para decidir la no concurrencia de este requisito (cfr. nn. 98-124).

superiores a sus activos o es razonablemente previsible que lo sean en un futuro próximo; o la entidad no puede o es razonablemente previsible que en un futuro próxima no pueda cumplir puntualmente sus obligaciones exigibles).

Como desarrollo técnico de estos supuestos, la ABE ha elaborado unas Directrices que, aunque no tienen un valor jurídico vinculante, constituyen sin duda un importante elemento para evaluar la legalidad de la decisión finalmente adoptada[13]. Así, estas Directrices establecen elementos relativos a la situación de capital y a la situación de liquidez de las entidades que permiten objetivar la situación de inviabilidad o previsible inviabilidad[14].

Como se comprueba, ante situaciones de crisis presentes en las entidades la norma contiene una definición precisa de cuándo una entidad es actualmente inviable y, por tanto, la labor de integración que resultará necesario realizar será más liviana. Cuestión distinta son los casos donde la conclusión no es la inviabilidad presente, sino la razonablemente previsible inviabilidad. En estos casos, existirá un ámbito de indeterminación que la Administración supervisora deberá resolver mediante la provisión de la motivación suficiente a la declaración[15].

Según se ha señalado al comienzo, la concurrencia de este supuesto de hecho debe ser determinada por el supervisor competente (cfr. arts. 18.1 del Reglamento 806/2014 y 21.1 de la Ley 11/2015), previa consulta a la Administración competente en materia de resolución (la JUR y el FROB, respectivamente). No obstante, la JUR puede emitir esta declaración siempre y cuando hayan informado previamente a la Administración supervisora y ésta no se haya pronunciado al respecto en el plazo de tres días naturales (cfr. art. 18.1, párrafo segundo, del Reglamento

13 *Directrices sobre la interpretación de las distintas circunstancias en las que se considera que una entidad es inviable o existe la probabilidad de que lo vaya a ser (EBA/GL/2015/07)*, disponibles en: https://www.bde.es/f/webbde/INF/MenuHorizontal/Normativa/guias/EBA-gl-2015-07-es.pdf (enlace consultado el 18 de abril de 2021).

14 *Vid.*, MANSO OLIVAR, Rubén, y GÓMEZ FERNÁNDEZ, Lorena, "Los instrumentos...", *óp. cit.*, pp. 588-591.

15 UREÑA SALCEDO se refiere a esta cuestión como "*discrecionalidad técnica prospectiva*" (UREÑA SALCEDO, Juan Antonio, "Aspectos legales del Mecanismo Único de Resolución", en UREÑA SALCEDO, Juan Antonio, *Unión Bancaria Europea. Lecciones de Derecho Público*, Madrid: Iustel, 2019, pp. 107-108). En mi opinión, más que discrecionalidad, lo que existe es un concepto jurídico indeterminado que, sobre la base de parámetros claros, debe colmarse para una situación respecto de la cual no existen datos ciertos sobre los que aplicar tales parámetros, sino sólo proyecciones de lo que probablemente sean datos ciertos en un futuro próximo. La potestad de emitir la *FOLTF statement* no es discrecional, sino reglada; no existen varias decisiones posibles admisibles, sino sólo una, a la que hay que llegar integrando un concepto jurídico indeterminado con una proyección de datos sobre el futuro próximo. Quizá sería más correcto, por tanto, hablar de "*indeterminación jurídica prospectiva*".

806/2014). El FROB, en cambio, sólo puede instar a la Administración competente a emitir esa declaración (cfr. art. 21.1, párrafo segundo, de la Ley 11/2015).

2.1.2 Ausencia de perspectivas razonables de solventar la situación mediante medidas procedentes del sector privado, medidas de supervisión o la amortización o conversión de instrumentos de capital

Seguidamente, la Administración resolutoria competente (la JUR o el FROB) determinará la concurrencia del segundo requisito, en estrecha colaboración con el supervisor competente, quien, además, podrá informar a aquélla cuando considere que se cumple la condición.

La norma no establece directamente criterios de determinación de la concurrencia de este segundo supuesto de hecho. No obstante, dado el carácter específico de las tres alternativas que el supuesto contiene (imposibilidad de solventar la situación mediante medidas procedentes del sector privado, de la actuación temprana o de la amortización o conversión de instrumentos de capital), parece razonable entender que puede acudirse a la normativa reguladora de estas tres posibilidades para poder razonar acerca de si los efectos que producirían tales medidas sobre la entidad serían suficientes para paliar la situación de inviabilidad en la que se encuentra[16].

Así pues, la determinación del supuesto de hecho que permite a la Administración apreciar la concurrencia de este segundo requisito no se encuentra tanto en el ámbito de la discrecionalidad administrativa como en el de los conceptos jurídicos indeterminados, donde, a pesar de realizarse un esfuerzo integrador por parte de la Administración antes de ejercitar la potestad en cuestión, no existen distintas alternativas admisibles, sino una sola de ellas que reúne los necesarios requisitos de legalidad.

2.1.3 Existencia de razones de interés público que hacen necesario o conveniente acudir a la resolución frente al procedimiento de insolvencia ordinario

La concurrencia del tercero de los requisitos también debe ser determinada por la Administración de resolución (art. 21.3 de la Ley 11/2015; en el caso del Reglamento 806/2014 no se contiene una previsión análoga, pero resulta razonable entender que también es así en la medida en la que, salvo previsión en contrario, lo

---

16 Así, la Administración debe razonar sobre cómo y en qué medida las medidas procedentes del sector privado pueden coadyuvar a solventar la situación de crisis de la entidad; o determinar qué medidas de actuación temprana sería necesario adoptar y, en la medida en la que los efectos jurídicos de éstas están previstos en la norma, razonar cómo su producción sobre la entidad contribuiría a solucionar esa situación; o cuál sería el impacto de la amortización o conversión de instrumentos de capital, etc.

lógico es que determine la concurrencia del supuesto de hecho para ejercitar una potestad la Administración que la tiene atribuida).

El art. 18.5 del Reglamento 806/2014 señala que "*se considerará de interés público si resulta necesaria para alcanzar, de forma proporcionada, uno o varios de los objetivos de resolución expuestos en el artículo 14, mientras que una liquidación del ente a través de los procedimientos de insolvencia ordinarios no permitiría alcanzar en la misma medida los citados objetivos*". Y en el mismo sentido se expresa el art. 19.1-*c)* de la Ley 11/2015 desde la formulación misma del tercer supuesto de hecho.

Como se comprueba, los objetivos de la resolución contenidos en el art. 14 del Reglamento 806/2014 y en el art. 3 de la Ley 11/2015 (asegurar la continuidad de aquellas actividades, servicios y operaciones cuya interrupción podría perturbar la prestación de servicios esenciales para la economía real o la estabilidad financiera, evitar efectos perjudiciales para la estabilidad del sistema financiero, asegurar la utilización más eficiente de los recursos públicos, minimizando los apoyos financieros públicos que, con carácter extraordinario, pueda ser necesario conceder y proteger a los depositantes cuyos fondos están garantizados) se convierten en parámetros de legalidad de la decisión que se adopte sobre la concurrencia de este tercer supuesto de hecho. En todo caso, dado que, según se expuso más arriba, estos objetivos no hacían sino señalar los distintos aspectos de la estabilidad del sistema financiero que, en cuanto bien jurídico protegido al que sirve objetivamente la actividad de supervisión prudencial bancaria, motiva la existencia de esta particular potestad administrativa, cabe razonablemente entender que la existencia de un interés público que motive el ejercicio de la potestad resolutoria se traducirá, en último término, en la evitación razonable de una lesión al citado bien jurídico protegido.

En relación con esta cuestión, la JUR ha elaborado un documento denominado *Public Interest Assessment: SRB Approach*[17], que "*covers both the PIA* [Public Interest Assessment] *performed at the time of resolution planning and the PIA performed when a bank is FOLTF, which is subsequently included in the resolution scheme or in the decision not to take resolution action*". Así, el documento ofrece criterios para determinar cuándo la liquidación de la entidad bajo procedimientos de insolvencia ordinarios podría poner en riesgo los objetivos de la resolución y cómo podría el ejercicio de la potestad resolutoria mitigar el impacto de la liquidación en los citados objetivos de resolución.

Ahora bien, a pesar de que las normas aplicables y el citado instrumento de *soft-law* ofrecen criterios para determinar si la apreciación de la existencia de razones de interés público ha sido o no correctamente realizada, esta operación no deja de comportar cierta discrecionalidad de la Administración, que, al emitir su juicio, contribuye a concretar el interés general, vinculado al mantenimiento de la indemnidad de la estabilidad del

---

17 Disponible en: https://srb.europa.eu/sites/default/files/2019-06-28_draft_pia_paper_v12.pdf (enlace consultado el 18 de abril de 2021).

sistema financiero, contribuye a determinar el interés general que justifica el ejercicio de la potestad de resolución bancaria[18]. Por ese motivo, las normas aplicables prevén que sean la Comisión Europea y el Consejo de la UE, en cuanto Administraciones políticamente responsables, y no la JUR, las que asuman la responsabilidad de apreciar la concurrencia de este requisito, evitando, por tanto que la JUR realice elementos de la potestad de resolución bancaria que no sean reglados. Más adelante, al explicar el procedimiento previsto en la normativa para el ejercicio de la potestad por la JUR, se abundará en esta cuestión.

Esta misma previsión no existe, en cambio, en el ámbito español, donde la apreciación de la existencia de razones de interés público en la resolución de una entidad de crédito es apreciada directamente por el FROB. Según se explicará más adelante, esta atribución, unida a la diluida independencia de la mitad de los miembros de su Comisión Rectora, hace plantearse si el FROB puede ser calificado realmente como una auténtica Administración independiente.

2.2 PROCEDIMIENTO A SEGUIR POR LA JUR

Declarada la concurrencia de los tres supuestos de hecho en los términos indicados líneas arriba, en el caso de las entidades significativas es la JUR quien tiene atribuida la potestad resolutoria. A tal efecto, la JUR adoptará, en sesión ejecutiva (salvo que comporte el empleo del FUR por encima de los 5.000 millones de euros para el que la ponderación de la provisión de liquidez es 0,5, o se haya superado esa cifra en los doce meses consecutivos precedentes, casos en los cuales el acuerdo se adoptará en sesión plenaria: cfr. arts. 54.2-*d)*, en relación con el art. 50.1-*c)* y *d)*, del Reglamento 806/2014) un "dispositivo de resolución".

Este dispositivo no es más que la decisión de la JUR en la que se formaliza el acto administrativo resultante del ejercicio de la potestad resolutoria. De acuerdo con lo establecido en los arts. 18.6 y 23 del Reglamento 806/2014, el acto deberá contener: **(i)** la decisión expresa de someter al ente a un procedimiento de resolución; **(ii)** los instrumentos de resolución a aplicar y, en su caso, las excepciones a la aplicación del instrumento de recapitalización interna; y, **(iii)** en su caso, la utilización del FUR en la resolución para garantizar los activos o los pasivos de o realizar préstamos a la entidad objeto de resolución, sus filiales, una entidad puente o una estructura de gestión de activos, adquirir activos de la entidad objeto de resolución, hacer aportaciones a una entidad puente y a una entidad de gestión de activos, pagar una compensación a los

---

[18] Se trata de un elemento de "discrecionalidad configuradora", en el sentido expresado por Mariano Magide, vedado al ámbito de actuación propio de las Administraciones independientes como la JUR (*vid.* Magide Herrero, Mariano, *Límites...*, *óp. cit.*, pp. 216-244).

accionistas o acreedores cuando se determinara que en un procedimiento de insolvencia ordinario habrían sufrido menores pérdidas, hacer una aportación en el contexto de una recapitalización interna con exclusión de determinados acreedores o una combinación de todas ellas (cfr. art. 76 del Reglamento 806/2014).

Una vez dictado el acto, la JUR deberá remitirlo a la Comisión Europea quien, en un plazo de 24 horas, deberá aprobarlo o rechazarlo "*teniendo en cuenta los aspectos discrecionales del dispositivo de resolución*" en aquellos casos en los que no se refieran a la concurrencia de razones de interés público o la utilización del FUR (cfr. art. 18.7 párrafo segundo). Además, la Comisión lo elevará al Consejo de la Unión, y le propondrá que, en el plazo de 12 horas desde la recepción de la notificación de la JUR, **(i)** lo rechace (es decir, ejerza un veto) en el caso de no concurrir razones de interés público que lo justifiquen; o **(ii)** apruebe o rechace una modificación significativa del importe del FUR considerado por la JUR en su dispositivo de resolución (cfr. art. 18.7, párrafo tercero). El Consejo se pronunciará por mayoría simple (cfr. art. 18.7, párrafo cuarto). Tanto el Consejo como la Comisión deberán justificar adecuadamente por qué ejercen sus competencias de formular objeciones (cfr. art. 18.7, párrafo séptima).

Como se ha apuntado más arriba, de la propia norma se colige que la participación de la Comisión y del Consejo de la UE en el ejercicio de la potestad de resolución bancaria encuentra su fundamento en la existencia de ciertos elementos discrecionales que hacen más conveniente que esa parte de la potestad sea realizada por Administraciones políticamente responsables, y no por una Administración independiente como la JUR, que no cuenta con una responsabilidad política igual de intensa. Así, en la medida en la que la determinación del interés público al que sirve la potestad al tiempo de ejercitarla como manifestación de lo que hemos denominado "discrecionalidad configuradora"[19], el legislador, con todo acierto, ha establecido que ese ejercicio sea desempeñado por una Administración políticamente responsable (en el caso de la UE, por su complejidad organizativa, la Comisión y el Consejo) quien produzca esos efectos, dejando a la JUR el ejercicio de los elementos reglados.

---

19 Técnica mediante la que la Administración participa de la ordenación de la actividad mediante el dictado de actos administrativos que contribuyen a determinar el interés general (o bien jurídico protegido) potencialmente afectado por aquélla. A este respecto, Mariano Magide señala que la Administración participa de la ordenación de una actividad, particularmente, mediante el ejercicio de la potestad reglamentaria que tiene constitucionalmente establecida, pero también a través del ejercicio de la potestad de planificación y, en determinados aspectos, mediante el dictado de actos discrecionales configuradores de la posición jurídica de su destinatario. No obstante, Magide sostiene, con razón, que esta discrecionalidad configuradora constituye, empero, un límite para la participación administrativa en la ordenación cuando es realizada por Administraciones independientes (*vid.* Magide Herrero, Mariano, *Límites..., óp. cit,*, pp. 242-246 y 308-313).

A este respecto, en la ya citada Sentencia de 1 de junio de 2022 recaída en el asunto T-510/17 (TOL8.988.239), el Tribunal General de la UE explicó que:

"Con carácter preliminar, procede señalar que el procedimiento de adopción de las medidas de resolución establecido por el legislador en el Reglamento n.o 806/2014 traía causa de las observaciones formuladas por el Servicio Jurídico del Consejo en un dictamen de 7 de octubre de 2013, relativo a la propuesta de Reglamento de la Comisión, que tenía por objeto apreciar la compatibilidad del procedimiento previsto inicialmente en la propuesta de Reglamento con los principios en materia de delegación de facultades, tal como fueron interpretados en la sentencia de 13 de junio de 1958, Meroni/Alta Autoridad (9/56, EU:C:1958:7).

En un principio, en la propuesta de Reglamento examinada en dicho dictamen, el reparto de competencias entre la Comisión y la JUR era diferente del que finalmente se adoptó en el Reglamento n.o 806/2014. En particular, la Comisión tenía la facultad de someter una entidad a resolución, de establecer un marco para la utilización de los instrumentos de resolución y de decidir si, y de qué modo, debían ejercerse las competencias de amortización y conversión de los instrumentos de capital, y la JUR, de conformidad con el marco fijado por la Comisión, era competente para adoptar las decisiones dirigidas a las autoridades nacionales de resolución.

En su dictamen, el Servicio Jurídico del Consejo señaló que determinadas medidas que la JUR podía incluir en una decisión de resolución no quedaban definidas con suficiente precisión. El Servicio Jurídico del Consejo consideró que el sistema general y la estructura de la propuesta de Reglamento, en la que la Comisión adopta la decisión de resolución de base y la JUR está obligada a actuar en el marco de los criterios establecidos por la Comisión, eran conformes con el Derecho de la Unión tal como se interpreta en la sentencia de 13 de junio de 1958, Meroni/Alta Autoridad (9/56, EU:C:1958:7). No obstante, estimó que las facultades de la JUR para aplicar los instrumentos de resolución y las decisiones parecían, en cierta medida, ser de carácter discrecional e ir más allá del ejercicio de facultades puramente técnicas. Concluyó que, por tanto, podría ser necesario o bien incluir en el Reglamento otras disposiciones con el fin de delimitar correctamente la aplicación por la JUR de los instrumentos de resolución, o bien prever la participación en el ejercicio de esas facultades de una institución de la Unión que cuente con competencias de ejecución.

(...) Por consiguiente, con arreglo al artículo 18, apartado 7, del Reglamento n.o 806/2014, es necesario que una institución de la Unión, a saber, la Comisión o el Consejo, apruebe el dispositivo de resolución teniendo en cuenta sus aspectos discrecionales para que este produzca efectos jurídicos. De este modo, el legislador de la Unión ha confiado a una institución la responsabilidad jurídica y política de determinar la política de la Unión en materia de resolución, evitando así un «verdadero desplazamiento de responsabilidad» en el sentido de la sentencia de 13 de junio de 1958, Meroni/Alta Autoridad (9/56, EU:C:1958:7).

(...) El cumplimiento de la condición establecida en el artículo 18, apartado 1, letra c), del Reglamento n.o 806/2014 determina la decisión de someter a una entidad a un procedimiento de resolución, y el control de la necesidad de la medida en relación con el interés público implica el ejercicio de una facultad discrecional que supone un amplio margen de apreciación. Por este motivo, el legislador de la Unión confirió expresamente a la Comisión, y eventualmente al Consejo, el control del cumplimiento de dicha condición" (nn. 211-213, 218 y 223).

Por tanto, según afirma la Sentencia recaída en el asunto T-570/17 (TOL8.988.23), "*si, como sostienen las demandantes, el dispositivo de resolución entró en vigor tras una aprobación de la Comisión que no se basó en una apreciación, sino en una mera validación, la consecuencia sería que la JUR apreció ella sola los aspectos discrecionales que implican una decisión de política económica y, por tanto, la necesidad de aplicar la resolución, lo que no es conforme con los principios enunciados en la sentencia de 13 de junio de 1958, Meroni/Alta Autoridad (9/56, EU:C:1958:7)*" (n. 123).

A la vista de lo anterior, la potestad de resolución bancaria, en los términos en los que se atribuye a la JUR, continúa siendo una potestad reglada que encaja en el sistema de la actividad administrativa de supervisión, toda vez que los elementos discrecionales son desgajados de su competencia y atribuidos a la Administración general europea, que resulta políticamente responsable por la determinación del interés general relevante para la comunidad en cada caso.

La participación de la Comisión en la aprobación del dispositivo de resolución es un elemento no exento de dudas, particularmente en lo relativo a cuál es entonces la Administración autora del acto: la JUR, la Comisión, o ambas. La Sentencia del Tribunal de Justicia de la UE de 18 de junio de 2024, recaída en el recurso de casación C-551/22 (TOL10.042.332), ha concluido, a este respecto, que la aprobación última del dispositivo de resolución debe imputarse a la Comisión Europea, a pesar de que esta Administración se limita a valorar el elemento discrecional, sin que pueda alterar los elementos reglados. Así razona el Tribunal en la Sentencia citada:

> *"De los apartados 75 a 80 de la presente sentencia se infiere que lo dispuesto en el artículo 18 del Reglamento MUR, en el que se basó la adopción del dispositivo de resolución controvertido, contribuye a evitar un «desplazamiento de responsabilidad», en el sentido del criterio jurisprudencial establecido en la sentencia Meroni/Alta Autoridad. Efectivamente, a la vez que confía a la JUR la facultad de apreciar si se cumplen las condiciones para adoptar un dispositivo de resolución en cada caso y de determinar los instrumentos necesarios para tal dispositivo, dicho artículo confiere a la Comisión o, en su caso, al Consejo la responsabilidad de la apreciación final de los aspectos discrecionales del dispositivo, que forman parte de la política de la Unión en materia de resolución de entidades de crédito y que, como se desprende del artículo 14 y de los considerandos 24, 26 y 62 del Reglamento MUR, implican ponderar objetivos e intereses diversos, como preservar la estabilidad financiera de la Unión y la integridad del mercado interior, tener en cuenta la soberanía presupuestaria de los Estados miembros y proteger los intereses de los accionistas y acreedores.*
>
> *(...) En efecto, si bien los artículos 7 y 18 de dicho Reglamento establecen que la JUR será responsable de elaborar y adoptar un dispositivo de resolución, no por ello le otorgan la facultad de adoptar un acto que produzca efectos jurídicos autónomos. En el marco del procedimiento de resolución tal como está configurado en el artículo 18 del Reglamento MUR, la aprobación de la Comisión constituye, como señaló acertadamente el Tribunal General en el apartado 128 de la sentencia recurrida, un elemento indispensable para la entrada en vigor del dispositivo de resolución.*
>
> *Esta aprobación es igualmente determinante para fijar el contenido del dispositivo de resolución de que se trate.*

En efecto, si bien el artículo 18, apartado 7, del Reglamento MUR permite a la Comisión aprobar tal dispositivo sin presentar objeciones a los aspectos discrecionales de este y sin proponer al Consejo que las formule, también permite a la Comisión y al Consejo sustituir la apreciación de la JUR por la suya propia en cuanto a esos aspectos discrecionales presentando objeciones con respecto a ellos, en cuyo caso la JUR, en virtud del párrafo séptimo del citado artículo 18, apartado 7, deberá modificar en un plazo de ocho horas el dispositivo de resolución de conformidad con las razones expresadas por la Comisión o por el Consejo, con el fin de que dicho dispositivo entre en vigor.

Es preciso añadir que, como se deriva del artículo 18, apartado 8, de ese Reglamento, la objeción del Consejo basada en que no se cumple el criterio del interés público tendrá como efecto impedir, en definitiva, la resolución en virtud de dicho Reglamento de la entidad en cuestión, ya que esta será liquidada de manera ordenada de conformidad con la legislación nacional aplicable.

En el presente asunto, la Comisión, mediante su Decisión 2017/1246, aprobó el dispositivo de resolución controvertido. Como la propia Comisión subrayó explícitamente en el considerando 4 de esta Decisión, al aprobar el dispositivo, expresó «estar de acuerdo» con el contenido de este y con «las razones por las que es necesaria una resolución en aras del interés general, aducidas por la JUR». A este respecto, como señaló la Comisión en la vista, los aspectos discrecionales de un dispositivo de resolución, que atañen tanto a la comprobación de las condiciones de resolución como a la determinación de los instrumentos de resolución, están intrínsecamente vinculados a los aspectos más técnicos de la resolución. En consecuencia, contrariamente a lo que sostuvo el Tribunal General en el apartado 137 de la sentencia recurrida, para determinar cuál es el acto impugnable en el contexto de un dispositivo de resolución aprobado en su conjunto por la Comisión, no puede distinguirse entre los aspectos discrecionales y los aspectos técnicos.

Así pues, solo mediante la decisión de aprobación de la Comisión la medida de resolución adoptada por la JUR en el dispositivo de resolución controvertido quedó establecida definitivamente y desplegó efectos jurídicos obligatorios, de modo que, habida cuenta, en particular, de los principios sentados en la sentencia Meroni/Alta Autoridad, la Comisión, y no la JUR, es quien debe responder de dicha medida de resolución ante el juez de la Unión.

Por lo tanto, del contenido del dispositivo de resolución controvertido, del contexto en el que se adoptó y de las facultades de la JUR se deduce que dicho dispositivo no produjo efectos jurídicos obligatorios que pudieran afectar a los intereses de una persona física o jurídica, de forma que no constituye un acto contra el que quepa un recurso de anulación con arreglo al artículo 263 TFUE, párrafo cuarto" (nn. 81 a 89).

Y, sobre esta base, el Tribunal de Justicia concluye que "*se considera que, mediante tal aprobación, la Comisión hace suyos los elementos y los motivos contenidos en dicho dispositivo, de modo que debe, en su caso, responder de ellos ante el juez de la Unión*" (n. 96).

No comparto en toda su extensión el razonamiento del Tribunal ni la conclusión que alcanza respecto de la imputación del ejercicio de la potestad de resolución bancaria a la Comisión Europea, con total exclusión de la JUR. En mi opinión, la Comisión Europea no participa propiamente del ejercicio de la potestad de resolución, sino que únicamente determina el elemento discrecional presente en el ejercicio de la potestad que, por razones de responsabilidad política, exceden el alcance propio de la actividad administrativa de supervisión y se encuadra, más bien, en la fase de ordenación del sector. Es decir, al determinar la conveniencia o no al interés general en la sujeción de una entidad de crédito a los efectos de la resolución bancaria, la Administración ejerce discrecionalidad configuradora y, por tanto, contribuye a ordenar, en el ámbito prudencial, el sector bancario, y no propiamente a supervisar. El hecho de que esta participación en la fase ordenadora se realice simultáneamente a la adopción del dispositivo de resolución por la JUR no altera que el Reglamento 806/2014 (y la lógica supervisora) atribuye la titularidad de la potestad resolutoria en exclusiva a la JUR.

Creo que existen, al menos, dos alternativas conceptualmente más correctas para abordar la cuestión de la existencia de un acto administrativo definitivo de la JUR que, no obstante, requiere un segundo acto de la Comisión Europea que cohoneste su contenido con las exigencias del interés general. La primera solución pasa por considerar que el acto dictado por la JUR es válido de manera autónoma tal y como esta Administración lo produce, sin perjuicio de que la producción de efectos jurídicos sobre los particulares sujetos a él (esto es, su eficacia) requiera del dictado de un segundo acto administrativo por la Comisión Europea (con la participación, en su caso, del Consejo), sin el cual tales efectos no pueden desplegarse. De este modo, las condiciones de validez y eficacia del dispositivo de resolución se producen de manera sucesiva, y es sólo una vez que la Comisión Europea (con la aquiescencia del Consejo) aprueba el dispositivo de resolución cuando éste es eficaz. Así, la impugnación del dispositivo de resolución puede hacerse demandando a la JUR, que lo ha producido y, por tanto, es quien ha podido incurrir en vicios de legalidad al hacerlo, y, en su caso, la dotación de eficacia, si no se ajusta a Derecho, puede ser impugnada demandado a la Comisión Europea. Cada Administración responde de este modo por el desempeño de su papel, y nada más; en el planteamiento del Tribunal de Justicia, sin embargo, se hace a la Comisión Europea de la validez de un dispositivo de resolución cuyo contenido no ha podido determinar (más allá de verificar su conformidad con el interés general al que sirve esta Administración, que queda determinado al dotar o no de eficacia al dispositivo de resolución), construyendo una relación jurídica *ad processum* un tanto artificial que no satisface plenamente las exigencias del derecho a la defensa de los particulares frente a la Administración y el adecuado control judicial de los actos de las Administraciones públicas de la UE (en este caso, de la JUR, que no tiene que ser necesariamente demandada en el procedimiento).

Considero que esta solución cohonesta mejor con la regulación que el art. 18.7 del Reglamento 806/2014 hace de la participación de la Comisión Europea (y, en su caso, del Consejo) en el ejercicio de la potestad resolutoria. Este precepto anuda a la aprobación del dispositivo por la Comisión Europea la "*entrada en vigor*" del dispositivo, y obliga a la JUR a modificarlo si la Comisión Europea y el Consejo proponen modificaciones en cuanto al importe del FUR destinado a la resolución. Igualmente, el precepto señala que, si el Consejo objeta la ausencia de interés público en la resolución, ésta no puede llevarse a efecto, pero en modo alguno declara la invalidez de la decisión adoptada por la JUR. Así pues, parece que el legislador europeo no configura la potestad de resolución bancaria como un acto imputable a la Comisión (que asume todos los elementos del dispositivo determinados por la JUR), como sostiene el Tribunal de Justicia de la UE en la Sentencia citada, sino que se limita a condicionar la eficacia del acto en virtud del cual la JUR, en el ejercicio de su potestad correctora, acuerda la resolución de una entidad.

La segunda solución pasa por traer a colación la doctrina de los procedimientos compuestos que, aunque acuñada en relación con aquellos actos administrativos respecto de los cuales dos Administraciones públicas pertenecientes a dos niveles territoriales diferentes (la UE y un Estado miembro) aportan contenido decisivo al acto (y, por tanto, existen dos regímenes de recursos claramente diferenciados, uno ante la jurisdicción europea, frente al contenido del acto determinado por ese nivel territorial, y otro ante la jurisdicción del Estado miembro, respecto del contenido del acto determinado por su Administración)[20], podría aplicarse también en un supuesto, como el presente, en el que dos Administraciones del mismo nivel territorial (JUR y Comisión Europea) aportan contenido decisivo al acto. En estos casos, el cauce de impugnación es único (la jurisdicción europea), pero la relación jurídico-procesal principal deberá entablarse con una u otra Administración, o con ambas, en función de en qué parte del acto se localice el vicio de legalidad. Esta solución, a diferencia de la anterior, sitúa la "aprobación", en los términos del Reglamento 806/2014, que hace la Comisión Europea del dispositivo de resolución, en el plano de la validez del acto, y no de su eficacia, lo que implica que una incorrecta apreciación, por la Comisión Europea, de la existencia o inexistencia de razones de interés general que permitan adoptar el dispositivo de resolución conduce a la ilegalidad del acto, que deja de ser válido, y no a su mera ineficacia, que, como he expuesto más arriba, parece ser la sanción que anuda el art. 18.7 del Reglamento 806/2014 a la falta de aprobación del dispositivo de resolución por la Comisión Europea (con la conformidad del Consejo).

Ambas soluciones resultan, a mi juicio, compatibles con la doctrina sentada por el Tribunal de Justicia de las Comunidades Europeas de 13 de junio de 1958[21], en la que se basa la de 18 de junio de 2024 que ahora se examina. De acuerdo con esta Sentencia:

> *"The consequences resulting from a delegation of powers are very different de pending on whether it involves clearly defined executive powers the exercise of which can, therefore, be subject to strict review in the light of objective criteria determined by the delegating*

---

20 Vid. Alonso de León, Sergio, *Composite..., óp. cit.*

21 Asunto C-10/56, Meroni & Co., Industrie Metallurgiche, S.A.S., vs. High Authority of the European Coal and Steel Community.

> *authority, or whether it involves a discretionary power, implying a wide margin of discretion which may, according to the use which is made of it, make possible the execution of actual economic policy.*
>
> *A delegation of the first kind cannot appreciably alter the consequences involved in the exercise of the powers concerned, whereas a delegation of the second kind, since it replaces the choices of the delegator by the choices of the delegate, brings about an actual transfer of responsibility*"[22].

Pues bien, mantener en la esfera jurídica de la JUR la imputación del contenido del dispositivo de resolución en nada compromete que la Comisión Europea y el Consejo sean libres para determinar cuál es el interés general involucrado en la resolución y, en su caso, condicionar la producción última de los efectos jurídicos del dispositivo a la decisión que adopten éstos en cuanto Administraciones políticamente responsables. La Sentencia de 13 de junio de 1958 no impide la delegación de facultades para dictar actos mediante el ejercicio de potestades regladas si se requiere la determinación de elementos discrecionales para su eficacia, sino que sólo exige que esta determinación no se incluya en el ámbito de la delegación. Y, en mi opinión, ni considerando la participación de la Comisión Europea y el Consejo como una condición de eficacia ni entendiendo su participación como un elemento de validez adicional al producido por la JUR se sobrepasa ese límite, mientras que sí se permite mantener a esta Administración en la integridad de su potestad correctora y realizar, con la independencia necesaria en cuanto a sus elementos reglados, la actividad administrativa de supervisión prudencial bancaria que tiene encomendada.

En otro orden de cosas, el procedimiento de resolución que contiene el Reglamento 806/2014 no contempla el trámite de audiencia para los interesados. La jurisprudencia europea dictada con ocasión del enjuiciamiento de la decisión de la JUR de someter a Banco Popular a un dispositivo de resolución ha examinado la relevancia que tiene esta carencia, y ha concluido que no resulta contrario a las disposiciones constitutivas de la UE (en particular, al art. 41 de la CDFUE), en la medida en la que el procedimiento administrativo sirve a un interés general (la estabilidad del sistema financiero) que podría verse dañado si el procedimiento contemplara ese trámite, tanto por el pánico bancario que podría desatar el solo planteamiento de esa situación, como por la necesidad de una rápida respuesta que exige la resolución.

---

22 "*Las consecuencias derivadas de una delegación de poderes son muy diferentes según de si se trata de competencias ejecutivas claramente definidas cuyo ejercicio puede, puede, por tanto, someterse a un control estricto a la luz de criterios objetivos determinados por la autoridad delegante, o si se trata de una facultad discrecional, que implica un amplio margen de discrecionalidad que puede, según el uso que se haga de él, hacer posible la ejecución de la política económica real. Una delegación del primer tipo no puede modificar sensiblemente las consecuencias que implica en el ejercicio de los poderes de que se trate, mientras que una delegación del segundo tipo, puesto que sustituye las decisiones del delegante por las decisiones del delegado, se produce una verdadera transferencia de responsabilidad*" (Traducción propia).

La citada Sentencia del Tribunal General de la UE de 1 de junio de 2022, recaída en el asunto T-570/17 (TOL8.988.23), razona así a este respecto:

"Por consiguiente, habida cuenta de que se trata de un principio básico y general del Derecho de la Unión, la aplicación del derecho de defensa no puede ser excluida ni restringida por una disposición reglamentaria, y su respeto debe, pues, garantizarse tanto cuando falte absolutamente una normativa específica como cuando exista una normativa que, por sí misma, no tenga en cuenta dicho principio (véase la sentencia de 18 de junio de 2014, España/Comisión, T-260/11, EU:T:2014:555, apartado 62 y jurisprudencia citada).

Efectivamente, el ámbito de aplicación del derecho a ser oído, como principio y derecho básico del ordenamiento jurídico de la Unión, alcanza a los casos en que la Administración se plantee adoptar un acto lesivo, esto es, un acto que pueda afectar desfavorablemente a los intereses del particular o del Estado miembro de que se trate, sin que su aplicación dependa de que en el Derecho secundario exista o no una norma explícita a tal efecto (sentencia de 18 de junio de 2014, España/Comisión, T-260/11, EU:T:2014:555, apartado 64).

A este respecto, debe señalarse, por un lado, que, según su considerando 121, el Reglamento n.o 806/2014 respeta los derechos fundamentales y observa los derechos, libertades y principios reconocidos, en concreto, en la Carta, entre los que se cuenta el derecho de defensa, y su aplicación debe ajustarse a tales derechos y principios. Por otro lado, ninguna disposición del Reglamento n.o 806/2014 excluye ni restringe expresamente el derecho a ser oído de los accionistas y acreedores del ente de que se trate durante el procedimiento de resolución.

Así pues, en contra de lo que afirman los demandantes, la inexistencia de una norma específica en el artículo 18 del Reglamento n.o 806/2014 que prevea el trámite de audiencia de los accionistas del ente objeto de una medida de resolución antes de la adopción de una decisión no puede interpretarse como una privación absoluta del derecho a ser oído en todas las circunstancias, que menoscabe el contenido esencial de ese derecho. Los demandantes sostienen erróneamente que el artículo 18 del Reglamento n.o 806/2014 permite excluir el derecho a ser oído en todos los supuestos, y no solo en caso de urgencia.

(...) No obstante, el ejercicio del derecho a ser oído puede someterse a limitaciones con arreglo al artículo 52, apartado 1, de la Carta, según el cual:

«Cualquier limitación del ejercicio de los derechos y libertades reconocidos por la presente Carta deberá ser establecida por la ley y respetar el contenido esencial de dichos derechos y libertades. Dentro del respeto del principio de proporcionalidad, solo podrán introducirse limitaciones cuando sean necesarias y respondan efectivamente a objetivos de interés general reconocidos por la Unión o a la necesidad de protección de los derechos y libertades de los demás.»

Por consiguiente, procede examinar si la inexistencia en el Reglamento n.o 806/2014 de una disposición que prevea explícitamente la audiencia de los accionistas y de los acreedores del ente de que se trate en el marco del procedimiento establecido en el artículo 18 de dicho Reglamento constituye una limitación del ejercicio del derecho a ser oído conforme con el artículo 52, apartado 1, de la Carta.

El Tribunal de Justicia ha considerado que los derechos fundamentales, como el respeto del derecho de defensa, no son prerrogativas absolutas, sino que pueden ser objeto de restricciones, siempre y cuando estas respondan efectivamente a objetivos de interés general perseguidos por la medida en cuestión y no constituyan, habida cuenta del objetivo perseguido, una intervención desmesurada e intolerable que afecte a la propia esencia de los derechos así garantizados (véanse las sentencias de 10 de septiembre de 2013, G. y R., C-383/13 PPU, EU:C:2013:533, apartado 33 y jurisprudencia citada, y de 20 de diciembre de 2017, Prequ'Italia, C-276/16, EU:C:2017:1010, apartado 50 y jurisprudencia citada).

A este respecto, tanto la JUR como el Reino de España, el Parlamento y el Consejo alegan que la limitación del derecho a ser oído de los accionistas está justificada, por un lado, por el objetivo de garantizar la estabilidad de los mercados financieros y, por otro lado, por la necesidad de garantizar la eficacia de las decisiones de resolución, que deben adoptarse con celeridad.

(...) Así pues, dado que una medida de resolución tiene por objeto preservar o restablecer la situación financiera de una entidad de crédito, por cuanto constituye una alternativa a la liquidación de dicha entidad, debe considerarse que tal medida responde efectivamente a un objetivo de interés general reconocido por la Unión (véase, por analogía, la sentencia de 25 de marzo de 2021, Balgarska Narodna Banka, C-501/18, EU:C:2021:249, apartado 108).

De lo anterior se desprende que el procedimiento de resolución, establecido por el Reglamento n.o 806/2014 y descrito en el artículo 18 de este, persigue un objetivo de interés general en el sentido del artículo 52, apartado 1, de la Carta, a saber, el objetivo de garantizar la estabilidad de los mercados financieros, que puede justificar una limitación del derecho a ser oído.

En segundo lugar, varios considerandos del Reglamento n.o 806/2014 dan a entender que, cuando una medida de resolución resulta necesaria, esta debe adoptarse rápidamente. Se trata, en particular, de los considerandos 26, 31, 53 y, especialmente, del considerando 56 de dicho Reglamento, que establece que, para minimizar las perturbaciones del mercado financiero y de la economía, el procedimiento de resolución debe llevarse a cabo en un corto período de tiempo.

A este respecto, el Tribunal de Justicia ha considerado que el objetivo del Reglamento n.o 806/2014 es instaurar, conforme a su considerando 8, mecanismos de resolución más eficaces, que deben constituir un instrumento esencial para evitar los daños derivados de la inviabilidad de los bancos en el pasado y que tal objetivo implica la adopción de una decisión rápida, como ilustran los breves plazos previstos en el artículo 18 de ese Reglamento, con el fin de que no se ponga en peligro la estabilidad financiera (sentencia de 6 de mayo de 2021, ABLV Bank y otros/BCE, C-551/19 P y C-552/19 P, EU:C:2021:369, apartado 55).

(...) De ello se desprende que, si se cumplen las condiciones para adoptar una medida de resolución —a saber, primero, que el ente esté en graves dificultades o probablemente vaya a estarlo; segundo, que no existan perspectivas razonables de que otras medidas alternativas del sector privado o de supervisión puedan impedir su inviabilidad en un plazo de tiempo razonable y, tercero, que su resolución sea necesaria para alcanzar uno o varios de los objetivos contemplados en el artículo 14 del Reglamento n.o 806/2014—, el artículo 18 del mismo Reglamento establece que debe adoptarse una decisión en un plazo muy breve.

Esta toma de decisión rápida tiene por objeto, en particular, garantizar la continuidad de las funciones esenciales del ente de que se trate y evitar las repercusiones de la inviabilidad del ente sobre la estabilidad financiera. La rapidez de la toma de decisión constituye, pues, una condición de la eficacia de tal decisión.

En este sentido, el Tribunal de Justicia ya ha declarado que la urgencia que exige una actuación inmediata por parte de la autoridad competente justifica que se limite el derecho a ser oído de las personas a las que se impongan medidas adoptadas en el ámbito de la responsabilidad medioambiental (véase, en este sentido, la sentencia de 9 de marzo de 2010, ERG y otros, C-379/08 y C-380/08, EU:C:2010:127, apartado 67) y en el ámbito de la agricultura (véase, en este sentido, la sentencia de 15 de junio de 2006, Dokter y otros, C-28/05, EU:C:2006:408, apartado 76).

(...) Además, el hecho de que una medida de resolución pueda conducir a una injerencia en el derecho de propiedad de los accionistas y acreedores del ente de que se trate no permite justificar la obligación de concederles el derecho a ser oídos antes de la adopción de tal medida.

(...) De todo lo anterior se desprende que la audiencia de los accionistas y acreedores del ente objeto de una medida de resolución antes de la adopción de esta medida pondría en peligro los objetivos de estabilidad de los mercados financieros y de continuidad de las funciones esenciales del ente y las exigencias de rapidez y eficacia del procedimiento de resolución" (nn. 122-133, 147-159 y 174).

En la misma Sentencia, el Tribunal General de la UE ha explicado que el sacrificio del derecho a ser oído para garantizar la concurrencia de un interés general prevalente no implica supresión de toda garantía de defensa para los particulares. Así, el Tribunal destaca que la existencia de vías de defensa adecuadas (como, particularmente, la vía del recurso) permiten sostener la garantía de ese derecho fundamental del particular:

"Después de la adopción de una medida de resolución, el derecho a la tutela judicial efectiva está garantizado por la posibilidad de interponer un recurso de anulación al amparo del artículo 263 TFUE contra las decisiones adoptadas por la JUR, con arreglo al artículo 86 del Reglamento n.o 806/2014, y contra las decisiones de la Comisión y por la posibilidad de interponer un recurso de indemnización" (n. 191).

Como se comprueba, el Tribunal coloca el foco en las posibilidades materiales de defensa del particular, que podrá articularse mediante vías distintas a las del trámite de audiencia en aquellos casos en los que la garantía de un interés general prevalente así lo aconseje. Según se expondrá más adelante, al examinar el procedimiento configurado por la Ley 11/2015, este parecer ha sido también el alcanzado por los tribunales españoles, que han confirmado la legalidad de la falta de audiencia del particular en los procedimientos seguidos para el ejercicio de la potestad de resolución bancaria.

Por otro lado, las citadas Sentencias del Tribunal General de la UE de 1 de junio de 2022 también abordan la obligación de motivación que compete a la JUR a la hora de adoptar un dispositivo de resolución, y sostienen que éste debe ajustarse "*a las posibilidades materiales y a las circunstancias técnicas o de plazo en las que dicho acto deba intervenir*" (por todas, n. 278 de la recaída en el asunto T-510/17 – TOL 8.988.239–). Y, sobre esta base, el Tribunal General de la UE estima que, en el caso de la potestad resolutoria, ese deber de motivación pasa por que el acto administrativo en el que se adopte razone sobre el cumplimiento de las condiciones establecidas en el art. 18 del Reglamento 806/2014 para adoptar el dispositivo de resolución (*vid.* nn. 546 y ss. de La Sentencia citada).

A este respecto fue particularmente revelador el razonamiento que hizo el Tribunal General de la UE en su Sentencia de 1 de junio de 2022, recaída en el asunto T-481/17 (TOL8.988.240). Aunque esta Sentencia ha sido anulada por la del Tribunal de Justicia de la UE de 18 de junio de 2024 recaída en el recurso de casación C-551/22 (TOL10.042.332), los motivos de la anulación son, según se ha expuesto ya, de índole procesal (no impugnabilidad de la decisión de la JUR por la que se adoptó el dispositivo de resolución), y no por la incorrección del razonamiento del Tribunal General en cuanto a la motivación de la concurrencia de los requisitos contenidos en el art. 18.1 del Reglamento 806/2014 para la adopción del dispositivo de resolución. Por ese motivo, resulta de interés traer a colación esos razonamientos sobre el estándar de adecuación de la motivación que debe realizar la JUR a la hora de concluir con la concurrencia de tales requisitos:

> *"A este respecto, del dispositivo de resolución se desprende que la JUR explicó que se cumplían las condiciones establecidas en el artículo 18, apartado 1, del Reglamento n.° 806/2014, lo que constituye motivación suficiente para adoptar tal dispositivo.*
>
> *En particular, en el artículo 2 del dispositivo de resolución, la JUR hizo constar que el BCE había evaluado que Banco Popular estaba en graves dificultades o probablemente iba a estarlo, con arreglo al artículo 18, apartados 1, letra a), y 4, letra c), del Reglamento n.° 806/2014. La JUR señaló que existían elementos objetivos que indicaban que, probablemente, Banco Popular no podría hacer frente en un futuro cercano al pago de sus deudas o demás pasivos a su vencimiento. Además, las dificultades de Banco Popular descritas en la evaluación del BCE y recordadas en el dispositivo de resolución bastan para explicar que el hecho de que Banco Popular estuviera en graves dificultades o probablemente fuera a estarlo se debía al deterioro de su situación de liquidez.*
>
> *De ello se desprende que el dispositivo de resolución está suficientemente motivado con arreglo a Derecho y que las demandantes estaban en condiciones de comprender las razones de las graves dificultades de Banco Popular y la justificación de la adopción del dispositivo de resolución.*
>
> *Además, el considerando 26 del dispositivo de resolución enumera las medidas adoptadas para intentar solventar las dificultades de Banco Popular antes de proceder a su resolución. El artículo 3 del dispositivo de resolución, relativo a las medidas alternativas, indica, de conformidad con el artículo 18, apartado 1, letra b), del Reglamento n.° 806/2014, que no existían perspectivas razonables de que medidas alternativas del sector privado, medidas de supervisión o la amortización o conversión de los instrumentos de capital pertinentes pudieran impedir la inviabilidad de Banco Popular en un plazo de tiempo razonable.*

En particular, en el artículo 3.3 del dispositivo de resolución, la JUR consideró que no había ninguna perspectiva razonable de que medidas de supervisión, incluidas las medidas de actuación temprana, pudieran impedir la inviabilidad de Banco Popular. La JUR señaló que el BCE, al evaluar si Banco Popular estaba en graves dificultades o probablemente fuera a estarlo, había confirmado que no existían medidas de supervisión o de actuación temprana disponibles que permitieran restablecer la posición de liquidez del banco de manera inmediata y concederle tiempo suficiente para ejecutar una operación societaria u otra solución. Las medidas a disposición del BCE como autoridad competente, con arreglo a la transposición nacional del artículo 104 de la Directiva 2013/36 o de los artículos 27 a 29 de la Directiva 2014/59 o con arreglo al artículo 16 del Reglamento n.° 1024/2013, no podían garantizar que el banco estuviera en condiciones de hacer frente al pago de sus deudas o demás pasivos a su vencimiento, dados la magnitud y el ritmo del deterioro de la liquidez observado.

De ello se sigue que la JUR explicó suficientemente en el dispositivo de resolución las razones por las que las medidas de actuación temprana no eran suficientes para solventar las dificultades de Banco Popular.

Por último, hay que señalar que los considerandos 44 a 46 del dispositivo de resolución explican por qué no se siguieron el plan de resolución de 2016 ni, en particular, el instrumento de recapitalización interna, previsto en el artículo 27 del Reglamento n.° 806/2014, por el que se había optado en dicho plan.

El artículo 5 del dispositivo de resolución tiene por objeto la elección del instrumento de resolución y la JUR explicó, en el artículo 5.3 de dicho dispositivo, entre otras cosas, por qué motivos los demás instrumentos enumerados en el artículo 22, apartado 2, del Reglamento n.° 806/2014 no permitían alcanzar los objetivos de resolución en la misma medida.

Procede considerar que el dispositivo de resolución está suficientemente motivado con arreglo a Derecho y que las diferentes disposiciones mencionadas del dispositivo de resolución permitían a las demandantes entender por qué se eligió el instrumento de venta del negocio como instrumento de resolución" (por todas, nn. 283-291 de la recaída en el asunto T-481/17).

En otro orden de cosas, si el dispositivo de resolución adoptado por la JUR prevé la exclusión de determinados pasivos del instrumento de amortización de instrumentos de capital y recapitalización interna, y ello motiva el recurso al FUR u otra fuente de financiación alternativa, para proteger la integridad del mercado interior la Comisión puede prohibir (aquí con cierta razón) la exclusión de esos pasivos de forma razonada (cfr. art. 18.7, párrafo noveno).

Según se explicó más arriba, la valoración del patrimonio de la entidad juega un papel central en el ejercicio de la potestad resolutoria. De acuerdo con el art. 20.1 del Reglamento 806/2014, "*antes de tomar una decisión sobre una medida de resolución o sobre el ejercicio de la competencia de amortización o conversión de instrumentos de capital pertinente, la Junta velará por que una persona independiente tanto de las autoridades públicas, entre ellas la Junta y la autoridad nacional de resolución, como del ente (...) de que se trate, realice una valoración razonable, prudente y realista de su activo y pasivo*". Es decir, la regla general es la de la valoración previa al ejercicio de la potestad resolutoria.

No obstante, esta regla general de la previa valoración se ve excepcionada cuando no sea posible, caso en el cual la JUR podrá llevar a cabo una valoración provisional (cfr. art. 20.1 del Reglamento 806/2014), la cual cumplirá los requisitos indicados en el apartado 10 del art. 20, incluyendo un colchón para pérdidas adicionales debidamente justificado. En estos casos, será necesario una valoración definitiva *a posteriori* (art. 20.11) de la cual, en caso de detectar errores en la estimación, podrán articularse las correspondientes compensaciones (art. 20.12). La valoración (en su caso, provisional y definitiva) formará parte de la decisión acordando el dispositivo y no cabrá recurso específico sobre ella (art. 20.15).

Además de lo anterior, la JUR deberá encargar una valoración adicional dirigida a verificar si los accionistas y acreedores habrían sufrido más pérdidas en el contexto de un procedimiento de insolvencia ordinario de las que han experimentado con la resolución, en orden a acordar, en su caso, la compensación con cargo al FUR que corresponda (arts. 20.16 y 76.1-*e)* del Reglamento 806/2014).

En relación con la valoración, González Vázquez considera que la valoración se realiza incorrectamente al basarse en los principios de una empresa en liquidación y no, como en su opinión debería, en los relativos a la valoración de una empresa en funcionamiento[23]. Quizá esta cuestión merezca una reflexión de índole más económica que jurídica, pero, desde luego, no puede hacerse obviando que la potestad de resolución se configura para preservar el cumplimiento de la ordenación prudencial bancaria y, con él, la estabilidad del sistema financiero cuando una empresa es o muy probablemente será inviable y, por lo tanto, estará materialmente incursa en causa de disolución y liquidación.

A este respecto, las ya citadas Sentencias del Tribunal General de la UE de 1 de junio de 2022 sostienen que la valoración que se efectúe por la JUR a efectos de ejercitar la potestad de resolución bancaria debe tomar en cuenta el efecto económico que tendrá sobre la entidad la aplicación de los instrumentos de resolución (de uno o de varios), porque, de lo contrario, se estaría ofreciendo una valoración irreal, desconectada de la situación económica que atraviesa la entidad:

"Dado que el artículo 20, apartado 5, letra b), del Reglamento n.o 806/2014 establece que, si se cumplen las condiciones para la resolución, la valoración tiene por finalidad informar la decisión sobre la medida de resolución oportuna que deba adoptarse con respecto a un ente, dicha disposición debe interpretarse en el sentido de que la valoración debe facilitar a la JUR los datos técnicos y económicos que permitan aplicar el instrumento de resolución elegido por esta.

---

23 *Vid.* González Vázquez, José Carlos, "Luces y sombras del modelo europeo de resolución bancaria", en González Vázquez, José Carlos, y Colino Mediavilla, José Luis, *Regulación bancaria y actividad financiera*, Wolters Kluwer España: Las Rozas (Madrid), 2020, pp. 303-374.

(...) De ello se desprende que el artículo 20, apartado 5, del Reglamento n.o 806/2014 contempla expresamente la posibilidad de que la valoración se efectúe con vistas a la aplicación de un instrumento de resolución determinado.

(...) A este respecto, el artículo 10, apartado 1, de las normas técnicas de regulación, reproducido en el artículo 10, apartado 1, del Reglamento Delegado 2018/345, dispone que el valorador evaluará la incidencia en la valoración de cada medida de resolución que la autoridad de resolución pueda adoptar con el fin de informar las decisiones, y que, sin perjuicio de la independencia del valorador, la autoridad de resolución podrá consultarle con el fin de determinar la gama de medidas de resolución que contemplará dicha autoridad. De conformidad con el artículo 10, apartado 2, de las normas técnicas de regulación, reproducido en el artículo 10, apartado 2, del Reglamento Delegado 2018/345, el valorador, cuando proceda y en concertación con la autoridad de resolución, presentará valoraciones separadas que reflejen la incidencia de una gama suficientemente diversa de medidas de resolución" (por todas, nn. 275, 278 y 282 de la Sentencia recaída en el asunto T-510/17 –TOL8.988.239–).

En parecido sentido, la Sentencia del Tribunal General de la UE de 22 de noviembre de 2023 (asunto T-304/20, Laura Molina Fernández *vs.* JUR y Reino de España) (TOL9.909.122)[24] señala que la valoración que debe realizarse a efectos de decidir si la aplicación de un dispositivo de resolución sobre una entidad de crédito no coloca a los acreedores de la entidad en una situación peor a la que tendrían en un procedimiento de insolvencia ordinaria "*debe partir de un escenario de liquidación, lo que excluye la posibilidad de un escenario basado en una empresa en funcionamiento y en un convenio con los acreedores*" (n. 68).

Sobre esta base, no parece que, desde un punto de vista jurídico, aplicar las reglas de las empresas en liquidación para valorar entidades de crédito que, tras la aplicación de los instrumentos de resolución que procedan, van a quedar, efectivamente, disueltas y liquidadas, sea una opción descabellada.

Adicionalmente, en relación con la valoración, las citadas Sentencias del Tribunal General de la UE de 1 de junio de 2022 señalan que el control judicial de la valoración debe circunscribirse a sus formas extrínsecas y al razonamiento que la JUR construye sobre ella, sin que quepa a los tribunales entrar a corregir la aplicación de las normas técnicas de valoración:

"A comprobar que la JUR no incurriera en un error manifiesto al considerar que la valoración 2 se ajustaba a las exigencias del artículo 20 del Reglamento n.° 806/2014" (n. 256 de la Sentencia recaída en el asunto T-510/17 –TOL8.988.239–)[25].

---

24 La misma conclusión se alcanza en la Sentencia de 22 de noviembre de 2023 recaída en los asuntos acumulados T-302/20, T-303/20 y T-307/20, Antonio del Valle Ruiz, Aeris Invest Sàrl, José María Arias Mosquera y Calatrava Real State 2015, S. L. *vs.* JUR y Reino de España (TOL9.909.123) (cfr. nn. 34 y ss.).

25 A este respecto, el Tribunal General de la UE había declarado previamente en la misma Sentencia que la revisión de actos dictados por las Administraciones supervisoras basados en la concurrencia de

O, como explica otra de esas Sentencias, "*si el dispositivo de resolución recogía el razonamiento seguido por la JUR de forma suficientemente clara para permitir la impugnación posterior de su fundamentación ante el órgano jurisdiccional competente, sería excesivo exigir una motivación específica para cada una de las decisiones técnicas o cada uno de los elementos cuantificados en que se basa ese razonamiento (véase, por analogía, la sentencia de 1 de julio de 2008, Chronopost y La Poste/UFEX y otros, C-341/06 P y C-342/06 P, EU:C:2008:375, apartado 108 y jurisprudencia citada)*" (n. 306 de la recaída en el asunto T-481/17 – TOL8.988.239–).

Por tanto, de acuerdo con este criterio el control judicial de la valoración deberá versar sobre las formas extrínsecas en las que la JUR ha construido la fundamentación del dispositivo de resolución sobre la base de los juicios técnicos complejos elaborados por expertos independientes, sin que deba exigírsele una fundamentación concreta de cada uno de los elementos técnicos involucrados en la decisión. Todo ello –cabría añadir– sin perjuicio de que en un eventual procedimiento que impugne la valoración la parte recurrente pueda aportar un dictamen pericial contradictorio que pueda proporcionar al tribunal elementos técnicos complejos suficientes para apreciar que la fundamentación del dispositivo de la JUR en aquella otra valoración no fue ajustada a Derecho.

---

supuestos de hecho construidos sobre conceptos jurídicos indeterminados, las facultades de los tribunales no pueden sustituir a las propias de la JUR, sino que deben consistir en el examen de las formas extrínsecas del razonamiento de la Administración para alcanzar la conclusión en la que funda el dictado del acto correspondiente: "*Habida cuenta de que las decisiones que la JUR debe adoptar en el marco de un procedimiento de resolución se basan en apreciaciones económicas y técnicas muy complejas, procede considerar que los principios derivados de la jurisprudencia mencionada en los apartados 107 y 108 anteriores se aplican al control que el juez debe ejercer. No obstante, si bien se reconoce a la JUR un margen de apreciación en materia económica y técnica, ello no implica que el juez de la Unión deba abstenerse de controlar la interpretación que hace la JUR de los datos de carácter económico en los que se basa la decisión de esta. Así, como ha declarado el Tribunal de Justicia, aun en el caso de apreciaciones complejas, el juez de la Unión no solo debe verificar la exactitud material de los elementos probatorios invocados, su fiabilidad y su coherencia, sino también comprobar si tales elementos constituyen el conjunto de datos pertinentes que deben tomarse en consideración para apreciar una situación compleja y si son adecuados para sostener las conclusiones que se deducen de ellos (véanse las sentencias de 22 de noviembre de 2007, España/Lenzing, C-525/04 P, EU:C:2007:698, apartado 57 y jurisprudencia citada; de 26 de marzo de 2019, Comisión/Italia, C-621/16 P, EU:C:2019:251, apartado 104 y jurisprudencia citada, y de 10 de diciembre de 2020, Comune di Milano/Comisión, C-160/19 P, EU:C:2020:1012, apartado 115 y jurisprudencia citada). A este respecto, para demostrar que la JUR ha incurrido en un error manifiesto en la apreciación de los hechos que pueda justificar la anulación del dispositivo de resolución, los elementos de prueba aportados por los demandantes deben ser suficientes para privar de plausibilidad a las apreciaciones de los hechos tenidos en cuenta en dicho dispositivo (véanse, por analogía, las sentencias de 14 de junio de 2018, Lubrizol France/Consejo, C-223/17 P, no publicada, EU:C:2018:442, apartado 39; de 12 de diciembre de 1996, AIUFFASS y AKT/Comisión, T-380/94, EU:T:1996:195, apartado 59, y de 13 de diciembre de 2018, Comune di Milano/Comisión, T-167/13, EU:T:2018:940, apartado 108 y jurisprudencia citada)*" (nn. 109-111).

Sea como fuere, el dispositivo de resolución podrá llevar aparejada una medida de sustitución de administradores, mediante el nombramiento, por el FROB en cuanto ANR, de un administrador especial (cfr. art. 23, *in fine*, del Reglamento 806/2014), nombramiento que, en todo caso, deberá hacerse con arreglo al procedimiento establecido en la Ley 11/2015, al que me referiré más abajo.

El acto administrativo por el que se adopta un dispositivo de resolución es notificado al FROB, en cuanto ANR, quien es el encargado de implementarlo (cfr. arts. 18.9 y 29.1 del Reglamento 806/2014)[26], y es igualmente publicado en la página web de la JUR (cfr. art. 29.5). De este modo, los efectos jurídicos dimanantes de ese acto para terceros se producirán por razón del acto administrativo que, a la postre, adopte el FROB. Sin embargo, la eventual impugnación que, sobre el fondo del asunto, desee hacer el particular deberá dirigirse contra la decisión de la JUR, en la medida en que el FROB tiene la obligación jurídica de implementar ésta, y no cabe la posibilidad de que discuta su contenido por razones de legalidad.

En el caso relativo a la resolución de Banco Popular, la Sala de lo Contencioso-Administrativo de la Audiencia Nacional se pronunció a este respecto en su Auto núm. 42/2017, de 28 de septiembre (TOL6.371.189), en los siguientes términos:

> *"En cuanto a la primera de ellas, se pretenden limitar los efectos inherentes a la transmisión de las acciones de un modo que contraría el dispositivo de resolución, uno de cuyos instrumentos es la venta de negocio, pretendiéndose trasladar a la entidad adquirente la carga de "cumplir con los requisitos regulatorios y de solvencia" , pero sin que goce de ninguno de los derechos derivados de la adquisición; tampoco procedería la suspensión de la venta propiamente dicha, que es a lo que, en suma, se refieren muchas de las alegaciones de la parte actora. Téngase en cuenta que, según resulta del propio acto aquí impugnado, la resolución de Banco Popular y la venta de su negocio por las graves dificultades en las que se encontraba, la inexistencia de perspectivas razonables de que otras medidas alternativas del sector privado puedan impedir su inviabilidad en un plazo razonable y la necesidad para el interés público de dicha medida han sido apreciadas por la JUR, no por el FROB, de manera que la paralización pretendida, incluso si se tratara de la misma venta, dejaría sin efecto la decisión de la JUR y mantendría unas circunstancias que los organismos europeos han considerado que hacen inviable la entidad y conllevan un riesgo para el interés público.*
>
> *Por otro lado, es perfectamente comprensible que la ejecución de las medidas contenidas en el acto recurrido pueden generar perjuicios, si no de imposible, sí de muy difícil reparación, pero tales perjuicios, que, además, en este caso, han de circunscribirse a los que afectan a la parte recurrente -por más que esta parte se arrogue los de los trabajadores o los del propio Banco Popular-, son imputables directamente a la decisión de la JUR,*

---

26 Sólo en los casos en los que la ANR que corresponda no dicte los actos necesarios para ejecutar la decisión de la JUR podrá ésta producir ciertos efectos jurídicos directos sobre los particulares sujetos a ella (cfr. art. 29.2 del Reglamento 806/2014). La Sentencia del Tribunal General de la UE de 1 de junio de 2022 recaída en el recurso T-510/17 (TOL8.988.239), ya citada, remarca que la notificación se realiza al FROB, y no a los particulares destinatarios del acto (*vid.*, particularmente, n. 447),

que, según se acaba de decir, es la que ha decidido la venta, pues las adoptadas por el FROB tienen un marcado carácter instrumental, siendo con ocasión de la impugnación de aquella decisión de la JUR, en la sede judicial correspondiente, donde se deberán invocar aquellos perjuicios, que sólo de una forma indirecta se generan por la actuación recurrida ante este órgano judicial. Además, no se alcanza a comprender cómo la suspensión de algunos efectos de la venta, que es lo que concretamente pide la parte recurrente -o la venta misma-, impediría todos los perjuicios que se dicen, debiendo señalarse igualmente que la transmisión no puede deslindarse de las demás medidas adoptadas, como el aumento y reducción de capital social, y dejaría en el aire numerosos aspectos, por ejemplo, de administración y dirección.

A lo anterior no afecta el criterio de la apariencia de buen derecho, cuya aplicación, según reiterada jurisprudencia, ha de ser prudente para no prejuzgar la decisión del pleito, por lo que se suele utilizar en aquellos supuestos en los que se solicita la nulidad de un acto dictado al amparo de una norma o disposición de carácter general previamente declarada nula o cuando se impugna un acto idéntico a otro anulado jurisdiccionalmente, sin que nada indique que, en el presente caso, nos encontremos en uno de esos supuestos, máxime cuando, se reitera, el acto del FROB se limita a adoptar las medidas necesarias para ejecutar la decisión de la JUR, en los términos reseñados anteriormente, de ahí que las vulneraciones de derechos y de principios constitucionales que se enuncian en la solicitud deben residenciarse, principalmente, en esa decisión y su examen, como, en concreto, el de la indefensión que se denuncia, desnaturalizaría este incidente" (Fundamento Jurídico Tercero)[27].

Finalmente, la decisión de la JUR por la que se adopte un dispositivo de resolución será recurrible en una suerte de recurso potestativo de reposición ante el Panel de Recurso de la JUR (cfr. art. 85.8 del Reglamento 806/2014), o, directamente, ante el Tribunal de Justicia de la UE (cfr. art. 86 del mismo Reglamento).

2.3 PROCEDIMIENTO A SEGUIR POR EL FROB

El procedimiento que debe seguirse para el ejercicio de la potestad resolutoria atribuida al FROB es considerablemente más sencillo, dado que no se prevé la participación de otras Administraciones en él.

En primer lugar, acreditada la concurrencia de los tres supuestos de hecho requeridos para poder ejercitar la potestad, el FROB acordará la iniciación del procedimiento, del que dará cuenta al Ministerio de Economía, Comercio y Empresa y al BdE (cfr. art. 21.3 de la Ley 11/2015). Esta decisión será notificada sin demora a la entidad objeto de resolución (cfr. art. 24.1). La decisión deberá indicar las razones que justifican la adopción de la decisión, con mención a la concurrencia de los supuestos de

27 Este Auto, dictado en sede cautelar, fue confirmado tras la inadmisión, por el Tribunal Supremo, del recurso de casación preparado contra él (cfr. Auto del Tribunal Supremo de 19 de noviembre de 2018; TOL6.931.297).

hecho necesarios, las medidas que el FROB tenga la intención de adoptar; y, en su caso, las razones que justifiquen la aplicación del régimen concursal ordinario (cfr. art. 23).

A este respecto, cabe destacar que la norma española no contiene una previsión análoga a la existente en la norma europea en relación con la determinación de la concurrencia de razones de interés público que, en ciertos casos, puede suponer el ejercicio de una potestad discrecional. Quizá eso se deba a que la composición del órgano de gobierno del FROB (la Comisión Rectora) cuenta con una importante representación de la AGE[28] hasta el punto de que pueda llegar a cuestionarse su consideración como una auténtica Administración independiente[29]. Sobre esta premisa, se entiende mejor que, en Derecho español, sea el FROB, y no el Gobierno o la AGE, quien defina el interés público involucrado en la potestad de resolución bancaria. Sin perjuicio de ello, quizá convendría introducir normas que permitan reglar por completo este elemento de la potestad de resolución bancaria, a fin de evitar eventuales problemas de responsabilidad política del FROB en su ejercicio.

Tras el acuerdo de iniciación, el FROB acordará y hará pública la sustitución del órgano de administración de la entidad y de los directores generales o asimilados, y la

---

28 La Comisión Rectora del FROB está formada por el Presidente, nombrado y separado por real decreto del Consejo de Ministros a propuesta del Ministro de Asuntos Económicos y Transformación Digital, previa audiencia en la Comisión correspondiente del Congreso de los Diputados (art. 55.1) por plazo de cinco años (art. 55.3); cuatro miembros designados por el BdE, uno de los cuales será el Subgobernador, que actuará como Vicepresidente del FROB (art. 54.1-*b)*), y los otros tres serán designados por la Comisión Ejecutiva del BdE (art. 55.1, párrafo tercero); tres representantes del Ministerio de Economía, Comercio y Empresa, designados por el Ministro, con rango mínimo de Director General (art. 54.1-*c)*); el Vicepresidente de la CNMV (art. 54.1-*d)*); y dos representantes del Ministerio de Hacienda y Función Pública, designados por el Ministro, con rango mínimo de Director General (art. 54.1-*e)*). A las reuniones de la Comisión Rectora podrán asistir, con voz pero sin voto, un representante de la IGAE, designado por el Interventor General, y otro de la Abogacía General del Estado, designado por el Abogado General-Director del Servicio Jurídico del Estado (art. 54.1, párrafo segundo).

29 La composición que presenta la Comisión Rectora del FROB se caracteriza por que, dejando a salvo al Presidente, sólo cinco de sus diez miembros (los cuatro representantes del BdE, incluido su Subgobernador, y el Vicepresidente de la CNMV) cuentan con garantías de independencia (particularmente, causas tasadas de cese y, en el caso del Subgobernador del BdE y el Vicepresidente de la CNMV, no renovación en el cargo). Los otros cinco miembros de la Comisión Rectora (los tres representantes del Ministerio de Economía, Comercio y Empresa y los dos representantes del Ministerio de Hacienda y Función Pública) pueden ser cesados por razones políticas en cualquier momento, y por tanto no gozan de esas garantías de independencia. La balanza la inclina, desde luego, el Presidente, que tiene voto de calidad (cfr. art. 54.6 de la Ley 11/2015), el cual tiene un mandato de cinco años no renovable (cfr. art. 55.2 de la Ley 11/2015) y causas tasadas de cese (por finalización del periodo para el que fue nombrado, por renuncia aceptada por el Gobierno, por estar incurso en alguna causa de incompatibilidad, por incapacidad sobrevenida para el ejercicio de sus funciones, por condena por delito doloso y por incumplimiento grave de sus obligaciones: cfr. art. 55.3 de la Ley 11/2015).

designación como administrador de la entidad a la persona o personas físicas o jurídicas que, en su nombre y bajo su control, ejercerán las funciones y facultades propias de esa condición con arreglo a los estatutos de la entidad y las leyes (cfr. art. 22.1, párrafo primero, de la Ley 11/2015). No obstante, el FROB podrá acordar no sustituir al órgano de administración de una entidad objeto de resolución cuando, de forma excepcional, a la vista de la composición del accionariado o de ese órgano de administración en ese momento, resulte estrictamente necesario su mantenimiento para garantizar el adecuado desarrollo de la resolución, así como en aquellos casos en los que el FROB pueda controlar el órgano de administración en virtud de los derechos políticos de los que disponga (cfr. art. 22.1, párrafo segundo). El acuerdo de designación tendrá carácter ejecutivo desde el momento en que se dicte y será publicado en el BOE, lo que determinará su eficacia frente a terceros (cfr. art. 22.3). La medida estará limitada a una duración no superior a dos años que, no obstante, podrá ser prorrogada excepcionalmente cuando sea necesario para completar el proceso de resolución (art. 22.4).

Al acuerdo de iniciación le seguirá un segundo acto administrativo "*por el que se acuerdan las medidas de resolución*" (art. 24.2 de la Ley 11/2015), que deberá ser publicada bien íntegra, bien resumidamente. Este acto, que contiene el dispositivo de resolución adoptado y la forma de aplicación de los concretos instrumentos de resolución incorporados a él (cfr. art. 64.1-*c)* a *k)*), será inmediatamente eficaz sin dar cumplimiento a ningún requisito adicional (cfr. art. 65.1).

En el ínterin comprendido entre el acuerdo de iniciación y el acto final, deberá llevarse a cabo la valoración de la entidad (cfr. art. 5.1 de la Leu 11/2015 y, en cuanto a los criterios a que deberá sujetarse esa valoración, arts. 6 y 7 del RD 1012/2015). No obstante, en aquellos casos en los que concurran razones de urgencia, el FROB podrá articular una valoración provisional, si bien en todo caso será necesaria una segunda valoración definitiva con carácter posterior, en el mismo sentido ya explicado para el procedimiento seguido por la JUR (cfr. arts. 5.3, párrafo segundo, y 68-*b)* de la Ley 11/2015, y 8 y 9 del RD 1012/2015). Por último, también será necesaria una valoración relativa a la diferencia de trato de accionistas y acreedores respecto del que habrían recibido en el caso de que se hubiera seguido el procedimiento de insolvencia ordinario, a efectos de determinar la eventual compensación con cargo al FUR que pueda corresponder (cfr. art. 10 del RD 1012/2015). La valoración, al igual que en el caso europeo, forma parte del acto y no podrá ser objeto de un recurso separado (cfr. art. 72.2, párrafo segundo).

González Vázquez advierte la existencia de algún problema de constitucionalidad en relación con la configuración legal del proceso de valoración en el ámbito de la resolución bancaria[30]. En su opinión, este proceso carece del necesario expediente

---

30 *Vid.* González Vázquez, José Carlos, "Luces y sombras...", *óp. cit.*, pp. 303-374.

contradictorio, de suerte que el valor que se atribuye a los activos y pasivos de la entidad viene determinado unilateralmente por la Administración de resolución, con base en uno (o dos) informes técnicos de valoración, frente a los cuales sólo puede accionarse mediante la impugnación que ponga fin al procedimiento. En este sentido, el autor propone como solución que se contemple la posibilidad de impugnar directamente la valoración; esto es, que la Administración dicte un acto separado de valoración, independiente al de la adopción del dispositivo de resolución, que se encuentre cualificado y, en consecuencia, frente al cual los interesados puedan actuar.

No sé hasta qué punto esta solución puede resultar la más adecuada, porque la valoración de la entidad resulta difícilmente separable de la adopción del dispositivo de resolución (art. 20.15 del Reglamento 806/2014). El volumen de instrumentos de capital que debe ser amortizado, o de los instrumentos de deuda que deben ser convertidos en capital (y, en su caso, amortizados), o la concreción de las operaciones de venta del negocio o segregación de activos y pasivos se encuentren íntimamente unidos a la valoración que la Administración, con base en la propuesta realizada por un experto independiente, realice. Por esa razón, en mi opinión resulta más razonable concebir la valoración como uno de los elementos esenciales del acto administrativo que pone fin al procedimiento y que, por tanto, debe ser discutida en la impugnación que de éste se haga[31].

Quizá, el planteamiento de este autor traiga causa del establecimiento de un paralelismo entre la resolución bancaria y la expropiación forzosa, donde existe una pieza de justiprecio separada y cuya resolución es impugnable autónomamente, no existe. Partiendo de la naturaleza de la resolución bancaria como ablación ordenadora, no parece que, en la medida en la que los efectos ablatorios que le son propios formen parte de la delimitación normal del contenido del derecho que haga la ley, el ejercicio de la potestad para procurar el recto cumplimiento de la ordenación que los produzca presente los vicios de inconstitucionalidad que se plantean.

Al margen de las anteriores consideraciones sobre la valoración, el FROB puede suspender la ejecución de obligaciones de pago contraídas por la entidad de forma temporal y justificada para garantizar el buen fin de la resolución (cfr. art. 70 de la Ley 11/2015). En buena lógica, esta medida también podrá adoptarse cuando el FROB actúe ejecutando una decisión previa de la JUR sobre la adopción de un dispositivo de resolución.

El acto que acuerda el dispositivo de resolución contiene las concretas medidas de resolución a aplicar pone fin a la vía administrativa y es directamente impugnable ante la Sala de lo Contencioso-Administrativo de la Audiencia Nacional (cfr. art. 72.2, párrafo primero, de la Ley 11/2015). Los recursos que se susciten frente a estos actos serán

---

31 En cierta medida, el acto administrativo en que, en último término, consiste el ejercicio de la potestad resolutoria no deja de encontrarse motivado *in aliunde* en todo lo que se refiere a la valoración económica del patrimonio de la entidad, de suerte que difícilmente cabría segregar una y otro.

tramitados con carácter preferente (cfr. art. 72.3). En el caso de que la medida impugnada contenga una decisión sobre amortización o conversión de instrumentos de capital, el art. 73 establece normas especiales de legitimación y publicidad del recurso[32].

Por último, el art. 72.4 de la Ley 11/2015 prevé la facultad de la Administración de solicitar a los tribunales competentes la suspensión de cualquier procedimiento en el que sea parte la entidad de crédito objeto de la resolución.

Resulta conveniente destacar en este momento que la normativa española que regula el ejercicio de la potestad de resolución bancaria no contempla la posibilidad de que se confiera a los particulares afectados trámite de audiencia. En mi opinión, esta previsión legal puede ser compatible con el art. 105-*c)* de la Constitución, siempre y cuando con ello continúen existiendo reglas para que la Administración prepare el contenido del acto y los particulares cuenten con garantías suficientes para la adecuada defensa de sus derechos e intereses legítimos.

En el caso de la resolución, parece que ambas cosas existen: por un lado, la normativa regula los distintos hitos por los que la Administración competente debe pasar para preparar el dispositivo; por otro lado, se establece un régimen de recursos para poder discutir tanto la declaración de la propia resolución como, lo que no es menos importante, la valoración de los derechos objeto de ablación realizada en ejecución del dispositivo de resolución. Y a estas garantías cabe añadir la posibilidad de que, si se constata que un particular carecía del deber jurídico de soportar la ablación realizada con motivo de la resolución de una entidad, pueda acudirse al instituto de la responsabilidad patrimonial de la Administración para reclamar los daños y perjuicios ocasionados.

Al igual que hizo el Tribunal General de la UE con ocasión de la decisión de la JUR de resolver el Banco Popular, la ausencia de audiencia previa al interesado en procedimientos de resolución realizados al amparo del RD-ley 24/2012 (posteriormente convalidado por la Ley 9/2012)[33], de corte similar al que hoy se recoge en la Ley

---

32 Así, se permite la legitimación de los accionistas o titulares de valores, así como a agrupaciones de estos últimos representados por un comisario, además de a los depositantes y acreedores de la entidad. Igualmente, el Auto por el que, en su caso, se adopten medidas cautelares deberá publicarse en el BOE y por los mismos medios por los que la entidad y el FROB hubiera publicitado la medida en cuestión, lo que también rige para la Sentencia que ponga fin al procedimiento.

33 La aprobación de ese RD-ley (y, por tanto, de la posterior Ley 9/2012) trae causa del Memorando de Entendimiento sobre condiciones de Política Sectorial Financiera, hecho en Bruselas y Madrid el 23 de julio de 2012, que obligaba a España a adoptar ciertos cambios normativos, entre ellos aquéllos que permitieran abordar de manera más eficiente la reestructuración y resolución de entidades de crédito (cfr. EM, III). En realidad, esta norma cristaliza la experiencia previa que comenzó en el año 1982 con la intervención del Grupo RUMASA, articulando, con vocación de generalidad, una potestad ablativa de naturaleza ordenadora con la que la Administración pueda garantizar el cumplimiento de las normas de ordenación prudencial bancaria y, con ella, la estabilidad del sistema financiero (*vid.* Lora González, Carlos, *¿Qué es...?*, *óp. cit.*, pp. 146-153).

11/2015, ha sido objeto de examen por nuestro tribunales[34]. Todos ellos han concluido que la regulación legal de la potestad resolutoria, al preterir el trámite de audiencia, no incurre en vicio de inconstitucionalidad ninguno, habida cuenta de **(i)** la existencia de un bien público superior (la estabilidad del sistema financiero), que sólo puede protegerse adecuadamente mediante una rápida actuación; y **(ii)** la existencia de garantías de revisión judicial suficiente frente a los eventuales vicios de legalidad en que pudiera incurrir la Administración al emitir el acto.

Así, la Sala de lo Contencioso-Administrativo del Tribunal Supremo, en su Sentencia de 4 de marzo de 2016 (TOL5.664.423), relativa a la resolución de Caja Sur, rechaza la existencia de vía de hecho por preterir el trámite de audiencia al no estar, como sostenía el recurrente, ante un procedimiento de expropiación forzosa:

> *"La conclusión a la que llega la Sala de instancia, después de un examen detallado y minucioso de las actuaciones, es que en este caso ni se ha seguido un procedimiento de expropiación, ni se ha producido un supuesto de expropiación material, sino que "lo que ha existido es un proceso de reestructuración de una entidad de crédito con intervención del FROB, al concurrir los requisitos legalmente establecidos en el artículo 7 Real Decreto-Ley 9/2009 " , y esta Sala comparte tal apreciación, que resulta de la confrontación que hemos efectuado entre las actuaciones llevadas a cabo por el Banco de España y por el FROB y las distintas reglas y normas del artículo 7 del RDL 9/2009 , que les otorgan cobertura jurídica.*
>
> *La parte recurrente critica la sentencia de instancia porque acoge la concepción originaria y reduccionista de la vía de hecho, que no incluye, junto con los supuestos de omisión de todo procedimiento, los de omisión de alguno de sus trámites esenciales, si bien, la Sala de instancia no limitó su examen a la constatación de la existencia de una resolución previa que daba cobertura a la actuación administrativa, sino que lo extendió a la comprobación de la concurrencia de los requisitos de procedimiento.*
>
> *La jurisprudencia de esta Sala, recogida entre otras muchas en sentencias de 22 de septiembre de 2003 (recurso 8039/1999), 16 de junio de 2011 (recurso 3551/2007) y 31 de octubre de 2014 (recurso 100/2012), viene sosteniendo que la " vía de hecho " o actuación administrativa no respaldada en forma legal por el procedimiento administrativo legitimador de la concreta actuación, se produce no sólo cuando no existe acto administrativo de cobertura o éste es radicalmente nulo, sino también cuando el acto no alcanza a cubrir la actuación desproporcionada, de forma que no existe ninguna dificultad en incluir en el primer supuesto, de inexistencia de acto previo de cobertura o de nulidad radical del acto, aquellos casos en los que, existiendo acto, éste se ve afectado de una irregularidad sustancial, que permite hablar de acto nulo de pleno derecho o, incluso, inexistente, viéndose privado de la presunción de validez que predica de todo acto administrativo el art. 57.1 de la Ley 30/1992.*

---

34 Bajo este régimen, varias cajas de ahorros españolas tuvieron que ser resueltas, y el ejercicio de la potestad dio lugar a abundante litigiosidad donde, entre otras cuestiones (como la inaplicación de las garantías expropiatorias ya tratada *ut supra*), los acreedores o titulares de instrumentos de capital afectados por la resolución arguyeron la ausencia del esencial trámite de audiencia como argumento para sostener la invalidez del acto administrativo que acordaba la resolución.

La sentencia impugnada se ajustó al anterior criterio jurisprudencial, y rechazó la vía de hecho invocada en la demanda, porque las actuaciones administrativas a las que se refería la parte recurrente se enmarcaban en el procedimiento de reestructuración de una entidad de crédito con intervención del FROB, añadiendo que concurrían en el presente caso "los requisitos legalmente establecidos en el artículo 7 del Real Decreto-Ley 9/2009 " , sin que la parte recurrente hubiera impugnado ninguno de los concretos actos administrativos llevados a cabo por el Banco de España o el FROB por infracciones del procedimiento seguido al amparo de la citada norma.

En el recurso de casación alega la parte recurrente, como ya había indicado en su demanda, que el trámite esencial del procedimiento omitido era el derecho de audiencia, a ser oído en la valoración y a poder contradecirla, si bien, aclarado que el procedimiento seguido en este caso por la Administración demandada no era un procedimiento de expropiación, sujeto a los trámites de la Ley de Expropiación Forzosa, de 16 de diciembre de 1954, que solo puede ser acordado, de conformidad con su artículo 2 , por las Administraciones territoriales, sino que se trataba de un procedimiento de reestructuración de una entidad de crédito con intervención del FROB, regulado por el artículo 7 del RDL 9/2009 , sin que este específico procedimiento contemple un especial trámite de audiencia o de valoración contradictoria que haya de entenderse con los fundadores de la entidad, pues la valoración de la entidad es encomendada por la norma legal al FROB, organismo creado por el artículo 2 del citado RDL 9/2009 , para gestionar los procesos de reestructuración de entidades de crédito y contribuir a reforzar los recursos propios de las mismas, con personalidad jurídica propia y plena capacidad de obrar para el desarrollo de sus fines.

En efecto, el apartado 2.b) del artículo 7 del RDL 9/2009 ordena al FROB la elaboración de un informe detallado sobre la situación patrimonial y viabilidad de la entidad de crédito, y el apartado 8 del mismo precepto legal, cuando el FROB vaya a suscribir íntegramente las cuotas participativas de una Caja de Ahorros, como sucedió en este caso, sustituye por un informe del FROB los informes a que se refiere el Real Decreto 302/2004, de 20 de febrero, que en su artículo 4 se refiere a la realización de una estimación del valor económico de la caja, sin que dicho precepto legal incluya o prevea un trámite de audiencia o de valoración contradictoria con intervención de los fundadores de la caja.

No cabe, por tanto, apreciar la omisión del trámite esencial del procedimiento a que se refiere el motivo primero del recurso de casación que, de acuerdo con lo hasta aquí razonado, se desestima" (Fundamento Jurídico Cuarto).

También la Audiencia Nacional ha descartado que la inexistencia de previa audiencia al interesado pueda motivar *per se* la invalidez del acto de resolución. Así, en una de las primeras Sentencias recaídas sobre la resolución de BFA (la núm. 162/2016, de 20 de abril –TOL5.712.541–), la Sala de lo Contencioso-Administrativo de ese Tribunal confirmó la innecesaridad del trámite de audiencia a la vista de la específica regulación de la potestad que contenía la normativa aplicable:

"Finalmente destacar que en relación con el trámite de audiencia que ahora nos ocupa, las disposiciones contenidas en la Ley 9/2012, determinan su inaplicabilidad por las siguientes razones:

- *El artículo 51 considera infracción muy grave: "...la revelación o difusión por cualquier medio de los términos y condiciones de una propuesta de acción de gestión de instrumentos híbridos de capital y de deuda subordinada antes de que sea efectivamente acordada por dicho Fondo." Consideración que excluye su comunicación a interesados y terceros.*

- *El art. 65 1. "Los actos administrativos dictados por el FROB para la aplicación de los instrumentos previstos en los capítulos III y IV de esta Ley así como de los acuerdos adoptados al amparo del artículo 63 apartado c), serán inmediatamente eficaces desde su adopción sin necesidad de dar cumplimiento a ningún trámite ni requisito establecidos, normativa o contractualmente, sin perjuicio de los requisitos previstos en esta Ley y de las obligaciones formales de constancia, inscripción o publicidad exigidas por la normativa vigente, a cuyos efectos será suficiente una certificación del acto administrativo o del acuerdo correspondiente, sin necesidad de contar con informes de expertos independientes o auditores."*

- *El art. 69 señala que "1. El FROB realizará las actuaciones necesarias para dar publicidad a las medidas adoptadas en virtud de los capítulos III y IV de esta Ley y, en particular, a la aplicación de los instrumentos de resolución y al ejercicio de las facultades correspondientes, con la finalidad de que estas puedan ser conocidas por los accionistas, acreedores o terceros que pudieran verse afectados por las correspondientes medidas.*

- *Sin perjuicio de lo dispuesto en el apartado anterior, el FROB notificará las medidas adoptadas a la entidad, al Ministerio de Economía y Competitividad y al Banco de España.*

Asimismo, cuando resulte procedente, el FROB informará de las medidas adoptadas a la Autoridad Bancaria Europea y a la autoridad de la Unión Europea responsable de la supervisión del grupo eventualmente afectado.

3. Durante la preparación de las medidas de reestructuración y de resolución y, en particular, mientras se lleva a cabo la valoración a la que se refiere el artículo 5 de esta Ley y durante las fases de estudio o negociación de cualquier operación en la que pueda concretarse la aplicación de alguno de los instrumentos de resolución, la entidad quedará eximida de la obligación de hacer pública y difundir cualquier información que pueda tener la consideración de información relevante a efectos de lo dispuesto en el artículo 82 de la Ley 24/1988, de 28 de julio, del Mercado de Valores".

Por tanto si ha de dar publicidad a las medidas adoptadas se debe concluir que no está prevista la posibilidad de que puedan haberse conocido con anterioridad en un trámite de audiencia que no está previsto (...)" (Fundamento Jurídico Séptimo).

En la Sentencia de la Sala de lo Contencioso-Administrativo de la Audiencia Nacional núm. 174/2016, de 21 de abril (TOL5.712.540), relativa a la resolución de Catalunya Caixa, el Tribunal amplió el análisis y confirmó tal conclusión:

"Sostienen los recurrente que la falta de audiencia de ese procedimiento administrativo en el que el FROB, Juez y parte, fija el precio de una compraventa que es obligatoria para el inversor supone, además, la infracción del art. 105.3 CE y el principio de seguridad jurídica.

Debe recordarse que el art. 105.c) CE no establece el principio de audiencia con carácter absoluto pues únicamente alude a "El procedimiento a través del cual deben producirse los actos administrativos, garantizando, cuando proceda, la audiencia del interesado".

> *La Ley 9/2012 atribuye al FROB unas facultades cuyo ejercicio no puede insertarse en un procedimiento como el que regula la Ley 30/1992 o en la actualidad, la ley 39/2015 y, de hecho, el FROB se rige por la Ley 9/2012 como indica su art. 52.2 .*
>
> *En éste caso, el FROB ha actuado como órgano o autoridad de resolución ejerciendo sus facultades en un plazo muy breve, desde el 27 de noviembre de 2012, en que tanto su comisión Rectora como el Banco de España aprobaron el plan de resolución de Caixabank hasta el 31 de diciembre de 2012 con la transmisión por parte de CX a la SAREB, de los activos más problemáticos o especialmente dañados de su cartera.*
>
> *No ofrece duda que en los procesos regulados en la ley resultan afectados los titulares de instrumentos de créditos, depositantes o cualesquiera clientes de la entidad intervenida pero la naturaleza y efectividad de las medidas a adoptar dificulta la audiencia de estos, pues la ley contempla únicamente la intervención del Banco de España, Comisión Europea etc. ya que la finalidad de la intervención es garantizar la estabilidad del sistema financiero, con el menor coste posible para el conjunto de la sociedad.*
>
> *La consecución de ese objetivo que requiere de una intervención rápida y enérgica de las autoridades en un plazo muy breve explica que el legislador haya excluido la audiencia de los interesados en el corto periodo de tiempo en el que se llevan a cabo las medidas previstas en el Plan de resolución, audiencia que tampoco vemos factible en relación con éstas sin que ello suponga indefensión de los interesados pues el art. 72 de la Ley prevé la posibilidad de impugnar la aprobación por el Banco de España de los planes de actuación temprana, de reestructuración y de resolución, en los cuales se describen las diferentes medidas a adoptar, lo que lo recurrentes no han realizado (...)"* (Fundamento Jurídico Sexto).

Esta misma doctrina ha sido acogida con posterioridad por la misma Sala en su Sentencias núm. 175/2016, de 28 de abril (TOL5.712.544) (sobre la resolución de Nova-Caixa Galicia).

En resumidas cuentas, los Tribunales consideran conforme a Derecho que el procedimiento de ejercicio de la potestad resolutoria no comporte la audiencia previa de los particulares titulares de derechos o intereses legítimos afectados por la medida (y, particularmente, los titulares de instrumentos de capital o de deuda), dado que esa ausencia está expresamente prevista así en la Ley, y, de lo contrario, ello frustraría el buen fin de la salvaguarda del interés público que le sirve de fundamento.

3. EFECTOS DE LA POTESTAD RESOLUTORIA: INSTRUMENTOS DE RESOLUCIÓN

Resta explicar el contenido de los concretos efectos jurídicos que se derivan del ejercicio de la potestad resolutoria. Vaya por delante que el examen que a continuación se realiza no es en modo alguno exhaustivo. Ello alargaría en exceso estas páginas y añadiría poco al estudio de la potestad de resolución en el marco de la actividad administrativa de supervisión prudencial bancaria, cuyos elementos más relevantes ya se han examinado. Existen, por lo demás, trabajos especializados sobre la materia a los que me remito desde este momento para más información[35].

Adicionalmente, la jurisprudencia europea en la materia ha realizado un enjuiciamiento casuístico del ejercicio de la potestad de resolución bancaria en este punto, que examina si el instrumento elegido en cada caso por la JUR permitía realizar los objetivos de la resolución en el supuesto concreto[36].

3.1 NOVACIONES SUBJETIVAS: VENTA FORZOSA DEL NEGOCIO, "BANCO PUENTE" Y "BANCO MALO"

El primer grupo de instrumentos de resolución tiene en común comportar novaciones subjetivas forzosas la titularidad de ciertos derechos reales, ya sea sobre los instrumentos de capital de las entidades de crédito (acciones) o sobre los elementos que integran singularmente el patrimonio de esas entidades (activos y pasivos). De este modo, la aplicación de estos tres instrumentos produce el mismo efecto: el titular de un derecho se ve despojado de su titularidad, que es transferida coactivamente a un tercero que puede ser otra entidad de crédito (venta forzosa del negocio) u otra clase de entidad ("banco puente" o "banco malo").

A continuación se describen brevemente las principales características de cada uno de los tres instrumentos agrupados bajo este epígrafe, sin ánimo de exhaustividad.

3.1.1 Instrumento de la venta forzosa del negocio

De acuerdo con lo previsto en el art. 24.1 del Reglamento 806/2014 y 26.1 de la Ley 11/2015[37], este instrumento consiste en la transmisión a un comprador que no sea

---

[35] *Vid.*, por todos, DEPRÉS POLO, Mario, *et al.*, *Manual…*, *óp. cit.*, pp. 488-506; RODRÍGUEZ PELLITERO, Javier, "Resolución de crisis bancarias", en MUÑOZ MACHADO, Santiago; VEGA SERRANO, Juan Manuel; y BOBES SÁNCHEZ, María José (dirs.), *Derecho de la Regulación Económica. X. Sistema Bancario*, Madrid: Iustel, 2013, pp. 855-866; o PALOMAR OLMEDA, Alberto, "El sistema de resolución de entidades de crédito en España. Aspectos generales de la Ley 1/2015, de 18 de junio", en RUIZ OJEDA, Alberto Luis; y LÓPEZ JIMÉNEZ, José María (dirs.), *Estudios sobre resolución bancaria*, Cizur Menor (Navarra): Thomson Reuters- Aranzadi, pp. 160-174.

[36] Este examen se contiene, por citar una, en la Sentencia de 1 de junio de 2023 recaída en el asunto T-628/17 (TOL8.988.236), nn. 519-668, en el caso de la resolución de Banco Popular.

[37] No obstante, las principales normas operativas se ubican en la Ley 11/2015, algo lógico si se tiene en cuenta que el papel de la JUR sólo consiste en decidir aplicar el instrumento, una vez hecho lo cual corresponde al FROB, en cuanto ANR, implantar de forma efectiva el dispositivo acordado por aquélla. Esta precisión resulta aplicable a los demás instrumentos de resolución que se explican a continuación.

un "banco puente", en los términos que más adelante se definirá, de: (**i**) instrumentos representativos de su capital social o convertibles en ellos[38]; o (**ii**) todos sus activos, derechos o pasivos. A cambio, el comprador abonará un precio que redundará en beneficio de los propietarios de las acciones, en el primer caso, o de la propia entidad objeto de resolución, a efectos de su liquidación con arreglo al procedimiento ordinario[39].

El comprador deberá seleccionarse con arreglo a un procedimiento competitivo, de acuerdo con los criterios establecidos en el art. 26.4 de la Ley 11/2015[40], y la transferencia deberá efectuarse en condiciones de mercado. No obstante, estos requisitos podrán ser excepcionados en caso de urgencia (cfr. art. 26.5 de la Ley 11/2015), de acuerdo con las Directrices establecidas por la ABE al respecto[41]. La publicación deberá realizarse tan pronto como sea posible, pero este requisito no podrá perjudicar la rápida implementación del instrumento[42].

Para el caso en el cual la aplicación de este instrumento diera lugar al supuesto de hecho que motiva el ejercicio de la potestad autorizatoria en relación con la adquisición de participaciones significativas, la Administración supervisora deberá realizar la evaluación en un plazo de cinco días hábiles. Si esta evaluación no tuviera lugar antes de que se verifique la venta forzosa, se aplicarán las limitaciones previstas en el art. 26.7 de la Ley 11/2015 en el ínterin que transcurra hasta que se efectúe el pronunciamiento[43]. Si la Administración denegara la transferencia de acciones, el comprador deberá devolverlas al FROB, quien deberá buscar otro adjudicatario (cfr. art. 26.7-*f)* de la Ley 11/2015).

Por último, se considerará que el comprador es una continuación de la entidad objeto de resolución y podrá seguir ejerciendo la actividad de ésta, con plena vigencia del pasaporte comunitario que la entidad resuelta viniera empleando (cfr. art. 26.8 de la Ley 11/2015).

---

38 Cuando el adquirente sea el FROB, la adquisición se realizará con arreglo al régimen especial previsto en el art. 34 de la Ley 11/2015.

39 El Considerando (71) del Reglamento 806/2014 aclara que "*todo ingreso procedente de la transmisión de activos o pasivos de la entidad objeto de resolución debe beneficiar al ente restante en el procedimiento de liquidación*" y "*todo ingreso procedente de la transmisión de instrumentos de propiedad emitidos por la entidad objeto de resolución debe beneficiar a los propietarios de dichos instrumentos de propiedad en el ente restante en el procedimiento de liquidación*".

40 A saber: (**i**) transparencia, teniendo en cuenta las circunstancias del caso concreto y la necesidad de salvaguardar la estabilidad del sistema financiero; (**ii**) no discriminación; (**iii**) ausencia de conflicto de intereses; (**iv**) agilidad en la aplicación del instrumento; y (**v**) maximizará el precio de venta.

41 EBA/GL/2015/04, disponibles en: https://www.eba.europa.eu/sites/default/documents/files/documents/10180/1156647/3bf5f9b3-1bb1-4ea2-b3c5-65ba56a35a7d/EBA-GL-2015-04_ES_GL%20sale%20of%20business%20tool.pdf?retry=1 (enlace consultado el 23 de abril de 2021).

42 Así se establece en el art. 17.1 del Reglamento 596/2014, al que expresamente remite el art. 26.4, *in fine*, de la Ley 11/2015.

43 Fundamentalmente, la asignación de sus derechos de voto al FROB y en la imposibilidad de aplicar sanciones por la comisión de la correspondiente infracción.

Cabe añadir como conclusión que el instrumento de la venta del negocio ha sido el más aplicado en nuestro Derecho, no sólo en el caso de la resolución de Banco Popular (la única realizada MUR mediante)[44], sino también en los de varias cajas de ahorros bajo el imperio de la previa Ley 9/2012[45].

3.1.2 Instrumento del "banco puente"

El "banco puente" se define legalmente como "*una sociedad anónima que podrá estar participada por el FROB o por otra autoridad o mecanismo de financiación públicos, cuyo objeto es el desarrollo total o parcial de las actividades de la entidad en resolución, y la gestión de las acciones u otros instrumentos de capital o de todos o parte de sus activos y pasivos*", controlada por el FROB (art. 27.2 de la Ley 11/2015)[46]. Por tanto, la entidad puente no tiene por qué ser necesariamente una entidad de crédito, si bien, para continuar realizando actividades reservadas a esta clase de entidades, debe solicitar la correspondiente autorización, permitiéndosele ejercer las funciones transitoriamente sin reunir todos los requisitos si ello resulta necesario para alcanzar los objetivos de la resolución (cfr. art. 27.8 de la Ley 11/2015).

De acuerdo con los arts. 25.1 del Reglamento 806/2014 y 27.1 de la Ley 11/2015, el instrumento del "banco puente" consiste en la transmisión a una sociedad de nueva creación de: **(i)** la totalidad o parte de los instrumentos representativos del capital social o convertibles en ellos; o **(ii)** todos o parte de los activos de la entidad, si bien en este caso el valor total de los pasivos transmitidos no puede superar el de los activos (cfr. arts. 27.4 de la Ley 11/2015 y 25.3 del Reglamento 806/2014). A cambio, los titulares de los instrumentos de capital o la entidad percibirán un precio, en los mismos términos ya indicados para el instrumento de la venta forzosa del negocio (cfr. art. 25.5 de la Ley 11/2015).

La transferencia de acciones o elementos patrimoniales a un banco puente puede ser reversible, si así se prevé expresamente en el correspondiente acto (cfr. art. 27.6-*a)* de la Ley 11/2015). No obstante, lo normal es que ello no ocurra, ya que el fin último del

---

44 *Vid.* CALVO VERGEZ, Juan, "Perspectivas de futuro en la resolución de entidades financieras tras el caso "Banco Popular"", *RDBB* núm. 154 (abril-junio 2019).

45 *Vid.*, entre otros, FERNÁNDEZ DE LIS, Santiago; MANZANO, Daniel; ONTIVEROS, Emilio; VALERO, Francisco Javier; "Rescates y reestructuración bancaria: el caso español" (documento de trabajo núm. 152/2009)", Fundación Alternativas: Madrid, 2009, disponible en: https://fundacionalternativas.org/wp-content/uploads/2022/07/d27484f5be4fcedd37bbf539ebd24fe1.pdf (enlace consultado el 8 de febrero de 2024).

46 La constitución de la sociedad corresponde al FROB (cfr. art. 35.1 del RD 1012/2015). Por otro lado, puede constituirse una misma entidad puente para gestionar la resolución de varias entidades de crédito (cfr. art. 27.13 de la Ley 11/2015).

instrumento es la venta del banco puente, o de sus activos y pasivos, "*cuando las condiciones sean apropiadas*" y, en todo caso, en el plazo máximo de dos años, que podrá ser ampliado por el FROB por uno o varios periodos adicionales de un año con el objeto de favorecer las circunstancias adecuadas para realizar el objetivo último de venta de la entidad o sus elementos patrimoniales. (cfr. arts. 27.10 de la Ley 11/2015 y 35.3 del RD 1012/2015). La venta deberá realizarse en el marco de un procedimiento competitivo en condiciones de transparencia y no discriminación (cfr. art. 27.11 de la Leu 11/2015). Si finalmente fuere liquidada, la entidad puente se sujetará a un procedimiento concursal ordinario (cfr. art. 27.12 de la Ley 11/2015).

3.1.3 Instrumento del "banco malo"

Este instrumento constituye la némesis del anterior: si aquél tenía por objeto la continuidad de las funciones esenciales de la entidad y su ulterior venta, éste pretende exactamente lo contrario: la transmisión de aquellos elementos patrimoniales de una entidad "tóxicos" con el objeto de sanear su balance y propiciar su continuidad (cfr. arts. 26.1 del Reglamento 806/2014 y 28.1 de la Ley 11/2015)[47]. De hecho, ambos instrumentos pueden combinarse, sustrayendo del negocio cedido a la entidad puente determinados activos "*especialmente dañados o cuya permanencia en* [los] *balances* [de la entidad de crédito o de entidades de su grupo] *se considere perjudicial para su viabilidad o para los objetivos de la resolución a fin de dar de baja de los balances dichos activos y permitir la gestión independiente de su realización*": cfr. art. 28.1 de la Ley 11/2015.

---

47 En términos de la norma, para que pueda constituirse un "banco malo" debe concurrir alguno de los siguientes supuestos: que el mercado de los activos objeto de resolución o de la entidad puente sea de tal naturaleza que su liquidación con arreglo a los procedimientos de insolvencia ordinarios pueda influir negativamente en los mercados financiero, con arreglo a las directrices de la ABE (EBA/GL/2015/05, disponibles en: https://www.eba.europa.eu/sites/default/documents/files/documents/10180/1156565/b723ea40-0c21-4920-ac54-460c716d6177/EBA-GL-2015-05_ES_GL%20on%20asset%20separation%20tool.pdf?retry=1 –enlace consultado el 23 de abril de 2021–); que la transmisión sea necesaria para garantizar el buen funcionamiento de la entidad resuelta o de una entidad puente; o que sea necesaria para maximizar los ingresos procedentes de la liquidación (cfr. art. 28.1 de la Ley 11/2015). Un buen análisis de cómo ha funcionado este instrumento de resolución en Derecho comparado se encuentra en: SCIPIONE, Luigi, "Banco malo, crisis bancarias y ayudas de Estado. Perfiles generales y tendencias evolutivas del cuadro normativo", en GONZÁLEZ VÁZQUEZ, José Carlos, y COLINO MEDIAVILLA, José Luis, *Regulación bancaria y actividad financiera*, Las Rozas (Madrid): Wolters Kluwer España, 2020, pp. 445-482. Sobre su aplicación en España en momentos previos al MUR, *vid.* COUSO PASCUAL, José Ramón, "Aportación de activos en los procesos de reestructuración bancaria. Conformación de sociedades de gestión: singularidad normativa y normas de buen gobierno", en GONZÁLEZ VÁZQUEZ, José Carlos, y COLINO MEDIAVILLA, José Luis, *Regulación bancaria y actividad financiera*, Las Rozas (Madrid): Wolters Kluwer España, 2020, pp. 375-444.

Al igual que en el caso anterior, el banco malo será una sociedad anónima constituida y controlada por el FROB (cfr. art. 28.3 de la Ley 11/2015). La actividad fundamental de este tipo de sociedades consistirá en la administración de los activos y pasivos recibidos, cuyo valor deberá maximizar (cfr. art. 36.2 del RD 1012/2015). El desempeño de las actividades propias de la entidad no generará responsabilidades frente a los accionistas (cfr. art. 28.4 de la Ley 11/2015). Las obligaciones de gobierno corporativo a las que deba someterse, que deberán ser determinadas por el FROB en el acto constitutivo (cfr. art. 36.4 del RD 1012/2015), deberán cumplirse en todo momento con arreglo a los objetivos y principios de la resolución (cfr. art. 28.5 de la Ley 11/2015).

El FROB deberá valorar los activos y pasivos antes de efectuar la transmisión al banco malo, que sustituirá a la valoración de experto independiente exigida en la normativa de sociedades de capital (cfr. art. 29.2 de la Ley 11/2015). Frente a la transmisión no serán oponibles cláusulas estatutarias o contractuales que restrinjan la transmisibilidad (cfr. art. 29.1 de la Ley 11/2015), además de otras especialidades que desplazan el régimen común[48]. Al igual que en el caso anterior, el acto del FROB puede prever la posibilidad de reintegración (cfr. art. 29.5-*a)* de la Ley 11/2015).

El desarrollo de la actividad de los bancos malos en España se encuentra regulado por el RD 1559/2012.

El banco malo se encuentra sujeto, en el desarrollo de sus funciones, a una actividad de supervisión especial desarrollada por el FROB (cfr. art. 30.1 de la Ley 11/2015), para lo cual éste tendrá atribuida potestad inspectora suficiente (cfr. art. 30.2 de la Ley 11/2015).

El instrumento del banco malo ha sido aplicado en España a través de la SAREB, creada en virtud de la disposición adicional séptima del Real Decreto-Ley 24/2012[49], y empleada durante los años siguientes para facilitar que las entidades de crédito depuraran de sus balances los activos y pasivos procedentes de créditos al sector inmobiliario, altamente damnificados por las drásticas caídas de valor provocadas por la crisis que generaban importantes desequilibrios en la estructura económico-financiera de las entidades de crédito[50].

---

48 No podrá ser objeto de rescisión por aplicación de acciones de reintegración concursales, se exonera la aplicación de ciertas prescripciones legales, no resultan de aplicación los principios de sucesión o extensión de responsabilidad tributaria o de seguridad social, etc. (cfr. art. 29.4 de la Ley 11/2015).

49 En puridad, esa disposición ordena al FROB la creación de la SAREB en el plazo de tres meses desde la publicación del citado Real Decreto-Ley.

50 En este sentido, cabe recordar que la aplicación de un instrumento similar en el ejercicio de la potestad resolutoria ya se preveía en la Ley 9/2012 en que se transformó el citado Real Decreto-Ley.

3.2 NOVACIONES OBJETIVAS: AMORTIZACIÓN Y CONVERSIÓN DE INSTRUMENTOS DE CAPITAL Y RECAPITALIZACIÓN INTERNA MEDIANTE TRANSFORMACIÓN DE DEUDA EN FONDOS PROPIOS (BAIL-IN)

Existe un segundo bloque de instrumentos de resolución que producen el efecto de novar objetivamente los derechos de que son titulares ciertos particulares (reales sobre acciones o personales sobre créditos), transformando su contenido. Es decir, mientras que en los casos anteriores se producían transferencias coactivas de los derechos, en estos casos el titular permanece incólume, pero se altera el contenido del derecho, bien para adecuarlo a su valor real (por ejemplo, una acción que tiene un valor nominal de 10 euros pero cuyo valor real es 1 euro ve su contenido modificado), bien para transformar su naturaleza misma (derechos de crédito que se convierten en derechos reales sobre instrumentos de capital)[51].

Bajo este epígrafe se incluyen dos instrumentos distintos: la amortización y conversión de instrumentos de capital, que produce el efecto de que las acciones adecuen su valor al valor real que dimana del estado patrimonial de la entidad (en su caso, cero euros), y el instrumento de recapitalización interna, que supone la conversión de instrumentos de deuda (derechos de crédito) en instrumentos de capital (derechos reales), lo cual, como es lógico, supone una alteración del valor que tales instrumentos tienen para el titular del derecho en cuestión. A continuación se examinan, muy someramente y prescindiendo de muchas de las cuestiones de técnica económica que regulan las normas relevantes, ambos instrumentos.

3.2.1 Amortización y conversión de instrumentos de capital

La amortización y conversión de instrumentos de capital es un instrumento de resolución que tiene por objeto cumplir con el primer principio de la resolución, esto es, que las pérdidas sean asumidas en primer término por accionistas y acreedores de la entidad.

La lógica del instrumento es la siguiente. El valor económico de los instrumentos representativos del capital social de una entidad de crédito (y de cualquier sociedad) viene dado por el valor económico de la sociedad. Como es lógico, cuando una sociedad se encuentra en situación de pérdidas, de insolvencia o de falta de liquidez, su valor económico se resiente y, con él, el valor económico de aquellos instrumentos.

---

[51] En estos casos quizá se percibe con más nitidez la naturaleza de ablación ordenadora de la potestad resolutoria, por cuanto la ausencia de transferencia de la utilidad económica de los derechos para su aplicación a una causa de utilidad pública o interés social es evidente, no sólo materialmente (como en el caso anterior), sino también formalmente: el titular permanece incólume, y lo que se altera es el contenido objetivo de los derechos.

En esta situación, el ejercicio de la potestad resolutoria produce el efecto de adecuar el valor de esos instrumentos representativos del capital social de la entidad a la realidad económica de la sociedad, bien reduciéndolo parcialmente, bien –cuando las necesidades financieras de la sociedad así lo requieran– reduciéndolo directamente a "cero" euros y, por tanto, extinguiendo el título.

El instrumento de amortización y conversión de instrumentos de capital podrá aplicarse en el marco de un procedimiento de resolución o al margen de éste (cfr. arts. 21.7 del Reglamento 806/2014 y 38.1 de la Ley 11/2015). Por esa razón, la normativa aplicable regula un supuesto de hecho específico para este instrumento, de suerte que, si éste concurriera pero la entidad de crédito no debiera ser sometida a un procedimiento de resolución de acuerdo con las tres condiciones establecidas para ello (por ejemplo, porque no concurriera un interés público justificativo de la resolución), el instrumento podrá aplicarse para, por ejemplo, someter a la entidad de crédito a un posterior procedimiento concursal. Ello explica algunos de los extremos que configuran este singular instrumento.

De acuerdo con los preceptos citados, los específicos supuestos de hecho que, alternativamente, motivan la aplicación de este instrumento son los siguientes (cfr. arts. 21.1 del Reglamento 806/2014 y 38.2 de la Ley 11/2015):

1º. Que concurran los requisitos para la resolución de la entidad o grupo.

2º. Que la entidad o grupo vaya a dejar de ser viable a menos que los instrumentos de capital pertinentes se amorticen o se conviertan en fondos propios ordinarios, lo que ocurrirá cuando **(i)** la entidad esté en graves dificultades o vaya a estarlo (en los mismos términos previstos para determinar el supuesto de hecho de para el ejercicio de la potestad resolutoria, ya citados: cfr. arts. 21.4 del Reglamento 806/2014 y 38.3, párrafo primero, de la Ley 11/2015[52]); o **(ii)** teniendo en cuenta el calendario y otras circunstancias pertinentes, no existan perspectivas razonables de que ninguna medida, incluidas las alternativas del sector privado o de supervisión, aparte de la amortización o conversión de los instrumentos de capital pertinentes, por separado o en combinación con una medida de resolución, pueda impedir la inviabilidad de la entidad en un plazo de tiempo razonable (cfr. art. 21.3 del Reglamento 806/2016).

3º. Que la entidad o grupo necesite ayuda pública extraordinaria.

---

52 En el caso de grupos, se entenderá que concurre esta circunstancia se el grupo está en graves dificultades o probablemente va a estarlo cuando haya incumplido, o existan elementos objetivos que indiquen que incumplirá en un futuro cercano, sus requisitos prudenciales consolidados (cfr. arts. 21.5 del Reglamento 806/2014 y 38.3, párrafo segundo, de la Ley 11/2015).

Al igual que en el caso de los instrumentos anteriores, la ejecución del instrumento corresponde a la Administración de resolución ejecutiva (cfr. art. 29 del Reglamento 806/2014), razón por la cual la regulación del detalle del instrumento se localiza en la normativa de transposición de la BRRD.

Sobre la base de la estructura de capital configurada por la norma que ordena el sector, conformada por tres niveles de capital (CET1, AT1 y T2), los arts. 21.10 del Reglamento 806/2014 y 39.1 de la Ley 11/2015 establecen las reglas de prioridad que deben seguirse en la aplicación de este instrumento:

1°. Primero se amortizarán los instrumentos de capital CET1 (fundamentalmente acciones) de forma proporcional a las pérdidas y hasta donde sea posible. A estos efectos, el art. 47.1 de la Ley 11/2015 puntualiza que la amortización puede suponer la reducción del valor de los instrumentos o su transferencia a los acreedores objeto de recapitalización interna, caso en el cual estaríamos, en realidad, ante una suerte de venta forzosa parcial de la entidad que se ajustaría a la naturaleza referida en el punto anterior[53].

2°. Si el importe anterior no fuera suficiente para recapitalizar la entidad, se amortizarán los instrumentos de capital AT1, o se convertirán éstos en instrumentos de capital CET1, o ambas casos, en la medida en la que sea necesaria para alcanzar los objetivos de la resolución o, si el importe fuera inferior, hasta donde fuere posible. A tal efecto, el FROB puede imponer a las entidades la emisión de instrumentos de capital CET1 para los titulares de instrumentos AT1 (cfr. art. 46.1 del RD 1012/2015).

3°. Si los importes anteriores no fueran suficientes para la recapitalización, se amortizará el importe principal de los instrumentos de capital T2 o se convertirán éstos en instrumentos de capital CET1, o ambas cosas e igualmente en la medida que sea necesaria para alcanzar los objetivos de la resolución o, si el importe fuera inferior, hasta que sea posible.

Evidentemente, la aplicación de este instrumento de resolución, como la de los demás instrumentos de resolución, debe ir precedida de la correspondiente valoración de la entidad, que, en todo caso, podrá ser provisional en el caso de que concurran

53 En este caso, cuando concurra el supuesto de hecho determinante de la autorización para la adquisición de participaciones significativas, la Administración supervisora deberá resolver en un plazo de cinco días, a menos que ello dificulte o impida la aplicación de las medidas adoptadas, y, en caso de que la medida sea efectiva antes de que se realice la correspondiente evaluación, se aplicará el régimen especial contenido en el art. 26.7 de la Ley 11/2015 ya referido (cfr. art. 37.6 de la Ley 11/2015). El art. 47.1 de la Ley 11/2015 añade, cuando el valor patrimonial de la entidad sea positivo, la amortización podrá producir el efecto de diluir la participación de los accionistas en el conjunto del capital social. Ello, en fin, no deja de corresponderse con la adecuación del valor nominal del instrumento al valor real que arroja el patrimonio de la entidad.

circunstancias de urgencia, lo que obligará a liquidar la situación con arreglo a una valoración definitiva *ex post* (cfr. art. 36 de la Ley 11/2015, que contiene reglas especiales de valoración, en relación con el art. 5 de la misma norma).

La amortización y conversión de instrumentos de capital es inmediatamente ejecutiva (cfr. art. 37.1 de la Ley 11/2015) y permanente, sin perjuicio de que, si se hubiera realizado con base en una valoración provisional y la valoración definitiva *a posteriori* revelara que se han sobrepasado los requerimientos, se compense a los titulares afectados en la medida en que sea necesario (cfr. art. 39.2-*a)*, en relación con el art. 36.5, de la Ley 11/2015)[54]. Además, la amortización y conversión de instrumentos de capital extingue las obligaciones respecto de la cuantía amortizada, a salvo de aquéllas que se hubieran devengado con anterioridad (cfr. arts. 37.5 y 39.2-*b)* de la Ley 11/2015)[55].

Este instrumento de resolución debe ser aplicado siempre que el FROB adopte otras medidas de las que se deriven la asunción de pérdidas por los acreedores (cfr. art. 35.2 de la Ley 11/2015). Ello es lógico, toda vez que, según se ha indicado ya, constituye uno de los principios de la resolución que sean los accionistas los primeros en soportar pérdidas.

3.2.2 Recapitalización interna o "bail-in"

La segunda de las alternativas que comportan una novación objetiva coactiva de derechos se corresponde con la denominada recapitalización interna o "bail-in", que fue sin duda la medida estrella del nuevo régimen de resolución bancaria.

Esta medida, que comporta el incremento del patrimonio neto de una sociedad mediante la transformación de determinados pasivos en instrumentos de capital, tiene como principal objetivo "*recapitalizar la entidad de forma que pueda volver a cumplir las condiciones para continuar sus actividades, manteniendo la confianza en el mercado*" (arts. 27.1-*a)* del Reglamento 806/2014 y 40.2-*a)* de la Ley 11/2015), de suerte que la entidad de crédito no desaparezca sino que permanezca operativa siempre que "*existan perspectivas razonables de que la aplicación de dicho instrumento, en conjunción con otras*

---

54 En línea con su naturaleza no expropiatoria, la aplicación de este instrumento no devengará ninguna indemnización para los titulares afectados, sin perjuicio de que, en caso de que el efecto del instrumento consistiera en la dilución de los accionistas, el FROB pueda ordenar la emisión de nuevos instrumentos de capital CET1 para los titulares de instrumentos AT1 y T2 (cfr. art. 39.2-*c)* y 3 de la Ley 11/2015).

55 En este sentido, cuando el FROB reduzca a cero el importe principal o el importe pendiente de un pasivo, éste o cualesquiera obligaciones o derechos derivados del mismo que no hayan vencido en el momento de la reducción se considerarán extinguidas a todos los efectos y no podrán computarse en una eventual liquidación posterior de la entidad o de otra sociedad que le suceda (cfr. art. 37.4 de la Ley 11/2015).

medidas apropiadas (...), además de lograr los objetivos de la resolución pertinentes, restablezca la solidez financiera y la viabilidad a largo plazo de la entidad" (arts. 27.2, párrafo primero, del Reglamento 806/2014 y 40.3, párrafo primero, de la Ley 11/2015)[56].

Por esa razón, la aplicación de este instrumento comporta la necesidad de que el órgano de administración de la entidad o la persona o personas que el FROB haya designado a ese efecto presente un plan de reorganización de actividades que contenga las medidas destinadas a restablecer la viabilidad a largo plazo de la entidad o de parte de sus actividades para un periodo de tiempo razonable, atendiendo a la situación de la economía y de los mercados en que opera la entidad (cfr. art. 49.1 de la Ley 11/2015)[57]. Este plan deberá ser aprobado por la JUR (cfr. art. 27.16 del Reglamento 806/2014) o el FROB (cfr. art. 49.3 de la Ley 11/2015)[58], según corresponda, quien deberá supervisar su cumplimiento (cfr. art. 49.4 de la Ley 11/2015).

No obstante, el instrumento también puede emplearse para sanear la situación financiera de la entidad antes de aplicar cualquiera de los otros instrumentos de resolución que comportan la transferencia coactiva de acciones o activos y pasivos a terceros (cfr. arts. 27.-*b)* del Reglamento 806/2014 40.2-*b)* de la Ley 11/2015). La recapitalización podrá suponer la alteración de la forma jurídica de la entidad afectada (cfr. art. 40.4 de la Ley 11/2015), norma prevista, en el caso español, pensando en la transformación obligatoria de cajas de ahorros o cooperativas de crédito en crisis en bancos.

Las normas aplicables establecen, como regla general, que resultarán admisibles para la recapitalización interna todos aquellos pasivos que no se encuentre expresamente excluidos al efecto por la Ley[59] (cfr. art. 41 de la Ley 11/2015), alguno de los cuales

---

56 El Considerando (75) del Reglamento 806/2014 establece que, cuando se aplique este instrumento al objeto de garantizar la continuidad de la empresa, "*la resolución a través de este instrumento debe ir acompañada de la sustitución de la dirección, salvo en aquellos casos en que mantenerla se considera adecuado y necesario para el logro de los objetivos de la resolución, y la consiguiente reestructuración del ente y de sus actividades de tal forma que se aborden los motivos de su inviabilidad*".

57 El plan deberá incluir el contenido establecido en los arts. 44.2 de la Ley 11/2015 y 45.2 del RD 1012/2015, de acuerdo con las directrices elaboradas por la ABE al efecto (EBA/GL/2015/21, disponible en: https://www.bde.es/f/webbde/INF/MenuHorizontal/Normativa/guias/eba-gl-2015-21-es.pdf –enlace consultado el 24 de abril de 2021–).

58 De acuerdo con el procedimiento previsto en el art. 44 del RD 1012/2015.

59 De acuerdo con los arts. 27.3 del Reglamento 806/2014 y 42.1 de la Ley 11/2015, éstos son los depósitos garantizados hasta el nivel garantizado por el FGD; los pasivos garantizados y los que tienen forma de instrumentos financieros utilizados para fines de cobertura, que formen parte de la cartera de cobertura y que, con arreglo a la normativa nacional, estén garantizados por los activos de la cartera de cobertura del bono garantizado; los resultantes de la tenencia por la entidad afectada de activos o dinero de clientes; los resultantes de una relación fiduciaria entre la entidad y un tercero, cuando se encuentre protegido con arreglo a la normativa concursal; los de otras entidades de crédito o empresas de servicios de inversión, salvo las del mismo grupo, con un plazo de vencimiento inicial inferior a

puede ser excluido "*en circunstancias excepcionales y previa comunicación a la Comisión Europea*" (cfr. arts. 27.5 y 14 del Reglamento 806/2014 43 de la Ley 11/2015). En caso de exclusión de pasivos, el FUR puede hacerse cargo de las pérdidas que no puedan ser absorbidas por los acreedores, siempre y cuando, acumuladamente: **(i)** mediante la reducción de capital, conversión o de cualquier otro modo, se haya realizado, por parte de los accionistas y los tenedores de otros instrumentos de capital y otros pasivos admisibles, una contribución a la absorción de pérdidas y recapitalización interna por un importe de, al menos, el 8% del pasivo, incluyendo los fondos propios de la entidad[60]; y **(ii)** la contribución del mecanismo de financiación de la resolución no exceda el 5% de los pasivos totales, incluidos los fondos propios de la entidad[61] (cfr. arts. 21.6 y 7 del Reglamento 806/2014 y 43.4 y 50.2 de la Ley 11/2015)[62].

A fin de que, llegado el caso, una entidad de crédito pueda aplicar con éxito este instrumento de resolución, la norma establece la obligación de mantener un requerimiento mínimo de fondos propios y pasivos admisibles, que será determinado por la Administración supervisora, en cuanto autoridad de resolución preventiva (cfr. art. 44 de la Ley 11/2015). Ésta, además, podrá imponer mandatos para mantener cierto nivel de capital CET1 (cfr. art. 45.1 de la Ley 11/2015).

La celebración de contratos por las entidades de crédito para la colocación de pasivos admisibles deberá incorporar la correspondiente cláusula advirtiendo de la posibilidad de que, cuando concurran las circunstancias previstas en la norma, esos pasivos se vean afectados por el instrumento de recapitalización interna (cfr. art. 46.1 de la Ley

---

siete días; los que tengan un plazo de vencimiento restante inferior a siete días, respecto de sistemas u operadores designados, o de sus participantes y resultantes de la participación en esos sistemas; y los contraídos con empleados (salvo el componente variable de la remuneración), acreedores comerciales por el suministro de bienes y servicios esenciales, Administración tributaria o Seguridad social, y sistemas de garantía de depósitos.

60 Esta condición puede sustituirse por el cumplimiento acumulado de las tres condiciones siguientes: **(i)** que la contribución a la absorción de pérdidas y la recapitalización interna sea de un importe no inferior al 20% de los activos ponderados por riesgo de la entidad; **(ii)** que el FUR tenga a su disposición un importe que sea como mínimo igual al 3% del importe de los depósitos garantizados por el FGD, obtenido mediante contribuciones *ex ante*; y **(iii)** que la entidad posea activos inferiores a 900.000 millones de euros en base consolidada (cfr. art. 50.3 de la Ley 11/2015).

61 Cuando se haya superado ese umbral, el FUR puede hacer una contribución alternativa o complementaria, siempre que se hayan amortizado o convertido en capital todos los pasivos no garantizados, no preferentes, distintos de los depósitos admisibles (cfr. art. 50.4 de la Ley 11/2015), o por fuentes de financiación extraordinarias (cfr. arts. 21.8 y 9 del Reglamento 806/2014 y 51 de la Ley 11/2015).

62 Esta contribución del FUR no debe confundirse con la recapitalización con recurso al FUR que se comentará en el punto siguiente. El art. 53.1 de la Ley 11/2015 establece que esta contribución tiene por finalidad cubrir cualquier pérdida que no haya sido absorbida por pasivos admisibles y restaurar el valor neto de los activos de la entidad igualándolo a cero, o adquirir acciones u otros instrumentos de capital de la entidad, con el fin de recapitalizarla.

11/2015)[63]. La ausencia de estas cláusulas no impedirá a la Administración competente la aplicación de este instrumento (cfr. art. 46.2 de la Ley 11/2015).

La aplicación de este instrumento debe hacerse con arreglo a las reglas de prelación que se contienen en la Ley (cfr. art. 48.1 de la Ley 11/2015):

1°. En primer lugar, se emplearán los pasivos admisibles calificados como instrumentos de capital CET1, de forma proporcional a las pérdidas y hasta donde fuera posible.

2°. En segundo lugar, los instrumentos de capital AT1, igualmente en la medida necesaria y hasta donde fuera posible.

3°. En tercer lugar, los instrumentos de capital T2 en los mismos términos.

4°. En cuarto lugar, los instrumentos de deuda subordinada que no sea capital AT1 o T2, de acuerdo con la prelación de derechos de crédito prevista en el TRLC.

5°. En quinto lugar, los demás pasivos admisibles, de acuerdo con la misma prelación.

En el anterior contexto, la Administración asignará las pérdidas de forma equitativa entre pasivos admisibles del mismo rango, sin perjuicio del trato más favorable que corresponde a los pasivos excluidos (cfr. art. 48.2 de la Ley 11/2015) y de la aplicación de coeficientes de conversión diferentes a distintos tipos de instrumentos de capital y pasivos (cfr. art. 48.5 de la Ley 11/2015).

La aplicación de este instrumento también requiere la previa valoración de la entidad, en los términos previstos en el art. 5 de la Ley (cfr. arts. 27.13 del reglamento 806/201447.3 de la Ley 11/2015).

En la práctica, la aplicación del instrumento podrá suponer la amortización de acciones existentes, su transferencia forzosa a los titulares de pasivos afectados por la recapitalización interna o la dilución de los accionistas existentes (cfr. art. 47.1 de la Ley 11/2015), en los tres casos aun cuando éstos resulten de la previa aplicación del instrumento de amortización y conversión de instrumentos de capital (cfr. art. 47.2 de la Ley 11/2015). En el caso en el que la aplicación del instrumento dé lugar al supuesto de hecho que motiva la necesidad de obtener la correspondiente autorización para la adquisición de participaciones significativas, la evaluación deberá realizarse en un plazo que no retrase, dificulte o impida la aplicación del instrumento, y, en caso de

---

[63] Esta cláusula evidencia una de las cuestiones que se apuntó a la hora de calificar la resolución bancaria como potestad ablativa ordenadora: la resolución no supone una expropiación porque se limita a garantizar el recto cumplimiento de la ordenación, es decir, el ejercicio de la actividad dentro de la delimitación efectuada por la ley. En el caso que nos ocupa, el contenido de los derechos de los acreedores titulares de pasivos admisibles de la entidad ya se encuentra legalmente constreñido para el caso de que se produzcan las circunstancias objetivas que pueden dar lugar a la aplicación de este instrumento de resolución.

que la transferencia se lleve a cabo antes de que esa autorización se emita, se aplicará el régimen especial contenido en el art. 26.7 de la Ley, ya explicado ut *supra* (cfr. art. 47.4 de la Ley 11/2015).

4. RECAPITALIZACIÓN INTERNA CON RECURSO AL FUR

En último lugar, cabe señalar que, en el marco de los procedimientos de resolución, pueden adoptarse decisiones que no comporten efectos jurídicos obligatorios (novaciones subjetivas u objetivas de derechos forzosas), sino que atienden los problemas de crisis que atraviesa una entidad con cargo a recursos obtenidos de otras fuentes, como el FUR. Evidentemente, en ambos casos existe un elemento de coacción que determina la captación de fondos (obligación de las entidades de crédito de contribuir al FUR), pero ese elemento escapa a la actividad administrativa de supervisión. Es por ello que el examen que a continuación se realiza es meramente indicativo, dirigido a evitar que el cuadro de la resolución bancaria quede incompleto.

De acuerdo con lo previsto en el art. 31.1 y 2 de la Ley 11/2015, la Administración de resolución puede emplear recursos procedentes del FUR[64] para recapitalizar una entidad mediante la adquisición y enajenación de los activos o pasivos de la entidad. Los instrumentos adquiridos de este modo serán reputados capital CET1, AT1 o T2 (cfr. art. 31.3 de la Ley 11/2015) y, a efectos de un eventual procedimiento concursal, serán considerados créditos con privilegio general (cfr. art. 31.5 de la Ley 11/2015). Como es lógico, el importe de recursos aportado deberá traer causa de la correspondiente valoración (cfr. arts. 31.2 y 32.1 de la Ley 11/2015).

Cuando los instrumentos adquiridos consistan en acciones, la Administración de resolución contará con los derechos políticos que correspondan (cfr. art. 32.3 de la Ley 11/2015). Por el contrario, cuando se trate de otra clase de instrumentos, y a salvo de las prescripciones especiales que pudieran determinarse para la ocasión, la entidad deberá comprar o amortizar los instrumentos tan pronto como esté en condiciones de hacerlo en los términos previstos y, en todo caso, en plazos compatibles con las normas sobre ayudas de estado (cfr. art. 33.2 de la Ley 11/2015).

De acuerdo con el art. 34.1 de la Ley 11/2015, la aplicación de esta fórmula de recapitalización supone una exclusión de las limitaciones estatutarias a: **(i)** el derecho de asistencia a juntas o asambleas generales o del derecho a voto; o **(ii)** la

[64] Del FRN, dice la Ley 11/2015, que se encuentra integrado en el FUR.

adquisición de aportaciones al capital social de cooperativas de crédito[65]; así como de la obligación de presentar oferta pública de adquisición con arreglo a la normativa sobre mercado de valores. Además, en el caso de que se emitan acciones y se acuerde la supresión del derecho de suscripción preferente de los accionistas, o se emitan instrumentos convertibles en acciones ordinarias o aportaciones al capital social, no será necesaria la obtención de informe del auditor de cuentas previsto en el TRLSC (cfr. art. 34.3 de la Ley 11/2015).

65 En estos casos, además, el quórum de asistencia a la asamblea y mayorías necesarias para la adopción de acuerdos se calcularán, y los derechos de voto se atribuirán, en proporción al importe de las aportaciones respecto al capital social de la cooperativa.

CAPÍTULO VII

POTESTADES SANCIONADORAS

1. INTRODUCCIÓN

La potestad sancionadora puede definirse como el poder de la Administración Pública de producir legítimamente efectos jurídicos negativos sobre la esfera jurídica de un particular cuando desarrolla una conducta merecedora de reproche jurídico. De este modo, la potestad sancionadora es una manifestación del *ius puniendi* del Estado que justifica la traslación al ámbito administrativo-sancionador de los principios que rigen en el orden penal[1].

En palabras de Mariano MAGIDE, "*la potestad sancionadora es el instrumento de cierre de la actividad de supervisión, sin la cual ésta podría perder parte de su eficacia*"[2]. La potestad sancionadora se configura de este modo como la *última ratio* de la actividad de supervisión, el último recurso que dispone la Administración para prevenir que el desenvolvimiento de una actividad particular lesione el bien jurídico protegido tutelado por la ordenación del sector o, en su caso, reparar el daño causado[3].

La potestad sancionadora ha sido un instrumento largamente utilizado en la actividad de supervisión prudencial en el ámbito bancario[4]. En el esquema supervisor que

---

1 *Vid.* NIETO MARTÍN, Alejandro, *Derecho administrativo sancionador*, Madrid: Tecnos, 2012, pp. 47-60; y GÓMEZ TOMILLO, Manuel, y SANZ RUBIALES, Íñigo, *Derecho administrativo sancionador: parte general*, Thomson Reuters-Aranzadi: Cizur Menor (Navarra), 2017, pp. 90-112.

2 MAGIDE HERRERO, Mariano, *Límites..., óp. cit.*, p. 335.

3 Los *Principios Básicos para una supervisión eficaz* elaborados por el CSBB refieren, en su Principio 11, la necesidad de que el supervisor cuente no sólo con potestades correctivas, sino también sancionadoras, así como a la conveniencia de que éstas no se limiten a la entidad de crédito, sino de que se extiendan a los directivos de la entidad que hubieran podido estar involucrados en la comisión de la infracción. A este respecto, el criterio 6 de este Principio señala: "*el supervisor impone sanciones no sólo al banco sino también, siempre y cuando sea necesario, a su dirección y/o al Consejo o a las personas que lo componen*" (CSBB, *Principios Básicos para una supervisión bancaria eficaz*, septiembre de 2012, disponibles en: https://www.bis.org/publ/bcbs230_es.pdf –enlace consultado el 9 de febrero de 2020–, p. 38).

4 La primera vez que la normativa reguladora de la actividad administrativa de supervisión bancaria introdujo la potestad sancionadora fue con ocasión de la modificación operada en la LOB de 1921 por el Real Decreto de 25 de mayo de 1926 (y, paralelamente, en el ámbito de las cajas de ahorros, el Real Decreto-ley de 9 de abril de 1926 hizo lo propio). Desde entonces: todas las normas aprobadas en materia prudencial bancaria han incorporado un régimen sancionador: así, los arts. 56 y 57 de la LOB de 1946 y, posteriormente, fruto de la necesidad de adaptar esa norma a las exigencias Constitucionales de legalidad, según había declarado la Sentencia del Tribunal Supremo de 10 de noviembre de 1986 (TOL2.319.526), la LDIEC. No obstante, estas normas residenciaban la potestad sancionadora en la Administración General del Estado, o en ésta de manera compartida con el BdE, pero no otorgaban a éste una autonomía completa en la materia. Como recuerda CHINCHILLA MARTÍN, el régimen contenido en la LDIEC se mantuvo en lo esencial hasta la aprobación del RD-ley 24/2012, aprobado en cumplimiento del Memorando de entendimiento suscrito entre el Reino de España y la Comisión Europea, que atribuye la potestad sancionadora en toda su extensión al BdE (CHINCHILLA MARTÍN, Carmen, "El régimen...", *óp. cit.*, p. 74). Este RD-ley 24/2012, y la posterior

articulan el MUS y el MUR, todas las Administraciones supervisoras, a excepción de la ABE[5], cuentan con potestad sancionadora. Ello no obstante, existen importantes diferencias de régimen jurídico en relación con la potestad sancionadora atribuida a las Administraciones europeas y españolas, por un lado, y con las atribuidas a las propias Administraciones europeas entre sí, por otro lado.

Por un lado, las potestades sancionadoras atribuidas a las Administraciones españolas mediante distintas leyes (la LOSSEC y la Ley 11/2015) se configuran y ejercitan dentro de los límites que la Constitución establece. Las potestades sancionadoras europeas, en cambio, proceden de una cesión de soberanía realizada por los Estados miembro de la UE, de suerte que se sujetan a un doble condicionante: los límites constitucionales propios de éstos (nadie puede dar lo que no tiene, y los Estados miembro no podrían ceder más potestad sancionadora que la que el pueblo soberano ha consentido depositar en sus centros de poder) y aquéllos que los propios Estados crean a la hora de configurar el poder público en la Unión.

Por otro lado, la diferencia de régimen jurídico aplicable a la potestad sancionadora atribuida a las dos Administraciones supervisoras europeas (BCE y JUR) entre sí obedece al distinto fundamento que, en Derecho originario, tiene la atribución de potestades administrativas en favor de una y otra Administración. Así, mientras que la atribución de potestades sancionadoras al BCE encuentra su fundamento en el art. 132.3 del TFUE y 34.3 del ESEBC (que permiten al BCE imponer ciertas sanciones a las empresas que incumplan sus "*reglamentos y decisiones*"), la que se realiza en favor de la JUR deriva de la aplicación de la doctrina de los poderes implícitos[6].

Esta diferencia de estatuto jurídico de ambas Administraciones tiene implicaciones prácticas, como que las normas de Derecho derivado que rigen el ejercicio de las respectivas potestades sancionadoras y complementan la regulación especial contenida en las normas atributivas de estas potestades (el Reglamento 1024/2013 para el BCE y el Reglamento 806/2014 para la JUR) también difieren:

1º. En relación con el BCE, el art. 132.3 del TFUE y 34.3 del ESEBC llaman a un Reglamento del Consejo que delimite el alcance de la potestad sancionadora del BCE, lo que ha tenido lugar el Reglamento 2532/1998. Este Reglamento,

---

Ley 9/2012 en que se transforma, no atribuyen, sin embargo, potestad sancionadora alguna al recién creado FROB. Esta situación se mantendrá hasta la aprobación de la LOSSEC y la Ley 11/2015 y, posteriormente, la implantación del MUS y el MUR.

5 Y ello a pesar de tener facultades, mínimas y excepcionales, para, bajo determinadas circunstancias, imponer efectos jurídicos coactivos sobre las entidades de crédito.

6 En cualquier caso, las normas reguladoras de una y otra prevén que la Administración en cuestión (BCE o la JUR) pueda compeler a las Administraciones nacionales a ejercer las potestades sancionadoras necesarias frente a quienes hubieran cometido una infracción frente a la cual aquéllas carezcan de potestad suficiente.

que en cuanto a la potestad sancionadora en el ámbito de la política monetaria fue complementado por el Reglamento 2157/1999, por lo que a la actividad administrativa de supervisión se refiere se ve complementado por los preceptos relevantes del Reglamento 468/2014[7].

2º. En relación con la JUR, no existe una norma supletoria a la que pueda acudirse en el caso de que se aprecien lagunas en la regulación especial de la potestad sancionadora contenida en el Reglamento 806/2014, de suerte que habrá que acudir a los principios generales del Derecho administrativo europeo o a la integración por analogía para colmarlas[8].

Así las cosas, el examen de las potestades sancionadoras incardinadas en la actividad administrativa de supervisión configurada en el marco del MUS y el MUR requiere un estudio separado de las atribuidas a los centros de poder europeos y las atribuidas a las Administraciones españolas[9]. A ello se dedican, respectivamente, los epígrafes 2 y 3 del presente Capítulo, que examinan cómo las normas jurídicas reguladoras de la potestad sancionadora en cada caso regulan los distintos elementos que la conforman: sujetos pasivos, infracciones, sanciones y procedimiento.

2. POTESTADES SANCIONADORAS ATRIBUIDAS A LAS ADMINISTRACIONES EUROPEAS

2.1 POTESTAD SANCIONADORA ATRIBUIDA AL BCE

2.1.1 Fundamento jurídico y dualidad de regímenes sancionadores

La configuración legal de la potestad sancionadora del BCE se encuentra determinada por la existencia de dos regulaciones separadas según la infracción que se pretenda reprimir con el ejercicio de la potestad sancionadora.

---

7 La reforma operada en el Reglamento 2157/1999 en virtud del Reglamento 469/2014 introdujo en el primero un nuevo art. 1 bis del siguiente tenor: "*el presente reglamento solo será de aplicación a la sanciones que imponga el BCE en el ejercicio de sus funciones de banca central distintas de las funciones de supervisión. No se aplicará, por tanto, a las sanciones administrativas que el BCE imponga en el ejercicio de sus funciones de supervisión*".

8 En relación con este segundo supuesto, cuando se aprecie identidad de razón (por ejemplo, si la infracción compromete los recursos del FUR), parece razonable acudir a las previsiones generales contenidas en el Reglamento 2988/1995 para la protección de los intereses presupuestarios de la UE, a las que se ha hecho referencia en la primera parte de este capítulo.

9 Como hacen, entre otros, DEPRÉS POLO, Mario, *et al.*, *Manual...*, *óp. cit.*, pp. 559-570.

Por un lado, el BCE cuenta con una potestad sancionadora que podríamos calificar de "originaria", en la medida en que aparece reconocida en normas de Derecho originario. Los arts. 132.3 del TFUE y 34.3 del ESEBC establecen, con idéntico tenor literal, que:

> *"Dentro de los límites y en las condiciones adoptados por el Consejo con arreglo al procedimiento establecido en el apartado 4 del artículo 129, el Banco Central Europeo estará autorizado a imponer multas y pagos periódicos de penalización a las empresas que no cumplan con sus obligaciones respecto de los reglamentos y decisiones del mismo".*

Esos "*límites*" y "*condiciones*" establecidos por el Consejo con arreglo al procedimiento legislativo indicado se materializaron en el Reglamento 2532/1998, que conforma el marco jurídico con arreglo al cual el BCE puede imponer "*multas y pagos periódicos de penalización*" a las empresas que incumplan actos jurídicos de la propia institución que produzcan sobre sus esferas jurídicas efectos jurídicos obligatorios[10].

Como se comprueba, las posibilidades que el Derecho originario deja al legislador comunitario para reconocer al BCE una potestad sancionadora con base directa en él son ciertamente reducidas, toda vez que los sujetos pasivos sólo pueden ser empresas; el tipo infractor sólo se corresponde con el incumplimiento de actos emanados del propio BCE con eficacia jurídica directa (y no admite la inobservancia de otras normas de Derecho de la Unión); y, en fin, las sanciones a imponer sólo pueden tener carácter pecuniario. Y ello, a juicio del legislador que configuró la potestad sancionadora en el marco del MUS, generaba un problema importante en cuanto a las posibilidades del BCE de ejercer efectivamente la actividad administrativa de supervisión que, en virtud del Reglamento 1024/2013, le encomendaba[11].

---

10 En el momento en que el Reglamento 2532/1998 se aprobó, las únicas funciones que el BCE tenía encomendadas se referían a las cuestiones de política monetaria en el marco de la Unión Monetaria que estaba a punto de arrancar. En este contexto, dos normas aprobadas de forma simultánea a ese Reglamento (los Reglamentos 2531/1998 y 2533/1998) definieron el alcance material en el cual la potestad sancionadora por incumplimiento de actos del BCE con eficacia vinculante estaba llamada a ser ejercida: conductas relativas a la inobservancia de las normas reguladoras del coeficiente de caja y actuaciones que infringieran las normas en materia de remisión de información estadística. En el primer caso, el art. 7.1 del Reglamento 2531/1998 facultaba al BCE para aplicar sanciones "*cuando una institución incumpla, total o parcialmente, las obligaciones de reservas mínimas impuestas según lo establecido en el presente Reglamento o en reglamentos y decisiones complementarias dictadas por el BCE*", contemplando expresamente la posibilidad de que el BCE dictara actos de obligado cumplimiento cuya infracción diera entonces lugar al ejercicio de esta potestad sancionadora con arreglo al marco jurídico dibujado por el Reglamento 2532/1998. En el segundo caso, el art. 7.1 del Reglamento 2533/1998 atribuía al BCE la posibilidad de imponer sanciones "*a los agentes informadores, sujetos a las exigencias de información, que residan en un Estado miembro participante y que incumplan las obligaciones resultantes de los reglamentos o decisiones del BCE, donde se definen e imponen las exigencias de información estadística del BCE*", con arreglo a lo previsto en el Reglamento 2532/1998 (art. 7.6 del Reglamento 2533/1998).

11 El Considerando (36) del Reglamento 1024/2013 es claro a este respecto: "*a fin de velar por que las entidades de crédito, las sociedades financieras de cartera y las sociedades financieras mixtas de cartera*

Por ese motivo, el marco normativo regulador del MUS supera esa limitación y atribuye al BCE dos modalidades de ejercicio de la potestad sancionadora: una ajustada a los límites contenidos en el Derecho originario para la prevención del incumplimiento de los reglamentos y decisiones del propio BCE (por tanto, fundada en las previsiones relevantes del TFUE y los ESEBC), y otra, fundamentada en la doctrina de los poderes implícitos en cuanto el BCE se comportaría, a efectos de desempeñar la actividad administrativa de supervisión, como una suerte de "Agencia" de la Unión, para sancionar otras infracciones tipificadas en las normas prudenciales[12].

Así se deduce del contenido de los apartados 1 y 7 del art. 18 del Reglamento 1024/2013. Por una parte, el art. 18.1 de esa norma establece que el BCE:

> *"Con el fin de desempeñar las funciones que le atribuye el presente Reglamento, cuando una entidad de crédito, una sociedad financiera de cartera o una sociedad financiera mixta de cartera, deliberadamente o por negligencia, incumpla un requisito establecido en un acto directamente aplicable del Derecho de la Unión, en relación con el cual las autoridades competentes estarán facultadas para imponer sanciones pecuniarias*

---

apliquen las decisiones y normas en materia de supervisión, conviene imponer sanciones efectivas, proporcionadas y disuasorias en caso de incumplimiento. De conformidad con el artículo 132, apartado 3, del TFUE y con el Reglamento (CE) núm. 2532/98 del Consejo, de 23 de noviembre de 1998, sobre las competencias del Banco Central Europeo para imponer sanciones, el BCE puede imponer multas o pagos periódicos coercitivos a las empresas que incumplan las obligaciones que les imponen los reglamentos y decisiones pertinentes del BCE. Por otra parte, para que pueda ejercer con eficacia sus funciones en lo que respecta a la aplicación efectiva de las normas de supervisión establecidas en el Derecho de la Unión directamente aplicable, el BCE debe estar facultado para imponer sanciones pecuniarias a las entidades de crédito, las sociedades financieras de cartera y las sociedades financieras mixtas de cartera que incumplan dichas normas. Las autoridades nacionales deben seguir teniendo la posibilidad de aplicar sanciones en caso de incumplimiento de las obligaciones derivadas de la legislación nacional por la que se transponen directivas de la Unión. Cuando, para el desempeño de sus funciones, el BCE estime oportuna la aplicación de una sanción por incumplimiento, debe poder remitir el asunto a las autoridades nacionales competentes con ese fin". Como explica García Alcorta, la razón de ser de la atribución de potestad sancionadora al BCE en Derecho originario es garantizar su independencia en el ejercicio de sus funciones (*vid.* García Alcorta, José, *El Banco..., óp. cit.*, p. 157). Si, con ocasión de un ensanche de éstas (a las cuestiones específicas en materia de supervisión prudencial que se le atribuyen en el marco del MUS), no se contemplara un aumento de los poderes sancionadores de la institución, la eficacia de su labor podría verse comprometida.

12 La diferencia entre ambos supuestos se hace muy patente en el Considerando (3) del Reglamento 2015/159, que modificó el Reglamento 2532/1998 para adecuarlo a las exigencias del art. 18.7 del Reglamento 1024/2013, y que señala: *"el Reglamento (UE) n.º 1024/2013 asignó al BCE una serie de funciones de supervisión y le facultó para imponer a las entidades de crédito sujetas a su supervisión: a) sanciones pecuniarias administrativas, si dichas entidades incumplen obligaciones establecidas en las disposiciones directamente aplicables del Derecho de la Unión en relación con las cuales las sanciones pecuniarias administrativas se pondrán a disposición de las autoridades competentes con arreglo al Derecho aplicable de la Unión, y b) sanciones, de conformidad con el Reglamento (CE) n.º 2532/98 si incumplen reglamentos o decisiones del BCE, (en adelante denominadas conjuntamente "las sanciones administrativas")".*

administrativas con arreglo al Derecho aplicable de la Unión, el BCE podrá imponer sanciones pecuniarias administrativas de hasta el doble de la cantidad correspondiente a los beneficios obtenidos o las pérdidas evitadas como resultado del incumplimiento, en caso de que puedan determinarse estos, o de hasta el 10% del volumen de negocios total anual, según lo defina el Derecho aplicable, de la persona jurídica en el ejercicio anterior, u otras sanciones pecuniarias contempladas en el Derecho pertinente de la Unión".

Como se comprueba, esta norma limita la potestad sancionadora del BCE que en ella se regula a la imposición de sanciones pecuniarias a entidades de crédito (u otras asimiladas), manteniendo cualquier otro escenario sancionador distinto a éste (por ejemplo, la comisión de infracciones de acuerdo con el derecho interno, pero también la sanción de directivos o administradores de entidades de crédito que hayan incumplido la normativa) en el ámbito de las autoridades nacionales competentes[13].

Por otra parte, el art. 18.7 del Reglamento 1024/2013 expresa:

"Sin perjuicio de lo establecido en los apartados 1 a 6, a efectos del ejercicio de las funciones que le atribuye el presente Reglamento, el BCE podrá imponer sanciones en caso de incumplimiento de sus reglamentos o decisiones, de conformidad con el Reglamento (CE) núm. 2532/1998".

---

[13] El art. 18.5 del Reglamento 1024/2013 señala que: "*en los casos no cubiertos por el apartado 1 del presente artículo y cuando sea necesario para el desempeño de las funciones que le atribuye el presente Reglamento, el BCE podrá exigir a las autoridades nacionales competentes que entablen los procedimientos oportunos con vistas a la adopción de medidas para garantizar que se imponen las sanciones adecuadas de conformidad con los actos a que se refiere el artículo 4, apartado 3, párrafo primero, y con cualquier Derecho nacional pertinente que confiera competencias específicas que el Derecho de la Unión no exige en la actualidad. Las sanciones aplicadas por las autoridades nacionales competentes deberán ser efectivas, proporcionadas y disuasorias. El párrafo primero será aplicable, en particular, a las sanciones pecuniarias que se impongan a las entidades de crédito, a las sociedades financieras de cartera o a las sociedades financieras mixtas de cartera por infringir las disposiciones de Derecho interno que traspongan las directivas pertinentes, y a las sanciones o medidas administrativas que se impongan a los miembros del consejo de administración de una entidad de crédito, una sociedad financiera de cartera o una sociedad financiera mixta de cartera, o a otras personas físicas que, en virtud del Derecho nacional, sean responsables del incumplimiento de una entidad de crédito, una sociedad financiera de cartera o una sociedad financiera mixta de cartera*". A este respecto, *vid.* Esteban Ríos, Javier, *El ejercicio..., óp. cit.*, pp. 519-523; o, del mismo autor, "La imposición de sanciones por parte del banco central europeo y de las autoridades nacionales en el marco del mecanismo único de supervisión: un enrevesado reparto competencial", en Belando Garín, Beatriz, *Potestad Sancionadora y MIFID II*, Cizur Menor (Navarra): Thomson Reuters-Aranzadi, 2019, pp. 152-153. Como explica este autor, en estos casos "*no se produce un desapoderamiento total de la institución. Ante estas situaciones, se advierte como la potestad sancionadora es sustituida por un poder de tipo indirecto, que habilita al BCE para requerir la colaboración de las autoridades nacionales*". Siguiendo al mismo autor, estos casos se traducen fundamentalmente en tres supuestos: aquéllos en los que deban sancionarse personas físicas (expresamente previsto en el inciso final del párrafo segundo del artículo), aquéllos en los que deban aplicarse sanciones no pecuniarias y aquéllos en los que la conducta infractora no se refiera al incumplimiento de una norma de la Unión directamente aplicable respecto de la cual las autoridades competentes cuenten con potestad sancionadora, sino en una norma nacional, de transposición o no (previstos en el inciso inicial del párrafo segundo del precepto).

Esta dualidad de fundamento de la potestad sancionadora atribuida al BCE conduce a la existencia de dos regímenes jurídicos aplicables según aquélla se ejercite con base en una u otra norma. Así, el art. 18.1 sintetiza los elementos normativos básicos que, con arreglo a los principios que informan la potestad sancionadora, permiten su ejercicio en casos determinados (cuando se "*incumpla un requisito establecido en un acto directamente aplicable del Derecho de la Unión, en relación con el cual las autoridades competentes estarán facultadas para imponer sanciones pecuniarias administrativas con arreglo al Derecho aplicable de la Unión*"), mientras que el art. 18.7, se remite en su integridad a las previsiones del Reglamento 2532/1998, que desplazan las previstas para el primer supuesto ("*sin perjuicio de lo establecido en los apartados 1 a 6*").

En esta dirección, el art. 122 del Reglamento 468/2014 recoge una normativa distinta para la aplicación de sanciones con base en cada uno de los dos supuestos:

> *"1. A los efectos de los procedimientos previstos en el artículo 18, apartado 1, del Reglamento del MUS, serán de aplicación las normas de procedimiento contenidas en el presente Reglamento, de conformidad con el artículo 18, apartado 4, del Reglamento del MUS.*
>
> *2. A los efectos de los procedimientos previstos en el artículo 18, apartado 7, del Reglamento del MUS, las normas de procedimiento contenidas en el presente Reglamento complementarán a las establecidas en el Reglamento (CE) no 2532/98 y se aplicarán conforme a lo dispuesto en los artículos 25 y 26 del Reglamento del MUS".*

No obstante lo anterior, esta dicotomía aparentemente querida por el legislador europeo encuentra un punto de disenso en el inciso final del art. 18.4 del Reglamento 1024/2013, con arreglo al cual:

> *"El BCE aplicará el presente artículo de conformidad con los actos a que se refiere el artículo 4, apartado 3, párrafo primero, del presente Reglamento, incluidos los procedimientos que se establecen en el Reglamento (CE) núm. 2532/98, según corresponda".*

Tanto por su redacción como por la ubicación sistemática del precepto, podría parecer que el ejercicio de la potestad sancionadora prevista en el art. 18.1 del Reglamento 1024/2013 debe ejercitarse de acuerdo con el Reglamento 2532/1998 y que, por tanto, la diferencia que resulta de los propios apartados 1 y 7 de ese precepto y del art. 122 del Reglamento 468/2014 no es real. Sin embargo, considero que el inciso "*según corresponda*" permite interpretar esta disposición de manera integrada con esas otras normas, de suerte que el recurso al Reglamento 2532/1998 sólo "*corresponde*" cuando estamos ante incumplimientos de reglamentos y decisiones del BCE, pero no en los supuestos del art. 18.1 del Reglamento 1024/2013, donde, todo lo más, el Reglamento 2532/1998 puede tener un juego supletorio dirigido a colmar las lagunas el Reglamento 468/2014 pueda dejar.

Sea como fuere, las consecuencias de esta discusión no tienen una gran relevancia práctica, en la medida en la que, tras la reforma operada en el Reglamento 2532/1998 por el Reglamento 159/2015, las previsiones de éste en materia de supervisión prudencial bancaria presentan un contenido similar a las del art. 18.1 del Reglamento 1024/2013 y las correspondientes disposiciones de desarrollo del Reglamento 468/2014.

Finalmente, ambas normas emplean incluso términos distintos para referirse a los resultados del ejercicio de una y otra potestad. Así, mientras el art. 18.1 habla de "*sanciones administrativas pecuniarias*", el art. 18.7 se refiere a "*sanciones*" que, con arreglo a lo previsto en el art. 1.5, 6 y 7 del Reglamento 2532/1998, se corresponden con "*multas*" y "*pagos periódicos coercitivos*". Sin perjuicio de que, desde la óptica estrictamente sancionadora, esta última distinción no tiene implicaciones prácticas de calado (se trata, en todo caso, de sanciones pecuniarias, ya se calculen a tanto alzado o por día)[14], debe realizarse en este momento una precisión conceptual.

Los "*pagos periódicos coercitivos*" tienen, en el contexto de la actividad de supervisión prudencial bancaria, un carácter bifronte: pueden ser medidas sancionadoras o medidas de ejecución administrativa forzosa. Como expresamente establece el art. 1.6 del Reglamento 2532/1998, las multas coercitivas pueden imponerse "*en concepto de sanción, o a fin de obligar a las personas que se trate a cumplir reglamentos y decisiones del BCE en materia de supervisión*", y sólo en el primer caso estamos ante auténticas sanciones resultantes del ejercicio de la potestad sancionadora[15].

Así pues, como medidas sancionadoras (esto es, los pagos periódicos coercitivos "*en concepto de sanción*", según palabras del art. 1.6 del Reglamento 2532/1998), consisten en consecuencias punitivas para aquellas conductas que realicen el tipo infractor contenido en el art. 18.7 del Reglamento 1024/2013, esto es, el "*incumplimiento de sus reglamentos o decisiones* [del BCE], *de conformidad con el Reglamento (CE) n.º 2532/98*".

---

14 Y ello a pesar de las discusiones que la cuestión ha suscitado en la doctrina: *vid.*, por ejemplo, D'AMBROSIO, Raffaele, "Due process and safeguards of the persons subjec to SSM supervisory and sanctioning proceedings", *Quaderni di Ricerca Giuridica*, núm. 74 (diciembre 2013), pp. 42-48; o VOORDECKERS, Olivier, y ALLEGREZZA, Silvia, "Investigative and Sanctioning Powers of the ECB in the Framework of the Single Supervisory Mechanism. Mapping the Complexity of a New Enforcement Model", *Eucrim, The European Criminal Law Association's Forum*, núm. 2015/4, pp. 155-157.

15 Esta dualidad ha quedado confirmada tras la reforma operada en los arts. 65 y 66 de CRD por el art. 1.16 de CRD VI, los cuales pasan de regular "sanciones administrativas y otras medidas medidas administrativas" a prever "sanciones administrativas, multas coercitivas y otras medidas administrativas". En particular, el nuevo apartado 3 del art. 65 de CRD manifiesta el carácter puramente ejecutivo de estas multas coercitivas al indicar que "la aplicación de multas coercitivas no impedirá que las autoridades competentes impongan sanciones administrativas u otras medidas administrativas por la misma infracción". Lógicamente, si las multas coercitivas tuvieran naturaleza sancionadora, no podrían aplicarse simultáneamente sanciones por el mismo incumplimiento sin infringir las exigencias más básicas del principio ne bis in idem. En este sentido, el considerando (30) de CRD VI señala: "dado que el objetivo de una multa coercitiva es obligar a una persona física o jurídica a poner fin a una infracción en curso, la imposición de dicha multa no debe excluir la posibilidad de que las autoridades competentes impongan sanciones administrativas ulteriores por la misma infracción".

En cambio, como medidas de ejecución forzosa (esto es, los pagos periódicos coercitivos impuestos "*a fin de obligar a las personas que se trate a cumplir reglamentos y decisiones del BCE en materia de supervisión*", en términos del mismo art. 1.6 del Reglamento 2532/1998), los pagos periódicos coercitivos no tienen carácter sancionador, ya que, tal y como señala el propio BCE, su finalidad "*no es castigar a la persona supervisada afectada*", sino que "*se aplican cuando aún se está infringiendo un reglamento o una decisión del BCE para compelerla a cumplir la obligación impuesta*"[16]. Por tanto, los pagos periódicos coercitivos como medidas de ejecución forzosa carecen de la naturaleza punitiva o represiva propia de la potestad sancionadora[17].

2.1.2 Sujetos pasivos

(A) Sujetos pasivos del ejercicio de la potestad sancionadora de acuerdo con el art. 18.1 del Reglamento 1024/2013

El art. 18.1 del Reglamento 1024/2013 delimita en los siguientes términos quiénes pueden ser sancionados con base en ese precepto: "*una entidad de crédito, una sociedad financiera o una sociedad financiera mixta de cartera*". Esta expresión merece alguna precisión.

Por un lado, a la vista de las entidades que pueden ser sancionadas, parece evidente que debe excluirse del alcance de esta modalidad las personas físicas, toda vez que para poder ejercer como entidad de crédito, sociedad financiera o sociedad financiera mixta

---

16 BCE, *Manual..., óp. cit.*, p. 112. En Derecho español, las multas coercitivas son un medio al alcance de la Administración para lograr la ejecutividad de los actos administrativos (cfr. art. 103 de la LEREJUSP, cuyo apartado 2, de hecho, señala que "*la multa coercitiva es independiente de las sanciones que puedan imponerse con tal carácter y compatible con ellas*". Si la multa coercitiva tuviera carácter sancionador, este precepto estaría amparando un *bis in ídem* prohibido en nuestro ordenamiento).

17 Como consecuencia de la dualidad de naturaleza que pueden presentar las multas coercitivas periódicas existe también una dualidad de regímenes jurídicos aplicables a las multas coercitivas en función de que se trate de multas coercitivas de naturaleza sancionadora o ejecutiva. Por un lado, para las multas coercitivas sancionadoras, previstas, según se ha indicado ya, para reprimir las conductas tipificadas como infracción en el art. 18.7 del Reglamento 1024/2013, los arts. 120-*b)* y 121.2 del Reglamento 468/2014 prevén la aplicación del procedimiento previsto en el Reglamento 2532/1998. Por otro lado, para las multas coercitivas consistentes en medidas de ejecución forzosa y naturaleza no sancionadora, el art. 129.1 del Reglamento 468/2014 regula el procedimiento que les resulta de aplicación específica, el cual, lejos de remitir en bloque al procedimiento contenido en el Reglamento 2532/1998, establece que el BCE "*aplicará las normas del procedimiento del título 2 de la parte III del presente Reglamento*", recurriendo al citado Reglamento 2532/1998 únicamente a efectos de fijar el importe máximo de la multa coercitiva (*ex* artículo 129.3 del Reglamento 468/2014).

de cartera debe revestirse la forma de persona jurídica. Además, el propio art. 18.1 *in fine*, al regular la base de cálculo de la sanción a aplicar, habla de volumen de negocios total anual "*de la persona jurídica*", confirmando, en consecuencia, que sólo entidades de esta clase deben ser sancionadas.

Por otro lado, cabría preguntarse si las entidades señaladas por el art. 18.1 deben corresponderse con entidades significativas, en la medida en que éste es el criterio de atribución de competencias empleado por el propio mecanismo, o el BCE estaría facultado para sancionar sobre esta previsión también a entidades menos significativas que realicen la conducta infractora. Aunque, como refiere ESTEBAN RÍOS[18], la cuestión no es pacífica en la doctrina europea, opino que alcanza a todas las entidades sometidas a supervisión directa del BCE –esto es, como norma general, las entidades significativas, pero también, en ciertos casos previstos en el art. 67 del Reglamento 468/2014, aquéllas no significativas respecto de las cuales el BCE hubiera avocado la supervisión directa–[19]. De lo contrario, las entidades de crédito menos significativas se encontrarían en una suerte de limbo sancionador, toda vez que el BCE no podría sancionarlas, las ANCs habrían sido desprovistas de toda potestad sancionadora sobre ellas y, al no tratarse de entidades "*significativas*" en el sentido literal del término, tampoco estarían cubiertas por el mecanismo previsto en el art. 134 del Reglamento 468/2014 para que el BCE inste a las ANCs la incoación de procedimientos sancionadores no cubiertos por el art. 18.1 del Reglamento 1024/2013.

Así las cosas, los sujetos pasivos de la modalidad de potestad sancionadora regulada en el art. 18.1 del Reglamento 1024/2013 se corresponde con entidades de crédito, sociedades de cartera y sociedades financieras mixtas de cartera sujetas a supervisión directa del BCE

---

18 ESTEBAN RÍOS, Javier, *El ejercicio..., óp. cit.*, pp. 511-512.

19 Ello no obstante, la duda es razonable. El art. 124-*a*) del Reglamento 468/2014 señala que el BCE debe remitir el asunto a la unidad de investigación independiente creada en su seno cuando "*considere que hay motivos para sospechar que una entidad supervisada significativa*" ha incurrido en una infracción tipificada en el art. 18.1 del Reglamento 1024/2013, olvidándose de las menos significativas sujetas a su supervisión directa, mientras que la letra *b)* del mismo artículo se refiere a una "*entidad supervisada*" por lo que a los incumplimientos recogidos en el art. 18.7 se refiere (y aquí se incluyen todas las entidades sometidas al MUS, y no sólo las entidades significativas). En el mismo sentido, el *Manual* elaborado por el BCE sobre el desempeño de las funciones supervisoras que tiene atribuidas señala que "*el BCE puede imponer sanciones pecuniarias a las entidades significativas que incumplan la legislación de la UE directamente aplicable, incluidas las decisiones o los reglamentos del BCE. El BCE puede sancionar también a las entidades menos significativas por el incumplimiento de las decisiones o los reglamentos del BCE que impongan a estas entidades obligaciones frente al BCE*" (BCE, *Manual..., óp. cit.*, p. 113). Finalmente, el art. 134 del Reglamento 468/2014 señala que el BCE debe instar a las ANCs la incoación de expedientes sancionadores frente a "*entidades significativas*" en supuestos no cubiertos por el art. 18.1 del Reglamento 1024/2013, mientras que el art. 135 del Reglamento 468/2014, al examinar el supuesto del art. 18.7 del Reglamento 1024/2013 se refiere a "*todas las sanciones administrativas impuestas a entidades supervisadas menos significativas en relación con el ejercicio de sus funciones de supervisión*".

(B) Sujetos pasivos del ejercicio de la potestad sancionadora de acuerdo con el art. 18.7 del Reglamento 1024/2013

La segunda de las modalidades de potestad sancionadora tiene una regulación diferente en cuanto a los sujetos pasivos frente a los que aquélla puede ejercitarse.

El art. 1 bis del Reglamento 2532/1998, al que expresamente remite el art. 18.7 del Reglamento 1024/2013, según se ha visto, establece que esta norma resulta de aplicación "*a la imposición por el BCE de sanciones a las empresas que incumplan obligaciones derivadas de reglamentos o decisiones del BCE*". Y en su art. 1.3 define empresa como:

> "*Las personas físicas o jurídicas, privadas o públicas, con excepción de las autoridades públicas en el ejercicio de sus poderes públicos, de un Estado miembro participante, sujetas a obligaciones que tengan su origen en los reglamentos y las decisiones del BCE, con inclusión de las delegaciones u otros organismos permanentes situados en un Estado miembro, cuya sede central o razón social registrada está fuera de un Estado miembro participante*".

Este singular régimen normativo encuentra no obstante algunas dificultades de interpretación que deben ser despejadas.

Por un lado, la referencia a "*personas físicas*" que, según se acaba de exponer, contiene el art. 1.3 del Reglamento 2532/1998 plantea la cuestión de si el BCE puede, bajo el supuesto contemplado en el art. 18.7 del Reglamento 1024/2013, sancionar a aquellas personas físicas que desempeñen en una entidad de crédito puestos de administración o dirección y que, de acuerdo con la ordenación prudencial del sector bancario, tienen que cumplir con determinadas obligaciones previstas en garantía de la indemnidad de la estabilidad del sistema financiero. En mi opinión, no creo que esa referencia permita expandir las facultades sancionadoras del BCE en materia prudencial en esa extensión.

La aplicación del Reglamento 2532/1998 a determinados supuestos sancionadores tiene lugar porque así lo reclama expresamente el art. 18.7 del Reglamento 1024/2013. A este respecto:

1º. El Considerando (3) del Reglamento 2015/159, que reformó el Reglamento 2532/1998 para adecuarlo al ejercicio de una potestad sancionadora por incumplimiento de reglamentos o decisiones del BCE en el ámbito de la supervisión prudencial bancaria, ya citado, reconoce explícitamente que fue el Reglamento 1024/2013 el que "*asignó al BCE una serie de funciones de supervisión y le facultó para imponer sanciones sujetas a su supervisión (...) de conformidad con el Reglamento (CE) núm. 2532/1998 si incumplen reglamentos o decisiones del BCE*". Y su Considerando (5) reitera que la reforma del Reglamento 2532/1998 viene motivada porque sus previsiones originales "*no son coherentes con numerosas disposiciones contenidas en el Reglamento (UE) núm. 1024/2013 que guardan relación directa con las competencias atribuidas al BCE para imponer sanciones en caso de infracción de uno de sus reglamentos o decisiones*".

2º. Los arts. 4 bis, 4 ter y 4 quater del Reglamento 2532/1998, introducidos precisamente por la reforma operada por el Reglamento 159/2015, regulan el procedimiento y límites para la imposición de sanciones por incumplimiento de los reglamentos y decisiones del BCE (esto es, con base en el art. 18.7 del Reglamento 1024/2013) refiriéndolos continuamente al "*ejercicio de sus funciones de supervisión*" o al "*ejercicio de sus funciones con arreglo al Reglamento (UE) núm. 1024/2013*". Por tanto, es evidente que las previsiones de aquél deben necesariamente leerse, a los efectos que nos ocupan, a la luz de las normas contenidas en éste.

Por tanto, en el ámbito de la actividad administrativa de supervisión prudencial bancaria, las previsiones del Reglamento 2532/1998 deben interpretarse en relación con los criterios hermenéuticos que ofrece el Reglamento 1024/2013. Pues bien, siendo ello así, el Considerando (53) del Reglamento 1024/2013 es claro al señalar:

> *"No debe interpretarse ninguna disposición del presente Reglamento en el sentido de que habilita al BCE para imponer sanciones a personas físicas o jurídicas que no sean entidades de crédito, sociedades financieras de cartera o sociedades financieras mixtas de cartera, sin perjuicio de la competencia del BCE para exigir a las autoridades nacionales competentes que actúen con objeto de garantizar que se imponen las sanciones adecuadas".*

Es decir, la regulación de la actividad administrativa de supervisión prudencial bancaria que configura el Reglamento 1024/2013 no pretende que las Administraciones europeas puedan ejercer la potestad sancionadora frente a sujetos pasivos distintos de entidades de crédito, sociedades financieras de artera o sociedades financieras mixtas de cartera, tampoco con arreglo al art. 18.7 de esa norma. "*No debe interpretarse ninguna disposición*" en otro sentido, dice, literalmente, ese Considerando.

Por tanto, no parece razonable entender que el supuesto del art. 18.7 del Reglamento 1024/2013 resulta extensible a directivos y administradores de las entidades de crédito. Si se diera el caso de que estos sujetos deban ser sancionados, el propio Reglamento ya prevé una válvula de escape para el BCE, como es la posibilidad de reclamar de las autoridades nacionales competentes la incoación de los correspondientes expedientes sancionadores (cfr. art. 18.5).

Por otro lado, la modalidad de potestad sancionadora configurada por el art. 18.7 del Reglamento 1024/2013 puede ejercitarse frente a entidades menos significativas. Así lo reconoce expresamente el art. 122 del Reglamento 468/2014 cuando indica:

> *"El BCE impondrá sanciones administrativas, según se definen en el artículo 120, letra* b), *en caso de incumplimiento de las obligaciones establecidas en sus reglamentos o decisiones:*
>
> *a) a las entidades supervisadas significativas, o*
>
> *b) a las entidades supervisadas menos significativas en aquellos casos en que los reglamentos o decisiones pertinentes del BCE impongan a dichas entidades obligaciones frente al BCE"*[20].

---

[20] El tantas veces citado *Manual* lo señala también expresamente: "*el BCE pude sancionar también a las entidades menos significativas por el incumplimiento de las decisiones o los reglamentos del BCE que impongan a estas entidades obligaciones frente al BCE*" BCE, *Manual...*, *óp. cit.*, p. 113).

Aunque dado que la supervisión de las entidades menos significativas corresponde en principio a las autoridades nacionales competentes, existe algún ejemplo de decisión del BCE dirigida a éstas cuyo incumplimiento podría desencadenar el ejercicio de la potestad sancionadora, como la decisión por la que se liquidan la tasa de supervisión[21]. A éste habría que añadir, claro está, las decisiones que el BCE pueda tomar sobre las entidades menos significativas cuya supervisión directa se avoque con arreglo al art. 67 del Reglamento 468/2014.

2.1.3 Infracciones

(A) Tipo infractor del art. 18.1 del Reglamento 1024/2013

El art. 18.1 del Reglamento 1024/2013 define el tipo infractor en los siguientes términos:

> *"Con el fin de desempeñar las funciones que le atribuye el presente Reglamento, cuando una entidad de crédito, una sociedad financiera de cartera o una sociedad mixta de cartera, deliberadamente o por negligencia, incumpla un requisito establecido en un acto directamente aplicable del Derecho de la Unión, en relación con el cual las autoridades competentes estarán facultadas para imponer sanciones pecuniarias administrativas con arreglo al Derecho aplicable de la Unión (...)".*

A pesar de que, en una primera lectura, podría pensarse que se trata de un tipo que difícilmente satisface las exigencias propias de los principios de legalidad y tipicidad, un análisis minucioso de los distintos elementos que lo integran permiten concluir con la adecuación a esos principios. Tres son los elementos del tipo relevantes a estos efectos:

(i) Debe producirse un incumplimiento de un requisito establecido en un acto directamente aplicable del Derecho de la UE, esto es, en un Reglamento o una Decisión de carácter normativo. Es decir, debe preexistir un mandato específico impuesto directamente a los sujetos pasivos de esta potestad en virtud de una norma jurídica de la UE directamente aplicable, sin necesidad de transposición.

(ii) Para que pueda considerarse infracción, debe tratarse además de un mandato relacionado con "*las funciones que le atribuye* [al BCE] *el presente Reglamento*", esto es, las funciones enumeradas en el art. 4.1 del Reglamento 1024/2013 que

---

21 Así, Esteban Ríos, Javier, *El ejercicio..., óp. cit.*, p. 518. El autor recuerda con acierto que también pueden existir reglamentos y decisiones del BCE que impongan obligaciones a las entidades no frente al propio BCE, sino frente a las autoridades nacionales competentes (así, el Reglamento 534/2015 en materia de obligaciones de información), casos en los cuales la competencia sancionadora continuará residenciada en aquéllas (*ib. ídem*, pp. 517-518).

se incardinan en la actividad de supervisión prudencial bancaria desarrollada en garantía de las normas que ordenan el sector del crédito con el fin de asegurar la indemnidad de la estabilidad del sector financiero en la Unión (es decir, CRR y los Reglamentos de ejecución o delegados dictados en aplicación de sus previsiones o de las contenidas en CRD IV).

(iii) Y, en todo caso, para que la entidad realice el tipo infractor resulta necesario que "*las autoridades competentes est*[én] *facultadas para imponer sanciones pecuniarias con arreglo al Derecho aplicable de la Unión*" por la realización de la conducta, lo que finalmente reconduce la cuestión a aquellos incumplimientos de mandatos contenidos en Reglamentos que aparezcan tipificados como tales en las normas europeas relevantes que, a estos efectos, se corresponden con CRD IV[22]. Esta norma contiene un catálogo de infracciones en sus arts. 66 y 67, si bien únicamente en este último se tipifican infracciones por el incumplimiento de mandatos contenidos en CRR.

A la vista de lo expuesto, las infracciones respecto de las cuales el BCE tiene competencia directa con arreglo al art. 18.1 del Reglamento se corresponden con los siguientes supuestos:

(i) Cuando una entidad no transmita información o transmita información incompleta o inexacta sobre el cumplimiento de la obligación de mantener fondos propios establecida en el artículo 92 de CRR a las autoridades competentes, incumpliendo con ello su artículo 99, apartado 1 (art. 67.1-*e)* de CRD IV).

(ii) Cuando una entidad no comunique a las autoridades competentes los datos mencionados en el artículo 101 de CRR, o les facilite formación incompleta o inexacta al respecto (art. 67.1-*f)* de CRD IV).

(iii) Cuando una entidad no comunique a las autoridades competentes, incumpliendo con ello el artículo 394, apartado 1, de CRR, información sobre una gran riesgo, o les facilite información incompleta o inexacta al respecto (art. 67.1-*g)* de CRD IV).

(iv) Cuando una entidad no comunique a las autoridades competentes, incumpliendo con ello el artículo 415, apartados 1 y 2, de CRR, la información sobre liquidez, o les facilite información incompleta o inexacta al respecto (art. 67.1-*h)* de CRD IV).

---

22 Ello guarda consistencia con la necesidad de que una infracción administrativa se corresponda con una conducta que presente una mínima densidad antijurídica. No cualquier infracción normativa puede ser considerada automáticamente como una infracción, sino aquéllas a las que las normas aplicables les atribuyen relevancia antijurídica.

(v) Cuando una entidad no comunique a las autoridades competentes, incumpliendo con ello el artículo 430, apartado 1, de CRR, la información sobre el ratio de apalancamiento, o les facilite información incompleta o inexacta al respecto (art. 67.1-*i)* de CRD IV).

(vi) Cuando una entidad incumpla de manera reiterada o continuada la obligación de mantener activos líquidos, incumpliendo con ello el artículo 412 de CRR (art. 67.1-*j)* de CRD IV).

(vii) Cuando una entidad asuma una exposición que exceda de los límites que establece el artículo 395 de CRR (art. 67.1-*k)* de CRD IV).

(viii) Cuando una entidad esté expuesta al riesgo de crédito de una posición de titulización sin satisfacer las condiciones establecidas en el artículo 405 de CRR (art. 67.1-*l)* de CRD IV).

(ix) Cuando una entidad no haga pública la información exigida, incumpliendo con ello el artículo 431, apartados 1, 2 y 3, o el artículo 451, apartado 1, de CRR, o la facilite de forma incompleta o inexacta (art. 67.1-*m)* de CRD IV).

(x) Cuando una entidad efectúe pagos a titulares de los instrumentos incluidos en los fondos propios de la entidad en supuestos en que los artículos 28, 52 o 63 del CRR prohíben tales pagos a titulares de instrumentos incluidos en los fondos propios (art. 67.1-*n)* de CRD IV).

(xi) Cuando una entidad matriz, una sociedad financiera de cartera matriz o una sociedad financiera mixta de cartera matriz no hayan hecho lo necesario para garantizar el cumplimiento de los requisitos prudenciales recogidos en las partes tercera, cuarta, sexta o séptima de CRR (art. 67.1-*q)* de CRD IV)[23].

Como se comprueba, por tanto, aun cuando algunos supuestos se definen sobre la base de conceptos jurídicos indeterminados[24] o de normas sancionadoras en blanco[25], es evidente que, frente a lo que podía parecer de una primera lectura, los supuestos en los cuales el BCE puede ejercitar su potestad sancionadora con arreglo al art. 18.1 del Reglamento 1024/2013 se encuentran tasados y limitados. En todos los casos que no sean subsumibles en esos supuestos, el BCE deberá instar de las autoridades nacionales

---

23 Esta última previsión fue introducida por la reforma operada por la CRD V.

24 El último es el mejor ejemplo cuando se refiere a que las entidades no hayan hecho "*lo necesario*" para garantizar el cumplimiento de determinados requisitos prudenciales.

25 Sobre este fenómeno, que presenta más aristas en relación con la otra manifestación de la potestad sancionadora del BCE, así como con la que las normas españolas atribuyen a las Administraciones españolas, me detendré en detalle más adelante.

competentes la sustanciación del correspondiente expediente sancionador con arreglo a lo previsto en el art. 18.5 del mismo Reglamento.

Por último, resulta necesario remarcar que el art. 18.1 del Reglamento 1024/2013 contiene el criterio de imputación subjetiva de la conducta[26], de suerte que resulta necesario que concurra alguna traza de dolo o culpa en la conducta infractora para que la entidad autora pueda ser sancionada con base en este precepto. De este modo, se encuentra prohibida la responsabilidad objetiva por la sola realización de la acción tipificada como infracción.

Las infracciones cometidas de acuerdo con el art. 18.1 del Reglamento prescriben a los cinco años, contados desde la fecha en que se cometa la infracción o, en el caso de infracciones continuadas, desde la fecha en que cese ésta (cfr. art. 130.1 del Reglamento 468/2014). La prescripción se interrumpirá ante cualquier acción que emprenda el BCE en relación con la investigación o la sustanciación del procedimiento sancionador o mientras el asunto se encuentre pendiente de revisión ante el CAR o por el Tribunal de Justicia de la UE (cfr. art. 130.2 y 4 del Reglamento 468/2014) y, no obstante, caducará una vez transcurrido un periodo igual al doble de la duración, plazo de caducidad que podrá ampliarse por el tiempo que dure la interrupción del plazo de prescripción en caso de litispendencia penal sobre los mismos hechos (cfr. art. 130.3 y 5 del Reglamento 468/2014)[27].

(B) Tipo infractor del art. 18.7 del Reglamento 1024/2013

En el caso de la modalidad de potestad sancionadora regulada en el art. 18.7 del Reglamento 1024/2013, ni este precepto ni las normas contenidas en el Reglamento 2532/1998 contienen supuestos tasados de los casos en los que el incumplimiento de reglamentos y decisiones del BCE pueden dar lugar al ejercicio de la potestad sancionadora por el BCE. Según se ha expuesto ya, el art. 1 bis.1 del Reglamento 2532/1998 simplemente se refiere a "*las empresas que incumplan obligaciones derivadas de reglamentos o decisiones del BCE*", a lo que su apartado 2 matiza que debe tratarse de reglamentos y decisiones dictados "*en el ejercicio de sus funciones de supervisión*".

Como apunta parte de la doctrina, la configuración de esta modalidad de la potestad sancionadora presenta problemas desde la óptica del principio de tipicidad o de legalidad[28], en la medida en la que la concreción de las específicas conductas constitutivas

---

26 Sobre la tipificación subjetiva de infracciones administrativas, *vid.* Gómez Tomillo, Manuel, y Sanz Rubiales, Íñigo, *Derecho..., óp. cit.*, pp. 355-417

27 La caducidad del plazo de prescripción no debe confundirse con la caducidad del procedimiento sancionador, cuestión ésta, como de indicara más adelante, no regulada en el Derecho europeo.

28 Así, García Alcorta, José, *El Banco..., óp. cit.*, p. 160.

de infracción se deja a actos del BCE que son de carácter infralegal[29]. Ello genera un importante problema de seguridad jurídica que, en fin, reduce la eficacia de la función preventiva de la potestad sancionadora, esencial en el ámbito de la actividad administrativa de supervisión[30].

En realidad, esta situación se corresponde con lo que nuestra doctrina tradicional ha denominado "normas sancionadoras incompletas" o, más concretamente, "normas sancionadoras en blanco", que requieren del concurso de otras normas o, incluso, de actos administrativos para poder conocer cuál es el sentido último de la previsión. A este respecto, cabe indicar que, en Derecho europeo, no existe una doctrina jurisprudencial como la que, según se referirá más adelante, existe en España, que establezca las condiciones bajo las cuales resulta admisible el empleo de esta técnica de tipificación de sanciones[31].

Por otro lado, a diferencia del supuesto infractor anterior, en el presente caso ni el art. 18.7 del Reglamento 1024/2013 ni el Reglamento 2532/1998 realizan una tipificación subjetiva de la conducta, de suerte que, al menos sobre el papel, en estos casos existiría la posibilidad de que se dedujera responsabilidad administrativa por la sola realización del tipo, esto es, de que exista una responsabilidad objetiva. No obstante lo anterior, cabría razonablemente entender que el art. 18.7 del Reglamento 1024/2013

---

29 En este sentido, Bueno Armijo, Antonio, "El (imperfecto) sistema de garantías del derecho administrativo sancionador de la Unión Europea. A propósito de la potestad sancionadora del Banco Central Europeo", *RDUE*, núm. 23 (julio-septiembre 2012), pp. 150-151. Este autor advierte de que "*no existe seguridad jurídica alguna sobre qué conductas pueden ser constitutivas de infracción y cuáles no, dejando su determinación a un momento posterior a su realización y la competencia sobre dicha determinación al BCE. La consecuencia necesaria es la vulneración del principio de legalidad sancionadora. Es decir, la imposibilidad de que las empresas puedan conocer qué actuaciones son constitutivas de infracción y, consecuentemente, adaptar a ellas su comportamiento*" (*ib. ídem*, p. 151).

30 Esta situación debería haberse corregido con ocasión de la reforma operada en el Reglamento 2532/1998 por el Reglamento 159/2015 a fin de adaptar el primero a las previsiones reguladoras del MUS. Y ello por cuanto el texto original del Reglamento 2532/1998 fue aprobado junto con otros dos Reglamentos que regulaban el alcance material de las funciones del BCE en los dos ámbitos a los que, por entonces, podía extenderse el ejercicio de la potestad sancionadora (el mantenimiento del coeficiente de caja y las obligaciones de remisión de información estadística). Integrando el tipo infractor con las previsiones contenidas en ellos, podía alcanzarse de forma relativamente segura una definición más precisa de las conductas que podían resultar constitutivas de infracción.

31 *Vid.*, entre otros, Gómez Tomillo, Manuel, y Sanz Rubiales, Íñigo, *Derecho..., óp. cit.*, pp. 148-157; o González Tobarra, Pedro, y Rodríguez Carbajo, José Ramón, "El principio de legalidad: los principios de reserva de ley, irretroactividad y tipicidad", en Abogacía General del Estado. Dirección del Servicio Jurídico del Estado, *Manual de Derecho administrativo sancionador, T. I. Parte General*, Cizur Menor (Navarra): Aranzadi, 2009, pp. 116-123. Sobre esta cuestión se abundará más adelante a la hora de examinar esta forma de tipificación de las infracciones administrativas en materia prudencial bancaria por las normas españolas.

merece ser objeto de una interpretación sistemática con los demás apartados de ese precepto, y concluir que la derivación de responsabilidad administrativa para las entidades de crédito sujetas a esa norma debe tener lugar cuando la conducta haya tenido lugar "*deliberadamente o por negligencia*".

Las infracciones cometidas con arreglo al art. 18.7 del Reglamento 1024/2013 prescribirán a los cinco años desde la fecha de su comisión o su cesación, si ésta fuera continuada (cfr. art. 4 quater.1 del Reglamento 2532/1998). El plazo de prescripción se interrumpirá por las mismas razones ya expuestas para los casos de infracciones cometidas con arreglo al art. 18.1 del Reglamento 1024/2013 (cfr. art. 4 quater.2 y 3 del Reglamento 2532/1998), y el plazo no obstante caducará en las mismos casos, sin que parezca que en el caso de estas infracciones pueda ampliarse el plazo de caducidad en caso de litispendencia penal (cfr. art. 4 quater.2 del Reglamento 2532/1998).

2.1.4 Sanciones

(A) Noción de sanción en el ámbito del MUS

Con carácter previo al examen de la concreta regulación existente en cada caso, resulta necesario detenerse en el concepto de sanción que configura la normativa reguladora del MUS.

Siguiendo a Huergo Lora, entiendo por sanción aquel mal que la Administración puede infligir a un particular como consecuencia de una conducta ilegal que, además, tiene por finalidad exclusiva la de causar ese mal[32]. Ello permite distinguir las sanciones de otras medidas que, infligiendo también un mal a un particular, tienen una finalidad distinta de la meramente punitiva.

El art. 18 del Reglamento 1024/2013 lleva por rúbrica "*sanciones administrativas*". El art. 120 del Reglamento 1024/2013 desarrolla el concepto atendiendo a la configuración bipartita de la potestad sancionadora del BCE en los siguientes términos:

> *"A los efectos de la presente parte, se entenderá por «sanciones administrativas» lo siguiente:*
>
> *a) las sanciones pecuniarias administrativas establecidas e impuestas con arreglo al artículo 18, apartado 1 del Reglamento del MUS;*

---

[32] *Vid.* Huergo Lora, Alejandro, *Las sanciones administrativas*, Madrid: Iustel, 2007, pp. 203-208. El concepto parte de la tradicional definición propuesta por los profesores García de Enterría y Fernández Rodríguez, que contemplaba solamente las dos primeras notas definitorias según ha sido ahormada finalmente por nuestro Tribunal Constitucional, que ha puesto de relieve la importancia del último inciso.

b) las multas y multas coercitivas establecidas en el artículo 2 del Reglamento (CE) núm. 2532/98 e impuestas con arreglo al artículo 18, apartado 7, del Reglamento del MUS".

Esta definición resulta insatisfactoria, toda vez que encuadra bajo el término sanción instituciones de naturaleza diversa, y lo hace además de una forma inconsistente. Así, junto con las sanciones propiamente dichas que el BCE puede imponer por la realización de alguna de las conductas tipificadas como infracción en los apartados 1 y 7 del art. 18 del Reglamento 1024/2013 (bajo las dos denominaciones ya indicadas), incluye también la posibilidad que el Reglamento 2532/1998 le confiere de aplicar "*multas coercitivas*" por el incumplimiento de sus propios reglamentos y decisiones al tiempo que deja fuera la aplicación de esas mismas multas de acuerdo con lo previsto en el art. 129 del Reglamento 468/2014[33].

Según expuse más arriba, la referencia a "*multas y multas coercitivas*" debe ponerse en relación con el art. 1.7 del Reglamento 2532/1998, con arreglo al cual son sanciones "*las multas y los pagos periódicos coercitivos*", correspondiéndose las primeras con "*la cantidad unitaria de dinero que está obligada a pagar una empresa en concepto de sanción*" (art. 1.5) y los segundos con "*la cantidad de dinero que debe pagar una empresa, en caso de infracción continuada, en concepto de sanción, o a fin de obligar a las personas de que se trate a cumplir los reglamentos y decisiones del BCE en materia de supervisión*".(art. 1.6). Así pues, no todas las multas coercitivas tienen naturaleza sancionadora, sino sólo aquéllas que se imponen "*en caso de infracción continuada, en concepto de sanción*". Las multas coercitivas dirigidas a "*obligar a las personas de que se trate a cumplir los reglamentos y decisiones del BCE en materia de supervisión*" son medidas de ejecución forzosa de naturaleza no sancionadora que, por tanto, quedan fuera del análisis que a continuación se incluye en relación con las sanciones resultado del ejercicio de la potestad sancionadora.

Por otro lado, la diferente terminología empleada por las normas relevantes para designar a las sanciones (sanciones pecuniarias administrativas y multas) no pasa de ser una cuestión meramente terminológica que no tiene ninguna implicación práctica a efectos de este estudio.

---

33 La aplicación de multas con arreglo a este precepto debe hacerse de acuerdo con los principios de procedimiento establecidos en el art. 22 del Reglamento 1024/2013 y en el propio Reglamento 468/2014 (cfr. art. 129.1 del Reglamento 468/2014), desplazando por tanto a las previsiones contenidas en el Reglamento 2532/1998 que deberían aplicar en primer término si se tratara de la imposición de las multas coercitivas en él contempladas. A esta última norma sólo se remite el art. 129.3 del Reglamento 468/2014 en cuanto a los límites máximos de las multas coercitivas que pueden imponerse. Para mayor detalle, me remito a la explicación dada mas arriba a este respecto.

(B) Sanciones por infracciones contempladas en el art. 18.1 del Reglamento 1024/2013

El art. 18.1 del Reglamento 1024/2013 regula las sanciones que pueden imponerse en los siguientes términos:

> *"(...) el BCE podrá imponer sanciones pecuniarias administrativas de hasta el doble de la cantidad correspondiente a los beneficios obtenidos o las pérdidas evitadas como resultado del incumplimiento, en caso de que puedan determinarse estos, o de hasta el 10% del volumen de negocios total anual, según lo defina el Derecho aplicable de la Unión, de la persona jurídica en el ejercicio anterior, u otras sanciones pecuniarias contempladas en el Derecho pertinente de la Unión".*

Varias consideraciones deben realizarse a la luz de esta norma. En primer lugar, el BCE sólo está facultado para imponer sanciones pecuniarias como consecuencia de las infracciones cometidas con arreglo al art. 18.1 del Reglamento 1024/2013, ya estén éstas cuantificadas según en el propio precepto se indica o en otras normas europeas. Ello supone que, cuando el BCE estime necesario aplicar otra clase de sanciones, debe acudir al recurso previsto en el art. 18.5 del Reglamento 1024/2013 e instar a las autoridades nacionales competentes la sustanciación del correspondiente procedimiento.

En segundo lugar, la norma establece dos bases alternativas para el cálculo de la sanción que guardan entre sí una relación de subsidiariedad. Así, con carácter preferente la sanción deberá calcularse sobre la base de los beneficios ilícitos obtenidos o las pérdidas evitadas mediante la comisión de la infracción, si fuera posible cuantificar éstos, y podrá, en función de las circunstancias, alcanzar el doble de esa cantidad.

Si ello no fuera posible, la sanción se calculará como hasta un 10% del volumen de negocios total anual de la entidad; volumen que, en el caso de que la persona jurídica infractora sea una filial de una empresa matriz, se corresponderá con el que reflejen las cuentas consolidadas de la empresa matriz (cfr. art. 18.2 del Reglamento 1024/2013). De acuerdo con lo previsto en el art. 128 del Reglamento 468/2014, el volumen de negocios total anual se calculará con arreglo al art. 67 de CRD IV, esto es, "*incluidos los ingresos brutos procedentes de intereses a percibir e ingresos asimilados, los rendimientos de acciones y otros valores de renta fija o variable, y las comisiones o corretajes a cobrar, de conformidad con el artículo 316 del Reglamento (UE) nº 575/2013, que haya realizado la empresa en el ejercicio anterior*" (art. 67.2-*e)* de CRD IV)[34].

---

[34] El precepto de CRR citado por la norma contiene el indicador relevante a efectos de emplear el método del indicador básico en el cálculo de los requisitos de fondos propios por riesgo operativo, donde se enumeran los elementos a considerar en el cálculo: intereses a percibir e ingresos asimilados, intereses a pagar y cargas asimiladas, rendimientos de acciones y otros valores de renta fija o variable, comisiones y corretajes a cobrar, comisiones y corretajes a pagar, resultados de operaciones financieras netos y otros ingresos de explotación.

Ahora bien, tales cuantías representan la sanción máxima a aplicar a las entidades eventualmente infractoras, lo que en modo alguno significa que deban proceder ante cualquier infracción. Antes al contrario, el art. 18.3 establece que "*las sanciones deberán ser efectivas, proporcionadas y disuasorias*", admitiendo en consecuencia la relevancia que debe jugar el principio de proporcionalidad a la hora de determinar una sanción que se corresponda con la gravedad de la infracción cometida.

Ni el Reglamento 1024/2013 ni el Reglamento 468/2014 contienen, sin embargo, criterios de graduación de la sanción que aporten seguridad jurídica a su cálculo, lo que supone una minoración de las garantías de los particulares frente al ejercicio de la potestad sancionadora. Ante esta situación, caben dos alternativas para integrar las lagunas[35].

Por un lado, tanto el segundo inciso del art. 18.3 como el apartado 4 de ese precepto remiten a los actos referidos en el art. 4.3 del Reglamento 1024/2013 como elementos a tener en cuenta a la hora de determinar cuál debe ser la sanción a imponer. Estos actos se corresponden con "*toda la legislación aplicable*", esto es, tanto las normas directamente aplicables del Derecho de la Unión como, cuando se trate de directivas, las normas nacionales dictadas en su transposición. Estas previsiones, en mi opinión, pueden permitir al BCE acudir a los criterios de graduación de las sanciones contenidos en el art. 103 de la LOSSEC (a los que me referiré con detalle en el epígrafe siguiente), en cuanto transponen los contenidos a esos mismos efectos en el art. 70 de la CRD IV[36].

Por otro lado, según se apuntó, el art. 18.4 también contiene una referencia expresa a la aplicación supletoria del Reglamento 2532/1998 en la aplicación de sanciones con base en el art. 18.1 del Reglamento 1024/2013, papel que no obstante no recoge el art. 121.1 del Reglamento 468/2014 al regular su relación con aquel Reglamento. En mi opinión, sobre esta premisa podría acudirse a los criterios de cuantificación de la sanción contenidos en el art. 2.3 del Reglamento 2532/1998 para dotar de seguridad jurídica a la aplicación de sanciones[37].

A falta de normas al respecto, la elección entre una u otra alternativa debe asentarse en principios generales. Sea cual sea la solución por la que finalmente se opte, lo que es

---

35 La necesidad de estos criterios resulta indiscutible. Como recuerda ESTEBAN RÍOS, no sólo es que la doctrina europea así lo haya manifestado con rotundidad, sino que el Tribunal de Justicia de la UE ha anulado algunas resoluciones sancionadoras del BCE por no haberse justificado adecuadamente la cuantificación de la sanción (*vid.* Sentencias de 8 de julio de 2020 –asuntos T-576/18, T-577/18 y -578/18, separados–) (*vid.* ESTEBAN RÍOS, Javier, *El ejercicio..., óp. cit.*, pp. 549-550).

36 Más discutible es, no obstante, sí podrían aplicarse criterios de cuantificación introducidos *ex novo* por la norma nacional; en mi opinión, este último planteamiento debe rechazarse.

37 Esta opción parece preferir D'AMBROSIO, Raffaele, *Due process..., óp. cit.*, p. 48.

evidente es que el resultado deberá ser proporcionado, en el sentido de adecuado, necesario y proporcionado *stricto sensu*, a la gravedad de la conducta infractora.

Las sanciones prescriben a los cinco años desde que la decisión sancionadora fue adoptada (cfr. art. 131.1 del Reglamento 468/2014). El plazo de prescripción se interrumpirá con ocasión de cualquier acto del BCE destinado a ejecutar el pago o las condiciones de pago previstas en la sanción, durante el plazo otorgado para el pago o, en fin, durante el periodo en el que se suspenda la ejecución del pago con arreglo a una decisión al efecto del Consejo de Gobierno del BCE o del Tribunal de Justicia de la UE (cfr. art. 131.2 y 4)

(C) Sanciones por infracciones contempladas en el art. 18.7 del Reglamento 1024/2013

La base para el cálculo de las sanciones en el caso de infracciones cometidas con arreglo al art. 18.7 del Reglamento 1024/2013 aparece regulada en el art. 4 bis.1 del Reglamento 2532/1998 en términos idénticos a los ya expuestos en el caso anterior, incluyendo las previsiones relativas a la comisión de infracciones por entidades dependientes de una empresa matriz[38]. Así pues, la sanción en estos casos será del doble del beneficio ilícito o las pérdidas evitadas o, si éstos no pudieran determinarse, del 10% del volumen de negocios anual total de la entidad. Únicamente varía la definición del volumen de negocios anual, dado que introduce una cláusula residual para los casos en los cuales no se dispusiera del dato, en el cual habrá que estar a lo que "*conste en las cuentas financieras anuales más recientes de la persona de que se trate*" (art. 4 bis.2-*a)* del Reglamento 2532/1998).

Por lo que al cálculo de la sanción se refiere, el art. 2.2 del Reglamento 2532/1998 reconoce expresamente el juego del principio de proporcionalidad, y su art. 2.3 establece los siguientes criterios de graduación de la infracción: buena fe y transparencia de la empresa en la interpretación y aplicación de la obligación incumplida; grado de diligencia y cooperación demostrado por la empresa o, por otra parte, cualquier prueba de engaño intencionado por parte de los empleados de la empresa; la gravedad de la infracción; la repetición, frecuencia, o duración de la infracción por parte de la empresa; los beneficios obtenidos por la empresa, en razón de la infracción; la dimensión económica de la empresa; y las eventuales sanciones impuestas con anterioridad por los mismos hechos.

---

[38] Esta previsión fue objeto de reforma para adaptar las sanciones que el BCE impusiera en el ejercicio de las funciones de supervisión a las previsiones del Reglamento 1024/2013. Las sanciones previstas con anterioridad, que continúan vigentes para los incumplimientos en materia de política monetaria, eran considerablemente inferiores, toda vez que contaban con un límite superior de hasta 500.000 euros (cfr. art. 2.1-*a)* del Reglamento 2532/1998).

Por último, el art. 2.4 del Reglamento 2532/1998 recuerda que la imposición de una sanción no enerva la obligación de la empresa de cumplir con la obligación cuya inobservancia ha causado la imposición de la sanción, salvo que la decisión sancionadora expresamente señale lo contrario.

En otro orden de cosas, el art. 4 bis.1-*b)* del Reglamento 2352/1998 establece, respecto de las multas coercitivas que, según se ha visto ya, se apliquen en calidad de sanción, que su importe será como máximo el 5% del volumen de negocios medio diario por cada día de infracción, entendiendo por tal el mismo volumen de negocio anual definido *ut supra* dividido por 365 (cfr. art. 4 bis.2-*b)* del Reglamento 2532/1998). Aquel precepto también establece que estas multas coercitivas no pueden tener una duración superior a seis meses, computados desde la fecha estipulada en la decisión en la que se impongan.

Finalmente, de acuerdo con el art. 4 quater.4 del Reglamento 2532/1998, las sanciones impuestas por infracciones contempladas en el art. 18.7 del Reglamento 1024/2013 prescribirán a los cinco años desde la adopción de la decisión, plazo que se interrumpirá por cualquier acto del BCE tendente a la ejecución del pago o de condiciones de pago, y su cómputo se suspenderá –no ya interrumpirá como, sin embargo, sí contempla el art. 131 del Reglamento 468/2014 para el otro supuesto; parece que se trata de un error de transcripción, porque de lo contrario el plazo tendría una doble naturaleza como de prescripción o de caducidad, según los supuestos que le afecten– hasta el transcurso del plazo de pago o si así se acuerda por el Consejo de Gobierno del BCE o el Tribunal de Justicia de la UE (cfr. art. 4 quater.5).

2.1.5 Procedimiento

(A) Procedimiento para el ejercicio de la potestad sancionadora con arreglo al art. 18.1 del Reglamento 1024/2013

El procedimiento administrativo sancionador se desenvuelve sobre el principio de separación entre la fase de instrucción y resolución. A tal efecto, el BCE dispone de una unidad de investigación independiente formada por investigadores designados por el BCE que no habrán participado en la supervisión directa o indirecta, o en la autorización, de la entidad de que se trate, y que desempeñarán sus funciones en cuanto tales con independencia (cfr. art. 123 del Reglamento 46/2014).

De este modo, tan pronto como el BCE tenga noticias de la posible comisión de alguna de las infracciones tipificadas en el art. 18.1 del Reglamento 1024/2013, deberá remitir el asunto a la unidad de investigación (cfr. art. 124-*a)* del Reglamento 468/2014), la cual podrá ejercitar las potestades inspectoras que tiene atribuidas el

BCE (cfr. art. 125.1 del Reglamento 468/2014)[39]. Igualmente, se pondrá a disposición de la unidad de investigación toda la documentación que obre en poder del BCE o de las autoridades nacionales competentes en relación con la supuesta infracción (cfr. art. 125.3 del Reglamento 468/2014).

Finalizada la investigación, y antes de dar por concluida la fase de instrucción y dar traslado de lo actuado al órgano encargado de la resolución del expediente, la unidad de investigación independiente formulará pliego de cargos contra la entidad (cfr. art. 126.1 del Reglamento 468/2014), la cual podrá formular alegaciones escritas por un plazo razonable que la norma no especifica (cfr. art. 126.2)[40], y existe la posibilidad de que el BCE convoque a la entidad a una audiencia oral privada, a la que podrán asistir acompañadas de abogados u otras personas cualificadas (cfr. art. 126.3)[41]. En todo caso, y a fin de garantizar un adecuado ejercicio del derecho de defensa, la entidad de crédito tendrá en todo momento acceso al expediente correspondiente[42].

Si de las investigaciones actuadas la unidad de investigación concluyera que no se ha producido la infracción en cuestión, debería acordar el archivo de las actuaciones sin más trámite[43]. En el caso contrario, la unidad de investigación independiente deberá preparar un proyecto completo de decisión que someterá a consideración del Consejo de Supervisión, al que remitirá también el expediente que incorpore lo actuado[44]. Ese proyecto de decisión contendrá la determinación de la infracción cometida y la sanción que, en opinión del instructor, debe imponerse (cfr. art. 127.1 del Reglamento

---

39 Así, formular requerimientos individualizados de información, realizar comprobaciones e investigaciones generales o articular una inspección *in situ*. En estos casos el ejercicio de las potestades de inspección encuentra como límite el derecho del investigado a no autoinculparse.

40 El BCE no está obligado a tener en cuenta las alegaciones presentadas fuera de plazo: cfr. art. 126.2 *in fine* del Reglamento 468/2014.

41 Esta posibilidad es una facultad del BCE, de suerte que, aunque la entidad pueda solicitarla, sería conforme a Derecho una eventual decisión denegatoria por parte de la Administración europea.

42 Derecho que deberá ejercitarse con arreglo a lo previsto en el art. 32 del Reglamento 468/2014, así como las previsiones contenidas en el Reglamento 1049/2001 a estos efectos.

43 La normativa no contiene ninguna previsión en este sentido. Sin embargo, parece la conclusión razonable a la vista de la regulación que el art. 127 del Reglamento 468/2014 realiza del caso contrario, esto es, de aquél en el que la investigación se salda con la posible existencia de responsabilidad administrativa.

44 Si el Consejo de Supervisión considera que el expediente está incompleto, podrá devolverlo a la unidad independiente de investigación junto con una solicitud de información adicional debidamente motivada (cfr. art. 127.3 del Reglamento 468/2014). A fin de atender esta solicitud, la unidad de investigación independiente podrá ejercer de nuevo las potestades inspectoras que el BCE tiene atribuidas. Si de la atención de esta solicitud resultaren nuevos hechos, será preciso conferir un nuevo trámite de alegaciones a la entidad antes de elaborar un nuevo proyecto completo de decisión y remitir las actuaciones al Consejo de Supervisión.

468/2014). El proyecto de decisión sólo podrá fundarse en aquellos hechos y objeciones respecto de los cuales la entidad haya tenido oportunidad de alegar (cfr. art. 127.2).

Una vez examinado el expediente, el Consejo de Supervisión puede tomar una de las cuatro decisiones siguientes:

(i) Si está conforme con el contenido del proyecto, lo adoptará como tal y lo remitirá al Consejo de Gobierno para su aprobación mediante el procedimiento de no objeción (cfr. art. 127.4, 8 y 9 del Reglamento 468/2014).

(ii) Si considera que de los hechos descritos no cabe deducir responsabilidad administrativa para la entidad, adoptará un proyecto de decisión que ponga fin al caso, que deberá remitir también al Consejo de Gobierno para su aprobación por el mismo sistema (cfr. art. 127.5 y 9 del Reglamento 468/2014).

(iii) Si está conforme con la conclusión relativa a la existencia de infracción pero disconforme con la sanción propuesta, modificará el proyecto de decisión y elaborará uno para ser sometido al Consejo de Gobierno especificando la sanción que considere adecuada (cfr. art. 127.6, 8 y 9 del Reglamento 468/2014).

(iv) Si, por último, está conforme con la conclusión relativa a la existencia de infracción pero difiere en la calificación de ésta por considerarla subsumible en otro tipo, pondrá en conocimiento de la entidad sus objeciones para que ésta formule alegaciones en un plazo razonable, tras el cual preparará el proyecto de decisión para ser sometido al Consejo de Gobierno que corresponda (cfr. art. 127.7, 8 y 9 del Reglamento 468/2014).

Cuando el BCE dicte una decisión imponiendo a una entidad una sanción con arreglo al art. 18.1 del Reglamento 1024/2013, publicará su decisión en su página web sin demora justificada y previa notificación a la entidad, informando del tipo y naturaleza de la infracción y la identidad de la entidad supervisada de que se trate (cfr. art. 132.1 del Reglamento 468/2014). Se excepcionan de esta obligación los casos en los que se ponga en peligro la estabilidad de los mercados financieros o una investigación penal en curso, o se pueda causar un perjuicio desproporcionado a la entidad de que se trate, casos ambos en los cuales la publicación se realizará de forma anónima o, si las circunstancias señalada fueren a desaparecer en un plazo de tiempo razonable, se pospondrá la publicación completa hasta ese momento (cfr. art. 132.1 *in fine* del Reglamento 468/2014)[45]. Si la sanción hubiera sido objeto de impugnación ante el

---

45 Aunque el Reglamento 468/2014 no dice nada en relación con el momento en el que cabe publicar las sanciones impuestas con arreglo al art. 18.1 del Reglamento 1024/2013, cabe razonablemente entender que éste se corresponde con aquél en el que la sanción sea firme en vía administrativa, esto es, en el que se haya resuelto el recurso impuesto ante el CAR o haya transcurrido este plazo sin que se haya interpuesto ese recurso, con independencia de que posteriormente la decisión sancionadora se impugne o no ante el Tribunal General de la UE. Por un lado, el art. 2532/1998, que encuentra aquí

Tribunal de Justicia de la UE, la publicación deberá acompañarse de información actualizada sobre el estado del recurso (cfr. art. 132.2 del Reglamento 468/2014). La publicación deberá mantenerse por un plazo mínimo de cinco años (cfr. art. 132.3 del Reglamento 468/2014).

Como recuerda Esteban Ríos, la publicación de las sanciones cometidas por entidades de crédito se corresponden con las técnicas anglosajonas de *naming and shaming*, que persiguen reforzar el sistema de la tutela de la legalidad frente a incumplimientos, en tanto en cuanto sirven como medida disuasoria adicional, al tiempo que endurecen la disciplina de mercado al permitir a depositantes e inversores conocer la realidad de la actuación ilegal de la entidad de que se trate[46].

El BCE debe dar cuenta a la ABE de todas las sanciones que imponga a una entidad supervisada establecida en un Estado miembro perteneciente a la zona euro, así como de cualquier recurso relativo a dichas sanciones y del resultado del mismo (cfr. art. 133 del Reglamento 468/2014).

Las decisiones en materia sancionadora, como las demás decisiones adoptadas por el BCE en el ejercicio de sus funciones supervisoras, pueden ser objeto de revisión por el CAR o directamente de impugnación jurisdiccional ante el Tribunal de Justicia de la UE.

Debe resaltarse que ni el Reglamento 1024/2013 ni el Reglamento 468/2014 contienen un plazo máximo de duración de los expedientes sancionadores ni, en consecuencia, una regulación similar a la caducidad que existe en nuestro Derecho interno. En mi opinión, esta falta es especialmente problemática en materia sancionadora, donde el principio de seguridad jurídica debe impedir a la Administración que prolongue *sine die* la sustanciación de un procedimiento sancionador del que pueda derivarse un perjuicio para el particular. Resulta por tanto necesario una reforma de ambas normas en este sentido.

---

una de las escasas lagunas que pueden colmarse respecto del ejercicio de la potestad sancionadora prevista en el art. 18.1 del Reglamento 1024/2013, establece, en su art. 3.8, que "ninguna sanción será ejecutada contra la empresa hasta que la decisión sea firme", en ese sentido, y la publicación forma parte de la ejecución de la sanción, a pesar de no ser una medida propiamente sancionadora. De hecho, el art. 9.1 Reglamento 2157/1999, que desarrolla ese Reglamento en materia de infracciones de la normativa sobre política monetaria, señala que la publicación de la sanción se realizará "cuando la decisión sea firme". Por otro lado, tanto el art. 132.1 del Reglamento 468/2014 como el art. 1 bis.3 del Reglamento 2532/1998 se refieren a la publicación de la decisión, "con independencia de que dicha decisión haya sido recurrida o no", en términos del segundo de ellos. En mi opinión, este inciso habla de recurso jurisdiccional, que es el único al que expresamente se refieren más abajo ambas normas. De hecho, tanto el art. 24.5 del Reglamento 1024/2013 como el art. 7 de la Decisión BCE/2014/16, que regulan el procedimiento de revisión de las decisiones del BCE por el CAR, refieren el acto iniciador como "solicitud de examen", y no como "recurso". En cualquier caso, sería conveniente una modificación del art. 132.1 del Reglamento 468/2014 para incluir una referencia a sanción "firme", en el sentido del art. 3.8 del Reglamento 2532/1998, para despejar toda duda.

46 Esteban Ríos, Javier, *El ejercicio…*, *óp. cit.*, pp. 573-574.

(B) Procedimiento para el ejercicio de la potestad sancionadora con arreglo al art. 18.7 del Reglamento 1024/2013

A pesar de regularse de forma separada en el Reglamento 2532/1998, la reforma operada en éste en virtud del Reglamento 159/2015 añadió un art. 4 ter que contiene unas normas de procedimiento que asemejan enormemente éste al ya expuesto para el caso anterior.

En primer lugar, el apartado 2 de ese artículo únicamente señala que, en una primera fase del procedimiento, "*el BCE llevará a cabo las investigaciones correspondientes de acuerdo con las disposiciones que figuran a continuación*". La norma, sin embargo, no prevé expresamente la remisión del expediente a la unidad de investigación independiente ni la posibilidad de ésta de ejercitar las potestades inspectoras en los términos expuestos. En la medida en que el Reglamento 468/2014 tiene carácter supletorio para la aplicación de las sanciones por las infracciones que ahora nos ocupan *ex* art. 121.2 del Reglamento 468/2014, cabe razonablemente entender que el *modus operandi* de la unidad de investigación independiente debe ser similar al ya explicado.

Una vez concluida la investigación y antes de que el instructor (la unidad de investigación independiente) presente un proyecto al Consejo de Supervisión, debe trasladarse pliego de cargos a la entidad para que formule alegaciones en un plazo razonable que no se concreta en la norma[47] (cfr. art. 4 ter.3, párrafos primero y segundo, del Reglamento 2532/1998)[48]. El BCE también podrá, potestativamente, invitar a la entidad a una audiencia oral privada, a la que las entidades podrán asistir acompañadas de abogados u otros profesionales cualificados (cfr. art. 4 ter.3, párrafo tercero, del Reglamento 2532/1998). Las entidades tendrán garantizado el acceso al expediente en los términos ya señalados (cfr. art. 4 ter.3, párrafo cuarto, del Reglamento 2532/1998)[49].

Finalizada la fase de instrucción, de apreciar la existencia de infracción el Consejo de Supervisión presentará al Consejo de Gobierno un proyecto de decisión especificando la infracción cometida y, en su caso, la sanción que deba aplicarse, y el Consejo de Gobierno adoptará la decisión con arreglo al procedimiento de no objeción contenido en el art. 26.8 del Reglamento 1024/2013 (cfr. art. 4 ter.4 del Reglamento 2532/1998). Aunque en este caso la norma no detalla los distintos escenarios a los

---

[47] El Reglamento 1024/2013 tampoco establece un plazo que pudiera colmar esta laguna, en la medida en la que su art. 22.1 se limita a reconocer el derecho de las entidades de crédito a ser oídas. Y tampoco el art. 126.2 del Reglamento 468/2014, de aplicación supletoria a estos procedimientos, proporciona una solución válida.

[48] Nuevamente, el BCE no estará obligado a tener en cuenta las alegaciones presentadas fuera de plazo: cfr. art. 4 ter.3, párrafo segundo, *in fine* del Reglamento 2532/1998.

[49] Nuevamente resultará de aplicación el Reglamento 1049/2001.

que puede enfrentarse el Consejo de Supervisión, parece razonable entender que, en esencia, pueden reproducirse las situaciones contenidas en el art. 127.4 a 7 del Reglamento 468/2014. En todo caso, si el Consejo de Supervisión pretendiera fundar su decisión en hechos distintos a aquéllos respecto de los cuales la entidad ha podido defenderse, es claro que deberá de abrir nuevo trámite de audiencia para que pueda alegar sobre ellos lo que a su derecho convenga.

Parece que resultaría de aplicación la previsión contenida en el art. 3.11 del Reglamento 2532/1998 en relación con la condena a la entidad de crédito a pagar las costas derivadas de la sustanciación del expediente sancionador[50].

Las sanciones impuestas por el BCE con arreglo al art 18.7 del Reglamento 1024/2013 deberán ser objeto de publicación en términos idénticos a los explicados para el caso anterior (cfr. art. 1 bis.3 del Reglamento 2532/1998)[51]. Esteban Ríos puntualiza no obstante que esa publicación no debe alcanzar a las multas coercitivas cuando estas se apliquen en cuanto medidas de ejecución, y no en cuanto sanciones[52], algo lógico si se tiene en cuenta que, en ese caso, las multas coercitivas carecen de naturaleza sancionadora y, por tanto, no se sujetan al régimen jurídico previsto para el ejercicio de la potestad sancionadora. De hecho, a este respecto, la reforma operada por el art. 1.16 de CRD VI no modifica el art. 68 de CRD, que se refería (y continúa refiriéndose exclusivamente) a la publicación de sanciones administrativas. Por tanto, CRD, tras la reforma operada por CRD VI, no prevé que las multas coercitivas se publiquen, en buena lógica con su naturaleza no sancionadora.

Aunque el Reglamento 2532/1998 guarda silencio al respecto, entiendo aplicables las obligaciones de información respecto de la ABE contenidas en el art. 133 del Reglamento 468/2014.

Las decisiones dictadas por el BCE en el ejercicio de esta modalidad sancionadora son revisables por el CAR (cfr. art. 4 ter.5 del Reglamento 2532/1998) y ante el Tribunal General de la UE, que tendrá plena competencia jurisdiccional a estos efectos (cfr. art. 5 del Reglamento 2532/1998, en relación con el art. 261 del TFUE), lo que

---

50 Y digo "parece" porque esta disposición se encuentra recogida en el art. 3 que regula el procedimiento sancionador cuando el BCE actúa en relación con sus funciones vinculadas a la política monetaria. No obstante, dado que el art. 4 ter no desplaza por completo esas normas, sino únicamente "*en la medida*" en que así lo establezca ese precepto (cfr. art. 1 bis.2 del Reglamento 2532/1998), y dado que guarda silencio frente a las costas, parece razonable, en una interpretación sistemática de la norma, alcanzar esa conclusión.

51 Resultan trasladables en este punto los argumentos ya expuestos sobre el momento en que debe efectuarse esa publicación que, a mi juicio, se corresponde con aquel en el que la decisión es firme en vía administrativa, bien por haberse desestimado el recurso ante el CAR, bien por no haberse interpuesto éste (sin perjuicio de que se recurra o no ante el Tribunal General de la UE).

52 Esteban Ríos, Javier, *El ejercicio..., óp. cit.*, pp. 580-581.

significa que podrá, llegado el caso, fijar una sanción distinta de la contenida en la decisión sancionadora (sanción que, en todo caso, deberá sujetarse a las exigencias de la prohibición de *reformatio in peius*).

Al igual que ocurría en el supuesto anterior, el Reglamento 2532/1998 tampoco impone un plazo máximo al que deba sujetarse el BCE en la sustanciación del expediente sancionador, impidiendo por tanto articular los efectos propios de la caducidad en Derecho español en caso de dilaciones excesivas. También en este punto opino necesaria la reforma para establecer ese plazo máximo a esos efectos.

(C) Breve referencia al mecanismo de denuncias confidenciales previsto en el MUS

Para finalizar las cuestiones procedimentales debe hacerse alguna mención al mecanismo de denuncia confidencial de infracciones configurado en el marco del MUS.

Este mecanismo obedece al cumplimiento del mandato contenido en el art. 23 del Reglamento 1024/2013, que establece:

> *"El BCE garantizará que se establezcan mecanismos eficaces para denunciar infracciones, por parte de las entidades de crédito, las sociedades financieras de cartera o sociedades mixtas de cartera o las autoridades competentes en los Estados miembro participantes, de los actos jurídicos mencionados en el artículo 4, apartado 3, que incluyan procedimientos específicos para la recepción de las denuncias de infracciones y su seguimiento. Esos procedimientos serán coherentes con la legislación pertinente de la Unión y asegurarán la aplicación de los siguientes principios: protección adecuada de las personas que denuncien infracciones, protección de los datos personales y protección adecuada de la persona acusada".*

Sobre esta premisa, los arts. 36 a 38 del Reglamento 468/2014 ordenan que todas las que se reciban se traten como confidenciales (cfr. art. 37.1), sin que el BCE pueda revelar la identidad del denunciante sin su previo consentimiento a menos que sea reclamado en el contexto de una investigación judicial (cfr. art. 37.3). Además, las denuncias estarán sujetas a las exigencias de la normativa en materia de protección de datos (cfr. art. 37.2).

Cuando las denuncias se presenten ante las autoridades nacionales competentes, éstas deberán remitirlas sin demora al BCE, que será el encargado del seguimiento (cfr. art. 38.1), a menos que se trate de infracciones del Derecho aplicable por parte de entidades menos significativas sujetas a supervisión directa de estas autoridades, caso en el cual serán éstas quien lleven a cabo tal seguimiento (cfr. art. 38.2). En todo caso, ambas autoridades deberán coordinarse para el buen fin de este mecanismo (cfr. art. 38.3).

El BCE valorará las denuncias con arreglo a su mejor criterio y determinará las medidas a adoptar, que no siempre tienen que consistir en el ejercicio de la potestad sancionadora (cfr. art. 38.4). El BCE podrá ejercer las potestades inspectoras que tiene atribuidas para esclarecer los hechos objeto de denuncia (cfr. art. 38.5).

Por último, cabe indicar que este mecanismo puede emplearse también para denunciar incumplimientos cometidos por autoridades, incluido el propio BCE (cfr. art. 38.1 *in fine*), caso en el cual éste solicitará a la autoridad competente que informe sobre los hechos denunciados (cfr. art. 38.6).

Las decisiones tramitadas cada año se incorporarán al informe anual que publique el BCE de forma agregada y anonimizada (cfr. art. 38.7).

2.2 POTESTAD ATRIBUIDA A LA JUR

2.2.1 Planteamiento

La configuración normativa de la potestad sancionadora atribuida a la JUR resulta considerablemente más sencilla que la correspondiente al BCE. Aquí no existe, como allí, dualidad de fundamento, de suerte que toda la competencia trae causa de la aplicación de la doctrina de los poderes implícitos y se dirige exclusivamente a garantizar la efectividad de sus funciones en materia de resolución bancaria. A la fecha presente no consta que las escuetas previsiones del Reglamento 806/2014 en la materia hayan sido objeto de un desarrollo normativo por parte de la JUR; desarrollo que, a la vista de las lagunas que presentan algunos aspectos de la potestad, sería, en mi opinión, conveniente y deseable.

La potestad sancionadora de la JUR también cuenta con un alcance limitado. Así, la JUR únicamente tiene la posibilidad de perseguir tres incumplimientos muy concretos, vinculados a la inobservancia de las decisiones dictadas en el ejercicio de sus potestades inspectoras o en el contexto de un procedimiento de resolución, y sólo puede imponer multas de carácter pecuniario. Al igual que ocurría en el caso del BCE, para el caso de que la JUR aprecie la comisión de otras infracciones distintas o estime que deben imponerse sanciones diversas a la multa, el art. 38.8 del Reglamento 806/2014 le permite instar a las autoridades nacionales de resolución para que apliquen en toda su extensión el régimen sancionador previsto en BRRD[53] según como haya sido transpuesto por las normas nacionales[54].

---

[53] El catálogo de posibles infracciones en la materia se contiene en el art. 111 de BRRD.

[54] En el caso español, esa transposición se encuentra en los arts. 75 y ss. de la Ley 11/2015 y, según se explicará más adelante, reparte la potestad entre el BdE y el FROB según cuál sea la conducta infractora a sancionar. Como ocurría en el caso del MUS, la petición formulada por la JUR en aplicación de esta norma es obligatoria para las autoridades nacionales de resolución en cuanto a la apertura del expediente, pero en modo alguno les obliga a tener que concluir con la imposición de una sanción. Antes al contrario, deberán sustanciar el procedimiento que corresponda con arreglo a las normas de su Derecho interno y valorar los hechos y las pruebas aportadas para alcanzar la conclusión que estimen procedente en Derecho.

Por último, el art. 39 del Reglamento 806/2014 también faculta a la JUR para aplicar multas coercitivas por el incumplimiento de mandatos positivos. A diferencia de lo que ocurre bajo el Reglamento 2532/1998, en este caso estas multas coercitivas pueden ser calificadas sin dificultad como estrictas medidas de ejecución y, por tanto, de naturaleza no sancionadora. Por ello, el análisis subsiguiente no considerará la regulación de éstas contenida en el citado precepto.

2.2.2 Sujetos pasivos

De acuerdo con el art. 38.1 del Reglamento 806/2014, el alcance de la potestad sancionadora de la JUR se extiende, por lo que a este trabajo interesa, a las entidades de crédito establecidas en un Estado miembro participante o a las empresas matrices, incluidas las sociedades financieras de cartera y las sociedades financieras mixtas de cartera establecidas en esos Estados, cuando estén sujetas a supervisión consolidada del BCE[55].

En mi opinión, esta previsión debe cohonestarse con la contenida en el art. 7 del mismo Reglamento en cuanto establece el reparto de competencias entre la JUR y las autoridades nacionales de resolución, de suerte que sólo tiene sentido que la competencia del JUR se extienda a aquéllas entidades respecto de las cuales ejerce, de modo directo, las potestades inspectora o correctora, y no a todas las entidades de crédito. Por esta razón, debe concluirse que están sujetas a la potestad sancionadora de la JUR las entidades de crédito que se encuentren sometidas a supervisión directa del BCE, esto es, las entidades significativas y aquellas otras respecto de las cuales esta Administración hubiera acordado ejercer esa supervisión directa[56].

2.2.3 Infracciones

El art. 38.2 del Reglamento 806/2014 tipifica tres infracciones respecto de las cuales la JUR puede ejercitar la potestad sancionadora que tiene atribuida:

(i) No facilitar la información solicitada mediante un requerimiento individualizado de información librado con arreglo al art. 34 del mismo Reglamento.

---

55 El art. 38.1 del Reglamento 806/2014 remite a "*los entes contemplados en el artículo 2*", que también incluye las empresas de servicio de inversión y las entidades financieras establecidas en un Estado miembro participante. No obstante, éstas no son consideradas a efectos de este trabajo por no constituir el objeto de la actividad administrativa de supervisión prudencial bancaria *stricto sensu*.

56 Debe precisarse aún más que, de acuerdo con el art. 7.3, párrafo segundo, del Reglamento 806/2014, la JUR también tiene competencias en materia de resolución cuando deba recurrirse al FUR, de suerte que, en estos casos, hay que entender que un eventual incumplimiento de la decisión de la JUR puede dar lugar al ejercicio de la potestad sancionadora por parte de ésta frente a la entidad incumplidora.

(ii) No someterse a un procedimiento de investigación general o de inspección *in situ* de acuerdo con lo previsto en los arts. 35 y 36 del citado Reglamento, respectivamente.

(iii) No cumplir una decisión de resolución dictada por la JUR con arreglo al art. 29 del Reglamento 806/2014.

A la vista de la regulación de las infracciones que se acaba de ofrecer, parece claro que en este problema no existen reproches de tipicidad o legalidad que puedan ensombrecer la configuración normativa de la potestad sancionadora de la JUR.

Según se ha apuntado ya, fuera de los tres casos anteriores la JUR debe instar a las autoridades nacionales de resolución para que, en cada caso, sustancien los expedientes sancionadores que resulten oportunos.

En otro orden de cosas, aunque el precepto no contiene expresamente un elemento subjetivo en los tipos anteriores, el párrafo segundo del art. 38.1 del Reglamento 806/2014 señala que:

> *"La infracción cometida por el ente se considerará intencionada si existen elementos objetivos que prueben que el ente o su órgano de dirección o sus directivos actuaron deliberadamente al cometer la infracción".*

Esta previsión resulta algo confusa, puesto que no es posible conocer si pretende dar a entender que sólo las conductas intencionadas pueden derivar responsabilidad administrativa, como creo que ocurre, o, por el contrario, objetivizar en gran medida esta responsabilidad, estableciendo una presunción de culpabilidad con base en datos objetivos. Además, no ayuda a esclarecer la cuestión el hecho de que el art. 38.6-*b)* considere como circunstancia atenuante que "*los altos directivos del ente pueden demostrar que tomaron todas las medidas necesarias para impedir la infracción*" parece debilitar el elemento subjetivo requerido para que pueda deducirse responsabilidad administrativa.

La conclusión de que se trata de un régimen de responsabilidad objetiva, aunque posible en el Derecho de la UE, me parece, sin embargo, algo más forzada que su alternativa, en la medida en la que, si el legislador hubiera querido disponer una responsabilidad de corte objetivo, le habría bastado con no incluir ninguna previsión relativa a la culpabilidad. Por el contrario, la referencia expresa a la "*intencionalidad*" de la conducta debe interpretarse como una exigencia de una mínima traza de dolo o culpa que, de acuerdo con la segunda de las previsiones citadas, no existirá si los directivos acreditan que desplegaron toda la diligencia profesional que les era exigible por razón de su cargo.

Esta conclusión, además, cohonesta mejor con el paralelismo que, a lo largo de toda la configuración de las potestades administrativas relevantes, existe entre la normativa del MUS y el MUR. Recuérdese que el art. 18.1 del Reglamento 1024/2013 que se acaba de explicar requiere expresamente la concurrencia de dolo o culpa para que pueda deducirse responsabilidad administrativa por el incumplimiento de normas directamente aplicables del Derecho de la Unión.

El Reglamento 806/2014 no contiene normas relativas a la prescripción. A fin de garantizar la seguridad jurídica, y en la medida en la que las infracciones previstas en aquél guarden cierta conexión con la preservación de los intereses presupuestarios de la UE, podría acudirse al régimen de prescripción previsto en el art. 3 del Reglamento 2988/1995 y entender que existe un plazo de prescripción de cuatro años a contar desde la fecha de comisión de la infracción o, si esta fuere continuada, desde su cesación. La prescripción quedará interrumpida por cualquier acto de la JUR destinado a perseguir la infracción que sea puesto en conocimiento de la entidad.

2.2.4 Sanciones

El régimen de sanciones es el que, sin duda, de manera más detallada se contiene en el Reglamento 806/2014.

De acuerdo con el aparatado 3 de su art. 38, la base para el cálculo de la sanción se corresponderá con uno de los porcentajes siguientes sobre el volumen de negocios neto anual total definido en idénticos términos que en el caso de la potestad sancionadora del BCE, esto es, incluidos los ingresos brutos procedentes de intereses a percibir e ingresos asimilados, los rendimientos de acciones y oros valores de renta fija o variable y las comisiones y corretajes a cobrar, de acurdo con el art. 316 de CRR, que haya realizado la entidad en el ejercicio anterior[57]: para las infracciones relativas al incumplimiento de decisiones adoptadas en ejercicio de las potestades sancionadoras de la JUR, entre el 0,05% y el 0,15%, y para la infracción relativa al incumplimiento de una decisión de resolución, entre el 0,25% y el 0,5%.

El Reglamento 806/2014 ofrece diversos criterios de graduación de las sanciones a imponer. En primer lugar, el párrafo segundo del art. 38.3 delimita en qué tramo (inferior, medio o superior) de la horquilla debe situarse la sanción en función del volumen de negocios anual del infractor. Así, cuando éste sea inferior a 1.000 millones de euros, el importe de la sanción se ubicará en el tramo inferior; cuando se encuentre entre esa cifra y 5.000 millones de euros, en el tramo medio; y cuando la supere, en el tramo superior.

En segundo lugar, el art. 38.5 y 6 contiene una serie de circunstancias agravantes y atenuantes cualitativas que deben considerarse para modular la infracción. Entre las primeras se encuentran la intencionalidad de la conducta; la reiteración; la extensión de la conducta por plazo superior a tres meses; el hecho de que la infracción haya puesto de manifiesto debilidades sistémicas en la organización de la entidad, en particular en

---

57 Para el caso de entidades no pertenecientes a la zona euro, el importe se traducirá a esa moneda con arreglo al valor de cambio existente a 19 de agosto de 2014.

lo relativo a sus procedimientos, sistemas de gestión y controles internos; la falta de adopción de medidas correctoras desde que se detectó la infracción; y la falta de cooperación de los altos directivos en las investigaciones desarrolladas durante la fase de instrucción. Entre las circunstancias atenuantes, el art. 38.6 refiere una duración inferior a diez días laborales; la adopción de todas las medidas necesarias para impedir la infracción por parte de los altos directivos de la entidad; la puesta en conocimiento de la JUR de los hechos por la entidad de forma rápida, efectiva y completa; o la adopción, por la entidad, de medias voluntarias para garantizar que no pueda volver a cometerse una infracción similar.

En relación con la forma de aplicar estos factores de graduación de las sanciones, el art. 38.9 establece una serie de coeficientes vinculados a los anteriores factores agravantes y atenuantes que, de algún modo, vienen a hacerla más objetiva[58]. A este respecto, el art. 38.4 dispone que estos coeficientes se aplicarán de uno en uno a la cuantía de base, de suerte que, cuando se deban aplicar varios, se deducirán o se adicionarán a esa cuantía la suma de las diferencias resultantes de aplicar separadamente cada coeficiente.

En tercer lugar, el art. 38.7, párrafo primero, del Reglamento establece como límite máximo de la sanción un equivalente al 1% del volumen de negocios anual del ejercicio precedente. No obstante, este límite se verá excepcionado en aquellos casos en los que existiese un beneficio ilícito obtenido o unas pérdidas evitadas y éstos pudieran determinarse, en cuyo caso será su importe el que opere como límite.

Finalmente, el párrafo segundo del art. 38.7 indica, para el caso de eventual concurso de infracciones por unos mismos hechos, que sólo deberá aplicarse la multa que resulte más elevada, calculada con arreglo a las reglas anteriores.

El Reglamento 806/2014 no establece plazo para la prescripción de las sanciones. A falta de éste, cabría nuevamente acudir por analogía al art. 3.2 del Reglamento 2988/1995 y concluir con que ese plazo será de tres años, contados a partir del día en que la resolución sea definitiva, aunque esta solución no me parece del todo satisfactoria habida cuenta de la diferencia de fundamento en Derecho originario que tienen una y otra norma. Los supuestos de interrupción del plazo de prescripción serán los contemplados en la legislación nacional, esto es, el inicio de un procedimiento tendente al cobro (cfr. art. 30.3, párrafo segundo, de la LEREJUSP, al que remiten expresamente el art. 95.4 de la LOSSEC y el art. 77.4 de la Ley 11/2015).

---

58 Así, por lo que a los agravantes se refiere, la reiteración comporta la aplicación de un coeficiente de 1,1; la duración más allá de tres meses uno de 1,5; la puesta de manifiesto de debilidades sistémicas de 2,2; la intencionalidad de 2; la falta de medidas correctoras de 1,7; y la falta de cooperación de los altos directivos de 1,5. Por lo que a los atenuantes se refiere, la duración inferior a diez días comportará la aplicación de un coeficiente de 0,9; la adopción de todas las medidas necesarias un coeficiente de 0,7; la rápida, efectiva y exhaustiva comunicación a la JUR uno de 0,4; y la adopción de medidas para evitar que se vuelva a cometer la infracción uno de 0,5.

2.2.5 Procedimiento

El Reglamento 806/2014 contiene una parca regulación del procedimiento que debe seguir la JUR para imponer sanciones, de suerte que, respetando los escuetos principios que en él se enumeran, la cuestión parece encomendarse a un Reglamento interno de esa Administración.

El art. 40.1 del citado Reglamento impone la obligación de que la JUR dé trámite de alegaciones a las entidades investigadas en el contexto de un procedimiento sancionador, prohibiéndole taxativamente imponer sanciones sobre hechos respecto de los cuales la entidad en cuestión no haya tenido la oportunidad de defenderse. Por otro lado, el apartado 2 del mismo precepto ordena que se respeten los derechos de defensa de las personas tanto físicas como jurídicas que se investiguen durante su transcurso. En este sentido, se reconoce también el derecho de acceso al expediente, que deberá desarrollarse con arreglo a lo dispuesto en el Reglamento 1049/2001, pero del que se entenderá excluida la información confidencial y los documentos preparatorios de la JUR[59].

Las decisiones dictadas por la JUR en ejercicio de su potestad sancionadora tienen fuerza ejecutiva inmediata, y deberán ejecutarse por las autoridades nacionales de resolución con arreglo a las disposiciones nacionales de procedimiento administrativo. No obstante, esa ejecutividad puede ser suspendida por el Tribunal de Justicia de la UE (cfr. art. 41.3 del Reglamento 806/2014)[60]. Los importes recaudados en virtud de las sanciones impuestas corresponderán al FUR (cfr. art. 41.4 del Reglamento 806/2014).

El art. 41.1 del Reglamento 806/2014 obliga a la JUR a publicar las decisiones en las que se apliquen sanciones[61], a menos que la publicación pueda poner en peligro la resolución de la entidad[62]. En principio, la publicación deberá identificar a la entidad,

---

59 Este último inciso me parece desafortunado, toda vez que resulta muy posible que ciertos matices que terminen incidiendo en la determinación de la sanción que se imponga pueden estar contenido en esos documentos. En mi opinión, tendría mucho más sentido permitir el acceso a una versión confidencializada de éstos en la que no se comprometan los intereses públicos pero, al tiempo, se garantice mejor el derecho de defensa.

60 El precepto se encarga de aclarar en este punto de manera muy oportuna que, no obstante todo ello, el control de la legalidad de los actos de ejecución corresponde a las jurisdicciones nacionales, algo lógico teniendo en cuenta que esa ejecución se lleva a cabo mediante el dictado de actos administrativos nacionales.

61 Y también obliga a publicar la decisión acordando la imposición de multas coercitivas que, en este caso, según se dijo, difícilmente pueden tener atribuida naturaleza sancionadora.

62 A diferencia de lo que ocurría en el caso del BCE, y posiblemente debido a un olvido del legislador, no se incluye ni previsión específica relativa a presentar información actualizada sobre los eventuales recursos interpuestos frente a la sanción (lo que resulta muy apropiado para que la disciplina de mercado que se pretende alcanzar se ajuste a la realidad), ni la existencia de un plazo mínimo durante el cual deba mantenerse esa publicación.

pero será anónima si: (i) la información que ha de publicarse contiene datos personales y se determina tras una evaluación previa que su divulgación es desproporcionada; (ii) puede poner en riesgo la estabilidad de los mercados financieros o una investigación penal en curso; o (iii) puede causar un daño desproporcionado a personas físicas o jurídicas implicadas, en la medida en que se pueda determinar el daño. En estos tres casos, la publicación también podrá posponerse para realizarla de forma no anónima hasta un momento en el que el riesgo concurrente desaparezca[63].

El último párrafo del art. 41.1 del Reglamento obliga a la JUR a comunicar a la ABE la imposición de sanciones, así como el estado de los correspondientes recursos y sus resultados.

Las decisiones dictadas por la JUR en ejercicio de su potestad sancionadora son recurribles ante el Panel de Recurso (cfr. art. 85 del Reglamento 806/2014) o, directamente, ante el Tribunal de Justicia de la UE (cfr. art. 86 del Reglamento 806/2014).

Al igual que ocurría en el caso del BCE, las normas de procedimiento no contemplan una duración máxima del expediente sancionador, impidiendo al particular beneficiarse de los efectos propios de la caducidad del procedimiento. Nuevamente, creo necesaria una reforma en este sentido a fin de dotar de mayor seguridad jurídica el ejercicio de la potestad sancionadora y evitar de ese modo dilaciones indebidas en la sustanciación del procedimiento.

3. POTESTADES SANCIONADORAS ATRIBUIDAS A LAS ADMINISTRACIONES ESPAÑOLAS

3.1 DUALIDAD DE FUENTES Y UNIDAD DE PRINCIPIOS PARA LAS POTESTADES SANCIONADORAS ATRIBUIDAS AL BDE Y AL FROB

Las dos Administraciones supervisoras españolas (BdE y FROB) tienen atribuida potestad sancionadora en el ámbito de la actividad administrativa de supervisión.

Por lo que al BdE se refiere, la atribución de la potestad proviene de la LOSSEC (cfr. art. 90.1), en cuanto Administración supervisora competente para el ejercicio de

[63] El Reglamento 806/2014 tampoco contiene previsiones al momento en que debe procederse a la publicación de la sanción. En este caso, sin embargo, la integración de la laguna es más complicada, más allá de intentar aplicar por analogía el razonamiento expuesto para el caso de las sanciones impuestas por el BCE, que no resulta del todo satisfactorio habida cuenta la diferencia de fundamento en Derecho originario que tienen el Reglamento 806/2014 y el Reglamento 2532/1998, según se ha expuesto más arriba.

la mayoría de las funciones que, en materia de supervisión prudencial corresponden a la ANC; y de la Ley 11/2015 (cfr. art. 76.1-*b)*), en dos órdenes: en cuanto supervisor competente para aplicar las medidas de actuación temprana previstas en el Capítulo II de la Ley, y en cuanto autoridad de resolución preventiva competente para ejercer las funciones contempladas en su Capítulo III. Por lo que respecta al FROB, la potestad sancionadora le viene atribuida por el art. 76.1-*a)* de la Ley 11/2015 en cuanto Administración competente para la fase ejecutiva de la resolución.

De este modo, ambas potestades sancionadoras, que tienen idéntica intensidad pero distinto alcance, se encuentran reguladas en dos fuentes normativas cuyas previsiones se entremezclan y terminan por configurar un régimen unitario que, salvo por lo que a los concretos tipos infractores se refiere, rige de forma similar su ejercicio. Con carácter principal, la LOSSEC regula el ejercicio de la potestad sancionadora por el BdE tanto por lo que se refiere a las infracciones tipificadas en esa Ley como a las que recoge la Ley 11/2015 en relación con la aplicación de las medidas de actuación temprana (cfr. arts. 82.2 y 92.1 de esta norma). Como excepción, la aplicación, por el BdE, de sanciones relativas a infracciones relacionadas con sus funciones como autoridad de resolución preventiva se regirán por las específicas reglas contenidas en la Ley 11/2015 (cfr. art. 82.1), aunque el procedimiento seguirá siendo el previsto en la LOSSEC (cfr. art. 92.1 de la Ley 11/2015). Por su parte, la potestad sancionadora del FROB se regirá por la Ley 11/2015 en cuanto a la aplicación de sanciones (cfr. art. 82.1), si bien el procedimiento también será el previsto en la LOSSEC (cfr. art. 92.1 de la Ley 11/2015).

En todos los casos, las normas generales contenidas en la LEREJUSP y la LPACAP, en cuanto a los principios relativos a la potestad sancionadora y a las normas específicas de procedimiento, resultarán de aplicación (cfr. art. 107.1 de la LOSSEC y 92.3 de la Ley 11/2015). Por tanto, ante cualquier ejercicio de la potestad sancionadora por el BdE o el FROB, los principios que informan el ejercicio de la potestad sancionadora (así, legalidad, tipicidad, personalidad o culpabilidad) son directamente exigibles.

La existencia de esta normativa general que informa el ejercicio de la potestad sancionadora por las Administraciones españolas presenta una indudable ventaja respecto a la ausencia de esas reglas en el ámbito europeo, donde colmar las lagunas se presenta, como se ha visto, una tarea más ardua y no exenta de problemas. En el ámbito español, sin embargo, el ejercicio de la potestad sancionadora de las Administraciones supervisoras cuenta con el respaldo de la normativa de procedimiento administrativo común, que ofrece unos estándares de legalidad de la actividad administrativa sancionadora más claros y fáciles de emplear y, por tanto, mayores garantías a los particulares eventualmente sancionados.

Finalmente, el marco normativo debe completarse con el RD 2119/1993, norma dictada bajo el imperio de la LDIEC y la LRJ-PAC, que había dado lugar a la previa aprobación del RD 1398/1993 hoy derogado, y con cuyo contenido cohonesta.

Sorprendentemente, el RD 2119/1993 no ha corrido la misma suerte y se encuentra hoy vigente y, por tanto, resulta de aplicación en todo aquello en lo que resulte compatible con las prescripciones legales contenidas en las normas generales.

Cabe señalar ya desde este momento que el RD 2129/1993 resulta de aplicación también al ejercicio de la potestad sancionadora atribuida al FROB a pesar de que esta Administración no existiera al tiempo de su dictado –y, por tanto, la Ley 11/2015 ni figure en el ámbito de aplicación del Reglamento definido en su art. 1[64]–, por varias razones. Por un lado, porque la nueva potestad sancionadora que la Ley 11/2015 atribuye al FROB se desgaja de la que, hasta entonces, sólo competía al BdE en virtud de la LOSSEC (y, anteriormente, al BdE, al Consejo de Ministros y al Ministro de Economía en virtud de la LDIEC). De este modo, si la actividad administrativa de supervisión a la que ambas potestades pertenecen es única, lo lógico es que la regulación aprobada para ser aplicada en el seno de esta actividad (y en otras) también lo sea. Y, por otro lado, porque la disposición adicional tercera del RD 2119/1993 declara que esa norma es "*de aplicación supletoria a los procedimientos seguidos por las Administraciones de las comunidades Autónomas en el ejercicio de las potestades sancionadoras que, según su legislación específica, tengan atribuidas sobre los sujetos que actúan en los mercados financieros*". Parece, por tanto, que el ánimo del reglamentador fue establecer unas normas especiales por razón de los sujetos al ejercicio de la potestad sancionadora. Desde esa perspectiva, tiene sentido que la disposición adicional citada sólo se refiera a las potestades sancionadoras de las Comunidades Autónomas, en la medida en que, a la fecha de su promulgación, eran las únicas otras Administraciones que, además de las referidas en su art. 1, podían ejercer potestades sancionadoras sobre entidades financieras por razón de su actividad. De este modo, teniendo en cuenta cuál es la realidad en la que hoy, casi treinta años después, debe aplicarse la norma, puede razonablemente concluirse con su aplicación a los procedimientos seguidos por el BdE o el FROB en aplicación de la Ley 11/2015.

La unidad regulatoria que, por tanto, conforman la LOSSEC y la Ley 11/2015, junto con la demás normativa indicada, aconsejan que ambas potestades administrativas

64 "*En desarrollo de lo previsto en el Título IX de la Ley 30/1992, de 26 de noviembre, de Régimen Jurídico de las Administraciones Públicas y del Procedimiento Administrativo Común el presente Real Decreto regula las especialidades del procedimiento para el ejercicio de las potestades sancionadoras atribuidas por las siguientes disposiciones: Ley 26/1988, de 29 de julio, sobre disciplina e intervención de las entidades de crédito; Ley 24/1988, de 28 de julio, del mercado de valores; Ley 46/1984, de 26 de diciembre, de instituciones de inversión colectiva; Ley 33/1984, de 2 de agosto, sobre ordenación del seguro privado; Ley 9/1992, de 30 de abril, de mediación en seguros privados; Ley 8/1987, de 8 de junio, de regulación de los planes y fondos de pensiones; artículo 89 del Real Decreto legislativo 1564/1989, de 22 de diciembre, por el que se aprueba el texto refundido de la Ley de Sociedades Anónimas; artículo 20 del Real Decreto-ley 1/1986, de 14 de marzo, en materia de entidades de capital riesgo, y Real Decreto 1885/1978, de 26 de julio, sobre régimen jurídico fiscal y financieras de Sociedades de Garantía Recíproca*".

se aborden conjuntamente. Ello, además, simplificará notablemente el discurso, en la medida en la que, según se verá, los problemas que plantea la configuración normativa de una y otra son similares.

3.2 SUJETOS PASIVOS

Con carácter general, están sujetos a la potestad sancionadora del BdE y del FROB tanto las entidades de crédito en cuanto personas jurídicas como quienes ostenten cargos de administración y dirección ellas que, con carácter general, serán personas físicas (cfr. arts. 89.1 de la LOSSEC y 75.1 de la Ley 11/2015). Varias precisiones deben realizarse a esta primera premisa.

Por una parte, las entidades de crédito estarán sujetas a estas potestades sancionadoras en la medida en la que las normas reguladoras del MUS y el MUR no atribuyan estas potestades al BCE o a la JUR, respectivamente. En el caso del MUS, a la vista del exhaustivo análisis realizado sobre la cuestión en el epígrafe anterior, están sujetas a la potestad sancionadora del BdE las entidades no significativas, por la comisión de cualesquiera infracciones distintas del incumplimiento de obligaciones impuestas mediante decisiones o reglamentos del BCE, así como las entidades significativas, siempre que no se produzca el mismo supuesto y, además, siempre que el BCE carezca de competencia para sancionarlas (porque, por ejemplo, la infracción no se refiera a un incumplimiento de CRR según se tipifica en CRD IV o porque deba aplicarse alguna sanción distinta a la de multa). Según se explicó, en estos últimos casos, no obstante, la incoación del expediente sancionador debe venir precedida de una instrucción del BCE en ese sentido (cfr. art. 18.5 del Reglamento 1024/2013).

Y, en el caso del MUR, las entidades de crédito estarán sujetas a la potestad sancionadora del FROB siempre que la infracción no consista en impedir el ejercicio de la potestad inspectora por la JUR o desatender una decisión relativa a la implementación de un dispositivo de resolución de la competencia de ésta (cfr. art. 38.2 del Reglamento 806/2014), lo cual, en ambos casos, ocurrirá exclusivamente respecto de entidades significativas o sobre aquéllas respecto de las cuales el BCE haya acordado ejercer la supervisión de modo directo.

Respecto de las personas jurídicas, debe apuntarse la posible existencia de algún problema en el ámbito de la resolución bancaria, donde los hechos determinantes de la comisión de la infracción pueden haberse cometido antes de la aplicación de un instrumento de resolución que haya determinado la novación coactiva del derecho sobre la entidad o sobre los bienes integrantes de su patrimonio, dando como resultado que la persona infractora no existe porque ha sido sucedida por otra. En estos casos, debe entenderse razonablemente que resulta de aplicación la excepción al principio de personalidad de las sanciones que la jurisprudencia admite en los casos de sucesión de empresa, donde la unidad económica persiste en una esfera jurídica distinta de la de la persona que cometió la infracción mientras que ésta desaparece[65].

Por otro lado, tanto el art. 105 de la LOSSEC como el art. 75.3 de la Ley 11/2015 contienen normas específicas en materia de grupos consolidables. Con algo más de rigor, el primero de los preceptos establece que, "*cuando las infracciones tipificadas en los artículos 92, 93 y 94 se refieran a obligaciones de los grupos consolidables de entidades de crédito, se sancionará a la entidad obligada y, si procede, a sus administradores y directivos*", recogiendo a continuación ciertas especialidades para casos concretos[66]. Por su parte, el art. 75.3 de la Ley 11/2015 señala que, en esos mismos casos, se sancionará "*a la entidad matriz y, si procede, a sus administradores y directivos*".

En otro orden de cosas, las personas físicas que ostenten cargos de administración o dirección en la entidad estarán en todos los casos sujetos a la potestad sancionadora del BdE,–sin perjuicio de que, cuando se trate de entidades significativas, la incoación del expediente deberá ser reclamada por el BCE en los términos indicados–. De acuerdo con el art. 89.3 de la LOSSEC, son órganos de dirección de una entidad "*aquéllos que están facultados para fijar la estrategia, los objetivos y la orientación general de la entidad y que se ocupan de la vigilancia y control del proceso de adopción de decisiones de dirección, incluidos quienes dirigen de forma efectiva la entidad*", de suerte que los ostentan "*sus administradores o miembros de órganos colegiados o de administración, sus directores generales o sus asimilados*", es decir, según el art. 6.6 de la LOSSEC:

> *"a) Aquéllas personas que desarrollen en la entidad de crédito funciones de alta dirección bajo la dependencia directa de su órgano de administración o de comisiones ejecutivas o consejeros delegados del mismo, y las personas que dirijan las sucursales de entidades de crédito extranjeras en España.*

---

65 Esta cuestión ha sido analizada por Bauzá Martorell, Felio José, "Régimen sancionador en materia de recuperación y resolución de entidades de crédito y empresas de servicios de inversión", en Ruiz Ojeda, Alberto Luis, López Jiménez, José María, y Alés Hermosa, Gabriela, *Estudios sobre la resolución bancaria*, Thomson Reuters-Aranzadi: Cizur Menor (Navarra): 2020, pp. 1060 a 1066. El autor refiere que la transmisión de la responsabilidad administrativa viene siendo admitida por la jurisprudencia europea bajo ciertas circunstancias (acuñadas, sobre todo, en materia de defensa de la competencia) y también por la española.

66 Así, matiza la previsión para los conglomerados financieros, para los que indica que se aplicará a la entidad obligada "*cuando ésta sea una entidad de crédito o una sociedad financiera mixta de cartera, siempre que en este último caso corresponda al Banco de España desempeñar la función de coordinador de la supervisión adicional de dicho conglomerado financiero*" (párrafo segundo del art. 105.1). Igualmente, el apartado 2 de la norma indica que, si la sanción que correspondiera es la revocación de la autorización pero la cabecera del grupo no tuviera la condición de entidad de crédito, se acordará su disolución forzosa, con aportar del periodo de liquidación. Por último, el art. 105.3 de la LOSSEC asimila los administradores y directivos de estas entidades a los de las entidades de crédito a los solos efectos sancionadores.

> *b) Aquellas personas que reuniendo los requisitos de dependencia anteriores, limiten sus funciones de alta dirección a un área de actividad específica, siempre que se integren en una estructura organizativa de dirección que asuma al máximo nivel la gestión diaria de la entidad.*
>
> *c) Aquellas personas que tuvieran un contrato de trabajo de alta dirección sujeto al Real Decreto 1382/1985, de 1 de agosto, por el que se regula la relación laboral de carácter especial del personal de alta dirección".*

El párrafo segundo del art. 89.1 de la LOSSEC y, en los mismos términos, el art. 75.2 de la Ley 11/2015 aclaran que esta responsabilidad es independiente de la que pueda corresponder a las entidades de crédito por los mismos hechos, hasta el punto de que "*la falta de incoación de expediente sancionador o el archivo o sobreseimiento del incoado contra una entidad de crédito no afectará necesariamente a la responsabilidad en que pueden incurrir los cargos de administración o dirección de la misma, y viceversa*". Ello no obstante, el art. 107.2 de la LOSSEC aconseja, por razones de economía procesal, que la responsabilidad administrativa que, en su caso, pueda deducirse tanto frente a las entidades de crédito como frente a quienes ocupen en ellas cargos de administración o dirección sea objeto del mismo procedimiento, de suerte que ambas sanciones se impongan en la misma resolución.

A propósito de esta última previsión, nuestro Tribunal Supremo ha afirmado con claridad que, aunque de unos mismos hechos puedan derivarse varias infracciones (la de la entidad de crédito y, en su caso, la de las personas físicas que la dirigen), no se trata de un supuesto de concurso ideal de sanciones –que podría concluir con la exoneración de responsabilidad bien de la entidad, bien de los administradores o directivos, según quién hubiera cometido la más grave–, sino de una norma prevista por razones de economía procesal y a fin de evitar pronunciamientos contradictorios y, con ello, garantizar la seguridad jurídica. En su Sentencia de 18 de octubre de 2006 (TOL1.013.849), dictada sobre el art. 21 de la LDIEC, similar a la previsión ahora examinada, el Alto Tribunal concluía que:

> *"El motivo debe desestimarse pues se parte de una inadecuada interpretación del indicado artículo 21. En efecto, cuando en él se señala que «las sanciones a las entidades de crédito y a quienes ejerzan cargos de administración o dirección en ellas se deriven de una misma infracción, se impondrán en una única resolución, resultado de un solo procedimiento», lo único que quiere indicar es que el tratamiento de unos mismos hechos en los que estén implicados la entidad financiera y sus órganos de dirección o administración, se tramitarán y resolverán acumuladamente por razones de economía procesal, y de evitar posibles contradicciones que se pudieran producir con su tramitación separada. No se está, por tanto, en presencia de un concurso ideal o de sanciones, sino en una simple acumulación de actuaciones que pueden terminar con diferentes sanciones a los distintos implicados en función de su participación en los hechos que son objeto del expediente"* (Fundamento Jurídico Segundo).

Y –cabe añadir– tampoco podría apreciarse la vulneración del principio *non bis in ídem*, en la medida en la que no se daría la identidad de sujeto, esto es, la imputación de responsabilidad por los mismos hechos a una misma esfera jurídica en dos ocasiones distintas.

Más controvertida resulta, sin embargo, la naturaleza de esta responsabilidad de las personas que desempeñaran cargos de administración o dirección en las entidades del crédito. Y ello en atención a la regulación contenida en los arts. 104 de la LOSSEC y 90 de la Ley 11/2015, que establecen:

> *"1. Quien ejerza en la entidad de crédito cargos de administración o dirección será responsable de las infracciones cuando éstas sean imputables a su conducta dolosa o negligente.*
>
> *2. No serán considerados responsables de las infracciones sus administradores o miembros de sus órganos de administración, en los siguientes casos:*
>
> *a) Cuando quienes formen parte de órganos de administración no hubieran asistido por causa justificada a las reuniones correspondientes, hubiesen votado en contra o salvado expresamente su voto en relación con las decisiones o acuerdos que hubiesen dado lugar a las infracciones.*
>
> *b) Cuando dichas infracciones sean exclusivamente imputables a comisiones ejecutivas, miembros del órgano de administración con funciones ejecutivas, directores generales u órganos asimilados, u otras personas con funciones ejecutivas en la entidad".*

A la vista del apartado 1 de los preceptos reproducidos, parece claro que estamos ante un régimen de responsabilidad subjetiva, toda vez que se requiere que se trate de una "*conducta dolosa o negligente*" para que pueda deducirse responsabilidad administrativa. No obstante, algún autor ha querido ver en el segundo apartado de ambos preceptos, de idéntico tenor literal, una suerte de objetivación implícita de la responsabilidad, en la medida en la que se establecen dos causas de exención de esta responsabilidad fuera de las cuales podría entenderse que los administradores o directivos de una entidad son responsables; es decir, debe presumirse que la conducta desplegada por esas personas es culposa o dolosa[67].

En mi opinión, la polémica es un tanto estéril, por cuanto no creo que estemos ante una objetivación de la responsabilidad, sino antes más bien ante una cualificación de la culpabilidad, derivada de la especial diligencia profesional que administradores y directivos deben desplegar en el desempeño de las funciones propias de sus cargos[68]. La conducta

---

67 Así, CHINCHILLA MARTÍN, Carmen, "El régimen...", *óp. cit.*, pp. 79-81.

68 El planteamiento de la polémica se produjo en un momento, el anterior a la entrada en vigor de la LEREJUSP, en el cual la aplicación del principio de culpabilidad en el ámbito administrativo sancionador se encontraba algo diluido, toda vez que el art. 130 de la entonces vigente LRJ-PAC no se expresaba con la misma claridad que ahora lo hace el art. 28.1 de la LEREJUSP, al sustituir la referencia expresa a la existencia de dolo o culpa por la comisión de una infracción

debe ser culposa o dolosa –así lo dicen expresamente las normas–, pero el estándar de culpabilidad no se corresponde con el que podríamos llamar el estándar normal, con la diligencia propia de un buen padre de familia, sino que nos encontramos ante un estándar cualificado fruto de la especial diligencia que quienes desempeñan esas funciones deben tener –si se quiere, con la diligencia de un ordenado empresario–. Es en ese contexto en el que, en mi opinión, se enmarcan las causas de exoneración, que no constituyen sino la delimitación negativa de la diligencia exigible a administradores y directivos de la entidad.

Este parece ser el fundamento que subyace también al planteamiento que de la cuestión hace nuestro Tribunal Supremo. Así, en su Sentencia de 23 de noviembre de 1998 (TOL1.703.992), el Alto Tribunal, al examinar el art. 15 de la LDIEC –que, *mutatis mutandis*, venía a regular esta cuestión de la misma forma–, señaló:

> *"Para exigir responsabilidad a los cargos de administración o dirección de las entidades de crédito, en relación con las infracciones por éstas cometidas, el artículo 15 de la Ley de Disciplina e Intervención 26/1988, establece el requisito de que las mismas sean imputables a su conducta dolosa o negligente. No se trata, por tanto, de una responsabilidad objetiva o sin culpa, por el mero hecho de la ostentación de un cargo o de la pertenencia al Consejo de Administración, sino de que la infracción cometida por la entidad obedezca a una conducta culpable, que sea imputable a la acción u omisión deliberada o indiligente del titular del cargo. Así, expresamente, lo reconoce el acto recurrido al exonerar de responsabilidad a una serie de miembros del Consejo de Administración, por su no intervención y desconocimiento, no atribuible a negligencia, en los hechos dilucidados en el expediente.*
>
> *No ocurre lo mismo con referencia al recurrente, pues, como se indica en el acuerdo del Consejo de Ministros, no ha observado en su actuar, positivo o por omisión, toda la diligencia que a su cargo de Vicepresidente es exigible, medida de acuerdo con los especiales requisitos de conocimiento y experiencia profesional que para esta clase de cargos imponen las normas aplicables (artículo 2 del Real Decreto 1245/1995, de 14 julio). Así, a pesar de que por los deberes propios de su puesto y por su capacidad estaba obligado a poner todos los medios de actuación a su alcance para evitar lo sucedido, de su conducta se deriva la vulneración de normas que constituyen las infracciones anteriormente tipificadas y probadas, normas de ordenación y disciplina bancaria, cuyo conocimiento era inherente al cargo que ostentaba y cuya observancia era precisamente contenido esencial de su ejercicio. Su actividad no se limitaba, pura y simplemente, al desempeño del cargo de miembro del Consejo de Administración, sino que estaba vinculado al «Banco Credipas» en virtud de contrato suscrito el 1 de marzo de 1993, formalizado de conformidad con lo dispuesto en el artículo 4.° del Real Decreto 1382/1985,, por el que se regula la relación laboral de carácter especial del personal de Alta Dirección. Esta conjunción de cargos, junto con el desempeño del de Vicepresidente de la entidad, abundantemente retribuidos, hacían recaer sobre él una mayor diligencia, que la atribuible a cualquier otro Consejero,*

"*a título de simple inobservancia*". Aunque esta expresión debió ser interpretada, también en el contexto normativo anterior, como existencia de culpa a la hora de determinar la imputación subjetiva, la Administración supervisora realizó una aplicación laxa de ese requisito que en ocasiones fue confirmada por los tribunales, lo que ocasionó un funcionamiento de la potestad sancionadora que, en algunos casos, asemejaba la imputación de la infracción a supuestos de imputación objetiva.

por lo que una actitud omisiva o pasiva, suponía hacer dejación de sus obligaciones, que de haberse cumplido hubieran determinado que los hechos infractores no se realizasen o fuese más difícil su ejecución" (Fundamento Jurídico Segundo).

En su posterior Sentencia de 18 de octubre de 2006 (TOL1.013.849), ya citada, el Tribunal Supremo, acogiendo esta doctrina, añadió que:

"Ahora bien, también se ha dicho (sentencia de 17 de diciembre de 1997) que su posición activa, en unos casos, y omisiva, en otros, pueden poner de manifiesto su culpabilidad, pues al ser el Consejo de Administración el órgano gestor de la entidad, no puede alegar ignorancia en el cumplimiento de obligaciones que vienen impuestas legalmente; máxime si se tienen presente los especiales requisitos de experiencia y conocimiento profesional que es presumible se deben poseer por estos altos cargos, a los que les es exigible un deber de vigilancia, control e inspección sobre los medios personales, materiales y técnicos con que cuenta la entidad que dirigen, y que han de ejercitar permanentemente, incluso cuando falten los órganos colectivos decisorios, en cuya posición ha de subrogarse, no ya para la toma de acuerdos que a aquéllos corresponda, pero sí, respecto de las decisiones urgentes e inmediatas que impliquen el cumplimiento de normas imperativas, sin perjuicio de su posterior puesta en conocimiento de tales órganos, una vez constituidos.

(...) No se ha vulnerado, por tanto, la presunción de inocencia pues los hechos anteriores demuestran sobradamente la negligencia en la actuación, ni puede hablarse exclusivamente de culpabilidad de la entidad, pues el tan repetido art. 15 LDIEC, después de proclamar en su apartado 1 la responsabilidad de los Consejeros por las infracciones muy graves y graves, solo los exonera en el apartado 2 cuando no asistan a las reuniones o hubieren votado en contra o salvado su voto, o cuando las mismas sean imputables solo a comisiones ejecutivas, consejeros delegados, directores generales o asimilados, supuestos que no concurren en el caso presente. El hecho de que con posterioridad a la iniciación del expediente sancionador se intentara remediar los efectos de la infracción, podrá tener relevancia a otros efectos pero no en orden a la realización de la conducta infractora, y en cualquier caso revelan que ya en su momento tenían los conocimientos suficientes para advertir la mala gestión que realizaban otros órganos directivos, con lo que se tiene que descartar cualquier tipo de ignorancia o falta de preparación que pudieran alegar" (Fundamento Jurídico Quinto).

Es decir, más que ante una presunción de la culpabilidad, estamos ante una negligencia en el desempeño de sus funciones por quien, en razón del cargo que ostenta, debió desplegar una diligencia máxima para evitar la ocurrencia de los hechos infractores, y no lo hizo, provocando en consecuencia la comisión de la infracción.

Finalmente, además de las entidades de crédito y sus administradores y directivos, las normas –especialmente la LOSSEC– enumeran también una vasta relación de otros posibles responsables administrativos por la comisión de infracciones.

Por un lado, éstos pueden ser participantes directos en el sector del crédito distintos de entidades de créditos y sus cargos de administración y dirección, tales como quienes posean una participación significativa en alguna entidad de crédito; quienes, teniendo nacionalidad española, controlen una entidad de crédito de otro estado miembro de la Unión Europea; o quienes se encuentren sujetos a la obligación de notificar la adquisición de participaciones significativas en entidades de crédito de acuerdo con la normativa aplicable (cfr. art. 89.2 de la LOSSEC). Y en la misma situación cabe entender a las sucursales abiertas en España por entidades de crédito extranjeras; a todo aquél que infrinja la reserva de denominación legalmente establecida (y, en el caso de que sea una persona jurídica, también sus administradores de hecho o de derecho); a las sociedades financieras de cartera, las sociedades financieras mixtas de cartera y quienes ostenten en ellas cargos de administración o dirección; y, en fin, a aquellos terceros a quienes las entidades de crédito o alguna de las anteriores haya subcontratado funciones o actividades operativas (cfr. art. 89.4 de la LOSSEC)[69].

Por otro lado, el art. 89.4-*d)* de la LOSSEC establece que estarán sujetas a la potestad sancionadora del BdE "*todas las demás entidades que se prevean en el ordenamiento jurídico*", cláusula que, lejos de ser general, se refiere a otras entidades que no son estrictamente entidades de crédito y no participan de forma directa en ese sector, pero que, por razón de las funciones que desempeñan, el legislador los sujeta a la supervisión del BdE en términos análogos a los previstos para entidades de crédito (así, establecimientos financieros de crédito, sociedades de tasación, sociedades de garantía electrónica, entidades de pago, etc.). Esta extensión *tabula rasa* de la potestad sancionadora al BdE a estas otras entidades no está, empero, exenta de problemas, especialmente por lo que al encaje que algunos tipos infractores se refiere[70]. No obstante, el examen detenido de esta cuestión queda extramuros del alcance del presente estudio.

3.3 INFRACCIONES

Después de establecer, con carácter general, la clasificación de las infracciones en muy graves, graves y leves (cfr. arts. 91 de la LOSSEC y 78 de la Ley 11/2015), las normas recogen un amplísimo catálogo de infracciones de cada clase que, sin embargo, no encuentro de mucha utilidad reproducir en este lugar al margen de unos hechos concretos que deban subsumirse en ellas en cada caso[71]. Por el contrario, creo mucho más

---

69 Según se explicó en el Capítulo V, se trata de las personas referidas en el art 22 del RD 84/2015 y en la Norma 43 de la Circular 2/2016. Me remito a lo expuesto en ese Capítulo para más detalle a este respecto.

70 Así lo denuncia Chinchilla Martín, Carmen, "El régimen...", *óp. cit.*, pp. 76-77.

71 La doctrina se enfrenta a esta cuestión. Algunos autores prefieren reproducir todas las infracciones de forma más o menos sistemática (así, Deprés Polo *et al, Manual...*, *óp. cit.*, pp. 559-564, que aportan unas tablas que presentan ordenadamente los tipos infractores y tratan de arrojar algo de luz en la distinta cualificación que merecen para ser calificadas como graves o muy graves, según se explicará a continuación; o, para las infracciones contenidas en la Ley 11/2015, Bauzá Martorell, Felio José, "Régimen...", *óp. cit.*, pp.1067-1073). Otros autores prefieren agruparlas por bloques temáticos y explicar éstos (así, Bermejo Vera, José, "Inspección y régimen sancionador del sistema financiero en España", en Tejedor Bielsa, Julio César y Fernández Torres, Isabel (dirs.), *La reforma bancaria en la Unión Europea y España*, Cizur Menor (Navarra): Thomson

conveniente realizar algunos comentarios generales sobre los principales problemas que la técnica legislativa empleada para su tipificación y plantear sus posibles soluciones.

Con carácter previo, debo añadir que, respecto de la potestad sancionadora atribuida al BdE, el catálogo de infracciones adolece de una grave asistemática, toda vez que las infracciones se encuentran contenidas, por un lado, en los arts. 92 a 94 de la LOSSEC, y, por otro, en los arts. 79 a 81 de la Ley 11/2015, en relación con las funciones que, en materia de actuación temprana y como autoridad de resolución preventiva, esa Ley atribuye al BdE, las cuales, sin embargo, no aparecen expresamente identificadas en cuanto tales en cada tipo infractor. En análogo sentido, debe hacerse referencia en este lugar al Dictamen del Consejo de Estado núm. 59/2014, que informó el anteproyecto de Ley de la LOSSEC, que, en sus comentarios al art. 92 de esta norma, incluyó algunas recomendaciones dirigidas a mejorar la técnica legislativa de tipificación de estas infracciones, las cuales, han sido acogidas en unos casos pero en otros no, sin que se conozcan las razones de ello[72]. Sí que han sido acogidos, por lo demás, los comentarios contenidos en el Dictamen 77/2015 en relación con los arts. 79 a 81 de la Ley 11/2015.

El sistema, en definitiva, reclama urgentemente una mayor sistematización mediante una regulación homogénea del conjunto de infracciones sobre las cuales tiene potestad el BdE, que pasa, en fin, por regularlas en un cuerpo normativo único[73].

Reuters-Civitas, 2014, pp. 230-244). Mención aparte merece el trabajo de FERNÁNDEZ-ESPINAR, Luis Carlos, "La potestad sancionadora de la Administración financiera", *DA*, núm. 282-283 (abril 2009), pp. 241-290, que, aunque se trata de los tipos regulados en la LDIEC, no sólo opta por enumerarlos, sino que hace un repaso de la jurisprudencia recaída hasta la fecha sobre cada uno de ellos. En fin, algunos autores prefieren, como haré yo, centrarse en los principales puntos de fricción del sistema, dejando para un examen caso a caso el estudio de cada tipo (así, la ya citada CHINCHILLA MARTÍN, Carmen, "El régimen...", *óp. cit.*, pp. 81-86; o ESTEBAN RÍOS, Javier, *El ejercicio...*, *óp. cit.*, pp. 532-535).

[72] Así, por ejemplo, el supuesto incluido en la letra *m)*, relativo a la adquisición de participaciones significativas en entidades de crédito sin la preceptiva autorización, no precisa que debe referirse a la adquisición de participaciones significativas sobre entidades "*autorizadas en España*"; la letra *r)*, relativa a la falta de remisión de los planes de reestructuración y resolución hoy regulados en la Ley 11/2015, aclara la expresión "*o debieron conocer*" como elemento determinante del *dies a quo* del plazo en el que debe cumplirse la obligación cuyo incumplimiento constituye la infracción, cuando ese *dies a quo*, como señala el Consejo de Estado, es conocido; o, en fin, la letra *z)*, relativa a infracciones reiteradas de la normativa en materia de servicios de pago, no hace referencia expresa a la reiteración como elemento esencial del tipo de la infracción muy grave que permite diferenciarla de la comisión de una infracción grave por la misma razón.

[73] En materia de potestad sancionadora, por tanto, la conclusión no es distinta de la alcanzada en los Capítulos anteriores para las otras potestades que conforman la actividad administrativa de supervisión prudencial bancaria: se trata de una única actividad que se encontraría mucho mejor regulada en un único cuerpo normativo.

Al margen de lo anterior, dos son los problemas principales que la doctrina identifica en los tipos infractores que regulan la LOSSEC y la Ley 11/2015[74]. En primer lugar, se trata de normas plagadas de conceptos jurídicos indeterminados. Así, "*cobertura insuficiente de los requerimientos de recursos propios*", "*poner en peligro la gestión sana y prudente de la entidad*", "*dotar de manera insuficiente las reservas obligatorias*", "*falta de colaboración exigible*", "*cualquier actuación que entorpezca o dificulte gravemente la valoración económica de la entidad*", por citar solo algunos, son conceptos jurídicos que requieren de una previa delimitación para ser aplicados al caso concreto. Como es lógico, ello no significa que la Administración disponga en esos casos de una potestad discrecional, sino que, siendo ésta reglada, debe desentrañarse el sentido del concepto a fin de determinar si los hechos examinados son susceptibles de ser subsumidos en ellos.

La cuestión se plantea de forma más acusada en la discutible técnica que el legislador ha empleado para trazar la frontera entre infracciones muy graves e infracciones graves en aquellos casos en los que construye el tipo infractor sobre la base de los mismos hechos. En este sentido, la tipificación de infracciones graves contiene numerosos supuestos en los cuales el tipo se define de forma muy similar al escogido para tipificar infracciones muy graves, añadiéndose la coletilla de "*siempre que ello no suponga la comisión de una infracción muy grave de conformidad con lo previsto en el artículo anterior*" o "*salvo que, por no tener carácter meramente ocasional o aislado. constituya infracción muy grave*"[75]. Aunque la segunda dicción, que aparece en la Ley 11/2015, parece ofrecer algún criterio de delimitación más claro, la cuestión globalmente considerada está lejos de serlo, de suerte que será preciso una exégesis caso a caso para determinar cuándo el tipo infractor que procede aplicar es el que califica la infracción como grave y cuándo debe aplicarse el que lo hace como muy grave. Ello, claro está, con las consecuencias que, en términos de sanción aplicable, ello conlleva[76].

Como recuerdan Chinchilla Martín[77] y Esteban Ríos[78], nuestro Tribunal Supremo ha admitido el empleo de conceptos jurídicos indeterminados en el ámbito sancionador, siempre que "*su concreción sea razonablemente factible en virtud de criterios lógicos, técnicos o de experiencia, de tal forma que permitan prever, con suficiente seguridad,*

---

74 Normas que, no obstante, como recuerda acertadamente Esteban Ríos, "*aun siendo susceptible*[s] *de ciertas críticas, sí cumpliría*[n] *de forma satisfactoria con los requisitos constitucionales exigibles al régimen de ejercicio de la potestad sancionadora*" (Esteban Ríos, Javier, *El ejercicio..., óp. cit.*, p. 533).

75 Muchos son los ejemplos que podrían citarse a este respecto. A título meramente ejemplificativo, letras *a), g), h), m), n), ñ), p), r)* o *t)* del art. 93 de la LOSSEC, o letras *a), e), g), h), i), k)* o *l)* del art. 80 de la Ley 11/2015

76 Sin ir más lejos, la revocación de la autorización sólo puede imponerse en el caso de la comisión de una infracción muy grave, y no en el de comisión de una infracción grave.

77 Chinchilla Martín, Carmen, "El régimen...", *óp. cit.*, pp. 82-83,

78 Esteban Ríos, Javier, *El ejercicio..., óp. cit.*, pp. 534-535.

la naturaleza y las características esenciales de las conductas constitutivas de la infracción tipificada"[79]. Algo que, en el ámbito que nos ocupa, puede ser razonablemente fácil para una Administración especializada que, no obstante, deberá motivar fuertemente la delimitación que haga del concepto y justificar adecuadamente la subsunción de los hechos examinados en él.

El segundo problema que presentan los tipos infractores en el ámbito de la actividad administrativa de supervisión prudencial bancaria es el de su configuración como normas sancionadoras en blanco que, por tanto, requieren ser complementadas por otras normas que especifiquen los términos y el alcance de la obligación cuyo incumplimiento constituye en último término la infracción. Los ejemplos aquí son también abundantes, desde remisiones implícitas a normas de la propia Ley y sus disposiciones de desarrollo (así, la infracción de la reserva de denominación del art. 92-*a)* de la LOSSEC, que se refiere a una infracción de su art. 3) o a normas contenidas en otras disposiciones (por ejemplo, la referencia al mantenimiento de recursos propios inferiores a los exigidos que aparece en el art. 92-*c)* de la LOSSEC, la cual se regula principalmente en CRR) o, más directamente, remisiones expresas a otras normas cuya infracción constituye el acto que merece reproche por medio del ejercicio de la potestad sancionadora (así, las letras *j)*, *s)*, *t)*, *u)* o *v)* del art. 92 de la LOSSEC, que se refieren a la inobservancia de concretos preceptos de CRR). Todos estos casos, en realidad, son un grupo heterogéneo de supuestos, en la medida en la que el esfuerzo integrador para conocer el exacto alcance del tipo infractor es, en cada caso, diferente[80].

Como enseñan Gómez Tomillo y Sanz Rubiales, el Tribunal Constitucional español ha establecido tres requisitos de admisibilidad de este tipo de normas: que el núcleo del comportamiento infractor esté claramente definido en la norma, que el renvío sea expreso y que este reenvío esté justificado por razón del bien jurídico protegido[81]. Sobre esta base, la integración del tipo pasará entonces por acudir al contenido de las normas de reenvío para delimitar las conductas prohibidas por las normas sancionadoras de aquéllas que no dan lugar a responsabilidad administrativa.

---

79 Sentencia del Tribunal Supremo de 14 de noviembre de 2006 (TOL1.018.850), Fundamento Jurídico Segundo. En este sentido también , Sentencia del Tribunal Supremo de 16 de diciembre de 2009 (TOL1.776.284), Fundamento Jurídico Tercero.

80 Como es lógico, no es lo mismo que el tipo se configure como una infracción de un concreto precepto de una norma, ya esté expresamente identificado o no en la definición del tipo, que lo haga mediante expresiones indeterminadas que requieran de cierto esfuerzo para encontrar las normas que regulan la concreta conducta cuyo incumplimiento constituye finalmente el tipo infractor.

81 Gómez Tomillo, Manuel, y Sanz Rubiales, Íñigo, *Derecho..., óp. cit.*, p. 150. Los autores recuerdan más adelante que el Tribunal Supremo ha admitido la compleción de normas sancionadoras en blanco mediante Circulares del BdE, instrumento que, *mutatis mutandis*, guarda un enorme paralelismo con los reglamentos y decisiones del BCE cuyo incumplimiento puede constituir aquí el tipo infractor (*ib. ídem*, p. 155).

En mi opinión, los supuestos anteriores cumplirían los anteriores requisitos aun cuando se trate de reenvíos expresos a preceptos que, sin embargo, mencionan de forma implícita la norma de reenvío (es el caso del incumplimiento de la reserva de denominación o la tenencia de fondos propios insuficientes), por cuanto no existen dudas de cuáles son las concretas normas que regulan esas materias (el art. 3 de la LOSSEC y ciertos preceptos del CRR)[82]. Y, por supuesto, en estos casos existe una definición del tipo infractor en la norma (la realización de actividades distintas de las reservadas bajo la denominación representativa de una entidad de crédito, la tenencia de menos requisitos de fondos propios que los exigidos en la norma, etc.), y la complejidad de la regulación del bien jurídico protegido (la estabilidad del sistema financiero) justifica que el detalle de las conductas aparezcan definidas en normas distintas de las tipificadoras, algunas de ellas dictadas en el ejercicio de la potestad reglamentaria por una Administración especializada como es el BdE.

Mención aparte merece la expresión que este fenómeno presenta en la definición del tipo de infracciones leves en las dos normas relevantes. Así, el art. 94 de la LOSSEC establece:

> *"Constituyen infracciones leves el incumplimientos de preceptos de obligada observancia para las entidades de crédito comprendidos en normas de ordenación o disciplina que no constituyan infracción grave o muy grave conforme a lo dispuesto en los dos artículos anteriores".*

Y, en términos parecidos (aunque no idénticos), el art. 81 de la Ley 11/2015 dispone:

> *"Constituyen infracciones leves aquellos incumplimientos de obligaciones establecidas específicamente en esta Ley que no constituyan infracciones muy graves o graves conforme a lo previsto en los dos artículos anteriores".*

En estos casos, las normas de reenvío apenas se encuentran identificadas, lo que dificulta enormemente comprender el alcance material del tipo. Quizá en el segundo supuesto la Ley 11/2015 ofrece algo más de seguridad jurídica, al referirse, de una parte, a "*obligaciones*", que permite encontrarlas en preceptos que contengan mandatos imperativos para las entidades de crédito ("*deberán*", "*habrán*", etc.); y, de otra parte, a "*establecidas en esta Ley*", que acota la fuente de tales obligaciones. El caso de la LOSSEC es, sin embargo, mucho menos claro, en la medida en la que se refiere no ya a obligaciones, sino a "*preceptos de obligada observancia*" –¿qué preceptos de una norma no lo son?–, y no se limita a los mandatos contenidos en ella, de suerte que cabe extender el tipo, como mínimo, a las normas contenidas en CRR que no formen parte de los tipos de

---

82 Más arriba también recordamos que el Tribunal Supremo ha admitido el reenvío a normas reglamentarias y, más aún, a circulares del BdE, que, en muchos de los tipos infractores indicados, regulan el detalle de la obligación cuya inobservancia puede ser constitutiva de infracción (*vid.*. Gómez Tomillo, Manuel, y Sanz Rubiales, Íñigo, *Derecho...*, *óp. cit.*, pp. 155-156).

infracciones graves y muy graves, y a su amplísima normativa de desarrollo en forma de reglamentos de ejecución o reglamentos de delegados que también contienen "*preceptos de obligada observancia*".

A la vista de esta circunstancia, entiendo que existirán casos en los cuales pueda resultar discutible la subsunción de una determinada conducta en el tipo correspondiente a las infracciones leves, lo que exigirá, por un lado, una especial motivación por parte de la Administración y, por otro lado, una específica justificación de la construcción del tipo infractor con base en los tres requisitos antedichos sentados por el Tribunal Constitucional. De lo contrario, no existirá la certeza suficiente para concluir con que la conducta en cuestión ha constituido una infracción de esa clase y, por ello, no podrá concluirse deduciendo responsabilidad administrativa para el supuesto infractor[83].

En relación con las normas sancionadoras en blanco, merece la pena dejar apuntado que ésta es la técnica que preside la tipificación de infracciones en materia de conducta, donde, en solo dos tipos (uno correspondiente a una infracción muy grave –art. 92-*x)* de la LOSSEC– y otro grave –art. 93-*f)* de la LOSSEC) reputan como infracción el incumplimiento de las normas de conducta dictadas por el Ministerio de Economía y Competitividad (esto es, normas, en todo caso, de carácter reglamentario, que a su vez se complementan con normas dictadas por el BdE)[84], que se cualifican en función de la concurrencia al caso de ciertos requisitos[85]. En estos casos, el tipo leve apenas tendrá juego posible, en la medida en la que, en la mayoría de los casos, en los supuestos en los que no concurra el supuesto cualificado se considerará que existe una infracción grave.

En otro orden de cosas, los tipos infractores más graves también tipifican como tales la comisión reiterada de infracciones de gravedad menor, cuando exista reincidencia (por ejemplo, art. 92-*y)* de la LOSSEC) o concurran circunstancias que hagan a la conducta

---

83 Como argumentos complementarios, la que la vaga definición contenida en la norma tipificadora haría imposible una adecuada representación de la antijuridicidad de la conducta desplegada. Sobre esta última cuestión, *vid.* Gómez Tomillo, Manuel, y Sanz Rubiales, Íñigo, *Derecho..., óp. cit.*, pp. 396-400.

84 Tras la reforma operada por la Ley 11/2023, de 8 de mayo, de trasposición de Directivas de la Unión Europea en materia de accesibilidad de determinados productos y servicios, migración de personas altamente cualificadas, tributaria y digitalización de actuaciones notariales y registrales; y por la que se modifica la Ley 12/2011, de 27 de mayo, sobre responsabilidad civil por daños nucleares o producidos por materiales radiactivos, también constituye infracción muy grave con arreglo al art. 92-*x)* de la LOSSEC la infracción de la obligación de tener mecanismos adecuados de control interno que garanticen el cumplimiento de las normas de conducta, de acuerdo con el art. 29.8 de la LOSSEC.

85 Número de afectados, reiteración de la conducta, efectos sobre la confianza de la clientela y la estabilidad del sistema financiero o especial relevancia de los incumplimientos (cfr. art. 92-*x)* de la LOSSEC).

merecedora de un especial reproche jurídico (así, la comisión de una infracción graves mediante personas físicas o jurídicas interpuestas es infracción muy grave: cfr. art. 92-*l)* de la LOSSEC).

Por último, de acuerdo con lo establecido en los arts. 95.1 de la LOSSEC y 77.1 de la Ley 11/2015, las infracciones muy graves prescriben a los cinco años, las graves a los cuatro años y las leves al año. El plazo se computará desde la comisión de la infracción o, en el caso de infracciones continuadas, desde su cesación (cfr. arts. 95.2 y 75.2, respectivamente). La prescripción se interrumpirá por la iniciación, con conocimiento del interesado, del procedimiento sancionador, reanudándose (que no reiniciándose) el plazo si el expediente permaneciera paralizado por más de seis meses por causa no imputable a aquellos contra quienes se dirija, a excepción de su suspensión por litispendencia penal (cfr. arts. 95.3 de la LOSSEC y 75.3 de la Ley 11/2015).

3.4 SANCIONES

El esquema que sigue la regulación de las sanciones en las dos normas relevantes es idéntico. Después de un precepto dedicado a establecer, con carácter general, el régimen de sanciones que corresponden a las infracciones tipificadas inmediatamente antes[86], las dos normas incorporan dos series de tres preceptos: la primera serie dedicada a establecer las sanciones que corresponden a las entidades de crédito por infracciones muy graves, graves y leves, y la segunda serie destinada a determinar las sanciones que corresponden a quienes ostenten cargos de administración o dirección por las mismas tres clases de infracciones.

A su vez, cada una de estas tres series se articula del mismo modo en ambas leyes, sin perjuicio de la diferencia que existe en su contenido material. Así, por lo que a las sanciones a entidades de crédito se refiere, en ambos casos se establecen separadamente sanciones principales y sanciones accesorias. Las sanciones principales consisten en todos los casos en multa[87] calculada como un coeficiente multiplicador del beneficio

[86] Así, el art. 96 de la LOSSEC, que, además de imponer al BdE la obligación de informar a la ABE de las sanciones impuestas y los recursos presentados contra ellas, así como del resultado de éstos, establece que todos los sujetos pasivos enumerados en su art. 89 deben ser sancionados como se indica en los artículos siguientes, salvo expresa disposición en contrario; y el art. 82 de la Ley 11/2015, cuya principal especialidad es disociar el régimen de sanciones que corresponde a las infracciones referidas a conductas enmarcadas en las fases preventiva y ejecutiva de la resolución, que se regirán por lo dispuesto en la propia Ley 11/2015, de las que corresponden a infracciones cometidas en el ámbito de las medidas de actuación temprana, que serán las previstas en la LOSSEC.

[87] Las sanciones pecuniarias –y esto es predicable de todas las que se referirán en las líneas siguientes– deberán integrarse en el Tesoro, y sus importe podrá ser reclamado por los medios de ejecución previstos en los arts. 97 y ss. de la LPACAP (cfr. art. 114 de la LOSSEC).

ilícito o las pérdidas evitadas como consecuencia de la comisión de la infracción o, en su defecto, un porcentaje del volumen de negocios total anual de la entidad[88]. En el caso de las infracciones muy graves, además, como sanción principal puede imponerse la revocación de la autorización para desempeñar la actividad del crédito[89]. Por lo que a las sanciones accesorias se refiere, en todos los casos se corresponden con amonestación bien pública (esto es, publicación de la sanción en el BOE) para los casos de infracciones muy graves o graves, amonestación privada, para los casos de infracciones graves o leves; o requerimientos para la cesación y abstención de la realización de la conducta infractora en todos los casos. En la tabla siguiente se resume el contenido material de cada una de estas sanciones en cada norma relevante:

Sanciones			Contenido en la LOSSEC			Contenido en la Ley 11/2015		
Clase	Contenido		I. muy graves (art. 97)	I. graves (art. 98)	I. leves (art. 99)	I. muy graves (art. 83)	I. graves (art. 84)	I. leves (art. 85)
Sanciones principales	Multa	Decomiso de beneficio ilícito	Entre el triple y el quíntuplo	Entre el doble y el triple	Entre el doble y el triple	Hasta el doble	Hasta 1,5 veces	Hasta 1,2 veces
		Porcentaje sobre el volumen de negocios total anual	Entre el 5% y el 10%, o entre 5 y 10 millones de euros, si aquel porcentaje fuera inferior	Entre el 3% y el 5%, o entre 2 y 5 millones, si aquel porcentaje fuera inferior	Entre el 0,5% y el 1%, o entre 100.000 euros y un millón, si aquel porcentaje fuera inferior	Hasta el 10%	Hasta el 5%	Hasta el 1%
	Revocación de autorización		Sí			Sí		

88 Calculado incluyendo los ingresos brutos procedentes de intereses a percibir e ingresos asimilados, los rendimientos de acciones y otros valores de rentas fija y variable y las comisiones o corretajes a cobrar que haya realizado la entidad en el ejercicio anterior. Además, cuando se trate de una entidad filial de una empresa matriz, el volumen de negocios pertinente será el resultante de las cuentas consolidadas de la empresa matriz en el ejercicio anterior (cfr. arts. 97.1.*a)*-2º de la LOSSEC, y 83.1-*a)*-2º de la Ley 11/2015).

89 Nótese que las normas señalan que, para el caso de sucursales de entidades de crédito autorizadas en otro Estado miembro de la UE sobre las que las Administraciones españolas no desempeñen la función supervisora principal, la revocación se sustituirá por la prohibición de que inicie nuevas operaciones en territorio español (cfr. arts. 97.1-*b)*, párrafo segundo, de la LOSSEC, y 83.1-*b)*, párrafo segundo, de la Ley 11/2015).

Sanciones accesorias	Amonestación	Pública	Sí	Sí	No	Sí	Sí	No
		Privada	No	Sí	Sí	No	Sí	Sí
	Requerimientos de cesación y abstención de la conducta infractora		Sí	Sí	Sí	Sí	Sí	Sí

La segunda serie de sanciones se organiza sobre un esquema similar. Por un lado, las personas que ostenten cargos de administración o dirección podrán ser sancionadas con sanciones principales que pueden consistir en multa y, si se trata de infracciones graves o muy graves, suspensión en el ejercicio del cargo en esa entidad o separación e inhabilitación para ejercer cargos de administración bien en esa entidad, bien en cualquier entidad de crédito o en el conjunto del sector financiero. Por otro lado, en ambos casos podrán imponerse sanciones accesorias consistentes en requerimientos de cesación y abstención en la comisión de la infracción y amonestaciones públicas o privadas. En la siguiente tabla se resume el contenido material de las sanciones en cada caso:

Sanciones		**Contenido en la LOSSEC**			**Contenido en la Ley 11/2015**		
Clase	**Contenido**	**I. muy graves (art. 100)**	**I. graves (art. 101)**	**I. leves (art. 102)**	**I. muy graves (art. 86)**	**I. graves (art. 87)**	**I. leves (art. 88)**
Sanciones principales	Multa	Hasta 5 millones de euros	Hasta 2,5 millones de euros	Hasta 500.000 euros	Hasta 5 millones de euros	Hasta 2,5 millones de euros	Hasta 500.000 euros
	Suspensión en el ejercicio del cargo	Por hasta 3 años	Por hasta 1 año		Por hasta 3 años	Por hasta 1 año	
	Separación e inhabilitación para ejercer cargos de administración o dirección en la entidad infractora	Por hasta 5 años	Por hasta 2 años		Por hasta 5 años	Por hasta 2 años	
	Separación e inhabilitación para ejercer cargos de administración o dirección en el sector financiero	Por hasta 10 años	Por hasta 5 años		Por hasta 10 años	Por hasta 5 años	

<table>
<tr><td rowspan="3">Sanciones accesorias</td><td rowspan="2">Amonestación</td><td>Pública</td><td>Sí</td><td>Sí</td><td>No</td><td>Sí</td><td>Sí</td><td>No</td></tr>
<tr><td>Privada</td><td>No</td><td>No</td><td>Sí[1]</td><td>No</td><td>No</td><td>Sí</td></tr>
<tr><td colspan="2">Requerimientos de cesación y abstención de la conducta infractora</td><td>Sí</td><td>Sí</td><td>Sí</td><td>Sí</td><td>Sí</td><td>Sí</td></tr>
</table>

En relación con esta segunda serie de infracciones, en el caso de que la sanción implicada conlleve la suspensión en el ejercicio del cargo o la separación e inhabilitación del infractor, los arts. 106 de la LOSSEC y 91 de la Ley 11/2015 habilitan a la Administración supervisora (el BdE o el FROB) para nombrar, con carácter provisional, los miembros que se precisen para que el órgano de administración pueda adoptar acuerdos, especificando en todo caso sus funciones. Estas personas ejercerán sus cargos hasta que los órganos competentes de la entidad, convocados de modo inmediato, provean los correspondientes nombramientos y éstos tomen posesión, en su caso, hasta que transcurra el periodo de suspensión.

En otro orden de cosas, los arts. 103 de la LOSSEC y 89 de la Ley 11/2015 contienen un amplio elenco de criterios de graduación de las sanciones que deberán ser considerados por la Administración supervisora en el ejercicio de la potestad sancionadora[2].

---

1 El art. 102 de la LOSSEC parece concebir las amonestaciones privadas por infracciones leves como una sanción principal toda vez que aparece regulada en su apartado 1 junto a las multa, mientras que el requerimiento de cesación y abstención de realización de la conducta infractora aparece regulado como sanción accesoria en el apartado 2 del precepto. Más acertada es, en cambio, la regulación contenida en el art. 88 de la Ley 11/2015 que, con el mismo contenido material, regula en el apartado 1 del precepto la multa como única sanción principal, y en el apartado 2, como sanciones accesorias, la amonestación privada y el requerimiento de cesación y abstención de la realización de la conducta infractora.

2 Estos criterios, que coinciden sustancialmente, son: **(i)** la naturaleza y entidad de la infracción; **(ii)** el grado de responsabilidad en los hechos; **(iii)** la gravedad y duración de la infracción; **(iv)** la importancia de los beneficios obtenidos o las pérdidas evitadas, en su caso, como consecuencia de los actos u omisiones constitutivos de la infracción; **(v)** la solidez financiera de la persona jurídica responsable de la infracción reflejada, entre otros elementos objetivables, en el volumen de negocios total de la persona jurídica responsable; **(vi)** la solidez financiera de la persona física responsable de la infracción reflejada, entre otros elementos objetivables, en los ingresos anuales de la persona física responsable; **(vii)** las consecuencias desfavorables de los hechos para el sistema financiero o la economía nacional; **(viii)** la subsanación de la infracción por propia iniciativa del infractor; **(ix)** la reparación de los daños o perjuicios causados; **(x)** las pérdidas causadas a terceros por la infracción; **(xi)** el nivel de cooperación con la autoridad competente; **(xii)** las consecuencias sistémicas de la infracción; **(xiii)** el nivel de representación que el infractor ostente en la entidad infractora; **(xiv)** en el caso de insuficiencia de

La imposición de sanciones, a excepción de la de amonestación privada, deberá constar en los registros administrativos de entidades de crédito y altos cargos en el Registro Mercantil o el Registro de Cooperativas y en los demás registros que correspondan (cfr. art. 115.1 a 3 de la LOSSEC, aplicable también a las sanciones impuestas con arreglo a la Ley 11/2015 *ex* su art. 92.1). Además, las sanciones por infracciones muy graves, una vez firmes en vía administrativa se publicarán en el BOE y, en cuanto a las sanciones por infracciones graves, si son impuestas con arreglo a la LOSSEC la publicación será facultativa del BdE, mientras que si lo son con arreglo a la Ley 11/2015 la publicación parece obligatoria (cfr. arts. 115.5 de la LOSSEC y 92.3 de la Ley 11/2015). En todo caso, las sanciones por infracciones muy graves y graves impuestas con arreglo a la LOSSEC serán publicadas en la página web del BdE, en el plazo de quince días hábiles desde que cobren firmeza en vía administrativa, salvo que concurra alguna circunstancia que haga aconsejable la confidencialidad de los sujetos sancionados[3] (cfr. art. 115.6 de la LOSSEC). También deberán figurar en la página web de la entidad los recursos que, en su caso, se interpusieran frente a las sanciones y el estado de su tramitación (cfr. art. 115.7 de la LOSSEC)[4].

Las sanciones por infracciones muy graves prescribirán a los tres años, las impuestas por infracciones graves a los dos años y las aplicadas por infracciones leves al año (cfr. art. 30.1 de la LEREJUSP, al que remiten los arts. 95.4 de la LOSSEC y 77.4 de la Ley 11/2015). El plazo de prescripción de las sanciones comenzará a contarse desde el día siguiente a aquel en que sea ejecutable la resolución por la que se impone la sanción o haya transcurrido el plazo para recurrirla. Interrumpirá la prescripción la iniciación,

---

recursos propios, las dificultades objetivas que puedan haber concurrido para alcanzar o mantener el nivel legalmente exigido; **(xv)** la conducta anterior del infractor en relación con las normas de ordenación y disciplina que le afecten, atendiendo a las sanciones firmes que le hubieran sido impuestas, durante los últimos cinco años; y **(xvi)** el hecho de que los perjudicados por la infracción realizada sean prestatarios o avalistas en situación de vulnerabilidad o exclusión social, añadida ésta sólo en la LOSSEC con ocasión de la entrada en vigor de la Ley 5/2019 y que afecta, sobre todo, a la aplicación de sanciones en materia de conducta. A la vista de la identidad entre los supuestos, no parece muy lógica la previsión contenida en el apartado 2 del art. 89 de la Ley 11/2015, que indica que, cuando el BdE imponga sanciones relativas al ámbito de la actuación temprana, deberá aplicar los criterios contenidos en el art. 103 de la LOSSEC, y no los contenidos en ese precepto de la Ley 11/2015.

3 Así, cuando la sanción se imponga a una persona física y, tras una evaluación previa, la publicación de los datos personales resulte ser desproporcionada; cuando la publicación pudiera poner en peligro la estabilidad de los mercados financieros o una investigación penal en curso; o cuando la publicación pudiera causar un daño desproporcionado a las entidades o personas físicas implicadas, en la medida en que se pueda determinar el daño.

4 Ya me referí al hablar de los análogos mecanismos de publicidad previstos para el ejercicio de las potestades sancionadoras por las Administraciones europeas al examen que, del carácter sancionador de estas figuras, hace Esteban Ríos. Respecto del específico análisis para las sanciones impuestas por las Administraciones españolas, *vid.* Esteban Ríos, Javier, *El ejercicio...*, *óp. cit.*, pp. 577-580.

con conocimiento del interesado, del procedimiento de ejecución, volviendo a transcurrir el plazo si aquél está paralizado durante más de un mes por causa no imputable al infractor. En el caso de desestimación presunta del recurso de alzada interpuesto contra la resolución por la que se impone la sanción, el plazo de prescripción de la sanción comenzará a contarse desde el día siguiente a aquél en que finalice el plazo legalmente previsto para la resolución de dicho recurso (cfr. art. 30.3 de la LEREJUSP, con base en la misma remisión).

3.5 PROCEDIMIENTO

El procedimiento previsto para el ejercicio de la potestad sancionadora por parte del BdE y del FROB se encuentra regulado en la LOSSEC y, supletoriamente, en la LPACAP[5]. Junto con ellas, habrá que estar al contenido del RD 2119/1993 en todo aquello que no las contradiga.

Como regla general, la responsabilidad administrativa que, por unos mismos hechos, deba deducirse respecto de entidades de crédito y de las personas físicas que ocupen en ellas cargos de administración o dirección deberá depurarse en un único procedimiento. Además, en el caso de procedimientos por infracciones leves, el procedimiento a seguir será el procedimiento simplificado previsto en el art. 96 de la LPACAP (cfr. art. 108 de la LOSSEC)[6].

Con anterioridad a la iniciación del procedimiento, la Administración puede desplegar actuaciones previas dirigidas a determinar, con la mayor precisión posible, los hechos susceptibles de motivar la incoación del procedimiento, la identificación de la persona o personas que pudieran resultar responsables y las circunstancias relevantes que concurran en unos y otros. En el desarrollo de estas actuaciones previas, los órganos

---

5 En este sentido, el art. 92.1 de la Ley 11/2015 remite la regulación del procedimiento íntegramente a lo previsto en la LOSSEC, y el art. 107.2 de ésta declara de aplicación supletoria la extinta LRJ-PAC, referencia que hoy cabe entender hecha a la vigente LPACAP.

6 El art. 10 del RD 2119/1993 remite a esta fórmula procedimental tanto los procedimientos relativos a infracciones leves como los relativos a aquéllas que "*aun siendo graves, los hechos estén claramente determinados, haberse probado en otras actuaciones sancionadoras o consignado en actas de inspección, haberse reconocido o declarado por los propios interesados, constar en registros administrativos o por otras circunstancias justificadas*". Entiendo, sin embargo, que este inciso no debe considerarse vigente, en la medida en que supone alterar el contenido del art. 108 de la LOSSEC y el apartado 5 del art. 96 de la LPACAP, que también lo limita a las infracciones leves. En todo caso, no puede olvidarse que, de acuerdo con el apartado 2 dela art. 96 de la LPACAP, si alguno de los interesados en el procedimiento muestra su oposición al seguimiento de éste por la vía simplificada, la Administración deberá seguirla tramitación ordinaria. De este modo, los derechos de los particulares se encuentran, en mi opinión, suficientemente garantizados.

competentes de la Administración supervisora podrán ejercer cuantas potestades inspectoras les atribuya el ordenamiento jurídico (cfr. art. 55.2 de la LPACAP).

Antes de la iniciación del procedimiento, o una vez iniciado éste, el órgano instructor podrá adoptar las medidas provisionales que considere necesarias para garantizar el correcto ejercicio de la potestad sancionadora y asegurar la eficacia de la resolución que, en su caso, pudiera dictarse, o el buen fin del procedimiento, o para evitar el mantenimiento de los efectos de la infracción y las exigencias de los intereses generales (cfr. arts. 111.1 y 2, inciso primero, de la LOSSEC y 56.1 de la LPACAP), siempre y cuando no causen perjuicio de difícil o imposible reparación a los interesados o impliquen violación de derechos amparados por las leyes (cfr. art. 56.4 de la LPACAP)[7]. Si las medidas se adoptaran con anterioridad al inicio del procedimiento, deberán ser confirmadas, modificadas o levantadas en el acuerdo de iniciación del procedimiento sancionador (cfr. art. 111.1, inciso segundo, de la LOSSEC)[8].

Entre las medidas provisionales que específicamente recoge la LOSSEC se encuentra la suspensión de la actividad del presunto infractor (cfr. art. 111.4 de la LOSSEC) o la suspensión de las personas que ostenten cargos de administración o dirección (cfr. art. 112 de la LOSSEC), siempre que ello resulte aconsejable para la protección del sistema financiero o de los intereses económicos afectados. En el segundo caso, además, la suspensión no podrá tener una duración superior a seis meses, podrá ser levantada en cualquier momento y el tiempo durante el que se extienda computará a efectos de cumplimiento de la eventual sanción de suspensión que pudiera imponerse (cfr. art. 112.2 y 3 de la LOSSEC). En estos casos, la Administración podrá realizar nombramientos provisionales en los términos previstos en el art. 106 de la LOSSEC para el caso de que se impongan sanciones con ese contenido, según se ha explicado ya (cfr. art. 112.4 de la LOSSEC) A todas estas medidas, como es lógico, cabe sumar el amplio elenco de medidas contenidas en el art. 56.3 de la LPACAP[9], si –igualmente–

---

7 Como explica Chinchilla Martín, la existencia de una normativa específica reguladora de estas medidas en la LOSSEC no supone un desplazamiento de las previsiones contenidas en la LPACAP, sino que unas y otras deben integrarse para obtener el régimen global aplicable a las medidas que las Administraciones supervisoras bancarias puedan adoptar a este respecto. *Vid.* Chinchilla Martín, Carmen, "El régimen...", *óp. cit.*, pp. 91-94.

8 El órgano que las hubiera adoptado podrá ordenar su publicación en los casos previstos en el art. 45 de la LPACAP, especialmente en el caso de que su destinatario no cumpliera voluntariamente (cfr. art. 111.3 de la LOSSEC).

9 La suspensión temporal de actividades; la prestación de fianzas; la retirada o intervención de bienes productivos o suspensión temporal de servicios por razones de sanidad, higiene o seguridad, el cierre temporal del establecimiento por estas u otras causas previstas en la normativa reguladora aplicable; el embargo preventivo de bienes, rentas y cosas fungibles computables en metálico por aplicación de precios ciertos; el depósito, retención o inmovilización de cosa mueble; la intervención y depósito de ingresos obtenidos mediante una actividad que se considere ilícita y cuya prohibición o cesación

concurren razones que lo hacen aconsejable. En fin, las medidas podrán ser alzadas o modificadas durante la tramitación del procedimiento, de oficio o a instancia de parte (cfr. art. 56.5 de la LPACAP).

El procedimiento sancionador se iniciará siempre de oficio (cfr. art. 63.1 de la LPACAP). El acuerdo de incoación deberá incorporar, además de las medidas provisionales que, en su caso, se estimare oportuno aplicar, la identificación de los supuestos responsables; un pliego de cargos que recoja los hechos que motiven la incoación, su posible calificación y las sanciones que pudieran corresponder, sin perjuicio de lo que resulte de la instrucción; la identificación del instructor y, en su caso, del secretario del procedimiento, con expresa indicación del régimen de recusación aplicable[10]; el órgano competente para la resolución del procedimiento y la norma que atribuya tal competencia; y el derecho a formular alegaciones y el plazo para su ejercicio, con la indicación de que, de no hacerlo, el pliego de cargos incluido en el acuerdo de incoación se considerará propuesta de resolución (cfr. art. 64.2 de la LPACAP)[11].

Evacuado el trámite de audiencia al acuerdo de incoación, tendrá lugar la práctica de la prueba con arreglo a lo previsto en los arts. 77 y 78 de la LPACAP (cfr. art. 110 de la LOSSEC). Ventilado este trámite, el órgano instructor elaborará una propuesta de resolución que deberá ser notificada a los interesados para su audiencia por plazo de veinte días (cfr. art. 89.2 de la LPACAP y 8.1 del RD 2119/1993). La propuesta de resolución fijará de forma motivada los hechos que se consideren probados y su exacta calificación jurídica; determinará la infracción que, en su caso, aquéllos constituyan, la persona o personas responsables y la sanción que se proponga; y valorará las pruebas practicadas, en especial aquellas que constituyan los fundamentos básicos de la decisión, así como las medidas provisionales que, en su caso, se hubieran adoptado.

---

se pretenda; la consignación o constitución de depósito de las cantidades que se reclamen: o la retención de ingresos a cuenta que deban abonar las Administraciones públicas; además de aquellas otras que resulten necesarias para la protección de los derechos de los interesados .

10 De acuerdo con los arts. 109 de la LOSSEC y 4 del RD 2119/1993, si la complejidad del expediente así lo aconseja en el mismo acuerdo de incoación o más adelante en el procedimiento pueden nombrarse instructores o secretarios adjuntos. La Sentencia del Tribunal Supremo de 18 de octubre de 2006 (TOL1.009.688), el Alto Tribunal confirmó la validez de los actos de trámite suscritos únicamente por el instructor adjunto (cfr. Fundamento Jurídico Cuarto).

11 Esta regulación supera la contenida en el art. 3 del RD 2119/1993, y, también, el contenido de su art. 6, en la medida en la que esta última norma prevé la existencia de un pliego de cargos entre la incoación del expediente y la propuesta de resolución, pliego de cargos que, bajo la nueva normativa, debe entenderse subsumido en el propio acuerdo de incoación. Por ello, el plazo de veinte días contenido en el art. 7 para contestar al pliego de cargos debe entenderse aplicable, a falta de otra regulación específica, al plazo de alegaciones que debe seguir al acuerdo de incoación. Esta última conclusión, empero, puede ser dudosa a la vista del art. 110 de la LOSSEC, que señala que la fase de práctica de la prueba debe tener lugar "*contestado el pliego de cargos*". No obstante, entiendo razonable que se sostenga que ese pliego de cargos es el incorporado al acuerdo de incoación *ex* art. 64.2 de la LPACAP.

Cuando la instrucción concluya con la inexistencia de infracción o responsabilidad, la propuesta declarará esa circunstancia (cfr. art. 89.3 de la LPACAP).

Sustanciado el anterior trámite de audiencia, el órgano instructor remitirá las actuaciones al órgano competente para resolver, que podrá requerir al instructor la práctica de cuantas actuaciones complementarias entienda necesarias (cfr. art. 9.1 del RD 2119/1993). La resolución que se dicte deberá contener los mismos extremos ya indicados para la propuesta de resolución (cfr. art. 90.1 de la LPACAP), y no podrán aceptarse más hechos que los que se han discutido durante la instrucción y respecto de los que los interesados hayan tenido la ocasión de defenderse, con independencia de su calificación jurídica final (cfr. art. 90.2, inciso primero, de la LPACAP). No obstante, cuando esta calificación supusiera un agravamiento de la infracción, deberá darse nuevo traslado a los interesados para que aleguen por plazo de quince días. La resolución deberá dictarse en el plazo de tres meses desde la recepción de las últimas alegaciones de los interesados o la finalización del plazo que tenían para ello (cfr. art. 9.2 del RD 2119/1993).

La resolución que ponga fin al procedimiento deberá recaer en el plazo de un año desde la fecha del acuerdo de incoación (cfr. art. 2 del RD 2119/1993). En caso contrario, se producirá la caducidad del procedimiento (cfr. art. 25.1-*b)* de la LPACAP), que no producirá por sí sola la prescripción de las acciones, sin perjuicio de que la sustanciación de un procedimiento caducado no interrumpa el plazo de prescripción cfr. art. 95.3, párrafo primero, de la LPACAP). En caso de iniciarse un nuevo procedimiento, podrá aplicarse el principio de conservación de trámites para incorporar al nuevo procedimiento aquéllos ya verificados en el anterior (cfr. art. 95.3, párrafo segundo, de la LPACAP).

Resultan de aplicación a estos procedimientos las modalidades de terminación previstas en el art. 85 de la LPACAP, esto es, la terminación prematura por reconocimiento de la infracción por el supuesto infractor (cfr. art. 85.1 de la LPACAP), o por el pago voluntario de la sanción pecuniaria, cuando la única sanción propuesta sea de esta clase (o se haya justificado que la sanción no pecuniaria inicialmente considerada no resulta procedente: cfr. art. 85.2 de la LPACAP). En ambos casos podrá realizarse un descuento acumulable del 20% por cada circunstancia (cfr. art. 89.3 de la LPACAP)[12].

La resolución que se dice deberá ser notificada a los interesados con arreglo a las previsiones contenidas en los arts. 40 y ss. de la LPACAP.

La resolución que ponga fin al procedimiento no será ejecutiva en tanto en cuanto quepa recurso en vía administrativa frente a ella (cfr. arts. 113.1 de la LOSSEC y 90.3, párrafo primero, de la LPACAP), lo que en el caso del BdE se corresponde con

---

12 Es decir, del 20% por el reconocimiento de la responsabilidad por la comisión de la infracción y de un 20% por pago adelantado, en ambos casos en cualquier momento anterior al dictado de la resolución.

la posibilidad de recurso de alzada ante el Ministro de Economía, Comercio y Empresa (cfr. art. 113.2 de la LOSSEC), y, en el caso del FROB, recurso de reposición ante el mismo órgano que la dictó (cfr. art. 93 de la Ley 11/2015).

Finalmente, cuando la resolución sea ejecutiva se podrá suspender cautelarmente si el interesado manifiesta a la Administración su intención de interponer recurso contencioso-administrativo contra la resolución firme en vía administrativa, suspensión cautelar que finalizará cuando haya transcurrido el plazo legalmente previsto sin que el interesado haya interpuesto recurso contencioso administrativo o si, habiendo el interesado interpuesto recurso contencioso-administrativo, no se hubiera solicitado en el mismo trámite la suspensión cautelar de la resolución impugnada, o el órgano judicial la hubiera denegado (cfr. art. 90.3, párrafo segundo, de la LPACAP). De los recursos contra las resoluciones sancionadoras dictadas por el BdE o el FROB conocerá la Sala de lo Contencioso-Administrativo de la Audiencia Nacional (cfr. arts. 2.3 de la LABdE y 72.2 de la Ley 11/2015).

Cuando concurra litispendencia penal sobre los mismos hechos, deberá acordarse la suspensión del procedimiento administrativo hasta la resolución del penal. Reanudado el procedimiento, la resolución que se dicte deberá respetar la apreciación de los hechos realizada por el órgano jurisdiccional penal (cfr. art. 117 de la LOSSEC). Además, el BdE deberá enviar anualmente a las Cortes Generales una memoria sobre las actuaciones que hayan dado lugar a sanciones por infracciones muy graves (cfr. art. 118 de la LOSSEC)[13].

Por último, la LOSSEC establece la obligación de las entidades de crédito de establecer canales de denuncia apropiados para que sus empleados puedan notificar infracciones a nivel interno, de forma que se garantice la confidencialidad tanto de la persona que informa como de las personas físicas presuntamente responsables de los hechos denunciados. Este sistema de denuncias, muy similar al previsto en los arts. 36 y ss. del Reglamento 468/2014, deberá garantizar la protección de los informantes frente a represalias, discriminaciones y cualquier otro tipo de trato improcedente (cfr. art. 116 de la LOSSEC).

---

13 Sorprendentemente, el art. 56 de la Ley 11/2015 no contiene ninguna previsión similar, a pesar de lo conveniente que resultaría que una Administración teóricamente independiente como el FROB sea sometida a un control político de esta naturaleza.

REFERENCIAS BIBLIOGRÁFICAS

BIBLIOGRAFÍA

Alexy, Robert, *Los derechos fundamentales*, Madrid: CEPC, 2022.

Alonso de León, Sergio, *Composite administrative procedures in the European Union*, Madrid: Iustel, 2017.

Arzoz Santisteban, Xabier, *Concepto y régimen jurídico del acto administrativo comunitario*, Oñate: IVAP, 1998

Balaguer Callejón, Francisco (coord.), *Manual de Derecho Constitucional. Vol. I*, Madrid: Tecnos, 2009.

BCE, *Manual sobre supervisión bancaria*, Fráncfort del Meno: BCE, 2018.

—, *Treading softly: How central banks are addressing current global challenges*, BCE: Fráncfort del Meno, 2023.

Chiti, M. P. y Ortega, L., *Derecho administrativo europeo*, Madrid: Civitas, 2002

De la Cuétara Martínez, Juan Manuel, *La actividad de la Administración*, Madrid: Tecnos, 1983.

Deprés Polo, Mario; Villegas Martos, Rocío; y Ayora Aleixandre, Juan; *Manual de regulación bancaria en España*, Madrid: Funcas, 2017.

Dworkin, Ronald, *Los derechos en serio*, Barcelona: Planeta-De Agostini, 1993.

Esteban Ríos, Javier, *El ejercicio de las potestades supervisora y sancionadora en el marco del Mecanismo Único de Supervisión*, Cizur Menor (Navarra): Thomson Reuters-Aranzadi, 2020.

Fernández Ramos, Severiano, *La actividad administrativa de inspección. El régimen jurídico general de la función inspectora*, Comares, Granada, 2002.

—, Coadministración y procedimientos compuestos: una singular vía de actuación administrativa entre lo nacional y lo europeo, Cizur Menor (Navarra): Thomson Reuters-Aranzadi, 2023.

Fuenteaja Pastor, Jesús Ángel, *Derecho administrativo europeo*, Cizur Menor (Navarra): Civitas-Thomson Reuters, 2015

Gallego Anabitarte, Alfredo, y Menéndez Rexach, Ángel, *Acto y procedimiento administrativo*, Madrid: Marcial Pons, 2001.

García Alcorta, José, *El Banco Central Europeo*, Cizur Menor (Navarra): Thomson Reuters-Civitas, 2011.

García de Cal, José Luis, *Crisis financiera y reforma bancaria: el surgimiento de la Unión* Bancaria", Valladolid: Universidad de Valladolid, 2016.

García de Enterría, Eduardo, y Fernández Rodríguez, Tomás Ramón, *Curso de Derecho administrativo, T. II*, Cizur Menor (Navarra): Thomson Reuters-Civitas, 2017.

García Ureta, Agustín, *La potestad inspectora de las Administraciones públicas*, Marcial Pons, Madrid, 2006.

Garrido Falla, Fernando, *Tratado de Derecho administrativo. Vol. II*, Madrid: Tecnos, 2012.

Gómez Tomillo, Manuel, y Sanz Rubiales, Íñigo, *Derecho administrativo sancionador: parte general*, Thomson Reuters-Aranzadi: Cizur Menor (Navarra), 2017.

Huergo Lora, Alejandro, *Las sanciones administrativas*, Madrid: Iustel, 2007, pp. 203-208

Laguna de Paz, José Carlos, *La autorización administrativa*, Cizur Menor (Navarra): Thomson Reuters-Aranzadi, 2006.

Lara Ortiz, María Lidón, *La supervisión bancaria europea. Régimen jurídico*, Aravaca (Madrid): McGraw Hill, 2018.

—, *Regulación bancaria. Responsabilidad social versus responsabilidad patrimonial*, Valencia: Tirant lo Blanch, 2023.

Lora González, Carlos, *¿Qué es la resolución bancaria? Respuestas desde el Derecho administrativo*, Valencia: Tirant lo Blanch, 2024.

Magide Herrero, Mariano, *Límites constitucionales de las Administraciones independientes*, Madrid: INAP, 2000

Martín Rebollo, Luis, *Leyes administrativas. Manual y normas básicas*, Cizur Menor (Navarra): Civitas-Thomson Reuters, 2016.

Martínez, María Teresa, *Las inscripciones registrales de las cajas de ahorro*, Editoriales de Derecho Reunidas, S. A.: Alcobendas (Madrid), 2002.

Martín-Retortillo Baquer, Sebastián, *Derecho administrativo económico. Vol. I*, Madrid: La Ley, 1991.

Mir Puigpelat, O., Hofmann H. C. H., Schneider J. P., Ziller J., Auby, J. B., Craig, P., Curtin, D., Della Cananea, G., Galetta, D. U., Mendes, J., Stelkens, U., Wierzbowski, M. (dirs.), *Código ReNEUAL de procedimiento administrativo de la Unión Europea*, Madrid: INAP, 2015.

Muñoz Machado, Santiago, *Tratado de Derecho Administrativo y Derecho Público General, T. XIV: La actividad regulatoria de la Administración*, Madrid: Agencia Estatal Boletín Oficial del Estado, 2015.

Nehl, H. P., *Principles of administrative procedure in EC law*, Oxford: Hart Publishing, 1999.

Nieto Martín, Alejandro, *Derecho administrativo sancionador*, Madrid: Tecnos, 2012.

Orriols i Sallés, Maria Àngels, *El Banco Central Europeo y el Sistema Europeo de Bancos Centrales. Régimen jurídico de la autoridad monetaria de la Comunidad Europea*, Granada: Comares, 2004.

Parada Vázquez, Ramón, *Derecho Administrativo, II: Régimen jurídico de la actividad administrativa*, Madrid: Ediciones Académicas, 2017.

Parejo Alfonso, Luciano, De la Quadra-Salcedo y Fernández del Castillo, Tomás, Estella de Noriega, Antonio, y Moreno Molina, Ángel Manuel, *Manual de Derecho administrativo comunitario*, Madrid: Ed. Universitaria Ramón Areces, 2000.

Santamaría Pastor, Juan Alfonso, *Principios de Derecho Administrativo, Vol. II*, Madrid: Iustel, 2018.

Schwarze, Jürgen, *European Administrative Law*, Office for Official Publications of the European Communities, Londres, 2006.

Soriano García, José Eugenio, (dir.), *Procedimiento administrativo europeo*, Cizur Menor (Navarra): Aranzadi-Thomson Reuters, 2012.

Urbaneja Cillán, Jorge, *La ordenación internacional y europea de las entidades de crédito*, Valencia: Tirant lo Blanch, 2018.

Uría Fernández, Francisco, *La nueva regulación y supervisión bancaria. Diez años de reforma tras la crisis*, Cizur Menor (Navarra): Aranzadi-Thomson Reuters, 2018.

ARTÍCULOS EN REVISTAS Y OBRAS COLECTIVAS

Albuerne González, Carolina, "Novedades del paquete legislativo "CRD V", *AJUM* núm. 53, 2019.

Alés Hermosa, Gabriela, y Carrillo Donaire, Juan Antonio, "Planes de recuperación y resolución de entidades de crédito", en Ruiz Ojeda, Alberto Luis, y López Jiménez, José María (dirs.), *Estudios sobre resolución bancaria*, Cizur Menor (Navarra): Thomson Reuters-Aranzadi, 2020.

Alonso Ledesma, Carmen, "Un primer paso hacia la unión bancaria: El mecanismo único de supervisión", en Cuñat Edo, Vicente, Massaguer Fuertes, José, Alonso Espinosa, Francisco José, y Gallego Sánchez, Esperanza (dirs.), *Estudios de Derecho mercantil. Liber amicorum profesor Dr. Francisco Vicent Chuliá*, Tirant lo Blanch, Valencia, 2013.

Aragón Reyes, Manuel, "Constitución económica y libertad de empresa", en Iglesias Prada, Juan Luis, *Estudios jurídicos en homenaje al profesor Aurelio Menéndez*, T. I, Madrid: Civitas, 1996.

Asimakopoulos, Ioannis G., "Single Resolution Board: Another Meroni Extension or Another Chapter to Europe's Constitutional Trabsfornation?", SSRN, 10 de diciembre de 2018 (disponible en: https://ssrn.com/abstract=3367559 or http://dx.doi.org/10.2139/ssrn.3367559 –enlace consultado del 9 de diciembre de 2023).

Bauzá Martorell, Felio José, "Régimen sancionador en materia de recuperación y resolución de entidades de crédito y empresas de servicios de inversión", en Ruiz Ojeda, Alberto Luis, López Jiménez, José María, y Alés Hermosa, Gabriela, *Estudios sobre la resolución bancaria*, Thomson Reuters-Aranzadi: Cizur Menor (Navarra): 2020.

Bermejo Vera, J., "Inspección y régimen sancionador del sistema financiero en España", en Tejedor Bielsa, Julio César y Fernández Torres, Isabel (dirs.), *La reforma bancaria en la Unión Europea y España*, Cizur Menor (Navarra): Thomson Reuters-Civitas, 2014.

Bobes Sánchez, María José, "El Fondo de Garantía de Depósitos", en Muñoz Machado, Santiago (dir.), *Derecho de la regulación*, Madrid: Iustel, 2013, pp. 899-921.

Bueno Armijo, Antonio, "El (imperfecto) sistema de garantías del derecho administrativo sancionador de la Unión Europea. A propósito de la potestad sancionadora del Banco Central Europeo", *RDUE*, núm. 23 (julio-septiembre 2012).

Busch, Danny, "Governance of the Single Resolution Mechanism", en Busch, Danny, y Ferrarini, Guido A., *European Banking*, Nueva York: Oxford University Press, 2015.

Calvo Vergez, Juan, "Perspectivas de futuro en la resolución de entidades financieras tras el caso "Banco Popular"", RDBB nº 154 (abril-junio 2019).

Carrillo Donaire, Juan Antonio, "Intervención de entidades de crédito en crisis", en Muñoz Machado, Santiago, y Vega Serrano, Juan Manuel (dirs.), *Derecho de la Regulación Económica. X. Sistema Bancario*, Madrid: Iustel, 2013.

Chinchilla Martín, María del Carmen, "El régimen de supervisión, inspección y sanción del Banco de España en la Ley 10/2014", RVAP, nº 102, mayo-agosto 2015.

Colino Mediavilla, José Luis, "¿Puede aplicarse eficazmente la intervención temprana en la crisis de las entidades de crédito?", RDM nº 316/2020.

—, "La gestión temprana de la crisis de entidades de crédito", en González Vázquez, José Carlos, y Colino Mediavilla, José Luis, *Regulación bancaria y actividad financiera*, Wolters Kluwer España: Las Rozas (Madrid), 2020.

Colino Mediavilla, José Luis; y Freire Costas, Rita María, "La actuación temprana: relaciones sistemáticas y dificultades interpretativas", en Colino Mediavilla, José Luis, y González Vázquez, José Carlos (dirs.), *Las cajas de ahorros y la prevención y tratamiento de la crisis de las entidades de crédito*, Comares: Granada, 2014.

—, "La actuación temprana", RDBB nº 137, 2015.

Couso Pascual, José Ramón, "Aportación de activos en los procesos de reestructuración bancaria. Conformación de sociedades de gestión: singularidad normativa y normas de buen gobierno", en González Vázquez, José Carlos, y Colino Mediavilla, José Luis, *Regulación bancaria y actividad financiera*, Wolters Kluwer España: Las Rozas (Madrid), 2020.

D'Ambrosio, Raffaele, "Due process and safeguards of the persons subjec to SSM supervisory and sanctioning proceedings", *Quaderni di Ricerca Giuridica*, núm. 74 (diciembre 2013).

De Juan Asenjo, Óscar, "La Constitución económica española", CEC, Madrid, 1984.

Del Moral González, Alfonso, "Requerimientos de información sobre datos del propio obligado tributario", Impuestos, núm. 13 (2009).

Eirea, Sonsoles; Oroz, María; y Díez, Carlos, "La adaptación de la función de supervisión de las entidades de crédito a la crisis derivada del COVID-19", REF nº 40 (2021), pp. 67-88, disponible en: https://www.bde.es/f/webbde/GAP/Secciones/Publicaciones/InformesBoletinesRevistas/RevistaEstabilidadFinanciera/21/3_Supervision_REF.pdf; enlace consultado el 31 de diciembre de 2023).

Entrena Cuesta, Ramón, "El principio de libertad de empresa", en Garrido Falla, Fernando (dir.), *El Modelo económico en la Constitución española*, Madrid, IEE, 1981.

Esteban Ríos, Javier, "La adhesión voluntaria al Mecanismo Único de Supervisión: los procedimientos de cooperación estrecha", REDE nº 64 (octubre-diciembre 2017).

—, "Derecho aplicable en el ámbito del Mecanismo Único de Supervisión. Interpretación y aplicación de normas nacionales por el Banco Central Europeo", RGDE nº 44 (2018).

—, "El ámbito de aplicación del Mecanismo Único de Supervisión. La situación de los Estados miembros de eurozona y de los Estados miembros cuya moneda no es el euro: ¿hacia una Europa de dos velocidades?, REE nº 71 (enero-junio, 2018).

—, "La imposición de sanciones por parte del banco central europeo y de las autoridades nacionales en el marco del mecanismo único de supervisión: un enrevesado reparto competencial", en Belando Garín, Beatriz, *Potestad Sancionadora y MIFID II*, Cizur Menor (Navarra): Thomson Reuters-Aranzadi, 2019.

Fernández-Espinar, Luis Carlos, "La potestad sancionadora de la Administración financiera", *DA*, núm. 282-283 (abril 2009).

Fernández Rodríguez, Tomás Ramón, "El Fondo de Reestructuración Ordenada Bancaria: naturaleza, estructura y régimen jurídico", en Tejedor Bielsa, Julio César, y Fernández Torres, Isabel (coords.), *La reforma bancaria en la Unión Europea y España*, Cizur Menor (Navarra): Thomson Reuters-Civitas, 2014.

Fernández Rozas, José Carlos, "El laberinto de la supervisión del sistema financiero en la Unión Europea", en Esplugues Mota, Carlos, y Palao Moreno, Guillermo, *Nuevas fronteras del Derecho de la Unión Europea. Liber amicorum José Luis Iglesias Buhigues*, Valencia: Tirant lo Blanch, 2012.

Ferran E.; y Babis, V., "The European Single Supervisory Mechanism", University of Cambridge, Paper No. 10/2013, pp. 12 y ss. (disponible en https://papers.ssrn.com/sol3/papers.cfm?abstract_id=2224538&download=yes, enlace consultado el 25 de enero de 2020).

Flores Doña, María Sierra, "La Junta Europea de Riesgo Sistémico", RDBB, núm. 121 (enero-marzo 2011).

García Alcorta, José, "Observaciones en torno al Mecanismo Único de Supervisión Bancaria en la Unión Europea", AJUM núm. 34 (2013).

García-Álvarez García, Gerardo, "La construcción de una Unión Bancaria europea: la Autoridad Bancaria Europea, la supervisión prudencial del Banco Central Europeo y el futuro Mecanismo Único de Resolución", en Tejedor Bielsa, Julio César, y Fernández Torres, Isabel (coords.), *La reforma bancaria en la Unión Europea y España*, Cizur Menor (Navarra): Thomson Reuters-Civitas, 2014.

González García, Julio V., "Mecanismo único de resolución bancaria. Aspectos institucionales", RDBB núm. 136 (octubre-diciembre 2014).

González Tobarra, Pedro, y Rodríguez Carbajo, José Ramón, "El principio de legalidad: los principios de reserva de ley, irretroactividad y tipicidad", en Abogacía General del Estado. Dirección del Servicio Jurídico del Estado, *Manual de Derecho administrativo sancionador, T. I. Parte General*, Cizur Menor (Navarra): Aranzadi, 2009.

González Vázquez, José Carlos, "Luces y sombras del modelo europeo de resolución bancaria", en González Vázquez, José Carlos, y Colino Mediavilla, José Luis, *Regulación bancaria y actividad financiera*, Wolters Kluwer España: Las Rozas (Madrid), 2020.

Izquierdo Carrasco, Manuel, "La inspección del Banco de España sobre las entidades de crédito", en Muñoz Machado, Santiago; Vega Serrano, Juan Manuel; y Bobes Sánchez, María José (dirs.), *Derecho de la Regulación Económica. X. Sistema Bancario*, Madrid: Iustel, 2013, 449-522.

Jiménez-Blanco y Carrillo de Albornoz, Antonio, "El Fondo de Garantía de Depósitos en Establecimientos Bancarios", en Martín-Retortillo Baquer, Sebastián (dir.), *Estudios de Derecho Público Bancario*, Madrid: Ceura, 1987.

Laguna de Paz, José Carlos, "El Mecanismo Europeo de Supervisión Bancaria", RAP núm. 194 (mayo-agosto, 2014)

—, "Administrative and judicial review of EU supervisory decisions in the banking sector", Journal of Banking Regulation, 1 de septiembre de 2018.

—, "Some implications of the new global digital economy for financial regulation and supervision", Journal of Banking Regulation, 18 de febrero de 2022.

Lara Ortiz, María Lidón, "La revocación de autorizaciones para ejercer la actividad de crédito en el marco del Mecanismo Único de Supervisión. A propósito de la Sentencia del Tribunal General, del Tribunal de Justicia de la Unión Europea (Sala Novena ampliada), de 2 de febrero de 2022, en el asunto T-27/19", RDBB nº 167 (julio-septiembre, 2022).

—, "Visión crítica del sistema de competencias compartidas en el Mecanismo Único de Supervisión", en González Vázquez, José Carlos; Colino Mediavilla José Luis; y Salvador Armendáriz, María Amparo, *Cuestiones controvertidas de la regulación bancaria*, Wolters Kluwer España-La Ley: Madrid, 2018.

Lora González, Carlos, "Circulares internas del Banco de España y garantías del particular frente a las visitas de inspección: comentario a la Sentencia del Tribunal Supremo nº 914/2023, de 4 de julio", *AJUM* nº 63 (diciembre 2023).

Manso Olivar, Rubén; y Gómez Fernández, Lorena, "Los instrumentos de resolución y su inadecuación a los problemas coyunturales de liquidez de las entidades", en Ruiz Ojeda, Alberto Luis, y López Jiménez, José María (dirs.), *Estudios sobre resolución bancaria*, Thomson Reuters-Aranzadi: Cizur Menor (Navarra), 2020.

Martín-Retortillo Baquer, Lorenzo, "Honorabilidad y buena conducta como requisitos para el ejercicio de profesiones y actividades", RAP, núm. 130 (enero-abril 1993).

Menéndez, Germán, "Facultades de actuación de la Autoridad Bancaria Europea", RDBB núm. 154 (abril-junio 2019).

Muñoz Aranguren, Arturo, "Las Salas Administrativas de Apelación de las Agencias de la Unión Europea. Comentario a la decisión del panel de apelación de la Junta Única de Resolución (JUR) de 28 de noviembre de 2017", LALEY 6335, 2019.

Palomar Olmeda, Alberto, "El sistema de resolución de entidades de crédito en España: Aspectos generales de la Ley 11/2015, de 18 de junio", en Ruiz Ojeda, Alberto Luis, y López Jiménez, José María (dirs.), *Estudios sobre resolución bancaria*, Cizur Menor (Navarra): Thomson Reuters-Aranzadi, 2020.

Posada Rodríguez, Marcos, "Los denominados procedimientos comunes en el marco del Mecanismo Único de Supervisión", en González Vázquez, José Carlos; Colino Mediavilla José Luis; y Salvador Armendáriz, María Amparo, *Cuestiones controvertidas de la regulación bancaria*, Wolters Kluwer España-La Ley: Madrid, 2018.

—, "Comentario a la sentencia del Tribunal Supremo (Sala de lo Contencioso-Administrativo) 244/2023, de 27 de febrero, sobre el régimen de secreto aplicable al Banco de España y su relación con la Ley 19/2013, de 9 de diciembre, de transparencia", RDBB nº 170 (mayo-agosto 2023).

Rebollo Puig, Manuel, "Las autorizaciones administrativas y otros medios de intervención en la actividad privada", Cuadernos de Derecho para Ingenieros núm. 38 (2016).

Riera Quesada, Ramón, "La última reforma de la regulación bancaria europea y sus efectos sobre las operaciones de las entidades de crédito de terceros países", *Revista General del Derecho de los Sectores Regulados* núm. 14 (noviembre 2024).

Rodríguez Pellitero, Javier, "Resolución de crisis bancarias", en Muñoz Machado, Santiago; Vega Serrano, Juan Manuel; y Bobes Sánchez, María José (dirs.), *Derecho de la Regulación Económica. X. Sistema Bancario*, Madrid: Iustel, 2013, pp. 827-898.

Sánchez-Calero Guilarte, Juan, "El Fondo de Reestructuración Ordenada Bancaria: competencias mercantiles", en Tejedor Bielsa, Julio César, y Fernández Torres, Isabel (coords.), *La reforma bancaria en la Unión Europea y España*, Cizur Menor (Navarra): Thomson Reuters-Civitas, 2014.

Scipione, Luigi, "Banco malo, crisis bancarias y ayudas de Estado. Perfiles generales y tendencias evolutivas del cuadro normativo", en González Vázquez, José Carlos, y Colino Mediavilla, José Luis, *Regulación bancaria y actividad financiera*, Wolters Kluwer España: Las Rozas (Madrid), 2020.

Ugena Torrejón, Roberto, "El Mecanismo Único de Supervisión Europeo", AJUM nº 36 (2014).

Urbaneja Cillán, Jorge, "Los mecanismos de gestión de crisis bancarias como garantía de estabilidad en la Unión Europea. El Tribunal General desestima los recursos contra la resolución del Banco Popular", RDCE nº 73 (2022).

—, "El procedimiento de actuación temprana. Su conformación en el sistema de la Unión Europea de reestructuración de entidades de crédito", en Alonso Ledesma, Carmen (dir.), *Hacia un sistema financiero de nuevo cuño. Reformas pendientes y andantes*, Tirant lo Blanch: Valencia, 2016.

Uría Fernández, Francisco, "La supervisión bancaria europea en 2014: una Unión Bancaria incompleta", en Martínez-Pardo del Valle, Ramiro, y Zapata Cirugeda, Francisco Javier (coords.), Observatorio sobre la reforma de los mercados financieros europeos, Madrid, 2013.

Vida Fernández, J., "El acceso a la información de los operadores en los sectores regulados: el caso de los requerimientos de información de la Comisión del Mercado de las Telecomunicaciones", REDA núm. 132 (2006).

Voordeckers, Olivier, y Allegrezza, Silvia, "Investigative and Sanctioning Powers of the ECB in the Framework of the Single Supervisory Mechanism. Mapping the Complexity of a New Enforcement Model", *Eucrim, The European Criminal Law Association's Forum*, núm. 2015/4.

Wymeersch, Eddy O., *The Single Supervisory Mechanism or 'SSM', Part One of the Banking Union* (February 21, 2014), *European Corporate Governance Institute (ECGI)*–Law Working Paper No. 240/2014, Ghent University Financial Law Institute Working Paper No. 2014-01 (disponible en: https://ssrn.com/abstract=2397800; enlace consultado el 21 de febrero de 2025).

OTRAS FUENTES DE INFORMACIÓN

ABE, *Decision of the Board of Supervisor establishing the EVA Credit Institutio Register (EBA BoS 2013 432)*, 3 de diciembre de 2012, disponible en: https://eba.europa.eu/sites/default/documents/files/documents/10180/16082/cc281951-561e-4ece-b336-a148408c4c84/EBA%20BS%202013%20432%20%28EBA%20Credit%20Institution%20Register%20BoS%20Decision%29.pdf (enlace consultado el 9 de mayo de 2020).

ABE, *Directrices sobre el abanico de escenarios que deben contemplarse en los planes de reestructuración (EBA/GL/2014/16), 18 de julio de 2014*, disponibles en: https://www.bde.es/f/webbde/INF/MenuHorizontal/Normativa/Circulares_y_guias_en_proceso_de_consulta/EBA_GL_2014_06_ES.pdf -enlace consultado el 18 de abril de 2021–),

ABE, *Directrices sobre la lista mínima de indicadores cualitativos y cuantitativos de los planes de reestructuración (EBA/GL/2015/02)*, 23 de julio de 2015, disponibles en: https://www.bde.es/f/webbde/INF/MenuHorizontal/Normativa/guias/eba-gl-2015-02-es.pdf (enlace consultado el 18 de abril de 2014).

ABE, *Directrices sobre los umbrales para la activación de medidas de actuación temprana con arreglo al artículo 27, apartado 4, de la Directiva 2014/59/UE, (EBA/GL/2015/03)*, 29 de julio de 2015, adoptadas como propias por el BdE el 24 de septiembre de 2015. El documento se encuentra disponible en: https://www.bde.es/f/webbde/INF/MenuHorizontal/Normativa/guias/eba-gl-2015-03-es.pdf (enlace consultado el 31 de enero de 2021)

ABE, *Directrices sobre sobre las circunstancias específicas que constituyen un peligro real para la estabilidad financiera y sobre los hechos que determinan la eficacia de la venta del negocio de conformidad con el artículo 39, apartado 4, de la Directiva 2014/59/UE (EBA/GL/2015/04)*, 7 de agosto de 2015, disponibles en: https://www.eba.europa.eu/sites/default/documents/files/documents/10180/1156647/3bf5f9b3-1bb1-4ea2-b3c5-65ba56a35a7d/EBA-GL-2015-04_ES_GL%20sale%20of%20business%20tool.pdf?retry=1 (enlace consultado el 23 de abril de 2021)."

ABE, *Directrices sobre la determinación de cuándo podría la liquidación de los activos o pasivos con arreglo a los procedimientos de insolvencia ordinarios influir negativamente en uno o más mercados financieros de conformidad con el artículo 42, apartado 14, de la Directiva 2014/59/UE (EBA/GL/2015/05)*, 7 de agosto de 2015, disponibles en: https://www.eba.europa.eu/sites/default/documents/files/documents/10180/1156565/b723ea40-0c21-4920-ac54-460c716d6177/EBA-GL-2015-05_ES_GL%20on%20asset%20separation%20tool.pdf?retry=1 (enlace consultado el 23 de abril de 2021)

ABE, *Directrices sobre la interpretación de las distintas circunstancias en las que se considera que una entidad es inviable o existe la probabilidad de que lo vaya a ser (EBA/GL/2015/07)*, 6 de agosto de 2015, disponibles en: ttps://www.bde.es/f/webbde/INF/MenuHorizontal/Normativa/guias/EBA-gl-2015-07-es.pdf (enlace consultado el 18 de abril de 2021).

ABE, *Directrices sobre los criterios mínimos que debe satisfacer un plan de reorganización de actividades (EBA/GL/2015/21)*, 19 de mayo de 2016, disponible en: https://www.bde.es/f/webbde/INF/MenuHorizontal/Normativa/guias/eba-gl-2015-21-es.pdf (enlace consultado el 24 de abril de 2021).

ABE, *Directrices sobre externalización (EBA/GL/2019/02)*, 25 de febrero de 2019, disponibles en: https://www.bde.es/f/webbde/INF/MenuHorizontal/Normativa/guias/EBA-GL-2019_02_ES.pdf (enlace consultado el 25 de octubre de 2020).

ABE, *Final Report Guidelines on institutions' stress testing (EBA/GL/2018/04)*, de 19 de julio de 2018, disponibles en: https://eba.europa.eu/sites/default/documents/files/documents/10180/2282644/2b604bc8-fd08-4b17-ac4a-cdd5e662b802/Guidelines%20on%20institutions%20stress%20testing%20(EBA-GL-2018-04).pdf (enlace consultado el 13 de diciembre de 2020).

ABE, *Guía de la ABE sobre gobierno interno (GL 44) (EBA BS 2011 116 final)*, 27 de septiembre de 2011, disponible en: https://eba.europa.eu/sites/default/documents/files/documents/10180/103861/77c2646b-dbe5-4494-a4f8-ed05b1c79e6d/EBA_2012_00210000_ES_COR.pdf?retry=1 (enlace consultado el 25 de octubre de 2020).

ABE, *Guidelines on the assessment of the suitability of members of the management body and key function holders (EBA/GL/2012/06)*, 22 de noviembre de 2022, disponibles en: https://eba.europa.eu/sites/default/documents/files/documents/10180/106695/7d1a34fc-0a74-4020-a14c-358ade55237d/EBA-GL-2012-06—Guidelines-on-the-assessment-of-the-suitability-of-persons-.pdf?retry=1 (enlace consultado el 9 de mayo de 2020).

ABE, *Guidelines on common procedures and methodologies for the supervisory review and evaluation process (SREP) (EBA/GL/2014/13)*, 19 de diciembre de 2014, disponibles en: https://eba.europa.eu/sites/default/documents/files/documents/10180/935249/4b842c7e-3294-4947-94cd-ad7f94405d66/EBA-GL-2014-13%20(Guidelines%20on%20SREP%20methodologies%20and%20processes).pdf (enlace consultado el 12 de diciembre de 2020).

ABE, Memorándum de entendimiento con las autoridades de supervisión prudencial y conductual británicas, disponible en: https://www.bankofengland.co.uk/-/media/boe/files/news/2019/march/pra-and-fca-agree-mous-with-eba.pdf?la=en&hash=DC8435EE3F33FF38EA463810 4527047F052A0D5A (enlace consultado el 26 de abril de 2020).

ABE, Q&A 2013_290, disponible en: https://www.eba.europa.eu/single-rule-book-qa/qna/view/publicId/2013_290 (enlace consultado el 21 de febrero de 2025).

ABE, Q&A 2014_1352, disponible en: https://www.eba.europa.eu/single-rule-book-qa/qna/view/publicId/2013_290 (enlace consultado el 21 de febrero de 2025).

ABE, Q&A 2014_1626, disponible en: https://eba.europa.eu/single-rule-book-qa/-/qna/view/publicId/2014_1626 (enlace consultado el 3 de mayo de 2020).

ABE, Q&A, 2015_1791, disponible en: https://www.eba.europa.eu/single-rule-book-qa/qna/view/publicId/2015_1791 (enlace consultado el 21 de febrero de 2025).

ABE, Q&A 2015_1862, disponible en. https://www.eba.europa.eu/single-rule-book-qa/-/qna/view/publicId/2015_1862 (enlace consultado el 31 de enero de 2021).

ABE, Q&A 2015_2042, disponible en: https://www.eba.europa.eu/single-rule-book-qa/qna/view/publicId/2015_2042 (enlace consultado el 21 de febrero de 2025).

ABE, Registro de entidades de crédito, disponible en: https://eba.europa.eu/risk-analysis-and-data/credit-institutions-register (enlace consultado el 9 de mayo de 2020).

Consejo de la UE, Acta de la 3.264ª sesión del Consejo (núm. 14687/13), celebrada el 15 de octubre de 2019, disponible en: https://data.consilium.europa.eu/doc/document/ST-14687-2013-INIT/fr/pdf (enlace consultado el 25 de enero de 2020).

BCE, Carta de 31 de marzo de 2017 (SSM/2017/0140), disponible en: https://www.bankingsupervision.europa.eu/press/letterstobanks/shared/pdf/2017/Letter_to_SI_Entry_point_information_letter.pdf (enlace consultado el 2 de septiembre de 2025).

BCE, *Guía para inspecciones in situ e investigaciones de modelos internos*, septiembre de 2018, disponible en: https://www.bankingsupervision.europa.eu/ecb/pub/pdf/ssm.osi_guide201809.es.pdf?859823dfcc3ca5092078fbc294465c6b (enlace consultado el 19 de febrero de 2025).

BCE, *Guía para la evaluación de las solicitudes de autorización. Solicitudes de autorización en general*, enero de 2019, disponible en: https://www.bankingsupervision.europa.eu/ecb/pub/pdf/ssm.201803_guide_assessment_credit_inst_licensing_appl.es.pdf (enlace consultado el 12 de octubre de 2023).

BCE, *Guía sobre las opciones y facultades que ofrece el Derecho de la Unión*, marzo de 2022, disponible en: https://www.bankingsupervision.europa.eu/ecb/pub/pdf/ssm.supervisory_guides2022_ond.es.pdf (enlace consultado el 11 de octubre de 2023).

BCE y Consejo Europeo, Memorándum celebrado entre el BCE y el Consejo de la UE en diciembre de 2013, disponible en https://www.ecb.europa.eu/ecb/legal/pdf/mou_between_eucouncil_ecb.pdf (enlace consultado el 26 de abril de 2020).

BCE y Tribunal de Cuentas de la UE, Memorándum celebrado entre el BCE y el Tribunal de Cuentas de Europa el 28 de agosto de 2019, disponible en https://www.bankingsupervision.europa.eu/ecb/legal/pdf/memorandum_of_understanding_between_the_eca_and_the_ecb_regarding_the_ecbs_supervisory_tasks.pdf (enlace consultado el 26 de abril de 2020)

BCE y JUR, Memorándum celebrado entre el BCE y la JUR, disponible en: https://srb.europa.eu/sites/srbsite/files/mou_with_the_single_resolution_board_on_cooperation_and_information_exchange_2018_.pdf (enlace consultado el 26 de abril de 2020).

BdE, https://sedeelectronica.bde.es/sede/es/menu/tramites/supervision/apertura-de-oficinas-de-representacion-en-estados-miembros-de-la-union-europea.html (enlace consultado el 12 de octubre de 2023).

BdE, https://sedeelectronica.bde.es/sede/es/menu/tramites/supervision/Prestacion_de_s_9644d90f25b9f21.htmBdE, l –enlace consultado el 12 de octubre de 2023–)

BdE, https://www.bde.es/bde/es/secciones/servicios/Particulares_y_e/Registros_de_Ent/ (enlace consultado el 9 de mayo de 2020).

BdE, https://www.bde.es/bde/es/secciones/sobreelbanco/organizacion/Organigrama/Direccion_Regula/Direccion_Gener_89e73c54007a821.html (enlace consultado el 7 de marzo de 2020)

BdE, https://www.bde.es/bde/es/secciones/sobreelbanco/organizacion/Organigrama/Direccion_Superv/Direccion_Gener_0c582d8ee17a821.html (enlace consultado el 7 de marzo de 2020)

BdE, Memoria de la supervisión bancaria en España. 2019, pp. 53-58, disponible en: https://www.bde.es/f/webbde/Secciones/Publicaciones/PublicacionesAnuales/MemoriaSupervisionBancaria/19/Documento_completo.pdf –enlace consultado el 24 de enero de 2021

Carta remitida por Mr. Phillippe Lamberts al Comité de Supervisión del BCE el 18 de agosto de 2017, disponible en: https://www.bankingsupervision.europa.eu/ecb/pub/pdf/ssm.mepletter170818_Lamberts.en.pdf (enlace consultado el 31 de enero de 2021).

Carta remitida por Mr. Phillippe Lamberts y Mr. Ernest Urtasun al Comité de Suprevisión del BCE el 24 de enero de 2018, disponible en: https://www.bankingsupervision.europa.eu/ecb/pub/pdf/ssm.mepletter180125_Lamberts_Urtasun.en.pdf (enlace consultado el 31 de enero de 2021)

Comisión Europea, *Comunicación de la Comisión al Parlamento Europeo, al Consejo, al Banco Central Europeo, al Comité Económico y Social Europeo y al Comité de las Regiones sobre la revisión del marco de gestión de crisis bancarias y garantía de depósitos para contribuir a completar la unión bancaria* (COM(2023) 225 final), disponible en: https://eur-lex.europa.eu/legal-content/ES/TXT/PDF/?uri=CELEX:52023DC0225 (enlace consultado el 21 de febrero de 2025).

Comisión Europea, Comunicación de la Comisión al parlamento Europeo, al Consejo, al banco Central Europeo, al Comité Económico y Social Europeo y al Comité de las Regiones sobre equivalencia en el ámbito de los servicios financieros (COM(2019), 349 final), disponible en: https://eur-lex.europa.eu/legal-content/ES/TXT/HTML/?uri=CELEX:52019DC0349 (enlace consultado el 2 de septiembre de 2025).

Comisión Europea, información sobre la *Capital Markets Union*, disponible en: https://finance.ec.europa.eu/capital-markets-union-and-financial-markets/capital-markets-union/capital-markets-union-2020-action-plan/action-16-supervision_en (enlace consultado el 19 de febrero de 2025).

Comisión Europea, *Libro Blanco de la Comisión de 1 de diciembre de 2005 sobre la política de los servicios financieros 2005-2010* (COM(2005) 629 final), disponible en: https://eur-lex.europa.eu/ES/legal-content/summary/white-paper-on-financial-services-policy-2005-2010.html (enlace consultado el 8 de febrero de 2024).

Comisión Europea, *Propuesta de Reglamento del Parlamento Europeo y del Consejo por el que se modifica el Reglamento (UE) nº 806/2014 a fin de establecer un Sistema Europeo de Garantía de Depósitos* (COM(2015) 586 final), disponible en: https://eur-lex.europa.eu/legal-content/ES/TXT/PDF/?uri=CELEX:52015PC0586 (enlace consultado el 21 de febrero de 2025).

Comisión Europea, *The High-Level Group on Financial Supervision in the EU*, chaired by Jacques de Larosière, 25 de febrero de 2009 ("Informe Larosière"), disponible en: https://ec.europa.eu/economy_finance/publications/pages/publication14527_en.pdf (enlace consultado el 21 de febrero de 2025).

Comisión Europea, *Unión Bancaria: La Comisión propone una reforma del marco de gestión de crisis bancarias y garantía de depósitos*, disponible en: https://ec.europa.eu/commission/presscorner/detail/es/ip_23_2250 (enlace consultado el 2 de diciembre de 2023).

Consejo de Europa, Comité de Ministros, Resolution (77) 31, on the protection of the individual in relation to the acts of administrative authorities (adopted by the Committee of Ministers on 28 September 1977, at the 275 th meeting of the Ministers' Deputies), disponible en https://rm.coe.int/cmres-77-31-on-the-protection-of-the-individual/1680a43b6f (enlace consultado el 27 de septiembre de 2023).

Consejo Europeo, *Hacia una auténtica Unión Económica y Monetaria. Informe del Presidente del Consejo Europeo Herman Van Rompuy* (EUCO 120/12, PRESSE 296, PR PCE 102), disponible en: https://www.consilium.europa.eu/media/21556/131290.pdf (enlace consultado el 6 de marzo de 2020).

CSBB, *Marco internacional para la medición, normalización y seguimiento del riesgo de liquidez*, aprobado el 16 de diciembre de 2010 y disponible en: https://www.bis.org/publ/bcbs188_es.pdf (enlace consultado el 8 de diciembre de 2019); y sus actualizaciones de fechas 6 de enero de 2013, en relación con el ratio de liquidez, disponible en el mismo lugar: https://www.bis.org/publ/bcbs238_es.pdf (enlace consultado el 8 de diciembre de 2019): y octubre de 2014, en relación con el coeficiente de financiación estable neta: https://www.bis.org/bcbs/publ/d295_es.pdf (enlace consultado el 8 de diciembre de 2019)

CSBB, Principios Básicos para una supervisión bancaria eficaz, septiembre de 2012, disponibles en: https://www.bis.org/publ/bcbs230_es.pdf (enlace consultado el 9 de febrero de 2020).

CSBB, *Sixteenth progress report on adoption of the Basel regulatory framework* (https://www.bis.org/bcbs/publ/d464.htm; enlace consultado el 17 de enero de 2020).

Enria, Andrea, "The future of stress testing - realism, relevance and resources", Keynote speech at the European Systemic Risk Board (ESRB) Annual Conference, disponible en: https://www.bankingsupervision.europa.eu/press/speeches/date/2019/html/ssm.sp190926~341f1e0cb6.en.html (enlace consultado el 13 de diciembre de 2020).

Fernández de Lis, Santiago; Manzano, Daniel; Ontiveros, Emilio; Valero, Francisco Javier, "Rescates y reestructuración bancaria: el caso español" (documento de trabajo nº 152/2009)", Fundación Alternativas: Madrid, 2009, disponible en: https://fundacionalternativas.org/wp-content/uploads/2022/07/d27484f5be4fcedd37bbf539ebd24fe1.pdf (enlace consolutado el 8 de febrero de 2024).

FMI, A banking Union for the Euro Area, SDN/13/01, febrero 2013, p. 24 –disponible en: https://www.imf.org/external/pubs/ft/sdn/2013/sdn1301.pdf, enlace consultado el 25 de enero de 2020

Freshfields, Bruckhaus & Deringer, L. L. P., The SSM Framework Regulation. Part 1: Overview and organisational aspects (disponible en: http://knowledge.freshfields.com/en/Global/r/1035/banking_union___single_supervisory_mechanism__ssm____ssm; enlace consultado el 8 de marzo de 2020).

JUR, Panel de Recurso de la Junta Única de Resolución. Reglamento interno, disponible en: https://srb.europa.eu/sites/srbsite/files/spanish.pdf (enlace consultado el 7 de marzo de 2020)

JUR, Public Interest Assesment: SRB Approach, disponible en: https://srb.europa.eu/sites/default/files/2019-06-28_draft_pia_paper_v12.pdf (enlace consultado el 18 de abril de 2021).

JUR y Comisión Europea, Memorándum celebrado entre la JUR y la Comisión el 1 de agosto de 2019, disponible en https://srb.europa.eu/sites/srbsite/files/mou_between_the_ec_and_the_srb.pdf (enlace consultado el 26 de abril de 2020).

Parlamento Europeo, Declaración núm. P7_TA(2013)0004, disponible en: https://www.europarl.europa.eu/sides/getDoc.do?pubRef=-//EP//NONSGML+TA+P7-TA-2013-0004+0+DOC+PDF+V0//EN (enlace consultado el 29 de marzo de 2020).

Parlamento Europeo, Informe A7-0369/2012, de 12 de noviembre de 2012, disponible en: https://www.europarl.europa.eu/RegData/etudes/note/join/2010/432744/IPOL-JURI_NT(2010)432744_EN.pdf (enlace consultado el 29 de marzo de 2020)

Parlamento Europeo, Nota de la Dirección General para políticas internas del Parlamento Europeo PE 432.744 (2010), disponible en: https://www.europarl.europa.eu/RegData/etudes/note/join/2010/432744/IPOL-JURI_NT(2010)432744_EN.pdf (enlace consultado el 29 de marzo de 2020

Parlamento Europeo, Nota de la Dirección General para políticas internas del Parlamento Europeo PE 453.215 (2011), disponible en: https://www.europarl.europa.eu/RegData/etudes/divers/join/2011/453215/IPOL-JURI_DV(2011)453215_EN.pdf (enlace consultado el 29 de marzo de 2020).

Tribunal de Cuentas Europeo, Informe especial nº 23: Junta Única de Resolución: ha comenzado la compleja tarea de construir la unión bancaria, pero aún queda mucho por hacer, 2017, disponible en: https://www.eca.europa.eu/Lists/ECADocuments/SR17_23/SR_SRB-BU_ES.pdf (enlace consultado el 28 de noviembre de 2020).